YINGKE® 盈科

盈科全国业务指导委员会系列丛书

股权让与担保

纠纷裁判规则与疑难问题解析

盈科律师事务所 / 编

欧阳黎炯 / 著

法律出版社 LAW PRESS · CHINA

北京

图书在版编目(CIP)数据

股权让与担保纠纷裁判规则与疑难问题解析 / 盈科律师事务所编；欧阳黎炯著. -- 北京：法律出版社，2021

ISBN 978-7-5197-6223-0

Ⅰ. ①股… Ⅱ. ①盈… ②欧… Ⅲ. ①股权转让－担保法－研究－中国 Ⅳ. ①D923.24②D922.291.914

中国版本图书馆 CIP 数据核字(2021)第231608号

股权让与担保纠纷裁判规则与疑难问题解析
GUQUAN RANGYU DANBAO JIUFEN CAIPAN GUIZE YU YINAN WENTI JIEXI

盈科律师事务所 编
欧阳黎炯 著

策划编辑 朱海波
责任编辑 朱海波 李 军
装帧设计 汪奇峰 鲁 娟

出版发行 法律出版社
编辑统筹 法律应用出版分社
责任校对 邢艳萍
责任印制 吕亚莉
经　　销 新华书店

开本 710毫米×1000毫米 1/16
印张 30.25 **字数** 492千
版本 2021年11月第1版
印次 2021年11月第1次印刷
印刷 固安华明印业有限公司

地址：北京市丰台区莲花池西里7号(100073)
网址：www.lawpress.com.cn
投稿邮箱：info@lawpress.com.cn
举报盗版邮箱：jbwq@lawpress.com.cn

销售电话：010-83938349
客服电话：010-83938350
咨询电话：010-63939796

书号：ISBN 978-7-5197-6223-0
定价：98.00元

凡购买本社图书，如有印装错误，我社负责退换。电话：010-83938349

本书编著者

欧阳黎炯 著

凡　　例

1. 法律文件名称中的“中华人民共和国”省略，如《中华人民共和国民法典》简称为《民法典》，《中华人民共和国民事诉讼法》简称为《民事诉讼法》，《中华人民共和国公司法》简称为《公司法》，《中华人民共和国企业破产法》简称为《企业破产法》，《中华人民共和国合同法》简称为《合同法》，《中华人民共和国民法总则》简称为《民法总则》；

2.《最高人民法院关于适用〈中华人民共和国公司法〉若干问题的规定（一）》简称为《公司法解释一》；

3.《最高人民法院关于适用〈中华人民共和国公司法〉若干问题的规定（二）》简称为《公司法解释二》；

4.《最高人民法院关于适用〈中华人民共和国公司法〉若干问题的规定（三）》简称为《公司法解释三》；

5.《最高人民法院关于适用〈中华人民共和国公司法〉若干问题的规定（四）》简称为《公司法解释四》；

6.《最高人民法院关于适用〈中华人民共和国公司法〉若干问题的规定（五）》简称为《公司法解释五》；

7.《全国法院民商事审判工作会议纪要》简称为《九民纪要》；

8.《最高人民法院关于适用〈中华人民共和国民法典〉有关担保制度的解释》简称为《民法典担保制度解释》；

9.《最高人民法院关于民事执行中变更、追加当事人若干问题的规定》简称为《变更追加规定》；

10.《最高人民法院关于人民法院办理执行异议和复议案件若干问题的规定》简称为《执行异议规定》；

11.《最高人民法院关于审理民间借贷案件适用法律若干问题的规定》简称为《民间借贷规定》；

12.《股权让与担保的性质与效力——最高人民法院民二庭第4次法官会议纪要》简称为《法官会议纪要》。

目录

第一章　股权让与担保概述

一、让与担保

(一)让与担保的一般概念

近年来,随着市场经济的不断发展,加之金融危机的影响,企业融资需求越发高涨。现有的担保制度已经难以满足现代市场经济的需求,社会主体在寻求利益与风险平衡点的同时,创设了包括让与担保制度在内的诸多非典型担保制度。由于让与担保能够扩大融资担保范围,节约交易成本,并有效阻却交易第三人出现的可能性,因此其在实践中屡见不鲜。

让与担保,是指债务人或者第三人,以担保债务人的债务为目的,将担保物的所有权转移给债权人或担保权人,在担保目的范围内,待债务按期清偿后,担保物返还给债务人或者第三人,待债务不能按期履行时,债权人或担保权人就该担保物优先受偿的一种非典型担保物权。让与担保是经由判例、学说形成并发展起来的一种以权利转移为主要特征的非典型担保制度。由于它是通过判例逐步发展并获得承认的一种担保制度,因此,在大陆法系许多国家,因法律对让与担保无明文规定,所以其有效性曾遭到学界的批评,曾经被认为是虚伪表示、规避流质禁止之规定、违反物权法定原则,甚至被称为交易上的"私生子"。

在我国,最高人民法院的一些司法判例也从理论和实务的角度对让与担保的概念进行了阐述。例如,修水县巨通投资控股有限公司与福建省稀有稀土(集团)有限公司、江西巨通实业有限公司合同纠纷案【最高人民法院(2018)最高法民终119号民事判决书】。法院认为:就立法例考察,让与担保是大陆法系德日等国经由判例、学说所形成的一种非典型的担保方式。我国经济活动和担保实务中亦多有运用。……本案中,修水巨通与稀土公司之间关于《股权转让协议》是担保合同抑或股权转让的性质之争，系让与担保司法认定中的常见争议。通常所谓的让与担保，是指债务人或第三人为担保债务人的债务，将担保标的物的所有权等权利转移给担保权人，而使担保权人在不超过担保之目的范围内，于债务清偿后，担保标的物应返还给债务人或第三人，债务不履行时，担保权人得就该标的物优先受偿的非典型担保。例如，上海荣腾置业有限公司与马某某金融借款合同纠纷案【最高人民法院（2018）最高法民申 4165 号民事裁定书】。法院认为：所谓让与担保，是指债务人或第三人为担保债务人的债务，将担保标的物的所有权等权利转移给担保权人，而使担保权人在不超过担保之目的范围内，于债务清偿后，担保标的物应返还给债务人或第三人，债务不履行时，担保权人得就该标的物优先受偿的非典型担保。作为一种权利移转型担保，让与担保是以转让标的物权利的方式来达成债权担保的目的，包含让与和担保两个基本要素。

部分地方高级人民法院的司法判例对让与担保的概念也有所论述。例如，西藏信托有限公司等与胡某某股东资格确认纠纷案【北京市高级人民法院（2019）京民申 3169 号民事裁定书】。法院认为：所谓让与担保是指，债务人或第三人为担保债务的履行将标的物转让给他人，于债务不履行时，该他人可就标的物受偿的一种非典型担保。将标的物转移给他人的债务人或第三人形式上是出让人，实质上是担保人；受领标的物的他人形式上是受让人，实质上是担保权人。物权法没有规定让与担保制度，但由于其具有融资灵活、交易成本较低、第三人阻碍债权实现的可能性小等优势，让与担保一直在担保实践中屡见不鲜。例如，陆某某与广州市博睿祥贸易有限公司等其他合同纠纷案【广东省高级人民法院（2019）粤民终 275 号民事判决书】。法院认为：让与担保是在实务中被多数人采用的担保方式，在法律所列举的担保类型范围之外，一般指债务人或第三人与债权人订立合同，约定将财产形式上转让至债权人名下，债务人到期清偿债务，债权人将该财产返还给债务人或第三人，债务人到期没有清偿债务，债权人可以请求人民法院对财产拍卖、变卖、折价偿还债权，是一种非典型担保。

部分基层法院的司法判例对让与担保的概念也有所涉及。例如，方某某、何某与伦某某、孟某某、无锡茜娃物流发展有限公司请求变更公司登记纠纷案【江苏省无锡市惠山区人民法院（2019）苏 0206 民初 8207 号民事判决书】。法院认为：让与担保是指债务人或第三人为担保债务人的债务，将担保标的物的所有权等权利转移给担保权人,而使担保权人在不超过担保之目的范围内,于债务清偿后,担保标的物应返还给债务人或第三人,债务不履行时,担保权人得就该标的物优先受偿的非典型担保。

（二）让与担保的一般特性

上述各级法院司法判例对让与担保的概念基本一致。无论是从理论上还是在司法实务中,一般都认为让与担保是由判例学说所形成的一种非典型担保。所谓非典型担保是指该类担保在法律上没有明确规定,而是由当事人在商事交易中根据经验自发所产生的一种担保形式,或法律虽有规定,但未典型化的担保形式。非典型担保是与典型担保相对应的概念,本身并非严格意义上的法律概念。我国《民法典》确立了保证、抵押、质押等担保类型,并对以上类型担保的设立、标的、效力以及实现方式等作出了具体规定,故保证、抵押、质押等可以称为典型担保。但随着经济社会的发展,实践中出现的不能为前述担保形态所涵盖的各种担保形态,都可以称为非典型担保。包括让与担保、所有权保留、融资租赁、保理等,都属于非典型物保的范畴。

让与担保作为一种非典型的担保方式,有其自身的法律特性,正如孙某某、高某与邹城市盛源天然气有限公司等侵权责任纠纷案【山东省邹城市人民法院(2017)鲁0883民初1182号民事判决书】。法院认为:让与担保是非典型的担保,所谓非典型的担保,就是与《物权法》《担保法》规定的典型担保形式相比,有所不同,不是典型的担保方式,它具有自己的特点,因而属于非典型的担保方式。让与担保具有以下特点:(1)让与担保合同成立后,债务人或者第三人提供的标的物所有权必须转移到债权人名下;(2)虽然让与担保标的物过户到债权人名下,但在债务人的履行债务期限到来之前,债权人无权对标的物再进行处分;(3)让与担保的债权要在债务人履行债务后将标的物返还给债务人,并且与债务人办理过户手续,将所有权转移至债务人名下,还原到让与担保标的物原来的状态。

《九民纪要》第71条第1款规定:“债务人或者第三人与债权人订立合同,约定将财产形式上转让至债权人名下,债务人到期清偿债务,债权人将该财产返还给债务人或第三人,债务人到期没有清偿债务,债权人可以对财产拍卖、变卖、折价偿还债权的,人民法院应当认定合同有效……”《民法典担保制度解释》第

68条第1款规定:“债务人或者第三人与债权人约定将财产形式上转移至债权人名下,债务人不履行到期债务,债权人有权对财产折价或者以拍卖、变卖该财产所得价款偿还债务的,人民法院应当认定该约定有效。当事人已经完成财产权利变动的公示,债务人不履行到期债务,债权人请求参照《民法典》关于担保物权的有关规定就该财产优先受偿的,人民法院应予支持。”上述两部司法文件对让与担保的构成要件和法律特性都具体表现为:一是明确有担保功能;二是明确股权过户(财产权转移);三是到期归属、处分或回购,并基于到期后的安排不同,赋予了相应条款不同的法律后果。

(三)让与担保分类

1.先让与担保和后让与担保

在司法实践中,根据标的物是否发生转移,将让与担保分为先让与担保和后让与担保。

先让与担保,是指债务人或第三人为保证债务的履行,将标的物在形式上转让至债权人名下,债务人到期清偿债务,债权人再将该标的物返还给债务人或第三人,债务人到期没有清偿债务,债权人可以对标的物拍卖、变卖、折价偿还债权。例如,姜某某与舒某某、蒋某某民间借贷纠纷案【浙江省杭州市中级人民法院(2020)浙01民终5204号民事判决书】。法院认为:本案中,依据2017年7月案涉《借款协议》有关股权担保的内容,结合聚登企业于2017年7月6日将投资人由舒某某、蒋某某经工商备案登记变更为姜某某、叶某某以及姜某某、叶某某在《确认书》上的自认等一系列事实来看,案涉借款的担保即为上述所述的股权先让与担保,属于非典型性担保。由于该担保形式上将债务人或第三人的股权转让至债权人名下,故姜某某仅以该股权已登记在姜某某名下这一事实抗辩协议约定的股权担保在实际履行中已变更为股权买卖,依据不足,且与姜某某在《确认书》上的自认不符。

后让与担保,是指债务人或者第三人为担保债权人的债权,与债权人签订标的物转让协议,约定将股权等标的物作为担保标的物,但转让协议并不实际履行,在债务人不能清偿债务时,须将标的物转让给债权人,债权人据此享有的以标的物优先受偿的一种担保形式。

在以买卖合同担保借款合同的交易中,因流质、流押禁止,所以债权人不能要求履行买卖合同、不能直接取得标的物所有权;因缺乏权利变动公示,后让与担保最大的问题,在于没有物权效力,即债权人不能对标的物主张优先受偿,但这并不意味着后让与担保不发生任何效力。例如,黄某某、何某某与麦某某、张某某、胡某某民间借贷纠纷案【广东省深圳市中级人民法院(2018)粤03民终20129号民事判决书】。法院认为:上诉人何某某、黄某某与被上诉人麦某某约定以案外人某公司30%的股权抵偿涉案债务,该约定属于被上诉人麦某某与上诉人何某某关于南充金德源汽车销售有限公司30%股权的后让与担保,双方约定将上述股权作为担保标的物,但权利并未实际转让,当上诉人何某某不能清偿债务时,则被上诉人麦某某享有可以以担保标的物优先受偿的担保方式。在后让与担保中,债权人(本案为被上诉人麦某某)享有的是关于特定标的物的优先受偿权,属于可以行使亦可以放弃的权利,而非必须履行的义务。因此,本案被上诉人麦某某选择不行使上述股权的后让与担保权利,而直接追偿上诉人何某某,系被上诉人麦某某关于自己民事权利的处分,符合法律规定,本院依法予以支持。

先让与担保和后让与担保的区别在于:在先让与担保中,债务履行期届满之前,标的物所有权已发生转移,是以所有权担保债权的实现;而在后让与担保中,所有权并未发生转移,是以买卖合同担保借款合同,直到债务人到期不清偿债务时,才履行买卖合同。鉴于后让与担保并未以登记或交付的方式完成财产权利变动公示,其因欠缺公示而不能具有物权效力,仅属于"具有担保作用"的债权合同,不属于《九民纪要》规定的让与担保。

2. 归属型让与担保和清算型让与担保

根据担保权人受偿方式和清算程序的不同,让与担保可分为归属型让与担保和清算型让与担保。

归属型让与担保,是指让与担保权人将标的物予以公正估价,标的物估价如果超过担保债权数额的,超过部分的价额应交还给让与担保人,标的物由让与担保权人取得。

需要注意的是,如果事前就约定,如果到期债务人不能履行债务,则标的物归属于债权人的约定,属于事前归属型让与担保;还有事后归属型让与担保,即在发生债务人到期不能清偿的情形时,债权人请求对标的物享有所有权。这两种类型的"归属型让与担保",因违反了禁止流质的法律规范,所以不被法院所支持，但这并不意味着约定或请求无效，而是可以参照《民法典》第 428 条的规定，依法优先受偿。

清算型让与担保，是指让与担保权人将标的物予以拍卖、变卖，以所得价款清偿债务、差额部分，担保人或担保权人有权主张返还或补偿。根据《民间借贷规定》第 23 条第 2 款的规定，即为对清算型让与担保的确认。

让与担保随着我国市场经济的发展与信用关系的完善，起源于商事实践并且日益活跃。在我国物权立法过程中，虽曾有将让与担保纳入担保物权法体系的动议，但否定观点最终占据主流，未将让与担保法典化。学理层面，目前关于让与担保制度的研究多集中于不动产及动产领域，针对股权让与担保的研究较少。因为立法缺失及学理研究的不足，各地法院对实务中出现的让与担保的情形，存在各不相同的判决。本书将基于对大量司法判例的归纳、整理和研究，对让与担保中的股权让与担保这一特定的非典型担保方式作以初步探究。

实务疑难问题

后让与担保权人是否享有优先受偿权？

先让与担保中，因担保权人具有优先受偿权可以就担保物优先受偿。那么在后让与担保中，担保权人是否享有优先受偿权？

后让与担保的效力仅为普通债权效力而没有优先于一般债权人的优先受偿权。有的法院认为，在物权变动效力方面，人民法院应当依据物权法定和物权公示原则，不宜承认让与担保等非典型担保的物权效力，即让与担保仅为债权担保方式，不享有对抗第三人的担保物权等优先受偿权。例如，闫某某与刘某某、巴彦淖尔市海贝尔房地产开发有限公司房屋买卖合同纠纷案【内蒙古自治区巴彦淖尔市临河区人民法院(2018)内0802民初4439号民事判决书】。法院认为：虽然本案中当事人签订的商品房买卖合同的行为及备案行为并不导致抵押权成立，但足以认定当事人之间形成了一种非典型性担保关系。但在物权变动效力方面，人民法院应当依据物权法定和物权公示原则，不宜承认让与担保等非典型担保的物权效力，即后让与担保仅为债权担保方式，不具有对抗第三人的效力，即不具有优先受偿权。综上，后让与担保仅具有债权担保的效力，虽可请求处置担保物，但无优先受偿权。

二、股权让与担保

(一)股权让与担保的概念

根据标的物的不同,让与担保包括动产让与担保、不动产让与担保以及股权让与担保等类型。股权让与担保系让与担保的代表类型之一,顾名思义,就是用股权作为担保物设立的让与担保。将股权转移给他人的债务人或第三人形式上是转让人,实质上是担保人;受让股权的他人形式上是受让人,实质上是担保权人。因此本质上,股权转让人是债务人、股权让与担保人(如无特别说明,本书以下统称担保人);受让人是债权人、股权让与担保权人(如无特别说明,本书以下统称担保权人)。在我国,一些司法判例也从理论和实务的角度对股权让与担保的概念进行了阐述。例如,熊某某与昆明哦客商贸有限公司、余某某、徐某、李某某合同纠纷案【江西省高级人民法院(2020)赣民终 294 号民事判决书】。法院认为:股权的让与担保,是债务人或第三人(让与担保人)为担保债务人的债务,将公司股权让与债权人或第三人(让与担保权人),债务清偿后,股权应转回让与担保人;债务未适当履行时,让与担保权人可以就该股权优先受偿的一种担保形式。例如,国药集团宜宾制药有限公司、国药集团成都信立邦生物制药有限公司与杭州功臣投资有限公司等合同纠纷案【四川省宜宾市南溪区人民法院(2018)川 1503 民初 1762 号民事判决书】。法院认为:股权让与担保,是指为担保债务的履行,以股权作为担保物而设立的让与担保,其表现形式通常为债务人或第三人为担保债务人之债务,将股权登记于担保权人名下,在债务人债务清偿后,股权再返还于债务人或第三人,债务人不履行到期债务时,担保权人就该股权享有受偿权利的一种非典型担保形式。最高人民法院审判委员会刘贵祥大法官于 2019 年 7 月 3 日在全国法院民商事审判工作会议上的讲话(以下简称《刘贵祥讲话》)中指出:股权让与担保是让与担保的一种,指的是债务人或者第三人为担保债务的履行,将其股权转移至债权人名下并完成变更登记,在债务人不履行到期债务时,债权人可就股权折价后的价款受偿的一种担保。这实际上就是对股权让与担保概念的基本确定。

现实生活中,许多中小企业因规模较小、风险较大而缺乏担保能力,普遍出现融资较难的问题。为迅速获得资金,在所提供抵押或质押之有形财产不足的情况下,一些企业或个人便寻得突破现行法律规定的担保财产范围的方法,将具有一定经济价值的财产性权益,作为设定担保的标的进行融资,于是便出现了诸如股权让与担保等新类型担保方式。这些新类型担保方式,不仅与规范意义上的抵押、质押、留置、定金、保证等方式不同,还与传统民商法理论中的动产让与担保、所有权保留以及融资租赁等非典型担保有所差别。股权让与担保的实现方式较为灵活,能极大地节约交易成本,其既可采取变价受偿的方式,也可采取估价受偿的方式,克服了股权质押担保实现方式的呆板,以及因拍卖受偿而有可能使股权实际价值大为减损的弊端。

《民法典》及已经废止的《物权法》并未明确规定股权让与担保制度,因此,股权让与担保属于一种非典型的担保方式。但由于其具有融资灵活、交易成本较低、第三人阻碍债权实现的可能性较小等优势,因而一直在担保实践中扮演重要角色。从现实价值看,股权让与担保方式既有利于债权人债权之保障,也不会影响担保人的实际收益,因为股权在外观上已经转移给担保权人,故担保人再行处分股权的可能性很小,因此,在担保期限内,股权为他人取得的可能性也非常小,从而能够确保担保权人的完全优先受偿,这也正是股权让与担保的核心价值之所在。股权让与担保弥补了股权融资方式与其他典型担保形式相比的短板,成为股权质押方式的有益补充。

准确理解股权让与担保,既需要了解让与担保的一般原理,又需要关注股权作为兼具财产权和人身权属性的复合型权利的特点。与动产、不动产的让与担保仅涉及财产权利不同,股权因为兼具财产权和成员权的双重属性,认定名义股东是债权人还是股东,对当事人影响巨大。而且因为股权让与担保和传统物权法理论中的"流质"相抵触,故始终未能在我国的立法上取得一个"名分"。虽然《民法典》第 388 条第 2 句规定:"担保合同包括抵押合同、质押合同和其他具有担保功能的合同。"似乎为股权让与担保提供了一个规范接口,但其并未设定"股权让与担保"之特别条款,其效力争议尚存。《刘贵祥讲话》指出:仅就担保功能而言,股权让与担保完全可以为股权质押所代替。在物权法明确规定了股权质押的情况下,似无再肯定股权让与担保的必要。尤其是公司的组织性以及股权的复合性决定了股权让与担保,不仅涉及设定股权让与担保的股东及其债权人利益,还涉及目标公司及其债权人利益;不仅涉及分红权等财产性权利,还涉及投票权等人身性权利,甚至涉及整个公司的控制权是否转移等问题,从而为货币资本控制实业资本提供了可能,加剧了实体经济的脱实向虚。对此,我们的基本态度是:一方面要依法认定其效力;另一方面要根据当事人的真实意思表示确定实际的权利义务关系。

(二)股权让与担保的法律特征

股权让与担保作为让与担保的一种类型,二者具有基本相同的法律特性。例如,国药集团宜宾制药有限公司、国药集团成都信立邦生物制药有限公司与杭州功臣投资有限公司等合同纠纷案【四川省宜宾市南溪区人民法院(2018)川1503民初1762号民事判决书】。法院认为:股权让与担保,是指为担保债务的履行,以股权作为担保物而设立的让与担保,其表现形式通常为债务人或第三人为担保债务人之债务,将股权登记于担保权人名下,在债务人债务清偿后,股权再返还给债务人或第三人,债务人不履行到期债务时,担保权人就该股权享有受偿权利的一种非典型担保形式。通常意义而言,其法律特征为:(1)为债务提供担保是双方为意思表示的根本目的;(2)担保形式是债务人或第三人以工商登记的方式将担保物即股权的所有权转移登记至债权人名下;(3)在债务人的履行期限届满前,债权人无权处分已变更登记在自己名下的担保股权;(4)债务清偿完毕后,债权人应当按约定将担保股权通过工商登记的形式返还给提供担保的债务人或第三人。

另外,笔者结合一些司法判例,研判认为股权让与担保还具有以下主要扩充法律特性。

1. 存在与股权让与担保相对应的主债权,即存在主从两个法律关系,包含让与和担保两个基本要素。债务人或第三人移转股权的目的,在于担保债务的清偿,实质是提供担保而非买卖。担保人将享有的股权转让给债权人,当债务人不履行债务或不完全履行债务时,债权人就已取得的股权保障债权获得清偿。股权让与担保的旨趣在于通过股权转让的方式,将股权与担保人的其他责任财产相分离,最大限度地减少乃至消除债务不履行的法律风险,其所具有的增信功能及稳定融资秩序的裨益显而易见。股权让与担保作为非典型担保,是一种特殊的担保交易结构,本质是为债权的实现提供担保。虽然司法裁判中具体裁判观点仍有细微差异,但肯定股权让与担保合同效力的司法取向日趋明朗。在肯定股权让与担保合同效力的同时,普遍认为债权人并不能取得所持股权对应的相关股东权利，而只能在担保目的范围内依合同约定行使并处置股权。例如，西藏信托有限公司等与胡某某股东资格确认纠纷案【北京市高级人民法院（2019）京民申3169号民事裁定书】。法院认为：在让与担保关系中，通常存在主从两份合同，股权让与担保作为从合同，是为了担保主合同项下的债务而订立的，这也是判断一个协议是股权转让还是股权让与担保的重要标准。例如，修水县巨通投资控股有限公司与福建省稀有稀土（集团）有限公司、江西巨通实业有限公司合同纠纷案【最高人民法院（2018）最高法民终119号民事判决书】。法院认为：作为一种权利移转型担保，让与担保是以转让标的物权利的方式来达成债权担保的目的，包含让与和担保两个基本要素。这两个基本要素的存在，使得司法实践中对让与担保的定性争议集中在担保抑或转让的性质之争上，存在区分困难。例如，上海荣腾置业有限公司、马某某金融借款合同纠纷案【最高人民法院（2018）最高法民申4165号民事判决书】。法院认为：本案特定资产收益权及案涉60%的股权转让并不符合债权转让合同及股权转让合同的基本特征，而是符合以转让标的物权利的方式来达成债权担保的目的，包含让与和担保两个基本要素这一让与担保的基本特征。

2. 股权转移至担保权人、债权人或指定的第三人名下，并完成变更登记。《民法典》规定的抵押、质押与留置等典型担保，标的物所有权仍归担保人所有。而股权让与担保要求转移标的物所有权（股权）至担保权人、债权人或指定的第三人名下，并完成变更登记。股权让与担保作为让与担保的一种类型，其核心特征在于，股权转移的法律效果超越了债权担保的经济目的，并体现了当事人基于意思自治而谋求对物权法定原则的缓和。这是股权让与担保制度最大的特点。股权发生转移导致股权让与担保存在"名实不符"的问题，其手段（转移所有权）大于目的（担保债权实现）：在内部关系上，当事人的真实意思是担保，债权人仅为担保权人，不得为担保目的之外的利用和处分；在外部关系上，债权人具有所有权人的外观，当其处分标的物时构成无权处分，但相对人可依善意取得制度取得相应物权。例如，修水县巨通投资控股有限公司与福建省稀有稀土（集团）有限公司、江西巨通实业有限公司合同纠纷案【最高人民法院（2018）最高法民终119号民事判决书】。法院认为：案涉《股权转让协议》在性质上应认定为让与担保。理由如下：①稀土公司与修水巨通之间存在债权债务关系。需要指出的是，虽该债权系具有不特定性的将来债权，但在让与担保的设定中，被担保债权不以已经存在的现实债权为必要，将来变动中的不特定债权，亦可成为担保对象。②债务人修水巨通与债权人稀土公司之间具有转让案涉股权的外观。案涉股权转让，在出让人和受让人等各方当事人之间已经达成合意、符合公司法上有限公司股权转让的条件和程序，并已经公示、变更登记至受让人名下，在外观上实现了权利转移。③案涉股权虽已变更登记至稀土公司名下，但该转让系以担保债权实现为目的，稀土公司作为名义上的股权受让人，其权利范围不同于完整意义上的股东权利，受到担保目的等诸多限制。

3. 股权让与担保不能直接达到股权转让的法律效力，仅存在当债务人不履行清偿义务时，债权人可以通过拍卖、变卖后的担保股权优先受偿的法律效果，也即股权变更至债权人名下仅是一种担保方式，并不是股权转让，债权人仅是形式上（一般为工商登记）的股东，不享有实际的股东资格和股东权利，股权仍归属于债务人所有，这在司法判例中有非常充分的体现。例如，深圳市奕之帆贸易有限公司、侯某某与深圳兆邦基集团有限公司等合同纠纷案【最高人民法院（2018）最高法民终 751 号民事判决书】。法院认为：让与担保通常系在债务履行期届满之前签订协议并转移标的物所有权等权利，否则其就不成为一种担保方式，而只是一种债务履行方式。本案当事人在部分债务未届清偿期时签订 4.25《股权担保协议》并办理过户登记以设立让与担保的权利，符合上述要求。例如，江苏悦达贸易股份有限公司与陈某某、盐城市嘉丰置业有限公司等企业借贷纠纷案【江苏省盐城市中级人民法院（2013）盐商初字第 0152 号民事判决书】。法院认为：股权转让的目的主要有两点，一是悦达公司通过形式上占有嘉丰公司的股权以避免嘉丰公司在经营过程中负担更多债务导致其降低或丧失对悦达公司债务的清偿能力；二是股权转让给悦达公司作为担保债权实现的方式，如若到期债务不能清偿，债权人可以将股权折价、变卖或拍卖的价款优先受偿。此种通过股权转让担保债权实现的方式，符合让与担保的特征。

第二章 股权让与担保规定历史沿革

一、《最高人民法院关于审理民间借贷案件适用法律若干问题的规定》（2015年9月1日）

一直以来，让与担保作为非典型担保方式之一，其合法性及效力一直备受争议。但随着社会经济发展、市场融资需求的扩大，让与担保的实践力度也在不断扩增、司法实践对其认可度也逐渐缓和。

关于让与担保的司法规定，最早出现在2015年颁布的《民间借贷规定》的第24条，且该规定已在2020年修正版中第23条得到沿袭，虽然相应规定中并未出现“让与担保”的字样，但其实际解决的就是实践中以买卖为借款担保的情形，具备让与担保的一定雏形。《民间借贷规定》第23条规定，“当事人以订立买卖合同作为民间借贷合同的担保，借款到期后借款人不能还款，出借人请求履行买卖合同的，人民法院应当按照民间借贷法律关系审理。当事人根据法庭审理情况变更诉讼请求的，人民法院应当准许。按照民间借贷法律关系审理作出的判决生效后，借款人不履行生效判决确定的金钱债务，出借人可以申请拍卖买卖合同标的物，以偿还债务。就拍卖所得的价款与应偿还借款本息之间的差额，借款人或者出借人有权主张返还或者补偿”，即民间借贷中存在的买卖合同从属于借贷合同，属于非典型让与担保。

我国法律层面虽然没有明确规定让与担保方式，但亦无禁止性规定。《民间借贷规定》出台后，普遍认为该规定第23条系在司法解释层面上对让与担保制度的规范和调整，对让与担保给予肯定和承认。例如，修水县巨通投资控股有限公司与福建省稀有稀土（集团）有限公司、江西巨通实业有限公司合同纠纷案【最高人民法院（2018）最高法民终119号民事判决书】。法院认为：对让与担保效力的质疑，多集中在违反物权法定原则、虚伪意思表示和回避流质契约条款之上。其中违反物权法定原则的质疑,已在物权法定原则的立法本意以及习惯法层面上得以解释,前述《民间借贷规定》第 24 条的规定,即属对让与担保的肯定和承认。

二、《最高人民法院关于进一步加强金融审判工作的若干意见》(法发〔2017〕22 号)(2017 年 8 月 4 日)

该意见第 3 条规定:"依法认定新类型担保的法律效力,拓宽中小微企业的融资担保方式。丰富和拓展中小微企业的融资担保方式,除符合合同法第五十二条规定的合同无效情形外,应当依法认定新类型担保合同有效;符合物权法有关担保物权的规定的,还应当依法认定其物权效力,以增强中小微企业融资能力,有效缓解中小微企业融资难、融资贵问题。"明确要求依法认定新类型担保的法律效力。司法实务中,也有个别法院引用该意见作为判理使用。例如,冯某某与王某某、唐某某、陈某某、北海市汇银房地产开发有限公司债权人撤销权纠纷案【广西壮族自治区高级人民法院(2019)桂民终 154 号民事判决书】。法院认为:根据 2017 年《最高人民法院关于进一步加强金融审判工作的若干意见》第 2 条规定的"依法认定新类型担保的法律效力,拓宽中小微企业的融资担保方式。丰富和拓展中小微企业的融资担保方式,除符合合同法第五十二条规定的合同无效情形外,应当依法认定新类型担保合同有效;符合物权法有关担保物权的规定的,还应当依法认定其物权效力,以增强中小微企业融资能力,有效缓解中小微企业融资难、融资贵问题",以及《民间借贷规定》第 24 条对名为买卖实为担保的让与担保方式的认可的相关规定,本案当事人通过合同创设新型担保物权时,其约定的内容不存在《合同法》第 52 条规定的合同无效的情形,案涉《股权转让合同》以及《承诺书》均应认定合法有效,所涉股权变更登记不属于无偿转让股权行为,冯某某主张撤销上述《股权转让合同》以及《承诺书》的理由不能成立。

三、《最高人民法院民二庭第 4 次法官会议纪要》(2017 年 9 月 27 日)

《法官会议纪要》认为:认定一个协议是股权转让、股权让与担保还是股权质押,不能仅看合同的形式或名称,而要探究当事人的真实意思表示。如果当事人的真实意思是通过转让标的物的方式为主合同提供担保,则此种合同属于让与担保合同,而非股权转让或股权质押。让与担保合同是双方的真实意思表示,不违反法律、行政法规的强制性规定,依法应当认定合同有效。在已经完成股权变更登记的情况下,可以参照最相近的担保物权的规定,认定其具有物权效力。在主债务期限届满后仍未履行的情况下,名义上的股权受让人对变价后的股权价值享有优先受偿权,但原则上无权对股权进行使用收益,不能享有公司法规定的股东所享有的参与决策、选任管理者、分取红利的权利。就上述《法官会议纪要》,最高人民法院进一步认为:在主债务期限届满后仍未履行的情况下,虽然名义上的股权受让人对变价后的股权价值享有优先受偿权,但原则上无权对股权进行使用收益,不能享有公司法规定的股东所享有的参与决策、选任管理者、分取红利的权利。①

四、最高人民法院审判委员会刘贵祥在全国法院民商事审判工作会议上的讲话(2019 年 7 月 3 日)

该讲话首次对股权让与担保进行了定义,刘贵祥大法官提出:股权让与担保是让与担保的一种,指的是债务人或者第三人为担保债务的履行,将其股权转移至债权人名下并完成变更登记,在债务人不履行到期债务时,债权人可就股权折价后的价款受偿的一种担保。同时,该讲话首次认可了股权让与担保的法律效力,刘贵祥大法官指出:现行法律尽管没有规定包括股权让与担保在内的让与担保,但也没有禁止此种担保方式。根据"法无禁止即可为"的私法解释规则,只要是当事人的真实意思,让与担保本身就是合法的,应予保护。

关于股权让与担保项下的权利人是否优先于一般债权人受偿的问题。刘贵祥大法官进一步指出:如果认为权利人享有的是股权,股权的绝对权性质决定了其优先于一般债权;如果认为受让人享有的是债权,鉴于当事人已经完成了股权变更登记,根据"举重以明轻"的法律解释规则,可以认为完成了股权质押登记,参照适用股权质押实现的有关规定,股权让与担保权利人也享有优先于一般债权人受偿的效力。可见,仅就担保的功能而言,无论权利人取得的是股权还是质权,其享有的权利都要优于一般债权。

---

① 贺小荣主编:《最高人民法院民事审判第二庭法官会议纪要——追寻裁判背后的法理》,人民法院出版社 2018 年版,第 19 页。

另外，关于受让人究竟是债权人还是股东的问题，刘贵祥大法官指出：在股权让与担保中，尽管外观上的股权过户登记与设定担保的真实意思表示不一致，但就当事人之间的内部关系而言，还是要根据真实意思来认定，即认定股权让与担保中的权利人享有的是有担保的债权，而非股权。

刘贵祥大法官的讲话与《法官会议纪要》基本精神一致，只是刘贵祥大法官的讲话在对内关系和对外关系的分析上更为全面。

五、《全国法院民商事审判工作会议纪要》(2019 年 11 月 8 日)

《九民纪要》第 66 条规定："当事人订立的具有担保功能的合同，不存在法定无效情形的，应当认定有效。虽然合同约定的权利义务关系不属于物权法规定的典型担保类型，但是其担保功能应予肯定。"第 71 条规定：债务人或者第三人与债权人订立合同，约定将财产形式上转让至债权人名下，债务人到期清偿债务，债权人将该财产返还给债务人或第三人，债务人到期没有清偿债务，债权人可以对财产拍卖、变卖、折价偿还债权的，人民法院应当认定合同有效。合同如果约定债务人到期没有清偿债务，财产归债权人所有的，人民法院应当认定该部分约定无效，但不影响合同其他部分的效力。当事人根据上述合同约定，已经完成财产权利变动的公示方式转让至债权人名下，债务人到期没有清偿债务，债权人请求确认财产归其所有的，人民法院不予支持，但债权人请求参照法律关于担保物权的规定对财产拍卖、变卖、折价优先偿还其债权的，人民法院依法予以支持。债务人因到期没有清偿债务，请求对该财产拍卖、变卖、折价偿还所欠债权人合同项下债务的，人民法院亦应依法予以支持。

六、《最高人民法院、国家发展和改革委员会关于为新时代加快完善社会主义市场经济体制提供司法服务和保障的意见》(法发〔2020〕25 号)(2020 年 7 月 20 日)

2020 年 7 月 20 日，最高人民法院、国家发展和改革委员会发布《关于为新时代加快完善社会主义市场经济体制提供司法服务和保障的意见》(法发〔2020〕25 号)。该文件第 14 条规定：依法认定新型担保的法律效力。准确把握物权法定原则的新发展、《民法典》物权编扩大担保合同范围的新规定，依法认定融资租赁、保理、所有权保留等具有担保功能的非典型担保合同的效力。结合

《民法典》对禁止流押规则的调整和让与担保的司法实践,进一步研究细化让与担保的制度规则和裁判标准,尊重当事人基于意思自治作出的交易安排。依据物权变动规则依法认定担保物权的物权效力,最大限度地发挥担保制度的融资功能作用,促进商事交易的健康发展。

七、《中华人民共和国民法典》(2021年1月1日)

在《民法典》出台之前,让与担保曾经历坎坷的立法和尺度不一的裁判状况。早在《物权法》草案中曾专设一章“让与担保”。但正式出台的《物权法》中删除了让与担保的规定,亦未明文允许“其他具有担保功能的合同”存在。这一定程度上导致司法实践中对让与担保的态度偏向保守。法院常会以“违反物权法定”“违反禁止流质流押规定”“构成通谋虚伪的意思表示”等理由认定让与担保合同无效或让与担保权未设立。

《民法典》虽未明文规定让与担保,但却通过规定担保合同的范围,为让与担保留下了空间。《民法典》第388条第1款规定:“设立担保物权,应当依照本法和其他法律的规定订立担保合同。担保合同包括抵押合同、质押合同和其他具有担保功能的合同。”此处“其他具有担保功能的合同”即包括让与担保合同等。《民法典》第一次从法律层面上为让与担保的合法有效性提供了依据。

八、《最高人民法院关于适用〈中华人民共和国民法典〉有关担保制度的解释》(2021年1月1日)

《民法典担保制度解释》首次以司法解释的层级规定了让与担保制度,为“股权转让”与“股权让与担保”的区分及其适用提供了法律依据。第63条规定:“债权人与担保人订立担保合同,约定以法律、行政法规尚未规定可以担保的财产权利设立担保,当事人主张合同无效的,人民法院不予支持。当事人未在法定的登记机构依法进行登记,主张该担保具有物权效力的,人民法院不予支持。”第68条规定:“债务人或者第三人与债权人约定将财产形式上转移至债权人名下,债务人不履行到期债务,债权人有权对财产折价或者以拍卖、变卖该财产所得价款偿还债务的,人民法院应当认定该约定有效。当事人已经完成财产权利变动的公示,债务人不履行到期债务,债权人请求参照民法典关于担保物权的有关规定就该财产优先受偿的,人民法院应予支持。债务人或者第三人与债权人约定将财产形式上转移至债权人名下,债务人不履行到期债务,财产归债权人所有的,人民法院应当认定该约定无效,但是不影响当事人有关提供担保的意思表示的效力。当事人已经完成财产权利变动的公示,债务人不履行到期债务,债权人请求对该财产享有所有权的,人民法院不予支持;债权人请求参照民法典关于担保物权的规定对财产折价或者以拍卖、变卖该财产所得的价款优先受偿的,人民法院应予支持;债务人履行债务后请求返还财产,或者请求对财产折价或者以拍卖、变卖所得的价款清偿债务的,人民法院应予支持。债务人与债权人约定将财产转移至债权人名下,在一定期间后再由债务人或者其指定的第三人以交易本金加上溢价款回购,债务人到期不履行回购义务,财产归债权人所有的,人民法院应当参照第二款规定处理。回购对象自始不存在的,人民法院应当依照民法典第一百四十六条第二款的规定,按照其实际构成的法律关系处理"。第 69 条规定:"股东以将其股权转移至债权人名下的方式为债务履行提供担保,公司或者公司的债权人以股东未履行或者未全面履行出资义务、抽逃出资等为由,请求作为名义股东的债权人与股东承担连带责任的,人民法院不予支持。"

《民法典担保制度解释》第 63 条、第 68 条、第 69 条对让与担保及股权让与担保的问题作了进一步的规则续造,明确了典型的让与担保的合同效力、物权效力与股权让与担保的登记股东出资责任问题。尽管如此,围绕股权让与担保的争议并未完全消除。其核心原因在于,在股权让与担保交易中,由于股权本身的特质而产生的、不同于物的让与担保的特殊性。这种特殊性不仅体现在股权转让合同的权利义务分配多样性当中;还体现为基于公司法上的规定,使得股东的权利义务与物的所有权、担保物权二元结构有显著不同。在所持股权的标的公司破产的状态下,问题将更加复杂。这些具体问题,仍属未解之争。

《民法典担保制度解释》第 68 条沿袭了《九民纪要》关于让与担保效力的规定,第 69 条则沿循上述规定之逻辑进一步表明了作为名义股东的让与担保权人的法律地位应作何认定。上述规定反映出关于让与担保的司法态度:一方面,尊重当事人意思自治,认可让与担保合同的效力;另一方面,以典型担保物权的法律框架构建让与担保的法律规则,在完成权利变动公示的情况下,赋予其担保物权效力,但不支持担保权人的所有权主张,不认可流质条款的效力,担保权的实行方式准用抵押、质押的法律规定。司法解释的规定统一了关于让与担保效力的认识。

综合以上法律规定、司法解释、司法文件等，我们可以对股权让与担保进一步归纳总结如下：

1. 股权让与担保在实践中的典型表现形式为，债务人或者第三人与债权人约定将股权形式上转移至债权人或其指定第三人名下，债务人不履行到期债务，债权人有权对股权折价或者以拍卖、变卖该股权所得价款偿还债务。该类约定合法有效，且如果当事人已经完成股权工商变更登记的公示，债务人不履行到期债务，债权人请求参照《民法典》关于担保物权的有关规定就股权优先受偿的，人民法院应予支持。

2. 债务人或者第三人与债权人约定将股权形式上转移至债权人名下，债务人不履行到期债务，股权归债权人所有的，该约定为无效，但是不影响当事人有关提供担保的意思表示的效力。如果当事人已经完成股权工商变更登记的公示，债务人不履行到期债务，债权人请求对该股权享有所有权的，人民法院不予支持；但是，债权人请求参照《民法典》关于担保物权的规定对股权折价或者以拍卖、变卖该股权所得的价款优先受偿的，人民法院应予支持。此外，债务人履行债务后请求返还财产，或者请求对股权折价或者以拍卖、变卖所得的价款清偿债务的，人民法院应予支持。

3. 实践中当事人经常约定将股权转移至债权人名下，一定期间后再由债务人或者第三人溢价回购，如果债务人未履行回购义务，股权归债权人所有。笔者认为此种约定符合股权让与担保的特征，应当参照《民法典担保制度解释》关于让与担保的规定处理。

第三章　股权让与担保效力

《民法典》第215条(原《物权法》第15条)规定:"当事人之间订立有关设立、变更、转让和消灭不动产物权的合同,除法律另有规定或者当事人另有约定外,自合同成立时生效;未办理物权登记的,不影响合同效力。"本条是关于合同效力和物权效力区分的规定。根据该物权变动区分原则,物权变动原因与物权变动结果作为两个法律事实,他们的成立、生效依据不同的法律规定,物权变动不影响合同效力。也就是说,除非法律有特别规定,合同一经成立,只要不违反法律的强制性规定或者当事人另行约定,就可以产生法律效力。合同只是当事人之间的一种合意,并不必然与物权登记联系在一起。登记并不是针对合同行为,它是针对物权的变动所采取的一种公示方法,如果当事人之间仅就物权的变动达成合意,而没有办理登记,合同仍然有效。

股权让与担保作为非典型担保,不同于抵押、质押、留置等典型担保物权,无法直接从《民法典》中找到法律定性、设定方式和清算效果。正因为法律对于股权让与担保没有进行正面规定,这一点与法律规定的"物权法定原则"相悖。同时,股权让与担保还存在是否为"合法形式掩盖非法目的""虚假通谋""流质"等理解误区。因此,长期以来,人们对于股权让与担保合同的效力和合法性一直存在争议。正如修水县巨通投资控股有限公司与福建省稀有稀土(集团)有限公司、江西巨通实业有限公司合同纠纷案【最高人民法院(2018)最高法民终119号民事判决书】。法院认为:对让与担保效力的质疑,多集中在违反物权法定原则、虚伪意思表示和回避流质契约条款之上。

股权让与担保存在"让与"和"担保"两个重要因素,其中"让与"在形式上存在股权发生"物权变动",而"担保"是当事人达成的合同目的,涉及物权变动区分原则。因此,在探讨股权让与担保效力时,必然从合同效力和物权效力两个层面进行探讨。

第一节　股权让与担保的合同效力

一、股权让与担保的裁判实践

实务中,不同级别的法院基于不同的实务角度和法理依据来认定股权让与担保的合同效力。

(一)股权让与担保合同无效的裁判观点梳理

1. 有的法院认为,股权让与担保中的股权转让协议并非当事人的真实意愿,不能产生相应的法律效力。而且股权让与担保违反了法律禁止性规定和物权法定原则,应属无效。例如,滕某某、宽甸金远房地产开发有限公司与王某某、陈某某合同纠纷案【辽宁省高级人民法院(2016)辽民申1115号民事判决书】。法院认为:从外在表现形式上,滕某某与王某某、陈某某签订的《股权转让协议》并非双方当事人真实意思表示,不能产生相应的法律效力。从双方当事人真实目的来看,双方签订的《股权转让协议》和《合作管理协议书》属于设定股权让与担保,该约定违反了法律的禁止性规定和物权法定原则,故原审认定《股权转让协议》和《合作管理协议书》无效并无不当。

2. 有的法院认为,我国现行物权法律制度实行物权法定原则,当事人不得创设与法定物权种类和内容不符的物权。让与担保属于创设法定类型之外的新的物权类型,明显同物权法定原则相冲突。同时,让与担保违反"禁止流质"的规定。故让与担保不是符合物权法和担保法规定的担保方式,双方以转让股权的方式设定担保物权违反法律强制性规定。例如,李某某与中新房东方控股有限公司确认合同无效纠纷案【宁夏回族自治区银川市兴庆区人民法院(2017)宁0104民初174号民事判决书】。法院认为:我国现行物权法律制度实行物权法定原则,物权的种类和内容,由法律规定,而不能由法律之外的其他规范性文件确定,或由当事人通过合同任意设定。物权法定原则集中体现了物权法规范的强制性,即当事人不得创设与法定物权种类和内容不符的物权。物权的种类包括所有权、用益物权、担保物权、占有。担保物权的种类包括抵押权、质权、留置权。当事人通过买卖合同的方式设定让与担保,属于创设法定类型之外的新的物权类型，明显同物权法定原则相冲突。同时，让与担保违反物权法关于“禁止流质”的规定。根据物权法的相关规定，质权人在债务履行期限届满前，不得与出质人约定债务人不履行到期债务时质押财产归债权人所有。本案原、被告签订《股权转让协议》的目的是担保债务的履行，鉴于双方未办理出质登记，其约定也不符合法定的担保方式，故让与担保不是符合物权法和担保法规定的担保方式，双方以转让股权的方式设定担保物权违反法律强制性规定。

3. 有的法院依照《民法总则》关于“行为人与相对人以虚假的意思表示实施的民事法律行为无效”的相关法律规定，认定股权转让协议无效。例如，孙某某与薛某某、钮某某股权转让纠纷案【江苏省淮安市中级人民法院（2020）苏08民终655号民事判决书】。法院认为：上诉人依据2018年6月25日股权转让协议，要求被上诉人支付股权转让款项。本院认为，该协议并非双方真实意思表示，上诉人的主张不能成立。理由为：首先，该协议签订时被上诉人对弘格公司的出资仅有300万元，该协议约定退还被上诉人300万元出资，却需被上诉人以630万元的价格受让上诉人股权，不符合常理。其次，经一审查明，孙某某与薛某某及钮某某一起到盱眙县行政审批中心办理公司股东变更登记手续，因2018年6月12日的股权转让协议不符合变更登记要求，由中介机构人员提供打印好的股权转让协议、股东会决议模板，由三人填写股东会决议、股权转让协议日期，并填写股权转让价款。上诉人未持有2018年6月25日股权转让协议，该协议留存于审批中心。钮某某一审亦证实当时没有谈到转股的价格，可以认定该协议注明的630万元转让价格只是为了办理股权变更登记所填写，并非各方的真实意思表示。最后，上诉人介绍张某某夫妇受让被上诉人所持有的弘格公司所有股份，股权转让价格仅有300万元，2018年12月21日孙某某与张某某签订的股份确认书，约定孙某某出资200万元即可持有42.8%的股权，可以证明股权转让价格远低于公司章程约定的股东出资额，上诉人主张630万元系真实转让价格依据不足。依照《民法总则》第146条规定，行为人与相对人以虚假的意思表示实施的民事法律行为无效，因此应当认定2018年6月25日股权转让协议无效。

（二）股权让与担保合同有效的裁判观点梳理

大部分法院认为，应当区分股权让与担保的合同效力及物权效力，股权让与担保不存在适用物权法定原则的问题,应属合法有效。

1. 股权让与担保是双方当事人真实意思表示,没有违反法律及行政法规的强制性规定,应属合法有效。

例如,修水县巨通投资控股有限公司与福建省稀有稀土(集团)有限公司、江西巨通实业有限公司合同纠纷案【最高人民法院(2018)最高法民终 119 号民事判决书】。法院认为:协议系当事人以契约方式设定的让与担保,形成一种受契约自由原则与担保经济目的双重规范与调整的债权担保法律关系,不违反法律、行政法规的强制性规定,应当认定合法有效。

例如,郭某、洪某、蒯某某与葛某某股权转让纠纷案【江苏省盐城市中级人民法院(2013)盐商初字第 0202 号民事判决书】。法院认为:原、被告之间签订《股权抵押协议》之后,双方为履行该协议而约定以股权转让的形式进行担保,故该股权转让协议并非真正的股权转让,而是属于让与担保,该种担保形式并没有违反法律法规的强制性规定,故原、被告签订的《协议书》是双方真实意思表示,应为有效合同。

例如,河北神兴建筑工程有限公司、曹某某与河北宸源房地产开发有限公司、莱芜市隆福房地产开发有限公司、陈某某股东资格确认纠纷案【山东省济南市中级人民法院(2019)鲁 01 民终 637 号民事判决书】。法院认为:宸源公司与曹某某签订的《股权转让协议》,不管是基于双方股权转让的意思表示,还是基于其他合同关系基础上作出的股权让与担保,均系各方当事人自愿签订,且不违反强制性法律规定,该协议合法有效。

例如,刘某某与张某某、天津津港通商贸有限公司民间借贷纠纷案【天津市第一中级人民法院(2018)津 01 民初 452 号民事判决书】。法院认为:双方约定张某某将津港通公司 90% 股权转让给刘某某,此股权转让只是作为张某某履行《借款协议》的担保,并不是实质意义上的股权转让,该约定具有让与担保的性质。债权人与债务人签订的名为股权转让实为股权让与担保的合同,系双方当事人真实意思表示,未违反法律及行政法规的强制性规定,此种担保方式为合法有效。

例如,梁某某与张某确认合同有效纠纷案【山西省新绛县人民法院(2020)晋 0825 民初 1311 号民事判决书】。法院认为:原、被告签订的《协议书》,系双方当事人的真实意思表示,不违反相关法律、行政法规的禁止性规定,合法有效。

原、被告在协议中约定以转让股权的方式设定股权让与担保，并约定了股权回赎期限，是一种特殊的担保方式，并未违反法律规定，合法有效，对其效力应予确认。

例如，丁甲、吴某与福建渝商投资有限公司、丁乙民间借贷纠纷案【福建省高级人民法院(2014)闽民终字第 360 号民事判决书】。法院认为：债权人的目的不是长期持有讼争股权，而是按时收回股权回购款。该讼争股权实质是作为债务人支付股权回购款的担保，在债务履行完毕后，股权又回归于债务人。当事人之间的这种股权转让及回购的安排并未违反法律、行政法规效力性强制性规定、禁止性规定，不侵害他人的合法利益，是有效的。

例如，港丰集团有限公司与深圳市国融投资控股有限公司等合同纠纷案【广东省高级人民法院(2015)粤高法民四终字第 196 号民事判决书】。法院认为：该行为的实质是通过让与股权所有权的形式担保债务的履行，此种担保形式是为适应现代市场经济高度融资需求而发展形成的一种非典型性担保，一审将其定性为股权让与担保符合本案法律关系特征。双方这种以转让股权的方式作为债务担保的约定，系双方当事人合意，不违反法律及行政法规关于合同效力性的强制性规定，应认定为有效。

例如，蔡某某、黄某某与吴某某、何某某确认合同无效纠纷案【江西省南昌市中级人民法院(2015)洪民二初字第 587 号民事判决书】。法院认为：原告蔡某某实质系通过以转让其股权的形式担保其借款债务的履行，该行为系双方当事人真实意思表示，也未违反法律及行政法规的规定，应为合法有效，双方应基于诚实信用原则履行合同约定。

例如，唐某与潘某某、广西贺州生生资产经营有限公司股东资格确认纠纷案【广西壮族自治区贺州市中级人民法院(2020)桂 11 民终 1100 号民事判决书】。法院认为：双方这种以转让股权的方式作为债务担保的约定，系双方当事人合意，不违反法律及行政法规关于合同效力性的强制性规定，根据《合同法》第 8 条"依法成立的合同，对当事人具有法律约束力。……"的规定，原告潘某某与被告唐某签订的股权转让协议合法有效。

例如，李某某、余某某、杜某与四川华银中小企业融资担保有限公司、柳某某质押合同纠纷案【四川省达州市通川区人民法院(2019)川 1702 民初 2526 号民事判决书】。法院认为：柳某某分别与原告李某某、余某某、杜某签订了《股权转让协议》,该协议未约定转让价款,形式上是股权转让协议,实质系各方当事人通过契约方式设定让与担保,形成一种受契约自由原则和担保经济目的双重规范的债权担保关系,协议的真实目的系三原告为华银融资公司代偿的债务提供担保,该协议不违背法律法规的强制性规定,合法有效。

2. 股权让与担保属于特殊担保类型,能够弥补典型担保的缺陷,为股权质押的有益补充,且是当事人真实意思表示,未违反法律强制性规定,合法有效。

例如,朱某某与韩某某股权转让合同纠纷案【江苏省淮安市淮阴区人民法院(2013)淮商初字第0295号民事判决书】。法院认为:债务人与债权人以股权转让方式为债权实现担保的,属于市场经济发展中的特殊担保类型,其能够弥补典型担保和其他非典型担保方式之缺陷,为股权质押方式之有益补充。债权人与债务人签订的明为股权转让实为股权让与担保的合同,系双方当事人真实意思表示,未违反法律及行政法规的强制性规定,此种担保方式为合法有效。

3. 根据"法无禁止即可为"的私法解释规则,股权让与担保是当事人真实意思表示,合法有效。

例如,福建省时代华奥动漫有限公司等与中铁信托有限责任公司借款合同纠纷案【最高人民法院(2020)最高法民终39号民事判决书】。法院认为:尽管现行法律没有规定包括股权让与担保在内的让与担保,但也没有禁止此种担保方式,根据"法无禁止即可为"的私法解释规则,只要是当事人真实意思表示,股权让与担保本身是合法的,应予以保护。

4. 股权让与担保不损害社会公共利益和公序良俗,也不违反物权法定主义立法意旨,应当认定为有效。

例如,江苏亿豪房地产发展有限公司与南京中医药大学股权转让纠纷案【江苏省高级人民法院(2014)苏商终字第0205号民事判决书】。法院认为:虽然目前我国法律尚未明确规定让与担保制度,但当事人约定的让与担保条款不违反法律、行政法规的强制性规定,不损害社会公共利益和公序良俗,亦不违反物权法定主义立法意旨,且在市场经济条件下具有促进交易、对抗风险、融通资金等价值与功能,应当认定为有效。

5. 有的法院虽然认为股权让与担保不具有物权效力,但又认为未违反法律强制性规定,从而认定合同有效。

例如,陶某某与嘉鹏置地集团有限公司等与公司有关的纠纷案【广西壮族自治区柳州市中级人民法院(2018)桂02民终1579号民事判决书】。法院认为:尽管本案所涉的担保方式不具有物权效力,但亦未有明文规定禁止以此方式进行债务担保。综上,将股权转让登记到陶某某名下以作为官塘公司6000万元债务的担保,这一担保方式为非典型的让与担保,不具有物权效力,但也未违反法律的效力性强制性规定。

例如,浙江金鑫钢结构集团有限公司、富阳茶叶机械总厂与宏丰实业集团有限公司、浙江一鸣包装印刷有限公司追偿权纠纷案【浙江省杭州市富阳区人民法院(2016)浙0111民初5395号民事判决书】。法院认为:原、被告及第三人在《协议》中对案涉股权让与担保作出约定。首先,根据物权和债权区分原则,物权法定原则并不能否定上述合同的效力,即使股权让与担保不具有物权效力,股权让与担保合同也不必然无效。其次,让与担保虽非《物权法》等法律规定的有名担保,但属在法理及司法实践中得到广泛确认的非典型担保。

有的法院认为,让与担保虽然因违反物权法定原则,不产生物权转移效力,但其合同效力不受物权效力认定的影响。例如,林某某与湖南省开元盛世投资有限公司、郴州市旭日东方房地产开发有限公司股东资格确认纠纷案【湖南省郴州市中级人民法院(2019)湘10民终4072号民事判决书】。法院认为:根据法律规定,我国担保法律关系中分为保证担保(俗称人保)和物的担保(俗称物保),而物保分为抵押权、质权和留置权。本案虽然不属于上述有名担保,但在相关司法解释及法律理论和实践中确认的非典型担保物权还有优先权、所有权保留和让与担保。鉴于本案股权转让协议是为民间借贷提供担保,并约定还清借款本息后即可回购,且已经按约定办理了物权转移登记手续,系通过转让标的物的所有权来担保债权实现的方式属的性质符合非典型担保中的让与担保的特征。让与担保法律关系在司法实践中屡见不鲜,因其违反物权法定原则,不产生物权转移效力,所以其合同效力不受物权效力认定的影响。

6. 股权让与担保在不违反法律强制性规定的情况下,在合同当事人之间具有合同效力,也未对其他债权人造成实质性损害,因此合法有效。

例如,肖某与郭某某、欧阳某某、胡某破产撤销权纠纷案【江西省吉安市中级人民法院(2018)赣08民终1413号民事判决书】。法院认为:其他股权让与担保约定条款在不违反法律法规的强制性规定情况下,在合同当事人之间具有合同效力,也未对其他债权人造成实质性损害。一审认定胡某、欧阳某某与肖某签订的《股权转让协议书》无效，属于适用法律错误，本院依法予以纠正。

7. 从法律构造角度分析，股权让与担保本身仅涉及股东的财产权，但不影响实际股东的社员权，形式上的股权转让实为让与担保行为，应为有效。

例如，西藏信托有限公司等与胡某某股东资格确认纠纷案【北京市第一中级人民法院(2019)京01民终2736号民事判决书】。法院认为：让与担保作为非典型担保形式并不违反法律及行政法规禁止性规定，应属有效。股权让与担保的法律构造为：债务人将股权转移至债权人名下，债务清偿后，股权应返还于债务人；债务人履行不能时，债权人可就股权变价并经过债务清算后受偿。有限公司股权权能中包含财产权和社员权，而股权让与担保本身仅涉及其中的财产权部分，但不应影响实际股东社员权利的行使。债务人转让股权给债权人，股权转让款由债权直接转化，且债权人收取固定分红而不参与公司经营管理，事后又未办理工商变更登记的，应认定为名为股权转让实为让与担保行为，应为有效。

8. 股权让与担保并不符合法定的合同无效情形，亦不违反物权法所确立的物权原因行为与变动行为相区分原则，合法有效。

例如，孙某某与杨某某、黑龙江昊润房地产开发有限公司民间借贷纠纷案【黑龙江省高级人民法院(2014)黑高商终字第37号民事判决书】。法院认为：虽然让与担保不属《担保法》和《物权法》明确规定的担保形式，但其并不符合《合同法》规定的合同无效的情形，亦不违反《物权法》第15条所确立的原因行为与物权变动行为相区分原则。依契约自由原则，应承认该种非典型担保合同的效力。

9. 股权让与担保为当事人在商业实践中的创新活动，属于商业活力的体现，不应以担保法未规定该担保方式来否定其存在的价值。

例如，亿仁投资集团有限公司、深圳市亿仁控股有限公司等与北京安鼎信用担保有限公司、曹某某股权转让纠纷案【广东省珠海市中级人民法院(2013)珠中法民二终字第400号民事判决书】。法院认为：涉案合同名称为股权转让，但当事人本意在于担保，因此本案双方当事人是以让渡股权的方式来设定担保，该担保形式不同于普通典型担保，属于一种新型的担保方式。当事人这一真实意思表示并未违反法律的禁止性规定，且该种让与型担保灵活便捷可以方便当事人融资、有利于市场经济的繁荣，应视为当事人在商业实践中的创新活动，属于商业活力的体现，不应以担保法未规定该担保方式来否定其存在的价值。本院对该《股权转让合同》效力予以认可。

10. 合同自由原则不仅允许当事人依据实际需要缔结现行法已有规定的合同，而且允许当事人在不违反强行法规及公序良俗的前提下，自由创设现行法未规定的新型合同。我国现行法律并未禁止当事人用转移标的物所有权的方法担保债务的履行，属合法有效。

例如，江苏华汇投资集团有限公司与无锡汇鑫置业有限公司、中国金谷国际信托有限责任公司股权资格确认纠纷案【江苏省无锡市中级人民法院（2018）苏02 民终 954 号民事判决书】。法院认为：合同自由原则不仅允许当事人依据实际需要缔结现行法已有规定的合同，而且允许当事人在不违反强行法规及公序良俗的前提下，自由创设现行法未规定的新型合同。我国现行法律并未禁止当事人用转移标的物所有权的方法担保债务的履行。债务人与债权人以股权转让方式为债权实现担保的，属于市场经济发展中的特殊担保类型，其能够弥补典型担保和其他非典型担保方式之缺陷，为股权质押方式之有益补充。债权人与债务人签订的明为股权转让实为股权让与担保的合同，系双方当事人真实意思表示，未违反法律及行政法规的强制性规定。故华汇公司与金谷公司签订股权转让协议关于华汇公司将持有的汇鑫公司 12.5% 的股权以 0 元的价格转让给金谷公司，作为汇鑫公司的债务履行的担保之约定，合法有效。

11. 即使股权转让协议的性质为股权让与担保，也不是合同无效的理由。

例如，蒯某某与梁某某股权转让纠纷案【江苏省响水县人民法院（2016）苏0921 民初 3192 号民事判决书】。法院认为：原、被告于 2013 年 12 月 19 日签订的股权转让协议系双方当事人的真实意思表示，无违反《合同法》第 52 条认定合同无效的法定情形，应当认定为合法、有效。即使该股权转让协议的性质为股权让与担保，也不是合同无效的理由。

12. 现行法律尽管没有规定股权让与担保，但也没有禁止此种担保方式。《民间借贷规定》第 23 条的规定，即属对让与担保的肯定和承认，依法应为有效。

例如，任某某、周某新、周某南与广元市广发创业投资有限公司、广元市宇重建材有限公司请求变更公司登记纠纷案【四川省高级人民法院（2020）川民申605 号民事裁定书】。法院认为：认定一个协议的性质，不能仅看合同的形式或名称，而应根据当事人的投资目的、实际权利义务等因素综合予以认定。本案中,根据案涉《创业投资及增资协议》《股权转让协议》的约定内容可见,广发公司投资的目的并非是取得目标公司即宇重公司股权,而仅是到期收取固定资金收益,广发公司并不参与宇重公司的经营管理。因此,广发公司与宇重公司及其股东之间,是一种名为股权转让,实为融资借贷的债权债务关系。而协议中附回购条款的股权转让行为是非典型的让与担保行为,目的在于通过股权登记为广发公司所有的形式和债权提供担保,保障其债权的实现。由此可见,广发公司实际享有的是债权而非股权,案涉《创业投资及增资协议》《股权转让协议》在实际上是通过让与股权方式提供担保的借贷合同。股权让与担保是让与担保的一种,指的是债务人或者第三人为担保债务的履行,将其股权转移至债权人名下并完成变更登记,在债务人不履行到期债务时,债权人可就股权折价后的价款受偿的一种担保。现行法律尽管没有规定包括股权让与担保在内的让与担保,但也没有禁止此种担保方式。《民间借贷规定》第24条的规定,即属对让与担保的肯定和承认。

13. 股权让与担保参照最类似的有名合同,即股权质押合同的相关规定认定为有效。

例如,国药集团宜宾制药有限公司、国药集团成都信立邦生物制药有限公司与杭州功臣投资有限公司等合同纠纷案【四川省宜宾市南溪区人民法院(2018)川1503民初1762号民事判决书】。法院认为:综观本案案涉合同约定情况及履行情况,被告霖康公司、富田公司与原告宜宾制药公司之间成立为股权让与担保关系。虽然在我国现行法律体系中,股权让与担保属于非典型担保,但在双方具有担保真实意思表示的情况下,股权转让的形式能直接发挥担保作用,具有事实上的担保功能。加之,合同自由是合同法的基本原则,现案涉担保合同不违反法律强制性规定,对于股权让与担保合同的效力应当参照最类似的有名合同——股权质押合同的相关规定认定为有效。

二、股权让与担保合同是否因属"通谋虚伪表示"而无效

(一)"通谋虚伪表示"的含义

《民法总则》第146条规定:"行为人与相对人以虚假的意思表示实施的民事法律行为无效。以虚假的意思表示隐藏的民事法律行为的效力,依照有关法

律规定处理。”《民法典》第146条继续延续了上述规定，在实务中也统称为“通谋虚伪表示”。

所谓虚伪意思表示，是指行为人与相对人都非常清楚地知道，自己所表示的意思并不是双方的真实意思表示，民事法律行为本身欠缺效果意思，双方均不希望此行为能够真正发生法律上的效力。典型的就是名为什么，实为什么。如果是单方进行虚伪意思表示，对方并不知情，则该意思表示并不因此无效。一般来说，意思表示的瑕疵，并不会导致民事法律行为无效，往往是通过可撤销的方式进行救济。法律之所以对双方的虚假意思表示法律直接认定无效，主要是涉及公共秩序的问题。

所谓隐藏的民事法律行为，是指被虚伪的意思表示所隐藏，双方当事人真心所欲达成的民事法律行为。对于隐藏法律行为的效力，根据上述规定，应当依据有关法律的规定处理。换言之，在同时存在虚假意思表示和隐藏行为的情况下，虚假意思表示无效，如果隐藏法律行为本身有效，那么按照有效处理；如果隐藏法律行为本身无效，那么按照无效处理；如果隐藏法律行为本身为可撤销的民事法律行为，那么按照可撤销的民事法律行为处理。

（二）实务中认定属于“通谋虚伪表示”的裁判观点梳理

实务中，存在对股权让与担保是否为以虚假的意思表示隐藏的民事法律行为之争。一部分法院的裁判观点认为，从虚伪意思表示的角度来看，确实可以将股权让与担保理解为名为股权转让实为让与担保。也就是说，股权转让是假，让与担保是真。股权让与担保中，债务人将股权转移给债权人的外观形式与其设立担保的真实意思不相符，可以认定为双方基于虚假意思表示实施的民事法律行为，应属无效。

1. 有的法院认为，合同双方当事人签订的股权转让协议意思表示不真实，属于“虚伪行为”而无效，股权变更并不能产生相应的法律后果。例如，朱某与周某、徐州爱依食品有限公司民间借贷纠纷案【江苏省睢宁县人民法院（2015）睢民初字第3468号民事判决书】。法院认为：原、被告双方于同日签订了《股权转让协议》，虽然双方也依据该协议到工商部门办理了股权变更手续，但因为原、被告双方在签订这一协议时，所表达的“意思表示不真实”，系属于因履行前面的借款合同的从合同，“通谋而为的双方虚假的意思表示”，在法律上称为“虚伪行为”。因此,该行为在当事人之间,因当事人无受其约束的意思,故虚伪意思无效,但该无效的虚伪表示,不得对抗善意第三人。现在原、被告签订的《股权转让协议》由于属于“虚伪行为”,因此而无效,股权变更并不能产生相应的法律后果。

2. 有的法院认为,合同当事人签订股权转让协议的真实意思为借款担保,股权转让属虚假的意思表示而无效。但隐藏的民事法律行为即股权让与担保行为应依照物权法及担保法的相关规定处理。例如,象山亚飞商贸城开发有限公司与卢某某、象山骏马健康置业有限公司民间借贷纠纷案【浙江省象山县人民法院(2019)浙 0225 民初 6976 号民事判决书】。法院认为:《民法总则》第 146 条规定,行为人与相对人以虚假的意思表示实施的民事法律行为无效。以虚假的意思表示隐藏的民事法律行为的效力,依照有关法律规定处理。本案被告骏马公司与被告卢某某签订的《融资及合作协议》,原告与被告卢某某签订的《股权转让及回购协议》的真实意思为原告为购买涉案地块向被告卢某某借款,原告将骏马公司的股权登记在被告卢某某名下作为借款担保,故虚假的意思表示即原告将骏马公司的股权转让给被告卢某某的民事行为应认定为无效。隐藏的民事法律行为即股权让与担保行为应依照物权法及担保法的相关规定处理。原告向被告卢某某借款应予归还,被告卢某某对骏马公司名下的涉案土地使用权在借款本息范围内享受优先受偿权。原告归还被告卢某某借款本金 96,936,300 元及利息后,被告卢某某应将其持有的骏马公司的 100% 股权返还原告或其指定的第三人。

3. 有的法院认为,股权转让价款条款实质上基于股权转让协议在形式上的普遍要求而虚设的,并非当事人的真实意思表示,属于通谋虚伪表示,因意思表示不真实而无效。例如,冯某某与梁某某股权转让纠纷案【山西省阳泉市中级人民法院(2020)晋 03 民终 849 号民事判决书】。法院认为:《民法总则》第 146 条第 1 款规定,行为人与相对人以虚假的意思表示实施的民事法律行为无效。冯某某依据案涉《股权转让协议》诉请梁某某支付股权转让价款 289 万元,根据前述关于争议焦点一的分析,冯某某与梁某某签订的案涉《股权转让协议》实质上是为《借款合同》履行而设定的担保,故关于股权转让价款为 300 万元的条款实质上是基于股权转让协议在形式上的普遍要求而虚设的,并非当事人的真实意思表示,应当认定属于通谋虚伪表示,因意思表示不真实而无效,冯某某依据该条款约定诉请梁某某支付股权转让价款 289 万元，于法无据，本院不予支持。

4. 有的法院认为，合同当事人之间的股权转让协议是为了担保借款能够清偿，其真实意思并不是真实的股权转让。因此，办理股权转让过户登记手续并不是当事人的真实意思表示，该行为因属于当事人以虚假的意思表示实施的民事法律行为而无效。例如，李某某与东明众泰石墨有限责任公司等股东资格确认纠纷案【山东省东明县人民法院（2019）鲁 1728 民初 2117 号民事判决书】。法院认为：在股权转让后，由于实际投资人仍然向柏某某偿还借款的事实，与原告主张的股权转让实质上是借款的股权让与担保行为相符，因此，原告李某某与被告王某华之间存在的应是借贷关系而不是股权转让关系。综上，原告李某某与被告王某华之间的股权转让协议是为了担保借款能够清偿，其真实意思并不是真实的股权转让；显然，被告王某华在实际投资人继续偿还借款的情况下，办理股权转让过户登记手续并不是原告真实意思表示；根据《民法总则》第 146 条规定，行为人与相对人以虚假的意思表示实施的民事法律行为无效。原告李某某与被告王某华所签订的股权转让协议并不是原告李某某的真实意思表示，该协议属于无效协议。

5. 有的法院认为，股权让与担保中的股权转让是假，让与担保是真。股权转让协议因其并非当事人真实的意思表示，是一种虚假的意思表示而无效。例如，薛某某与江苏益铭达生物科技有限公司、铭创金融控股集团有限公司股权转让合同纠纷案【江苏省盐城市中级人民法院（2018）苏 09 民初 412 号民事判决书】。法院认为：《民法总则》第 146 条规定，行为人与相对人以虚假的意思表示实施的民事法律行为无效。以虚假的意思表示隐藏的民事法律行为的效力，依照有关法律规定处理。根据该条规定，如当事人之间存在通谋的虚假意思表示，基于该虚假意思表示实施的民事法律行为应为无效。根据（2018）苏 0981 民初 3528 号一案中天通公司、薛某某以及杨某某的庭审陈述，天通公司、薛某某以及杨某某均一致认可 2018 年 6 月 4 日《股权转让协议》担保的是向杨某某的借款 180 万元，本案中益铭达公司也认可该事实，并明确在薛某某归还借款后，将股权返还给薛某某。因此，本案名为股权转让，实为让与担保；股权转让是假，让与担保是真。股权让与担保是让与担保的一种，指的是债务人或者第三人为担保债务的履行，将其股权转移至债权人名下并完成变更登记，在债务人不履行到期债务时，债权人可就股权折价后的价款受偿的一种担保。虚假的意思表示即股权转让协议因其并非当事人真实的意思表示而无效，本案中 2018 年 6 月 4 日《股权转让协议》无效；至于隐藏的行为即让与担保行为则要根据合同法的相关规定认定其效力，薛某某与杨某某之间的让与担保行为是否有效，系另外一层法律关系，本案对让与担保行为的效力不作审查。

6. 有的法院认为，债务人在失去控股股东资格的情况下，仍积极参与公司经营，交易实质是为债权提供让与担保，可见股权转让系虚伪意思表示。例如，袁某某与刘某某、徐某某、随州市优安房地产有限公司、万某某债权人代位权纠纷案【湖北省随州市中级人民法院（2019）鄂 13 民终 621 号民事判决书】。法院认为：程力小贷公司与优安公司之间存在真实借贷，双方之间签订的融资协议有让与担保的意思表示，万某某在失去控股股东资格的情况下，仍在积极为优安公司参与土地使用权竞拍融资、经手办理交纳保证金款项，双方争议的案涉股权转让系虚伪意思表示，交易实质是为债权提供让与担保具有较高的事实盖然性。

7. 有的法院认为，股权转让协议因意思表示虚假应属无效，但股权让与担保行为系双方真实意思表示，不违反法律、行政法规的效力性强制性规定，应属合法有效。例如，李某某与韩某某、长春利普顿集团有限公司股权转让纠纷案【吉林省长春市中级人民法院（2020）吉 01 民初 520 号民事判决书】。法院认为：结合《股权转让协议》《股权交割证明》签订后第二日即 7 月 15 日韩某某与李某某另行签订《借款协议》中关于将李某某持有的利普顿公司全部股权更名质押给韩某某，利普顿公司全部资产质押给韩某某，并向韩某某借款 1500 万元，如到期还不上，可以申请延期，李某某将全部资金归还韩某某后，韩某某将股权及其资产全部归还给李某某等约定内容，可以认定李某某与韩某某之间非股权转让关系，而系股权让与担保关系，《股权转让协议》并非协议签订双方真实意思表示。根据《民法总则》第 146 条“行为人与相关人以虚假的意思表示实施的民事法律行为无效。以虚假的意思表示隐藏的民事法律行为的效力，依照有关法律规定处理”的规定，《股权转让协议》因意思表示虚假应属无效，但股权让与担保行为系双方真实意思表示，不违反法律、行政法规的效力性强制性规定，应属合法有效。判决如下：李某某与韩某某于 2015 年 7 月 14 日签订的《股权转让协议》无效，李某某与韩某某之间系股权让与担保关系。

例如，佛山市顺德区北滘青企壹投资有限公司与广东盈腾融资担保有限公司等民间借贷纠纷案【北京市高级人民法院（2019）京民终 101 号民事判决书】。

法院认为:关于青企壹公司与银杏盛世公司签订《股权转让协议》的效力。青企壹公司主张签订《股权转让协议》系为借款提供担保,银杏盛世公司主张该协议系真实有效且已履行的合同,盈腾公司主张该协议系《增资协议书》履行方式的变更。虽然《股权转让协议》中的股权已经变更至青企壹公司的名下,但法院注意到:一是《股权转让协议》约定,青企壹公司成为盈腾公司股东;按章程规定分享公司利润与分担亏损,该合同签订后,盈腾公司、斯科尔公司仍旧依约向青企壹公司支付固定收益,如果该协议真实有效,盈腾公司、斯科尔公司不应有此行为。二是盈腾公司、银杏盛世公司主张盈腾公司已经向银杏盛世公司给付股权转让款3190万元,因银杏盛世公司收款的账户并非其自己账户,且转款的用途系往来款,数额并非3190万元,盈腾公司、银杏盛世公司、国瑞泰控股有限公司之间存在紧密的关联关系,故该项主张,法院难以采信。法院已经认定青企壹公司与盈腾公司之间系借贷法律关系,基于上述情形,法院认定涉案《股权转让协议》的签订及履行系为盈腾公司的借款提供担保。依据《民法总则》第146条规定:“行为人与相对人以虚假的意思表示实施的民事法律行为无效。以虚假的意思表示隐藏的民事法律行为的效力,依照有关法律规定处理。”涉案《股权转让协议》无效。

8. 有的法院认为,行为人与相对人以虚假的意思表示实施的民事法律行为无效。股权转让合同双方无真实转让股权的意思表示,而是为债务提供担保,双方以虚假的意思表示实施的民事法律行为无效。例如,蔡某与陈某某、蔡某甲、赣州市南康区成城矿业有限公司股权转让纠纷案【江西省赣州市南康区人民法院(2020)赣0703民初3986号民事判决书】。法院认为:根据《民法总则》第146条第1款规定,行为人与相对人以虚假的意思表示实施的民事法律行为无效。本案所涉《股权转让协议》双方无真实转让股权的意思表示,而是原告为第三人蔡某甲的债务提供担保,双方以虚假的意思表示实施的民事法律行为依法应当认定无效,因此,原告请求确认其于2019年9月23日与被告签订的《股权转让协议》无效的诉讼请求,本院依法予以支持。

9. 有的法院认为,股权让与担保中股权转让或者以股权抵债的约定虽然属于虚伪的意思表示而归于无效,但是其中涉及担保的约定并未违反法律、行政法规的强制性规定,应当认定有效。例如,中国建设银行股份有限公司永嘉支行与顺吉集团有限公司等确认合同无效纠纷案【浙江省永嘉县人民法院(2018)浙

0324 民初 5734 号民事判决书】。法院认为：本案中，首先，被告顺吉公司与第三人一路投资公司于 2017 年 6 月 5 日签订的《股权转让协议书》显然并非基于双方真实的意思表示，应当归于无效，第三人一路投资公司基于该份《股权转让协议书》获得的一路建设公司 100% 股权应当返还被告顺吉公司；其次，各方签订《协议书》《补充协议书》属于设定股权让与担保，故《协议书》《补充协议书》中涉及转让一路建设公司 100% 股权的约定或者以股权抵债的约定均属于虚伪的意思表示，应当归于无效；最后，《协议书》《补充协议书》中涉及转让一路建设公司 100% 股权的约定或者以股权抵债的约定虽然属于虚伪的意思表示而归于无效，但是其中涉及担保的约定并未违反法律、行政法规的强制性规定，应当认定有效。

10. 有的法院认为，股权让与担保双方系以虚假股权转让意思表示隐藏股权质押担保的真实民事法律行为，不是其真实意思表示，应认定该股权转让行为无效，自始没有法律约束力。例如，湖南湘融资产管理有限公司与广东摩德娜科技股份有限公司等执行异议之诉案【湖南省衡阳市中级人民法院（2018）湘 04 民初 262 号民事判决书】。法院认为：本案中虽然工商登记显示湘融公司为中耀公司的股东，认缴注册资金 3300 万元，持股比例 33%，但根据查明的事实，湘融公司接受中耀公司 33% 的股权其真实意思并非受让该股权成为公司股东，而是中耀公司为了向衡阳市中小企业担保基金管理中心申请民间借款，委托衡阳市担保公司做该笔借款的担保人，其股东之一力耀公司将所持有的 33% 的股权转让给衡阳市担保公司再转让给衡阳市担保公司指定的子公司湘融公司，并约定日后得将股权回购，是名为股权转让实为股权让与担保的行为。湘融公司受让该股权签订的《股权转让合同》约定股权受让无须任何对价，亦不作为股东参与公司经营决策，且约定了股权回购条件，从以上可以看出双方系以虚假股权转让意思表示隐藏股权质押担保的真实民事法律行为，不是其真实意思表示，依照《民法总则》第 146 条第 1 款规定，应认定该股权转让行为无效，自始没有法律约束力。

笔者认为，根据《民法典》对于通谋虚伪表示的规定，可以将实务中股权让与担保的操作理解为名为股权转让实为让与担保，即股权转让为假，让与担保为真。但无论是股权转让，还是债权担保，都是双方当事人的真实意思，不存在“通谋虚伪”的问题。

首先,虽然合同当事人办理股权变更登记的目的并非是实际进行股权受让,但双方办理股权变更登记的意思是真实的。股权转让并非当事人虚假的意思表示,而是真实的意思表示,当事人的真实意思,是指当事人交易之时对于交易本身是真实的,是出自当事人的真实意愿,至于该真实意愿是交易的目的还只是交易的手段,在所不问。从债务人角度讲,其正是基于担保债务的目的,才会将担保物的权利全部或部分转移给债权人,由债权人在担保目的的范围内取得担保物,是出于真正的效果意思而作出的意思表示。从债权人角度讲,债权人通过暂时取得担保的股权,实现对股权价值的控制之意思也是明确的,股权变更登记是债权人保全自己债权的手段,股权受让确实是债权人的真实内心意思。这与《民法典》规定的以虚假的意思表示隐藏其他法律行为的做法明显不同。我们不能以当事人的真实目的并不是受让股权而否认当事人股权过户的真实意思,这里没有虚假通谋的意思,因此,让与担保约定的所有权转移并非虚伪通谋的意思表示。

其次,认定股权转让为虚假通谋而无效,自然就不能承认名义股东于公司的股东身份,其股东权不仅在转让人与受让人之间不能成立,就是在名义股东与公司之间也不能成立,对于第三人也不能成立。并且,根据合同无效的规则,股权转让就要恢复原状,这样,还何谈让与担保的保护,即使当事人约定的担保协议是有效的,也相当于这个担保协议只有股权担保的意思表示,股权还是要恢复为转让人的责任财产,在股权转让的办理中,只有股权的转让、赠与、继承、强制执行等,并无让与担保,股权让与担保就是借助于股权转让办理过户而使让与担保从债权转化为物权,否认了股权转让,股权担保就只是一种债权债务的成立而没有任何物权设立,此时,债权人如何对担保的股权行使优先受偿权,其法律依据又在哪里?对于让与担保,不承认股权转让是合法有效的,就无法保障债权人的优先受偿权,保障的只是债权人对于担保人就股权担保的合同效力,即在股权价值范围内的普通担保债权。

再次,实际上主张股权转让为假,让与担保为真,其意并不是要否定股权转让登记至债权人名下这一结果,而是要认定这一结果并非是股权转让,受让人不因股权受让而成为公司的真正股东,转让人也不因股权转让而丧失股东资格,而是要认定受让人持有的股权对债权的让与担保。但是,在法律未对让与担保作出规定的情况下,无论是否定登记过户的结果为股权转让,还是主张登记在债权人名下是对债权人债权的担保,都找不到相应的法律依据,反而,只有承认股权过户对外就是股权转让,相应的股权让与担保才能受到保护,至于股权转让后,转让人和受让人之间如何享有和行使股东权利,一是要基于当事人的约定而确定,二是要基于该股权转让的合同目的而解释和推定,三是要看该股权转让是如何取得其他股东同意的,如果其他股东都知晓为股权让与担保,则原则上仍应由转让方继续在公司享有和行使股东权利,其他股东对于股权的让与及回赎,均不得主张优先购买权,如果其他股东对此并不知晓,则原则上应由受让方在公司享有和行使股东权利,至于转让方和受让方如何处理他们之间的股东权利,应依他们的意思而确定。

最后,《法官会议纪要》认为:从虚伪的意思表示的角度看,确实可以将股权让与担保理解为名为股权转让实为让与担保,也就是说,股权转让是假,让与担保是真。根据《民法总则》第 146 条第 2 款有关“以虚假的意思表示隐藏的民事法律行为的效力,依照有关法律规定处理”的规定,虚假的意思表示即股权转让协议因其并非当事人真实的意思表示而无效,而隐藏的行为即让与担保行为则要根据《合同法》的相关规定来认定其效力。让与担保本身并不存在违反法律、行政法规的强制性规定的情形,依法应当认定有效。因此,以虚伪意思表示为由认定让与担保无效缺乏法律依据。《刘贵祥讲话》指出:确实可以将股权让与担保理解为名为股权转让实为让与担保。也就是说,股权转让是假,让与担保是真。根据《民法总则》第 146 条第 2 款有关“以虚假的意思表示隐藏的民事法律行为的效力,依照有关法律规定处理”的规定,虚假的意思表示即股权转让协议因其并非当事人真实的意思表示而无效,而隐藏的行为即让与担保行为则要根据合同法的相关规定认定其效力。让与担保本身并不存在违反法律、行政法规的强制性规定的情形,依法应当认定有效。因此,以虚伪意思表示为由认定让与担保无效缺乏法律依据。《九民纪要》第 66 条规定:当事人订立的具有担保功能的合同,不存在法定无效情形的,应当认定有效。虽然合同约定的权利义务关系不属于物权法规定的典型担保类型,但是其担保功能应予肯定。

(三)实务中认为不属于“通谋虚伪表示”的裁判观点梳理

实务中,也有许多司法判例确认股权让与担保不属于“通谋虚伪表示”,并按照正确逻辑对其效力进行分析。

1. 有的法院认为，在让与担保中，债务人为担保其债务将担保物的权利转移给债权人，使债权人在不超过担保目的的范围内取得担保物的权利，是出于真正的效果意思而作出的意思表示。尽管其中存在法律手段超越经济目的的问题，但与前述禁止性规定中以虚假的意思表示隐藏其他法律行为的做法，明显不同，不应因此而无效。例如，修水县巨通投资控股有限公司与福建省稀有稀土（集团）有限公司、江西巨通实业有限公司合同纠纷案【最高人民法院（2018）最高法民终119号民事判决书】。法院认为：根据该条规定（注：《民法总则》第146条），如当事人之间存在通谋的虚假意思表示，基于该虚假意思表示实施的民事法律行为应为无效。由此，让与担保是否无效的关键在于，当事人是否具有通谋的虚假意思表示。对此，实践中多有误解，认为让与担保中，债务人将标的物权利转移给债权人，仅仅属于外观形式，其真实意思是在于设定担保，故为双方通谋而为虚假的转移权利的意思表示，应为无效。但事实上，在让与担保中，债务人为担保其债务将担保物的权利转移给债权人，使债权人在不超过担保目的的范围内取得担保物的权利，是出于真正的效果意思而作出的意思表示。尽管其中存在法律手段超越经济目的的问题，但与前述禁止性规定中以虚假的意思表示隐藏其他法律行为的做法明显不同，不应因此而无效。《股权转让协议》约定了转让标的、转让价款、变更登记等事项，江西巨通、修水巨通均就股权转让事宜作出股东会决议，案涉股权亦办理了变更登记手续，具备股权转让的外在表现形式。修水巨通虽提供黄某、叶某某等证人证言，拟证明其同意转让案涉股权的目的在于提供担保，但此种事实恰恰符合让与担保以转移权利的手段实现担保债权目的的基本架构，不构成欠缺效果意思的通谋的虚假意思表示，其据此主张《股权转让协议》无效，于法无据。该案的裁判说理性较强，今后对股权让与担保纠纷具有一定的指导意义。

2. 有的法院认为，在股权让与担保中，"显现的"是转让股权，"隐藏的"是为借款提供担保而非股权转让，均为让与担保既有法律特征的有机组成部分，也是当事人的真实意思，该意思表示不存在不真实或不一致的瑕疵，也不违反法律、行政法规效力性强制性规定。例如，黑龙江闽成投资集团有限公司与西林钢铁集团有限公司、刘某某民间借贷纠纷案【最高人民法院（2019）最高法民终133号民事判决书】。法院认为：是否"以虚假的意思表示实施的民事法律行为"，应当结合当事人在主合同即借款合同和从合同即让与担保合同中作出的真实意思表示，统筹作出判断。约定将债务人或第三人股权转让给债权人的合同目的是设立担保，矿业公司64%的股权转让至刘某某名下系为钢铁公司向投资公司的巨额借款提供担保，而非设立股权转让民事关系。对此，债权人、债务人明知。从这一角度看，债权人、债务人真实意思是以向债权人转让案外人公司股权的形式为债权实现提供担保，“显现的”是转让股权，“隐藏的”是为借款提供担保而非股权转让，均为让与担保既有法律特征的有机组成部分，均系债权人、债务人真实意思，该意思表示不存在不真实或不一致的瑕疵，亦未违反法律、行政法规效力性强制性规定。

3. 有的法院认为，在股权让与担保中，当事人之间并无真实的转让股权之意，股权转让协议是双方以虚假的意思表示实施的民事法律行为，应属无效。但虚假股权转让行为隐藏的是借款的非典型担保行为，该隐藏行为的效力应依照相关法律规定进行认定。作出股权让与担保行为的当事人均具备完全民事行为能力，以转让股权形式对相应借款进行担保的意思表示真实、一致，不违反法律、行政法规的禁止性规定。例如，徐某某、李某某与孙某某、卢某某、南京长江联合贸易有限公司等合同纠纷案【江苏省南京市中级人民法院（2018）苏01民终3411号民事裁定书】。法院认为：《股权转让协议》的双方当事人之间并无真实的转让股权之意，该虚假的意思表示系双方共同有意为之，故应认定《股权转让协议》系双方以虚假的意思表示实施的民事法律行为，依法应属无效。《民法总则》第146条第2款规定，以虚假的意思表示隐藏的民事法律行为的效力，依照有关法律规定处理。本案中，虚假股权转让行为隐藏的系借款的非典型担保行为，该隐藏行为的效力应依照相关法律规定进行认定。股权让与担保，是指债务人或第三人为担保债权人的债权，将所持股权变更登记于债权人名下，债务清偿后，债权人再将股权变更登记于债务人或第三人名下，债务人不履行债务时，担保权人可以就名下股权受偿的非典型担保。案涉隐藏行为的实质是卢某某为保障其借款的收回而设定的股权担保，且实际已办理股权变更登记手续，符合股权让与担保的特征。《民法总则》第143条规定，具备下列条件的民事法律行为有效：（1）行为人具有相应的民事行为能力；（2）意思表示真实；（3）不违反法律、行政法规的强制性规定，不违背公序良俗。第153条第1款规定，违反法律、行政法规的强制性规定的民事法律行为无效，但是该强制性规定不导致该民事法律行为无效的除外。本案中，作出股权让与担保行为的当事人均具备完全民事行为能力;就以转让股权形式对相应借款进行担保的意思表示真实、一致;就股权设定的让与担保不违反法律、行政法规的禁止性规定。因此,徐某某、李某某主张案涉股权让与担保无效,缺乏法律依据,本院不予支持。

4. 有的法院认为,从虚伪意思表示的角度来看,案件中确实可以将股权让与担保理解为名为股权转让实为让与担保。也就是说,股权转让是假,让与担保是真。虚假的意思表示即股权转让协议因其并非当事人的真实意思表示而无效。而隐藏的行为,即让与担保行为本身并不存在违反法律、行政法规的强制性规定的情形,应当认定为合法有效。例如,西藏信托有限公司等与胡某某股东资格确认纠纷案【北京市高级人民法院(2019)京民申 3169 号民事裁定书】。法院认为:从虚伪意思表示的角度来看,本案确实可以将股权让与担保理解为名为股权转让实为让与担保。也就是说,股权转让是假,让与担保是真。根据《民法总则》第 146 条第 2 款的规定:"以虚假的意思表示隐藏的民事法律行为的效力,依照有关法律规定处理。"虚假的意思表示即股权转让协议因其并非当事人的真实意思表示而无效。而隐藏的行为,即让与担保行为则要根据合同法的相关规定认定其效力。让与担保本身并不存在违反法律、行政法规的强制性规定的情形,应当认定为合法有效。

5. 有的法院认为,当事人为实现债权担保,签订的股权转让协议除作为股权变更登记使用外,并未支付转让价款,股权转让是假。虚假的意思表示即股权转让协议因其并非当事人的真实意思表示而无效,而隐藏的行为即让与担保行为并不存在违反相关法律、行政法规的强制性规定,依法应当有效。例如,林某某与朱某、四川科伦发豪包装有限公司股权让与担保纠纷案【四川省绵阳市涪城区人民法院(2019)川 0703 民初 4338 号民事判决书】。法院认为:原、被告在合同中约定以转让股权的方式设定股权让与担保,是一种特殊的担保方式,是为股权质押方式之有益补充,并未违反法律规定,合法有效。在履行合同过程中,原、被告为实现债权担保,又签订了《公司股份转让协议》,该协议除作为股权变更登记使用外,并未支付转让价款,股权转让是假,让与担保是真,该协议名为股权转让,实为股权让与担保。依照《民法总则》第 146 条第 2 款"以虚假的意思表示隐藏的民事法律行为的效力,依照有关法律规定处理"之规定,虚假的意思表示即股份转让协议因其并非当事人的真实意思表示而无效,而隐藏的行为即让与担保行为并不存在违反相关法律、行政法规的强制性规定,依法应当有效。

6. 有的法院认为,股权让与担保是双方当事人的真实意思表示,不属于虚假意思表示,也不违反法律及行政法规的强制性规定,合法有效。例如,李某某、闫某某与归某某确认合同无效纠纷案【河南省濮阳市中级人民法院(2020)豫09民终53号民事判决书】。法院认为:本案中,李某某上诉称双方的股权转让实际是为港聚源公司的借款提供担保,归某某在二审中亦认可将股权转让是为港聚源公司欠付申某某的债务提供担保,没有支付对价。结合申某某与港聚源公司签订的借款合同内容及归某某和李某某的陈述,能够说明归某某与李某某签订股权转让协议,并办理股权变更登记,是基于申某某与港聚源公司之间的借款合同,目的是保证申某某该项债权的实现。该行为实质上是通过股权出让的方式保证债务的履行,而不是一般的股权转让行为。双方当事人约定以股权出让的方式为债权的实现提供担保,系双方当事人真实意思表示,不违反法律及行政法规的强制性规定,此种担保方式合法有效。一审法院以股权转让合同是双方虚假意思表示为由,认定合同无效不当,法院予以纠正。

7. 有的法院认为,当事人之间通过契约方式设定让与担保,形成一种受契约自由原则和担保经济目的双重规范的债权担保关系,不违反法律、行政法规的禁止性规定,应为合法有效。例如,北京金威中嘉科技有限公司、西藏信托有限公司与北京凯智鑫龙投资咨询有限公司股东资格确认纠纷案【北京市第一中级人民法院(2019)京01民终6072号民事判决书】。法院认为:本案中,并无证据表明各方当事人之间虚意而为、通谋共事,由此,各方当事人之间通过契约方式设定让与担保,形成一种受契约自由原则和担保经济目的双重规范的债权担保关系,不违反法律、行政法规的禁止性规定,应为合法有效。

8. 有的法院认为,让与担保虽名为转让、实为担保,但仍是双方出于真正的效果意思而作出的意思表示,与以虚假的意思表示隐藏其他法律行为的做法明显不同,不应因此而无效。例如,梅某某与武汉治历置业集团有限公司等股权转让纠纷案【湖北省荆州市沙市区人民法院(2019)鄂1002民初2529号民事判决书】。法院认为:让与担保虽名为转让、实为担保,但仍是双方出于真正的效果意思而作出的意思表示,与《民法总则》第146条"行为人与相对人以虚假的意思表示实施的民事法律行为无效。以虚假的意思表示隐藏的民事法律行为的效力,依照有关法律规定处理"的规定中,以虚假的意思表示隐藏其他法律行为的做法明显不同,不应因此而无效。故原告梅某某与被告治历公司、互信通公司、徐某某签订的《股权转让协议》均系当事人的真实意思表示，且不违反国家法律法规的强制性规定，应合法有效。

例如，邵某某与沈某某、濮阳市银龙置业有限公司确认合同无效纠纷案【河南省濮阳市中级人民法院(2019)豫09民终1596号民事判决书】。法院认为：双方之间非单纯的股权转让，双方之间的协议带有建立在民间借贷基础上的让与担保性质。根据《民间借贷规定》第24条，未规定让与担保合同无效，应认定为有效。根据《民法总则》第146条第2款的规定，隐藏行为的效力即让与担保行为的效力，应依照有关的法律规定处理，所指的有关法律规定，应系《合同法》第52条，本案不属于《合同法》第52条任一情形，故对邵某某要求确认股权转让协议无效并恢复其股东身份的诉讼请求，本院不予支持。

9. 有的法院认为，股权让与担保中，股权转让是当事人之间的虚伪意思表示，是一种伪装行为而无效，但借款担保作为隐匿行为，不违反法律、行政法规的强制性规定，应肯定其合同效力。例如，吴某与王某股权转让纠纷案【江西省上饶市中级人民法院(2018)赣11民终1993号民事判决书】。法院认为：根据《民法总则》第143条第2项之规定，民事法律行为应当具备"意思表示真实"的条件。《民法总则》第146条规定："行为人与相对人以虚假的意思表示实施的民事法律行为无效。以虚假的意思表示隐藏的民事法律行为的效力，依照有关法律规定处理。"现双方当事人对其间法律关系性质的主张不同，原告认为系让与担保，被告认为系股权转让，对此，应结合双方提交的证据，探究合同签订时双方的真实意思，判断法律关系的性质。首先，被告王某认可协议签订前对原告享有70万元债权，对此原告前夫何某出庭作证予以认可，并述70万元用于松山矿业投入；其次，于2013年5月24日签订的《工商股权转让协议》中约定吴某在2012年4月因矿山周转向王某借了人民币70万元，今后公司的生产经营中所产生的利润，扣除生产经营投入资金后分期分批为吴某偿还所欠一切债务，待吴某还清所有债务后，无条件将公司股权重新变更归还给吴某，并限制王某只有生产经营决策权，不得将股权转让给第三方，由此可见，合同的真实目的是以原告51%的股权担保原告本金为70万元的债务的履行；最后，王某没有提供证据证明其已按2013年6月19日《鄱阳县松山公司股权转让协议》中的约定，于2013年6月19日采用货币支付方式支付50万元股金。综上可认定，两份协议约定的股权转让是当事人之间的虚伪意思表示，股权转让本身作为伪装行为无效，当事人间达成一致的真实意思是原告将其51%的股权作为借款的担保,而本案借款担保作为隐匿行为,不违反法律、行政法规的强制性规定,此种担保方式可以肯定其合同效力。

笔者认为,在认定股权让与担保这一新类型担保的合同效力时,不应轻易否定其合同效力。

首先,合同自由是民法的基本原则,股权让与担保无论是否涉及担保物权的设立,或何种类型的合同,只要不违反法律关于合同效力的强制性规定,其合同效力都应予认可。《民法典》第467条第1款规定:“本法或者其他法律没有明文规定的合同,适用本编通则的规定,并可以参照适用本编或者其他法律最相类似合同的规定。”股权让与担保是非典型担保,性质上属于无名合同,因此,笔者认为没有必要强行地对股权让与担保进行类型化、格式化。完全可以遵循《民法典》有关无名合同的一般原则处理,参照最相类似的股权质押合同处理即可。例如,王某某、山东双创环保集团有限公司与邹平祥诚能源科技有限公司、周某某、泰和融资租赁有限公司确认股东资格纠纷案【山东省滨州市中级人民法院(2020)鲁16民终2202号民事判决书】。法院认为:作为担保的股权等已经进行变更登记的,可以参照股权质押的相关规定确定当事人间的权利义务关系。

其次,无论是已经废止的《物权法》还是新颁布的《民法典》,对未经出质登记的股权质押的合同效力都未作出否定性规定。《最高人民法院关于审理外商投资企业纠纷案件若干问题的规定(一)》第13条规定:“……未办理质权登记的,不影响股权质押合同的效力,当事人仅以股权质押合同未经外商投资企业审批机关批准为由主张合同无效或未生效的,人民法院不予支持。”这足以说明未经质权登记并不影响质押合同效力。举重以明轻,股权让与担保作为与“股权质押”最相类似的一种特殊担保,其合同效力也理应得到认可。

再次,《刘贵祥讲话》指出:现行法律尽管没有规定包括股权让与担保在内的让与担保,但也没有禁止此种担保方式。根据“法无禁止即可为”的私法解释规则,只要是当事人的真实意思表示,让与担保本身就是合法的,应予保护。《九民纪要》第66条规定:当事人订立的具有担保功能的合同,不存在法定无效情形的,应当认定有效。虽然合同约定的权利义务关系不属于物权法规定的典型担保类型,但是其担保功能应予肯定。第71条第1款规定:债务人或者第三人与债权人订立合同,约定将财产形式上转让至债权人名下,债务人到期清偿债务，债权人将该财产返还给债务人或第三人，债务人到期没有清偿债务，债权人可以对财产拍卖、变卖、折价偿还债权的，人民法院应当认定合同有效。合同如果约定债务人到期没有清偿债务，财产归债权人所有的，人民法院应当认定该部分约定无效，但不影响合同其他部分的效力。最高人民法院前述规定已经夯实了股权让与担保合同有效的司法解释依据，那些有关股权让与担保合同是否有效的争议也应该归于平息了。在实务中，有的法院已经依据《九民纪要》相关规定判决股权让与担保合同有效了。例如，高某与济宁鲁润工贸有限责任公司等股权转让纠纷案【山东省济宁市任城区人民法院（2020）鲁 0811 民初 2317 号民事判决书】。法院认为：原告高某与鲁润公司签订的《股权转让协议》，通过原告提交的鲁润公司、裕林公司出具的关于投资及股权转让协议问题的补充说明可知，所涉股权转让属于让与担保。根据《九民纪要》第 71 条规定，原告高某与鲁润公司签订的《股权转让协议》合法有效。

最后，《民法典》第 388 条第 1 款中规定：设立担保物权，应当依照本法和其他法律的规定订立担保合同。担保合同包括抵押合同、质押合同和其他具有担保功能的合同。这一规定明确了当事人可以签订其他具有担保功能的合同设立担保物权，股权让与担保合同效力从此有了法律依据。

三、股权让与担保合同是否因属“以合法形式掩盖非法目的”而无效

实务中，还需要注意的一个问题是，股权让与担保合同是否属于“以合法形式掩盖非法目的”而无效？有观点认为，股权转让合同是当事人以转让股权为目的而达成的关于出让方交付股权并收取价金，受让方支付价金得到股权的意思表示。而在股权让与担保合同中，债权人与债务人签订股权转让合同并非当事人的真实意思表示，在实施这种行为时，合同行为只是一种表象，当事人表示出来的形式或实施的行为并不是其要达到的目的，也不是其真实意思，只是希望通过这种形式或行为达到其目的，即签订合同的内心起因。当事人的真实意思表示在于通过股权转让实现为债权人的债权提供担保，并不在于股权让与，转让股权的所有权。股权让与担保作为担保方式的一种，存在手段和目的的不统一，从它的目的来看，是为了进行担保，但是用于担保的转移所有权的外部手段显然已经超越了它的目的。根据我国《民法典》的相关规定，民事法律行为应当意思表示真实。因此，股权让与担保合同缺乏当事人的真实意思表示应为无效。

笔者认为,这一观点是不成立的。“以合法形式掩盖非法目的”导致合同无效的适用前提应为合同双方存在共同虚假意思表示。订立合同过程中,单方存在虚假行为,并不适用“以合法形式掩盖非法目的”从而导致合同无效的条款。实务中,绝大部分法院并不认为股权让与担保合同属于“以合法形式掩盖非法目的”而无效。

股权让与担保并非创设一种单独的担保物权,没有违反物权法定原则,没有以合法形式掩盖非法目的,或损害社会公共利益的禁止情形,也不违反法律关于合同效力性的强制性规定,应认定为合法有效。例如,北京银清龙房地产开发有限公司等与北京鑫茂华牧进出口有限公司等股权转让纠纷案【山东省高级人民法院(2019)鲁民终2838号民事判决书】。法院认为:由于这种方式并非创设一种单独的担保物权,故没有违反我国物权法规定的物权法定原则。实际上也成为当前市场经济形势下普遍使用并被接受的一种非典型性担保。对照《合同法》第52条的相关规定,《621协议》未出现以合法形式掩盖非法目的或损害社会公共利益的禁止情形,也不违反法律及行政法规关于合同效力性的强制性规定。银清龙公司也未能证明受到欺诈、胁迫或存在乘人之危等情形,或者存在恶意串通,损害国家、集体或者第三人利益的情形。故《621协议》中上述内容反映了签约各方当事人真实的意思表示,且本质是一种股权让与担保合同,即让与股权是为清偿债务提供的担保,应认定为合法有效。

有的法院认为,按照《合同法》第52条第3项的规定,“以合法形式掩盖非法目的”签订的合同无效。但《民法典》编纂时,在认定合同无效的事由中已经没有这一事由。“以合法形式掩盖非法目的”不再作为认定合同无效的事由。《民法典》施行后,在适用《民法典》裁判的民事案件中,“以合法形式掩盖非法目的”这一认定民事法律行为无效的事由就不会再出现。股权让与担保合同也不会因“以合法形式掩盖非法目的”而无效。例如,潘某某与安徽泗县农村商业银行股份有限公司储蓄存款合同纠纷案【最高人民法院(2017)最高法民终311号民事判决书】。法院认为:尤其需要说明的是,原《合同法》第52条第3项规定,“以合法形式掩盖非法目的”签订的合同无效。但《民法典》编纂时,在认定合同无效的事由中已经没有这一事由。“以合法形式掩盖非法目的”不再作为认定合同无效的事由。“以合法形式掩盖非法目的”之所以作为认定无效事由被取消,主要是因为:一方面,“非法目的”表述容易引发争议,因为它是当事人的主观意图,很难判定;另一方面,即便当事人的目的非法,但是,其实施的民事法律行为本身是否要被宣告无效,需要具体分析。在审判实践中,“以合法形式掩盖非法目的”的案件类型很少。现在看来,这类合同可以违反法律、行政法规的效力性强制性规定为由认定无效。因此,《民法典》施行后,在适用《民法典》裁判的民事案件中,“以合法形式掩盖非法目的”这一认定民事法律行为无效的事由就不会再出现。股权让与担保合同也不会因“以合法形式掩盖非法目的”而无效。

有的法院认为,股权让与担保没有运用欺诈、胁迫的手段,没有损害国家、集体或者第三人的利益,没有损害社会公共利益,没有违反法律、行政法规的强制性规定。即使从是否有“以合法形式掩盖非法目的”的情形考查,无论股权转让协议,还是借款合同,都没有非法的目的,应认定股权让与担保合法、有效。例如,华升公司与郑某某合同纠纷案【湖北省监利县人民法院(2019)鄂1023民初2264号民事判决书】。法院认为:原告华升公司因其所经营的金昌达公司经营困难,无力继续经营,将股权转让给被告郑某某,双方订立股权转让协议,真实自愿,那么是否合法呢?从《合同法》第52条所规定的5种情形来分析,没有欺诈、胁迫的手段,没有损害国家、集体或者第三人的利益,没有损害社会公共利益,没有违反法律、行政法规的强制性规定,那就要考查是否有“以合法形式掩盖非法目的”的情形,无论本案所涉股权转让协议,还是借款合同,都没有非法的目的,应认定合法有效。

有的法院认为,股权让与担保是基于保证债权的实现为目的,属于附有担保目的的权利让与,系双方当事人的真实意思表示。不违反法律、行政法规的强制性规定,也不存在法定的无效情形。例如,包头市光辉假日酒店有限责任公司、刘某志、刘某与董某确认合同无效纠纷案【包头市青山区人民法院(2019)内0204民初318号民事判决书】。法院认为:通过庭审查明的事实,该协议书是对刘某志与董某之间的借款行为所签订的还款协议书,其中协议的第2~5条涉及用刘某的股权作为偿还董某借款的担保的内容。从担保条款的内容及履行情况看刘某将其持有的包头市光辉假日酒店有限责任公司的股权作为担保物让与董某并办理工商变更登记,双方已形成实际的股权让与担保关系。因该担保是基于保证董某债权的实现为目的,属于附有担保目的的权利让与,系双方当事人的真实意思表示。该协议未违反法律、行政法规的强制性规定,亦不存在我国《合同法》第52条规定的无效情形。包头市光辉假日酒店有限责任公司、刘某志、刘某主张与董某签订的协议书及工商变更登记手续，均是以合法的形式掩盖非法目的，系无效协议，没有事实及法律依据，对其主张，本院不予采信。

四、股权让与担保是否违反“禁止流质原则”

（一）“禁止流质原则”概述

债权人为了保障其债权的顺利实现，一般会在协议中约定，一旦债务人到期不能清偿债务，财产归债权人所有，这就是“流质条款”。《担保法》第 66 条规定：“出质人和质权人在合同中不得约定在债务履行期届满质权人未受清偿时，质物的所有权转移为质权人所有。”在现行的法律框架内，这是我国在法律上第一次规定了禁止流质的条款。2007 年颁布实施的《物权法》完全继承了《担保法》的“禁止流质”规定，第 211 条规定：“质权人在债务履行期届满前，不得与出质人约定债务人不履行到期债务时质押财产归债权人所有。”实务中面临的第一个问题是，如果合同约定的流质条款无效，是否意味着整个合同无效？对此，《合同法》第 56 条规定：“合同部分无效的，不影响其他部分效力的，其他部分仍然有效。”此种规定一方面遵循禁止流质条款属效力性强制规定的法律原则，另一方面也最大限度地维护了当事人的真实意思表示。因此，流质条款的无效并不应否认合同的整体效力。例如，张某某与陈某某股权让与担保纠纷案【江苏省高级人民法院（2016）苏民申 1430 号民事裁定书】。法院认为：二审判决认定双方签订的股权转让协议合法、有效。流质抵押、流质质押条款违反《担保法》第 40 条的规定只会导致该条款本身无效，并不影响案涉股权让与担保合同的效力。

法律之所以规定“禁止流质”，其立法目的在于避免债权人乘债务人之危而滥用其优势地位，压低担保物价值，牟取不当利益。对此立法目的，在司法判例中也有十分明确的体现。例如，黑龙江闽成投资集团有限公司与西林钢铁集团有限公司、刘某某民间借贷纠纷案【最高人民法院（2019）最高法民终 133 号民事判决书】。法院认为：根据《物权法》禁止流押、禁止流质之规定，旨在避免债权人乘债务人之危而滥用其优势地位，压低担保物价值，牟取不当利益。因此，在让与担保中，为了避免出现流质及暴利，债权人应履行清算义务。流质禁止与让与担保并非天然之对等关系，实践中早有将是否附有清算程序作为判断让与担保是否构成流质之标准的观点。例如，姜某某与张某某民间借贷纠纷案【湖北省武汉市中级人民法院(2017)鄂01民终2364号民事判决书】。法院认为：让与担保将担保财产交由担保权人所有以消灭双方债权债务关系的约定，排除了担保物实现时对担保财产的清算程序，存在因市场变化而产生的实质不公平的可能性违反了禁止流质契约的法律原则。因此，只有在排除清算程序时，让与担保才有可能构成流质契约。

我国相关法律对于流质契约无效的规定属于效力性强制性规范，当事人所约定的流质契约无效。同时，实务严格审查流质契约所订立的时间，只有在债务履行期届满前订立的流质契约是无效的，而在履行期届满之后达成的财产归属的约定，属于以物抵债。以物抵债不受流质契约禁止之规定的影响，属于有效约定。

在股权让与担保法律关系中，债务人或者第三人与债权人订立合同，将债务人或者第三人的股权形式上转移至债权人名下，当债务人不能履行到期债务时，股权归属于债权人，此种约定是否违反“禁止流质”原则而无效？是否影响当事人提供担保的意思表示效力？

因股权让与担保并非法定、典型物权担保，无法直接从法律规定中找到答案。所以，在司法实务中，一部分法院认为，股权让与担保与流质条款的规定相冲突，违反了法律的禁止性规定而无效。

例如，滕某某、宽甸金远房地产开发有限公司与王某某、陈某某合同纠纷案【辽宁省高级人民法院(2016)辽民申1115号民事判决书】。法院认为：从借款协议和《合作管理协议书》及《股权转让协议》的内在联系看，滕某某与王某某、陈某某签订《股权转让协议》的真实意思表示并非是为了转让股权，双方签订《股权转让协议》和《合作管理协议书》的目的是保障借款得以清偿，双方约定在借款到期且得到清偿后再将股权归还债务人形式符合设立股权让与担保。让与担保是一种非典型担保，该约定与担保法中关于流质契约的规定相冲突，违反了法律的禁止性规定。

例如，吴某、胡某某、邢某某与新沂市通城商业有限公司股权转让纠纷案【江苏省徐州市中级人民法院(2016)苏03民终6281号民事判决书】。二审法院认为：通城公司与吴某签订的协议虽名为股权转让协议，但该协议的主要条款对双方间借款金额、借款利息、借款期限等进行了约定,符合借款合同的构成要件。协议虽约定通城公司将其持有的令天下公司99%的股权过户至吴某名下,但同时约定了当通城公司偿还70万元借款后,吴某应将该股权返还给通城公司,应当认定双方的真实意思表示系通城公司以其持有的令天下公司的股权出质给吴某,从而担保上述借款的履行,双方不存在股权转让的合意。因此,通城公司与吴某间涉案法律关系性质系民间借贷法律关系,而非股权转让法律关系。《物权法》第211条规定,“质权人在债务履行期届满前,不得与出质人约定债务人不履行到期债务时质押财产归债权人所有”,双方间协议关于股权过户的约定违反了上述法律规定,应属无效,吴某仅享受该部分股权的质权,不享有所有权。

(二)股权让与担保纠纷中认定为流质条款的裁判观点梳理

司法实务中,股权让与担保权人在协议中约定以下条款内容时,法院一般认定属于流质条款而无效。

1. 协议约定“债权人有权拒绝转让全部或部分股权,并有权行使全部股东权利,债务人无权拒绝”的内容,属于在债务履行期限届满未清偿时对股权变动的约定,没有参照法律对担保物权的规定,对让与担保股权进行拍卖、变卖、折价优先偿还债权进行约定,属于流质条款而无效。

例如,徐某某、孙某与周某某、王某某、黄某某、储某股权转让纠纷案【上海市高级人民法院(2019)沪民终534号民事判决书】。法院认为:根据上述规定及担保法律原理,该系争条款约定“周某某、王某某有权拒绝转让全部或部分股权,并有权行使全部股东权利,徐某某、孙某无权拒绝”的内容,实际上属于在徐某某、孙某在债务履行期限届满未清偿完成主债务的情形下对股权变动的约定,因未参照法律对担保物权的规定对系争股权进行拍卖、变卖、折价优先偿还债权进行约定,而是直接约定可以拒绝返还全部或部分股权,并行使全部股东权利,该约定属流质条款,因违反强制性规定而应属无效。

2. 协议约定“如债务人不能按期清偿借款本息,则债务人变更到债权人名下的股权归债权人所有”属于流质条款而无效。

例如,虞某某与胡某、曹某一、曹某二、贵州山城生态移民发展有限公司合同纠纷案【贵州省毕节市中级人民法院(2019)黔05民终1467号民事判决书】。

法院认为:合同第5条“如虞某某在两个月内不能清偿胡某、曹某一借款本息,则虞某某变更到胡某名下的40%的股权归胡某、曹某一各占20%所有”,因违反《担保法》第66条及《物权法》第211条的规定,应为无效条款,但该合同条款无效并不影响双方《股权质押借款合同》的效力。

例如,象山亚飞商贸城开发有限公司与卢某某、象山骏马健康置业有限公司民间借贷纠纷案【浙江省象山县人民法院(2019)浙0225民初6976号民事判决书】。法院认为:原告与被告卢某某签订的两份合同,约定原告向被告卢某某借款并将原告所持有的骏马公司股权转移至被告卢某某名下并完成变更登记,原告以约定的期限和价款赎回股权,在原告不履行到期债务时,股权归属被告卢某某。故本案的法律关系应为民间借贷纠纷,股权转让实质是股权让与担保。庭审时本院已予以释明。《物权法》第186条规定,抵押权人在债务履行期届满前,不得与抵押权人约定债务人不履行债务时抵押财产归债权人所有。本案两份协议中约定原告到期没有归还借款,股权归被告卢某某所有,该约定依法应认定无效,但不影响两份协议其他部分的效力。

例如,吴某与温州桥信用担保有限公司案【浙江省高级人民法院(2010)浙商终字第74号民事判决书】。法院认为:上述条款中关于以股权作为借款抵押的约定其性质属于股权质押,而其中关于在借款不能归还时吴某、林甲直接取得相应股权的约定,因违反《物权法》第211条之规定,依法应确认为无效。

例如,虞某某与胡某、曹某一、曹某二、贵州山城生态移民发展有限公司质押合同纠纷案【贵州省黔西县人民法院(2018)黔0522民初4934号民事判决书】。法院认为:双方约定的在工商局变更登记在被告胡某名下的原属原告虞某某40%的股权在原告履行期间届满后不能履行还款义务时,该股权归被告曹某一和被告胡某各20%所有的第5条系流质条款,不符合法律的规定,该条款应认定为无效。

例如,伦某某、孟某某、无锡茜娃物流发展有限公司与方某某、何某请求变更公司登记纠纷案【江苏省无锡市中级人民法院(2021)苏02民终404号民事判决书】。法院认为:2018年6月21日,伦某某、方某某、孟某某、何某签订《协议书》约定,方某某以其实际持有的茜娃公司的40%股权对案涉2000万元借款及利息做担保,借款期间,将方某某实际持有、何某某为持有的公司40%股份转至伦某某指定的孟某某名下。故方某某实际持有、何某代为持有的公司40%股权转让给孟某某名下，系方某某为其借款所提供的让与担保，该约定不违反法律、行政法规的禁止性规定，为有效约定。但《协议书》同时约定，若方某某在2019年6月21日前未能归还上述2000万元借款并结清相应利息，上述已在孟某某名下的40%股权不再返还方某某。该部分约定属违反禁止流质的强制性规定条款而无效。

例如，刘某某与冯某、刘某某第三人撤销之诉案【湖北省黄石市中级人民法院(2018)鄂02民终1844号民事判决书】。法院认为：尽管刘某某与郑某某之间发生借贷关系并不违反法律、行政法规的效力性强制性规定，但约定如郑某某超过期限未还款，该项目郑某某的所有股权份额由刘某某拥有，则违反了《物权法》第186条的禁止性规定而无效。

例如，深圳市淞瑞贸易有限公司与郑某某等股权转让纠纷案【广东省高级人民法院(2017)粤民申8926号民事裁定书】。法院认为："让与担保"本身并不必然无效，但其中规定的流质条款因违反法律禁止性规定，应认定为无效。本案中，根据该《补充协议》第8条约定，华瀚公司连续两次未按还款计划还款时，深圳市伟康德典当行有限责任公司有权不归还涉案股权，该约定本质上是约定质押物所有权转移给债权人所有，故原审法院认定该条款违反物权法关于禁止流质的法律规定，并无不当，本院予以维持。

例如，朱某某诉韩某某股权转让合同纠纷案【江苏省淮安市淮阴区人民法院(2013)淮商初字第0295号民事判决书】。法院认为：借款协议第4条约定："乙方如到期不能按时归还借款，则鸿凯工贸有限公司的所有资产归甲方"，该约定为流质条款，是无效条款，原告在依法清偿债务后，有权要求被告归还股权。

3. 协议约定"债务人出现违约事项，债权人有权不归还债务人已经转让的所有股权和权益"，属于流质条款而无效。

例如，陈某某与濮阳港聚源置业有限公司、申某某、杨某某股东资格确认纠纷案【濮阳市华龙区人民法院(2020)豫0902民初195号民事判决书】。法院认为：借款合同中第13条第1款第9项关于港聚源公司出现合同规定的违约事项，申某某有权不归还港聚源公司已经转让的所有股份和权益的约定，属于流质条款，违反法律禁止性规定，应为无效。故在港聚源公司未偿还申某某借款时，申某某不能径行取得案涉股权的所有权。

4. 协议约定"当债务人无法按期偿还债务时，债权人得将其取得的股权直接进行转让”，属于流质条款而无效。

例如，王某某与鲁某、鲁某、云南腾峰投资有限责任公司确认合同效力纠纷案【云南省昆明市中级人民法院(2015)昆民五终字第 86 号民事判决书】。法院认为：作为借款担保措施的股权转让行为，虽然法律对此种让与担保措施没有明确的规定，但是基于双方当事人的一致合意，且并不违反法律规定，本院应认可其担保性质的存在。在本案债务人腾峰公司未能按期偿还欠款的情况下，上诉人王某某作为担保人不得主张股权转让合同无效，也不得要求债权人鲁某将作为担保性质的股权予以返还。但是在此种让与担保措施中，当事人的约定并不能违反法律对流质条款的强制性规定，而本案《借款协议书》第 9 条中关于当债务人无法按期偿还债务时，债权人得将其取得的股权直接进行转让的约定，该约定内容与《物权法》第 211 条及《担保法》第 66 条的规定相违背，故应当认定为无效的内容。

5. 如果合同约定债务人到期不能一次性付清全部让与担保股权回购价款，则其不得再向债权人要求回购股权，也不得就股权主张任何权利。该约定违反禁止流质的法律规定而无效。

例如，北京银清龙房地产开发有限公司等与北京鑫茂华牧进出口有限公司等股权转让纠纷案【山东省高级人民法院(2019)鲁民终 2838 号民事判决书】。法院认为：在《621 协议》第 4 条第 2 款中约定，本协议签订时，丙方即永隆公司应向甲方即银清龙公司支付现金 1 元，丁方即国兴公司应向乙方即鑫茂公司立即支付现金 1 元。本协议签订完毕，永隆公司、国兴公司即履行完毕股权转让款支付义务，银清龙公司、鑫茂公司不得以任何理由向永隆公司、国兴公司主张、请求、追索任何款项，不得以显失公平等任何理由撤销本次股权转让行为、主张本次股权转让无效。另，协议第 6 条第 4 款中约定，如甲方即银清龙公司未能于 2012 年 9 月 28 日前一次性支付完毕全部标的股权回购价款，则自 2012 年 9 月 28 日起，甲方、乙方即银清龙公司、鑫茂公司不得再向丙方、丁方即永隆公司、国兴公司要求回购标的股权，甲方、乙方不得就标的股权主张任何权利，不得以任何理由主张甲方向丙方、乙方向丁方的股权转让无效。《621 协议》中的上述约定，违反了物权法禁止约定流质内容条款的法律规定。即使签约当时为各方当事人的真实意思表示，但在合同法没有明确规定的情况下，参照物权法的规定，该部分合同内容应认定为无效。根据《合同法》第 56 条规定，合同部分无效，不影响其他部分效力的,其他部分仍然有效。故本院认定《621 协议》其他约定内容合法有效。

6. 如果协议约定“本公司经工商行政管理机关同意并办理股东变更登记后,债权人按出资比例及章程规定分享公司利润与分担亏损”,或“如果债务人未能按照双方约定的期限偿还借款本金、利息等,任何一期利息逾期支付的,债权人可随时处置公司名下的资产所得的价款抵偿债务人所欠债务”。则该协议属变相流质条款而无效。

例如,郭某某诉欧阳某某、胡某、肖某破产撤销权纠纷案【江西省吉安县人民法院(2017)赣 0821 民初 1528 号民事判决书】。法院认为:被告胡某、欧阳某某与第三人肖某所签订的股权让与担保合同即该《股权抵债协议》虽未约定债务人不履行到期债务时,质押财产归债权人所有,却约定债权人单方面处分公司名下资产及享有分享公司利润与分担亏损的股东权利和义务,行使了所有权人的权利,是变相约定债务人不履行到期债务时,担保股权归债权人所有,因其约定违反上述法律规定的原则而无效。

7. 债务人不能偿还到期债务时,债权人有权采取股权转让等形式进行处置,处置所得扣除处置费用后即用于抵偿借款本息,如抵偿借款本息后还有剩余的,应将剩余部分返还债务人。该约定实质属于“流质”条款,应属无效。

例如,肖某与郭某某、欧阳某某、胡某破产撤销权纠纷案【江西省吉安市中级人民法院(2018)赣08 民终 1413 号民事判决书】。法院认为:在上述合同中约定:“如果乙方未能按照双方上述约定的期限偿还借款本金、利息,甲方可随时处置公司名下的资产,以处置资产所得的价款抵偿乙方所欠甲方债务,直至债务完全清偿,公司资产不够清偿债务的,甲方仍可要求乙方继续偿还;甲方有权采取房屋预售、委托销售、整体转让或者公司股权转让等形式进行处置,处置所得扣除处置费用后即可用于抵偿甲方借款本息,如抵偿甲方全部借款本息后还有剩余的,甲方应将剩余部分返还乙方。”该约定实质属于“流质”“流押”条款,应属无效。

8. 如果协议约定借款人不能按期还款,股权“代持”人即以融资款作为股权转让款成为目标股东的约定,属于法律禁止的“流质条款”,排除了债务人在不能按期履行债务时通过拍卖、变卖担保物的方式偿还债务及以折价方式偿还债务时的议价权利,股权“代持”人不能依据此约定取得目标公司的股权。

例如,王某某、徐某某、江苏大丰港石化园管廊建设管理有限公司与江苏中瑞玮控股集团有限公司公司决议效力确认纠纷案【江苏省盐城市中级人民法院(2015)盐商终字第00093号民事判决书】。法院认为:在徐某某、王某某分别与管廊公司签订的《股权代持(融资)协议书》中均约定了如中瑞玮公司不能按期还款,股权“代持”人即以融资款作为股权转让款,成为管廊公司真实股东,这一约定明显违反了法律关于禁止“流质”的约定。案涉两份《股权代持(融资)协议书》,明确约定了“乙方同意不作为出资人而是代持股权为甲方融资的保证措施”,当事人间以股权转让的形式作为融资担保的意思非常明确,此种让与担保方式不违反法律、法规的强制性规定,应为有效。王某某在上诉状中也认可其与原丰文集团签订的《股权转让协议》就是为《股权代持(融资)协议书》作担保。而《股权代持(融资)协议书》在债权履行期届满前,就约定如作为债务人的原丰文集团不能按期偿还债务,债权人就取得作为担保的管廊公司股权,而且对价恰恰是所谓的“融资款”,该约定排除了债务人在不能按期履行债务时通过拍卖、变卖担保物的方式偿还债务及以折价方式偿还债务时的议价权利,当然属于“流质条款”,股权“代持”人不能依据此约定取得管廊公司的股权。

9. 以获取已享有担保物权的股权所有权方式来冲抵之前形成的债务属于法律明确禁止的流质情形,应认定为无效。虽然当事人并不是在同一份协议中既约定设立担保物权,又约定以获取担保物所有权来冲抵双方之前的债权债务的形式,但两份协议履行的实质就是以获取股权所有权来冲抵双方之前形成的债权债务关系,以不同步骤、不同形式签订协议不能改变合同履行结果上的流质性质。因此,以获取股权所有权来冲抵双方之前形成的债权债务关系的股权流质条款无效。

例如,重庆商社进出口贸易有限公司与云南高深橡胶有限公司、昆明高深橡胶种植有限责任公司、赵某某股权转让纠纷案【云南省昆明市中级人民法院(2016)云01民初107号民事判决书】。法院认为:我国法律明确禁止担保物权人以流质、流押的形式来实现其到期未能获得清偿的债权,以便充分保障各方债权人的利益。本案中,原告已于2015年5月13日对被告昆明高深公司35%的股权享有了担保物权,后又于2015年7月1日与被告云南高深公司签订《股权转让协议》受让其已经享有担保物权的该35%的股权,转让价款的支付方式系以原告对被告云南高深公司享有的债权进行冲抵,担保物权法律关系及股权转让法律关系均发生在原告与被告云南高深公司之间，原告以获取其已享有担保物权的股权所有权来冲抵被告云南高深公司对原告所负的债务，属于法律明确禁止的流质、流押情形。

10. 子公司受让股权而未支付合理对价，实际上是直接获取了让与担保股权，违反了禁止流质的法律规定。

例如，中信信诚资产管理有限公司与曹某某、谭某某、北京融信创投投资管理有限公司股权转让合同纠纷案【湖南省衡阳市中级人民法院（2018）湘04民终1652号民事判决书】。法院认为：由于其本意在于实现担保债权受偿的经济目的，而禁止双方当事人直接约定债权无法受偿时直接获取担保标的所有权，即禁止流质的法律规定，而本案中北京融信创投公司系中信信诚公司的全资子公司，未支付合理对价，实际上是直接获取了担保标的所有权，违反了禁止流质的法律规定。

11. 在履行期限届满前已约定由质权人以固定价款处分质物（股权），相当于未届清偿期即已固定了对质物（股权）的处分方式和处分价格，此种事先约定实质上违反了关于禁止流质的强制性规定，应属无效。

例如，中静汽车投资有限公司与上海铭源实业集团有限公司股权转让纠纷案【最高人民法院（2015）民二终字第384号民事判决书】。法院认为：中静公司提出受让股权的依据为铭源公司与朱某某签订的《融资借款协议》及其项下的《股权质押合同》及《股权转让协议》，从协议相关条款内容来看，双方约定在铭源公司未能及时清偿债务时，朱某某有权要求铭源公司将其持有的桂客公司32.1510%（对应出资额9785万元）的股权以7000万元价格转让给朱某某指定的任意第三人，铭源公司不得拒绝，且该第三人亦无须向铭源公司支付股权转让款，而是直接支付给朱某某以偿还欠款。其实质为在铭源公司不能如约偿还朱某某借款时，朱某某可将铭源公司质押的股权以事先约定的固定价格转让给第三方以清偿铭源公司所负债务，即在履行期限届满前已约定由质权人朱某某以固定价款处分质物，相当于未届清偿期即已固定了对质物的处分方式和处分价格，显然与法律规定的质权实现方式不符。此种事先约定质物的归属和价款之情形实质上违反了《物权法》第211条禁止流质的强制性规定，故该约定条款应属无效。

12. 无论何种担保，其本意在于实现担保债权受偿的经济目的，法律基于公平原则禁止双方当事人直接约定债权无法受偿而直接获取担保标的所有权。同理,股权让与担保也并非为了帮助债权人因无法受偿而直接获得所有权从而变相获取暴利。因此,当事人双方应经过股权回购或变价清算受偿的方式处置股权,禁止债权人直接取得股权,该股权转让行为无效。

例如,亿仁投资集团有限公司、深圳市亿仁控股有限公司等与北京安鼎信用担保有限公司、曹某某股权转让纠纷案【广东省珠海市中级人民法院(2013)珠中法民二终字第400号民事判决书】。法院认为:无论何种担保,其本意在于实现担保债权受偿的经济目的,法律基于公平原则禁止双方当事人直接约定债权无法受偿而直接获取担保标的所有权。同理,让与担保也并非为了帮助债权人因无法受偿而直接获得所有权从而变相获取暴利。因此本案双方当事人应在理顺债务的前提下再行协商回购或变价清算受偿事宜。安鼎公司否认本案股权转让合同的担保真实意图,单方将股权转让给其关联公司,已超出担保权利的目的范围。禾盛公司与安鼎公司的法定代表人为同一人,曹某某与安鼎公司及禾盛公司皆属于关联方,各方对珠海亿仁公司是用于担保债权的用途不可能不知晓,曹某某超出担保目的直接转让股权的行为,属于当事人恶意串通损害亿仁集团公司利益的行为,该转让行为无效。

(三)股权让与担保纠纷中不认定为流质条款的裁判观点梳理

1. 协议约定债务人发生违约情形时,债权人有权处分让与担保股权,并以处分所得款项代债务人履行债务后仍有剩余的,剩余款项归属于债务人。这实质上是施予债权人负有清算义务,该约定不是流质条款,合法有效。

例如,江苏华汇投资集团有限公司与无锡汇鑫置业有限公司、中国金谷国际信托有限责任公司股权资格确认纠纷案【江苏省无锡市中级人民法院(2018)苏02民终954号民事判决书】。法院认为:担保合同中不得约定,在债务人不履行债务时,债权人可以取得担保物的所有权,即流质、流押条款无效。案涉股权转让合同约定,汇鑫公司发生信托合同及债务确认协议项下的违约情形时,金谷公司有权处分转让标的及金谷公司持有的汇鑫公司的其他股权并以处分所得款项为限代汇鑫公司履行信托合同及债务确认协议项下的债务后相关款项仍有剩余的,剩余款项中按照标准计算的金额归属于华汇公司。该合同并未约定如汇鑫公司违约,则案涉股权归金谷公司所有,而是约定金谷公司可以处分股权,并以处分所得款项清偿债务,仍有剩余的,剩余款项归属于华汇公司。实质上是施予债权人金谷公司负有清算义务,该约定不是流质或流押条款,合法有效。

2. 协议仅约定债务履行后的股权返还问题,并未就未返还情形下作出明确的"流质"约定,不能推定存在"流质"的约定。

例如,深圳市美林投资管理有限公司等与舒某某、华瀚科技有限公司等让与担保合同纠纷案【广东省深圳市中级人民法院(2017)粤03民终16526号民事判决书】。法院认为:《债务清偿安排协议书》仅约定债务履行后的股权返还问题,并未就未返还情形下作出明确的"流质"约定,不能推定存在"流质"的约定。至于实际履行过程中发生了向第三人转让股权的事实,则为合同履行中是否存在违约的范畴,不能以此认定合同条款无效。

3. 在债务不能清偿时,当事人约定以让与担保股权折价转让给债权人,属于担保物权的具体实现方式,因该协议不是在债务履行期限届满前达成的,所以不属于流质条款。

例如,王某某与曾某某、贵阳小河区鸿宇房地产开发有限公司、贵阳海纳商业管理有限公司合同纠纷案【贵州省高级人民法院(2019)黔民终631号民事判决书】。法院认为:根据《物权法》第219条、《担保法》第71条的规定,债务履行期限届满质权人未受清偿的,可以与出质人协议以质物折价,也可以依法拍卖、变卖质物。质物折价或者拍卖、变卖后,其价款超过债权数额的部分归出质人所有,不足部分由债务人清偿。根据上述之规定,结合《股权抵债协议》中的约定内容,联系前后两份《股权抵债协议》中约定内容的差别,可以认定该《股权抵债协议》实际是以担保物折价方式清偿债务的一种履行方式,属于担保物权的具体实现方式,性质上属于折价抵偿协议,至此,王某某与曾某某已就真实转让涉案股权达成合意。关于《股权抵债协议》第6条,曾某某再向王某某借款342.4万元的约定内容实际上是双方对涉案股权折价估值后,对超出债务金额的溢价部分以借款形式返还给王某某。因该《股权抵债协议》不是在债务履行期限届满前达成的,所以,不属于流质契约,在不违反其他禁止性法律规定的情况下,此类以物抵债协议应当认定为合法有效。

4. 协议约定债务不能清偿时,债权人有权处置让与担保股权,所得价款优先受偿,并多退少补。该约定并非流质条款,合法有效。

例如,刘某甲与刘某乙、桂阳县富民小额贷款有限责任公司合同纠纷案【湖南省高级人民法院(2020)湘民终1809号民事判决书】。法院认为:本案中,从《协议书》约定的第3条内容看,借款人刘某甲将其持有的宏升混凝土公司90%的股权转让至刘某乙名下,若在2012年1月22日前还清借款所欠本息或双方协商好的还款数额(余额在300万元以内),则刘某乙应无偿将上述涉案股权转移至刘某甲名下。否则,刘某乙有权处置上述涉案股权,所得价款优先受偿,并多退少补。可见,《协议书》中约定债权人系享有处置权,且还要视处置价格多退少补,并非约定股权所有权属于债权人刘某乙和富民小贷公司,不符合流质条款的性质,符合让与担保的法律特征。因此,《协议书》第3条系双方当事人的真实意思表示,并非流质条款,合法有效。

5. 协议约定若债务人在期限之前未能偿还所有借款及利息,则债权人有权自行处置让与担保股权,不属于流质条款。

例如,上海贵灵实业集团有限公司、张某某与袁某某民间借贷纠纷案【上海市高级人民法院(2020)沪民终423号民事判决书】。法院认为:《和解协议》关于"若贵灵公司在期限之前未能偿还所有借款及利息,则袁某某有权自行处置该股权"的约定,不违反流质条款的禁止性规定,故各方之间通过契约方式设定的股权让与担保,未违反法律、行政法规的禁止性规定,应为合法有效。袁某某现参照股权质押的规定,请求对该股权折价或者变卖、拍卖,以所得价优先受偿,于法不悖,本院予以支持。

6. 协议约定在债务人丧失回购股权的情况下,由当事人另行协议安排股权或资产的处置方式,该约定内容不违反流质规定。

例如,港丰集团有限公司与深圳市国融投资控股有限公司等合同纠纷案【广东省高级人民法院(2015)粤高法民四终字第196号民事判决书】。法院认为:依据物权法的规定,禁止在合同中约定在债务人不能清偿债务时,债权人当然确定地取得标的物所有权流质条款。本案的《股权及债权重组协议书》中对港丰集团公司、港丰房地产公司等不能清偿债务的后果作出约定,长城担保公司、国融公司不能当然取得港丰房地产公司的股权,而是在处置股权或资产清偿债务后将股权或资产返还给港丰集团公司。且双方在协议书中也约定在港丰集团公司丧失回购股权的情况下,对于相关的债权,由双方另行协议安排债权债务的处置方式,也就是说股权或资产的处置方式双方仍需协商,并非港丰集团公司上诉所称对于国融公司处置资产和股权无任何限制,国融公司已取得股权的行为就构成流质。故《股权及债权重组协议书》和《股权转让协议》的内容不违反流质规定。

7. 股权让与担保权人已实际控制公司并享有各项股东权利,不属于流质情形,而属于合同各方履行协议书所产生的问题,与合同效力并无关系。

例如,港丰集团有限公司与深圳市国融投资控股有限公司等合同纠纷案【广东省高级人民法院(2015)粤高法民四终字第196号民事判决书】。法院认为:港丰集团公司上诉所称国融公司意图在于取得港丰房地产公司股权所有权及国融公司已实际控制港丰房地产公司并享有股权的各项权利因而构成流质的理由,属于合同各方履行协议书所产生的问题,与合同效力并无关系。

8. 协议约定债务人不能偿还到期债务时,让与担保股权全部归债权人所有,股权价格按当时的处置价折算。这约定是清算方式变现,不违反禁止流质流押的法律规定。

例如,浙江金鑫钢结构集团有限公司、富阳茶叶机械总厂与宏丰实业集团有限公司、浙江一鸣包装印刷有限公司追偿权纠纷案【浙江省杭州市富阳区人民法院(2016)浙0111民初5395号民事判决书】。法院认为:如约定担保权人负有清算义务,当债务人不履行债务时,担保权人并非当然取得担保物所有权时,并不存在流押、流质的问题。本案中,《协议》明确约定:"如出现担保代偿,3个月内甲方无法偿还丙方、丁方,相应部分股权全部归丙方、丁方所有,股权价格按当时的处置价折算。超过代偿款项的部分,返还给甲方。不足以抵偿代偿部分的,不足部分由甲方补足。"可见,宏丰公司、原盛德公司就以原告茶机厂代持的富阳农商行股权设定让与担保,"按当时的处置价折算"的清算方式变现。法院认为,上述约定不违反禁止流质流押的法律规定,应当认定上述约定有效。

9. 虽然合同约定如到期无法偿还,则依法将质押股权转让予债权人违反了禁止流质的规定,但双方当事人并未直接用股权还债,而是另行签订股权转让协议,将股权作价用以清偿债务。这是双方当事人在债务清偿期届满后重新商定用股权估价而确定的还款方式,该行为不属于流质行为,合法有效。

例如,杨某某与戴某某民间借贷、股权质权纠纷案【江苏省无锡市中级人民法院(2016)苏02民终3107号民事判决书】。法院认为:本案纠纷系国盛公司资金周转困难、由戴某某向杨某某借款而生,股权质押是对借款的一种担保方式。《物权法》第211条规定,质权人在债务履行期届满前,不得与出质人约定债务人不履行到期债务时质押财产归债权人所有。虽然本案股权质押合同中约定的“如到期无法偿还,则依法将质押股权转让予乙方”违反了上述禁止流质的规定,但在戴某某未能按约偿还该 145 万元后,双方并未直接用质押的 2% 的股权还债,而是签订股权转让协议,以 1.5% 的股权作价 90 万元,另外再支付 55 万元,用以归还该 145 万元的债务。这是双方在债务清偿期届满后,经过重新协商、估价股权而确定的还款方式,该行为并不违反法律的规定,应认定为合法有效。

10. 协议约定债务人不能清偿债务时,债权人有权对外出售让与担保股权,出售价格以评估价格为基础下浮不超过 10%,出售股权比例变现的额度,不得超过未清偿借款本息。该约定属于对让与担保股权清算方式的变现,不违反禁止流质的法律规定,应为有效。

例如,黑龙江闽成投资集团有限公司与西林钢铁集团有限公司、刘某某民间借贷纠纷案【最高人民法院(2019)最高法民终 133 号民事判决书】。法院认为:本案中,西钢公司与刘某某于 2015 年 8 月 13 日在签订的《补充协议书》中约定,如西钢公司不能还清债务,“乙方有权对外出售翠宏山矿业公司股权,出售价格以评估价格为基础下浮不超过 10%;出售股权比例变现的额度,不得超过未清偿借款本息”。可见,西钢公司与刘某某就以翠宏山公司 64% 的股权设定的让与担保,股权出售价格应以“评估价格为基础下浮不超过 10%”的清算方式变现。本院认为,上述约定不违反禁止流质流押的法律规定,应当认定为有效。

11. 为股权让与担保实现所约定的清算条款或强制清算义务的内容不属于流质条款。

例如,修水县巨通投资控股有限公司与福建省稀有稀土(集团)有限公司、江西巨通实业有限公司合同纠纷案【最高人民法院(2018)最高法民终 119 号民事判决书】。法院认为:其中对违反物权法定原则的质疑,已在物权法定原则的立法本意以及习惯法层面上得以解释,前述《民间借贷规定》第 24 条的规定,即属对让与担保的肯定和承认;而回避流质契约条款可能发生的不当后果,亦可为让与担保实现时清算条款的约定或强制清算义务的设定所避免。

12. 名义股东并不享有股权的所有权,仅居于担保权人地位,不存在违反流质条款的问题。

例如,任某某、周某甲、周某乙与广元市广发创业投资有限公司、广元市宇重建材有限公司请求变更公司登记纠纷案【四川省高级人民法院(2020)川民申

605 号民事裁定书】。法院认为:本案当事人约定的股权让与担保条款是各方的真实意思表示,不违反法律、行政法规的强制性规定,不损害社会公共利益和公序良俗,依法应为有效。广发公司作为名义上的股权受让人实质上并不享有案涉股权的所有权,仅居于担保权人地位,故不存在违反流质条款的问题。

13. 若约定一方不能清偿债务,另一方得以处置其股权的方式优先受偿,则不产生流质的效果,应认为约定有效。

例如,港丰集团有限公司与深圳市国融投资控股有限公司、长城融资担保有限公司等合同纠纷案【最高人民法院(2016)最高法民申 1689 号民事裁定书】。法院认为:根据《股权及债权重组协议书》的约定,即使港丰集团公司、何某某等不能在回购期内清偿债务,长城担保公司、国融公司亦并非当然取得港丰房地产公司的股权,而是以处置港丰房地产公司资产或股权的方式优先清偿长城担保公司、国融公司享有的债权后,再将剩余款项返还给港丰集团公司。这表明长城担保公司、国融公司对担保物享有的是优先受偿权,而非所有权,并不因此产生“流质”的法律后果,因而并不违反目前我国物权法和担保法的相关规定。

(四)笔者的观点

笔者认为,股权让与担保实现的方式不属于流质条款,理由如下:

首先,股权让与担保实现的方式与流质条款不同。股权让与担保中,股权虽已移转于担保权人,但担保权人尚非确定地取得股权,在债务人不履行债务时,担保权人仍应履行变卖股权或协议估价,以股权价金受偿或用股权抵偿债权,也即担保权人仍有清算义务,在股权价金超过担保债权额时,就超过部分负有返还责任,即使在用股权抵偿债务时也是这样,并非当然取得股权。而流质条款则是当事人事先约定在债务人未清偿债务时,担保权人即当然取得股权,而且不负清算义务。

其次,就担保物权而言,流质属于担保物权的轻微瑕疵,其无效本身对担保物权的设立效力并无影响,只是造成担保合同约定的担保物权实现方式无效而已,这一影响也是很有限的,只要消除原来合同关于担保物权实现的无效因素即可,亦即只要把原来约定的不经过清算直接归债权人所有而抵债的归属型让与担保调整为经过清算抵债或者经拍卖、变卖处分后清偿债务即可。具体到股权让与担保,由于股权形式上已转移至债权人,如果是归属型让与担保,只要债权人同意,债权人与担保人只要对让与担保物的价值进行清算,债权人就清算的结果与债权债务相比,多退少补,就可以使让与担保股权真正归债权人,并使债权人与债务人的相应债权债务消灭。如果债权人不同意经清算后以让与担保股权抵偿自己的债权,则归属型让与担保可转为处分型让与担保,由债权人依法通过拍卖或变卖让与担保股权,并就让与担保股权的变价款优先受偿即可。

再次,在实践中,股权让与担保按照行权方式可以分为两种类型:清算型让与担保和事前归属型让与担保。清算型让与担保,是指当担保的债权不能实现时,债权人不能当然获得标的物的所有权,而必须经由清算程序,就标的物折价、拍卖、变卖所得价款优先受偿。清算型条款符合物权法和担保法的规定,实践中承认其效力。事前归属型让与担保,是指如果债权不能实现,债权人直接取得标的物所有权。事前归属型清算条款违反"禁止流质"原则,属于无效条款,但《民法典》第156条规定:"民事法律行为部分无效,不影响其他部分效力的,其他部分仍然有效。"因此,禁止流质契约虽自始无效,但根据《九民纪要》的理解,因违反流质条款无效的部分,应当转化为清算型担保,从而不影响合同中其他条款的效力。

最后,随着司法审判经验的积累,最高人民法院近几年就有关股权让与担保是否违反流质条款问题,颁布了一系列指导案例、规范性文件和司法解释,因此成为审理股权让与担保纠纷案件的指导意见和裁判依据。涉及股权让与担保流质条款的观点逐渐清晰和统一。据此,司法实践形成最重要的共识是,股权让与担保针对的是股权处置价款的优先受偿权,而并非当然的获得股权。同时,是否就让与担保的实现科以清算义务,是判断是否存在流质条款的主要依据。

(1)最高人民法院民事审判第二庭法官会议对此认为:物权法关于禁止流质(或流押)的规定在否定事前归属让与担保效力的同时,反面为清算型让与担保指明了方向,这也恰是实践中鲜有以违反流质(或流押)为由否定让与担保合同效力的原因,只要我们将其解释为是清算型让与担保,就不存在违反流质(或流押)的问题。更何况作为一种担保方式,让与担保合同中的受让人实质上并不享有所有权或股权,而仅居于担保权人地位,因而不存在流质(或流押)的问题。

(2)《刘贵祥讲话》:关于是否违反流质条款问题。我国物权法明确禁止流质(或流押),禁止抵押权人在债务履行期限届满前与抵押人约定债务人不履行债务时抵押财产归债权人所有,以避免债权人乘债务人之急迫而滥用其优势地位,通过压低担保物价值的方式牟取暴利。物权法关于禁止流质(或流押)的规定在否定事前归属型让与担保效力的同时,也为清算型让与担保指明了方向,这也是实践中鲜有以违反流质(或流押)为由否定让与担保合同效力的原因。只要我们将其解释为是清算型让与担保,就不存在违反流质(或流押)的问题。更何况作为一种担保方式,让与担保合同中的受让人实质上并不享有所有权或股权,而仅居于担保权人地位,因而不存在违反流质(或流押)条款的问题。

(3)《九民纪要》第66条规定:"当事人订立的具有担保功能的合同,不存在法定无效情形的,应当认定有效。虽然合同约定的权利义务关系不属于物权法规定的典型担保类型,但是其担保功能应予肯定。"第67条规定:"债权人与担保人订立担保合同,约定以法律、行政法规未禁止抵押或者质押的财产设定以登记作为公示方法的担保,因无法定的登记机构而未能进行登记的,不具有物权效力。当事人请求按照担保合同的约定就该财产折价、变卖或者拍卖所得价款等方式清偿债务的,人民法院依法予以支持,但对其他权利人不具有对抗效力和优先性。"第71条规定:合同如果约定债务人到期没有清偿债务,财产归债权人所有的,人民法院应当认定该部分约定无效,但不影响合同其他部分的效力。可见,《九民纪要》也禁止让与担保的"流质"条款,该部分约定无效。但同时也规定,如果当事人间约定流押流质条款,未安排清算规则的,则仅该部分规定无效,但不影响其他部分的效力。

(五)《民法典》对流质条款的立法观点

随着《民法典》的颁布实施,法律对于"禁止流质"的立法观点也发生了很大的变化。《民法典》第66条规定:"出质人和质权人在合同中不得约定在债务履行期届满质权人未受清偿时,质物的所有权转移为质权人所有。"第428条规定:"质权人在债务履行期限届满前,与出质人约定债务人不履行到期债务时质押财产归债权人所有的,只能依法就质押财产优先受偿。"根据该条规定,存在流质条款的股权让与担保合同,只是流质条款本身无效,但并不影响整个股权让与担保合同的效力。第438条规定:"质押财产折价或者拍卖、变卖后,其价款超过债权数额的部分归出质人所有,不足部分由债务人清偿。"就担保财产优先受偿的方式包括协议以担保财产折价或拍卖变卖担保财产取得价款(《民法典》第

410 条和第 436 条 2 款),分别对应归属清算型让与担保和处分清算型让与担保。

与《物权法》第 211 条关于“禁止流质”的表述相比较,《民法典》第 428 条没有使用“不得”之类的禁止性用语,而是直接规定了流质契约的法律效果。这意味着,流质契约之规定在性质上从《物权法》之行为规范变化为《民法典》的裁判规则层面,即如果约定了流质,也只能按照担保的规定进行优先受偿。至于该流质契约是否无效,《民法典》对流质的态度是更为开放的,并未对其予以一般性的禁止。实际上是缓和了禁止流质之规则,有助于建立尊重个人自主决定的私法秩序,符合私法自治之精神。

另一个需要关注的问题是,《民法典》在流押条款、流质条款效力问题上是否具有溯及既往的效力?《最高人民法院关于适用〈中华人民共和国民法典〉时间效力的若干规定》第 7 条规定:“民法典施行前,当事人在债务履行期限届满前约定债务人不履行到期债务时抵押财产或者质押财产归债权人所有的,适用民法典第四百零一条和第四百二十八条的规定。”也就是说,关于流押条款、流质条款效力等问题,即使合同签订在《民法典》正式实施之日以前,也应当适用《民法典》的有关规定。《民法典》在流押条款、流质条款效力问题上具有溯及既往的效力。

综上,《民法典》施行后,与《物权法》的时代不同,流质条款不再当然无效,而是被有限承认。《民法典》施行后,以“违反禁止流质”来主张股权让与担保合同必然无效将没有法律基础。

第二节 股权让与担保的物权效力

一、股权让与担保是否具有物权效力

物权法定原则,是指物权的种类和内容由法律予以规定,不允许当事人自由设定。物权法定原则依据来自《物权法》第 5 条的规定,也即物权的种类和内容,由法律规定。这意味着如果认定某一种权利是物权,就必须要有法律依据。

正因为股权让与担保是一种非典型担保,所以无论是已经废止的《担保法》《物权法》,还是新颁布的《民法典》,都没有明确规定股权让与担保。股权让与

担保的出现似乎破坏了已被立法所固定的物权体系,对物权法定原则形成了冲击。因此,在司法实务中,有一部分法院认为,法律并未规定可以通过所有权转让的方式设定担保物权,当事人就股权让与担保方式达成合意没有相应法律依据,违反物权法定原则,不产生物权转移效力。例如,《江苏省高级人民法院关于以物抵债若干法律适用问题的审理纪要》规定:让与担保因违反物权法定原则,不产生物权转移效力。债权人如根据抵债协议及物权转移凭证要求原物权人迁让的,人民法院应不予支持。

(一)部分法院认为无效

司法实务中,有一部分法院认为,股权让与担保违反物权法定原则而无效,只不过认定无效的法理基础和立论角度不同而已。

1. 有的法院参照股权质押的法律特性认定股权让与担保违反物权法定原则,股权让与担保合同不能产生股权质押的法律后果,且未办理质押登记,股权质权尚未设立。例如,卢某某与池某某、孟某某、厦门市源莲房地产营销代理有限公司合同纠纷案【厦门市中级人民法院(2014)厦民终字第 410 号民事判决书】。法院认为:《物权法》并未规定让与担保物权,根据物权法定原则,本案让与担保合同不能产生股权质押的法律后果。根据《物权法》第 226 条的规定,股权质权自工商行政管理部门办理出质登记时设立,而本案股权质押未办理质押登记,股权质权尚未设立。

2. 有的法院认为,股权让与担保属于创设法定类型之外的新的物权类型,同物权法定原则相冲突,违反法律强制性规定。例如,李某某与中新房东方控股有限公司确认合同无效纠纷案【宁夏回族自治区银川市兴庆区人民法院(2017)宁 0104 民初 174 号民事判决书】。法院认为:当事人通过买卖合同的方式设定让与担保,属于创设法定类型之外的新的物权类型,明显同物权法定原则相冲突。同时,让与担保违反物权法关于"禁止流质"的规定。根据物权法的相关规定,质权人在债务履行期限届满前,不得与出质人约定债务人不履行到期债务时质押财产归债权人所有。本案原、被告签订《股权转让协议》的目的是担保债务的履行,鉴于双方未办理出质登记,其约定也不符合法定的担保方式,故让与担保不是符合物权法和担保法规定的担保方式,双方以转让股权的方式设定担保物权违反法律强制性规定。

3. 有的法院认为，股权让与担保属于“权利质”，应办理出质登记，否则，就不符合股权出质的法定要件。例如，卢某某与左某某股权转让纠纷案【安徽省六安市中级人民法院(2020)皖15民终2619号民事判决书】。法院认为：卢某某根据《九民纪要》(法〔2019〕254号)第71条的规定，认为涉案股权转让协议的性质属于股权让与担保，说明卢某某对案涉股权转让系为债权提供担保的性质是认同的。就这一担保而言同样是不具效力的，不符合关于权利质押的法律规定，《担保法》和《物权法》对关于股权的出质都有明确的规定，股份作为物保方法中的质押，属于“权利质”，双方依法应采取书面形式订立质权合同，并在工商行政部门办理出质登记，否则，就不符合关于股权出质的法定要件。

4. 有的法院认为，物的担保并不发生物权的转移，担保物权以支配担保物的价值为内容，而非所有权。因股权让与担保存在股权转让行为，变相地将股权担保变成了债权人所有，由此剥夺了债务人的股东权利，这一情形与担保物权的立法精神相悖。例如，卢某某与左某某股权转让纠纷案【安徽省六安市中级人民法院(2020)皖15民终2619号民事判决书】。法院认为：物的担保并不发生物权的转移，担保物权以支配担保物的价值为内容，属于物权的一种，与一般物权具有同一性质。所不同的是，一般物权以对标的物实体的占有、使用、收益、处分为目的；而担保物权则以标的物的价值确保债权的清偿为目的，以就标的物取得一定的价值为内容。本案中，卢某某受让左某某55%的股权，实际上是取得了该55%股权的所有权，变相地将股权担保变成了卢某某事实上的所有，由此剥夺了左某某在聚城公司55%股权所享有的相应股东权利，这一情形已违背了当初设置股权担保的初衷，也与担保法的立法精神相悖。

5. 有的法院认为，物权的种类和内容均由法律作出规定，不允许当事人自由创设和变更。而股权让与担保是当事人设定的担保物权，违反了物权法定原则而无效。例如，陈某某、王某某与滕某某、宽甸金远房地产开发有限公司合同纠纷案【辽宁省高级人民法院(2016)辽民申1115号民事裁定书】。法院认为：让与担保亦是双方约定设定担保物权，《物权法》第5条规定的物权的种类和内容，由法律规定。第172条规定设定担保物权，应当依照本法和其他法规的规定订立担保合同。从以上规定看，物权的种类和内容均由法律作出规定，不允许当事人自由创设和变更。滕某某与王某某、陈某某约定以股权让与形式为借款合同提供担保违反了物权法定原则。综合上述分析，从外在表现形式上，滕某某与王某某、陈某某签订的《股权转让协议》并非双方当事人的真实意思表示，不能产生相应的法律效力。从双方当事人的真实目的来看，双方签订的《股权转让协议》和《合作管理协议书》属于设定股权让与担保，该约定违反了法律的禁止性规定和物权法定原则，故原审认定《股权转让协议》和《合作管理协议书》无效并无不当。

6. 有的法院认为，我国合同法及物权法并不承认非典型的担保。因此，股权让与担保合同违反《合同法》第52条第5项规定而无效。例如，朱某与周某民间借贷纠纷案【江苏省睢宁县人民法院（2013）睢商初字第0421号民事判决书】。法院认为：我国合同法及物权法并不承认这种非典型的担保方式。因此，依照《合同法》第52条第5项的规定，原、被告双方在协议中关于将原告对徐州爱依食品有限公司所享有的85%的股权转让给被告周某的约定是无效约定，该转让行为自始无效。

7. 有的法院认为，股权让与担保因违反"物权法定原则"，不发生物权变动效力。例如，朱某与周某、徐州爱依食品有限公司民间借贷纠纷案【江苏省睢宁县人民法院（2015）睢民初字第3468号民事判决书】。法院认为：在该协议中的担保合同部分，因双方约定让与担保的担保物权，违反《物权法》第5条"物权的种类和内容，由法律规定"的规定，被称为"物权法定原则"，因此，不发生物权变动效力。

8. 有的法院认为，我国法律未规定股权让与担保类型，不具有物权效力。例如，肖某与郭某某、欧阳某某、胡某破产撤销权纠纷案【江西省吉安市中级人民法院（2018）赣08民终1413号民事判决书】。法院认为：胡某、欧阳某某与肖某虽签订了《股权转让协议》，并将强钰公司股权变更登记在肖某名下，但是结合《股权转让抵债协议》《股权转补充协议》可知，胡某、欧阳某某名为股权转让，实质为股权让与担保，即以股权转让方式为肖某的借款债权担保，股权所有人仍归胡某、欧阳某某。《物权法》第5条规定："物权的种类和内容，由法律规定。"肖某与胡某、欧阳某某签订股权让与担保合同，我国法律未规定该担保类型，该担保行为不具有物权效力。

9. 有的法院认为，股权让与担保违反物权法定原则，不产生物权转移效力，但其合同效力不受物权效力认定的影响。例如，湖南省开元盛世投资有限公司与郴州市旭日东方房地产开发有限公司、林某某股东资格确认纠纷案【湖南省郴州市北湖区人民法院(2019)湘1002民初1299号民事判决书】。法院认为:根据法律规定,我国担保法律关系中分为保证担保(俗称人保)和物的担保(俗称物保),而物保分为抵押权、质权和留置权。本案虽然不属于上述有名担保,但在相关司法解释及法律理论和实践中确认的非典型担保物权还有优先权、所有权保留和让与担保。鉴于本案股权转让协议是为民间借贷提供担保,并约定还清借款本息后即可回购,且已经按约定办理了物权转移登记手续,系通过转让标的物的所有权来担保债权实现的方式,符合非典型担保中的让与担保的特征。让与担保法律关系在司法实践中屡见不鲜,因其违反物权法定原则,不产生物权转移效力,但其合同效力不受物权效力认定的影响。

10. 有的法院认为,股权让与担保虽然不违反效力性强制性法律规定,但不具有物权效力。例如,陶某某与嘉鹏置地集团有限公司与公司有关的纠纷案【广西壮族自治区柳州市中级人民法院(2018)桂02民终1579号民事判决书】。法院认为:尽管本案所涉的担保方式不具有物权效力,但亦未有明文规定禁止以此方式进行债务担保。综上,将股权转让登记到陶某某名下以作为官塘公司6000万元债务的担保,这一担保方式为非典型的让与担保,不具有物权效力,但也未违反法律的效力性强制性规定。

(二)大部分法院对股权让与担保物权效力给予了肯定

1.《民间借贷规定》第23条已经从立法本意及习惯法层面上,对股权让与担保效力及违反物权法定原则的质疑进行解释,股权让与担保的效力得到肯定和承认。例如,修水县巨通投资控股有限公司与福建省稀有稀土(集团)有限公司、江西巨通实业有限公司合同纠纷案【最高人民法院(2018)最高法民终119号民事判决书】。法院认为:对让与担保效力违反物权法定原则的质疑,已在物权法定原则立法本意及习惯法层面上得以解释,《民间借贷规定》第23条规定,即属对让与担保的肯定和承认。

2. 股权让与担保物权效力应以是否已按照物权公示原则进行公示作为核心判断标准。在已将股权变更登记到担保权人名下的股权让与担保中,担保权人形式上已经是股权的持有者,其就股权所享有的优先受偿权利,原则上享有对抗第三人的物权效力。例如,黑龙江闽成投资集团有限公司与西林钢铁集团有限公司、刘某某民间借贷纠纷案【最高人民法院(2019)最高法民终133号民事判决书】。法院认为:闽成公司与西钢公司上述主张,实质争议焦点在于以翠宏山公司64%的股权设定的让与担保是否具有物权效力,让与担保权人是否可因此取得就该股权价值优先受偿的权利。《最高人民法院关于进一步加强金融审判工作的若干意见》第3条规定,依法认定新类型担保的法律效力,扩宽中小微企业的融资担保方式。除符合《合同法》第52条规定的合同无效情形外,应当依法认定新类型担保合同有效;符合物权法有关担保物权规定的,还应当依法认定其物权效力。对于前述股权让与担保是否具有物权效力,应以是否已按照物权公示原则进行公示,作为核心判断标准。本案讼争让与担保中,担保标的物为翠宏山公司64%的股权。《公司法》第32条第2款规定,公司应当将股东的姓名或者名称向公司登记机关登记;登记事项发生变更的,应当办理变更登记。未经登记或者变更登记的,不得对抗第三人。可见,公司登记机关变更登记为公司股权变更的公示方式。《物权法》第208条第1款、第226条第1款及第229条规定,在股权质押中,质权人可就已办理出质登记的股权优先受偿。举轻以明重,在已将作为担保财产的股权变更登记到担保权人名下的股权让与担保中,担保权人形式上已经是作为担保标的物的股份的持有者,其就作为担保的股权享有优先受偿的权利,更应受到保护,原则上具有对抗第三人的物权效力。这也正是股权让与担保的核心价值所在。本案中,西钢公司与刘某某于2014年6月签订《协议书》以翠宏山公司64%股权设定让与担保,债权人闽成公司代持股人刘某某和债务人西钢公司协调配合已依约办妥公司股东变更登记,形式上刘某某成为该股权的受让人。因此,刘某某依约享有的担保物权优于一般债权,具有对抗西钢公司其他一般债权人的物权效力。闽成公司主张,刘某某享有就翠宏山公司64%股权优先受偿的权利,法院予以支持。

3.股权让与担保并非创设一种单独的担保物权,形成的是在受契约自由和担保的经济目的双重规范下的债权担保关系,不违反法律强制性规定和民法中的公序良俗原则,应尊重当事人的约定。例如,港丰集团有限公司与深圳市国融投资控股有限公司等合同纠纷案【广东省高级人民法院(2015)粤高法民四终字第196号民事判决书】。法院认为:长城担保公司、国融公司与港丰集团公司是通过合同方式设定让与担保,并非创设一种单独的担保物权,形成的是在受契约自由和担保的经济目的双重规范下的债权担保关系。故在合同项下的当事人约定的相关权利义务内容只要不违反法律强制性规定和民法中的公序良俗原则,应尊重当事人的该项约定。港丰集团公司以协议约定违反物权法定原则因而无效的理由缺乏法律依据,法院不予支持。

4. 债权人对让与担保股权享有的是优先受偿权,而非所有权,并不因此产生"流质"的法律后果,并不违反物权法定原则。例如,深圳市美林投资管理有限公司等与舒某某、华瀚科技有限公司等让与担保合同纠纷案【广东省深圳市中级人民法院(2017)粤03民终16526号民事判决书】。法院认为:2013年7月3日《债务清偿安排协议书》约定美林资产公司、钟某甲收齐款项后协调有关持股人与华瀚公司、郑某某与唐某某在一周内解除此前作为债务担保签署的《惠州大亚湾鑫宏实业有限公司股权转让协议》,把股权转让给原股东或华瀚公司、郑某某与唐某某指定的持股人,表明美林投资公司、钟某乙对作为担保物的鑫宏公司股权享有的是优先受偿权,而非所有权,并不因此产生"流质"的法律后果,因而并不违反目前我国物权法和担保法的相关规定。故原审法院关于让与担保方式本身因违反物权法有关"物权法定"原则而无效的认定属适用法律错误,法院予以纠正。

5. 依照《民法典》第388条规定,股权让与担保属于"其他具有担保功能的合同",债权人有权依法对让与担保股权行使担保物权。例如,上海贵灵实业集团有限公司、张某某与袁某某民间借贷纠纷案【上海市高级人民法院(2020)沪民终423号民事判决书】。法院认为:袁某某在二审中主张对旭宁股权行使担保物权,由于旭宁股权作为担保设立时,当时的法律、司法解释对此种担保物权没有规定,依照《最高人民法院关于适用〈中华人民共和国民法典〉时间效力的若干规定》第3条"民法典施行前的法律事实引起的民事纠纷案件,当时的法律、司法解释没有规定而民法典有规定的,可以适用民法典的规定,但是明显减损当事人合法权益、增加当事人法定义务或者背离当事人合理预期的除外"以及《民法典》第388条中关于"担保合同包括抵押合同、质押合同和其他具有担保功能的合同"的规定,法院认为《和解协议》第2条关于旭宁股权的约定属于《民法典》规定的"其他具有担保功能的合同",是非典型担保中的让与担保。

6. 股权让与担保合同本身并不直接产生物权效力,但将过户登记解释为股权质押登记并不损害信赖登记之第三人利益,故不违反物权法定原则。

例如,郭某某、深圳市光耀地产集团有限公司与深圳市悦景江边投资有限公司等合同纠纷案【广东省深圳市罗湖区人民法院(2018)粤0303民初19947号民事判决书】。法院认为:案涉《股权回购协议》及《股权转让协议书》系相关当事人的真实意思表示,其内容不违反法律及行政法规的强制性规定,合法有效。《股权回购协议》本身并不直接产生物权效力,光耀资管公司依据该合同享有处置案涉股权并就所得款项优先受偿的权利,原告光耀地产集团公司和郭某某在清偿案涉《借款合同》《流动资金借款合同》债务前,不得依据本判决要求将案涉股权变更登记至光耀地产集团公司名下。两原告则可要求处置股权以所得款项清偿债务,剩余款项利益归于两原告。同时,将过户登记解释为股权质押登记并不损害信赖登记之第三人利益,不违反物权法定原则。

(三)笔者的观点

笔者认为,股权让与担保并没有创设新的物权类型,也没有新设物权的内容,与物权法定原则并不冲突,不违反物权法定原则。

首先,虽然理论中对于股权让与担保是否应当具备物权效力存在不同观点,但在司法实务中,对于股权让与担保的物权优先效力却得到正面鼓励和肯定。《最高人民法院关于进一步加强金融审判工作的若干意见》第 3 条规定:“依法认定新类型担保的法律效力,拓宽中小微企业的融资担保方式。丰富和拓展中小微企业的融资担保方式,除符合合同法第五十二条规定的合同无效情形外,应当依法认定新类型担保合同有效;符合物权法有关担保物权的规定的,还应当依法认定其物权效力,以增强中小微企业融资能力,有效缓解中小微企业融资难、融资贵问题。”这为股权让与担保具备与股权质押等传统担保方式一样的物权效力提供了可能和基础。最高人民法院多次指出,在非典型担保的合同效力认定方面,人民法院应依契约自由原则,只要不存在《合同法》第 52 条规定的情形,应当依法认定让与担保等新类型担保合同有效。

其次,《最高人民法院民事审判第二庭第四次法官会议纪要》中指出:应当按照当事人真实意思表示认定股权让与担保协议的性质。如果当事人的真实意思是通过转让标的物的方式为主合同提供担保,则此种合同属于让与担保合同,而非股权转让或股权质押。在已经完成股权变更登记的情况下,可以参照最相近的担保物权的规定,认定其具有物权效力。2018 年 4 月 18 日,最高人民法院第一巡回法庭张勇健法官在讲话中提到,应当依法认定新类型担保的法律效力,拓宽中小微企业的融资担保方式。其中,张法官特别强调:除符合《合同法》第

52 条规定的合同无效情形外,应当依法认定新类型担保合同有效;符合物权法有关担保物权的规定的,还应当依法认定其物权效力。上述观点属于最高人民法院的审判经验结晶,表明最高司法机关肯定股权让与担保的合同效力,并直接赋予完成公示的股权让与担保以物权效力,参照最相近的物权法规定进行裁判。

再次,最高人民法院审判委员会专职委员刘贵祥在全国法院民商事审判工作会议上发表讲话指出:根据区分原则,物权法定原则本身并不影响合同效力。就让与担保合同而言,如果符合物权法定原则要求的,可以认定其具有物权效力。反之,不符合物权法定原则要求的,则不具有物权效力,但这并不影响合同本身的效力。以物权法定为由否定合同的效力,不符合区分原则。正如最高人民法院认为:根据物权变动的区分原则,物权变动的原因与物权变动的结果作为两个法律事实,他们成立生效依据不同的法律根据,那么,无论股权让与担保行为是否具有物权效力,都不应影响当事人之间所签订的借款合同或股权转让合同的效力。"就让与担保合同而言,如果符合物权法定原则要求的,可以认定其具有物权效力。反之,不符合物权法定原则要求的,则不具有物权效力,但这并不影响合同本身的效力。"[①]在司法实务中,最高人民法院认为股权让与担保并不违反"物权法定原则"。例如,黑龙江闽成投资集团有限公司与西林钢铁集团有限公司、刘某某民间借贷纠纷案【最高人民法院(2019)最高法民终 133 号民事判决书】。法院认为:根据物权和债权区分原则,物权法定原则并不能否定上述合同的效力,即使股权让与担保不具有物权效力,股权让与担保合同也不必然无效。

最后,《民法典担保制度解释》第 63 条规定:"债权人与担保人订立担保合同,约定以法律、行政法规尚未规定可以担保的财产权利设立担保,当事人主张合同无效的,人民法院不予支持。当事人未在法定的登记机构依法进行登记,主张该担保具有物权效力的,人民法院不予支持。"本条是关于新类型担保中担保合同效力与物权效力的规定。在债权人与担保人订立担保合同,约定以法律、行政法规尚未规定可以担保的财产权利设立担保的情形下,《民法典担保制度解释》区分两个层次来解决其中的法律适用问题:一是担保合同效力的层面;二是

---

① 贺小荣主编:《最高人民法院民事审判第二庭法官会议纪要——追寻裁判背后的法理》,人民法院出版社 2018 年版,第 23 页。

物权效力的层面。关于担保合同效力的层面,笔者认为,除非当事人签订的担保合同违反法律、行政法规的强制性规定或者违背公序良俗,否则,当事人以法律、行政法规尚未规定该财产权利可以用于提供担保或者未在法定登记机关办理登记为由,请求认定担保合同无效的,人民法院不予支持。

当然,虽然当事人签订的担保合同有效,但不意味着债权人可以就约定的财产权利取得优先受偿的效力。根据《民法典》第 441 条关于权利质押成立的规定,在没有权利凭证的情形下,当事人是否能够取得担保物权,除担保合同合法有效外,还须看当事人是否办理出质登记。在担保合同约定以法律、行政法规尚未规定可以用于担保的财产权利设定担保时,因欠缺法定登记机构,当事人只能采取向非法定的登记机构办理登记的方式予以公示。对于此种登记的效力,实务界存在不同的意见:一种意见认为,《民法典》所规定的具有公示效力的登记机构,仅限于法定的登记机构,非法定的登记机构进行的“登记”,不具有公示的效力,自然也就无法使当事人的约定发生物权效力;另一种意见则认为,为了扩大可用于担保的财产的范围,如果当事人以法律、行政法规尚未规定的可用于担保的财产设定担保物权的,即使没有法定的登记机构,但如果当事人通过一定的方式将权利以外部可查知的方式予以公示的,也有必要认可其物权效力。

二、股权让与担保权人是否具有优先受偿权

依据让与担保理论,债务清偿后,股权应当返还转让方;在债务无法清偿时,债权人得就该股权受偿。因股权让与担保系未经法律明确规定的非典型担保,所以必然要涉及是否因承认其物权效力而违反物权法定原则的问题,这直接关系到股权让与担保是否具有对抗第三人的物权效力。担保物权的物权效力表现为债权人对担保物的优先受偿权。因此,司法实务中,在股权让与担保协议有效的前提下,债权人对被转让的股权是否享有优先受偿权?

在股权让与担保中,因具有股权转让的权利外观,基于股权登记的对抗力,所以对外亦会产生对第三人信赖利益的保护问题。审判实践中通常倾向于认可让与担保这一约定有效,但对于其创设物权的效力则倾向于更加审慎。当事人通过契约方式设定让与担保,并非创设一种单独的让与担保物权,其实质上就是一种受契约自由原则和担保之经济目的双重规范的信托行为之债之关系,外加所有权的转移,是担保权人负有清算义务的一种担保形式,其以财产权转移为形

式和手段，而担保效果则源于合同安排、依据在于合同法。因此，让与担保在本质上是一种合同法律关系。这一观点，实际上是认为让与担保制度并非一项担保物权，而应当作为一种独立存在的担保制度，故对于其能否产生排他的法律效力以及能否对抗其他经公示登记的担保物权的优先受偿权，在实践中存在较大的争议。

（一）具有优先受偿权的裁判观点梳理

有一种观点认为：依据物权法定原则，只有法律明确规定的物权种类，才具有法律认可和保护的物权效力，让与担保并非法律明确规定的物权种类，仅具有债权效力，不具有与法定物权同样的物权效力，不能对抗第三人，无法取得优先于其他债权人的受偿权。同时，按照《民间借贷规定》第 23 条的规定，债权人对债务人不履行偿还义务时，可以申请对标的物进行拍卖变卖以受偿债权，但债权人对买卖之标的物所享有的仅是普通债权，并非优先受偿权。即便完成了标的物所有权之转移登记手续，也不应享有优先受偿之权利。为此，一部分法院认为，股权让与担保并非法定担保物权，债权人对让与担保物不享有优先受偿权。在物权变动效力方面，人民法院应当依据物权法定和物权公示原则，不宜承认让与担保等非典型担保的物权效力，即让与担保仅为债权担保方式，不享有对抗第三人的担保物权等优先受偿权。例如，最高人民法院于 2017 年 5 月 15 日发布的第二批涉“一带一路”建设典型案例，中国建设银行股份有限公司广州荔湾支行与广东蓝粤能源发展有限公司等信用证开证纠纷案【最高人民法院（2015）民提字第 126 号民事判决书】。最高人民法院就“让与担保”的效力问题提及如下观点：“即便有相应的合同约定，我国现行法律没有关于以让与动产所有权担保债权这一担保物权类型的规定，根据物权法关于物权法定原则的规定，不能产生物权效力，何来优先受偿？”

1. 有的法院认为，物权法明确规定物的担保方式为抵押、质押和留置等，股权让与担保违反物权法定原则，主张就股权优先受偿没有法律依据。例如，江苏悦达贸易股份有限公司与卫某、陈某某、盐城市嘉丰置业有限公司等企业借贷纠纷案【江苏省盐城市中级人民法院（2013）盐商初字第 0152 号民事判决书】。法院认为：根据物权法定原则，当事人应当按照物权法和其他法律的规定设立担保物权，不得自由创设物权的种类和内容，因物权法明确规定物的担保方式为抵押、质押和留置等，故悦达公司主张就股权优先受偿缺乏法律依据，一审法院不予支持。

2. 有的法院认为，股权让与担保不属于股权质押，担保权人对让与担保的股权不享有优先受偿权。例如，张某某与陈某某股权让与担保纠纷案【江苏省高级人民法院(2016)苏民申1430号民事裁定书】。法院认为：虽然股权让与担保不属于股权质押，上诉人对让与担保的股权不享有优先受偿权，但在被担保的主债权获得清偿前，被上诉人无权要求上诉人返还股权，被上诉人主张上诉人将晨欣公司股权变更登记在其名下无事实依据，本院不予支持。

3. 有的法院认为，股权让与担保并非法定担保方式，也非法律规定的物权种类和内容，根据物权法定原则，股权让与担保不具有物权效力，不具有优先性和对抗效力。例如，陶某某与嘉鹏置地集团有限公司等与公司有关的纠纷案【广西壮族自治区柳州市中级人民法院(2018)桂02民终1579号民事判决书】。法院认为：股权属于《物权法》中的物权客体，让与担保并非《担保法》中所规定的担保方式，也非法律规定的物权种类和内容，因此，根据物权法定原则，让与担保不具有物权效力，不具有优先性和对抗效力。

4. 有的法院认为，让与担保不是法定担保物权，债权人对让与担保物不享有优先受偿权，债权人的债权不属于特别保护的债权情形。例如，中国银行股份有限公司东宁支行与牡丹江市东安区江达小额贷款股份有限公司、东宁县鑫澳经济贸易有限责任公司第三人撤销之诉案【黑龙江省高级人民法院(2016)黑民终264号民事判决书】。法院认为：让与担保行为的类型属于非典型担保，并非法定担保物权，债权人对让与担保物不享有优先受偿权，债权人的债权不属于特别保护的债权情形。例如，曾某某、肖某某等与钟某某、严某某借款合同纠纷案【江苏省高级人民法院(2016)赣民申482号民事判决书】。法院认为：债权人对让与担保物并不享有优先受偿权，只有在债务人不履行还款义务时，才能申请拍卖让与担保物以偿还债务。例如，陈某某与张某某股权让与担保纠纷案【江苏省淮安市中级人民法院(2015)淮中商终字第00104号民事判决书】。法院认为：虽然股权让与担保不属于股权质押，上诉人对让与担保的股权不享有优先受偿权，但在被担保的主债权获得清偿前，被上诉人无权要求上诉人返还股权。例如，佛山市顺德区北滘青企壹投资有限公司与广东盈腾融资担保有限公司等民间借贷纠纷案【北京市高级人民法院(2019)京民终101号民事判决书】。法院认为：银杏盛世公司系以其股权为盈腾公司的借款提供担保，但未办理质押登记,青企壹公司主张就该股权享有优先受偿权,缺乏依据,法院不予支持。

5. 有的法院认为,股权让与担保中,债权人有权就股权价款优先受偿。但因物权法明确规定物的担保方式为抵押、质押和留置等,故债权人无权主张股权优先受偿权。例如,江苏悦达贸易股份有限公司与卫某、陈某某、盐城市嘉丰置业有限公司等企业借贷纠纷案【江苏省高级人民法院(2016)苏民再68号民事判决书】。法院认为:本案中,股权转让的目的主要有两点,一是悦达公司通过形式上占有嘉丰公司的股权以避免嘉丰公司在经营过程中负担更多债务导致其降低或丧失对悦达公司债务的清偿能力;二是股权转让给悦达公司作为担保债权实现的方式,如若到期债务不能清偿,债权人可以将股权折价、变卖或拍卖的价款优先受偿。此种通过股权转让担保债权实现的方式,符合让与担保的特征。根据物权法定原则,当事人应当按照物权法和其他法律的规定设立担保物权,不得自由创设物权的种类和内容,因物权法明确规定物的担保方式为抵押、质押和留置等,故悦达公司主张就股权优先受偿缺乏法律依据,一审法院不予支持。

(二)不具有优先受偿权的裁判观点梳理

另一种观点认为,让与担保是已为《民间借贷规定》所认可的非典型担保,设定担保的目的在于债权人就担保标的物优先受偿。股权已在工商部门变更登记至债权人名下,具有物权公示作用及对抗第三人效力,能够限制该股权转让或其他处分,具有排除第三人的优先物权效力。有的法院认为,当担保物已过户至债权人名下时,各方意思表示为以标的股权优先受偿,而非由债权人获得所有权,属于清算型让与担保。债权人可以通过对担保物的处置以享有优先受偿的权利。承认担保物权的优先受偿权效力观点认为,担保权人可就标的股权优先受偿。例如:

1. 有的法院认为,债权人虽然对让与担保股权不享有所有权,但基于股权让与担保合同约定,对让与担保股权享有优先受偿权。例如,深圳市美林投资管理有限公司等与舒某某、华瀚科技有限公司等让与担保合同纠纷案【广东省深圳市中级人民法院(2017)粤03民终16526号民事判决书】。法院认为:虽然美林投资公司、钟某乙不享有所有权,但基于让与担保合同关系,美林投资公司、钟某乙有权依据上述协议的约定享有优先受偿权。例如,郭某某、深圳市光耀地产集团有限公司与深圳市悦景江边投资有限公司等合同纠纷案【广东省深圳市罗湖区人民法院(2018)粤0303民初19947号民事判决书】。法院认为:案涉股权转让实系让与担保,股权变更登记后,光耀地产集团公司仍系光耀房地产公司实际股东,被告悦景公司仅系名义股东,既不享有案涉股权之财产权,亦不享有案涉股权之成员权,而仅就案涉股权享有类似于质押权的优先受偿权。

2. 有的法院认为,转让至债权人名下的让与担保股权产生物权效力,债权人虽然仅是名义股东,但有权对让与担保股权依法处置后的所得价款优先受偿。例如,王某某、山东双创环保集团有限公司与邹平祥诚能源科技有限公司、周某某、泰和融资租赁有限公司确认股东资格纠纷案【山东省滨州市中级人民法院(2020)鲁16民终2202号民事判决书】。法院认为:诉讼各方对案涉股权转让系股权让与担保没有异议,鉴于祥诚公司的股权已经由创投公司变更登记至王某某名下,产生物权效力。股权兼具财产权和成员权双重属性,认定名义股东是债权人还是股东对当事人影响较大,王某某虽然已经登记为祥诚公司的股东,但合同双方的真实意思并不是股权转让,而是为其为长城集团下属3家子公司在泰和公司的售后回租业务的增信提供担保,所以王某某仅是祥诚公司的名义股东,对其享有的债权应当参照担保物权请求对受让股权进行依法处置并对所得价款优先受偿。

3. 有的法院认为,债权人有权参照股权质押的相关规定,请求就让与担保股权优先受偿,但不能确认为实际股东。例如,刘某某等与安徽海创投资控股集团有限公司等股权转让合同纠纷案【安徽省高级人民法院(2019)皖民终11号民事判决书】。法院认为:吴某某基于让与担保取得墨荷园公司51%的股权,在债务人刘某某、徐某某不履行到期债务或者出现约定的事由时,吴某某有权参照股权质押的相关规定,请求就担保财产优先受偿。吴某某上诉称其已成为墨荷园公司实际股东,不应支持。

4. 有的法院认为,担保权人形式上已经成为让与担保股权的持有者,有权就让与担保股权享有优先受偿权,这也正是股权让与担保的核心价值所在。例如,浙江金鑫钢结构集团有限公司、富阳茶叶机械总厂与宏丰实业集团有限公司、浙江一鸣包装印刷有限公司追偿权纠纷案【浙江省杭州市富阳区人民法院(2016)浙0111民初5395号民事判决书】。法院认为:股权质押中,质权人可就已办理出质登记的股权优先受偿。举轻以明重,在已将作为担保财产的股权变更登记到担保人名下的股权让与担保时,担保权人形式上已经作为担保标的股权持有者，其就作为担保的股权享有优先受偿的权利，更应得到保护，原则上具有对抗第三人的物权效力。这也正是股权让与担保的核心价值所在。

5. 有的法院认为，法律没有对股权让与担保赋予优先受偿的权利。例如，刘某甲与冯某、刘某乙第三人撤销之诉案【湖北省黄石市中级人民法院（2018）鄂02民终1844号民事判决书】。法院认为：即使双方有让与担保的意思，但根据我国现行法律规定，让与担保并没有被赋予优先受偿的权利。大冶市人民法院（2016）鄂0281民初2694号民事判决，确认刘某乙就其出借给冯某的被继承人郑某某的235万元及按约定月利率2%计算的利息对郑某某余下的25%股权份额的拍卖所得价款享有优先受偿的让与担保权利，不仅没有法律依据，而且损害了刘某甲的合法权益，对此，前文已经进行了分析，因为郑某某所享有的50%股权份额本身是有负担的（但该负担尚不足以影响已经转让给刘某乙的25%股权份额）。

6. 有的法院认为，股权让与担保权利人有排除第三人的优先效力，在债务人不履行债务时，债权人有权对让与担保股权折价或拍卖、变卖所得价款优先受偿，以实现其债权。例如，杨某某与高甲、泸州中恒节能环保建筑材料有限公司、朱某某民间借贷纠纷案【四川省泸州市江阳区人民法院（2017）川0502民初4255号民事判决书】。法院认为：第三人朱某某与高乙签订《股权转让协议》的目的是保证朱某某出借资金安全。双方采用股权转让方式的实质，是将高乙所有的被告中恒公司7%的股权，在名义上转让给朱某某，借以为高甲的借款提供担保，虽然双方未办理抵押登记，其约定也不符合现行法律规定的担保方式，但足以在双方当事人之间成立一种非典型的担保关系。让与担保权利人取得的担保物的财产权，有排除第三人的优先效力，在债务人不履行债务，债权人实现债权时，对设定的担保财产折价或拍卖、变卖所得价款中优先受偿。因此，原告有权对高乙登记在朱某某名下的被告中恒公司7%股权申请拍卖、变卖或折价，并从所得价款中优先受偿。

7. 有的法院认为，让与担保股权通常为担保权人所直接占有，不发生物的留置效力问题。让与担保权人有排除第三人的优先效力，在债务人不履行债务时，可以以让与担保股权获得优先受偿。例如，丁甲、吴某与福建渝商投资有限公司、丁乙民间借贷纠纷案【福建省高级人民法院（2014）闽民终字第360号民事判决书】。法院认为：让与担保作为一种物的担保制度，担保标的物通常为设定人所直接占有,不发生物的留置效力问题,仅存在优先受偿问题。让与担保权人取得担保物的财产权,有排除第三人的优先效力,让与担保权人在债务人不履行债务时,可以以担保物获得优先受偿。

8. 有的法院认为,债权人有权根据《民间借贷规定》第 23 条的规定,对让与担保股权拍卖的对价享有优先受偿权,但无权直接处置该股权。例如,王某某与鲁甲、鲁乙、云南腾峰投资有限责任公司确认合同效力纠纷案【云南省昆明市中级人民法院(2015)昆民五终字第 86 号民事判决书】。法院认为:根据《民间借贷规定》第 24 条的规定,当事人以签订买卖合同作为民间借贷合同的担保,借款到期后借款人不能还款,出借人请求履行买卖合同的,人民法院应当按照民间借贷法律关系审理,并向当事人释明变更诉讼请求。当事人拒绝变更的,人民法院裁定驳回起诉。按照民间借贷法律关系审理作出的判决生效后,借款人不履行生效判决确定的金钱债务,出借人可以申请拍卖买卖合同标的物,以偿还债务。就拍卖所得的价款与应偿还借款本息之间的差额,借款人或者出借人有权主张返还或补偿。故本案债权人仅得就股权拍卖的对价享有优先受偿权,并无权直接处置该部分股权。

9. 有的法院认为,在担保物已过户至债权人名下时,各方意思表示为以标的股权优先受偿,而非由债权人获得所有权,属于清算型让与担保。债权人可以通过对担保物的处置以享有优先受偿的权利。例如,港丰集团有限公司与深圳市国融投资控股有限公司、长城融资担保有限公司等合同纠纷案【最高人民法院(2016)最高法民申 1689 号民事裁定书】。法院认为:因港丰集团公司未能在双方约定股权回购期内向长城担保公司、国融公司还款,导致其不能继续行使股权回购权,则长城担保公司、国融公司有权依据上述协议的约定,通过处置港丰房地产公司的资产或股权的方式优先受偿,在此过程中产生的纠纷,双方当事人可以另寻途径解决。可见,在担保物已过户至债权人名下时,各方意思表示为以标的股权优先受偿,而非由债权人获得所有权,属于清算型让与担保。债权人可以通过对担保物的处置以享有优先受偿的权利。如合同中未约定清算条款,而是约定在债务人不能清偿债务时担保物不予返还,则容易被认定为“流质”条款。

10. 有的法院认为,让与担保权人取得担保物的财产权,有排除第三人的优先效力,让与担保权人在债务人不履行债务时,可以以担保物获得优先受偿。例如,丁甲、吴某与福建渝商投资有限公司、丁乙民间借贷纠纷案【福建省高级人民法院(2014)闽民终字第360号民事判决书】。法院认为:让与担保作为一种物的担保制度,担保标的物通常为设定人所直接占有,不发生物的留置效力问题,仅存在优先受偿问题。让与担保权人取得担保物的财产权,有排除第三人的优先效力,让与担保权人在债务人不履行债务时,可以以担保物获得优先受偿。因此,渝商公司有权以转移至其名下的地利公司49%的股权折价或申请拍卖、变卖,并从所得价款中优先受偿。

11. 有的法院认为,债权人仅对变价后的股权价值享有优先受偿权,而不宜认定其未经清算事先直接取得股权。例如,安徽东基房地产开发有限公司与合肥建汇企业管理咨询有限公司等破产债权确认纠纷案【最高人民法院(2020)最高法民申460号民事裁定书】。法院认为:结合《股权转让协议书》实际履行情况(股权转让款用于宝源公司缴纳土地出让金,股权工商登记变更至深圳东基公司、诚安信公司名下,但丁某某依然负责和掌控宝源公司唯一房地产开发项目的经营管理和财务),双方当事人真实意思表示应为股权让与担保。该让与担保并不违反法律、行政法规的强制性规定,在股权变更登记已经完成的情况下,具有一定的物权效力。但深圳东基公司、诚安信公司仅对变价后的股权价值享有优先受偿权,而不宜认定其未经清算事先直接取得股权。

12. 有的法院认为,债权人有权就股权拍卖、变卖、折价后的变现价款优先受偿。例如,榕江县天宏置业投资开发有限责任公司、李某某等与郑某某、龙某某民间借贷纠纷案【甘肃省高级人民法院(2020)甘民终592号民事判决书】。法院认为:2019年11月8日《九民纪要》第71条第2款规定:当事人根据上述合同约定,已经完成财产权利变动的公示方式转让至债权人名下,债务人到期没有清偿债务,债权人请求确认财产归其所有的,人民法院不予支持,但债权人请求参照法律关于担保物权的规定对财产拍卖、变卖、折价优先偿还其债权的,人民法院依法予以支持。因此,一审判决认定该《股权转让协议》为股权让与担保性质,郑某某可对该25%股权拍卖、变卖、折价后的股权价值享有优先受偿权并无不当。例如,丁甲、吴某与福建渝商投资有限公司、丁乙民间借贷纠纷案【福建省高级人民法院(2014)闽民终字第360号民事判决书】。法院认为:让与担保作为一种物的担保制度,担保标的物通常为设定人所直接占有,不发生物的留置效力问题,仅存在优先受偿问题。让与担保权人取得担保物的财产权,有排除第三人的优先效力,让与担保权人在债务人不履行债务时,可以以担保物获得优先受偿。因此,渝商公司有权以转移至其名下的地利公司49%的股权折价或申请拍卖、变卖,并从所得价款中优先受偿。

(三)笔者的观点

笔者认为,股权让与担保权人享有优先受偿权。理由如下:

首先,我国《民法总则》第65条就法人登记对抗力进行了一般规定,《公司法》第32条第3款确立了有限公司股权登记的公示对抗性。股权让与担保中,基于股权登记之公示,担保权人具有股权受让人的权利外观,对外亦会产生对第三人信赖利益的保护问题。因具有股权转让的权利外观,基于股权登记的对抗力,应推定设立人之债权人知晓该登记事项,并不存在损害第三人信赖利益及影响交易安全的问题。关于让与担保权人对股权折价、拍卖或变卖所得的价款是否享有优先受偿权,最高人民法院在《全国法院民商事审判工作会议纪要理解与适用》一书中已明确表示,将登记的股权解释为担保物权并不损害相对人的利益,因此让与担保权人对股权享有优先受偿权。在实务中,有的法院认为,股权作为担保财产并办理变更登记的,担保权人形式上已作为股权持有者,具有优先受偿权,并可对抗第三人。例如,黑龙江闽成投资集团有限公司与西林钢铁集团有限公司、刘某某民间借贷纠纷案【最高人民法院(2019)最高法民终133号民事判决书】。一审法院认为:对于股权让与担保是否具有物权效力,应以是否已按照物权公示原则进行公示作为核心判断标准。在股权质押中,质权人可就已办理出质登记的权优先受偿。在已将作为担保财产的股权变更登记到担保权人名下的股权让与担保中,担保权人形式上已经是作为担保标的物的股份的持有者,其就作为担保的股权所享有的优先受偿权利,更应受到保护,原则上享有对抗第三人的物权效力。当借款人进入重整程序时,确认股权让与担保权人享有优先受供的权利,不构成《企业破产法》第16条规定中所指的个别清偿行为。以股权设定让与担保并办理变更登记后,让与保权人又同意以该股权为第三人对债务人的债权设定质押并办质押登记的,第三人对该股权应优于让与担保权人受偿。二审法院进一步认为:闽成公司与西钢公司上述主张,实质争议焦点在于以翠宏山公司64%股权设定的让与担保是否具有物权效力,让与担保权人是否可因此取得就该股权价值优先受偿的权利。《最高人民法院关于进一步加强金融审判工作的若干意见》第3条规定,依法认定新类型担保的法律效力,扩宽中小微企业的融资担保方式。除符合《合同法》第 52 条规定的合同无效情形外,应当依法认定新类型担保合同有效;符合物权法有关担保物权规定的,还应当依法认定其物权效力。对于前述股权让与担保是否具有物权效力,应以是否已按照物权公示原则进行公示,作为核心判断标准。本案讼争让与担保中,担保标的物为翠宏山公司 64% 的股权。《公司法》第 32 条第 2 款规定,公司应当将股东的姓名或者名称向公司登记机关登记;登记事项发生变更的,应当办理变更登记。未经登记或者变更登记的,不得对抗第三人。可见,公司登记机关变更登记为公司股权变更的公示方式。《物权法》第 208 条第 1 款、第 226 条第 1 款及第 229 条规定,在股权质押中,质权人可就已办理出质登记的股权优先受偿。举轻以明重,在已将作为担保财产的股权变更登记到担保权人名下的股权让与担保中,担保权人形式上已经是作为担保标的物的股份的持有者,其就作为担保的股权享有优先受偿的权利,更应受到保护,原则上具有对抗第三人的物权效力。这也正是股权让与担保的核心价值所在。本案中,西钢公司与刘某某于 2014 年 6 月就签订《协议书》以翠宏山公司 64% 股权设定让与担保,债权人闽成公司代持股人刘某某和债务人西钢公司协调配合已依约办妥公司股东变更登记,形式上刘某某成为该股权的受让人。因此,刘某某依约享有的担保物权优于一般债权,具有对抗西钢公司其他一般债权人的物权效力。闽成公司主张,刘某某享有就翠宏山公司 64% 的股权优先受偿的权利,本院予以支持。西钢公司以让与担保非法定物权,以合同当事人未约定刘某某有优先受偿权为由,否定其优先受偿主张,本院不予支持。例如,田某、置业公司与公司有关纠纷案【最高人民法院(2019)最高法民申 6422 号民事裁定书】。法院认为:在已经完成股权变更登记的情况下,可以参照最相近的担保物权的规定,认定其物权效力。在主债务期限届满后仍未履行的情况下,名义上的股权受让人对变价后的股权价值享有优先受偿权,但原则上无权对股权进行使用收益,不能享有《公司法》规定的股东所享有的参与决策、选任管理者、分取红利等权利。例如,深圳市悦景江边投资有限公司等与深圳市光耀地产集团有限公司合同纠纷案【广东省深圳市中级人民法院(2019)粤 03 民终 24052 号民事判决书】。法院认为:案涉《股权回购协议》及《股权转让协议书》系相关当事人真实意思表示,其内容不违反法律及行政法规的强制性规定,合法有效。《股权回购协议》本身并不直接产生物权效力,光耀资管公司依据该合同享有处置案涉股权并就所得款项优先受偿的权利,光耀集团和郭某某在清偿案涉《借款合同》《流动资金借款合同》债务前，不得依据判决要求将案涉股权变更登记至光耀集团名下。郭某某、光耀集团则可要求处置股权以所得款项清偿债务，剩余款项利益归于郭某某、光耀集团。同时，将过户登记解释为股权质押登记并不损害信赖登记之第三人利益，不违反物权法定原则。

其次，债权人对让与担保股权享有优先受偿权也符合对物权法定原则缓和的要求。物权法定原则的缓和主要体现于让与担保等非典型担保中，如果否认担保权人的优先受偿权，将直接影响担保目的的实现。鉴于当事人已经完成了股权变更登记，根据“举重以明轻”的法律解释规则，可以认为完成了股权质押登记，参照适用股权质押实现的有关规定，股权让与担保权利人也享有优先于一般债权人受偿的效力。

再次，物权法定原则意味着，如果认定某一权利是物权，就必须要有法律依据。据此，如果认定已经完成了公示的股权让与担保具有物权效力，就要将其纳入现行法之中，或将其解释为股权质押；或从物权法定缓和的角度，认为让与担保是习惯法上的物权，从而具有物权效力。让与担保的中心效力在于，让与担保权人在债务人不履行债务时，可以实行其让与担保权以获得优先受偿，即在完成股权变更登记的情形下，认可担保权人具有优先受偿权。《最高人民法院民事审判第二庭第四次法官会议纪要》(2017 年 9 月 27 日)中指出：让与担保合同是双方的真实意思表示，不违反法律、行政法规的强制性规定，依法应当认定合同有效。在已经完成股权变更登记的情况下，可以参照最相近的担保物权的规定，认定其具有物权效力。在主债务期限届满后仍未履行的情况下，名义上的股权受让人对变价后的股权价值享有优先受偿权。对于股权让与担保是否具有物权效力，应以是否已按照物权公示原则进行公示作为核心判断标准。因此，如果双方签订了股权转让协议，但并未办理股权质押登记或者未将股权变更登记到债权人名下，债务人不履行到期债务，债权人在要求就股权拍卖、变卖或者折价受偿时，不具有优先受偿权，只有将担保股权设定质押登记或者变更登记到债权人名下，才具有物权效力。

又次，《九民纪要》第 71 条亦予以明确，债权人请求参照法律关于担保物权的规定对财产拍卖、变卖、折价优先偿还其债权的，人民法院依法予以支持。债务人因到期没有清偿债务，请求对该财产拍卖、变卖、折价偿还所欠债权人合同项下债务的,人民法院亦应依法予以支持。

最后,《九民纪要》第67条规定:债权人与担保人订立担保合同,约定以法律、行政法规未禁止抵押或者质押的财产设定以登记作为公示方法的担保,因无法定的登记机构而未能进行登记的,不具有物权效力。当事人请求按照担保合同的约定就该财产折价、变卖或者拍卖所得价款等方式清偿债务的,人民法院依法予以支持,但对其他权利人不具有对抗效力和优先性。《民法典》第388条第1款前两句规定:"设立担保物权,应当依照本法和其他法律的规定订立担保合同。担保合同包括抵押合同、质押合同和其他具有担保功能的合同。"此处"其他具有担保功能的合同"即包括让与担保合同等。《民法典》通过担保合同的范围,为让与担保留下了空间。《民法典》中已经将"其他具有担保的合同"和"抵押合同""质押合同"并齐,作为"设立担保物权的"前提,那么作为"其他具有担保功能的合同"之代表的让与担保,能够设立担保物权、享有物权优先效力自不待言。最后,根据《民法典担保制度解释》第68条第1款规定,当事人已经完成财产权利变动的公示,债务人不履行到期债务,债权人请求参照民法典关于担保物权的有关规定就该财产优先受偿的,人民法院应予支持。可见,基于让与担保的担保物权效力,从而不仅优先于一般债权,还优先于在后设立的其他担保物权。

实务疑难问题

1. 提供股权让与担保是否需要征得其他股东同意?

例如,温州荣辉国际贸易有限公司与蔡某某等合同纠纷案【浙江省温州市鹿城区人民法院(2019)浙0302民初8561号民事判决书】。法院认为:荣辉公司为其控股股东蔡某某的个人债务对外提供担保,三份协议中,出现荣辉公司意思表示的是两份盖有荣辉公司印章及其法定代表人蔡某某签字的《股权转让协议书》。根据《公司法》第16条规定,担保行为并非法定代表人所能单独决定的事项,尤其是为股东提供担保,必须以非涉事股东参加的股东会决议作为授权的基础和来源。该规定系法律所明文规定,应为交易各方所知晓并遵循。其目的在于保障公司中小股东的权益,并使公司不至因大股东的擅自担保行为而受损。《合同法》第50条规定,法人或者其他组织的法定代表人、负责人超越权限订立的合同,除相对人知道或者应当知道其超越权限的以外,该代表行为有效。法定代表人未经授权擅自提供担保的,构成越权代表。那么,确定债权人是否善意,系认定本案让与担保行为效力的关键所在。如上述说理提及,审查公司的担保决议为法律所设之义务,应为各方所明知,履行审查义务即为善意,否则为恶意,债权人应对其善意承担举证责任。就本案而言,被告秦某甲应当举证在签订股权转让协议时已经获得荣辉公司另一股东朱某的同意。在审理过程中虽然其对此有所主张,但未进行举证,因而难以认定秦某甲方为善意债权人。由是,蔡某某代表荣辉公司所为之担保行为应认定为无效。同时,两份《股权转让协议书》的签订并非缔约双方基于股权转让的真实意思所为之法律行为,是为实现股权让与担保行为的一个附随步骤,依据《民法总则》第146条应认定无效。故被告秦某甲与被告蔡某某签订的《回购协议书》处分荣辉公司持有的总商会大厦公司股权的条款无效、被告秦某乙、柳某某分别与荣辉公司签订的《股权转让协议书》均归为无效。

2. 变动中的不特定债权能否成为股权让与担保对象?

例如,修水县巨通投资控股有限公司与福建省稀有稀土(集团)有限公司、江西巨通实业有限公司合同纠纷案【最高人民法院(2018)最高法民终119号民事判决书】。法院认为:在让与担保设定中,被担保债权不以已经存在的现实债权为必要,将来变动中的不特定债权,亦可成为担保对象。金属公司作为投资公司所负借款债务担保人及反担保权人,对投资公司享有将来债权。案涉股权转让,在转让人和受让人等各方当事人之间已达成合意、符合《公司法》上有限公司股权转让条件和程序,并已公示、变更登记至受让人名下,在外观上实现了权利转移。

3. 债务人能否确认股权让与担保协议无效?

股权让与担保虽然属非典型担保,但是当事人的真实意思表示,不违反法律及行政法规关于合同效力的强制性规定,一方向法院请求确认股权让与担保无效的,法院不予支持。例如,朱某某与韩某某股权转让合同纠纷案【江苏省淮安市淮阴区人民法院(2013)淮商初字第0295号民事判决书】。法院认为:在朱某某转让股权后,韩某某亦依约履行了借款的合同义务。依双方合同约定,朱某某有权在清偿债务后，要求韩某某归还股权，现朱某某在所借款项已到期却未完全清偿情况下，向法院起诉主张确认股权转让协议无效，并要求返还，于法无据。

同理，债务人未清偿债务时，其请求确认合同无效、返还股权以及支付股权转让款的诉讼请求，法院也不予支持。例如，李某与黑龙江凡奇房地产综合开发有限公司股权转让纠纷案【黑龙江省高级人民法院(2018)黑民终47号民事判决书】。法院认为：在担保的主债权未受清偿的情况下撤销股权转让行为，导致变相解除了债务人提供的担保。但如果债务人已经清偿债务，则债务人请求返还股权、变更登记的请求能够得到法院支持。例如，江苏亿豪房地产发展有限公司与南京中医药大学股权转让纠纷案【江苏省高级人民法院(2014)苏商终字第0205号民事判决书】。法院认为：中医药大学如期收回全部借款并拿到约定数量的商品房，被担保债权已全部消灭，中医药大学所持有的让与担保股权应当返还。

但需要注意的是，股权让与担保的目的在于实现担保债权受偿，基于禁止流质原则，当事人不能直接约定债权无法受偿而直接获取股权从而变相获取暴利。因此，只能经过股权回购或变价清算受偿的方式处置股权。担保权人未经担保人同意，擅自将股权转让给其关联公司，已超出担保权利的目的范围。属于当事人恶意串通损害担保人的行为，该转让行为无效。但在主债务尚未清偿的前提下，担保人无权要求法院确认基于股权让与担保而签署的股权转让合同无效。例如，亿仁投资集团有限公司、深圳市亿仁控股有限公司等与北京安鼎信用担保有限公司、曹某某股权转让纠纷案【广东省珠海市中级人民法院(2013)珠中法民二终字第400号民事判决书】。法院认为：无论何种担保，其本意在于实现担保债权受偿的经济目的，法律基于公平原则禁止双方当事人直接约定债权无法受偿而直接获取担保标的所有权。同理，让与担保也并非为了帮助债权人因无法受偿而直接获得所有权从而变相获取暴利。因此，本案双方当事人应在理顺债务的前提下再行协商回购或变价清算受偿事宜。安鼎公司否认本案股权转让合同担保的真实意图，单方将股权转让给其关联公司，已超出担保权利的目的范围。禾盛公司与安鼎公司的法定代表人为同一人，曹某某与安鼎公司及禾盛公司皆属于关联方，各方对珠海亿仁公司是用于担保债权的用途不可能不知晓，曹某某超出担保目的直接转让股权的行为，属于当事人恶意串通损害亿仁集团公司利益的行为，该转让行为无效。原审法院判决曹某某与浙江禾盛公司签订的《股权转让协议书》无效，实体处理并无不当，本院予以维持。双方当事人皆确认,主债务人无锡亿仁公司和各担保方没有按期偿还债务。在主债务尚未清偿的前提下,亿仁集团公司及深圳亿仁公司要求宣告于2009年10月9日签订的两份股权转让合同无效没有任何法律和事实依据。

4. 债务人未能清偿债务时,是否解除股权让与担保协议?

债务人未能按期清偿债务时,不享有解除股权让与担保协议、使让与担保股权恢复至其名下的权利。例如,修水县巨通投资控股有限公司与福建省稀有稀土(集团)有限公司、江西巨通实业有限公司合同纠纷案【最高人民法院(2018)最高法民终119号民事判决书】。法院认为:投资公司未能依约清偿债务,不享有解除协议、使目标股权回复至其名下权利。

5. 股权让与担保协议没有约定回购事项,是否影响协议效力?

股权转让合同是股权让与担保的重要组成部分,股权让与担保协议没有约定股权回购事项,则说明当事人没有就股权让与担保的实现作出约定,导致双方当事人的意思表示并不完整,影响协议效力。当事人应在理顺债务的前提下再行协商回购或变价清算受偿事宜。例如,北京安鼎信用担保有限公司与亿仁投资集团有限公司等股权转让合同纠纷案【广东省珠海市中级人民法院(2013)珠中法民二终字第400号民事判决书】。法院认为:本案便函上提及了股权回购事项,但本案当事人未就回购事项继续协商,因此双方当事人的意思表示并不完整。股权转让合同是涉案债权采取让与担保的重要组成部分,双方未就让与担保的实现也即债权未履行如何实现担保债权作出约定从而引发本案纠纷。本院认为,无论何种担保,其本意都在于实现担保债权受偿的经济目的,法律基于公平原则禁止双方当事人直接约定债权无法受偿而直接获取担保标的所有权。同理,让与担保也并非为了帮助债权人因无法受偿而直接获得所有权从而变相获取暴利。因此,本案双方当事人应在理顺债务的前提下再行协商回购或变价清算受偿事宜。

6. 保证人为股权转让协议受让方应支付给转让方的股权转让款提供担保,并在嗣后以借款形式确定下来,是否有效?

保证人为股权转让协议受让方应支付给转让方的股权转让款提供担保,并在嗣后以借款形式确定下来,均应有效。例如,林某某等诉龙岩南亚建材机械有限公司等保证合同案【福建省龙岩市新罗区人民法院(2003)龙新经初字第299号民事判决书】。法院认为:股权转让协议有效,是否办理工商变更登记,属转让方附随义务。未办登记,原则上不得对抗善意第三人,但并不影响新旧股东之间转让股权的事实和效力。机械公司为贸易公司股东转让股权的受让人提供担保,是受让人向林某某支付股权转让款的担保人。股权受让人与林某某之间并未形成借款关系,而是股权转让形成的债务关系。机械公司为陈某债务担保时,未约定保证方式,依据《担保法》第19条的规定,应承担连带保证责任。且由于机械公司随后又对林某某债权单独作了还款承诺,并以借条、借款计划及还款明细形式加以确定,故诉争欠款并非机械公司向林某某的借款,而是从其为陈某担保的债务转化而来。判决机械公司向林某某偿还9万元。

7. 未办理工商变更登记的股权让与担保合同是否有效?

保证人为股权转让协议受让方应支付给转让方的股权转让款提供担保,并在嗣后以借款形式确定下来,均应有效。例如,林某某等诉龙岩南亚建材机械有限公司等保证合同案【福建龙岩新罗区人民法院(2003)龙新经初字第299号民事判决书】。法院认为:股权转让协议有效,是否办理工商变更登记,属转让方附随义务。未办登记,原则上不得对抗善意第三人,但并不影响新旧股东之间转让股权的事实和效力。机械公司为贸易公司股东转让股权的受让人提供担保,是受让人向林某某支付股权转让款的担保人。但笔者认为,股权让与担保的核心价值就在于通过工商变更,达到股权转移至债权人的担保目的,从而使债权人享有担保物权,产生对抗第三人的优先受偿权。如果仅签署股权让与担保合同而未办理工商变更登记,尚不具备物权的排他性质,难以达到股权让与担保的法律效果,但可依合同效力享有债权请求权。

8. "抛股借款"性质是股权让与担保吗?

抛股协议包含借款协议与股权转让协议,股权转让协议系股东自愿让渡自己利益为公司利益提供担保,公司资本也并没有因此而受损,也不影响公司以外第三人的合法利益,其法律实质就是股权让与担保。"抛股借款"协议系当事人的真实意思表示,也不违反法律强制性规定,应为有效。例如,万某某等诉北京城南诚商贸有限公司确认股东资格案【北京市第二中级人民法院(2004)二中民终字第06770号民事判决书】。法院认为:根据当事人陈述,所谓"抛股借款"应认定为万某某向商贸公司出借100万元,成为公司债权人。同时,因该借款关系存在,商贸公司全体股东自愿出让1%的股权给万某某,故抛股协议实际包含借款协议与股权转让协议。商贸公司股东自愿为公司利益让渡自己利益,且公司资本并不因该利益的让渡而受到损害,从而影响公司外部第三人利益,故案涉"抛股借款"协议系当事人真实意思表示,亦不违反法律、行政法规强制性规定,应认定为有效。

9. 借款协议无效,为其提供担保而签订的股权转让合同的效力应如何认定?

为借款提供担保事前签订受让人未知的股权转让协议,在借款协议已被生效判决确认为无效时,股权转让协议并不必然无效。股权转让协议虽因借款协议而派生,但股权转让协议显然属于另一法律关系,借款协议的无效不能必然地导致股权转让协议无效。例如,张某某与赵某某、山东省企业托管经营股份有限公司股权转让纠纷案【最高人民法院(2012)民提字第117号民事判决书】。法院认为:本案借款协议属于企业之间的借贷,已被生效判决确认为无效。本案股权转让协议系因借款协议而派生,两者之间存在一定的关联性,但股权转让协议显然属于另一法律关系,其目的与宗旨不同于借款协议,其内容亦不为我国法律法规所禁止,因此,借款协议的无效不能必然地导致股权转让协议无效,股权转让协议的效力应当依据其本身的效力要素进行审查和认定。

10. 股权让与担保权人能否用他人股权对借款予以担保?

如果他人同意以其股权为债权提供让与担保,并协助办理股权过户登记手续,是他人对自身股权的一种处置,不违反法律及行政法规关于合同效力的强制性规定,应属合法有效。例如,吴某、胡某某、邢某某与新沂市通城商业有限公司股权转让纠纷案【江苏省徐州市中级人民法院(2016)苏03民终6281号民事判决书】。一审法院认为:通城公司与吴某办理了股权过户登记手续为借款提供担保,该担保行为未违反法律及行政法规关于合同效力性强制性规定,此种担保方式合法有效。由于通城公司要求确认其与吴某之间股权质押转让无效,无法律依据,故本院不予支持。吴某在未实际取得所有权的情况下,无权用令天下公司的股权对借款予以担保,通城公司的法定代表人孔某某在明知吴某用令天下公司的股权对70万元的借款提供担保时,代为书写了协议并在事后加上自己的名字,是所有权人对吴某以股权过户方式对借款提供担保行为的认可。吴某办理股权过户登记手续为借款提供担保未违反法律及行政法规关于合同效力的强制性规定,此种担保方式合法有效。通城公司要求确认其与邢某某,吴某和胡某某股权质押转让无效,无法律依据,故不予支持。

11. 股权让与担保合同关于担保物价值不足以覆盖相关债务,即使债务履行期尚未届满,债权人能否主张行使让与担保权利的约定有效?

一般情况下,股权让与担保的设立应在债务履行期届满之前,但就股权让与担保的实现问题,则需要满足债务人不履行到期债务或者发生当事人约定的实现权利的情形等条件。如果当事人在股权让与担保的合同中约定,如担保物的价值不足以覆盖相关债务,即使债务履行期尚未届满,债权人亦有权主张行使让与担保权利。该约定不违反法律行政法规的强制性规定,应当认定合法有效。例如,深圳市奕之帆贸易有限公司等诉深圳兆邦基集团有限公司等合同纠纷案【最高人民法院(2018)最高法民终751号民事判决书】。法院认为:案涉补充协议系本案当事人从事交易过程中所签订的一份协议,认定该协议性质需系统审查整个交易安排亦即先后所签协议内容。合作协议约定并未涉及30%的股权转让或让与担保问题。股权担保协议将贸易公司及投资公司等对案外债权人的债务以及贸易公司对实业公司2.5亿元的或然借款债务纳入担保范围。综合考虑贸易公司将30%的股权过户给咨询公司目的并非出让股权,而是担保相关债务履行,即贸易公司如完全履行了偿还和支付义务则可要求归还其30%的股权,如未能履行义务或由实业公司代偿,则实业公司可以就该30%股权所对应的权益份额来抵偿,可认定股权担保协议实质上系设立让与担保协议。补充协议与此前两份协议具有承继关系,其虽不涉及30%股权担保即贸易公司亦不再保留股权担保协议所设定的在满足一定条件取回案涉30%的股权的权利等问题,但该协议正是在股权担保协议设立让与担保权利的基础上,就实业公司作为让与担保权利人如何具体实现该权利的问题作出的约定,实际系关于30%股权让与担保的系列整体协议。贸易公司系以对案外金钱债权人履行债务作为其对实业公司的合同义务。就该合同义务履行,贸易公司与实业公司而非案外金钱债权人之间成立让与担保关系。所谓部分债务未届清偿期,系指贸易公司等对案外人的两笔借款债务尚未到期。让与担保通常系在债务履行期届满之前签订协议并转移标的物所有权等权利,否则其就不能成为一种担保方式,而只是一种债务履行方式。本案当事人在部分债务未届清偿期时签订股权担保协议并办理过户登记以设立让与担保的权利,符合上述要求。让与担保设立应在债务履行期届满之前,但就让与担保实现问题,参照《物权法》第170条的规定则需满足债务人不履行到期债务或发生当事人约定的实现权利的情形等条件。依股权担保协议约定,贸易公司30%股权对应的权益不足以清偿相关债务,即成为实业公司行使让与担保权利的约定条件。事实上,双方亦系在该约定条件成就之时,签订补充协议具体实现了案涉让与担保权利。故贸易公司等对案外人两笔借款债务未到期事实,并不妨碍贸易公司与实业公司所签具体实现让与担保权利之补充协议效力。

12. 股权让与担保流质条款无效后,债权人还能依法处置让与担保股权吗?

陈某与刘某某保证合同纠纷案【河南省濮阳市中级人民法院(2021)豫09民终215号民事判决书】。法院认为:根据刘某某、陈某于2014年1月10日签订的《股权转让协议》约定内容及2014年1月15日股权变更登记的行为,双方之间的约定系非典型担保中的处分型让与担保,该协议中关于"最迟还款日期为2014年4月10日,到期如不能归还,40%的股权不再转让"的约定系"债务人不履行到期债务,财产归债权人所有"的约定,应当认定为无效,但并不影响陈某提供担保的意思表示效力,双方达成的让与担保约定有效,陈某仍应就宏亚公司的借款以其作为实际股东的天健公司11.1866%股权向刘某某承担担保责任,刘某某有权以该担保财产拍卖、变卖、折价所得价款对(2015)濮中法民一初字第00033号判决书确定的债权本息优先受偿。

13. 债权人能否自力清算?

《九民纪要》规定,债权人或债务人请求法院对财产拍卖、变卖、折价优先偿还债权的,人民法院应当予以支持。参照担保物权的规则,债权人也可以和担保人协商处置担保标的物。但是,债权人已经是担保标的物的名义权利人,其能否绕过担保人和法院,自行对担保标的物实施清算呢?

从立法目的来看,法律禁止流质、流押的目的在于防止债权人利用债务人的危困地位牟取暴利,因此需要清算程序来发现担保标的物的真实价值,通过“多退少补”寻求当事人之间的利益平衡。如此,只要债权人负有强制性的清算义务,无论清算程序是由法院主导、双方协商,还是由债权人自行主导,均可实现衡平当事人利益的立法目的,不能当然认为债权人主导的清算必然侵害担保人利益。

14. 双方约定以股抵债,债权人就能成为公司股东吗?

在现代商事活动中,为了对借款进行担保,债务人在向债权人借款的同时,可能会另行签订《股权转让协议》,约定如果债务人在债务到期后不能清偿债务的,债务人将所持有的股权直接转让债权人,债权人成为新的股东或者直接在《借款协议》中约定类似条款。类似情况在实践中并不少见。但债务到期后,如果债务人未能清偿借款,债权人可以据此约定直接成为股东吗?

有部分观点认为,以股抵债的约定因构成“流质”而被认为为无效约定。明确禁止流质目的在于避免债权人滥用其优势地位,使其从债务人处以较低价格获得高于债权金额的质押物。但以股抵债并不违反流质条款的禁止性规定,这种约定本身是有效的。但这并不意味着双方只要约定了以股抵债协议,不还款时债权人就可以成为公司的股东,债权人想要取得股东资格,还需依约指定资产评估机构出具评估报告、对股权价值进行了评估的基础上,方能够取得股东资格。例如,修水县巨通投资控股有限公司与福建省稀有稀土(集团)有限公司、江西巨通实业有限公司合同纠纷案【最高人民法院(2018)最高法民终119号民事判决书】。法院认为:本案的主要争议焦点在于:稀土公司能否取得江西巨通48%的股权。修水巨通未能依约清偿债务,不享有解除协议、使目标股权回复至其名下的权利。《股权转让协议》第2.2.2条、第2.3.3条、第3.1.1条、第3.2.2条约定,若修水巨通未依约清偿债务、解除条件未满足的,稀土公司有权选择实际受让全部或部分目标股权,并指定具备相应资质的资产评估机构对目标股权价值进行评估,从而确定股权转让价款,在比较股权转让价款和稀土公司代偿债务金额的基础上,双方本着多退少补的原则支付差额。上述约定表明,案涉让与担保的实现方式即为归属清算型。根据本案已查明事实,借款合同履行期间届满后,修水巨通无力偿还债务,稀土公司已代偿本金及利息总金额为

918,444,444.43 元。《股权转让协议》解除条件未满足,稀土公司在有权并已实际决定受让全部目标股权,并依约指定资产评估机构出具《评估报告》、对股权价值进行了评估的基础上,能够取得江西巨通48%的股权。

15. 债务人未按时清偿债务时,能否要求债权人返还让与担保的股权?

债务人未按时清偿债务时,股权让与担保合同目的尚未实现,其不能要求债权人返还股权。例如,朱某某与韩某某股权转让合同纠纷案【江苏省淮安市淮阴区人民法院(2013)淮商初字第0295号民事判决书】。法院认为:虽然原、被告签订了股权转让协议,并办理了股权变更登记,但是根据双方陈述及借款协议上的内容,能得出被告为了保证自己的债权得以实现,要求债务人即原告将股权转让给自己,当债务到期且得到清偿后,再将股权归还债务人,该行为实质上是通过让与股权所有权的方式担保债务履行,而非一般的股权转让行为,双方约定以转让股权的方式作为债务的担保,系双方当事人合意,未违反法律及行政法规关于合同效力性的强制性规定,此种担保方式是合法有效的。

例如,福安市人民法院(2014)安民初字第5248号民事判决书。法院认为:原、被告签订了借款协议书,为保证债权得以实现,双方约定原告将股权让与给被告为借款提供担保,若无法到期偿还,借款转为购房款,待被告处置房产后将股权和相关材料转还给原告,该约定实质上是通过让与股份所有权的方式担保债务的履行,而非一般的股权转让行为。原、被告双方约定以转让股权的方式作为债务的担保,系双方当事人合意,未违反法律及行政法规关于合同效力性的强制性规定,此种担保方式是合法、有效的。股权转让协议并非完全独立的合同,系基于借款协议书的股权转让约定而订立的,借款协议书中的款项出借义务已履行,另一约定的股权转让义务系以订立股权转让协议书、召集合伙人达成会议决议、办理工商变更登记手续等系列行为方式履行的,可见,讼争协议均已实际履行。讼争借款协议书对将股权返还给原告的情形作出了约定,现债务已到期,在原告未能完全清偿借款的情况下,其要求被告返还股权,不能得到支持。

16. 债务履行期未届满,债权人可否依约主张让与担保权?

债务履行期未届满,债权人可否依约主张股权让与担保权属于当事人意思自治范畴,只要股权让与担保合同没有约定担保权人届时当然取得让与担保股权,该约定即为有效。例如,深圳市奕之帆贸易有限公司、侯某某与深圳兆邦基集团有限公司等合同纠纷案【最高人民法院(2019)最高法民申3670号民事裁定书】。法院认为:当债务不履行时,担保权人是径直取得担保物的所有权,抑或仍需履行清算义务、然后变卖标的物或协议作价受偿,并无定式,属于当事人自由约定的范畴,只要让与担保合同没有约定担保权人届时当然取得担保物的所有权,双方的约定应当认定为有效。

有的法院认为,协议约定一方超过一定年限未行使股权回购权利时,相对方可根据股权价值处置该股权,处置所得归相对方所有的约定有效。例如,陆某某与广州市博睿祥贸易有限公司等其他合同纠纷案【广东省高级人民法院(2019)粤民终275号民事判决书】。法院认为:案涉《协议书》第七条5.1的内容包括陆某某超过5年未达到回购条件时,泛美公司有权不按本协议约定的股权转让条件,根据股权价值处置该股权,处置所得归泛美公司所有。该约定系双方的真实意思表示,未违反相关法律规定,双方应受其约束。上述《协议书》于2007年8月12日签订,至2017年6月22日泛美公司将案涉股权转让给博瑞祥公司之前,陆某某一直未行使其回购权利,按照上述协议约定,其已经丧失该回购权,故泛美公司有权处分案涉股权。

17. 债权人已实际控制债务人公司并享有股权的各项权利是否构成流质?

担保权人是否已经实际控制债务人公司,属于当事人履行协议书问题,与合同效力并无关系。并不构成流质。例如,港丰集团有限公司与深圳市国融投资控股有限公司等合同纠纷案【广东省高级人民法院(2015)粤高法民四终字第196号民事判决书】。法院认为:港丰集团公司上诉所称国融公司意图在于取得港丰房地产公司股权所有权及国融公司已实际控制港丰房地产公司并享有股权的各项权利因而构成流质的理由,属于合同各方履行协议书所产生的问题,与合同效力并无关系。

18. 让与担保权人根据股权让与担保协议而将股权变更到自己名下是否直接构成流质?

让与担保权人根据股权让与担保协议而将股权变更到自己名下,仅是股权让与担保的履约手段和担保措施,但并不表明债权人当然已取得债务人公司的股权,不构成流质。例如,港丰集团有限公司与深圳市国融投资控股有限公司等合同纠纷案【广东省高级人民法院(2015)粤高法民四终字第196号民事判决书】。二审法院认为:港丰集团公司上诉还提出根据《民间借贷规定》第24条的规定也应认定《股权转让协议》无效,该条法律规定的主旨在于当涉及当事人以签订买卖合同作为民间借贷合同的担保案件时所涉及的两个法律关系的处理,本案双方还没有就债务的清偿即股权和资产的处置方式进一步达成协议,港丰房地产公司的股权变更登记至国融公司名下是依《股权及债权重组协议书》而取得,但并不必然表明国融公司当然已取得港丰房地产公司的股权,即国融公司现在取得股权就已经直接构成流质。

19. 让与担保权人能否直接成为股东?

如果当事人在协议中约定债务人不能按期清偿债务,债权人就取得债务人公司股权,该约定排除了债务人在不能按期履行债务时通过拍卖、变卖担保物的方式偿还债务及以折价方式偿还债务时的议价权利,属于"流质条款"担保权人不能依据此约定取得债务人公司的股权。例如,王某某、徐某某、江苏大丰港石化园管廊建设管理有限公司与江苏中瑞玮控股集团有限公司公司决议效力确认纠纷案【江苏省盐城市中级人民法院(2015)盐商终字第00093号民事判决书】。法院认为:《股权代持(融资)协议书》在债权履行期届满前,就约定如作为债务人的原丰文集团不能按期偿还债务,债权人就取得作为担保的管廊公司股权,而且对价恰恰是所谓的"融资款",该约定排除了债务人在不能按期履行债务时通过拍卖、变卖担保物的方式偿还债务及以折价方式偿还债务时的议价权利,当然属于"流质条款",股权"代持"人不能依据此约定取得管廊公司的股权。

20. 债务人以其股权为其债务与债权人签订股权让与担保协议的,一旦条件成就,债权人可否凭借持该股权让与担保协议诉至法院,确认相关股权为债权人所有?

当事人签订名义上的股权转让协议,为其履行设定了相应的条件,且附属于双方关于工程欠款约定的协议,其实质就属于让与担保中的股权让与担保。

21. “后让与担保”是否具有物权效力？

“后让与担保”不具有物权效力。让与担保具有物权的前提是，当事人根据合同约定已经完成财产权利变动的公示，形式上已经将财产转让至债权人名下。具体来说，动产已经交付债权人，不动产或者股权已经变更登记在债权人名下。仅签订合同，未完成财产权利变动公示的所谓的“后让与担保”，不具有物权效力。

此处所谓的物权效力，指的是参照适用最相类似的担保物权，享有优先受偿的权利。其中动产、不动产以及股权让与担保分别参照适用动产质押、不动产抵押以及股权质押的规定，将财产拍卖、变卖、折价，并以所得价款优先受偿。让与担保参照适用最相类似的担保物权，面临的主要问题是，公示的是所有权或者股权变动，而实际上享有的却是担保物权，二者存在不一致的情形，而这恰是非典型担保和典型担保的不同之处。根据“举重以明轻”的解释规则，将登记的所有权或者股权解释为担保物权，并不损害相对人的利益，因此参照适用在价值上是妥当的。

第四章　股权让与担保司法认定

在以股权为担保物的让与担保纠纷中，当涉案股权因某种客观原因存在较大升值前景时，当事人之间的争议往往聚焦于股权归属，由此对股权转让协议的性质各执一词。债权人通常主张协议应当认定为股权转让协议，进而主张股权归其所有；债务人则主张协议属于通谋虚伪意思表示的合同或者违反物权法定原则而无效，进而要求债权人返还已经过户的涉案股权。此外，在股权转让协议被认定为让与担保合同时，债务人可能会进一步主张协议违反《民法典》关于禁止"流押、流质"的规定，阻止债权人直接取得标的股权。

一、探究当事人真实意思表示的司法认定实践

股权让与担保是双方当事人通过股权的转移来实现担保的目的，所以从形式上看，与股权转让非常相似，但从目的上看，又与股权质押非常相似，使得司法实践中对股权让与担保的定性争议集中在担保抑或转让上，区分困难。例如，徐某某、孙某与周某某、王某某、黄某某、储某股权转让纠纷案【上海市第一中级人民法院（2019）沪01民初228号民事判决书】。法院认为：认定《股权转让补充协议》的性质，并不能简单地根据名称予以确定，而应根据协议的内容及双方的履行情况来确定签约各方的真实意思表示。

司法实践中，会通过哪些事实及条件，认定某个形式上的股权转让行为，实际为股权让与担保呢？

具体到司法实务中，法院一般采取穿透式的判案理念，探究当事人的真实意愿，通过研判合同目的、实际履约、股权行使等方面的事实，综合认定当事人之间的法律关系是否为股权让与担保。这在大量司法判例中都有充分体现。

1. 当事人之间虽签订股权转让协议，具有变更股权的外观，但依据协议约定的权利义务内容及实际履行情况，转让目的、交易结构、股东权利行使等方面，均

具有不同于单纯股权转让的特点,而系以股权转让的方式实现担保债权的目的,符合让与担保基本架构的,其性质应认定为股权让与担保。例如,修水县巨通投资控股有限公司与福建省稀有稀土(集团)有限公司、江西巨通实业有限公司合同纠纷案【最高人民法院(2018)最高法民终119号民事判决书】。法院认为:案涉股权虽已变更登记至稀土公司名下,但该转让系以担保债权实现为目的,稀土公司作为名义上的股权受让人,其权利范围不同于完整意义上的股东权利,受担保目的等诸多限制。(1)案涉股权转让与借款债务是否清偿、担保责任承担与否密切关联。《股权转让协议》第2.3.1条约定,该协议应与《借款合同》《质押合同》《保证合同》《担保与反担保协议》作整体考量。(2)案涉股权转让附有解除条件,无论条件是否满足,均有目标股权恢复至修水巨通名下的可能。《股权转让协议》第2.3.2条、第2.3.3条约定,案涉股权转让附有解除条件,在修水巨通按时足额向中铁信托清偿了《借款合同》项下的债务,未发生稀土公司为修水巨通承担质押担保责任或保证责任的情况,修水巨通向稀土公司按时足额付清了《担保与反担保协议》项下的担保费,且《担保与反担保协议》及其附件所述应付款项本息已经付清时,修水巨通、稀土公司均享有合同解除权,将目标股权恢复至本协议生效之前的状态。在上述解除条件未满足时,稀土公司作为受让人仍有权要求终止或解除本协议的全部或者部分内容,其拒绝受让目标股权的,修水巨通应返还相应转让价款,并清偿所欠相应债务。(3)案涉股权转让价款受合同是否解除、稀土公司是否承担保证责任代为清偿借款本息等因素影响,并未确定。《股权转让协议》第3.1.1条、第3.1.2条约定,案涉股权的转让价款在协议签订时并未确定,须待修水巨通未清偿债务、合同解除条件未满足,且稀土公司决定受让目标股权后,委托具备资质的资产评估机构对目标股权价值进行评估。且评估价值并非就是目标股权的转让价款,其尚需依据评估价值是否超出10亿元、稀土公司是否代修水巨通垫付《借款合同》项下利息等情形予以确定。(4)稀土公司作为受让人,其股东权利的行使受到诸多限制。《股权转让协议》第2.3.4条约定,在合同解除条件满足与否之前,目标股权对应的未分配利润不作实际分配;第4.3条约定,协议生效后,目标公司的高级管理人员中原由修水巨通委派、推荐或者选任的人士,暂时保持不变,在修水巨通未清偿债务、合同解除条件未成就且稀土公司选择受让股权后,才改由稀土公司依其持股比例选派。综上,《股权转让协议》在转让目的、交易结构以及股东权利等方面,均具有不同于单纯的股权转让的特点,其权利义务内容及实际履行情况,符合让与担保的基本架构,系以股权转让的方式实现担保债权的目的,其性质应认定为股权让与担保。

2. 判断当事人之间的法律关系是股权让与担保还是股权转让时,不能将股权转让协议与其他相关协议割裂开来,仅针对股权转让协议本身的约定作出认定,而是应将当事人签订的一系列协议作为一个整体,根据双方的交易目的、合同实质特征以及履行情况综合加以认定。例如,上海荣腾置业有限公司与马某某金融借款合同纠纷案【最高人民法院(2018)最高法民申4165号民事判决书】。法院认为:本案中……《合作协议》是双方签订《特定资产收益权转让合同》《股权转让合同》及其他一系列合同的基础。从《合作协议》的约定内容看,五矿公司的资金收益系以4亿元为基数进行计算,而非仅以特定资产收益权对应的1.5亿元计算,该协议约定的五矿公司收益的来源亦包括特定资产的销售收入、出租收入和股权转让款、分红两部分。故在判断案涉《股权转让合同》的性质时,不能将其与《合作协议》《特定资产收益权转让合同》等相关协议割裂开来,仅就该转让合同本身的约定作出认定,而是应将当事人签订的一系列协议作为一个整体,根据双方的交易目的、合同实质特征以及履行情况综合加以认定。本院认为,案涉《股权转让合同》性质应认定为荣腾公司原股东褚甲、褚乙以案涉60%股权为荣腾公司的债务提供让与担保,而非五矿公司与褚甲、褚乙之间存在真实的股权转让关系。

3. 根据协议约定的担保内容和股权赎回条款内容,结合债务人将股权变更在债权人名下,以及债务人在股权变更后依然行使股东权利的事实,可以认定协议符合股权让与担保的法律特征。例如,王某某与曾某某、贵阳小河区鸿宇房地产开发有限公司、贵阳海纳商业管理有限公司合同纠纷案【贵州省高级人民法院(2019)黔民终631号民事判决书】。法院认为:认定一个合同的性质,要根据双方当事人对协议内容的实质约定和当事人的真实意思表示确定。就本案而言,王某某与曾某某之间前后签订了多个协议,双方当事人的真实意思表示以及合同的性质的认定也要结合前后协议之间的关系和约定内容来综合认定。2014年5月27日,王某某作为甲方与曾某某作为乙方签订《协议一》约定主要内容如下:(1)甲方转让乙方鸿宇公司和海纳公司各20%的股权,乙方同意接受。(2)该股权转让价为甲方本人及作为借款担保人在群立公司总额不超过人民币

2000 万元的借款。(3)违约责任:甲方贷款到期若不能按期还本付息或者有连续3个月不能还息的,由甲方承担一切违约责任,自动放弃赎回其原有股权的权利。根据上述关于担保内容和股权赎回条款的约定,结合王某某已经于2014年6月将涉案股权变更在曾某某名下的实际情况,以及王某某在股权变更后依然行使上述两家公司的相应股东权利的有关事实,可以认定王某某与曾某某签订《协议一》的真实目的并不是转让股权,而是为保证曾某某代王某某偿还债务后,其追偿债权的实现,以转移涉案股权所有权的方式担保债权实现的非典型性担保协议,符合股权让与担保的法律特征。此时,曾某某仅仅是代王某某持有涉案股权,并不是涉案股权的真实股东权利人,王某某仍保留在涉案公司的重大决策等股东权利,涉案股权只能作为质押物具有担保债权实现的效力。对于《协议一》的效力,本院认为,作为民事活动中广泛运用的非典型担保,并不违反法律、行政法规的强制性规定,其有关担保的约定内容真实、自愿、不具有合同无效情形,应为有效合同。

4. 协议约定的投资回报方式虽然表述为股权回购,但受让人的真实目的并不是购买股权,而是通过这种方式保证其投资的安全,同时通过股权回购的方式保障其收益,实质上是以股权回购的方式为民间借贷提供了股权担保。例如,天津置信投资发展有限公司、新疆保利天然投资有限公司合资、合作开发房地产合同纠纷案【最高人民法院(2018)最高法民再161号民事判决书】。法院认为:《合作协议书》约定的第二种投资回报方式虽然表述为股权回购,但是实质上是股权让与担保,保利天然公司先将其在天然房地产的股权转让给置信公司,其目的是担保置信公司支付的4000万元股权转让款。置信公司的真实目的并不是购买保利天然公司在天然房地产的股权,而是通过这种方式保证自己投入的4000万元资金的安全,同时通过股权回购的方式保障其收益,实质与民间借贷无异,只是这种股权回购的方式为民间借贷提供了股权担保。该表述为:“在乙方应支付的股权转让款4000万元现金全部到账之日起18个月期满时,甲方同意以5800万元整回购其在新疆天然房地产开发有限公司的45%的股权。”从这一约定可以看出,投入资金的收益率为30%每年。而《补充协议》的约定却是“在乙方应支付的股权转让款4000万元现金全部到账之日起18个月期满时”,置信公司先收回投入的4000万元,而不是保利天然公司向其支付5800万元。对于置信公司投入4000万元的收益,《补充协议》的表述是:“项目合作完毕后,该款项冲抵甲方向乙方回购股权的转股款。”根据《补充协议》关于投资回报方式的约定可以看出，置信公司投入4000万元的回报方式为，从4000万元现金全部到账之日起18个月内，先收回本金4000万元。项目合作完毕后，4000万元冲抵保利天然公司向置信公司回购股权的转股款。可见，《补充协议》约定的置信公司投资回报的方式为：保本+待项目合作完毕后，4000万元冲抵保利天然公司向置信公司回购股权的转股款。因此，这种方式不是《合作协议书》约定的任何一种投资回报方式。

5. 从探寻各方当事人的真实意思表示出发，如果当事人基于债权债务关系，签署了股权转让和收购协议，并办理了股权变更登记，但债权人作为名义上的股东，在权利的行使上存在诸多限制，而债务人作为公司实际控制人及掌控经营权并未改变，同时当事人以出资额等价转让目标公司股权，并未进行过资产评估。综合这些事实可知，当事人之间的股权转让行为在转让目的、交易结构、股权权利、实际履行等方面符合让与担保的基本架构，系以股权转让的方式实现担保债权的目的，其性质应认定为股权让与担保。例如，北京金威中嘉科技有限公司、西藏信托有限公司与北京凯智鑫龙投资咨询有限公司股东资格确认纠纷案【北京市第一中级人民法院(2019)京01民终6072号民事判决书】。法院认为：从探寻各方当事人的真实意思表示出发。首先，金威公司与西藏信托公司之间存在债权债务关系，并在案涉《股东借款合同》中明确，本合同项下的借款是为了履行西藏信托—北京金威中嘉并购项目集合资金信托计划，以募集的部分信托资金向金威公司发放贷款。由此说明，案涉信托计划与借贷关系并非相互独立，而是具有内在联系、互为一体的商业安排。其次，凯智公司与西藏信托公司就金威公司的股权签订有《股权购买选择权暨股权收购合同》，并在工商部门作了股权转让的变更登记。但是，西藏信托公司作为名义上的股东，在权利的行使上存在诸多限制。比如，凯智公司在归还全部借款本息后，具有一次性收购金威公司全部股权的选择权。再次，从凯智公司与西藏信托公司签订的《出资转让协议书》内容来看，凯智公司将注册资本金为50万元的金威公司等价转让，并未进行过金威公司的资产评估。信托计划项下，虽存在“融资方以金威中嘉(净资产不低于5600万元)100%股权作对价认购5600万份普通级信托单位”的表述，但在案涉信托合同中，亦约定了作为普通级信托受益人的金威公司在信托存续期间不分配信托利益，在信托计划中止之日，优先级受益人利益分配完毕后，如有剩余信托财产,以原状向普通级受益人进行分配。因此,信托合同中的约定,并未实际改变凯智公司与西藏信托公司之间以出资额等价转让金威公司股权的事实。最后,从金威公司的实际经营情况考察。金威公司主要营收来源于下属四家全资子公司,案涉系列合同签订以后,四家子公司的实际控制人及经营权并未改变,也就是说,本案涉及的股权转让不同于一般意义上的转让行为。综上,凯智公司与西藏信托公司之间的股权转让行为在转让目的、交易结构、股权权利、实际履行等方面符合让与担保的基本架构,系以股权转让的方式实现担保债权的目的,其性质应认定为股权让与担保。

6. 债权人通过受让股权的方式,为后期融资提供了实际的股权质押担保,获得了融资,偿还了债务人共同担保的到期担保债务。同时又针对股权回购期、回购价款以及计算方式等进行了设计安排。该协议的实质是通过让与股权的形式担保债务履行,具有股权让与担保的性质。例如,北京银清龙房地产开发有限公司等与北京鑫茂华牧进出口有限公司等股权转让纠纷案【山东省高级人民法院(2019)鲁民终 2838 号民事判决书】。法院认为:从前述背景分析得知,协议各方共同为解决上述谈到的偿还信托贷款资金困难,银清龙公司与鑫茂公司将各自股权以人民币 1 元的价格转让给了永隆公司与国兴公司,并办理了股东变更登记手续。永隆公司、国兴公司通过受让股权的方式,为后期融资提供了实际的股权质押担保,获得了融资,偿还了永隆公司和新崇基公司共同担保的到期担保债务。银清龙公司、鑫茂公司通过转让股权的方式,为己方到期股权转让款债务取得了宽延期,永隆公司偿还贷款后,也解决了新崇基公司到期贷款抵押担保问题。同时,永隆公司也为自己的股权转让款债权的实现取得了股权质押担保。《621 协议》体现了合同各方当事人的合意,对转让股权相关的权利义务作出具体的约定后,又针对股权回购期、回购价款以及计算方式等进行了设计安排,回购价格也是协议各方协商的结果,并在其后得到了永隆公司以及国兴公司的承诺确认。所以,《621 协议》中股权转让行为的实质,是通过让与股权的形式,解决融资需求,并担保了债务的履行,具有了股权让与担保的性质。

7. 综合股权转让因开发房产项目需要资金,以股权融资方式将股权转给受让人,并由转让人有条件回购,以及转让人需按期清偿受让人全部款项,支付股权回购价款。否则,转让人将失去回购股权的权利约定等内容,可以认定股权转让系股权让与担保行为。例如,杨某、湖南省财邦担保有限公司与湖南奥特莱斯投资有限公司等股权转让纠纷案【湖南省长沙市中级人民法院(2020)湘01民终10903号民事判决书】。法院认为:首先,根据杨某起诉状内容,上地置业公司因与湖南浅水湾湘雅温泉花园有限公司(简称浅水湾公司)之间位于望城区高塘岭镇的633亩土地纠纷案(简称本案)及其他项目需要资金,以股权融资方式将湖南奥莱公司、协和湘雅公司、湘雅制药公司75%的股权转给了杨某,并由湖南奥莱公司、协和湘雅公司、湘雅制药公司有条件回购,杨某提交的证据中包含上地置业公司2011年11月12日股东会会议记录,会议内容为研究决定三位法人股东(转让股东)拟采取以股权融资方式,将其持有本公司合计75%的股份分别转让给杨某(下称受让股东)及其之后回购等相关问题的处置。在该份股东会决议第一部分第2条股份转让与回购的操作第3项本公司回购的条件载明,回购75%股权需按期清偿出借人(债权人)全部款项,支付回购股份转让款。否则,转让股东将失去回购75%股份的权利。其次,结合杨某提交的《股东股份回购协议》中第2条约定,乙方(三被告)回购甲方(杨某)在上地置业公司的75%股份的受让价款为1600万元。乙方在本合同签订之日起6个月内没有付清1600万元股份受让价款,甲方丧失回购上地置业公司75%股份的权利。最后,根据财邦公司于2013年11月29日出具回函的内容可知湖南奥莱公司、协和湘雅公司、湘雅制药公司转让给杨某上地置业公司75%的股权系杨某代财邦公司持有。综上,一审法院认为湖南奥莱公司、协和湘雅公司、湘雅制药公司将其持有的上地置业公司75%的股权转让给杨某系股权让与担保行为。

8. 协议中关于“债务人将所持股权质押给债权人,以为合同义务提供质押担保”“在担保期间,债务人将股权变更登记到债权人名下,但债务人在担保期间仍为股权的实际拥有者”“债权人在担保期间不得处置股权”“合同义务履行完毕后,债权人应当将股权变更登记到债务人名下”等内容均符合股权让与担保的法律特征。例如,国药集团宜宾制药有限责任公司、国药集团成都信立邦生物制药有限公司与杭州功臣投资有限公司等合同纠纷案【四川省宜宾市南溪区人民法院(2018)川1503民初1762号民事判决书】。法院认为:本案中,《协议书》中“被告霖康公司将所持第三人易健公司的51%的股权质押给二原告,以为杭州功臣公司履行《合作协议》和《补充协议》下的义务提供质押担保”“在担保期间,被告霖康公司将易健公司51%的股权变更登记到原告宜宾制药公司名下,但被告霖康公司在担保期间仍为该股份的实际拥有者”“担保期间,该股份产生的增值和亏损由被告霖康公司享有和承担”“如果发生行使质押权的情形，二原告有权直接按股权的账面价值将相应部分的股权真正划归原告宜宾制药公司或者原告信立邦公司所有，或者直接出售相应部分的股权，将股权转让款用于偿还杭州功臣公司欠二原告的债务”“二原告在担保期间不得处置该股份”和“杭州功臣公司履行完《合作协议》和《补充协议》下的义务后，原告宜宾制药公司应当将股权变更登记到被告霖康公司名下”等关于担保事宜的约定，均符合股权让与担保的法律特征，且《协议书》是双方当事人真实意思表示，其内容不违反法律法规强制性规定，属有效合同。现被告霖康公司已实际将第三人易健公司的股权变更登记到了原告宜宾制药公司名下，股权让与担保关系依法设立。二原告在主债权未获清偿的情况下有权依据《协议书》的约定对担保股权即第三人易健公司 51% 的股权在拍卖或变卖的价款范围内行使优先受偿权。

9. 为偿还债务，各方当事人约定一方以承接另一方所欠他人债务本金及利息的方式受让另一方股权，一方无须再向另一方支付其他股权转让价款。在满足一定条件下，另一方有权回购一方已受让的股权。如不能按期清偿债务，则一方丧失回购股权，另一方可依法处置股权。该行为的实质是通过让与股权所有权的形式担保债务的履行，符合股权让与担保法律关系特征。例如，港丰集团有限公司与深圳市国融投资控股有限公司等合同纠纷案【广东省高级人民法院(2015)粤高法民四终字第 196 号民事判决书】。法院认为：由于港丰房地产公司欠深圳发展银行人民币 1.5 亿元的担保债务及相应利息，为在 2011 年 12 月 28 日偿还深圳发展银行该笔债务，长城担保公司、港丰集团公司、名厦公司、国融公司、何某某、港丰房地产公司于 12 月 23 日签订《股权及债权重组协议书》，约定国融公司以承接港丰房地产公司欠深圳发展银行债务本金及利息的方式受让港丰集团公司持有的港丰房地产公司 100% 的股权，国融公司无须再向港丰集团公司支付其他股权转让价款。同时协议书也约定在满足一定条件下，港丰集团公司有权回购国融公司已受让的港丰集团公司 100% 的股权。如名厦公司、何某某、港丰房地产公司不能按期清偿债务，则港丰集团公司丧失回购股权，长城担保公司、国融公司可依法处置港丰房地产公司名下资产或股权，在还清长城担保公司、国融公司债务后将剩余款项及港丰房地产公司股权返还给港丰集团公司。从上述约定内容可知，港丰集团公司为担保港丰房地产公司能够清偿国融公司代港丰房地产公司所清偿的深圳发展银行的 1.5 亿元债务而将港丰集团公司所拥有的港丰房地产公司的 100% 股权转移给国融公司；当债务不履行时，国融公司可就港丰房地产公司的股权受偿。为此，港丰集团公司与国融公司签订《股权转让协议》，港丰集团公司将其所持有的港丰房地产公司的 100% 股权以 1 元的价格转让给国融公司，并办理股东变更登记手续。国融公司也按约定将港丰房地产公司所欠深圳发展银行债务予以清偿。该行为的实质是通过让与股权所有权的形式担保债务的履行，此种担保形式是为适应现代市场经济高度融资需求而形成的一种非典型性担保，一审将其定性为股权让与担保符合本案法律关系特征。

二、股权让与担保司法认定的着力点

通过上述几个案例可以看出，判断“股权转让协议”是股权让与担保、股权转让抑或是股权质押，不能仅仅看合同的形式或名称，而要探究当事人的真实意思表示，如果当事人的真实意思是通过转让标的物的形式为主合同提供担保，则此种合同属于让与担保合同，而非其他。在当事人表示明确的情况下，应当对股权转让协议及相关协议一体考虑，判断是否属于“融资 + 担保”的模式，进而判断是否属于股权让与担保。但是在意思表示不明的情况下，如何对当事人的相关行为和合同是否为股权让与担保进行解读？为此，笔者参照《九民纪要》第 71 条、《法官会议纪要》《刘贵祥讲话》等的规定精神，在研究大量司法案例的基础上，结合司法实践及股权让与担保的实质性特征，从以下几个方面进行解读。

（一）是否存在主债务合同和担保从合同（股权转让协议）两份合同

1. 在股权让与担保关系中，通常存在主从两份合同，股权转让协议作为从合同，依附于被担保的主合同，是为了担保主合同项下的债务而订立的，这是判断一个法律关系是否为股权让与担保的重要标准。在司法实务中，许多判例也是遵循这一特征来认定是否为股权让与担保的。例如，胡某某与北京博源工贸有限责任公司、西藏信托有限公司股东资格确认纠纷案【北京市第一中级人民法院（2019）京 01 民终 2736 号民事判决书】。法院认为：本案中，当事人均认可博源公司与西藏信托公司之间存在 3 笔债权债务关系，涉及本金约 3 亿元，故上述

3 份借款合同应为主合同，胡某某与西藏信托公司之间的股权转让协议即应当属于为了担保上述主合同的履行而签订的从合同。

例如，郑甲与龙某某股权转让纠纷案【贵州省黔东南苗族侗族自治州中级人民法院(2019)黔 26 民终 1964 号民事判决书】。法院认为：2015 年 8 月 3 日郑甲与郑乙签订的《合伙投资入股协议书》，因约定了投资限额、风险排除、保底收益、股权回购，不具有共担风险的本质特征，郑乙与郑甲之间名为合伙投资，实为借贷。综观郑甲的权利基础，因存在两个合同，案涉股权转让协议实为龙某某以其股权对作为主合同的郑乙与郑甲的借款提供担保。

例如，荆门市金虾河食品有限公司与郭某某股东知情权纠纷案【湖北省荆门市中级人民法院(2020)鄂 08 民终 154 号民事判决书】。法院认为：让与担保合同的目的在于为主债务提供担保，受让人通常无须为此支付对价。另，让与担保属于从合同范畴，与此相对应，往往还会存在一个主合同。

2. 有的法院从借款协议、股权转让协议、回购协议的不可分割性角度分析认为，股转协议是回购协议必然的逻辑延续，回购协议是股转协议订立依据和基础。例如，温州荣辉国际贸易有限公司与蔡某某等合同纠纷案【浙江省温州市鹿城区人民法院(2019)浙 0302 民初 8561 号民事判决书】。法院认为：本案认定的事实体现为以下法律行为：因蔡某某欠秦某某的借款未还，由蔡某某控股的荣辉公司持有的总商会大厦公司 4.648% 股权转让给秦某某并实现股权变更登记，同时约定两年内回购，如未能依约回购，秦某某有权自行处置。上述法律行为样态在司法实践中称为让与担保。就本案而言，实质上是荣辉公司以其在总商会大厦公司的股权为实际控制人蔡某某的债务对外提供担保。而本案双方所争即为该担保行为是否有效。案涉两份《股权转让协议书》与《回购协议书》具有强烈的耦合性，股转协议是回购协议必然的逻辑延续，回购协议是股转协议订立的依据和基础。申言之，《股权转让协议书》并不具有单独的法律意义，合同的双方并不具有转让股权的真实意思，实际上是回购协议的组成部分，是为了实现股权变更登记的一个形式步骤。从整体上看，三份协议本质上就是一份协议或者说就是一种股权让与担保法律行为。对让与担保行为效力的判断同时及于三份协议。

3. 股权让与担保不能脱离借贷合同这一主合同法律关系而单独存在，从而认为股权让与担保实质是通过股权的交易和变更所有权对借贷合同的履行进行担保的从合同,不能单独就买卖的标的(股权)主张权利。例如,陶某某与嘉鹏置地集团有限公司等与公司有关的纠纷案【广西壮族自治区柳州市中级人民法院(2018)桂02民终1579号民事判决书】。法院认为:股权转让本质是一种变更所有关系的买卖行为。根据《民间借贷规定》(已被修改)第24条的规定:"当事人以签订买卖合同作为民间借贷合同的担保,借款到期后借款人不能还款,出借人请求履行买卖合同的,人民法院应当按照民间借贷法律关系审理,并向当事人释明变更诉讼请求。当事人拒绝变更的,人民法院裁定驳回起诉。按照民间借贷法律关系审理作出的判决生效后,借款人不履行生效判决确定的金钱债务,出借人可以申请拍卖买卖合同标的物,以偿还债务。就拍卖所得的价款与应偿还借款本息之间的差额,借款人或者出借人有权主张返还或补偿。"本案双方间,原告方与蒋某某之间的基础法律关系都是民间借贷,其约定已经进行或要进行的股权转让,其实质都是通过股权的交易和变更所有权对借贷合同的履行进行担保。据最高法司法解释意见精神,此类买卖不能脱离借贷法律关系而单独存在,也不能单独就买卖的标的去主张权利。

4. 股权转让的行为依附于借款合同,股权过户是为借款提供担保,而非真正实现股权转让合同的目的,当事人之间并未就股权转让形成一致的意思表示,不存在独立的股权转让合同关系。例如,吴某、胡某某、邢某某与新沂市通城商业有限公司股权转让纠纷案【江苏省徐州市中级人民法院(2016)苏03民终6281号民事判决书】。法院认为:关于吴某等人提出股权过户登记是基于合法有效的股权转让合同关系的抗辩理由,经查认为,双方先后签订两份转让协议,协议的名称虽标注为股权转让协议,但内容主要反映借款70万元、借款期限,并约定借款按规定时间还清时应将股权过户,协议中未就股权转让的价款等相关事项作出约定。由此可知,股权转让的行为依附于借款合同,该股权过户是为借款提供担保,双方之间未就股权转让形成一致的意思表示,尚不存在独立的股权转让合同关系,故对该抗辩主张不予采纳。两份协议均约定债务人按期偿还债务,债权人无条件返还股权并办理过户,债务人不能清偿债务时,股权的所有权归债权人所有,可以看出股权过户的真实目的是给民间借贷行为提供担保,而非真正实现股权转让合同的目的,通城公司认为其与吴某、邢某某及吴某与胡某某之间的股权过户登记系给借款提供担保的主张,法院予以支持。

5. 因为股权让与担保的发生和成立是以被担保债权的发生或成立为前提条

件的，股权转移的目的首先是担保而非所有权让渡，是为了担保主债权的实现与清偿，因此某个股权转让行为被认定为股权让与担保的前提为存在被担保的主债权，当被担保债权被清偿时，该担保权随之消灭。例如，黑龙江凡奇房地产综合开发有限公司、刘某某与李某、黑龙江凡奇实业股份有限公司等股权转让纠纷案【黑龙江省高级人民法院（2018）黑民终47号民事判决书】。法院认为：关于案涉《股份转让合同》的性质如何认定问题。案涉《协议书》约定的凡奇实业公司足额偿还宝瑞轩公司全部债务后，李某同意凡奇开发公司、刘某某以股份出让时的价格回购其受让的全部股份。拖欠的本金或利息未全部还清前，李某有权拒绝凡奇开发公司、刘某某回购股份，并长期持有。凡奇开发公司、刘某某主张案涉股权转让行为系为凡奇实业公司欠付宝瑞轩公司的借款提供担保，及李某和宝瑞轩公司主张系为凡奇实业公司欠李某的工程款提供担保等情况。不论为哪一笔债权提供担保，都可以确定案涉股权转让行为并非通常意义的股权转让，而符合让与担保的法律特征。

6. 将股权过户给债权人是为债务提供担保，股权转让协议不是独立民事行为。例如，深圳市淞瑞贸易有限公司与郑某某股权转让纠纷案【广东省高级人民法院（2017）粤民申8926号民事裁定书】。法院认为：根据原审查明的事实，2009年4月20日，深圳市伟康德典当行有限责任公司与郑某某签订了一份《补充协议》，其中第2条、第3条明确约定，郑某某以其对深圳市立众投资控股有限公司的股权为华瀚公司欠深圳市伟康德典当行有限责任公司的债务提供担保，并受深圳市伟康德典当行有限责任公司指定将股权过户给淞瑞公司，故淞瑞公司称股权转让协议为独立民事行为，无事实和法律依据，本院不予采信。原审认定郑某某股权转让行为为担保行为，并无不当。

7. 债权人替债务人清偿对外债务并对债务人的房产项目进行销售，从而需要债务人的股东将其股权变更至债权人指定的第三方名下是对债权的担保，而非真正的股权转让。例如，吴某与北京和祥恒房地产开发有限公司公司决议纠纷案【北京市朝阳区人民法院（2019）京0105民初79879号民事判决书】。法院认为：根据协议安排，嘉华公司代和祥恒公司清偿对外债务并对康斯丹郡项目进行销售，形成嘉华公司对和祥恒公司的债权，为保障嘉华公司实现债权，和祥通公司、吴某、秦某将其持有的和祥恒公司68%的股权转让给嘉华公司或嘉华公司指定的公司，待嘉华公司的债权获得清偿后，嘉华公司将该股权无条件返还和祥通公司、吴某、秦某。据此约定,和祥通公司、吴某、秦某的股权变更至嘉华公司指定的嘉彩公司名下是作为嘉华公司债权的担保,而非真正的股权转让,此种通过转让股权所有权来担保债权实现的方式属于股权让与担保。

8. 存在主债权,且股权转让发生于上述债权形成过程中,股权转让与债权存在关联时,应认定股权转让协议为主债权的担保。例如,王某某与骆某某股权转让纠纷案【江苏省南通市中级人民法院(2017)苏06民终3175号民事判决书】。法院认为:结合已查明的事实分析,可以认定双方系股权让与担保关系,理由如下:(1)骆某某对世发公司享有债权。由于嘉宾发公司、世发公司、龚某某等与工行南通分行存在贷款纠纷,经市工商联、金融办协调以及各方会商,最终确定了以工行南通分行、化轻公司共同指定的对象为出借方,将2500万元银行贷款借给世发公司帮助其名下土地房产解套的方案,世发公司和龚某某共同向出借方骆某某作出书面承诺,愿意承担借款本息及一切费用。此后,骆某某将2500万元贷款汇入世发公司,双方债权债务关系成立,骆某某对世发公司享有2500万元债权。(2)案涉股权转让发生于上述债权形成过程中。上述债权自2014年8月29日召开协调会开始,经历了多次磋商和手续完善——2014年10月29日,工行南通分行与化轻公司签订合作协议,确定了以化轻公司为平台向第三方发放贷款的合作方案;2014年11月3日、11月10日,世发公司、龚某某先后向骆某某出具书面还款承诺;2014年11月17日,化轻公司向工行南通分行发出书面报告,表示划转2500万元贷款的前提已具备;2014年11月17日,骆某某向世发公司汇入借款。工商部门的资料显示,与案涉股权转让相关的股东会决议、股权转让协议、公司章程修正、向工商部门申请办理变更登记均发生在2014年11月8日。可见,在世发公司向骆某某借款的商谈及履行过程中,骆某某受让了世发公司的股权。(3)股权转让与债权存在关联。骆某某在办理股权变更登记之后即向世发公司汇入2500万元借款,两者并非只是时间上的巧合,工行南通分行与化轻公司签订的《合作协议书》及化轻公司出具给工行南通分行的函件均证实,2500万元贷款有股权转让、房产抵押、自然人保证作担保,且上述各项担保措施已于2014年11月17日前实施完毕。龚某某寄给骆某某的材料中也认可:"通过第三方平台于2014年11月17日借款给龚某某(世发公司)实施共同解套,第三方平台仅是一个帮忙平台,股权转让、抵押物给第三方都是名义上的空的。"上述证据的证明效力,法院在认证部分已作分析并认定,龚某某在世发公司借款过程中代表世发公司参与协商并签字，其书面意见为直接证据且与《合作协议书》、化轻公司函件相互印证，已可以证明股权转让系因 2500 万元借款而发生。并且，尽管骆某某提供的《借款抵押协议》系复印件，但其中关于借款形成原因、借款用途、股权转让、土地房产抵押、自然人担保等内容与本案其他事实、证据均有印证，该证据在得到其他证据佐证的前提下可以作为认定本案事实的依据，证明各方在借款过程中曾签署书面协议，约定以世发公司股权作为 2500 万元借款的担保。

9. 当事人签订的股权转让协议是为借款而提供的担保措施，借款是主合同法律关系，而股权转让仅是从合同法律关系，并非独立存在的股权转让行为，股权的转让也并非双方的真实意思表示，借款协议与股权转让协议存在逻辑上的关联，无法将两个法律关系割裂开来。例如，王某某与鲁甲、鲁乙、云南腾峰投资有限责任公司确认合同效力纠纷案【云南省昆明市中级人民法院(2015)昆民五终字第 86 号民事判决书】。法院认为：2013 年 6 月 26 日，腾峰公司和鲁甲、鲁乙签订了《借款协议书》，而王某某作为担保人也在该协议书上签字。该协议第 7 条约定了担保人以其公司 100% 的股权及全部资产为该借款提供担保。而第 9 条约定，借款期满，债务人按期还清本金及利息，则债权人应将其持有的腾峰公司 90% 的股份归还债务人，如债务人不能按期返还本金，债权人有权将该股份向第三人转让，转让所得用于抵偿本金和利息，不足部分债务人仍应当承担偿还责任。而同日，王某某与鲁乙还签订了《股权转让协议》，约定将王某某持有的腾峰公司 90% 的股权转让给鲁乙。根据双方当事人的上述两个协议相关条款的约定，可以看出，王某某与鲁乙签订的《股权转让协议》是为了腾峰公司的借款行为而提供的担保措施之一，借款是主合同法律关系，而股权转让仅是从合同法律关系，并非独立存在的股权转让行为，股权的转让也并非双方的真实意思表示，《借款协议书》与《股权转让协议》存在逻辑上的关联，无法将两个法律关系割裂开来。

10. 不能证明双方存在借款主合同时，无法确定股权转让协议是为借款合同提供担保。例如，刘某某与陈某某股权转让纠纷案【河南省新乡市中级人民法院(2020)豫 07 民终 2716 号民事判决书】。一审法院认为：本案中，刘某某提供的信用社账户交易明细单、股权转让协议、股权转让工商登记材料、银行转账回单等证据(可以说明陈某某在无担保的情况下付刘某某 280 万元，刘某某受让全部股权后,刘某某可以以公司名义贷款或者担保贷款偿还,却将40%股权变更登记到陈某某名下),仅能证明双方客观上办理了股权转让登记及双方资金往来情况,不能证明双方存在借款合意以及关于借款期限、利息、返还条件等约定,不能证明双方存在借款主合同,不能证明陈某某付刘某某280万元系借款性质。

11.借款主合同未实际履行,无法认定存在真实的借贷关系时,为借款合同提供让与担保的股份转让协议已失去履行基础,股权应予返还。例如,黄某某、张甲、防城港市湛港房地产开发有限公司与张乙股东资格确认纠纷案【广西壮族自治区防城港市中级人民法院(2020)桂06民终1386号民事判决书】。法院认为:综合上述张甲在股权转让时未支付对价及黄某某、张甲、湛港公司在后续行为中又认可张乙以股权人身份在《询证函》上签字的情况,结合湛港公司、京豪公司、永润公司与黄某某、张乙签订的《借款合同》及黄某某与张乙签订的《股权质押合同》的内容,该院认定张甲与张乙并非存在真实的股权转让关系,上述《股份转让协议书》系张乙以其在湛港公司的股权为湛港公司的债务提供让与担保,张甲仅系名义上的股权受让人。因各方当事人均未能提供证据证明案涉《借款合同》已实际履行,黄某某亦否认其与湛港公司、京豪公司、永润公司存在真实的借贷关系,故作为《借款合同》让与担保的《股份转让协议书》已失去履行基础,张甲应将张乙在湛港公司的37.5%股权予以返还。

12.股权转让行为不是孤立的,其转让和回购都是以贷款发放及还清为条件或前提。例如,北京金威中嘉科技有限公司、西藏信托有限公司与北京凯智鑫龙投资咨询有限公司股东资格确认纠纷案【北京市第一中级人民法院(2019)京01民终6072号民事判决书】。法院认为:本案中,西藏信托公司与凯智公司在签订《出资转让协议书》的同时亦签订了《股权购买选择权暨股权收购合同》《股东借款合同》。从双方合同约定内容及履行情况来看,凯智公司与西藏信托公司的交易模式为,凯智公司向西藏信托公司转让案涉股权,西藏信托公司发放贷款,凯智公司还清借款本息后方享有回购案涉股权的选择权。法院认为,案涉股权转让行为并非孤立的,其转让和回购都是以贷款发放及还清为条件或前提。……案涉股权转让符合让与担保的特征,案涉股权转让行为的性质为让与担保。

合同虽以出资代管的形式约定出资回报额,但实际是对借贷债务以转移股权的方式提供让与担保。例如,杨甲、曾某某、阳某某与蒋某某股东出资纠纷案【湖南省永州市冷水滩区人民法院(2019)湘1103民初2010号民事判决书】。

法院认为,从事实上来看,原告提交的《债权出资权管理合同》属阴阳合同,该合同虽以出资代管的形式约定出资回报额,但实际是夏某某对被告民间借贷债务以转移所有权的方式提供让与担保。2015 年 9 月,夏某某因债务到期不能偿还原、被告及案外人杨乙等 26 名债权人共计 1263.371 万元的债务,便通过让与担保的方式转移名下所有的桂林市天之都房地产开发有限公司 40% 的股权(以下简称股权)为包括原、被告在内的 26 名债权人的债务提供担保。因受《公司法》关于有限责任公司股东人数的限制及股权管理的便利,经 26 名债权人(包括被告)共同讨论决定,将股权由被告进行代管。被告与案外人杨丙作为股权抵押受托方代表,与夏某某签订了合同名称为《股份抵押代管协议》的代持股协议,由被告作为显名股东代持夏某某在桂林市天之都房地产开发有限公司的股权。《股份抵押代管协议》签订后,2015 年 9 月 9 日,为明确各债权人对让与担保股权的权限,被告持股后作为持股人与夏某某及其他 25 名债权人均签订了《债权出资权管理合同》,此类合同签订的目的在于对被告管理的让与担保股权的内部比例作细分管理,而非对夏某某的债务承担连带责任。

(二)让与担保权人是否行使股东权利

1. 虽然双方签署股权转让协议,并进行了工商变更登记,但是受让方并未参与公司的经营管理,也没有实际支付股权转让款,这说明股权转让协议目的是保障融资借款的履行,并不是实际意义上的股权转让。股权转让协议的性质名为股权转让,实为借款担保。例如,唐某与潘某某、广西贺州生生资产经营有限公司股东资格确认纠纷案【广西壮族自治区贺州市中级人民法院(2020)桂 11 民终 1100 号民事判决书】。法院认为:原告潘某某与被告唐某签订的《广西贺州生生资产经营有限公司股权转让协议》,约定原告潘某某将其持有的生生公司 85% 股权中的 51% 股权转让给被告唐某,该约定的前提为案外人百桂公司与隆门公司之间的借款协议,而生生公司的 51% 股权转让,虽然进行了工商变更登记,但是被告唐某并未参与生生公司的经营管理,亦未实际支付股权转让款。该份股权转让协议,目的是保障百桂公司与隆门公司之间的融资借款的顺利履行,并不是实际意义上的股权转让。从本案查明的事实可知,该份股权转让协议的性质名为股权转让,实为借款担保。双方签订股权转让协议的实质是通过让与股权所有权的形式担保债务的履行,属于非典型性担保。

2. 担保权人投资的目的并非是取得目标公司股权，而仅是为了到期收取固定资金收益，其并不参与目标公司的经营管理。因此，担保权人与目标公司及其股东之间是股权让与担保法律关系。例如，任某某、周甲、周乙与广元市广发创业投资有限公司、广元市宇重建材有限公司请求变更公司登记纠纷案【四川省高级人民法院(2020)川民申605号民事裁定书】。法院认为：一个协议的性质，不能仅看合同的形式或名称，而应根据当事人的投资目的、实际权利义务等因素综合予以认定。本案中，根据案涉《创业投资及增资协议》《股权转让协议》的约定内容可见，广发公司投资的目的并非是取得目标公司即宇重公司股权，而仅是为了到期收取固定资金收益，广发公司并不参与宇重公司的经营管理。因此，广发公司与宇重公司及其股东之间，是一种名为股权转让，实为融资借贷的债权债务关系。

3. 如果针对特定投资项目，协议约定债权人有权与其他股东共同制定项目营销方案，有权委派出纳与其他股东公司共同管理公司财务，有义务督促施工单位按时、按质完成案涉项目工程；债权人参与特定投资项目的经营、管理，既是其合同权利，也是其合同义务；该权利义务并不以债权人的股东身份为前提；同时，债权人为维持公司的正常运作，在形式上需要其以法定代表人身份签署相关文件、合同，以股东身份参加股东会时，股权转让性质仍应认定为股权让与担保。例如，李某与叶某某、东莞市樟山水美实业投资有限公司、欧阳某某与公司有关的纠纷案【广东省东莞市第三人民法院(2018)粤1973民初20658号民事判决书】。法院认为：叶某某提交股东会决议、会议纪要、日报表、申请报告、现场施工队名单、相关建设工程施工合同、租赁合同、委托代理销售合同等，用于证明其实际行使股东权利，参与樟山水美公司经营。其一，叶某某作为樟山水美公司法定代表人及登记的股东，且持股51%，为维持公司的正常运作，在形式上需要叶某某以法定代表人身份签署相关文件、合同，以股东身份参加股东会。其二，根据当事人一致确认，樟山水美公司自成立至今，仅开展案涉“客家风情街”项目，未从事其他经营项目。而根据《20150428协议书》约定，叶某某有权与樟山水美公司共同制定项目营销方案，有权委派出纳与樟山水美公司共同管理公司财务，有义务督促施工单位按时、按质完成案涉项目工程。由此可知，叶某某参与案涉“客家风情街”项目的经营、管理，既是其合同权利，也是其合同义务。该权利义务并不以叶某某的股东身份为前提，即使公司股权变更登记至债权人名下，债权人也曾参与了公司的股东会议，但上述行为均系以担保债权实现为目的，是为了达到规制及防范作用，其权利范围不同于完整意义上的股东权利，与债务清偿与否密切相关。双方约定的股权转让性质仍应认定为股权让与担保。

4. 虽然公司股权变更登记至债权人指定的人员名下，债权人也曾参与了公司的股东会议，但上述行为均系以担保债权实现为目的，是为了达到规制及防范作用，其权利范围不同于完整意义上的股东权利，与借款清偿与否密切相关。例如，易某与邵某某、成武宏成房地产开发有限公司民间借贷纠纷案【浙江省衢州市中级人民法院（2020）浙08民终1096号民事判决书】。法院认为：邵某某与宏成公司先后签订两份借款协议，从借款合同条款、词句文意可见，双方是通过签订协议的方式，将股权的让渡作为担保债务履行的标的。根据合同约定，周某某在合同签订后依约成为公司股东之一，持有宏成公司70%的股权，并接管公司财务专用章，但周某某仅仅是基于邵某某的借款行为，依约获得公司股权，目的在于"对相关项目的所有资金往来进行审核，保障上述借款完全用于上述项目的资金需求"。同时合同亦明确载明"借款期限届满本息结清后，如甲、乙双方无意合作，甲方将借款约定的股份抵押转让回乙方，并办理好工商登记变更手续。"虽然公司股权变更登记至邵某某指定的人员名下，邵某某也曾经于2016年6月18日参与了宏成公司的股东会议，但上述行为均系以担保债权实现为目的，是为了达到规制及防范作用，其权利范围不同于完整意义上的股东权利，与借款清偿与否密切相关，即债务人为了担保债权人权利的实现，将担保标的物的权利转给债权人，债务人到期清偿债务，债权人将该财产返还给债务人。因此《融资借款合同》中约定的股权转让性质应认定为股权让与担保，案涉基础法律关系应为借贷法律关系。

5. 股东享有的权利为两种：（1）自益权，即股东基于自己出资而享受利益的权利。（2）共益权，即股东基于自己出资而享有的参与公司经营管理的权利。股权作为股东对公司享有的人身和财产权益的一种综合权利，其中的财产权利按照相关规定可以为相应的债务履行提供担保。基于担保物权的性质，股权让与担保的受让人仅是工商登记记载的股东，即名义股东而非实际股东，并不具有股东身份，不得对公司行使股东共益权，当事人的法律关系属于股权让与担保。例如，南京九通科技有限公司与徐某某等与公司有关的纠纷案【江苏省南京市中级人民法院（2019）苏01民终1946号民事判决书】。法院认为：九通公司原股东杨某某、张某作为公司实际控制人卢某某的代持人，就徐某某、李某某合计持有的65%股权并未出资，而是基于让与担保取得，所取得的也仅是股权的财产权，形式上虽然办理了公司记载和登记证明，但其仅是名义股东。且该股东身份并非《公司法解释三》第24条规定的代持股东，不能直接行使股东权利。现有证据均表明，股权代持人孙某某、杨某某、张某及九通公司原股东陈某对徐某某、李某某提供股权让与担保的事实均知情，所有股权变动及公司股权变更登记的操作目的，均为公司实际控制人卢某某处分他人股权，其行为具有不当性，故也不能得到合法结果，即受让人成为了九通公司股东。综上，股权让与担保受让人系九通公司名义股东，只对股权财产权利享有担保权，而对共益权部分如增资扩股等并不具有表决权，该权利应当由实际股东行使，故徐某某、李某某的主体资格适格。徐某某、李某某对其所提供让与担保的股权，在未被清算之前具有合法利益，他人处分其股权时应当依法协商、议价、变卖、拍卖等；他人以其名义股东身份行使共益权时，应当持有明确授权或事后追认。

6. 如果债权人依据协议安排在工商登记中公示为目标公司股东，是各方为实现债权担保及特定商业目的而安排的，应为名义股东，其仅在担保范围内享有优先受偿的权利，并不享有《公司法》规定的股东所享有的参与决策、获得股东红利等实质性权利，则当事人的法律关系属于股权让与担保。例如，北京和祥恒房地产开发有限公司与北京嘉彩华塑科技有限责任公司、吴某、刘某某、马某公司决议纠纷案【北京市高级人民法院(2021)京民申1444号民事裁定书】。法院认为：根据双方协议中的相关内容可以看出，本案中嘉华公司与和祥恒公司、吴某、和祥通公司、秦某等签订《框架协议》，由嘉华公司受让和祥恒公司股权的目的在于通过嘉华公司或其指定的公司受让和祥恒公司转让股权并办理股权变更登记，使得嘉华公司或其指定的嘉彩公司取得名义股东地位，以保障嘉华公司债权的实现，即嘉华公司指定的嘉彩公司受让和祥恒公司股权的行为实际是作为嘉华公司债权实现的担保，构成股权让与担保。因此，嘉彩公司依据《框架协议》安排在工商登记中公示为和祥恒公司股东，系各方为实现债权担保及特定商业目的而安排的，应为名义股东，其仅在担保范围内享有优先受偿的权利，并不享有《公司法》规定的股东所享有的参与决策、获得股东红利等实质性权利。

7. 如果协议明确约定“该股权的实际所有人仍是转让人，仍由转让人享有、行使和承担目标公司该股权对应的股东权利和义务”，协议的目的并非出让股权，而是用以担保债务人履行相关债务，协议的内容符合股权让与担保的特征。例如，深圳市奕之帆贸易有限公司、侯某某与深圳兆邦基集团有限公司等合同纠纷案【最高人民法院(2019)最高法民申3670号民事裁定书】。法院认为：基于原审法院查明的事实，对案涉《协议书》《补充协议》的性质与效力进行认定，需要对各方共同签署的四份协议的相关内容进行系统考量。在《项目合作协议》中，各方约定奕之帆公司、侯某某负责处理“黑建”诉讼并承担责任，奕之帆公司亦承诺以其在鲤鱼门公司剩余的30%股权及对应的未分配权益，作为上述债务履行的担保，此时30%股权仍登记在奕之帆公司名下。在《股权担保协议》中，奕之帆公司同意将其持有的鲤鱼门公司30%股权以过户的方式抵押给奕之帆公司与兆邦基公司共同持股的康诺富公司，以担保奕之帆公司承担债务清偿和后续资金的支付义务。如奕之帆公司完全履行了偿还和支付义务则可要求归还30%股权，如未能履行义务或由兆邦基公司代偿则兆邦基公司可以就该30%股权所对应的权益份额来抵偿。案涉《股权担保协议》的目的并非出让股权，而是用以担保奕之帆公司履行相关债务，且该协议第3.3条明确约定：“该30%的股权的实际所有人仍是甲方(奕之帆公司)，仍由甲方享有、行使和承担目标公司该30%股权对应的股东权利和义务。”因此，《股权担保协议》的内容符合让与担保的特征。奕之帆公司作为债务人，将30%股权附条件地转移给兆邦基公司，在债务得到清偿后，30%股权的整体权利返还给奕之帆公司；债务届期未受清偿时，兆邦基公司有权基于约定取得30%股权。

(三)公司经营权和控制权仍由出让股东负责和掌控

1. 如果协议约定公司的公章、证照、银行账户等的使用需经股权转让方和受让方书面确认，说明转让方并未丧失对公司的控制与管理。同时，如果协议约定投资回报收益和股权回购期限，则不符合股权转让的法律特征，应属股权让与担保。例如，象山亚飞商贸城开发有限公司与卢某某、象山骏马健康置业有限公司民间借贷纠纷案【浙江省象山县人民法院(2019)浙0225民初6976号民事判决书】。法院认为：原告、骏马公司与被告卢某某签订的两份协议的内容实际是原告向被告卢某某借款；原告将骏马公司的股权转让给被告卢某某，但《股权转让及回购协议》约定，骏马公司的公章、证照、银行账户(包括相关网银资料及UKEY)的使用需经双方书面确认，故原告并未丧失对骏马公司的控制与管理；

两份协议约定投资回报收益,违背了股东投资存在风险的原则;《股权转让及回购协议》约定股权回购期限,上述约定不符合股权转让的法律特征,故对被告卢某某提出其投资受让骏马公司的股权,不是融资借款关系的辩称本院不予采纳。

2. 即使股权变更登记至债权人名下,但如果股权转让人依然负责和掌控公司唯一房地产开发项目的经营管理,则双方当事人真实意思表示应为股权让与担保。例如,安徽东基房地产开发有限公司与合肥建汇企业管理咨询有限公司等破产债权确认纠纷案【最高人民法院(2020)最高法民申 460 号民事裁定书】。法院认为:结合《股权转让协议书》实际履行情况(股权转让款用于宝源公司缴纳土地出让金,股权工商登记变更至深圳东基公司、诚安信公司名下,但丁某某依然负责和掌控宝源公司唯一房地产开发项目的经营管理和财务),双方当事人真实意思表示应为股权让与担保。该让与担保并不违反法律、行政法规的强制性规定,在股权变更登记已经完成的情况下,具有一定的物权效力。但深圳东基公司、诚安信公司仅对变价后的股权价值享有优先受偿权,而不宜认定其未经清算事先直接取得股权。

3. 在股权已经过户至债权人名下后,债务人及其实际控制人仍然负责公司全资子公司的经营。这不符合股权转让的法律特性,而符合让与担保的特征,股权转让行为的性质为让与担保。例如,北京金威中嘉科技有限公司、西藏信托有限公司与北京凯智鑫龙投资咨询有限公司股东资格确认纠纷案【北京市第一中级人民法院(2019)京01 民终6072 号民事判决书】。法院认为:在股权已经过户至西藏信托公司名下后,凯智公司及其实际控制人仍然负责金威公司全资子公司的经营,亦表明案涉股权转让不同于一般的股权转让。……案涉股权转让符合让与担保的特征,案涉股权转让行为的性质为让与担保。

4. 同时,当事人在协议中还明确约定受让人在受让股权后不参与公司的经营管理和人事管理,进一步证明当事人之间并无真实股权转让的意思表示。例如,荆州市富怡置业有限公司与余某、武汉治历置业集团有限公司借款合同纠纷案【湖北省荆州市中级人民法院(2017)鄂10 民终758 号民事判决书】。法院认为:三方当事人在回购协议及补充协议中还明确约定张某某在代持股期间、余某在受让股权后均不参与富怡公司的经营管理和人事管理,富怡公司也无证据证明余某实际行使了股东权利,故余某与治历公司之间并无真实股权转让的意思表示,而是治历公司采取转让股权的方式为富怡公司与余某之间的借款合同设定担保。

5. 股权变更登记至受让人名下后，转让人仍实际享有股权权益，且转让人实际享有股权处置价款利益时，当事人的法律关系不是股权转让，而是股权让与担保。例如，郭某某、深圳市光耀地产集团有限公司与深圳市悦景江边投资有限公司等合同纠纷案【广东省深圳市罗湖区人民法院(2018)粤0303民初19947号民事判决书】。法院认为：光耀资管公司协议签署9个月内从光耀房地产公司获取的利润分红或现金用于清偿两原告在前述《借款合同》《流动资金借款合同》项下的债务后，两原告可以1元的价格回购案涉股权，且剩余利润归两原告所有，亦即股权变更登记至光耀资管公司名下后，两原告仍实际享有案涉股权权益；协议签署之日起满9个月后，光耀资管公司可自行处置案涉股权，但处置股权所得价款仍应优先用于清偿两原告在前述《借款合同》《流动资金借款合同》项下的债务，亦即两原告实际享有股权处置价款利益。

6. 当事人的真实意思是通过股权过户方式担保债权实现，转让人仍保留对标的公司的重大决策等股东权利。例如，黑龙江闽成投资集团有限公司与西林钢铁集团有限公司、刘某某民间借贷纠纷案【最高人民法院(2019)最高法民终133号民事判决书】。法院认为：案涉协议约定中，担保债权实现的意思表示清晰、明确，债权人与债务人同意以阶段性转让开发公司100%股权的形式保障借款安全。“若1年内甲方不能出售房产清偿对乙方的借款……”的约定意味着，尽管开发公司100%股权已过户至刘某某名下，但钢铁公司仍有权出售开发公司项下不动产，用以抵偿约定的欠付刘某某的特定债务。上述约定内容，本质上是通过以开发公司100%股权过户至刘某某名下方式担保前述债权实现，钢铁公司仍保留对开发公司的重大决策等股东权利；待债务履行完毕后，开发公司100%股权复归于钢铁公司；如债务不能依约清偿，债权人可就开发公司经评估后的资产价值抵偿债务，符合让与担保法律特征。

7. 在股权让与担保法律关系中，受让人参加股东会议，是其作为名义股东对借款资金进行监督和控制的一种方式，不能据此认定双方之间是股权转让法律关系。例如，上海荣腾置业有限公司与马某某金融借款合同纠纷案【最高人民法院(2018)最高法民申4165号民事判决书】。法院认为：五矿公司参加荣腾公司的股东会议，系其作为名义股东、实质上的担保权人对案涉4亿元资金进行监督和控制，不能据此认定双方之间法律关系的性质。

（四）签署股权转让协议是否仅为办理股权变更工商登记需要

1. 例如，李某与叶某某、东莞市樟山水美实业投资有限公司、欧阳某某与公司有关的纠纷案【广东省东莞市第三人民法院（2018）粤1973民初20658号民事判决书】。法院认为：李某与叶某某一致认定，根据《20150428协议书》第3.2.1条约定，李某将其持有的樟山水美公司51%股权转让给叶某某，双方签订的《东莞市樟山水美实业投资有限公司股权转让合同》并非双方的真实意思表示，仅为办理相应股权变更的工商登记需要而签订，叶某某亦未向李某支付任何股权转让款。因此，不能依据《20150428协议书》或《东莞市樟山水美实业投资有限公司股权转让合同》认定李某、叶某某之间存在转让股权的合意。且李某在未实际获得任何转让对价款的情况下，便已将其名下樟山水美公司51%股权转让给叶某某，明显不符合常理。

2. 股东签订股权转让协议，并办理工商变更登记系为履行借款合同关于股权让与担保所作的安排。例如，何某某、王某某、云南盛世千福置业股份有限公司与陈某某民间借贷纠纷案【最高人民法院（2020）最高法民申5710号民事裁定书】。法院认为：陈某某与何某某及担保人帅欧公司、盛世千福公司于2014年9月29日签订《借款合同》，约定"何某某提供帅欧公司作为担保，订立合同后7个工作日内将帅欧公司的100%股权变更到陈某某或陈某某指定人名下，帅欧公司的印章、证照、土地证原件交给陈某某保管，还清款项后7日内股权归还、变更原状"，后帅欧公司股东签订股权转让协议，并办理工商变更登记系为履行借款合同关于股权让与担保所作的安排。

（五）股权转让是否具有担保功能

1. 当事人主张股权转让协议是为了防范债务人处置资产，保障债权人债权实现，属于股权让与担保。例如，胡某某与北京博源工贸有限责任公司、西藏信托有限公司股东资格确认纠纷案【北京市第一中级人民法院（2019）京01民终2736号民事判决书】。法院认为：让与担保亦包括便于债权人实现债权的功能，这与西藏信托公司关于涉案股权转让协议是为了防范胡某某和博源公司处置八大处不动产，保障西藏信托公司抵押权的实现，方便西藏信托公司处置八大处不动产的主张完全相符。

2. 目标公司作出保证债权人在目标公司投资利益回收的股东会决议，以及生效民事判决书认定债权人持有目标公司的股份是为了保证其投资利益的回收，并非转换为其所有的事实。可以说明股权转让方作为目标公司的实际股东，为了保证债权人在目标公司投资利益的回收，将其所持目标公司股份转为债权人持有，作为债务人给债权人在公司投资的保证，属于股权让与担保。例如，张某某与青岛科信投资发展有限公司、青岛天德塘发展有限公司、刘某某股东资格确认纠纷案【山东省高级人民法院(2020)鲁民申1494号民事判决书】。法院认为：根据科信公司2003年11月14日针对“保证张某某在科信公司的投资利益的回收”的股东会决议“……为保证张某某投资利益的回收，经全体股东协商决议：将科信公司在天德塘公司的股份转为张某某持有，作为公司给张某某在科信公司投资的保证（张某某占90%，公司另选人员占10%）……以天德塘公司的拆迁实际收入抵补张某某在科信的投资，多退少补：天德塘的拆迁大于张某某在科信的投资额，拆迁余额返还科信公司，并将张某某在科信的股份转给王某某持有，若拆迁收入不足以抵补张某某在科信的投资，待由科信补足张某某的投资后，将张某某在科信的股份转给王某某持有……”另根据(2017)鲁02民再168号民事判决书本院认为部分“……上述证据说明张某某持有天德塘公司的股份是为了保证张某某投资利益的回收，并非转换为张某某所有……”科信公司作为天德塘公司的实际股东，为了保证张某某在科信公司投资利益的回收，将科信公司在天德塘公司的90%股份转为张某某持有，作为科信公司给张某某在公司投资的保证，上述股权的保证没有违反法律规定及天德塘公司章程，为此，一审法院认定张某某名下的天德塘公司的90%股权是科信公司给张某某在科信公司投资的保证。

（六）是否支付固定收益

1. 协议约定，受让方受让股权后，其持有的标的股权仍由出让股东负责管理，受让方如收到股权收益应支付给出让股东，出让股东无论是否得到股权收益，应当定期、按时、定额向受让方支付利润收益，当受让方借款收回时，由出让股东零对价回购股权。这说明股权受让方并无买入标的股权并承担相应股权风险的真实意思表示，双方真实的交易目的是为相关借款提供股权让与担保。例如，北京瑞通投投资管理中心与周某某、新密宛成派酒店有限公司、朱某某民间借贷纠纷案【北京市平谷区人民法院(2019)京0117民初8556号民事判决书】。法院认为,瑞通投中心与宛成派酒店、朱某某、周某某签订的《项目协议》《保证协议》《股权出质协议》《应收账款质押协议》,是各方的真实意思表示,不违反法律、行政法规的强制性规定,系属合法有效,各方均应依照合同约定行使权利、履行义务。宛成派酒店在其出具的《宛成派酒店延期还款申请书》中明确载明,宛成派酒店为借款人,从瑞通投中心接收借款。该还款申请书已确认瑞通投中心与宛成派酒店之间为民间借贷关系,瑞通投中心与宛成派酒店签订《项目协议》后支付的款项为借款。《项目协议》中约定投资期满后由朱某某按照投资本金的价格回购瑞通投中心所持的投资份额,其实质是返还瑞通投中心的借款本金。《项目协议》中约定宛成派酒店每月对瑞通投中心进行一次利润分配,并约定固定收益及运营费用年化利率,该约定脱离了经营业绩和风险,名为利润分配,实为支付利息。故瑞通投中心要求返还借款本金并支付利息的诉讼请求,于法有据,本院予以支持。宛成派酒店虽辩称《宛成派酒店延期还款申请书》系受诱导所写并非其真实意思表示,但其并未提供充足证据予以证明,故对其该项辩解,本院不予采信。周某某将其持有的部分宛成派酒店股权转让给瑞通投中心,并未约定股权转让的对价,而是约定由众投天地科技(北京)有限公司提供投资资金实缴服务,故周某某是以股权转让的方式为宛成派酒店的借款提供让与担保。

2.若当事人签订股权转让合同的目的并非取得目标公司的股权、参与公司经营管理,而是为了保证债权实现并获取固定回报,则可认定股权转让合同本质上包含了借款合同关系、股权让与担保关系。例如,罗某某与席某某、深圳市中诚基金管理有限公司、深圳市中诚拓宇投资基金企业股权转让合同纠纷案【湖南省常德市鼎城区人民法院(2016)湘0703民初233号民事判决书】。法院认为:双方约定了股权回购期为1年,回购时由中诚公司按已支付“股权转让金”的13.5%收取收益;在罗某某未按期回购时,又约定在投资期限满1年后按每月2%计算收益,直至收回投资止;还约定中诚公司名义上成为拓宇公司的大股东,公司的实际经营管理、权利义务的行使和承担仍由罗某某负责,罗某某对外融资获得资金优先偿还中诚公司投资款及投资收益,所融资金的偿还义务由罗某某和拓宇公司负责,与中诚公司及席某某无关。以上约定表明中诚公司签订上述合同的目的并非取得拓宇公司的股权、参与公司经营管理,而是为了保证其实现债权并获取固定回报。综上,可认定案涉合同本质上包含了两个法律关系:

一是借款合同关系，中诚公司支付给罗某某的3600万元“股权转让金”为借款，借款人罗某某通过支付固定回报的方式还本付息；二是以股权让与的方式行担保之实的非典型担保关系，即由罗某某将其股权转让给中诚公司（基金企业），作为对中诚公司借款的履约担保，借款主债务履行完毕的情况下，股权回转给罗某某，担保关系消灭。

3. 协议约定股权受让人不参与目标公司任何经营管理、享受每年不低于15%的保底分红内容，说明受让人为保证自己债权得以实现，要求债务人将股权转让给自己。该行为实质是通过让与股权所有权方式担保债务履行，而非一般股权转让行为。例如，顾某某诉陈某某、单县弘润新能源科技有限公司股权转让纠纷案【江苏省无锡市中级人民法院（2015）锡商终字第01094号民事判决书】。法院认为：案涉股权转让协议中约定陈某某应支付的“股权转让款”250万元实为陈某某向顾某某的借款转化而来，结合协议约定顾某某不参与科技公司任何经营管理、享受每年不低于15%的保底分红内容，说明顾某某为保证自己债权得以实现，要求债务人陈某某将股权转让给自己。该行为实质是通过让与股权所有权方式担保债务履行，而非一般股权转让行为。双方约定以股权转让方式作为债务担保，系双方当事人合意，未违反法律、行政法规关于合同效力性强制性规定，该种担保方式应认定为合法有效。案涉担保仅为保证主债务履行，在双方当事人存在原借款合同关系情况下，陈某某应首先履行归还借款义务，而非强制顾某某接受科技公司股权。退一步讲，即使陈某某无法清偿到期借款，亦不能直接以其所持科技公司股权直接变更登记给顾某某以用于抵偿顾某某所欠债务，系因此行为符合流质契约性质，应认定无效。

4. 如果担保权人虽然登记为公司股东，但只是收取固定回报，并不承担经营风险，相关经营风险由公司及公司其他股东承担，且对于投资项目的利益约定由担保权人占一定比例，而对其他股东具体所占份额却未作明确约定。担保权人即使作为公司的登记股东，也无作为公司股东与公司共担风险的意思表示，则该法律关系为股权让与担保。例如，李某与叶某某、东莞市樟山水美实业投资有限公司、欧阳某某与公司有关的纠纷案【广东省东莞市第三人民法院（2018）粤1973民初20658号民事判决书】。法院认为：如前所述，根据《20150428协议书》《20150830协议书》约定，无论案涉项目是否取得房产证或者停工超过一定时间，叶某某虽然登记为樟山水美公司股东，但只是收取固定回报，并不承担经营风险，相关经营风险由樟山水美公司及公司另外三名股东欧阳某某、××、连某某承担，且对于项目新增商铺面积明确约定叶某某占51%，而对其他股东具体所占份额却未作明确约定。由此可见，叶某某并无作为樟山水美公司股东与公司共担风险的意思表示，即使作为樟山水美公司的登记股东，其在身份及对公司责任的承担上与另外三名股东也是有所区别的。

5. 如果合同约定债权人不参与公司的经营管理，包括无投票权、无选举权和被选举权、不分红、不承担经营风险，而享有每年优先收取固定收益的权利，合作期满后，原股东原价回购股份，没有体现出"共同经营、共担风险"的合作特征等，则属于股权让与担保。例如，佛山市顺德区北滘青企壹投资有限公司与广东盈腾融资担保有限公司等民间借贷纠纷案【北京市高级人民法院(2019)京民终101号民事判决书】。法院认为：尽管青企壹公司与盈腾公司签订的合同名称为《增资协议书》，但法院注意到该合同明确约定，青企壹公司不参与公司的经营管理，对公司的重大事项无投票权、无选举权和被选举权；不承担公司的经营风险；青企壹公司享有每年优先收取出资金额的5%(税前)固定收益的权利，不参与公司的分红；合作期满后，双方同意盈腾公司按青企壹公司初期投入金额原价回购股份；青企壹公司无条件配合盈腾公司办理股权工商变更手续。从合同的内容来看，青企壹公司能够确保收回投资本金和固定收益，该合同没有体现出合作法律关系"共同经营、共担风险"的本质特征。

(七)是否支付股权转让对价

股权让与担保是债务人以转移股权作为担保债务履行的一种担保方式，其在形式上与股权转让一样会发生股权的转移变更，但是，当事人在两类法律关系中的权利义务却存在本质区别。股权转让的本质是股权交易，股东权利发生实质性变更，受让方在取得股权的同时负有支付转让款等对价义务。股权让与担保的本质是一种债的担保方式，双方股权变更源于另一债权债务发生，出让方为担保该债务履行而让与其股东权利，在出让方或第三方履行债务后享有股权返还请求权，股权仍归出让方所有，受让方名为股权所有人，实为担保权人，故并无支付股权对价的义务。实务中，股权受让人是否向转让人支付合理、公允的股权价款，也是法院认定当事人之间是否存在股权让与担保法律关系的评判因素。

1. 当事人签署股权转让协议仅仅是为了担保债务履行，并无买卖股权的意思，也未实际支付股权转让对价，实质是以过渡股权的方式来设定担保，实属股权让与担保关系。例如，北京多美慈道企业管理有限公司与信阳林志世纪置业有限公司股东知情权纠纷案【河南省信阳市中级人民法院（2020）豫15民终4099号民事判决书】。法院认为：本案原告与信阳缤纷天地商业管理有限公司有关被告信阳林志世纪置业有限公司的股权转让，虽形式上为股权转让，但实质是信阳缤纷天地商业管理有限公司以其股权，为原告北京多美慈道企业管理有限公司借款给被告信阳林志世纪置业有限公司的债权设定的让与担保。双方当事人为了担保债务履行，并无股权买卖的意思，也未实际支付股权转让对价，实质是以过渡股权的方式来设定担保，名为股权转让，实为让与担保关系。

2. 目标公司名下资产价值巨大，但双方签署的股权转让协议却未约定任何对价，这与理性的商事主体的交易行为相悖，难以令人相信这是真实的股权转让交易。结合双方存在借款主合同的事实，可以认定股权转让协议实为债务担保方式，属股权让与担保。例如，胡某某与北京博源工贸有限责任公司、西藏信托有限公司股东资格确认纠纷案【北京市第一中级人民法院（2019）京01民终2736号民事判决书】。法院认为：本案中，当事人均认可博源公司与西藏信托公司之间存在的3笔债权债务关系，涉及本金约3亿元，故上述3份借款合同应为主合同，胡某某与西藏信托公司之间的股权转让协议即应当属于为了担保上述主合同的履行而签订的从合同。否则，博源公司名下房产及土地价值几亿元，而胡某某与西藏信托公司之间的股权转让协议未约定任何对价，这显然与理性的商事主体的交易行为相悖，无法让人信服。

3. 股权转让协议虽然约定了股权转让价款，但却没有约定具体的给付期限和方式，且实际也并未支付。协议虽然约定将目标公司股权形式上转让至债权人名下，但双方之间并不存在真实的股权转让合意，而是基于为债务人所欠债务提供的股权让与担保。例如，汪某某与许某某合同纠纷案【湖北省通山县人民法院（2019）鄂1224民初2516号民事判决书】。法院认为：原、被告于2015年8月20日签订了《股权转让协议书》，约定了股权转让比例、价格，但不同于一般股权转让协议的是，针对协议所达成的800万元股权转让价款，双方没有约定具体的给付期限和方式，且实际也并未支付。同年9月16日，原、被告双方签订的《协议书》明确约定“原告汪某某自愿将兴和置业公司法人和80%股份全部转让给被告许某某，在原告夫妻还清被告借款和老工商局项目完工结束后，被告将法人及兴和置业公司80%的股份转还汪某某,在这期间,兴和置业的收入和付出以及其他责任业务,汪某某占80%的股份不变”,但未约定被告支付相应的受让股权对价。由此可认定,原、被告虽然约定将公司股权形式上转让至被告名下,但双方之间并不存在真实的股权转让合意,而是基于为原告所欠被告的债务提供担保。因此,应认定原、被告双方于2015年9月16日签订的股权转让协议书性质属股权让与担保合同,且该合同系双方当事人的真实意思表示,内容不违反法律法规的禁止性规定,应为合法有效。

4. 转让人以1元对价转让股权并办理股权变更登记,可以认定是债务人向债权人借款提供的股权让与担保。例如,李某与叶某某、东莞市樟山水美实业投资有限公司、欧阳某某与公司有关的纠纷案【广东省东莞市第三人民法院(2018)粤1973民初20658号民事判决书】。法院认为:《20150428协议书》约定,在叶某某将500万元转入樟山水美公司账户后,樟山水美公司股东将公司51%的股权以1元的对价转让给叶某某并办理相关股权变更登记,办完股权变更登记后,叶某某再分批支付余下3580万元的款项。由此可知,樟山水美公司股东以1元对价转让股权并办理股权变更登记,是叶某某向樟山水美公司提供4080万元资金的重要环节,股权转让及变更登记与叶某某向樟山水美公司提供4080万元的资金是密不可分的,从属于叶某某向樟山水美公司提供4080万元的资金的约定,是为叶某某向樟山水美公司提供资金而提供担保。例如,郭某某、深圳市光耀地产集团有限公司与深圳市悦景江边投资有限公司等合同纠纷案【广东省深圳市罗湖区人民法院(2018)粤0303民初19947号民事判决书】。法院认为:虽然被告悦景公司主张两原告资金链断裂、无力完成后续项目开发,但根据日常生活经验,即使光耀房地产公司无账面资产,但其在案涉股权转让时正在推进的城市更新项目具有较高价值,《股权转让协议书》所约定的1元绝非取得案涉95%股权的合理对价——如果案涉股权的合理交易对价就是1元,相关各方为此大费周折订立合同就完全不合情理。

5. 虽然签署了股权转让协议,但受让人未实际向转让人支付股权转让对价款,且协议约定债务人履行债务后无条件返还股权,以及债务人不能履行债务时股权归债权人所有,可以认定双方之间是股权让与担保法律关系。例如,李某某与中新房东方控股有限公司确认合同无效纠纷案【宁夏回族自治区银川市兴庆区人民法院(2017)宁0104民初174号民事判决书】。法院认为:原、被告签订的

《股权转让协议》,因被告未实际给原告支付转让对价款,且无论其约定的债务人履行债务后被告无条件返还股权,还是债务人不能履行债务时股权归被告所有,其共同的特征均为在债务履行期限届满前,原告将其持有的股权以转让方式出让给被告,被告已取得具有对外公示效力的股权,且原、被告均认可该股权转让行为系为担保债务的履行而设立。因此,原、被告的股权转让行为实质为让与担保。

6. 股权转让方将自己的股权以远低于市场价的价格,甚至未收取任何对价的条件下,转让给他人,很有可能属于股权让与担保。例如,滕甲与滕乙股权转让纠纷案【最高人民法院(2017)最高法民再100号民事裁定书】。法院认为:滕甲请求滕乙返还案涉阜新中地信公司51%股权是否应当支持,首先要明确2009年9月3日大连中地信公司与滕甲和滕乙签订的《股权转让协议》、2009年9月14日滕甲和滕乙签订的《协议书》、2012年7月23日波出具的《承诺书》的内容性质以及当事人的真实意思表示但没有证据证明滕乙取得阜新中地信公司的股权已经支付了对价。因此,可以认定滕乙取得阜新中地信公司51%的股权是作为滕甲履行《借款协议》向案外人陈某等人还款的担保,滕甲按约定还款是滕乙返还阜新中地信公司51%股权给滕甲的条件,这是一种非典型的担保方式,对双方具有法律拘束力。

7. 若股权转让价格是按照目标公司注册资本金的比例确定的,与股权实际价值严重不符,明显不符合正常交易规则及常理,则由此印证当事人不是进行真实的股权转让交易,而是为借款提供股权让与担保。例如,卿某与消某某股权转让纠纷案【四川省高级人民法院(2016)川民终467号民事判决书】。法院认为:首先,益安房地产公司注册资本为1000万元,《股权转让协议书》中约定的股权交易价格为425万元,该价格明显是按照益安房地产公司注册资本金的比例确定的。而内江市公安局市中区分局"询问笔录"证明,卿某明知益安房地产公司名下土地已投入4000多万元,卿某仅用425万元对价即可获得该公司42.5%的资产并可能获取未来的收益价值。由此可见,42.5%的股权实际价值和卿某支付的股权价格严重不符,明显不符合正常交易规则及常理。由此印证何某某以如此不合理的价格将股权转让给卿某并非其真实意思表示,其目的明显不是进行真实的股权转让交易,而是为卿某的借款提供担保。

8. 签署股权转让协议时,当事人双方未对目标公司的资产进行清算、股价进行评估，也未明确股权转让的具体金额，而以实际交付金额为准，这不符合股权转让的一般程序，应当认定为股权让与担保。例如，罗某某与席某某、深圳市中诚基金管理有限公司、深圳市中诚拓宇投资基金企业股权转让合同纠纷案【湖南省常德市鼎城区人民法院（2016）湘0703民初233号民事判决书】。法院认为：罗某某、李某与中诚公司签订的《战略股权投资协议》虽约定由罗某某、李某将其持有的拓宇公司的股权转让给中诚公司，但从该协议及补充协议和协议的履行情况来看，本案讼争的法律关系实为借款担保关系。中诚公司受让股权时，原、被告双方未对拓宇公司的资产进行清算、股价进行评估，也未明确股权转让的具体金额，而以实际交付金额为准，不符合股权转让的一般程序，应当认定为股权让与担保。

9. 股权让与担保协议约定的股权转让款只是名义上的股权转让款，担保权人不负有支付股权转让款的合同义务。例如，张某某与陈某某股权让与担保纠纷案【江苏省高级人民法院（2016）苏民申1430号民事裁定书】。法院认为：至于张某某提出的二审法院未判令陈某某按协议支付股权转让款的问题，本院认为，因二审法院已经认定案涉股权转让协议属于股权让与担保合同，故协议约定的股权转让款只是名义上的股权转让款，陈某某不负有支付股权转让款的合同义务，因此，二审法院未判令陈某某支付股权转让款亦无不当。

10. 如果当事人仅有一份按工商部门的格式要求签署的形式上的股权转让协议，对双方股权转让原因、转让价款如何确定、磋商过程等情况均无法作出合理解释，无法证明股权转让协议为真实股权转让关系，综合比较双方举证及陈述，可以认定双方签订股权转让协议、办理股权变更登记是以股权担保债务履行的股权让与担保行为。例如，王某某与骆某某股权转让纠纷案【江苏省南通市中级人民法院（2017）苏06民终3175号民事判决书】。法院认为：王某某虽主张其与骆某某是真实的股权转让关系，但是，其除向法庭提供股权转让协议外，对于双方股权转让原因、转让价款如何确定、磋商过程等情况，均以记不清为由未作陈述。由于工商部门对于股权转让有形式上的要求，要求双方有确定的股权转让价款并签署转让协议，故仅以股权转让协议主张双方为真实股权转让关系，不具有足够说服力。综合比较双方举证及陈述，骆某某的陈述具有高度盖然性，可以认定双方签订股权转让协议、办理股权变更登记是以股权担保债务履行的股权让与担保行为。

11. 协议约定股权转让价款系直接以注册资本金额作为价款金额，而回购股权的价款则是在转让时即提前确定，均未将公司的资产、经营状况等纳入考量。例如，北京金威中嘉科技有限公司、西藏信托有限公司与北京凯智鑫龙投资咨询有限公司股东资格确认纠纷案【北京市第一中级人民法院(2019)京01民终6072号民事判决书】。法院认为：案涉股权转让、回购价款的确定不符合一般股权转让的特点。凯智公司向西藏信托公司转让股权的价款系直接以注册资本金额作为价款金额，凯智公司向西藏信托公司回购股权的价款则是在转让时即提前确定，均未将金威公司的资产、经营状况等纳入考量。……案涉股权转让符合让与担保的特征，案涉股权转让行为的性质为让与担保。

12. 当事人事先议定了股权回购价格，不符合一般股权转让合同的交易习惯。例如，荆州市富怡置业有限公司与余某、武汉治历置业集团有限公司借款合同纠纷案【湖北省荆州市中级人民法院(2017)鄂10民终758号民事判决书】。法院认为：无论是代持股权人张某某所签股权回购合同，还是余某所签股权回购合同补充协议，均事先议定了股权回购价格，这不符合一般股权转让合同的交易习惯。

(八)是否约定了股权回转条件

1. 协议明确约定债务清偿后，股权受让人须将股权回购给转让人，同时受让人保证其受让股权不会因个人债务被第三方追及，属于股权让与担保。例如，湖南省开元盛世投资有限公司与郴州市旭日东方房地产开发有限公司、林某某股东资格确认纠纷案【湖南省郴州市北湖区人民法院(2019)湘1002民初1299号民事裁定书】。法院认为：原告开元公司、被告林某某、案外人黄某某在各自发生借贷关系及股权转让关系的同时，三方共同签订了《补充协议》，在该协议的开头即表明“三方就嘉禾县信用联社商住小区项目融资事宜，签订如下补充协议”，且明确了原告开元公司清偿完毕向案外人黄某某的借款本金及利息后，被告林某某须将原告转让给其的被告旭日东方公司62.5%的股权回购给原告开元公司，同时被告林某某保证其受让原告开元公司的该62.5%股权不会因个人债务被第三方追及。在被告林某某与原告开元公司签订了《股权转让协议》的同时，被告林某某又与案外人屈某某签订了《合作协议》，约定了须先行收回其本金及投资回报，否则被告旭日东方公司的资金不得偿付其他人的借款。这也足见被告林某某受让原告的股权后即要求收回本金,其并非真正为了公司项目的经营。另,从应由黄某某持有的原件在被告林某某手中持有,可以看出被告林某某与案外人黄某某应具有共同利益。而且,上述所有借款及股权转让款均实际支付至了被告旭日东方公司的账户。根据民事诉讼高度盖然性的证明标准,结合本案的事实,本院认为,原告开元公司的主张法律事实的盖然性高度明显大于被告林某某的抗辩,故认定原告开元公司与林某某及案外人黄某某三方各自发生的借贷关系或股权转让关系系为了被告旭日东方公司开发的嘉禾县信用联社小区项目融资一事展开,三方真实的目的系融资借款,而股权转让行为系为了确保借款的偿还所进行的担保。否则,按常理及交易习惯,33,125,000 元的巨额借款,借款人是原告开元公司,借款应支付至原告开元公司的账户,而不是支付至被告旭日东方公司的账户,股权交易款 1,875,000 元既然是被告林某某购买原告开元公司所持有的股权,那么该转让款亦应进入原告开元公司的账户,而不是进入被告旭日东方公司的账户,且在发生股权转让的同时不会对受让的股权的权利作出严格限制,也不会就回购的相关事项进行提前约定,更不会约定回购的前提系还清相关借款本息。可见,原告开元公司与被告林某某、案外人黄某某均认可原告开元公司是被告旭日东方公司的实际控制人,三方均认可资金进入被告旭日东方公司是种融资行为,为保障资金安全,故有一系列的合同操作。

2. 协议约定在双方当事人约定的时间内,股权转让人要以回购股权的方式支付受让人股权转让款即借款的本金及合同约定的溢价时,股权转让协议和股权回购协议是以转让股权的方式来达成债权担保的目的,应认定为股权让与担保。例如,刘某某与许某、卓甲、胡某某、卓乙股权转让纠纷案【贵州省大方县人民法院(2019)黔0521 民初4686 号民事判决书】。法院认为:刘某某、胡某某、许某签订的《股权转让协议》和两份《股权回购协议》是相关联的,认定三人转让股权的性质,应综合进行判断,从《股权转让协议》和两份《股权回购协议》的内容及股权转让款从许某账户汇入刘某某账户,随即就转出至卓乙账户的事实可以看出刘某某、胡某某与许某进行股权转让的真实意思表示并非是许某支付股权转让款购买永丰光大公司 65% 的股权,取得永丰光大公司股东的身份,而是刘某某、胡某某将永丰光大公司 65% 的股权转让给许某,作为向许某借款的担保,在双方约定的时间内刘某某、胡某某要以回购股权的方式支付许某股权转让款,即借款的本金及合同约定的溢价,故刘某某、胡某某、许某签订的《股权转让协议》和两份《股权回购协议》是以转让标的物权利的方式来达成债权担保的目的,符合让与担保的特征,应认定为让与担保。

3. 协议约定转让人享有股权回购期,回购条件是转让人还清拖欠的贷款本息。转让人如果未能在回购期内满足上述回购条件,则丧失股权回购权利。从该约定可以看出当事人之间的股权转让实质是为保证债权得以实现而提供的股权让与担保。例如,港丰集团有限公司与深圳市国融投资控股有限公司等合同纠纷案【广东省高级人民法院(2015)粤高法民四终字第196号民事判决书】。法院认为:《股权及债权重组协议书》中约定"国融公司以承接港丰房地产公司欠深圳发展银行债务本金及利息的方式受让港丰集团公司持有的港丰房地产公司100%股权",并约定港丰集团公司享有股权回购期,回购条件是港丰集团公司、何某某和名厦公司还清拖欠长城担保公司的委托贷款本息和担保费用本息,并还清国融公司代偿的深圳发展银行1.5亿元贷款本金和利息。港丰集团公司在股权回购期内,仍实际负责港丰房地产公司的日常经营管理和项目运作,享有港丰房地产公司的经营决策权,港丰集团公司如果未能在回购期内满足上述回购条件,则丧失股权回购权利,长城担保公司和国融公司有权处置港丰房地产公司名下资产,还清债务后的剩余款项及股权返还给港丰集团公司或其指定的第三人,或有权直接处置港丰房地产公司股权,还清债务后的剩余款项返还给港丰集团公司或其指定的第三人。从上述约定可以看出,港丰集团公司与国融公司之间的股权转让实质是为保证国融公司和长城担保公司的债权得以实现而提供的股权让与担保,并非单纯的股权转让。就国融公司而言,其尚未确定地取得股权所有权。首先,在股权回购期内,港丰房地产公司仍由港丰集团公司实际经营,而国融公司等担保权人仅享有监督权。其次,在港丰集团公司的股权回购期丧失或不能清偿债务时,国融公司等担保权人仅享有资产处置权,在还清所欠担保权人债务后将剩余款项及股权返还给港丰集团公司,或担保权人直接处置股权之后,还清所欠担保权人债务及扣除合理的处置费用后需将剩余款项无条件返还给港丰集团公司。

4. 附回购条款的股权转让行为是非典型的让与担保,目的在于通过股权登记为债权人的债权提供担保,保障其债权的实现。债权人实际享有的是债权而非股权。例如,任某某、周甲、周乙与广元市广发创业投资有限公司、广元市宇重建材有限公司请求变更公司登记纠纷案【四川省高级人民法院(2020)川民申

605 号民事裁定书】。法院认为:协议中附回购条款的股权转让行为是非典型的让与担保,目的在于通过股权登记为广发公司所有的形式为广发公司的债权提供担保,保障其债权的实现。由此可见,广发公司实际享有的是债权而非股权,案涉《创业投资及增资协议》《股权转让协议》实际上是通过让与股权方式提供担保的借贷合同。

5. 股权转让人因拖欠受让人款项,因而将自己所持有的目标公司股权转让受让人持有,待转让人清偿欠款后,受让人再将所持有的股权予以返还。例如,杨某某与叶某某、四川禾田房地产开发有限责任公司、孟某某股东资格确认纠纷案【四川省眉山市中级人民法院(2018)川 14 民初 12 号民事判决书】。法院认为:首先,根据 2016 年 1 月 16 日杨某某与叶某某签订的《协议》第 8 条内容:叶某某现持有四川禾田房地产开发有限公司 51% 股权,系代杨某某持有,在叶某某收回 1800 万元补偿款后,叶某某应将该 51% 的股权转让给杨某某。其次,2015 年 11 月 26 日杨某某向叶某某出具《承诺书》,载有:如杨某某在 2016 年 3 月 30 日前完成乐山金隆利置业有限公司股权备案和支付贷款补偿 1800 万元,则叶某某应将禾田公司 51% 的股权转让给杨某某;如在 2016 年 6 月 30 日前仍未完成乐山金隆利置业有限公司股权备案和支付贷款补偿 1800 万元,则自愿放弃要求叶某某返还禾田公司 51% 的股权,禾田公司该 51% 的股权归叶某某所有,永不反悔。此承诺为不可撤销的承诺……最后,杨某某在本案中的民事诉状载明:因原告与被告 1(叶某某)存在其他债权债务关系,被告 1 强行要求原告将禾田公司 51% 的股权交被告 1 代为持有,原告迫于无奈同意了其无理要求并进行了股权代持的工商变更登记。以上事实充分表明:杨某某因差欠叶某某款项,将自己所持有的禾田公司 51% 股权转让给叶某某持有,待杨某某履行完偿还义务后,叶某某再将所持有的股权予以返还。故杨某某与叶某某之间实际形成的是股权让与担保关系。

6. 当事人在协议中均明确约定了股权转让人还清借款本息后受让人应当无条件回购股权,受让人愿意为转让人与他人之间的借款合同设定担保的意思表示很明确。例如,荆州市富怡置业有限公司与余某、武汉治历置业集团有限公司借款合同纠纷案【湖北省荆州市中级人民法院(2017)鄂 10 民终 758 号民事判决书】。法院认为:三方当事人在回购协议及补充协议中均明确约定了富怡公司还清借款本息后治历公司无条件回购股权,治历公司愿为富怡公司与余某之间的借款合同设定担保的意思表示很明确。

7. 签订股权回购协议是基于当事人签署的借款合同，且借款人按期清偿债务后可以 1 元的价格回购股权。例如，郭某某、深圳市光耀地产集团有限公司与深圳市悦景江边投资有限公司等合同纠纷案【广东省深圳市罗湖区人民法院(2018)粤 0303 民初 19947 号民事判决书】。法院认为：《股权回购协议》明确签订本协议的前提是鉴于相关各方之间签署的《借款合同》《流动资金借款合同》，且两原告在协议签署 9 个月内清偿前述《借款合同》《流动资金借款合同》项下债务后可以 1 元的价格回购案涉股权。

8. 因协议明确约定了股权的回购期、回购条件和回购方式，待债务人偿还债权人借款(支付回购款)后，债权人所受让的 100% 股权仍归于债权人。例如，曹某某、谭某某与中信信诚资产管理有限公司、衡阳市衡州市场管理有限公司经营管理权纠纷案【湖南省衡阳市珠晖区人民法院(2019)湘 0405 民初 1609 号民事判决书】。法院认为：从曹某某、谭某某与中信信诚公司签订的案涉《股权转让合同》、《合作协议》及《项目监管协议》约定来看，曹某某、谭某某将其对衡州市场公司持有的 100% 股权转让给中信信诚公司双方的真实意思表示实为向中信信诚公司融资借款所提供的股权让与担保。因双方明确约定，中信信诚公司系阶段性持有衡州市场公司的 100% 股权，并约定了回购期、回购条件和回购方式，待永兴集团偿还中信信诚公司借款(支付回购款)后，中信信诚公司所受让衡州市场公司的 100% 股权仍归于曹某某、谭某某。

(九)当事人是否自认

大部分当事人认可签订股权转让协议是以股权转让的方式为债的实现提供担保，这时当事人之间是股权让与担保法律关系。例如，陈某某与濮阳港聚源置业有限公司、申某某、杨某某股东资格确认纠纷案【濮阳市华龙区人民法院(2020)豫 0902 民初 195 号民事判决书】。法院认为：本案中原告陈某某将其在港聚源公司股权变更登记至申某某名下，为港聚源公司向申某某借款提供担保，符合让与担保构成要件，双方名为股权转让实为让与担保。第三人申某某虽庭审中称双方之间系股权转让关系，但庭后亦认可签订股权转让协议是以股权转让的方式为债的实现提供担保。原告陈某某与第三人申某某对股权让与担保一事均予以认可，被告港聚源公司辩称陈某某与申某某之间系股权转让的意见，无事实及法律依据,本院不予采纳。让与担保为非典型性担保,法律并不禁止,担保合法有效。原告陈某某应系案涉股权的所有人,第三人申某某系担保权人,申某某有权参照法律关于担保物权的规定对财产拍卖、变卖,折价价款优先受偿。

三、实务中不认定为股权让与担保的情形

1. 股权转让协议并未涉及主债务,而且股权受让人以支付对价的方式受让股权,且享有股东权利履行股东义务,则股权转让协议的性质不能认定为股权让与担保。例如,荆门市金虾河食品有限公司与郭某某股东知情权纠纷案【湖北省荆门市中级人民法院(2020)鄂08民终154号民事判决书】。法院认为:让与担保合同的目的在于为主债务提供担保,受让人通常无须为此支付对价。另,让与担保属于从合同范畴,与此相对应,往往还会存在一个主合同。本案中,(1)从股权转让协议内容来看,郭某某须向吕某支付转让款3万元,以支付对价的方式受让吕某的股权,且自协议生效之日,郭某某享有股东权利履行股东义务,吕某并非在形式上向郭某某转让股权。(2)该份股权转让协议并未涉及丁某某的债务,金虾河公司也无证据证明丁某某向郭某某(或郭某某妻子)借款时,约定以吕某的股权进行担保,即不能认定丁某某与郭某某(或郭某某妻子)的借款合同是案涉股权转让协议的主合同。因此,该份股权转让协议的性质不能认定为股权让与担保,金虾河公司的主张不能成立。

2. 协议仅约定受让人履行付款义务后有权获得标的公司股权,但未约定股权转回出让人的情形,因而该协议条款仅是一次性处分股权的安排,不是股权让与担保。例如,李某与叶某某、东莞市樟山水美实业投资有限公司、欧阳某某与公司有关纠纷案【广东省东莞市中级人民法院(2020)粤19民终1480号民事判决书】。法院认为:李某主张樟山水美公司向叶某某借款,李某转让名下股权担保该债权。《20150428协议书》约定叶某某与樟山水美公司合作开发建设樟山水美公司取得的项目,协议附有欧阳某某保证、欧阳某某其他公司股权质押担保条款,但未约定其他担保条款。《20150805协议书》亦未增加其他担保条款,因此两份协议均未明确约定有关李某股权让与担保的情形。李某与叶某某均确认为办理工商股权变更登记,双方签订《东莞市樟山水美实业投资有限公司股权转让合同》,该合同并非双方真实意思表示,叶某某未向李某支付合同载明的股权转让款。李某按照《20150428协议书》的内容自行转让樟山水美公司股权,并

实施完成股权转让的全部事项，而《20150428 协议书》仅约定叶某某履行相应付款义务后有权获得樟山水美公司 51% 股权，但未约定股权转回李某的情形，因而该协议条款仅是关于樟山水美公司 51% 股权一次性处分的安排。李某转让樟山水美公司股权的情形，缺乏与叶某某进一步约定的确定内容，其既未明确表示担保的意思，也未明确股权让与担保实现的方式，不符合其主张构成非典型担保的特征。

3. 债权人参与目标公司的经营决策及管理，是通过共同合作为目标公司创造利润的方式获取收益和保障利益，与股权让与担保关系中担保权人享有的权利及仅通过实现股权的交换价值保障利益的方式并不相同，且实际上债权人一直在经营目标公司。综合这些因素，交易双方并非仅在形式上转移股权，债权人实质上亦已享有及行使股东权利，不是股权让与担保。例如，陆某某与广州市泛美房地产开发有限公司合同纠纷案【最高人民法院(2020)最高法民申 4636 号民事裁定书】。法院认为：案涉目标公司已经进入破产重整程序，泛美公司作为重整投资方以受让股权及出借资金的方式加入。案涉《协议书》第 6 条 3.2 条款“董事会”以及 3.3 条款“经营管理机构”的相关内容中均明确泛美公司派员出任目标公司执行董事和总经理，说明泛美公司参与目标公司的经营决策及管理，是通过共同合作为目标公司创造利润的方式获取收益和保障利益，与让与担保关系中担保权人享有的权利及仅通过实现股权的交换价值保障利益的方式并不相同。且实际上泛美公司自 2007 年起至转让股权给第三方公司前均在经营目标公司。综合以上因素，交易双方并非仅在形式上转移股权，泛美公司实质上亦已享有及行使股东权利。

4. 融资方支付的股款并非出借款项，债务人不负有还款义务，不是股权让与担保。例如，陆某某与广州市泛美房地产开发有限公司合同纠纷案【最高人民法院(2020)最高法民申 4636 号民事裁定书】。法院认为：本案中，陆某某向泛美公司出让的目标公司 51% 的股权，泛美公司已经支付 1.5 亿元股权价款。案涉《协议书》第 7 条 5.1 条款约定泛美公司在持股期间，不得出让、抵押和设定任何第三者权益，以保证在符合本协议约定的条件时，陆某某可以回购股权，但超过 5 年未达到回购条件时，泛美公司有权不按本协议约定的股权转让条件，根据股权价值处置该股权，处置所得归泛美公司所有。结合《协议书》第 7 条 4.3 条款的内容，陆某某若选择回购，则泛美公司可以获得回购款及其他债务的清偿；

若不回购,则泛美公司所受股权处分的限制得以解除。换言之,泛美公司已经支付的1.5亿元股款并非出借款项,陆某某对此不负有还款义务。

5. 当事人并未在协议书中约定将所交易的股权作为担保物以保障债权清偿。例如,陆某某与广州市泛美房地产开发有限公司合同纠纷案【最高人民法院(2020)最高法民申4636号民事裁定书】。法院认为:案涉双方并未在《协议书》中约定将所交易的股权作为担保物以保障泛美公司债权清偿,陆某某亦没有提供证据证明双方就该内容形成其他约定。结合本案实际情况,原审法院认定案涉双方未构成让与担保关系,并无不当。

6. 资金方获得股权后实际经营管理公司,且股权出让方或融资方未与资金方约定所交易的股权系作为担保物以保障融资方债权清偿,则无法认定双方构成让与担保关系。例如,绍兴市柯桥区振东金融服务有限公司与永利商贸有限公司等民间借贷纠纷案【浙江省绍兴市柯桥区人民法院(2020)浙0603民初2546号民事判决书】。法院认为:股权让与担保是指债务人或第三人为担保债务的履行,将其股权转移至债权人名下并完成变更登记,在债务人不履行到期债务时,债权人可就股权折价后的价款受偿的一种担保。然本案中,浙江永利房地产集团有限公司将其持有的永利商贸公司100%的股权转让给绍兴柯桥潜龙贸易有限公司,并非将股权转让给债权人振东公司,且本案中振东公司既未要求确认永利商贸公司的股权归其所有亦未要求对永利商贸公司的股权变价后款项优先受偿,因此,该股权转让行为是否为让与担保与本案并无关联,且永利商贸公司收到振东公司向其交付的借款系事实,永利商贸公司股东资格确认之诉的裁判结果,与本案之间并无关联。

7. 当事人签订协议后,并未支付股权转让对价,也未办理股权过户登记,双方形成的只是债权,而非股权,不具备以股权提供让与担保的条件和可能,而且当事人也不能提交借款协议或借据。此时,当事人之间未构成股权让与担保关系。例如,湖南万力建设集团有限公司与娄底市正信汽摩贸易有限公司、娄底市沃达房地产开发有限公司建设工程施工合同纠纷案【湖南省娄底市娄星区人民法院(2020)湘1302民初646号民事判决书】。法院认为:陈某与38名原股东签订协议后,并未支付股权转让对价,也未办理股权过户登记。陈某与38名原股东形成的只是债权,而非股权,其不具备以股权提供让与担保的条件和可能,而且原告也未向法庭提交陈某与邵某某等人的借款协议或借据。因此,让与担保的依据不足，本院不予认定。

8. 股权转让协议及股权回购协议中的内容没有指向之后的借款协议，更没有明确担保的内容，无法证明股权转让协议是为了担保之后发生的债的履行。例如，陆某某与韦某某股权转让纠纷案【广西壮族自治区扶绥县人民法院(2019)桂1421民初1572号民事判决书】。法院认为：股权转让协议及股权回购协议签订时间分别为2012年4月22日、23日，而韦某某出借180万元给永达公司的时间为同年4月28日，根据崇左市中级人民法院在再审案件中所作出的民事判决书的认定，整个"借款还款"的过程实为平衡永达公司注册资金账目，均为韦某某一方的人员持卡操作，对此陆某某一概不知情。同时，股权转让协议及股权回购协议中的内容也未指向之后的借款协议，更未明确担保的内容。因此，尚无证据证实股权转让协议是为了担保之后发生的债的履行。

9. 股权回购协议中约定的回购股权的价款远远达于实际借款数额，当事人不能作出合理的解释且无其他证据佐证。例如，陆某某与韦某某股权转让纠纷案【广西壮族自治区扶绥县人民法院(2019)桂1421民初1572号民事判决书】。法院认为：股权回购协议中约定的回购股权的价款为360万元，而韦某某实际借款数额为180万元，如果回购协议为担保债权的履行，为何韦某某出借借款数额与担保债权数额相差甚远，对此，韦某某未作出合理的解释，也未能提供证据佐证。因此，韦某某主张股权转让行为系以股权让与担保民间借贷之债的履行的辩解，欠缺事实依据，理由不成立。韦某某与陆某某签订股权转让协议后，永达公司的股东已对此作出了决议，并且变更了公司章程。股权转让协议内容不违反法律规定，合法有效。综合全案证据，尚无证据证实本案的股权转让协议系为了担保借款之债的履行，也无证据证实股权转让协议存在虚假意思表示的事实，因此，本院按照股权转让法律关系认定合同当事人的权利义务。

10. 若股权转让协议虽约定回赎条件，但未载明回赎条件与债务清偿之间存在对应关系，且无证明股权转让是以担保债权实现为目的，则不是股权让与担保。例如，李某某与王甲、王乙股权转让纠纷案【北京市第三中级人民法院(2021)京03民终2416号民事判决书】。法院认为：考虑到让与担保的发生和成立是以被担保债权的发生或成立为前提条件的，涉案的股权转让协议签订时，双方之间并未存在主债权，且在案涉的股权转让合同中并未约定关于质押借款的内容，双方在股权转让协议中虽约定回赎条件，但未载明该条件与李某某所主张的借款清偿之间存在对应关系，鉴于李某某提供的证据不足以证明本案涉及的股权转让系以担保债权实现为目的，且王乙、王甲亦对此予以否认，结合前案的结论，本院对其主张不予支持。

11. 股权转让协议明确约定转让方出让目标公司100%的股权，并对股权转让后的出资情况进行了明确约定，且款项往来记录并不能证明双方之间形成借款合意。例如，王甲、王乙与李某某股权转让纠纷案【北京市通州区人民法院(2018)京0112民初7765号民事判决书】。法院认为：股权转让协议明确约定李某某等人作为转让方出让的是乐伯乐公司100%的股权，并对股权转让后的出资情况进行了明确约定。李某某等人作为转让方在同日出具《承诺书》亦明确表示李某某不再拥有乐伯乐公司股份，并承诺"公司对外业务、办理工商营业执照和税务登记证等文件中显示李某某占有20%的股份是名义上的。你们可以在任何时间更改"。该内容对转让方与受让方对李某某名下乐伯乐公司20%的股权归属进行了明确约定，受让方与转让方之间的股权情况、出资情况应当按照《股权转让协议》的约定确认。据此，王甲、王乙依据《股权转让协议》要求确认李某某持有乐伯乐公司20%的股权分别归其二人各自享有10%，合法有据，本院予以支持。现王甲、王乙要求李某某依据《股权转让协议》的约定协助办理股权转让工商变更登记手续，李某某理应按照《承诺书》中的承诺予以协助。李某某主张《股权转让协议》系为其与王丙之间的借款提供担保的意见，与《股权转让协议》约定内容及《承诺书》载明的事实不符，且其提交的双方之间款项往来记录并不能证明其与王丙之间形成借款合意，故本院对其该项意见不予认可。

12. 股权受让人对于目标公司贷款的决策事项行使了股东权利，且以承诺对公司债务承担连带保证责任的方式履行了股东义务，应当认定股权受让人已经实际受让股权，股权转让协议不是股权让与担保。例如，刘某某与陈某某股权转让纠纷案【河南省新乡市中级人民法院(2020)豫07民终2716号民事判决书】。法院认为：原审法院依据申请，依法调取了中世嘉城公司工商登记档案和该公司以及与本案有关的刘某某个人贷款资料，登记档案资料显示股权转让到陈某某名下后变更了3次章程，陈某某均以股东身份在股东会决议上签名行使表决权；贷款资料显示5笔贷款中陈某某均以股东身份在股东会决议上签名行使表决权，其中3笔贷款共计2300万元陈某某以股东身份出具《个人信用担保书》，陈某某承诺其个人对于上述借款及利息等债务承担连带保证责任(1500万元未偿还)。原审法院通知刘某某提交公司相关财务资料,刘某某未提交。根据现有证据,可以证明陈某某对于中世嘉城公司贷款的决策事项行使了股东权利,且以承诺对公司债务承担连带保证责任的方式履行了股东义务,刘某某未提供相关财务资料,也未提供中世嘉城公司实施了其他决策和经营事项的证据,以证明陈某某未参与公司决策和管理,故刘某某关于陈某某未参与决策和管理的主张缺少证据证明,不能予以采信。综上,刘某某提交的证据尚不能认定刘某某、陈某某之间属于股权让与担保关系,刘某某要求陈某某返还股权的请求因证据不足,本院不予以支持。

13. 当事人没有签订书面的借款合同,也没有在股权转让协议中明确约定债务得到清偿后,债权人应将股权返还给债务人,不能根据《股权转让协议》认定双方之间存在的是股权让与担保关系。例如,刘某某与陈某某股权转让纠纷案【河南省新乡市中级人民法院(2020)豫07民终2716号民事判决书】。法院认为:结合本案,刘某某与陈某某并未签订书面的借款合同,也未在《股权转让协议》中明确约定债务得到清偿后,陈某某需要将股权返还给刘某某,故不能根据《股权转让协议》认定双方之间存在的是股权让与担保关系。

14. 让与担保应兼具"让与"及"担保"的属性。如果股权抵债协议消灭了债权债务,并无需要担保的基础,则股权抵债协议不具备"担保"属性,不符合让与担保协议的特征。例如,郑某与李某某、林某某确认合同无效合同纠纷案【福建省建瓯市人民法院(2019)闽0783民初1206号民事判决书】。法院认为:涉案《股权抵债协议》,具备让与性质双方均无异议,是否具有担保性质存在争议。原告主张《股权抵债协议》第一部分李某某的债权通过抵债而消灭,《股权抵债协议》第二部分约定回购产生了新的债权债务关系,由此股权为新的债权作担保,李某某及林某某不予认可。对此,可以明确的是李某某的债权通过抵债而消灭。原、被告约定了股权回购属于新的权利义务关系无疑,但是原告认为产生了新的债权债务关系,或是产生新的债权、新的债务,逻辑关系不正确,理由不充分。综上,《股权抵债协议》消灭了债权债务,并无需要担保的基础,即《股权抵债协议》不具备"担保"属性,不符合让与担保协议的特征,对原告的意见不予采纳。

15. 无论是《民法典》规定的典型担保禁止流质担保,还是司法实践的当事人合意形成的让与担保,主债权合同与担保合同应具有法律事实关联、主从关系。因此,若当事人签订协议后,没有按照协议履行借款及股权质押,协议整体处于未生效状态,也不能产生协议生效的后果。另外,如果股权转让协议内容明确具体,虽未约定受让人支付股权受让对价,但因双方存在合作前期出资投入及代付代偿、违约处罚等经济交易事实情形,协议不注明支付股权转让价款也不必然影响转让事实成立及法律效力。此外,若两份协议在条款形式、内容意思表示、订立目的、履行方式及产生的法律后果上均无衔接和关联,不具有主从合同关系,也不能发生让与担保的法律效力。例如,张某某与董某某质押合同纠纷案【安徽省萧县人民法院(2019)皖 1322 民初 2729 号民事判决书】。法院认为:本案中,张某某主张 2014 年 5 月 23 日签订的《协议书》中的"股权质押"意思表述不适用《担保法》《公司法》上的质押规定,应属为借款提供"股权让与担保"概念,该《协议书》与 2014 年 5 月 26 日签订的《股权转让协议》系主从合同。考虑到《协议书》第 1 条、第 2 条及第 3 条内容意思表述具有关联递进关系,合意借款是合同主要目的,设立股权质押是担保方式,办理质押登记是履行担保程序,股权归属及投资灭失是违约后果承担;履行借款及质押登记行为产生合同效力后果。我国现行法律没有规定自然人之间借贷关系具有强制力,而是规定自然人之间的借款合同,自贷款人提供借款时生效。但该协议签订后,没有有效证据表明双方按照协议履行了借款及股权质押事实,协议整体应属于未生效状态,也不能产生协议第 3 条产生效力的后果。考虑到《股权转让协议》内容明确具体,虽未约定董某某支付股权受让对价,因双方存在合作前期出资投入及代付代偿、违约处罚等经济交易事实情形,协议不注明支付股权转让价款也不必然影响转让事实成立及法律效力。当事人对两份协议签订不存在重大误解或者胁迫情形,对协商股权质押或者转让的意思表述及其履行后果是知悉的,股权转让符合公司章程规定,无条件退出公司及让出公司股权也属于案涉合作协议及补充协议约定的情形;双方共同办理股权变更工商登记的基础依据是《股权转让协议》,不是《协议书》或者质押条款。且本案没有有效证据证明张某某自 2014 年 5 月 26 日股权转让之后至 2018 年 8 月提起诉讼期间继续履行合作出资义务及实际参与祥洲公司管理经营活动,或者对股权转让事实提出异议、主张权利等事实。参照上述法律规定论述及让与担保情形,可以看出两份协议在条款形式、内容意思表示、订立目的、履行方式及产生的法律后果上均无衔接和关联,不具有主从合同关系,也不能发生让与担保的法律效力。

16. 当事人签订的数份协议书均明确交易内容为股权转让，并无股权质押或有关让与担保的意思表示，也没有证据证明股权转让是以提供担保为目的，因此，股权转让协议的性质不能认定为股权让与担保。例如，钱某某与沈某某股权转让纠纷案【苏州市吴中区人民法院(2017)苏0506民初5984号民事判决书】。法院认为：本案中，首先，双方签订数份协议书，均明确交易内容为股权转让，并无股权质押或有关让与担保的意思表示，原告亦未举证证明钱某某转让股权系以提供担保为目的，故钱某某案涉股权转让协议的性质为让与担保协议的主张缺乏事实及法律依据。其次，2014年6月30日的《协议书》约定康达公司拆迁分配款按照股权转让前的股权比例进行分配，此系双方对康达公司厂房拆迁款分配方式进行的约定，与股权归属系不同范畴。原告据此主张讼争股权为原告所有，缺乏依据。再次，本院限期要求原告到庭陈述，原告无正当理由未到庭，应承担相应的法律后果。最后，原告主张案涉股权转让协议的性质为让与担保协议，依据不足，原告据此请求确认讼争股权归其所有，并要求被告协助变更登记，本院碍难支持。

17. 受让人在符合约定条件，行使回购股权时，仍然需要支付股权转让价款，则股权转让及回购的约定并不符合让与担保的典型特征。例如，上海德泓投资(集团)有限公司与百联集团有限公司股权转让纠纷案【最高人民法院(2020)最高法民终1149号民事判决书】。法院认为：让与担保情形下，担保股权权属转移目的是担保主债务的履行，因而债权人针对受让财产无须支付额外对价，且债务人履行债务后，债权人即应将担保财产无偿返还给债务人或第三人。案涉2007年2月6日《股权转让合同》明确约定德泓公司、骏泓公司将建配龙公司49%股权转让给百联集团，转让价格为337,622,331.59元。且根据《备忘录》约定，德泓公司在符合约定条件，行使回购建配龙公司49%股权时，仍然需要支付股权转让价款。故案涉股权转让及回购的约定并不符合让与担保的典型特征。

18. 当事人约定了不动产抵押等担保措施，在双方均认为该担保措施足以保障债务清偿的情况下，双方没有再以股权设立让与担保的必要。例如，上海德泓投资(集团)有限公司与百联集团有限公司股权转让纠纷案【最高人民法院(2020)最高法民终1149号民事判决书】。法院认为：《备忘录》附件二《提前支付协议》约定了不动产抵押等担保措施，在双方均认为该担保措施足以保障预付建设资金返还义务履行的情况下，双方没有再以案涉股权设立让与担保的必要。

19. 如果是股权让与担保，则应于最晚还款日期前完成股权变更登记手续，且还应当约定债务人有权在何期限内以何种价款赎回股权，否则不能认定为股权让与担保。例如，太仓市森联投资管理有限公司与上海盛江交通车辆设备有限公司、江阴森茂汽车城开发有限公司股权转让纠纷案【江苏省苏州市中级人民法院(2020)苏05民终913号民事判决书】。法院认为：太仓森联公司向上海盛江公司转让股权的一节事实中，太仓森联公司在本案中主张其向上海盛江公司转让股权系为相关债务人提供让与担保的重要证据系2014年7月11日董事会决议、2015年1月7日《股权转让价格确认书》以及2015年1月7日李某某与陈某的通话录音。虽然2014年7月11日董事会决议中确认"股权转让不论是否存在税收都得办理。陈某作个承诺，在约定日期前股权全部还款的，陈某及其指定的公司答应归还江阴股权给还款股东，未归还借款的自动放弃股权"，但该决议确定的最晚的还款日期为9月30日，从时间上推断，应是2014年。因此，如果太仓森联公司系依据该董事会决议为相关债务人的债务提供让与担保，则其应于最晚还款日期前完成股权变更登记手续。而太仓森联公司向上海盛江公司转让股权发生在2014年11月，已经在董事会决议确定的最晚还款日期届满后，因此，太仓森联公司于2014年11月向上海盛江公司转让股权的行为，不能认定为是对2014年7月11日董事会决议的实际履行。而太仓森茂公司向大秦木业公司转让股权无论是转让时间、转让对象、股权赎回期的约定均与2014年7月11日董事会决议的内容相互印证，因此太仓森茂公司向大秦木业公司转让股权的这事实，对太仓森联公司不具有完全相符的参考对比性，太仓森联公司依据2014年7月11日的董事会决议主张其向上海盛江公司转让股权系为相关债务提供让与担保缺乏充分依据。现也没有证据证明，太仓森联公司向上海盛江公司转让股权时双方另行约定了太仓森联公司有权在何期限内以何种价款赎回股权。至于2015年1月7日《股权转让价格确认书》，从内容看，其约定的是李某某作为收购方，向陈某代表的上海盛江公司收购其名下江阴森茂公司处相应股权的问题，亦不符合股权让与担保情况下股权赎回的相关约定。2015年1月7日李某某和陈某的通话录音中，虽然出现过李某某要求陈某明确"7.5"是"挂"在陈某那儿，但双方并未就"挂"的问题作出进一步的明确，此处所称的"挂"亦无法与法律意义上的让与担保形成直接的对应关系。因此，太仓森联公司主张其向上海盛江公司转让股权系为苏州鸿鑫公司400万元债务提供让与担保，依据不足，一审法院不予认定。

20. 相关协议非但没有约束受让人对外行使股权的行为，反而还约定受让人委托他人担任公司的法定代表人，且受让人还实际参与公司经营管理。不属于股权让与担保。例如，徐某某、孙某与周某某、王某某、黄某某、储某股权转让纠纷案【上海市第一中级人民法院(2019)沪01民初228号民事判决书】。法院认为：对于原告徐某某将其持有的××公司90%股权向被告周某某转让的认定，两原告认为是股权让与的担保方式，而被告周某某、王某某则认为是原告徐某某对周某某、王某某附条件的股权转让方式。本院认为，在股权让与担保中股权转让仅是一种担保方式，让与担保合同中的受让人仅是出借资金而已，实质上并不享有所有权或股权，对公司不具有控制权。本案中，《股权转让补充协议》非但没有约束被告周某某、王某某对外行使股权的行为，反而还约定两被告委托陈某担任××公司的法定代表人。且根据现有证据可见，被告王某某还实际参与××公司经营管理，显然上述的约定及实际履行是两原告将股权实际向被告周某某、王某某转让的表现，并不符合股权让与担保的法律特征。

21. 协议约定如果债务人违约，将其所持有公司股权无偿转让给债权人。该约定为无偿转让股权，并非以股权价值抵充债务，缺乏"担保"的意思表示。例如，郑某与王某某、胡某、贾某民间借贷纠纷案【江苏省涟水县人民法院(2019)苏0826民初6535号民事判决书】。法院认为：《协议》第1条约定"如违约将其所持有18%行知股份无偿转让郑某"，该约定系对被告王某某违约责任的约定，即被告王某某自愿以其持有的行知公司18%股权对《协议》第1条约定房产抵押的违约行为承担违约责任，而非被告抗辩的让与担保，因为该约定为无偿转让股权，并非以股权价值抵充债务，缺乏"担保"的意思表示。即使原告郑某依据该条款无偿受让被告王某某持有的行知公司股权，也并不能因此减少被告王某某应偿还原告借款本息的数额。因此，该约定亦不影响被告胡某、贾某的责任承担。

22. 当事人签署的股权转让协议中约定的股权转让价格不明确，而以转让人的通知为准，这与通常股权转让约定明显不同。受让方除对目标公司增减资等重大事项有否决权外，目标公司的日常经营管理仍由转让人负责。当事人约定将讼争股权变更登记到受让人名下，期限届满后，讼争股权由转让人回购。在转让人支付股权回购款后，讼争股权变更登记至转让人名下。因此，从协议内容看,受让人的目的不是长期持有讼争股权,而是按时收回股权回购款。该讼争股权实质是作为转让人支付股权回购款的担保。例如,丁甲、吴某与福建渝商投资有限公司、丁乙民间借贷纠纷案【福建省高级人民法院(2014)闽民终字第360号民事判决书】。法院认为:根据渝商公司与丁乙签订的《关于漳州地利房地产开发有限公司股权转让及回购的协议书》《关于漳州地利房地产开发有限公司股权转让及回购的补充协议》的约定,丁乙虽向渝商公司转让股权,但协议约定的股权转让价格是浮动的,即不超过1500万元,并且由丁乙确定。渝商公司向丁乙支付股权转让款的目的并不在于受让地利公司的股权,而在于按季度收取一定比例计息的"股权回购款",并在丁乙违反合同约定时选择解除合同或实际行使股东权利。渝商公司在受让股权后对于股东决议事项,仍应依照丁乙的意见行使股东权利,且在股权回购期内和股权回购宽限期内,股权的分红收益权仍归丁乙所有,渝商公司不享有分红收益权。丁乙以收取"股权转让款"的形式,在股权回购期和宽限期内使用渝商公司支付的资金,并支付固定比例的利息,双方当事人缔约目的在于借款而非转让股权,讼争协议虽名为股权转让协议,实际是丁乙以转让股权的形式对渝商公司提供的借款提供的让与担保。丁乙与渝商公司之间实际是民间借贷关系。

23. 有的法院认为,名为股权转让、实为企业间借贷的"虚拟回购"约定,在借款人已偿还借款本息情况下,贷款人主张股权转让的,法院不予支持。例如,德美投资有限公司与建生建筑工程有限责任公司股权转让纠纷案【北京市第二中级人民法院(2013)二中民终字第05810号民事判决书】。法院认为:针对建筑公司持有科技公司8%股权转让给投资公司一节,科技公司已召开董事会决议通过。且投资公司与建筑公司再次所签转股协议对建筑公司转让给投资公司股权的相关内容,尤其是股权对价及办理工商变更登记手续等事项进一步作出了明确约定。故该8%股权转让部分约定系投资公司与建筑公司真实意思表示,未违反法律法规规定,合法有效。针对建筑公司持有科技公司12%股权约定,系在股权未变更登记到投资公司名下时即约定的建筑公司"股权回购"条件,实属"虚拟回购"。综观协议全部内容,约定"回购延展期"实际系对还款期限约定。且协议中对股权转让价款及回购款项支付方式约定实际系对借款利息的变相约定。结合证人证言,协议中针对建筑公司持有科技公司12%股权的回购期以及回购价款约定性质系名为股权转让、实为借款合同。

实务疑难问题

1. 未签订书面合同，能否成立股权让与担保法律关系？

笔者认为，若双方当事人交易安排的实质内容为通过股权所有权转让担保债权，则尽管双方未签订书面的让与担保合同，亦应确认存在让与担保法律关系。例如，双辽天益房地产开发有限公司民间借贷纠纷案【最高人民法院(2017)最高法民申514号民事判决书】。法院认为：在厘清当事人真实意思表示为担保的基础上，进一步考究双方之间是否成立以及成立何种担保法律关系，是本案适用法律的关键。《物权法》和《担保法》规定的担保分为人的担保和物的担保，而担保物权又分为抵押权、质权和留置权，本案虽然不属于上述有名担保，但在相关司法解释及法律理论和司法实践中确认的非典型担保物权还有优先权、所有权保留和让与担保。本案以商品房买卖合同为民间借贷提供担保，应当属于让与担保。在以商品房买卖合同的方式提供担保的情况下，当事人之间形成担保法律关系的前提条件并非签订书面担保合同，名为买卖实为担保的商品房买卖合同在民间借贷案件中屡见不鲜，债务人或第三人与债权人签订不动产买卖合同，约定将不动产买卖合同的标的物作为担保标的物，但并未实际让渡不动产所有权，而是让渡物权期待权，且在债务人不能履行还款义务之时，也不能转移所有权，而是进行清算，即对担保标的物进行拍卖折价后从价款中受偿。天益公司提出的双方并无担保合同因此不构成让与担保的抗辩理由，本院不予采信。

综上所述，司法实践中认定某个股权转让行为是否为股权让与担保的方法，其背后的逻辑均为，因为某个事实行为存在，而导致该股权转让行为为非典型的股权转让，所以，用一句话总结，判断股权让与担保的方法所实际遵循的原则是通过探究当事人的真实意思表示来判断民事法律关系性质的基础。

2. 债务人可以用股权让与担保形式为债务担保人提供反担保吗？

反担保又称求偿担保，是指债务人或第三人为确保担保人承担担保责任后实现对主债务人的求偿权而设定的担保，本质上仍属于担保。《民法典》第387

条第2款规定:“第三人为债务人向债权人提供担保的,可以要求债务人提供反担保。反担保适用本法和其他法律的规定。”第689条规定:“保证人可以要求债务人提供反担保。”《民法典》对反担保的规定较为笼统,并未明确规定反担保从属于何种合同。在有关司法判例中,基本上都认为反担保以本担保的成立为前提,并未指明反担保从属于本担保。笔者认为,替债务人提供担保的第三人,无论其提供人的担保还是物的担保,为了保证自己的追偿权得到实现,可以要求债务人为自己追偿权的实现提供担保。至于实际采用何种反担保的方式,包括股权让与担保,均取决于该第三人(反担保人)和原担保人之间的约定,法律不应过多干涉。例如,韩某某、王某某与卢某某、郭甲股权转让纠纷案【河南省濮阳市中级人民法院(2021)豫09民终257号民事判决书】。法院认为:卢某某以其房产为郭甲之子郭乙在清丰县农商银行贷款220万元提供抵押担保,郭甲将其华强公司名下30%股权过户至卢某某名下作为抵押,系郭甲以股权让与担保形式为郭乙贷款向卢某某提供的反担保,卢某某为该股权的担保权人。例如,阜阳市中小企业融资担保中心与中国农业银行股份有限公司太和县支行等金融借款合同纠纷案【安徽省阜阳市中级人民法院(2020)皖12民终5584号民事判决书】。法院认为:阜阳市中小企业融资担保中心为安徽鑫源纺织有限公司的债务提供担保后,与安徽鑫源纺织有限公司约定,通过将安徽鑫源纺织有限公司股权登记在阜阳市中小企业融资担保中心工作人员王某名下的方式进行反担保。

实务中,股权让与担保也可适用于为抵押等担保提供反担保。例如,沈阳利顺通经贸有限公司与九星控股集团有限公司等损害公司权益纠纷案【最高人民法院(2018)最高法民申2405号民事裁定书】。法院认为:九星公司虽然与利顺通公司签订《股权转让协议》将其持有的兴泰铜业公司的股权转让给利顺通公司,但根据该协议签订的背景情况及约定的内容,二审判决关于股权转让的主要目的和真实意思表示是九星公司为兴泰铜业公司实施的抵押担保提供反担保的认定依据是充分的。

3. 公司对外担保时,需要让与担保权人同意吗?

从公司内部关系上讲,登记在让与担保权人名下的股权仅具担保作用,并不具有其他权能。让与担保权人的地位是有担保的债权人,而非股东。因此,公司对外提供担保时,无须让与担保权人在股东会决议上签名或盖章。例如,惠州市栩烨房地产开发有限公司与上海浦东发展银行股份有限公司成都分行金融借款合同纠纷案【四川省高级人民法院(2021)川民终37号民事判决书】。法院认为:栩烨房产公司于2018年9月提供案涉担保时,工商登记股东为中和国信公司与芜湖华融投资中心,二者名下的股份分别为1%和99%。从2017年7月华融前海公司、芜湖华融投资中心、栩烨房产公司、中和国信公司签订的《融资合作协议》内容看,栩烨房产公司99%股权登记到芜湖华融投资中心名下,系栩烨房产公司股东中和国信公司为栩烨房产公司向华融前海公司、芜湖华融投资中心融资提供的担保,属于股权让与担保。登记在芜湖华融投资中心名下99%股权,仅具担保作用,并不具有其他权能。虽然让与担保从形式上表现为股权转让,作为股权变更登记备案依据的是《股权转让合同》,但双方目的在于为主债权提供担保,而非转让股权。从公司内部关系上讲,芜湖华融投资中心的地位是有担保的债权人,而非股东。事实上,在栩烨房产公司到期清偿债务后,芜湖华融投资中心已按约退出股权,不再是栩烨房产公司登记股东,也能印证让与担保情况。由于芜湖华融投资中心并非栩烨房产公司股东,故栩烨房产公司提供案涉担保时其股东只有中和国信公司。栩烨房产公司就担保形成的《董事会(股东大会)保证担保决议》上,有股东中和国信公司加盖印章,足以表明栩烨房产公司法定代表人以公司名义对外担保,取得了公司股东会决议的授权。该对外担保符合《公司法》第16条第1款规定,合法有效。

4. 法定代表人未经让与担保权人同意以公司名义对外提供担保有效吗?

让与担保权人通过让与担保的方式获得公司股权,其目的在于保证自身的债权安全,如果允许法定代表人不经其同意即以公司资产对外提供担保,可能损及担保财产的价值,从而导致该担保目的不能实现。法定代表人以公司名义为他人债务提供担保,该行为超出了其担任法定代表人的特定目的范围,违反《公司法》第16条的规定,应当认定该担保行为系越权行为,是故意损害让与担保权人利益的侵权行为。例如,厦门元华资产管理有限公司与林甲、林乙、福建泛华矿业股份有限公司、厦门元华发展股份有限公司、林丙民间借贷纠纷案【最高人民法院(2017)最高法民再210号民事判决书】。法院认为:在案涉《债权债务确认书》签署之时,洪某某通过让与担保的方式获得元华资产公司90%的股权,其目的在于保证自身的借款安全,如果允许林丙不经其同意即以公司资产对外提供担保，可能损及担保财产的价值，从而导致该担保目的不能实现。本案中，元华资产公司将林丙变更为公司法定代表人是基于购买指定楼盘的特定目的，且明确约定签订商品房买卖合同后一周内即应将法定代表人重新变更为洪某某。在此期间，林丙私刻印章、以公司名义为其父林乙的个人债务提供担保，该行为超出了其担任法定代表人的特定目的范围，违反《公司法》第16条的规定，应当认定该担保行为系越权行为，亦系故意损害洪某某利益的侵权行为。

5. 委托经营让与担保是股权让与担保吗？

实务中，还存在一种类似于“股权让与担保”的担保方式，债务人公司法定代表人暂时变更为债权人或其受托人，并办理工商变更登记，由债权人或其受托人处理债务人公司的相关经营事务，直至债权实现为止，这实质上是债务人公司股东通过向债权人暂时让渡管理权，委托债权人经营公司而形成的“委托经营让与担保”。该种担保方式虽然不是典型的股权让与担保，但在实务中也常见。例如，罗某某与席某某、深圳市中诚基金管理有限公司、深圳市中诚拓宇投资基金企业股权转让合同纠纷案【湖南省常德市鼎城区人民法院（2016）湘0703民初233号民事判决书】。法院认为：罗某某、中诚公司及席某某在《委托再融资协议》及《资产重组协议》中约定拓宇公司的法定代表人由罗某某变更为席某某，并办理了工商变更登记，但从合同内容及履行情况来看，该变更的实质为委托合同关系。《委托再融资协议》约定：为中诚公司对项目（常德水产大市场）进行融资提供便利，罗某某同意将拓宇公司的法人代表暂时变更为席某某；委托期限至中诚公司完全收回本金及收益止；中诚公司对外进行融资的计划、方案必须以书面形式报告罗某某，经罗某某书面签字认可后方可执行；中诚公司经罗某某授权可以参与水产大市场二期工程的招商和销售工作。《资产重组协议》约定：自本协议签订之日（2014年6月10日）起，拓宇公司及常德水产大市场的全部经营管理及开发运营由席某某负责，席某某必须在2015年12月31日前完成常德水产大市场的全部开发建设并投入使用。上述协议约定了席某某成为拓宇公司的法定代表人后处理事务的权限、期限及不能完成相关义务的后果，符合委托合同法律关系的一般特征，即罗某某委托席某某以拓宇公司法定代表人的身份处理拓宇公司的相关事务。

6. 能否以股票提供让与担保?

股份有限公司的股票因为其有较强的流通性,一般直接适用股权质押。但在实务中,也存在以股票提供让与担保的情形。例如,周某某、胡某某与通山正亿文化广场置业有限公司、咸宁市亿嘉达商贸有限公司合同纠纷案【浙江省绍兴市中级人民法院(2019)浙06民终2917号民事判决书】。法院认为:2014年8月20日,亿嘉达公司向周某某出具银行股票权利证明一份,载明周某某出资405万元购买了其所持有的湖北通山农村商业银行股份有限公司270万份股票,周某某的出资款已足额缴纳,该股票由亿嘉达公司代为持有。周某某主张该行为系让与担保,并提供了其与胡某某延期还款协议书为证,其中载明胡某某承诺以亿嘉达公司于2014年8月20日出具的股票权利证明书对上述欠款作保障,在上述还款期内,胡某某还清欠款,周某某退还股票权利证明书及相关资料给胡某某。故可以认定亿嘉达公司与周某某存在通过让与担保方式以亿嘉达公司持有的股票为案涉债务提供担保的合意。我国《物权法》第226条第2句规定,以基金份额、证券登记结算机构登记的股权出质的,质权自证券登记结算机构办理出质登记时设立;以其他股权出质的,质权自工商行政管理部门办理出质登记时设立。股权让与担保系非典型担保,我国法律对其成立要件缺乏明确规定,应类推适用上述规定,鉴于上述股票未在有关部门办理相关手续,让与担保不成立,周某某不享有优先受偿的权利。鉴于亿嘉达公司目前无意履行变更登记相关手续,其行为构成违约,应当承担损害赔偿责任,即亿嘉达公司应当在股票价值范围内,就主债务人不能清偿部分债务承担赔偿责任。

7. 股权让与担保中,出让人对受让人负有信息披露义务吗?

股权让与担保虽然并非股权转让交易,但让与担保股权对应的公司资产直接影响到股权价值及今后担保债权的实现,基于诚信原则和合同约定,出让人需要对目标公司交易之前的债务、对外担保及其他潜在可能严重影响经营的情况,进行充分客观的披露。例如,贺某某与严某某、温某某股权转让纠纷案【广东省深圳市中级人民法院(2019)粤03民终2974号民事判决书】。法院认为:在股权转让交易中,无论是基于诚信原则还是本案各方合同中的约定,在交易时出让人均需要对目标公司交易之前的债务、对外担保及其他潜在可能严重影响经营的情况，进行充分客观的披露，否则应承担相应的违约责任。本案的交易涉及严某某、贺某某和温某某三方，虽然不能排除严某某转让的目标公司的部分股权属于温某某因对严某某债务而进行股权让与担保的可能，但出让人严某某与第三人温某某之间的内部法律关系不影响对外对受让人贺某某所承担的合同披露义务。

8.“股份赠与”能作为股权让与担保方式吗？

实务中，合同当事人也可以约定“合作期间股份赠与、合作结束股份回赠”，以此作为股权让与担保方式。例如，山东艺苑园林工程有限公司与耿某某股权转让合同纠纷案【山东省高级人民法院(2021)鲁民申1122号民事裁定书】。法院认为：经查阅原审卷宗，被申请人在上诉时自认，2014年7月申请人实际控制人巩某某与其协商合作事项，巩某某以能够为桓航物业公司承接到更多业务为筹码请求与桓航物业公司合作，合作的条件是申请人享有合作项目51%的利润分配权，为了落实双方达成的合意，双方协商通过“合作期间股份赠与、合作结束股份回赠”的方式来确保申请人的利润分配权，随后于2014年7月31日签订《合作协议书》，并于2014年8月1日办理了恒航物业公司的股权变更登记手续。申请人在再审审查阶段对被申请人的前述自认内容予以认可。据此，双方《合作协议书》应为复合合同，既包含双方合作的合意，也包含以股权让与担保形式担保利润分配权实现的合意。《合作协议书》约定的“合作期间股份赠与、合作结束股份回赠”条款既是合作方式，也是担保条款。特别的是，在本案中，合作双方以“股份赠与”方式担保的是合作一方在公司项目合作中的利润分配权，该利润分配权也是担保权人享有的一种债权，与借款等一般债权无异，同样可以采取股权让与担保方式保障债权的实现。

9.债权人可以将股权让与担保权转让给他人吗？

《民法典》第545条规定：“债权人可以将债权的全部或者部分转让给第三人。……第547条规定：“债权人转让债权的，受让人取得与债权有关的从权利，但是该从权利专属于债权人自身的除外。受让人取得从权利不因该从权利未办理转移登记手续或者未转移占有而受到影响。”因此，债权人转让债权时，股权让与担保权也相应一并转让给他人。即使对于已经完成财产权利变动的公示方式转让至债权人名下的股权让与担保，债务人到期没有清偿债务，债权人请求参照关于担保物权的规定对财产进行拍卖、变卖、折价优先偿还其债权的，也应予以支持，债权受让人对让与担保股权享有优先受偿权。需要注意的是，法院可以根据受让债权的债权人的诉求，判决实际股东的股权对受让债权的债权人承担担保责任，准许受让债权的债权人对该股权进行拍卖、变卖、折价所得价款优先清偿债权本息。例如，陈某与刘某某保证合同纠纷案【河南省濮阳市中级人民法院(2021)豫09民终215号民事判决书】。法院认为：关于李某某将债权再次转让给刘某某是否包括陈某提供的股权让与担保问题，濮阳市中级人民法院(2020)豫09执异6号执行裁定书查明“申请执行人李某某于2020年3月3日与刘某某签订《债权转让协议》，申请执行人李某某将(2015)濮中法民一初字第00033号民事判决书项下的所有债权全部转让于刘某某，并将上述债权转让情况通过2020年3月9日《濮阳日报》公告通知各债务人”。2020年3月9日《濮阳日报》公告的债权转让通知显示的债权转让内容包括(2015)濮中法民一初字第00033号民事判决书确定的债权本息及陈某对该笔借款提供的让与担保。一审法院(2020)豫0902民初196号民事判决书已认定陈某将其持有的天健公司股权转让给刘某某的行为系为借款提供担保的事实，并认为该担保行为有效。刘某某对宏亚公司享有因借贷形成的债权设定了案涉股权的让与担保，根据《合同法》第81条规定，债权人转让债权的，受让人取得与债权有关的从权利，因此担保债权随主债权转移，本案刘某某取得担保债权。根据2020年8月20日实施的《民间借贷规定》第24条规定，刘某某有权申请拍卖买卖合同标的物，以偿还债务，因此对于已经完成财产权利变动的公示方式转让至债权人名下的让与担保，债务人到期没有清偿债务，债权人请求参照关于担保物权的规定对财产进行拍卖、变卖、折价优先偿还其债权的，予以支持，刘某某对案涉股权享有优先受偿权。陈某辩解刘某某主张权利超过了保证期间，刘某某认为股权的让与担保不适用保证期间的规定，刘某某主张成立，予以支持。综上，参照《物权法》第208条、第229条规定，一审判决：陈某以其作为实际股东的天健公司11.1866%股权向刘某某承担担保责任，准许刘某某对该股权进行拍卖、变卖、折价所得价款优先清偿(2015)濮中法民一初字第00033号民事判决书确定的债权本息。

10. 让与担保权人单方面向公司投入资金，能否视为其实际履行股东义务及行使股东权利？

股权让与担保是出让人通过向受让人“转让”股权对债权提供担保，并非股权交易，双方也无意由受让人成为目标公司股东。担保权人单方面向债务人公司投入资金，已超出股权让与担保合同约定，其不得以股权转移登记后的单方行为改变股权让与担保合同性质。例如，郭某某、深圳市光耀地产集团有限公司与深圳市悦景江边投资有限公司等合同纠纷案【广东省深圳市罗湖区人民法院(2018)粤0303民初19947号民事判决书】。法院认为：被告悦景公司主张其受让股权后向光耀房地产公司投入巨资，实际履行股东义务及行使股东权利，无论是否属实，均已经超出案涉合同约定，悦景公司不得以股权转移登记后的单方行为改变合同性质，如其认为两原告因此受有利益，可另寻法律途径解决。

11. 让与担保权人的受托人对公司债务提供担保时，谁是担保责任主体？

例如，阜阳市中小企业融资担保中心与中国农业银行股份有限公司太和县支行等金融借款合同纠纷案【安徽省阜阳市中级人民法院(2020)皖12民终5584号民事判决书】。法院认为：阜阳市中小企业融资担保中心为安徽鑫源纺织有限公司的债务提供担保后，与安徽鑫源纺织有限公司约定，通过将安徽鑫源纺织有限公司股权登记在阜阳市中小企业融资担保中心工作人员王某名下的方式进行反担保。王某代表阜阳市中小企业融资担保中心持有安徽鑫源纺织有限公司股权、从事民事活动，属于履行职务行为。阜阳市中小企业融资担保中心、王某虽然不享有其所持股权对应的相关股东权利，但其对外从事民事活动时，应根据具体情形判断是否产生法律效力、承担法律后果。作为安徽鑫源纺织有限公司的债权人，中国农业银行股份有限公司太和县支行根据股东登记信息，对王某系安徽鑫源纺织有限公司股东产生合理信赖，该信赖利益应当受到法律保护。中国农业银行股份有限公司太和县支行要求王某对借款合同提供担保时，阜阳市中小企业融资担保中心、王某均未向中国农业银行股份有限公司太和县支行披露其与安徽鑫源纺织有限公司之间系股权让与担保关系，阜阳市中小企业融资担保中心同意王某对安徽鑫源纺织有限公司的债务提供担保，应为其真实意思表示，中国农业银行股份有限公司太和县支行已经尽到合理的审查义务。一审法院判决阜阳市中小企业融资担保中心承担担保责任,具有事实和法律依据,本院予以认可。中国农业银行股份有限公司太和县支行是基于其与王某存在担保合同关系以及王某系履行职务行为要求阜阳市中小企业融资担保中心承担担保责任,而不是基于股东身份。韩某某、管某某虽为担保合同订立时的实际股东,但二人并未在担保合同中签名,亦未授权阜阳市中小企业融资担保中心、王某与中国农业银行股份有限公司太和县支行签订担保合同,与中国农业银行股份有限公司太和县支行之间不存在担保合同关系,不应当承担担保责任。一审法院未追加韩某某、管某某为本案当事人,程序合法。

12. 股权让与担保属于对赌条款吗?

对赌条款是投资方与融资方就未来不确定的情形所作的约定,根据未来企业的实际盈利能力,由投资者或者融资者获得一定的权利作为补偿。股权让与担保是债权人和债务人为担保债权实现而采取的担保方式,双方对于担保债权的范围、债权实现方式、股权回转等事先有明确、具体的限定,完全不同于对赌条款。例如,上海荣腾置业有限公司与马某某金融借款合同纠纷案【最高人民法院(2018)最高法民申4165号民事判决书】。法院认为:荣腾公司、马某某申请再审主张《合作协议》关于荣腾公司对于案涉2.5亿元股权转让款承担补足资金义务的约定属于对赌条款,应认定无效,故荣腾公司无须承担补足资金义务,为该补足资金义务设定的抵押及保证也属无效。本院认为,所谓对赌条款又称估值调整条款,是投资方与融资方就未来不确定的情形所作的约定,根据未来企业的实际盈利能力,由投资者或者融资者获得一定的权利作为补偿,而本案显然并不符合对赌条款的情形。故荣腾公司、马某某此项主张缺乏事实和法律依据,本院不予支持。《合作协议》明确约定了荣腾公司对以4亿元为基数计算的收益具有补足义务,该条款不违反法律、行政法规的强制性规定,应为合法有效,故二审法院据此认定不论将讼争合同界定为何种性质,荣腾公司均应依据上述合同约定向五矿公司履行补足资金义务,并无不当。

13. 股权让与担保应在何时设立?

股权让与担保通常是在债务履行期届满之前签订协议,并转移股权权利,否则难以成为一种担保方式。例如,深圳市奕之帆贸易有限公司、侯某某与深圳兆邦基集团有限公司等合同纠纷案【最高人民法院(2018)最高法民终751号民事判决书】。法院认为:关于部分债务未届清偿期的问题。本案中,奕之帆公司系以对案外金钱债权人履行包括上述5笔债务在内的相关债务,作为其对兆邦基公司的合同义务。就该合同义务的履行,奕之帆公司与兆邦基公司而非案外金钱债权人之间成立让与担保关系。所谓部分债务未届清偿期,系指奕之帆公司等对案外人的两笔借款债务尚未到期。让与担保通常系在债务履行期届满之前签订协议并转移标的物所有权等权利,否则其就不成为一种担保方式,而只是一种债务履行方式。本案当事人在部分债务未届清偿期时签订《股权担保协议》并办理过户登记以设立让与担保的权利,符合上述要求。

14. 能否以增资扩股作为股权让与担保方式?

股权让与担保与其他让与担保形式相比,因股权本身所具有的复合型权利特性和公司这一主体的加入,在认定股权让与担保的效力方面较为复杂。例如,能否以增资扩股作为股权让与担保的方式?

实践中,除了以受让股权的方式进行的股权让与担保交易,还存在以增资扩股方式进行的股权让与担保交易。其主要交易模式为:担保权人以向债务人新增注册资本的方式对债务人(同时也是标的企业)进行增资扩股,并约定在特定期限内由债务人或者第三方回购该部分股权,其获取股权转让价款的方式收回投资收益。此种模式下,利益冲突将更为尖锐:如果认定担保权人享有的是股权,则其不能同时享有债权,该部分股权的价值在标的企业破产的情况下将类似于清零;如果认定其享有的是债权,则其参照担保物权的实现方式,仍享有债权,仅是优先受偿的股权价值部分可能减损。

实务中,需要注意的一种情形是,如果仅签署增资扩股协议而没有实际履行增资扩股的行为。而且在协议到期后,债务人承诺全额退回债权人的投资款并支付固定收益的,该投资款实际属于借款,而不是增资款,双方存在借贷关系而非增资关系。例如,佛山市顺德区北滘青企壹投资有限公司与广东盈腾融资担保有限公司等民间借贷纠纷案【北京市高级人民法院(2019)京民终101号民事判决书】。法院认为:……二是根据查明的事实,盈腾公司亦未实际增资扩股,从合同的履行来看,双方没有实际履行增资扩股的行为。三是《增资协议书》到期后,盈腾公司承诺全额退回青企壹公司的投资款3190万元及支付协议约定的固定收益,从合同到期后双方的约定来看,再次佐证青企壹公司仅是收取投资本金和固定收益。上述情形表明双方签订《增资协议书》的真实目的为:盈腾公司使用青企壹公司的资金,以支付固定收益的形式向青企壹公司支付占用资金的损失,双方之间的法律关系符合借贷的特征,据此法院认定双方之间系民间借贷法律关系。

因此而产生的新问题是,如果当事人签订《股权转让协议》后又签订《增资扩股合同》,债权人主张其向债务人公司的汇款是增资款而非借款,且增资完成后已经办理了工商变更登记。究竟是股权转让或增资扩股,还是构成股权让与担保?这就应当结合全部的证据,通过综合协议签订的背景、目的以及交易安排等考量双方真实意思表示予以确定协议性质。如果当事人签订《增资扩股协议》的真实目的是保证债权人出借资金安全,而非投入资金取得债务人公司股权,即使《增资扩股协议》具有增资扩股的外观,股权也已变更登记至债权人名下,但该增资扩股及股权变更系以担保债权实现为目的,其性质仍为股权让与担保。例如,豫森地产集团有限公司与陈某某、平顶山市绿城房地产开发有限公司民间借贷纠纷案【最高人民法院(2018)最高法民终856号民事判决书】。法院认为:据已查明的事实,在陈某某与豫森地产公司签订借款《协议书》的同日,台豫投资中心即与大京江建设公司签订了《增资扩股协议》,大京江建设公司亦同日形成股东会决议。鉴于大京江建设公司系豫森地产公司的全资公司,结合一审中陈某某向台豫投资中心出具的委托书、台豫投资中心出具的《证明》、台豫投资中心有限合伙人出具的《证明》看,正是基于陈某某与豫森地产公司间存在的借款关系,台豫投资中心才会受陈某某委托与大京江建设公司签订《增资扩股协议》,并通过向大京江建设公司支付案涉7500万元款项以履行陈某某对豫森地产公司的出借义务。而根据豫森地产公司、大京江建设公司和台豫投资中心共同出具的《确认函》内容,明确豫森地产公司已收到陈某某借款1.5亿元,在其偿还该笔借款后5日内,陈某某与台豫投资中心协助将台豫投资中心所持大京江建设公司49.5%的股权过户给豫森地产公司或豫森地产公司指定的第三方。可见,台豫投资中心和大京江建设公司签订《增资扩股协议》的真实目的是保证陈某某出借案涉款项资金的安全,而非台豫投资中心投入资金取得大京江建设公司49.5%的股权。故虽然《增资扩股协议》具有增资扩股的外观,大京江建设公司49.5%的股权也已变更登记至台豫投资中心名下,但该增资扩股及股权变更系以担保债权实现为目的，相关权利义务内容及实际履行情况更符合让与担保的基本架构，其性质应认定为股权让与担保。

债务人为了实现其对目标公司增资目的，将目标公司股权过户给增资人，以此方式为增资人向目标公司提供担保，并根据约定支付增资人相应的股权维持费，实际是担保人的融资成本，这种情形也属于股权让与担保。例如，洛阳中迈置业有限公司与洛阳中迈瑞阳置业有限公司、河南中迈集团有限公司、北京丰通恒达投资有限公司公司决议效力确认纠纷案【河南省洛阳市中级人民法院(2020)豫03民终7668号民事判决书】。法院认为：本案中，依据北京丰通公司、中迈集团公司、中迈置业公司、中迈瑞阳公司签订的《关于投资中迈瑞阳公司的增资协议书》的约定，中迈瑞阳公司增资后，北京丰通公司持有中迈瑞阳公司的80%股权，且中迈集团公司和中迈置业公司协助配合完成工商变更登记手续，该协议还约定中迈集团公司、中迈置业公司应支付北京丰通公司股权维持费，中迈集团公司、中迈置业公司的股权回购权事宜。中迈集团公司、中迈置业公司为了实现其共同控制中迈瑞阳公司实现增资目的，将中迈瑞阳公司80%股权过户给北京丰通公司，目的是通过北京丰通公司增资中迈瑞阳公司提供担保，实际是股权质押，同时中迈集团公司、中迈置业公司关于投资中迈瑞阳公司的增资协议书约定支付北京丰通公司相应的股权维持费，股权维持费实际系中迈集团公司、中迈置业公司的融资成本，本案属于典型的股权让与担保。

即使各方当事人签署了增资协议，但最终并未履行该协议，仍应根据当事人的真实意愿定性为股权让与担保。例如，陈某某与陕西铭尚恒达房地产开发有限公司、何甲、何乙民间借贷纠纷案【陕西省高级人民法院(2020)陕民终1055号民事裁定书】。法院认为：其一，铭尚恒达公司原股东为何乙(占股60%)、何甲(占股40%)，《转让协议》约定何乙将其名下持有的铭尚恒达公司60%股权转让给陈某某。而《增资扩股合同》却约定增加注册资本为4000万元，陈某某出资人民币2000万元占公司本次增资后公司股权的60%，何乙、何甲占增资后公司股权的40%。上述协议签订后，双方办理了工商变更手续，股权结构为陈某某占股60%、何甲占股40%，公司总注册资本仍为2000万元，并未增资。《铭尚恒达公司章程修正案》股东出资修正名单中也未显示何乙、何甲占增资后公司股权的40%。通过上述事实可以认定双方并未真实履行《增资扩股合同》。其二，《增资扩股合同》约定陈某某对其投资享有回报率50%的固定收益且不承担公司盈亏。同时《增资扩股合同》第5条第2款还约定铭尚恒达公司同意将公司的60%股权抵押给陈某某作为其投资资金安全回收。从上述合同表述内容来看,《转让协议》《增资扩股合同》名为股权转让,但与真实受让股权,享有股东权益与义务存在表里不一的问题,实为民间借贷法律关系。其三,陈某某在协议签订后,于2015年11月16日至2016年1月13日通过银行转账分次将2000万元全部转至铭尚恒达公司账户,在转款附言中均注明“借款”。铭尚恒达公司、何乙、何甲向陈某某出具《承诺书》,并分别于2016年12月31日、2017年12月31日和2018年11月30日向陈某某出具《借条》。且于2016年10月24日至2016年11月3日,铭尚恒达公司通过银行转账向陈某某偿还部分借款本息,累计1500万元,转款附言中均注明“还款”。从出借资金及还款行为来看,更加符合民间借贷的表象。加之铭尚恒达公司在一审答辩状中亦辩称,2015年11月因其公司子洲县峪水阳光房地产项目需要建设资金,经何乙与陈某某公公何丙协商,由陈某某出借2000万元,帮助开发建设子洲县峪水阳光房地产项目,为保证陈某某资金安全,双方签订了《增资扩股合同》。虽签订了《增资扩股合同》,但实际上是铭尚恒达公司向陈某某借款。以上证据可以相互印证,陈某某主张双方签订《转让协议》《增资扩股合同》的真实目的是为债权提供担保更加符合客观实际。其四,本案具有股权让与担保的表征。从合同目的来看,股权转让是当事人出于转让股权目的而签订的合同,转让人的义务是转让其持有的股权,而受让人的义务是支付转让对价,并受让股权。让与担保的目的在于为主债务提供担保。本案中《转让协议》《增资扩股合同》的真实目的是为主债权提供担保。双方虽进行变更登记,但何乙在另案股权转让纠纷诉讼中也主张陈某某未实际支付股权出让对价,故陈某某支付的2000万元并非股权转让对价而为借款,其只是名义上的股东,其地位仍为债权人。从合同的履行来看,《增资扩股合同》并未实际履行,现有证据不足以证明陈某某受让股权后,参与公司的管理并实际控制公司。其收回的资金并非基于股权产生的分红,而是基于债权产生的本金及利息。双方履行的仍是2000万元的民间借款法律关系而非股权转让法律关系,亦符合股权让与担保的表征。据上所述,本案中《转让协议》《增资扩股合同》名为股权转让,但真实目的是为主债权提供担保,应认定为股权让与担保,陈某某地位仍为债权人而非股东。陈某某基于债权主张铭尚恒达公司、何甲、何乙偿还其借款的本金及利息符合法律规定,应予支持。

15. 能否以信托方式作为股权让与担保方式?

《九民纪要》第 89 条第 2 款规定:“当事人在相关合同中同时约定采用信托公司受让目标公司股权、向目标公司增资方式并以相应股权担保债权实现的,应当认定在当事人之间成立让与担保法律关系。当事人之间的具体权利义务,根据本纪要第 71 条的规定加以确定。”可见,采用信托公司受让目标公司股权、向目标公司增资方式并以相应股权担保债权实现的,应当认定在当事人之间成立让与担保法律关系。实务中,相关判例也有类似观点。例如,新华信托股份有限公司与乔某某执行异议之诉纠纷案【吉林省松原市中级人民法院(2017)吉 07 民终 1218 号民事判决书】。法院认为:就本案而言,应在确定股东身份的前提下进行审查相关规定的实质要件。具体涉及如下问题:(1)关于百年城信托计划的性质。百年城信托计划对双方融资款项的数额、用途、退出方式作出了明确约定,并采取了土地使用权抵押、股权信托、转让、增资等信用增级措施。谢某镍、谢某峰、谢某姝等以注册资本为 5000 万元的股权 0 股价转让给新华信托,能够表明双方就此真实意思表示是为信托投资行为进行的担保,且协议亦明确为信用增级措施。进而采取增资的方式进行项目投资,该增资方式注入资金的目的系进行信托投资而非实质意义上的获取博翔公司股东资格。该交易的实质内容是新华信托基于受益人的利益以增资、受让股权方式并采取分红、减资、转让股权、转让信托收益权、处置资产(包括处分 100% 股权)的退出方式,向博翔公司投资 20,000 万元,用于百年城开发建设,到期收取固定资金收益,属于一种信托融资关系。新华信托与博翔公司、谢某镍、谢某峰、谢某姝等签订的百年城信托计划一系列协议均属于各方的真实意思表示,并无违反法律强制性规定的情形,该协议合法有效。而从该信托计划约定来看,虽然采取了增资入股的方式,也明确的约定了可以采取分红、减资、处置资产(包括处分 100% 股权)等方式退出资金,但亦采取了抵押担保、股权信托等担保方式保障信托资金的安全退出,且从合同约定的权利义务来看,新华信托并不能按照其已经登记为博翔公司唯一股东的身份而全部获取公司利益,也即该投资行为并非《公司法》意义上典型的股权投资,新华信托与博翔公司、谢某镍、谢某峰、谢某姝等均应依照信托计划约定及各方真实意思表示履行,新华信托并不能因此而实质获得博翔公司 100% 的股权,即使百年城项目获得重大利益,新华信托公司也不能依据其工商注册行为而完全自己享有。该交易的实质内容是新华信托为到期收取固定资金收益，而为博翔公司及其股东所为的一种融资借款行为，属于信托公司的正常经营活动。该信托投资关系的实质是新华信托与博翔公司及其股东谢某镍、谢某峰、谢某妹之间形成债权债务关系，各方均应依约履行。所作增资注册为股东、股权转让等形式只能是法律并无明确规定的让与担保。

例如，中融国际信托有限公司与张某某、北京安华图房地产开发有限公司、北京家全基业物业管理有限公司公司决议效力确认纠纷案【北京市第一中级人民法院(2021)京01民终184号民事判决书】。法院认为：从中融信托与家全基业、安华图公司签订的信托计划相关协议来看，中融信托设立信托计划募集信托资金，以入股安华图公司的形式向安华图公司的房地产开发项目投资，并约定中融信托有权于信托计划期满前要求安华图公司股东家全基业回购股权，继而收回信托资金并获取溢价收益。故中融信托实际是以其受让的股权作为其到期收回信托资金及收益的担保。经中融信托确认的《特别授权一》中亦阐明了中融信托与家全基业之间“明股实债”法律关系的实质，签订信托计划相关协议的真实意图是家全基业为安华图公司房地产开发项目引资，中融信托投入资金获取收益，因此中融信托与家全基业之间的股权转让实为股权让与担保的法律关系。

例如，福建省时代华奥动漫有限公司等与中铁信托有限责任公司借款合同纠纷案【最高人民法院(2020)最高法民终39号民事判决书】。法院认为：特别是从《合作协议》的内容上看，《合作协议》约定中铁信托公司以9000万元受让华奥动漫公司90%股权和增加该公司资本公积金21,000万元的方式，向华奥动漫公司提供信托资金3亿元，同时《合作协议》约定由华奥动漫公司法定代表人严某溢价回购中铁信托公司所持有的股权及公积金权益以实现中铁信托公司的信托利益，因此中铁信托公司受让华奥动漫公司90%股权的目的是以股权让与担保的形式为其信托资金安全和实现信托利益提供保证。

16. 仅在公司内部将股东姓名记载股东名册了，而未变更工商登记，是否构成股权让与担保？

笔者认为，是否将股东姓名记载股东名册以及变更工商登记，不影响受让人让与担保权利的取得，仅存在是否能够对抗公司内部股东，对抗第三人问题。隐名股东的姓名并未记载股东名册，也未在工商登记，法律认可其股东地位，而让与担保中的债权人只要与原股东达成合意，就应当推定原股东具有转让的意思表示，受让人具有受让股权的预期期待。记载股东名册，完成工商变更登记仅仅是转让的随附义务，债权人可以履行合同为由请求债务人配合完成登记事宜，完善债权人权利。

17. 股权进行重新分配是股权让与担保的方式吗？

实务中，股权让与担保合同当事人对股权进行重新分配也是股权让与担保方式之一。例如，开原东和房地产开发有限公司、李某某与何某某与公司有关纠纷案【辽宁省沈阳市中级人民法院(2018)辽01民终11118号民事判决书】。法院认为：何某某基于与东和公司间的建筑施工合同关系同案外人李某某与东和公司签订《联合开发庆云东和城镇综合体项目协议》，协议约定李某某作为东和公司股东同意将东和公司股权进行重新分配，还约定了项目后期投资和利润分配，同时对项目收入分配顺序、比例、退股权等进行了约定。该协议所约定的股权重新分配，不属于公司增资、减资和股权转让范围内的股权比例变更，从双方间所约定的权利义务来看，该股权重新分配实际具有股权让与担保的属性。

第五章　股权让与担保和其他法律关系的区别

第一节　股权让与担保和股权转让

一、股权让与担保和股权转让的区别

股权转让协议是当事人以转让股权为目的而达成的关于出让方交付股权并收取价金,受让人支付价金获得股权的意思表示。股权转让是一种物权变动行为,股权转让后,受让人成为公司股东,取得股东权,即依法享有资产收益、参与重大决策和选择管理者等权利。而股权让与担保是指债务人或者第三人与债权人订立合同,约定将股权形式上转让至债权人名下,债务人到期清偿债务,债权人将该股权返还给债务人或第三人,债务人到期没有清偿债务,债权人可以对股权进行拍卖、变卖、折价偿还债权的一种非典型担保。根据《民法总则》第146条规定:"以虚假的意思表示隐藏的民事法律行为的效力,依照有关法律规定处理。"股权让与担保尽管外观上的股权过户登记与设定担保的真实意思表示不一致,但股权变更登记只是债权人保全自己权利的手段,就当事人之间的内部关系而言,应根据真实意思表示认定股权让与担保中的权利人享有的是有担保的债权,而非股权。

股权让与担保与股权转让属于不同的民事法律行为,对股权转让方、股权受让方、目标公司及其债权人会产生不同的法律后果,对其权利义务具有较大影响。股权让与担保从权利外观形式上表现为股权转让,二者相同之处都是签署股权转让协议,完成法定的股权转让的条件和程序,变更登记至受让人名下并公示,在外观上体现出股权的转移;协议标题采用了"转让"用语,协议中约定了转让安排、转让价款、变更登记事项等,协议在当事人各方之间达成合意,符合《公

司法》关于有限责任公司股权转让的条件与程序,已经公示并变更登记至债权人名下,在外观上实现了权利转移。因此,股权让与担保与股权转让很容易混淆。故诉争法律关系为整体性的股权让与担保还是单项的股权转让则成为案件裁判的首要问题。

实践中,在认定出让人与受让人之间是构成“股权让与担保”还是“股权转让”的问题上,不能简单依据合同的名称或形式来认定双方交易的性质,而应该从两者的本质区别出发,识别当事人的真实意思表示是为了转让股权取得对价,还是以转让股权的方式为债务提供担保。

《法官会议纪要》认为:认定一个协议是股权转让、股权让与担保还是股权质押,不能仅仅看合同的形式或名称,而要探究当事人的真实意思表示。如果当事人的真实意思表示是通过转让标的物的方式为主合同提供担保,则此种合同属于让与担保合同,而非股权转让或股权质押。让与担保合同是双方的真实意思表示,不违反法律、行政法规的强制性规定,依法应当认定合同有效。在已经完成股权变更登记的情况下,可以参照最相近的担保物权的规定,认定其具有物权效力。在主债务期限届满后仍未履行的情况下,名义上的股权受让人对变价后的股权价值享有优先受偿权,但原则上无权对股权进行使用收益,不能享有《公司法》规定的股东所享有的参与决策、选任管理者、分取红利的权利。

例如,国药集团宜宾制药有限公司、国药集团成都信立邦生物制药有限公司与杭州功臣投资有限公司等合同纠纷案【四川省宜宾市南溪区人民法院(2018)川1503民初1762号民事判决书】。法院认为:双方的真实意思表示所形成的合意是判断双方之间真实法律关系的重要依据,对双方形成股权让与担保关系还是股权转让关系的区分,应当结合该二者法律关系的构成要素、双方的真实合意和合理的举证责任分配制度加以综合分析。

例如,徐某某、孙某与周某某、王某某、黄某某、储某股权转让纠纷案【上海市高级人民法院(2019)沪民终534号民事判决书】。法院认为:与一般财产的让与担保相比,股权让与担保兼具股权与人身权双重属性,对系争合同法律性质的厘定既关涉当事人股东权利的合理行使及基础债权的合法实现,亦关系到股权转让对外效力的行使范围及善意第三人的利益保护,故在认定2014年1月27日签订的《股权转让补充协议》性质是股权转让还是股权让与担保时,既需要考察是否符合让与担保的一般法理,又需综合考量股权兼具股权和人身权属性的复合型权利特点。

通常情况下，认定是构成"股权让与担保"还是"股权转让"，可以综合考察以下因素：是否存在被担保的主债权债务关系，是否存在股权回购条款，股东是否享有并行使股东权利等。《民法典担保制度解释》（征求意见稿）第 67 条【将股权形式上转让至债权人名下的担保】第 2 款规定："人民法院在认定某一交易是股权转让还是将股权转移至债权人名下的方式为债务履行提供担保，需要综合考察以下因素：（一）是否存在被担保的主债权债务关系；（二）是否存在股权回购条款；（三）股东是否享有并行使股东权利。"尽管在正式发布的《民法典担保制度解释》中将上述区分因素删除，但仍可在区分股权让与担保与股权转让时参考上述判定因素。

二、股权让与担保还是股权转让的司法认定

具体到司法实践中，判断股权让与担保和股权转让，法院通常从以下几个方面综合推断当事人真实意思并进行认定。

（一）合同目的不同

究竟如何辨识和确认当事人之间的法律关系是股权让与担保，或是股权转让？核心问题是需要探究当事人的真实意思表示，正如《法官会议纪要》认为：认定一个协议是股权转让、股权让与担保还是股权质押，不能仅仅看合同的形式或名称，而要探究当事人的真实意思表示。如果当事人的真实意思表示是通过转让标的物的方式为主合同提供担保，则此种合同属于让与担保合同，而非股权转让或股权质押。

从合同目的来看，需要考察当事人签订该类合同的真实意思是为履行其他合同设定担保，还是为了通过支付对价获得案涉标的物的所有权。股权转让是当事人出于转让股权的目的而签订协议。股权让与担保的目的在于为主债务提供担保，受让人通常不为此支付对价，同时未届清偿期前受让人不得行使和处分受让股权。例如，股权转让协议附有解除条件或转让协议中设置回购条款，当债务清偿完毕，转让协议解除或者转让人必须回购股权。

具体来讲，"股权转让"与"股权让与担保"区分的价值在于：受让人的身份，是债权人还是股东？如果认定是股权转让，则受让人是股东，拥有《公司法》规

定的股东的全部权利和义务，包括但不限于资产收益权、参与重大决策和选择管理者权、知情权、优先购买权等，在出让人未履行或未全面履行出资义务的情况下，依法与出让人一起承担连带责任；如果认定是股权让与担保，即受让人是债权人，股权让与担保中的权利人享有的是有担保的债权，而非股权。

例如，北京嘉彩华塑科技有限责任公司与北京和祥恒房地产开发有限公司、吴某、刘某某、马某公司决议纠纷案【北京市高级人民法院（2021）京民申1202号民事裁定书】。法院认为：对涉案《框架协议》中所约定的股权转让条款的性质认定，不能仅仅看合同的形式或名称，而要探究当事人的真实意思表示，而对于合同当事人的意思表示的解释应当以客观立场作为原则性评价标准。

例如，田某某与河南天宝置业有限公司、河南省太行置业有限公司与公司有关的纠纷案【最高人民法院（2019）最高法民申6422号民事裁定书】。法院认为：股权让与担保从形式上看表现为股权转让，但与股权转让比较，二者的性质有别，不可混淆。从合同目的看，股权转让是当事人出于转让股权目的而签订的协议，转让人的主要义务是转让股权，受让人的主要义务是支付股权转让款。而股权让与担保目的在于为主债务提供担保，受让人通常并不为此支付对价。因此，认定一个协议是股权让与担保还是股权转让，不能仅仅看合同的形式和名称，而要探究当事人的真实意思表示。如果当事人的真实意思是通过转让股权的方式为主合同提供担保，则此种合同属于让与担保合同，而非股权转让合同。

例如，深圳市美林投资管理有限公司等与舒某某、华瀚科技有限公司等让与担保合同纠纷案【广东省深圳市中级人民法院（2017）粤03民终16526号民事判决书】。法院认为：根据2012年4月27日《协议书》约定，华瀚公司、郑某某、唐某某尚欠特定债权人（包括美林资产公司）债务，华瀚公司、郑某某与唐某某同意按约定承担违约责任，美林资产公司为舒某某寻找买家，以1亿元受让其实际控制的鑫宏公司100%的股权；2012年5月7日《惠州大亚湾鑫宏实业有限公司股权转让协议》约定，舒某某将鑫宏公司股权转让给美林投资公司和钟甲；2013年7月3日《债务清偿安排协议书》约定，美林资产公司、钟乙收齐款项后协调有关持股人与华瀚公司、郑某某与唐某某在一周内解除此前作为债务担保签署的《惠州大亚湾鑫宏实业有限公司股权转让协议》，把股权转让给原股东或华瀚公司、郑某某与唐某某指定的持股人，并按华瀚公司、郑某某与唐某某指定出任股东的人办妥工商变更登记等合同相关约定，舒某某将鑫宏公司股权转让给美林投资公司、钟甲名下作为华瀚公司、郑某某与唐某某履行相关债务的担保，如华瀚公司、郑某某与唐某某依约清偿债务，则美林投资公司、钟甲将该股权转回给原股东。舒某某将涉案股权转让给美林投资公司、钟甲的上述行为实质是为保证美林资产公司相关债权得以实现而提供的股权让与担保。舒某某与美林投资公司、钟甲于2012年5月7日所签的《股权转让协议》实际上不是股权转让合同，而是让与担保合同。

例如，李某某与袁某某、南京天鼎混凝土工程有限公司合同纠纷案【江苏省南京市中级人民法院(2018)苏01民终4676号民事判决书】。法院认为：上诉人李某某与被上诉人袁某某于2017年11月4日签订的协议书约定："天鼎公司股东袁某某、周某某将全部股份(100%)转让至李某某名下，该股份不得再转让给除袁某某外的第三人；公司法定代表人仍为袁某某，公司仍由袁某某经营，盈利归袁某某所有，李某某不参与分配"，"天鼎公司结欠李某某的欠款500万元(以双方实际结算为准)，袁某某应于2018年1月底负责还清给李某某；如到期没有归还，则100%股份李某某凭500万元(以双方实际结算为准)收购"，"如袁某某于2018年1月底还清欠款，则李某某将在天鼎公司无偿持有的全部股权(51%)无条件转让至袁某某名下"。股权让与担保，是指债务人或第三人为担保债权人的债权，将所持股权变更登记于债权人名下，债务清偿后，债权人再将股权变更登记于债务人或第三人名下，债务人不履行债务时，担保权人可以就名下股权受偿的非典型担保。根据上述协议内容，双方当事人的真实意思并非转让天鼎公司股权，而是以转让股权作为袁某某还款的担保，在袁某某按期归还相应欠款后，李某某将天鼎公司51%股权无偿转让到袁某某名下。结合协议签订后案涉股权已变更登记至李某某名下的事实，可以认定双方之间无真实股权转让的意思表示，其真实行为系借款的非典型担保行为。

例如，河北神兴建筑工程有限公司、曹某某与河北宸源房地产开发有限公司、莱芜市隆福房地产开发有限公司、陈某某股东资格确认纠纷案【山东省济南市中级人民法院(2019)鲁01民终637号民事判决书】。法院认为：民事法律行为应当具备意思表示真实的要件，本案中，虽然《股权转让协议》的名称及形式上表现为股权转让，但双方当事人对合同性质的主张并不一致，应判断当事人签订《股权转让协议》的真实意思表示。神兴公司与隆福公司于2015年6月28日签订了《合作开发协议书》，以神兴公司名义贷款，用于星河城项目，销售回款优先用于支付神兴公司的借款本息、隆福公司欠神兴公司的工程款以及利润分成;同年11月24日宸源公司与曹某某签订《股权转让协议》,将持有的隆福公司51%股权以2601万元的价款转让给曹某某,双方对隆福公司股权结构进行了相应工商变更登记;2016年1月28日曹某某又出具《承诺书》,承诺在持股期间不对股东以外其他人转让股权,待神兴公司按照《合作开发协议书》约定收回投资并享受利润分成后,自愿放弃其在隆福公司享有的股东利润分成,同意按宸源公司股权转让条件将股权转让给宸源公司或宸源公司权利义务接受方,且曹某某未支付股权转让价款。从以上事实可以看出,《股权转让协议》的签订与《合作开发协议书》相关权利的实现有关,曹某某承诺神兴公司基于该合作协议的权利实现后放弃股东利润分成,并将股权原条件转回的情形均不符合真实股权转让的目的,宸源公司与曹某某签订《股权转让协议》,将其所持隆福公司51%股权转让给曹某某并办理变更登记,真实意思是通过让与股权的方式为神兴公司在《合作开发协议书》中的债权设定担保,属于股权让与担保,而非曹某某取得股权。因此,本案《股权转让协议》实为股权让与担保合同,不违反法律、行政法规的强制性规定,应确认有效。

例如,亿仁投资集团有限公司等与北京安鼎信用担保有限公司等股权转让纠纷案【珠海市中级人民法院(2013)珠中法民二终字第400号】。法院认为:从本案股权转让合同形成的过程来看,安鼎公司与无锡亿仁公司在2009年9月28日签订委托贷款合同,珠海亿仁公司作为担保方最初的意思表示是提供公司土地抵押以作为债权履行的保障,但因其他因素导致土地抵押无法设立,遂双方以便函方式协商新的担保方式即变通为以股权转让的方式来担保债的履行。故本案双方当事人签订的《股权转让合同》是在特定情形下为担保债权履行而签订的,并非当事人最初形成的以买卖股权为直接目的的意思表示。

例如,深圳市奕之帆贸易有限公司、侯某某与深圳兆邦基集团有限公司等合同纠纷案【最高人民法院(2018)最高法民终751号民事裁定书】。法院认为:《股权担保协议》开宗明义,为确保奕之帆公司能够承担债务偿还和后续资金的支付义务,该公司愿意将其持有的鲤鱼门公司30%股权以过户的方式抵押给奕之帆公司与兆邦基公司共同持股的康诺富公司。该协议将奕之帆公司及鲤鱼门公司等对案外债权人的债务以及奕之帆公司对兆邦基公司2.5亿元的或然借款债务纳入担保范围。综合考虑奕之帆公司将30%股权过户给康诺富公司的目的并非出让股权，而是担保相关债务的履行，即奕之帆公司如完全履行了偿还和支付义务则可要求归还30%股权，如未能履行义务或由兆邦基公司代偿则兆邦基公司可以该30%股权所对应的权益份额来抵偿，可认定《股权担保协议》实质上系设立让与担保的协议，一审判决认定该协议体现了让与担保的特征并无不当。实务中，也存在当事人既签署借款合同，又签署股权转让协议，约定以一定的价格购买公司一定比例的股权。该价款既是借款合同项下的借款又是股权转让协议的股权转让款。但如果能够确定当事人签订股权转让协议的真实意思是确保借款合同不能清偿时以股权的转让作为借款合同的担保，则双方建立的是股权让与担保法律关系，而非股权转让法律关系。例如，游某与厦门鼓浪屿杨家园酒店有限公司民间借贷纠纷案【福建省厦门市中级人民法院（2019）闽02民终4218号民事判决书】。法院认为：《借款合同》签订的同时，黄某某以其所有七星公司的名义又与游某签订了一份《股权转让协议》，约定以180万元价格购买杨家园公司18%股权。协议虽约定180万元股权转让款于×××年11月17日之前支付。但×××年11月17日之前七星公司并未再另行支付180万元，游某对七星公司未再另行应支付180万元股权转让款的问题，并没有向黄某某或七星公司提出。根据《民间借贷规定》第24条关于让与担保的规定："当事人以签订买卖合同作为民间借贷合同的担保，借款到期后借款不能还款，出借人请求履行买卖合同的，人民法院应当按照民间借贷法律关系审理，并向当事人释明变更诉讼请求。"因此，讼争180万元既是借款合同项下的借款又是股权转让合同的股权转让款。黄某某作为出借人与游某签订《借款合同》的同时又签订了《股权转让协议》，双方签订股权转让协议的真实意思是确保借款合同不能清偿时以股权的转让作为借款合同的担保，《股权转让协议》事实上是双方之间形成的让与担保。依据《民间借贷规定》第24条规定，游某、杨家园公司上诉以黄某某亦实际参与了杨家园的管理，主张双方之间的180万元借款系股权转让法律关系，本院不予采纳。

（二）独立存在债务主合同

让与担保作为一种非典型担保，属于从合同的范畴。与此相对应，往往还会存在一个主合同。而股权转让一般不存在类似问题。因此，是否存在主合同是判断一个协议是股权转让协议还是股权让与担保的重要标准。当然，主合同并不一定要单独签署,可以和股权让与担保从合同存在于一份合同中,只不过在同一份合同中体现出的是主债务(如借贷)和股权让与担保两个法律关系。此外,主债权不以已经存在的现实债权为必要,将来变动中的不特定债权亦可。而股权转让则不存在主、从合同问题,其本身就是一个独立、完整的合同。正如最高人民法院在《〈全国法院民商事审判工作会议纪要〉理解与适用》一书中指出,是否存在主合同是判断一份协议是财产转让协议还是让与担保的重要标准。让与担保虽非法定担保,但其核心在于"担保"功能,若主债权不存在,则法院一般不会将相关交易安排认定为股权让与担保。

例如,西藏信托有限公司与胡某某、北京博源工贸有限责任公司股东资格确认纠纷案【北京市第一中级人民法院(2019)京01民终2736号民事判决书】。法院认为:在让与担保关系中,通常存在主从两份合同,股权让与担保作为从合同,是为了担保主合同项下的债务而订立的,这也是判断一个协议是股权转让还是股权让与担保的重要标准。本案中,当事人均认可博源公司与西藏信托公司之间存在3笔债权债务关系,涉及本金约3亿元,故上述3份借款合同应为主合同。而胡某某与西藏信托公司之间的股权转让协议即应当属于为了担保上述主合同的履行而签订的从合同。

最高人民法院在《〈全国法院民商事审判工作会议纪要〉理解与适用》一书中指出,是否存在主合同是判断一份协议是财产转让协议还是让与担保的重要标准。让与担保虽非法定担保,但其核心在于"担保"功能,若主债权不存在,则法院一般不会将相关交易安排认定为股权让与担保。

例如,徐某某、孙某与周某某、王某某、黄某某、储某股权转让纠纷案【上海市高级人民法院(2019)沪民终534号民事判决书】。法院认为:首先,协议中存在被担保的主债权债务关系,亦有以股权作为担保的意思表示。根据系争协议第1条约定:丙方(周某某)(委托上海四通电力设备集团有限公司代为划付)和丁方(王某某)(已经于2013年12月30日委托西沃特厂代为划付上述土地价款的20%,计990万元整,并于2012年12月7日通过协议转让合法获得通定公司10%股权)愿意共同帮助甲方(徐某某)、乙方(孙某某)按时支付上述土地价款的资金共计:4950万元整,同时按照国家规定支付相应的各项税费,按实际支出金额到时一并总计代付总金额。资金使用费按实际支出金额和支出时间支付,资金使用费率为每月2.5%,不足月的按实际天数计算。第2条约定:为确保周某某、王某某的代付资金和资金使用费能安全返还,徐某某、孙某某同意将通定公司中徐某某合法拥有的90%股权转让给周某某……根据上述约定及当事人陈述,本院认为,因孙某某、徐某某资金短缺无法完成浦东新区新场镇的土地出让手续,故各方签署本系争协议,合同目的系为获得周某某、王某某提供给通定公司的4950万元借款,徐某某提供其持有的通定公司90%股权,为周某某、王某某出借给通定公司的4950万元借款的主债权提供担保。上述条款表明4950万元借贷法律关系系作为主合同独立存在,有关以股权担保的部分属从合同,具有从属性。

让与担保作为担保权利,也要遵循担保的从属性,即在让与担保(以转让为外观)之上,还有另外一个债权债务法律关系。如果可以查明主债权债务法律关系的存在,则可以认定让与担保而非转让。例如,安徽省天享肥业有限责任公司与滁州市众鑫包装有限公司等追收未缴出资纠纷案【安徽省滁州市中级人民法院(2019)皖11民终3138号民事判决书】。法院认为:本案中,赵某某、郑某某对中盛小贷公司、天享肥业公司负有债务,赵某某、郑某某与中盛小贷公司、张某某签订《内部股权转让协议》《股权转让协议》,约定将其持有的众鑫包装公司的股权转让给中盛小贷公司和张某某。从《内部股权转让协议》约定看,股权受让人不用支付股权转让金,不参与公司收益分配,不承担任何风险,且承诺在赵某某、郑某某还清借款本息后,把所持有的55%股权无偿转给赵某某、郑某某。中盛小贷公司指派张学祥为55%股权持有人。赵某某、郑某某与天享肥业公司于2014年12月17日签订的《股权转让协议》也明确约定,天享肥业公司承诺在赵某某、郑某某还清欠款及为赵某某、郑某某担保的贷款本息后将股权全部归还给赵某某、郑某某。

(三)保障债权实现

如果当事人签订股权转让协议是为了股权受让人相应债权的实现,在债务清偿后,受让人将股权无条件返还,则为股权让与担保。例如,北京嘉彩华塑科技有限责任公司与北京和祥恒房地产开发有限公司、吴某、刘某某、马某公司决议纠纷案【北京市高级人民法院(2021)京民申1202号民事裁定书】。法院认为:按照上述《框架协议》安排,嘉华公司在与和祥恒公司合作期间通过由嘉华公司对外清偿和祥恒公司债务,以及推进康斯丹郡项目销售等方式,嘉华公司对和祥恒公司形成了相应债权，为担保嘉华公司的上述债权，和祥通公司、吴某、秦某等人同意将其持有的和祥恒公司68%的股权转让给嘉华公司或其指定公司，即嘉华公司与和祥恒公司、和祥通公司、吴某、秦某签订股权转让条款的目的旨在担保嘉华公司相应债权的实现，待和祥恒公司清偿债务后，嘉华公司则将上述股权无条件返还。

如果不存在借款合同关系，则股权变更登记系股权转让行为，并不构成股权让与担保。例如，薛某某与陕西立信美原投资有限公司、西安浐灞生态区泰腾房地产开发有限公司股东资格确认纠纷案【陕西省西安市中级人民法院（2018）陕01民终10426号民事判决书】。法院认为：因于某某与夏某某之间不存在借款合同关系，担保关系亦不存在，于某某与夏某某的股权变更登记系股权转让行为，并不构成股权让与担保，故于某某主张本案是借款合同关系，股权变更登记行为是股权让与担保的上诉理由不成立，本院不予支持。

例如，联大集团有限公司与安徽省高速公路控股集团有限公司股权转让纠纷案【最高人民法院（2013）民二终字第33号民事判决书】。法院认为：让与担保是以转让财产所有权为形式，以为主债权提供担保为目的的行为，由于本案双方当事人之间不存在借款事实，也就不存在让与担保所依附的主合同，且也没有证据证明联大集团转让股权系以提供担保为目的，故联大集团的上述观点不能成立。

（四）不支付股权转让款

股权转让的本质是股权交易，股东权利发生实质性变更，受让方在取得股权的同时负有支付转让款等对价义务；而股权让与担保的本质是一种债的担保方式，股权实质仍归出让方所有，受让方名为股权所有人，实为担保权人，也无支付股权对价的义务。

例如，陆某某与广州市泛美房地产开发有限公司合同纠纷再审案【最高人民法院（2020）最高法民申4636号民事裁定书】，法院认为：本案中，陆某某向泛美公司出让的银建公司51%的股权，泛美公司已经支付1.5亿元股权价款。案涉《协议书》第7条5.1条款约定："泛美公司确认在持有银建公司51%的股权期间，不得出让、抵押和设定任何第三者权益，以保证在符合本协议约定的条件时，陆某某可以回购股权，但超过5年未达到回购条件时，泛美公司有权不按本协议约定的股权转让条件，根据股权价值处置该股权，处置所得归泛美公司所有。”结合《协议书》第7条4.3条款的内容，陆某某若选择回购，则泛美公司可以获得回购款及其他债务的清偿；若不回购，则泛美公司所受股权处分的限制得以解除。换言之，泛美公司已经支付的1.5亿元股款并非出借款项，陆某某对此不负有还款义务。另外，案涉双方并未在《协议书》中约定将所交易的股权作为担保物以保障泛美公司债权清偿，陆某某亦没有提供证据证明双方就该内容形成其他约定。结合本案实际情况，原审法院认定案涉双方未构成让与担保关系，并无不当。

例如，滕某与滕某某股权转让纠纷案【最高人民法院(2017)最高法民再100号民事裁定书】。法院认为：滕某某虽然取得股权的时间在双方签订《协议书》之前，但没有证据证明滕某某取得阜新中地信公司的股权已经支付了对价。从上述《协议书》约定内容看，滕某某作为公司股东的权利只有监督滕某偿还《借款协议》的款项，并且有义务在滕某和公司还清借款后将公司股权无条件送给滕某，并退出公司，公司的一切债权债务都由滕某承担。因此，可以认定滕某某取得阜新中地信公司51%的股权是作为滕某履行《借款协议》向案外人陈某等人还款的担保，滕某按约定还款是滕某某返还阜新中地信公司51%股权给滕某的条件，这是一种非典型的担保方式，对双方具有法律拘束力。

由于在股权让与担保中，当事人转让股权的目的在于担保债权的实现，而并非真正转让股权，故股权让与担保项下当事人往往约定，受让方无偿受让股权或以较低的价格受让股权。可见，转让价款是否合理以及价款是否实际支付是法院认定股权让与担保的重要依据。

例如，西藏信托有限公司等与胡某某股东资格确认纠纷案【北京市高级人民法院(2019)京民申3169号民事裁定书】。法院认为：博源公司名下房产及土地价值几亿元，而胡某某与西藏信托之间的股权转让协议未约定任何对价，显然不符合常理。综合全案情况，法院最终将股权转让协议认定为让与担保。

转让方将股权转让给受让方，但受让方并未支付相应的股权对价款，不符合一般股权转让的交易性质。例如，黄某某、张某、防城港市湛港房地产开发有限公司与张甲股东资格确认纠纷案【广西壮族自治区防城港市中级人民法院(2020)桂06民终1386号民事判决书】。法院认为：黄某某与张甲在2010年11月18日签订《股权质押合同》作为《借款合同》的担保后，张甲与张乙于2010年

12 月 6 日签订了《股份转让协议书》,约定张甲将其在湛港公司 37.5% 的股权转让给张乙。在判断案涉《股份转让协议书》的性质时,不能仅就该转让协议本身的约定作出认定,应将本案当事人签订的一系列协议作为一个整体,根据各方的交易目的、合同实质特征以及履行情况等综合作出认定。本案中,张甲将湛港公司的股权转让给张乙,但张乙并未向张甲支付相应的股权对价款,不符合一般股权转让的交易性质。

例如,龚某某与王某股权转让纠纷案【江苏省南通市中级人民法院(2017)苏 06 民终 3107 号民事判决书】。法院认为:股权让与担保是债务人以出让股东权利担保债务履行的一种担保方式,其在形式上与股权转让一样会发生股权的转移变更,但是,当事人在两类法律关系中的权利义务却存在本质区别。股权转让的本质是股权交易,股东权利发生实质性变更,受让方在取得股权的同时负有支付转让款等对价义务。股权让与担保的本质是一种债的担保方式,双方股权变更源于另一债权债务发生,出让方为担保该债务履行而让与其股东权利,在出让方或第三方履行债务后享有股权返还请求权,股权仍归出让方所有,受让方名为股权所有人,实为担保权人,并无支付股权对价的义务。

例如,北京哈特新型建材投资管理有限公司等与宋某股权转让纠纷案【北京市第三中级人民法院(2019)京 03 民终 10847 号民事判决书】。法院认为:合同当事人约定的股权转让对价具有合理性,且受让人在合同签订后实际支付了股权转让对价,法院由此将该交易结构认定为股权转让,而非股权让与担保。

例如,辽宁端麟装饰工程有限公司与孟某某股权转让纠纷案【辽宁省沈阳市中级人民法院(2020)辽 01 民终 2411 号民事判决书】。法院认为:本案双方当事人争议的焦点是:本案双方当事人之间的法律关系性质。在此基础上,如为股权转让合同关系,上诉人是否给付完毕转让对价。关于双方法律关系性质,上诉人主张系基于借款合同而产生的股权让与担保,从上诉人提供的关于借款事项的相关证据来看,没有关于上诉人与被上诉人之间直接发生借款事宜的证据,而对于上诉人主张的会议纪要中提及的借款担保事宜,涉及本案目标公司的部分也没有明确的处理意见,无法作为认定目标公司股权担保的依据。对于上诉人主张的集团公司出借款项一节,在本案中也没有提供相应的借款事实发生依据,被上诉人对此也予以否认,本案中的现有证据不足以认定上诉人以借款合同关系而主张的股权让与担保。而被上诉人主张的股权转让合同关系,有双方签订确认的书面协议，且已实际办理了股权变更登记，且上诉人在二审中提供的生效法律文书中也明确认定本案所涉协议为股权转让的意思表示，因此本院认定双方当事人之间系股权转让关系。

例如，深圳市悦景江边投资有限公司等与深圳市光耀地产集团有限公司等合同纠纷案【广东省深圳市中级人民法院（2019）粤03民终24052号民事判决书】。法院认为：首先，《股权回购协议》明确签订本协议的前提是鉴于相关各方之间签署的《借款合同》《流动资金借款合同》，且郭某某、光耀集团在协议签署9个月内清偿前述《借款合同》《流动资金借款合同》项下债务后可以1元的价格回购案涉股权。其次，光耀资管公司协议签署9个月内从光耀房地产公司获取的利润分红或现金用于清偿郭某某、光耀集团在前述《借款合同》《流动资金借款合同》项下的债务后，郭某某、光耀集团可以1元的价格回购案涉股权，且剩余利润归郭某某、光耀集团所有，亦即股权变更登记至光耀资管公司名下后，郭某某、光耀集团仍实际享有案涉股权权益。再次，协议签署之日起满9个月后，光耀资管公司可自行处置案涉股权，但处置股权所得价款仍应优先用于清偿郭某某、光耀集团在前述《借款合同》《流动资金借款合同》项下的债务，亦即郭某某、光耀集团实际享有股权处置价款利益——悦景公司主张剩余利润归其所有，并无事实依据，且结合处置价款用于清偿郭某某、光耀集团债务及郭某某、光耀集团应就不足部分继续清偿之约定，所谓剩余利润归于郭某某、光耀集团在解释上更为妥当。又次，虽然悦景公司主张郭某某、光耀集团资金链断裂、无力完成后续项目开发，但根据日常生活经验，即使光耀房地产公司无账面资产，但其在案涉股权转让时正在推进的城市更新项目具有较高价值，《股权转让协议书》所约定的1元绝非取得案涉95%股权的合理对价——如果案涉股权的合理交易对价就是1元，相关各方为此大费周章订立合同就完全不合情理。最后，悦景公司主张其受让股权后向光耀房地产公司投入巨资，实际履行股东义务及行使股东权利，无论是否属实，均已经超出案涉合同约定，悦景公司不得以股权转移登记后的单方行为改变合同性质，如其认为郭某某、光耀集团因此受有利益，可另寻法律途径解决。

例如，肖某与郭某某、欧阳某某、胡某破产撤销权纠纷案【江西省吉安市中级人民法院（2018）赣08民终1413号民事判决书】。法院认为：股权转让的本质是股权交易，股东权利发生实质性变更，受让方在取得股权的同时负有支付转让款等对价义务。股权让与担保的本质是一种债的担保方式,股权实质仍归出让方所有,受让方名为股权所有人,实为担保权人,也无支付股权对价的义务。

例如,虞某某与胡某、曹某甲、曹某乙、贵州山城生态移民发展有限公司合同纠纷案【贵州省毕节市中级人民法院(2019)黔05民终1467号民事判决书】。法院认为:因双方当事人均认可系基于《股权质押借款合同》的约定,经山城公司股东曾某、楼某某同意,双方签订《股权转让出资协议》,将原告所持山城公司40%的股份转让给被告胡某,并由被告胡某向原告出具《委托持股证明》。结合《股权质押借款合同》《股权转让出资协议》《委托持股证明》等证据和双方当事人的陈述,及被告并未实际向山城有限公司出资,也未实际向原告交付股权转让款项的情况进行分析判断,原告将股权变更登记到胡某名下及签订股东出资协议等行为系股权让与担保约定的履行,而非股权转让行为。

例如,安徽昊春包装有限公司与舒城汉铭保利旅游投资有限公司等合同纠纷案【安徽省高级人民法院(2019)皖民终1041号民事判决书】。法院认为:根据案已查明的事实,还款协议的签订源于投资合作协议,投资合作协议名为投资,实际内容系约定叶某、李某某、浙江至诚投资有限公司将其在立诚包装公司、绿成纸业公司、昆仑热电公司的股权转让给中保华企公司,并约定了股权转让双方的权利义务关系,但该协议对股权转让对价没有具体数额约定,双方当事人亦没有补充协议确定股权转让价款。且该投资合作协议签订后,中保华企公司并未将2400万元的投资款支付给股权转让方,而是汇入立诚包装公司账户,也未办理股权转让的工商变更登记。上述事实表明,股权转让协议必备条款并不具备,亦未实际履行,该协议具有双方当事人对投资合作事宜的股权让与担保性质,昊春包装公司主张案涉投资合作协议实质为股权转让协议的上诉理由不能成立。

例如,潘某某与四川信托有限公司等合同纠纷案【最高人民法院(2019)最高法民终688号民事判决书】。法院认为:案涉《股权收购及转让协议》并非以股权让与方式担保借款合同债权。潘某某主张案涉《股权收购及转让协议》的签订是其以股权让与方式用东方蓝郡公司股权向四川信托对其享有的1.5亿元借款债权提供担保,但如前所述,潘某某未能提供证据证明其与四川信托之间存在借款关系,股权让与担保成立的前提并不存在。同时,股权让与担保是以转让股权的方式达到担保债权的目的,但本案当事人签订《股权收购及转让协议》的目的并不在于担保债权。因为潘某某在协议签订时并不是东方蓝郡公司股权持有人,其不具备以该股权提供让与担保的条件和可能;而新伊公司作为东方蓝郡公司股权持有人和出让人,无论其真实的交易对象是四川信托还是潘某某,新伊公司的真实意思都是出让所持股权,而不是以股权转让担保债权。

例如,刘甲与刘乙、桂阳县富民小额贷款有限责任公司合同纠纷案【湖南省高级人民法院(2020)湘民终1809号民事判决书】。法院认为:刘乙以富民小贷公司名义与刘甲协商签订的《协议书》第1条和第2条的约定符合让与担保法律特征,但双方同日签订的《股权转让协议》应当是为在工商部门办理刘乙成为公司名义上股东而签订的,同时股权转让协议第2条没有约定转让价款支付的方式和时间。

例如,北京嘉彩华塑科技有限责任公司与北京和祥恒房地产开发有限公司、吴某、刘某某、马某公司决议纠纷案【北京市高级人民法院(2021)京民申1202号民事裁定书】。法院认为:本案庭审期间,各方当事人均认为涉案股权转让时嘉华公司并未支付转让对价。嘉彩公司及和祥恒公司(刘某某)等虽上诉主张因当时和祥恒公司转让股权时资不抵债,且存在巨额债务,故股权没有价值,但其并未提交充分证据佐证,该行为亦与理性的商事主体的交易行为相悖。

例如,上海江畔企业管理有限公司与上海财通资产管理有限公司等股权转让纠纷案【上海市第二中级人民法院(2020)沪02民终5723号民事判决书】。法院认为:被上诉人作为股权受让方,长达6年未支付该1470万元转让款,签约出让方欣铭投资注销时,上诉人作为其股东未曾向被上诉人主张,对此巨额应收款项,上诉人解释原由为公司经营管理混乱,难以令人信服。

如果当事人的目的是转让股权,则应当将股权转让款支付到转让股东的个人账户,不应支付到公司账户。否则,当事人把所谓的股权转让款支付到公司账户,则说明当事人之间没有转让股权的目的,真实目的是向公司借款。例如,甘肃秦邦投资发展集团有限公司与刘某某、王某借款合同纠纷案【甘肃省兰州市中级人民法院(2017)甘01民初747号民事判决书】。法院认为:秦邦投资公司的500万元款项实际支付到冷弯公司账户,但与秦邦投资公司签订《股权转让合同》的却是当时冷弯公司的股东刘某某、王某,如果刘某某、王某的目的是转让冷弯公司的股权,则应当将股权转让款支付到刘某某和王某的个人账户,不应将所谓500万元股权转让款支付到冷弯公司账户,刘某某、王某本身没有转让冷弯公司股权的目的,刘某某、王某、冷弯公司的真实目的是借款。

签订《股权转让协议》后，当事人又约定了股权受让人须先行收回其本金及投资回报，否则目标公司的资金不得偿付其他人的借款。这也足见当事人的目的并非真正为了公司经营。例如，林某某与湖南省开元盛世投资有限公司、郴州市旭日东方房地产开发有限公司股东资格确认纠纷案【湖南省郴州市中级人民法院(2019)湘10民终4072号民事判决书】。法院认为：在林某某与开元公司签订《股权转让协议》后，林某某又与案外人屈某某签订了《合作协议》，约定了须先行收回其本金及投资回报，否则旭日东方公司的资金不得偿付其他人的借款。这也足见林某某受让开元公司的股权后即要求收回本金，其并非真正为了公司项目的经营。例如，孙某某与薛某某、钮某某股权转让纠纷案【江苏省淮安市中级人民法院(2020)苏08民终655号民事判决书】。法院认为：从协议约定的内容可以看出，协议未约定股权转让价款，而是约定公司在约定期限内退还薛某某的全部出资款，薛某某退出公司股东身份，孙某某以股权让与给薛某某的方式提供担保。

如果当事人签署股权转让协议约定的股权交易价格明显是按照公司注册资本金的比例确定的。而且在公司名下土地已投入巨额资金的情况下，受让人仅用很低的对价即可获得公司高比例资产并可能获取未来的收益价值。再加上协议约定股权转让之前的债务仍由原公司股东承担。综合以上事实可知，受让人受让股权实际价值和其支付的股权价格严重不符，明显不符合正常交易规则及常理。由此可以推断出让人以不合理的价格将股权转让给受让人并非其真实意思表示，其目的明显亦不是进行真实的股权转让交易，而是为受让人的借款提供担保。例如，卿某与何某某股权转让纠纷案【四川省高级人民法院(2016)川民终467号民事判决书】。法院认为：股权转让的转让人与受让人就转让股权事宜的意思表示真实，是股权转让合同合法有效的前提条件之一。就本案而言，首先，益安房地产公司注册资本为1000万元，《股权转让协议书》中约定的股权交易价格为425万元，该价格明显是按照益安房地产公司注册资本金的比例确定的。而内江市公安局市中区分局“询问笔录”证明，卿某明知益安房地产公司名下土地已投入4000多万元，卿某仅用425万元对价即可获得该公司42.5%的资产并可能获取未来的收益价值，且根据《股权转让协议书》第3条约定，股权转让之前的债务仍由原益安房地产公司股东承担。由此可见，42.5%的股权实际价值和卿某支付的股权价格严重不符，明显不符合正常交易规则及常理。由此印证何某某以如此不合理的价格将股权转让给卿某并非其真实意思表示，其目的明显亦不是进行真实的股权转让交易，而是为卿某的借款提供担保。本案二审庭审中，卿某称其受让的42.5%的股权，除支付425万元对价外，还需要承担转让股权之前益安房地产公司4580万元的债务。卿某的该陈述与《股权转让协议书》第3条关于股权转让之前的债务仍由原益安房地产公司股东承担的约定相矛盾，并且亦缺乏相应证据证明，本院依法不予采信。其次，根据内江市公安局市中区分局“询问笔录”卿某陈述“我就希望何某某把500万元和1650万元，共计2150万元还我，我就把85%股权还给他”，由此可以证明，卿某本人并没有受让股权的意思表示，而是通过股权转让方式担保其债权实现，也进一步印证了双方并无转让股权的合意。综合本案现有的证据判断，卿某与何某某之间并没有股权转让的真实意思表示，签订股权转让协议的目的并非转让股权，而是为何某某向卿某的借款提供担保，双方之间设立了一种非典型担保关系。该种担保方式未违反法律及行政法规的强制性规定，不损害社会公共利益和公序良俗，亦不损害第三人的利益，应认定有效。

股权转让协议签订后，受让人并未依约支付股权转让对价，而出让人仍将股权变更登记至受让人名下，且长达若干年时间，出让人也没有就股权转让款向受让人进行合理催告。由此可以推断，股权转让协议虽约定了转让标的、转让价款，具备股权转让的外在表现形式，但并不具备股权转让的真实意思表示。再加上当事人在另案提交的证据表明股权转让实质上是以股权作担保，还款即赎回。综合以上情形，当事人之间建立的是股权让与担保法律关系，而非股权转让法律关系。例如，榕江县天宏置业投资开发有限责任公司、李某某等与郑甲、龙某某民间借贷纠纷案【甘肃省高级人民法院(2020)甘民终592号民事判决书】。法院认为：关于郑甲与龙某某2015年8月24日所签《股权转让协议》的性质问题。根据郑甲诉天宏公司、李某某、郑乙股东资格确认纠纷案，龙某某诉郑甲股权转让纠纷案确认的事实，天宏公司2015年8月10日的《股东会决议》及2015年8月24日《章程》(修正案)均表明，天宏公司和其他股东均知悉该股权转让协议。股权转让与股权让与担保的区别在于，股权让与担保的目的在于为主债务提供担保，属于从合同范畴。本案中，郑甲与郑乙所签《投资入股协议书》即为该《股权转让协议》的主合同。郑甲依据该《合伙投资入股协议书》的约定获得25%的股权，其实质为龙某某出让其名下25%的股权用于担保郑甲对郑乙享有的900

万元借款本金及1500万元固定收益。该股权转让协议签订后30日内，郑甲并未依约支付股权转让对价，此情形下，龙某某仍于2016年1月27日变更股权登记至郑甲名下，至龙某某起诉郑甲股权转让纠纷一案前，长达3年时间，无证据证明龙某某进行了合理催告。因此，该《股权转让协议》虽约定了转让标的、转让价款，具备股权转让的外在表现形式，但并不具备股权转让的真实意思表示。在前述股东资格确认纠纷案中，天宏公司《证据清单》载明，其提交前述郑甲与郑乙所签《投资入股协议书》的证明目的中亦表述该协议所涉25%股权的约定实际是以股权作担保，还款即赎回。综合以上，该《股权转让协议》在转让目的、交易结构以及股东权利等方面均具有不同于单纯股权转让的特点，符合让与担保以权利移转方式实现债权担保目的的特征，且不违反法律、行政法规的禁止性规定，应为合法有效。

例如，北京哈特新型建材投资管理有限公司与宋某、张某某、宁波兴远联融投资中心（有限合伙）、北京哈特科技发展有限公司股权转让纠纷案【北京市第三中级人民法院(2019)京03民终10847号民事判决书】。法院认为：首先，依据各方签订的《股权转让合同》及《股权回购协议书》，上述两份合同的标的物均是哈特公司的股权。宋某与建材公司订立《股权转让合同》在于通过支付相应的股权转让对价，获得哈特公司相应的股权；其后，各方签订的《股权回购协议》中，虽约定了建材公司在回购股权时需按照固定收益支付回购款，但该协议同时赋予了建材公司选择权，即建材公司可以选择在股权转让合同签订之日起2个月内行使回购权，也可以放弃回购，继续履行《股权转让合同》。故上述《股权转让合同》及《股权回购协议书》所针对的对象均为建材公司所持有的哈特公司的股权，与出借人通过出借款项获得固定利息的借款合同存在明显区别。其次，从诉争《股权转让合同》约定的股权转让对价看，虽然宋某与建材公司在签订上述《股权转让合同》时没有就股权价值进行评估，但宋某主张双方系依据当时哈特公司资产负债情况进行的磋商，并提交了关于哈特公司资产和负债情况的相关证据，结合哈特公司注册资本相关情况，双方约定的股权转让对价具有合理性。建材公司虽不认可宋某的上述主张，并辩称哈特公司市值6亿元，但未就此提交充分证据佐证，且对于宋某所提交的哈特公司资产、负债材料的真实性并无异议。再次，依据宋某提交的哈特公司股东会决议，哈特公司已就建材公司向宋某转让股权事宜召开了股东会，并形成了相应的股东会决议，即哈特公司已经按照公司法及公司章程的规定，通过并认可了建材公司与宋某的股权转让行为。最后，从实际履行看，宋某在合同签订后支付了股权转让对价，本案审理期间，建材公司亦认可哈特公司的公章、证照由宋某控制，即宋某支付股权转让对价后，亦实际参与哈特公司的经营管理。综合上述情况，宋某与建材公司之间通过订立《股权转让合同》及《股权回购协议书》形成了股权转让及股权回购法律关系，在建材公司放弃股权回购权，宋某起诉要求办理诉争股权工商变更登记的情况下，一审法院认定双方法律关系为股权转让合同关系符合相关法律规定，本院予以确认。

（五）收取固定回报

例如，榕江县天宏置业投资开发有限责任公司、李某某、郑乙与郑甲、龙某某民间借贷纠纷案【甘肃省高级人民法院（2020）甘民终 592 号民事判决书】。法院认为：虽郑乙与郑甲签订的《合伙投资入股协议》约定郑乙应保证郑甲享有天宏公司 25% 的股权并待郑甲全部投资款及收益得以支付时回购其所占股权，且郑甲与龙某某签订《股权转让协议》并办理了变更登记，但因郑乙与郑甲签订的《合伙投资入股协议》约定，郑甲不承担投资风险，只享有固定收益，郑甲依据该协议获得的 25% 股权，实质是龙某某出让其名下 25% 的股权用于担保郑甲对郑乙享有的 900 万元债权本金及 1500 万元的固定收益。该《股权转让协议》虽有股权转让的外在表现形式，但并不具有转让股权的真实意思表示。龙某某将其股权转让给郑甲，实质是为郑甲提供股权让与担保。因此，龙某某与郑甲之间形成股权让与担保关系而非股权转让关系。按照 2019 年 11 月 8 日最高人民法院下发的《九民纪要》第 71 条第 2 款的规定，郑甲有权对龙某某持有的天宏公司 25% 的股权在拍卖、变卖、折价范围内优先受偿。

例如，张某某与陈某某、重庆九鼎浙商商贸城发展有限公司、乔某、陈某民间借贷纠纷案【重庆市高级人民法院（2019）渝民终 1059 号民事判决书】。法院认为：虽然前述协议的名称为股权转让及回购协议，但其内容反映各方当事人的真实意思并非是让乔某成为九鼎公司真正的股东并享有股东的权利和义务，而仅是通过让乔某支付一定款项后每月享受固定回报，即各方当事人之间建立借款关系以及以陈某持有的九鼎公司 33% 的股权为借款提供让与担保。该股权转让及回购协议的内容并不违反法律、行政法规的强制性规定，应属合法有效。故本案的法律关系为民间借贷而非股权转让。

例如,徐某某与福建世纪金福投资有限公司等借款担保合同纠纷案【福建省福州市中级人民法院(2014)榕民初字第1900号民事判决书】。本院认为:原告与被告签订的案涉合同虽名为股权转让合同,但根据案涉合同内容以及合同履行情况来看,本案讼争法律关系实为借款担保关系,分析如下:

首先,原告的500万元款项系支付给被告金福公司并明确约定该款项用于金福公司商业地产项目的工程支出,且约定由金福公司向原告支付相对固定的回报而不受公司盈亏状况影响,该特征符合借款合同关系中出借人与借款人约定收取固定利息的一般特征。

其次,合同第5条亦明确约定原告收益获得兑现后应将持有的股权无偿过户回被告庄某某名下,亦表明原告签订案涉合同目的并非取得公司股权,而系获取固定回报。而在股权转让合同关系中,股权转让款支付对象应为股权转让方,且受让方目的在于获取公司股权成为股东,受让股东只能在公司存在盈利的情况下基于股东身份对公司盈利享有分配请求权,而不得要求公司向其支付固定回报,故案涉合同不符合一般股权转让合同的本质特征,案涉股权的转让系发挥担保功能,其性质为股权让与担保。

综上分析,案涉合同明确约定原告向被告金福公司支付款项的对价系收取一定期间的固定回报,在回报得到兑现情况下,将股权回转给原出让股东庄某某,其本质上包含了两个法律关系:一是借款合同关系,即借款人金福公司通过支付固定回报的方式还本付息;二是以股权让与的方式行担保之实的非典型担保关系,即由庄某某将其股权转让给出借人徐某某,作为对金福公司的履约担保,借款主债务履行完毕情况下,股权回转给庄某某,担保关系消灭。因此,本案纠纷性质应为借款担保合同纠纷。被告关于本案系股权转让合同纠纷的答辩意见,与合同约定及履行情况不符,本院不予采纳。

有的法院认为,当事人的目的如果是转让股权,则股权受让人应当对公司生产经营重大决策起决定性作用,并只能在公司盈利的情况下基于股东身份对公司盈利享有分配请求权,而不得要求公司向其支付固定回报。如果当事人约定向股权受让人支付相对固定的不受公司盈亏影响的承包经营费,则符合借款合同关系中出借人与借款人约定收取固定利息的一般特征。

例如,甘肃秦邦投资发展集团有限公司与刘某某等借款合同纠纷案【甘肃省兰州市中级人民法院(2017)甘 01 民初 747 号民事判决书】。法院认为:秦邦投资公司与刘某某同时还签订了《承包经营合同》,约定刘某某承包经营冷弯公司期间每月 30 日前向秦邦投资公司支付相对固定的不受公司盈亏影响的承包经营费 10 万元,总共支付 120 万元,双方目的如果是转让冷弯公司股权,秦邦投资公司应当对冷弯公司生产经营重大决策起决定性作用,并只能在冷弯公司盈利的情况下基于股东身份对公司盈利享有分配请求权,而不得要求冷弯公司向其支付固定回报,《承包经营合同》关于固定回报的约定,符合借款合同关系中出借人与借款人约定收取固定利息的一般特征。

例如,林某某与湖南省开元盛世投资有限公司、郴州市旭日东方房地产开发有限公司股东资格确认纠纷案【湖南省郴州市中级人民法院(2019)湘 10 民终 4072 号民事判决书】。法院认为:上述所有借款及股权转让款均实际支付至旭日东方公司的账户。根据民事诉讼高度盖然性的证明标准,结合本案的事实,开元公司的主张法律事实的盖然性高度明显大于林某某的抗辩,故认定开元公司与林某某及黄某某三方各自发生的借贷关系或股权转让关系系为了旭日东方公司开发的嘉禾县信用联社小区项目融资一事展开,三方真实的目的系融资借款,而股权转让行为系为了确保借款的偿还而进行的担保。否则,按常理及交易习惯,33,125,000 元的巨额借款,借款人是开元公司,借款应支付至开元公司的账户,而不是支付至旭日东方公司的账户,股权交易款 1,875,000 元既然是林某某购买开元公司所持有的股权,那么该转让款亦应进入开元公司的账户,而不是进入旭日东方公司的账户,且在发生股权转让的同时不会对受让的股权的权利作出严格限制,也不会就回购的相关事项进行提前约定,更不会约定回购的前提系还清相关借款本息。

(六)约定股权回转

股权让与担保中,债务人如依约偿还债务,则担保权人负有返还股权于设立人的义务,因而双方常订有股权回转条款,但在股权转让中则不会有类似约定。股权受让人的缔约目的并非是取得特定资产收益权或股权本身,而是为了收回借款本金及获得约定的固定收益,且不实际承担对应的任何风险。同时,为了保障这一目标的实现,双方还约定针对特定资产收益权以及股权的回购条款,由其他股东承担补足资金义务,以及由目标公司、股东分别提供抵押、保证等合同安排。例如,股权转让协议附有解除条件或转让协议中设置回购条款,当债务清偿完毕,转让协议解除或者出让人必须回购股权。又如,受让人虽作为股东,但股东权利的行使受到限制,如在满足一定的条件之前,目标股权对应的未分配利润不做实际分配等。

例如,上海荣腾置业有限公司、马某某金融借款合同纠纷案【最高人民法院(2018)最高法民申4165号民事判决书】。法院认为:案涉《股权转让合同》性质应认定为荣腾公司原股东褚甲、褚乙以案涉60%股权为荣腾公司的债务提供让与担保,而非五矿公司与褚甲、褚乙之间存在真实的股权转让关系。根据《合作协议》的约定,对于特定资产收益权,在信托计划成立之时即移转给五矿公司,五矿公司有权选择以获得特定资产的销售收入、出租收入等特定资产收益的方式实现信托计划项下的投资退出,而一旦该协议约定的预期收益全部实现,或荣腾公司已按约定履行完毕补足资金支付义务的,则特定资产收益权自动归荣腾公司所有。对于案涉60%股权,约定马某某在信托计划存续满12个月之对应日(含)至存续满24个月前5日(不含)的期间内,有权对案涉60%股权行使优先购买权,而当出现协议约定的任意一期预期收益未实现、马某某向五矿公司明示或以其行为表示放弃行使标的股权优先购买权、马某某截至信托计划期限届满前5个工作日仍未按约向五矿公司提交行权通知以及马某某未按约向五矿公司按时足额支付股权转让价款的情形,五矿公司有权随时以任意方式、任意价格处置标的股权,且荣腾公司对此负有补足资金支付义务。《合作协议》的上述约定表明,尽管特定资产收益权以及案涉60%股权从外观上看已经移转或登记至五矿公司名下,但是,五矿公司的缔约目的并非是取得特定资产收益权以及案涉60%股权本身,而是为了收回4亿元本金及获得约定的固定收益,五矿公司并不实际承担特定资产收益权以及案涉60%股权项下的任何风险。为了保障这一目标的实现,双方在《合作协议》中作了针对特定资产收益权以及案涉60%股权的回购条款,由荣腾公司承担补足资金义务,五矿公司有权通过收取特定资产收益及处分案涉股权等方式实现退出,以及由荣腾公司、马某某分别提供抵押、保证等合同安排。此外,马某某对于案涉60%股权行使回购权的对价也是以4亿元为基数计算的收益减去已支付的收益,而非《股权转让合同》约定的转让款2.5亿元。故,本案特定资产收益权及案涉60%股权转让并不符合债权转让合同及股权转让合同的基本特征,而是符合以转让标的物权利的方式来达成债权担保的目的,包含让与和担保两个基本要素这一让与担保的基本特征。

股权让与担保的一种表现形式是“股权转让”+“股权回购”。例如,北京多美慈道企业管理有限公司与信阳林志世纪置业有限公司股东知情权纠纷案【河南省信阳市中级人民法院(2020)豫15民终4099号民事判决书】。法院认为:双方当事人在同一天同时签订了借款及担保协议、股权转让协议及股权回购协议,之后上诉人向被上诉人支付了借款,但并未支付股权转让对价。据此,双方当事人真实的意思表示为借款,股权转让及回购系上诉人为保障借款能够顺利回收的一种担保,上诉人对股权的持有为形式上的持有。根据《九民纪要》第71条之规定,本案所涉民事法律行为实际上是让与担保。

例如,太仓市森联投资管理有限公司与上海盛江交通车辆设备有限公司、江阴森茂汽车城开发有限公司股权转让纠纷案【江苏省苏州市中级人民法院(2020)苏05民终913号民事判决书】。法院认为:太仓森联公司向上海盛江公司转让股权的行为并不存在为苏州鸿鑫公司所欠江阴森茂公司的债务提供让与担保的意思表示。股权让与担保是指债务人或者第三人为担保债务的履行,约定将其股权转移至债权人名下并完成变更登记,债务人以约定的期限和价款赎回股权,在债务人不能赎回时,股权归属于债权人。因此,股权让与担保最重要的特征应当是对债务人股权赎回的问题作出明确约定。在太仓森茂公司向大秦木业公司转让股权的一节事实中,太仓森茂公司与大秦木业公司在2014年7月16日签订《股权转让协议》《债权转让协议》《债务抵销协议》等协议完成股权变更登记手续的同时另签订了一份《股权回转协议》,其中约定太仓森茂公司必须于2014年9月30日前归还所欠江阴森茂公司借款共计4280万元,相应的,太仓森茂公司可获得大秦木业公司无偿转让的江阴森茂公司50%的股权,该协议的实质是双方对股权赎回作出了明确的意思表示,即股权赎回的期限为2014年9月30日,赎回的价款即为太仓森茂公司所欠的4280万元债务。并且,从2014年6月30日江阴森茂公司与上海盛江公司签订《江阴森茂债务转让协议》约定由上海盛江公司收购太仓森茂公司股权到2014年7月20日江阴森茂公司与大秦木业公司签订《江阴森茂债权转让补充协议》约定最终由大秦木业公司完成收购,均明确收购太仓森茂公司50%股权是为了切实督促太仓森茂公司及时归还江阴森茂公司4280万元欠款,太仓森茂公司向大秦木业公司转让股权的前提较为明确的可以看出系为其所欠江阴森茂公司借款提供担保。基于前述事实,本院认定大秦木业公司仅是名义上持有江阴森茂公司股权。

当事人签订《股权转让合同》同时还签订了《股权回购协议》,股权回购与股权转让中股权的流向完全相反,说明《股权转让合同》的目的并非转让股权,而是为了让股权的转让发挥担保功能,其性质为股权让与担保。例如,甘肃秦邦投资发展集团有限公司与刘某某等借款合同纠纷案【甘肃省兰州市中级人民法院(2017)甘01民初747号民事判决书】。法院认为:秦邦投资公司与刘某某、王某签订《股权转让合同》的同时还签订了《股权回购协议》,股权回购与股权转让中股权的流向完全相反,且股权回购时间与同时签订的《承包经营合同》结束时间相同,刘某某、王某不能对这种行为作出合理解释,说明秦邦投资公司与刘某某、王某签订《股权转让合同》并非为了转让冷弯公司股权,而是为了让涉案股权的转让发挥担保功能,其性质为股权让与担保。因此,本案涉及的《股权转让合同》《股权回购协议》《承包经营合同》性质是借款合同纠纷,刘某某、王某以及秦邦消防公司应依照约定偿还借款本息、并支付逾期利息。

例如,徐某某、孙某与周某某、王某某、黄某某、储某股权转让纠纷案【上海市高级人民法院(2019)沪民终534号民事判决书】。法院认为:协议中约定了股权回购条款。根据系争协议第4条:周某某、王某某在付清出让合同土地价款和国家相关规定的各项税费后取得土地使用权证之日起3个月内,如果徐某某、孙某某按照协议要求向周某某、王某某及时、全部、足额支付上述土地价款、国家相关规定税费以及资金使用费,周某某、王某某将无条件同意并配合徐某某、孙某某立即到所属的工商行政部门办理通定公司100%股权转让的相关变更手续,陈某某同时办理法人变更手续。该股权回购条款与前述主债权债务及股权担保的相关条款共同证明了双方签约时真实意思表示系股权让与担保的法律性质。

(七)受让股权不被第三方追索

股权受让人保证其受让的股权不会因个人债务被第三方追索,则为股权让与担保。例如,林某某与湖南省开元盛世投资有限公司、郴州市旭日东方房地产开发有限公司股东资格确认纠纷案【湖南省郴州市中级人民法院(2019)湘10民终4072号民事判决书】。法院认为:开元公司、林某某、案外人黄某某在各自发生借贷关系及股权转让关系的同时,三方共同签订了《补充协议》,在该协议的开头即表明“三方就嘉禾县信用联社商住小区项目融资事宜，签订如下补充协议”，且明确了开元公司清偿完毕向案外人黄某某的借款本金及利息后，林某某须将开元公司转让给其的旭日东方公司62.5%的股权回购给开元公司，同时林某某保证其受让开元公司的该62.5%股权不会因个人债务被第三方追及。

（八）不符合股权转让交易习惯

通过中介机构人员提供的打印好的股权转让协议、股东会决议模板，填写好股权转让价款及日期，办理了股权变更登记。不符合一般的股权转让交易习惯。例如，孙某某与薛某某、钮某某股权转让纠纷案【江苏省淮安市中级人民法院(2020)苏08民终655号民事判决书】。法院认为：因涉案协议违反股东不得抽逃出资的法律规定，属于无效协议，故孙某某、薛某某及钮某某据此协议办理股权变更登记未能通过，即通过中介机构人员提供的打印好的股权转让协议、股东会决议模板，填写好股权转让价款及日期，办理了股权变更登记。

出让人不持有股权转让协议，受让人不支付股权转让款，不符合一般的股权转让交易习惯。例如，孙某某与薛某某、钮某某股权转让纠纷案【江苏省淮安市中级人民法院(2020)苏08民终655号民事判决书】。法院认为：2018年6月25日的股权转让协议中填写的股权转让价款630万元，受让人薛某某没有及时支付，作为出让人孙某某也不持有该转让协议，也不符合一般的交易习惯。故2018年6月25日的股权转让协议，不是孙某某与薛某某真实的股权转让意思表示，而是为2018年6月12日股份转让协议中股权让与担保办理变更登记需要临时签订的。

例如，冯某某与梁某某股权转让纠纷案【山西省阳泉市中级人民法院(2020)晋03民终849号民事判决书】。法院认为：根据梁某某提供的山西鼎溢农业开发有限公司2013～2015年企业所得税年度申报表，其证据来源为国家税务总局盂县税务局第一税务分局，可以证实山西鼎溢农业开发有限公司2013年度亏损227,580.74元、2014年度亏损29,448.2元、2015年度亏损90,438.82元，案涉山西鼎溢农业开发有限公司85.71%的股权认缴出资额为300万元，但该300万元在签订《股权转让协议》前冯某某是否出资到位，庭审中冯某某委托诉讼代理人表示不清楚，在案证据中亦无任何双方当事人对股权转让价款进行磋商、梁某某对公司负债情况进行调查的证据，不符合股权转让交易习惯。

(九)不享有股东权利

例如,上海德泓投资(集团)有限公司与百联集团有限公司股权转让纠纷案【最高人民法院(2020)最高法民终1149号民事判决书】。法院认为:《备忘录》及其附件一《委托管理合同》均约定,建配龙公司委托德泓公司对案涉项目进行管理。德泓公司掌控建配龙公司财务账册、项目实物,委派代表参加建配龙公司诉讼等事实,仅能证明德泓公司实际履行项目管理职责,不足以证明其系建配龙公司49%股权的实际权利人。

例如,上海德泓投资(集团)有限公司与百联集团有限公司股权转让纠纷案【最高人民法院(2020)最高法民终1149号民事判决书】。法院认为:百联集团为德泓公司垫付现代天地案6.7亿元等款项产生的法律后果仅是德泓公司应当返还垫付款项,并不能证明德泓公司系建配龙公司49%股权的实际权利人。

例如,上海江畔企业管理有限公司与上海财通资产管理有限公司等股权转让纠纷案【上海市第二中级人民法院(2020)沪02民终5723号民事判决书】。法院认为:被上诉人的行为也表明,其在《股权转让协议》签订并完成交割后,并未作为股东参与露营地公司的实际经营,也没有从露营地公司经营利润中获取红利,并不符合公司股东的实质特征。

例如,刘甲与刘乙、桂阳县富民小额贷款有限责任公司合同纠纷案【湖南省高级人民法院(2020)湘民终1809号民事判决书】。法院认为:本案中,虽然《协议书》符合让与担保法律特征,但双方实际履行的是股权转让,理由如下:一、刘乙以富民小贷公司名义与刘甲协商签订的《协议书》第1条和第2条的约定符合让与担保法律特征,但双方同日签订的《股权转让协议》应当是为在工商部门办理刘乙成为公司名义上股东而签订的,同时股权转让协议第2条没有约定转让价格支付的方式和时间。二、刘甲与刘乙在履行《协议书》过程中,双方的真实意思表示和行为已经变更为履行《股权转让协议》。首先,双方在履行《协议书》时不仅办理了公司股东和法定代表人变更登记,关键是刘乙实际参与公司的经营管理和决策等,因此刘乙并不是名义上的股东,而是成了实际股东;刘甲转让股权后从未参与公司经营管理和决策,已不是公司的实际股东。由于股权让与担保,与动产、不动产的让与担保仅涉及财产权利不同,股权兼具财产权和成员权的双重属性。如果是股东,则其既可以参与经营管理,也可以分红;如果只是名义股东,则其并不享有股东的权利,即既不享有股权中的财产权,也不享有股权中的成员权。刘乙在宏升混凝土公司参与决策和作为管理者的情况,刘甲与刘乙股东身份的真实变化,不符合股权让与担保的法律特征,说明双方对《协议书》约定的让与担保条款在履行中进行了变更,双方实际是履行股权转让协议的。其次,高某某一直是宏升混凝土公司的股东,又是刘甲之妻,对于2012年5月16日刘乙与彭甲、彭乙协商股权转让一事应当是知晓的,后刘乙对股权转让进行了公告,且在长达3年时间办理工商变更登记过程中刘甲亦未提出任何异议,足以证明刘甲应当对刘乙处置股权事实是知晓的,刘甲起码亦是默认的。最后,刘甲在本案提起诉讼之前从未找刘乙和富民小贷公司协商相关问题,更没有提出让与担保的股权回赎问题,且2018年10月向该院提起的诉讼请求是要求刘乙支付股权转让款,同样说明刘甲认可双方的让与担保协议已实际变更为履行股权转让协议。

(十)协议明确使用让与担保等用语

如果交易双方在合同中明确约定了"让与担保"的表述,或者债务人、第三人与债权人约定将财产形式上转移至债权人名下,债务人不履行到期债务,债权人有权对财产折价或者以拍卖、变卖该财产所得价款偿还债务,可以视为存在明确约定,双方为股权让与担保而非股权转让。这其中可能存在的问题是,虽然双方合同中写明"让与担保"字样,但根据合同内文字的内容或双方实际履行状况,有可能以转让为真实目的和意思表示。这是《合同法》领域常见问题。

例如,湖南国昱锂能实业有限公司与北京国际信托有限公司、长沙市众星置业有限公司股权转让纠纷案【湖南省长沙市中级人民法院(2018)湘01民初2045号民事判决书】。法院认为:国昱公司于2015年12月30日向信托公司发送《同意函》,明确:"鉴于国昱公司向信托公司申请星火财富2014012号集合资金信托计划项下信托融资资本金人民币3亿元,现国昱公司自愿以零对价方式将国昱公司持有的众星公司83.333%股权转让过户给信托公司,以作为本笔信托融资的还款担保之一。"国昱公司2017年9月25日的《关于众星公司财务凭证转移的函》和《关于对众星公司进行审计的函》明确:"国昱公司与信托公司是债权债务关系。2016年1月,为了保全众星公司的股权不被第三方查封冻结处置,国昱公司将持有的83.333%股权以零价格转让给信托公司,并办理了工商变更登记。此种转让系资产保全行为,具有代持性质,国昱公司仍然是众星公司的实际股东。"信托公司与国昱公司于2017年10月20日所签《协议书》明确:"为了保证信托公司的债权能顺利受偿,信托公司与国昱公司在本协议书签署前,已签订了《股权转让协议》,约定信托公司以让与担保的形式受让了国昱公司持有的众星公司83.333%股权,现该股权所有权已处于信托公司合法留置状态。"由此可以看出,本案所涉《股东股权转让协议》名为股权转让协议并办理工商变更登记,但双方的真实意思表示不是《公司法》意义上的股权转让,而是作为质押担保,国昱公司依据该协议起诉要求信托公司支付其股权转让价款及相应股权权益,缺乏事实依据和法律依据,本院不予支持。法院据此认定双方的真实意思表示不是《公司法》意义上的股权转让,而是作为担保的方式。由此可见,若当事人的约定明确含有"让与担保"的用语,法院有可能将之认定为让与担保。

例如,谷某某与闫甲、闫乙、北京玉通泰科技发展有限公司股权转让纠纷案【北京市第三中级人民法院(2018)京03民终8057号民事判决书】。法院认为:从合同的表述语意来看,如果双方之间系真实的借贷关系并以股权担保,只要借款方按期偿还借款并支付约定利息,即可解除股权担保抑或"赎回"股权,主动权应属借款方(出让方),而根据《股权转让协议》第7条的约定,无论是股权回购还是股权调整,主动权均属于受让方(出借方),此与借贷关系的权利义务约定并不相符。且根据《股权转让协议》第6条的约定,受让方要求将土地使用权抵押给指定的第三方,在条款语意上为对持股期间公司或然债务出现时的风险防范,该种防范更像是真正持股。

三、实务中,不认定为股权让与担保的情形

(一)协议不能反映存在担保关系

当事人没有签订借款担保协议,而是签订了股权转让协议,且协议中也没有载明是借款担保。再加上受让人受让股份后,公司资本相应增加,缴纳的股本金中载明是投资款,且公司章程也载明受让人是股东。双方之间是股权转让,而非股权让与担保。例如,张某与冉某某、重庆上金安面业有限公司等执行异议之诉案【重庆市第四中级人民法院(2020)渝04民终1568号民事判决书】。法院认

为:股权转让,是指公司股东依法将自己的股东权益转让给他人,使他人取得股权的民事法律行为。股权转让后,受让方在工商管理部进行相应的股东变更登记之后,受让取得股东资格。根据《公司法》第137条、第138条的规定,股东持有的股份可以依法转让。股东转让其股份,应当在依法设立的证券交易场所进行或者按照国务院规定的其他方式进行。本案中,张某于2018年1月23日受让曾某某在重庆上金安面业有限公司的股份,并经工商变更登记成为重庆上金安面业有限公司的股东,同时公司资本增加为1000万元,张某认缴出资490万元,分14次缴纳股本金200万元,缴纳的股本金中也载明系投资款,且公司章程也载明张某系该公司的股东,故现有证据足以证明张某向重庆上金安面业有限公司支付的200万元系投入的股本金,且系该公司的股东。张某主张实际为借款,系以转让股权的方式对借款所作的担保,但张某与曾某某之间并未签订借款担保协议,而是签订的股权转让协议,该协议中也没有载明系借款担保,故其所述内容与客观事实不符,本院不予支持。对股权转让不持异议。例如,刘甲与刘乙、桂阳县富民小额贷款有限责任公司合同纠纷案【湖南省高级人民法院(2020)湘民终1809号民事判决书】。法院认为:高某某一直是宏升混凝土公司的股东,又是刘甲之妻,对于2012年5月16日刘乙与彭乙、彭甲协商股权转让一事应当是明知的,后刘乙对股权转让进行了公告,且在长达3年时间办理工商变更登记过程中刘甲亦未提出任何异议,足以证明刘甲应当对刘乙处置股权事实是知晓的,或至少是默认的。

例如,彭某某、赵甲、赵乙与袁某某、吴某某合同纠纷案【湖南省长沙市中级人民法院(2020)湘01民终3218号民事判决书】。法院认为:作为一种权利移转型担保,让与担保是以转让标的物权利的方式来达成债权担保的目的,包含让与和担保两个基本要素。从《调解协议》和《和解协议书》约定的内容来看,该约定内容具有股权让与担保的外观,但当事人在协议中既未约定袁某某的还款责任,又未约定袁某某履行债务后,转让的股权回到其名下,因此不符合股权让与担保的特征,不构成股权让与担保。

例如,叶某某与郝某某、姜某股权转让纠纷案【新疆维吾尔自治区乌鲁木齐市中级人民法院(2019)新01民终630号民事判决书】。法院认为:双方在《股权转让协议》中并没有关于担保的约定,协议内容未能显示与借款合同存在担保关系。

（二）另案中确认为股权转让协议

例如，叶某某与郝某某、姜某股权转让纠纷案【新疆维吾尔自治区乌鲁木齐市中级人民法院（2019）新01民终630号民事判决书】。法院认为：在一审法院之前审理的（2017）新0102民初8695号民事案件中，叶某某曾作为原告起诉郝某某，在其诉状诉称的事实和理由中，叶某某并未提出《股权转让协议》是为其借款所设立的担保，而是直接依据《股权转让协议》约定的条款主张其权利，在该起诉状中叶某某并未对《股权转让协议》的性质给予否定。

实务疑难问题

1. 股权让与担保权人应当支付股权转让款吗？

股权让与担保是以股权转让方式为主债务提供担保，并非股权转让，且在债务清偿后，股权仍需回转给出让人。因此，受让人（担保权人）无须向转让人（担保人）支付股权转让款。例如，施甲、施乙与鲍某某股权转让纠纷案【浙江省金华市中级人民法院（2017）浙07民申137号民事裁定书】。法院认为：2014年7月15日的股权转让协议明确约定涉案股权转让系为保证借款的归还。原审综合涉案两份股权转让协议的内容，认定当事人的真实意思并非股权转让，而是用股权转让方式为借款作担保，并据此驳回再审申请人要求支付股权转让款的诉讼请求并无不当。

2. 出让人的股东权益是否丧失？

股权转让后，出让人的股东资格和权益即发生转移，并由受让人承继。而股权让与担保中的出让人虽然办理了股权过户登记，但其股东实体权利并没有丧失，仍可以实际行使股东权利和承担股东义务，出让人和受让人之间存在类似于股权代持法律关系。受让人仅具有名义股东的“虚权”，一般不行使股东权利和承担股东义务。例如，周某与陶某、江苏天迈投资有限公司、中住佳展地产（徐州）有限公司等股权及权益转让纠纷案【最高人民法院（2014）民二终字第259号民事判决书】。法院认为：双方在协议中约定的转让标的是一方在项目公司中的股权和相关权益,股权已于该协议签订的同日分别转让给他人并办理了工商登记手续,但该转让是为融资提供让与担保的,双方的股东权益并不因此而当然丧失。双方对项目公司仍然享有股权,并通过这一投资关系实现对项目公司下属公司的实际控制。

3. 受让方是否参与公司的经营决策及管理?

股权让与担保的受让人的身份究竟是债权人还是股东?如果认为是股权转让,即受让人是股东,则不仅有权请求分红,而且还可以参加公司的经营管理,享有投票权;在出让人未履行或未全面履行出资义务的情况下,还要与出让人一起承担连带责任。如果认为是股权让与担保,即受让人是债权人,尽管外观上的股权过户登记与设定担保的真实意思表示不一致,但就当事人之间的内部关系而言,还是要根据真实意思来认定,即认定股权让与担保中的权利人享有的是有担保的债权,而非股权。股权让与担保中,担保权人作为登记股东,除非另有约定一般不参与公司经营管理,公司仍由设立人实际负责经营;而在股权转让中,受让人则作为实际股东行使全部股东权利。股权转让完成后,意味着受让方取得了相应的完整股东权利,承担股东义务。而股权让与担保的股权转让协议中多存在股权限制条款,名义股东并不享有对应的股东权利。股权让与担保的受让人的身份究竟是债权人还是股东?如果认为是股权转让,即受让人是股东,则不仅有权请求分红,还可以参加公司的经营管理,享有投票权;在出让人未履行或未全面履行出资义务的情况下,还要与出让人一起承担连带责任。如果认为是股权让与担保,即受让人是债权人,尽管外观上的股权过户登记与设定担保的真实意思表示不一致,但就当事人之间的内部关系而言,还是要根据真实意思来认定,即认定股权让与担保中的权利人享有的是有担保的债权,而非股权。

因此,在让与担保交易模式项下,股权权利的享有和权利的行使归属于不同的主体。债权人名义上享有股东权利,但权利的行使仍归属于实际股东,债权人原则上不能行使公司内部的相关社员权利,不能干预公司的经营管理。因此,受让人行使股东权利是否受限、是否实际参与公司经营管理或控制公司也是法院区分股权让与担保与股权转让的重要依据。

例如,陆某某与广州市泛美房地产开发有限公司合同纠纷再审案【最高人民法院(2020)最高法民申4636号民事裁定书】。法院认为:案涉目标公司银建公司已经进入破产重整程序,泛美公司作为重整投资方以受让股权及出借资金的方式加入。案涉《协议书》第6条3.2条款“董事会”以及3.3条款“经营管理机构”的相关内容中均明确泛美公司派员出任银建公司执行董事和总经理,说明泛美公司参与银建公司的经营决策及管理,是通过共同合作为银建公司创造利润的方式获取收益和保障利益,与让与担保关系中担保权人享有的权利及仅通过实现股权的交换价值保障利益的方式并不相同。且实际上泛美公司自2007年起至转让股权给博睿祥公司前均在经营银建公司,综合以上因素,交易双方并非仅在形式上转移股权,泛美公司实质上亦已享有及行使股东权利。

在股权转让情况下,股权受让人实际享有股东权利。而在股权让与担保情况下,股东将其股权转移至债权人名下是为债务履行提供担保,债权人仅是名义股东,并不实际享有股东权利。例如,田某某与河南天宝置业有限公司、河南省太行置业有限公司与公司有关的纠纷案【最高人民法院(2019)最高法民申6422号民事裁定书】。法院认为:作为担保,太行公司股东同意将股权转让给天宝公司,其只是名义上持有太行公司股权,并不享有实际股东权利,不得干预太行公司经营、运作等。太行公司偿还天宝公司欠款或者其他原因导致凯旋花园经济适用房项目无法进行时,天宝公司将持有太行公司股权归还太行公司股东。

需要特别说明的是,即使让与担保权人参加公司股东会议,也并不能据此认定是股权转让关系。例如,上海荣腾置业有限公司、马某某金融借款合同纠纷案【最高人民法院(2018)最高法民申4165号民事裁定书】。法院认为:至于五矿公司参加荣腾公司的股东会议,系其作为名义股东、实质上的担保权人对案涉4亿元资金进行监督和控制,亦不能据此认定双方之间法律关系的性质。

需要特别说明的是,即使让与担保权人存在将款项划付至公司监管账户的事实,但也不能据此就认定双方之间系真实的股权转让关系。例如,上海荣腾置业有限公司、马某某金融借款合同纠纷案【最高人民法院(2018)最高法民申4165号民事裁定书】。法院认为:荣腾公司、马某某向本院申请再审时提交了褚甲、褚乙与五矿公司签订的《股权转让协议》以及五矿公司张某某出具的情况说明等证据,据以证明案涉2.5亿元为股权转让款。本院认为,上述证据仅能证明案涉股权名义上已移转给五矿公司,五矿公司也已将案涉2.5亿元款项划付至荣腾公司监管账户这一事实,但并不能据此就认定双方之间系真实的股权转让关系,双方之间的真实法律关系,如前所述,应当综合全案事实加以认定。

4. 担保期限是否为股权让与担保合同的必备要素？

有别于人的保证，股权让与担保权与所担保的债权同时存在，随着债权消灭而消灭。因此，担保期限不是股权让与担保合同的必备要素。例如，国药集团宜宾制药有限公司、国药集团成都信立邦生物制药有限公司与杭州功臣投资有限公司等合同纠纷案【四川省宜宾市南溪区人民法院（2018）川 1503 民初 1762 号民事判决书】。法院认为：因为让与担保权与所担保的债权同时存在，且仅因债权消灭和担保物消灭而消灭。因此，区别于保证（人保），担保期限不是股权让与担保合同的必备要素，被告富田公司关于以《富田公司担保书》没有约定担保范围、保证期间为由抗辩股权担保关系不成立，于法无据，本院对其该项辩论意见依法不予采纳。

5. 让与担保权人能否主动要求返还受让股权？

当事人签署股权让与担保合同后，让与担保权人主动诉求解除股权转让协议，返还受让的股权，是放弃自身民事权利行为，既未损害担保人合法利益，也不违反法律规定，法院可以支持。至于是否实际发生借款，也不影响担保权人主动要求返还股权。例如，周某某与李某、江苏海升明科技有限公司、徐某某股权转让纠纷案【江苏省盐城市盐都区人民法院（2020）苏 0903 民初 554 号民事判决书】。法院认为：2016 年 9 月 26 日周某某与李某签订的股权转让协议未约定转让价格及对价，周某某亦未支付任何对价或者承担相应的义务，且周某某受让李某 30% 股权后，未参与江苏海升的经营管理，未享有股东权利，亦未享受股利或得到分红；2016 年 10 月 14 日周某某与江苏海升签订补充协议约定江苏海升用 30% 原始股权作为抵押向周某某借款 130 万元，江苏海升债权、债务及经营亏损均与周某某无关，130 万元本息偿还后，周某某无偿协助到工商部门办理取消股权出让，上述约定符合让与担保法律特征，故应当按照让与担保法律关系确定双方的权利义务。在让与担保法律关系中，债务人或者第三人偿还债务后，有权要求债权人返还抵押或质押的担保财产。本案中，双方签订的股权转让协议及补充协议，并非实质意义上的股权转让，而是以股权质押担保借款，周某某是出借人、权利人，主动要求返还受让的股权，属于一种放弃自身民事权利行为，该行为既未损害李某和他人合法利益，亦不违反法律规定，故要求与李某解除股权转让协议,理应得到支持。需要特别说明的是,案涉股权转让协议及补充协议签订后,周某某或者合作社是否向李某等人出借款项(事实上合作社已经向李某等人发放贷款130万元),均不影响周某某主动要求返还股权。

6. 能否以在未支付股权转让款的情况下,办理股权变更登记来推定为股权让与担保?

如果股权出让人在受让人未按照约定支付股权转让款的情况下,径行为受让人办理股权变更登记,是出让人作为股东处分自己权利的表现。但股权让与担保作为一种比较复杂的商事行为,其合同目的应当以当事人有明确意思表示为基础,不能仅凭该行为来推定双方当事人有股权让与担保之意。例如,叶某某与郝某某、姜某股权转让纠纷案【新疆维吾尔自治区乌鲁木齐市中级人民法院(2019)新01民终630号民事判决书】。法院认为:郝某某与叶某某在《股权转让协议》中对转让股权的变更登记时间并未作出明确约定,郝某某在叶某某未按照约定支付股权转让款的情况下,径行为叶某某办理了2.25%的股权变更登记,系郝某某作为股东处分自己权利的表现,并不违反法律规定,以此行为来推定郝某某有让与担保之意,没有事实和法律根据。

7. 股权让与担保中的善意取得如何认定?

善意取得,是指无权处分人将其财物转让给第三人,如第三人在取得该财物时系出于善意,则第三人取得该物的所有权,原权利人丧失所有权。根据《民法典》第311条的规定,无处分权人将不动产或者动产转让给受让人的,所有权人有权追回;除法律另有规定外,符合下列情形的,受让人取得该不动产或者动产的所有权:(1)受让人受让该不动产或者动产时是善意;(2)以合理的价格转让;(3)转让的不动产或者动产依照法律规定应当登记的已经登记,不需要登记的已经交付给受让人。受让人依据前款规定取得不动产或者动产的所有权的,原所有权人有权向无处分权人请求损害赔偿。当事人善意取得其他物权的,参照适用前两款规定。需要注意的是,《民法典》规定的是"符合下列情形的",而不是"符合下列情形之一的"。亦即只有以上三个条件同时具备和满足,才能构成善意取得。股权让与担保同样存在善意取得问题。经办理股权转让的工商变更登记后,受让人虽然形式上具有了股东身份,但其不是实际股东,本应无权处分让与担保股权，但若其将股权擅自转让给第三人，则第三人能否取得股权，就在于第三人是否为善意。所谓"善意"，是指第三人在受让股权时不知存在足以影响受让股权法律效力的因素的一种心理状态。这种"心理状态"，首先是确实不知情；其次是支付了合理的对价；最后，交易的场所符合常理。而且，善意取得必须依一定的法律行为而存在，这是善意取得的前提，也即受让人通过交易从转让人处取得股权，必须是以"支付合理对价"的有偿法律行为，受赠、继承等无偿方式取得股权不能发生善意取得的效力。例如，徐某某、孙某与周某某、王某某、黄某某、储某股权转让纠纷案【上海市高级人民法院(2019)沪民终534号民事判决书】。法院认为：因系争2014年1月27日签订的《股权转让补充协议》性质为股权让与担保合同，周某某、王某某于2014年3月1日即完成工商变更登记，系债权人及名义上的股权受让人，根据区分原则，在公司内部其虽无权对股权进行收益、处分，不能享有《公司法》规定的股东所享有的参与决策、选任管理者、分红的权利，但股权对外转让的协议效力应依法予以认定，黄某某、储某能否依2019年4月15日《股权转让协议》而取得涉案通定公司股权，需按照股权善意取得的事实构成要件予以考察认定。

2019年4月15日，周某某、王某某签订《股权转让协议》将登记于其名下通定公司共计100%股权向黄某某、储某进行转让，徐某某、孙某二审中提交了数份证人证言，据此证明孙某某、王某某与黄某某进行股权转让洽谈时已经披露了协议属让与担保的法律性质，黄某某对内部代持股关系系明知，故并非属善意第三人。经庭审交叉质证，数名证人之间对黄某某、储某受让股权的过程不能形成意思一致的证言，无法证明黄某某在明知孙某某将涉案股权提供担保的情况下，与王某某串通完成股权转让的事实。经工商登记的股东资格、出资情况、持股比例等信息，受到商事外观主义与公示公信原则的保护，结合上述证人证言的质证过程，从黄某某发表意见看，其基于对工商登记的通定公司股东信息信赖而与王某某签约属于正常的商业判断行为，本院对其所持主张予以采纳。又因黄某某、储某已按约支付了相应股权转让款并办理了涉案股权的工商变更登记，徐某某、孙某虽主张根据其自行评估的结果，涉案厂房价值应在3亿～4亿元，通定公司涉案股权已因周围地价上扬而应相应上浮，故涉案股权受让价格明显不合理，但经审理查明该主张缺乏充分证据予以证明，涉案股权转让价格为1.5亿元，转让双方亦确认已实际支付，并提交了相应证据，本院认为该转让价格尚属合理，周某某、王某某与黄某某、储某之间不构成恶意串通，系争2019年4月15日《股权转让协议》应属有效，黄某某、储某依股权善意取得的法律原理取得涉案股权，无须向徐某某、孙某进行相应返还，徐某某、孙某因周某某、王某某的对外转让股权行为所受损失可依法另行予以主张。

8. 股权让与担保合同必须以约定股东权利的行使方式及范围为识别要件吗？

例如，徐某某、孙某与周某某、王某某、黄某某、储某股权转让纠纷案【上海市高级人民法院(2019)沪民终534号民事判决书】。法院认为：一审法院认：为2014年1月27日签订的《股权转让补充协议》未约束周某某、王某某行使股东权利的范围，且周某某、王某某亦已实际行使增资、对外股权转让等股东权利，表明本案合同法律性质系附条件股权转让合同。本院认为该推理缺乏事实及法律依据，股权让与担保合同不以约定股东权利的行使方式及范围为识别要件，周某某、王某某履约中根据流质条款，违法行使通定公司股东权利的行为，违反当事人签约时即达成以股权担保主债权实现的真实意思表示，不符合股权让与担保合同的法律特征，不能据此认定该合同性质为股权转让合同，本院对此依法予以纠正。

9. 股权转让协议和借款协议分别签署时，借贷和股权转让是两个独立的法律关系吗？

一般情况下，出借方和借款方对于借款和股权让与担保的内容会约定在同一份协议中，但实务中，也有借款协议和股权让与担保协议分别签署的情况，且股权让与担保协议往往会表述为“股权转让协议”。“股权转让协议”似乎成为一个独立的协议，在双方发生争议时，容易对“股权转让协议”的定性产生争议。对此，应当认定股权转让协议和借款协议相互牵连、不能割裂，股权转让协议是对借款协议的担保。

例如，王某某、徐某某、江苏大丰港石化园管廊建设管理有限公司与江苏中瑞玮控股集团有限公司公司决议效力确认纠纷案【江苏省盐城市中级人民法院(2015)盐商终字第00093号民事判决书】。法院认为：徐某某与原丰文集团于2012年10月22日签有一份《股权代持(融资)协议书》，……《股权转让协议》

与《股权代持(融资)协议书》签订时间相差一天,约定的转让股权比例一致,内容衔接,应当认定《股权转让协议》是对《股权代持(融资)协议书》的担保。

例如,上海荣腾置业有限公司与马某某金融借款合同纠纷案【最高人民法院(2018)最高法民申4165号民事判决书】。法院认为:本案中……《合作协议》是双方签订《特定资产收益权转让合同》《股权转让合同》及其他一系列合同的基础。从《合作协议》的约定看,五矿公司的资金收益系以4亿元为基数进行计算,而非仅以特定资产收益权对应的1.5亿元计算,该协议约定的五矿公司收益的来源亦包括特定资产的销售收入、出租收入和股权转让款、分红两部分。故,在判断案涉《股权转让合同》的性质时,不能将其与《合作协议》《特定资产收益权转让合同》等相关协议割裂开来,仅就该转让合同本身的约定作出认定,而是应将当事人签订的一系列协议作为一个整体,根据双方的交易目的、合同实质特征以及履行情况综合加以认定。

10. 债务清偿是否影响《股权转让协议》的性质?

债务清偿后,不影响《股权转让协议》的性质。例如,赵某某与江苏圣迪创业投资管理有限公司、江苏省国信中小创业投资有限公司股权转让纠纷案【江苏省高级人民法院(2019)苏民申1160号民事裁定书】。法院认为:虽然赵某某提供的圣迪公司保全异议书等证据能够证明句容市人民法院在另案查封三羊公司设备时,圣迪公司于2015年12月24日以设备所有权人提出保全异议,以证明《债务确认与转让协议》已实际履行,三羊公司用其设备抵偿了圣迪公司350万元借款,但该行为发生在案涉《股权转让协议》及俞某某以其股权质押之后,不能以此否定股权让与担保的真实性,也不能以此确认双方存在股权转让的真实意思。

11. 股权定向受让选择权的约定是不是股权让与担保?

股权让与担保中,债务人履行主债务后,其享有要求债权人返还股权的权利,而非行使股权定向受让选择权。且相关协议也未约定如果债务人未能履行主债务,债权人可就担保股权行使优先受偿权的,可以认定股权定向受让选择权的约定不是股权让与担保。例如,上海德泓投资(集团)有限公司与百联集团有限公司股权转让纠纷案【最高人民法院(2020)最高法民终1149号民事判决书】。法院认为:从《备忘录》等协议的文本表述来看,在满足约定条件下,德泓公司享有的是建配龙公司的股权定向受让选择权而不是股权。德泓公司主张其为担保百联集团先行给付的建设资金,而向百联集团让渡建配龙公司49%的股权,在按期完成建配龙公司项目建设并取得房屋产权证等之后,其可要求行使建配龙公司49%股权定向受让选择权,从而回购49%的建配龙公司股权。对此,法院认为,若是股权让与担保,德泓公司履行主债务后,所享有的应当是要求用于担保的股权返还的权利,而非行使股权定向受让选择权。《备忘录》等协议也未约定如德泓公司未能履行主债务,百联集团可就担保的49%股权行使优先受偿权。从百联集团受让建配龙公司49%股权过程来看,百联集团受让系争股权已支付对价,而非无偿取得建配龙公司49%股权作担保。从49%建配龙公司股权定向受让选择权的行使来看,《备忘录》及两份附件设置了诸多行权条件,德泓公司若主张行使建配龙公司49%股权定向受让选择权仍需支付股权转让款。若是股权让与担保,只要主债务得到履行,提供担保的股权应无对价返还。从建配龙公司49%股权实际权益主体来看,根据百联集团提交的股东会决议、董事会决议等文件,行使股东权利的是百联集团;德泓公司实际持有建配龙公司公章等系为便于建配龙公司项目建设需要,不代表德泓公司仍实际享有建配龙公司49%股权的股东权益。从实际担保情况来看,双方均确认德泓公司已就主债务提供了相应的不动产担保,并明确约定如德泓公司违约,百联集团有权处分预约合同、抵押合同项下的担保物,故在已有足额担保的情况下,实际上也无再以股权做让与担保安排的必要。综上,德泓公司与百联集团间无股权让与担保的意思表示,因此,德泓公司关于双方系股权让与担保关系的主张,缺乏事实和法律依据。二审法院认为:2007年2月6日,建配龙公司原股东德泓公司、骏泓公司与百联集团签订《股权转让合同》约定德泓公司、骏泓公司分别将其持有的23%和26%建配龙公司股权转让给百联集团。德泓公司上诉认为有关建配龙公司49%股权转让构成让与担保。首先,让与担保情形下,担保财产权属转移的目的是担保主债务的履行,因而债权人针对受让财产无须支付额外对价,且债务人履行债务后,债权人即应将担保财产无偿返还给债务人或第三人。案涉2007年2月6日《股权转让合同》明确约定德泓公司、骏泓公司将建配龙公司49%股权转让给百联集团,转让价格为337,622,331.59元。且根据《备忘录》约定,德泓公司在符合约定条件,行使回购建配龙公司49%股权时,仍然需要支付股权转让价款。故案涉股权转让及回购的约定并不符合让与担保的典型特征。其次,《备忘录》及其附件一《委托管理合同》均约定,建配龙公司委托德泓公司对案涉项目进行管理。德泓公司掌控建配龙公司财务账册、项目实物,委派代表参加建配龙公司诉讼等事实,仅能证明德泓公司实际履行项目管理职责,不足以证明其系建配龙公司49%股权的实际权利人。再次,百联集团为德泓公司垫付现代天地案6.7亿元等款项产生的法律后果仅是德泓公司应当返还垫付款项,并不能得出德泓公司系建配龙公司49%股权的实际权利人。最后,《备忘录》附件二《提前支付协议》约定了不动产抵押等担保措施,在双方均认为该担保措施足以保障预付建设资金返还义务履行的情况下,双方没有再以案涉股权设立让与担保的必要。

因此,德泓公司提出案涉49%股权转让构成让与担保的上诉理由不能成立,不予支持。德泓公司在依法转让其所持建配龙公司全部股权之后,其即不再享有建配龙公司股权,其作为受托人对建配龙项目进行管理,双方之间成立委托合同关系,故德泓公司与百联集团之间并非合作开发房地产关系。

第二节　股权让与担保和股权代持

一、股权让与担保和股权代持的区别

股权代持是指实际出资人与他人约定,以该他人名义代实际出资人履行股东权利义务的一种股权处置方式。包括登记为公司名册上的股东和被登记机关登记为公司股东,前者称为隐名股东,后者称为显名股东或登记股东。判断当事人之间是否存在股权代持关系,主要考虑双方当事人之间有无建立股权代持关系的合意以及是否存在实际出资两个方面的因素。

隐名股东与显名股东之间关于股权委托代持的约定如同股权转让,在当事人之间发生效力,但对第三人不发生效力,因此,《公司法解释三》第25条规定了股权的善意取得与股权质权的善意取得,就是显名股东处分其名下的股权,隐名股东不得以股权委托代持对抗外部第三人,只是这里规定的第三人为善意第三人。同样,依相同的法理,隐名股东也不得以股权代持对抗显名股东的债权人对显名股东名下的股权保全和强制执行。《公司法解释三》第26条规定,股东

的出资瑕疵包括抽逃出资,显名股东不得以自己并非真正的股东为由对抗公司、公司股东和公司债权人,显名股东可以在自己承担了公司的股东责任后向隐名股东追偿,后者属于显名股东和隐名股东双方之间的内部关系,前者则属于显名股东与外部第三人之间的法律关系。

二、股权让与担保和股权代持的实践争议

有的法院认为在股权让与担保法律关系中,债权人持有债务人的股份为股权代持。例如,薛某某与陕西立信美原投资有限公司、西安浐灞生态区泰腾房地产开发有限公司股东资格确认纠纷案【陕西省西安市中级人民法院(2018)陕01民终10426号民事判决书】。法院认为:根据在案证据所证实的事实,2014年12月8日,薛某某与立信美原公司之间签订了股权转让协议。12月9日,薛某某即向立信美原公司出具了《承诺书》,明确薛某某代持立信美原公司在泰腾公司70%的股权。2014年12月23日,薛某某与案外人签订的合作协议书中也记载薛某某代持立信美原公司在泰腾公司70%的股权,综合上述事实可以认定,薛某某与立信美原公司之间已经达成了股权代持的合意。薛某某认为与立信美原公司之间是股权转让关系,但是在本案诉讼中薛某某始终不能提供其实际支付700万元股权转让款的任何证据,薛某某无法证实已经实际出资的事实。结合立信美原公司法定代表人王某某提供的两份书面材料中记载的内容,立信美原公司主张因泰腾公司向薛某某借款,所以用立信美原公司在泰腾公司的股权,以股权代持的形式登记在薛某某名下,作为还款保证的陈述具有合理性,也与本案查明的事实相符。

薛某某与立信美原公司之间既有股权代持的合意,薛某某也存在未实际出资的事实。《公司法解释三》第24条第1款规定:"有限责任公司的实际出资人与名义出资人订立合同,约定由实际出资人出资并享有投资权益,以名义出资人为名义股东,实际出资人与名义股东对该合同效力发生争议的,如无法律规定的无效情形,人民法院应当认定该合同有效。"因此,本案在无充分相反证据的前提下,薛某某与立信美原公司之间存在有效的股权代持关系。薛某某与立信美原公司之间存在的股权代持关系源自泰腾公司向薛某某的借款,立信美原公司法定代表人王某某出具的一份书面材料中也记载"薛某某给立信美原公司承诺书一事的解释,在泰腾公司借款未偿还以前,立信美原公司不得主张收回股

权”。本案中立信美原公司在诉讼中提供的泰腾公司2014年度、2015年度审计报告中可以反映，泰腾公司已经偿还了薛某某的借款，薛某某继续代持立信美原公司股权已无必要。因此立信美原公司主张解除与薛某某之间的股权代持关系符合本案实际情况，法院予以支持。在此案中，法院认为股权让与担保法律关系就是股权代持关系。

对此，笔者不太认同。股权让与担保和股权代持在形式上有相似之处，即实际权利人与名义权利人相区别。股权代持有实际权利人（隐名股东）和名义股东（显名股东）之分，而在股权让与担保中，债权人为名义股东，债务人为实际股东。在股权让与担保法律关系下，债务未到期或未发生当事人约定的情形的，债权人、债务人和公司、公司其他股东和公司债权人之间的关系，可对比股权代持的规范进行处理。股权让与担保和股权代持的共同点都表现出实际股东和名义股东“名”“实”不符的特征，具有类推适用的合法性基础。但两者在合同目的上存在很大差异，股权代持往往是出资人基于对身份限制、资质条件、隐藏财产方面等的考虑，有意采取隐避股权显名的消极行为，而股权让与担保出于保障债权实现的目的，而有意采取公示和凸显股东名分的积极行为。

例如，黑龙江辰能投资管理有限责任公司与戴某某、哈尔滨康丽经济发展实业有限责任公司、哈尔滨正泰塑胶技术制造有限公司股东资格确认纠纷案【黑龙江省哈尔滨市中级人民法院（2015）哈民三商终字第341号民事判决书】。法院认为：戴某某对辰能公司、康丽公司负有债务，其将在正泰公司的股权变更至辰能公司、康丽公司名下，该股权变更至辰能公司、康丽公司无须支付对价，待戴某某偿还所欠债务后，辰能公司、康丽公司无条件将案涉股权变回至戴某某名下。案涉《股权转让合同书》补充协议的实质系化解戴某某对辰能公司、康丽公司的债务，保证戴某某对辰能公司、康丽公司的债务安全，双方所涉股权转让无须支付对价。上述交易内容符合让与担保所规定当事人双方通过签订资产转让协议，将借贷关系转换成买卖关系，债权人受让资产，在债务人按约偿债后，债权人将该资产返还债务人，使债务人的所有权得以恢复的形式。故案涉《股权转让合同书》补充协议所约定的交易模式应是让与担保而非股权代持。

例如，李某某与袁某某、南京天鼎混凝土工程有限公司合同纠纷案【江苏省南京市中级人民法院（2018）苏01民终4676号民事判决书】。法院认为：2017年2月21日承诺书中虽有“为李某某代持”内容，但承诺书同时明确如有任意一期不能还款，袁某某、周某某应配合李某某将天鼎公司的全部股权及法定代表人无条件变更至李某某名下。该承诺书主要内容系为解决袁某某、周某某所欠李某某款项如何归还，如不能按期归还，则将天鼎公司股权无条件变更至李某某名下的问题。本案中，案涉股权比例是51%，而2013年1月16日李某某、袁某某、周某某三方签订的协议约定李某某转让给袁某某的比例是41%，该协议约定的转让比例与案涉股权比例不一致。无论从承诺书内容还是2013年1月16日三方协议内容看，均不能得出袁某某原持有天鼎公司51%的股权系为李某某代持。且承诺书出具时间在先，承诺书出具后，双方于2017年11月4日另行签订了协议书，明确了股权让与担保的意思表示，故李某某以承诺书和2013年1月6日协议主张袁某某原持有天鼎公司51%股权系为其代持，依据不足，法院不予支持。2017年11月4日李某某与周某某签订的协议虽有关于代持的内容，但该协议的双方为李某某与周某某，袁某某不是当事人，该合同对袁某某不产生约束力，且在同日李某某与袁某某签订的协议中，双方以转让股权作为袁某某还款担保的意思表示明确，故李某某以该协议主张袁某某原持有天鼎公司51%股权系为其代持，缺乏依据，本院不予采信。

三、股权让与担保中，担保权人如何要求成为名义股东

《公司法解释三》第24条第3款规定："实际出资人未经公司其他股东半数以上同意，请求公司变更股东、签发出资证明书、记载于股东名册、记载于公司章程并办理公司登记机关登记的，人民法院不予支持。"有限责任公司具有典型的人和性特征，要求股东之间建立一种互相了解、友好信任的关系。当实际出资人要求显名登记为公司股东时，出于维护公司的人和性及其他不知存在股权让与担保关系股东合法利益的目的，设置了必须经过公司其他股东半数以上同意的前置程序条件。

实务中，存在隐名股东要求显名时，其他股东不同意，但法院支持显名的特殊情况。例如，薛甲与陕西立信美原投资有限公司、西安浐灞生态区泰腾房地产开发有限公司股东资格确认纠纷案【陕西省西安市中级人民法院（2018）陕01民终10426号民事判决书】。法院认为：本案中尽管泰腾公司的另一股东华澳公司明确表示不同意立信美原公司显名登记为泰腾公司股东，但是应当注意到薛甲、薛乙与华澳公司之间存在股权代持关系，华澳公司在泰腾公司持有的30%

股权的实际出资人是薛甲、薛乙。因薛甲与立信美原公司之间亦存在股权代持关系，薛甲对于泰腾公司70%股权的实际出资人为立信美原公司是明知的，薛甲以未经泰腾公司其他股东半数以上同意来否定立信美原公司显名登记为泰腾公司股东，与立法本意不符。立信美原公司主张登记为泰腾公司的股东并不违反法律规定，亦不会损害公司利益及其他股东合法权利，本院予以支持。

第三节 股权让与担保和股权质押

股权质押又称股权质权，是指出质人以其所拥有的股权作为质押标的物而设立的质押。《民法典》第443条规定："以基金份额、股权出质的，质权自办理出质登记时设立。基金份额、股权出质后，不得转让，但是出质人与质权人协商同意的除外。出质人转让基金份额、股权所得的价款，应当向质权人提前清偿债务或者提存。"

一、股权让与担保的性质争议

股权让与担保和股权质押都是为了担保债权人的债权之实现，其目的同属于以股权交换价值来担保债务履行的担保物权，其债权人也都优先于普通债权人而先行受偿。由于两者具有相似的法律构造，甚至有的法院认为股权让与担保的法律属性为股权质权。当事人可单独就股权质权的成立、归属和实现向人民法院提起诉讼，其性质属于物权关系，而非债权关系，案由应确定为股权质权纠纷，并按照股权出质的法律规定将股权返还给出质人。那么，股权让与担保的性质是否为股权质押？在实务中有不同观点。

（一）一种观点认为，股权让与担保的性质为股权质押

让与担保主要适用于不能以登记作为公示方法的动产以及可以通过登记进行公示的不动产或股权等，在双方当事人意在设定担保而不是转让产权的情况下，应当根据最相近的担保物权认定其性质，如将不动产让与担保认定为抵押、将股权转让担保认定为权利质押，从而在已经完成登记的情况下，赋予其物权效力。在实践中，有观点即将股权让与担保理解为股权质押。

例如,吴某某与温州桥信用担保有限公司案【浙江省高级人民法院(2010)浙商终字第74号民事判决书】。法院认为:以协议人所收购的新××公司60%股权作为向某某、林甲借款的偿还担保,若到期未能足额偿还,则新××公司60%股权以该借款的价格转让归吴某某、林甲所有;第7条约定,杜某某以新××公司30%股权作为向某某的借款抵押,该股权杜某某可在约定期间内回购,具体回购事宜另行约定。协议条款中关于以股权作为借款抵押的约定其性质属于股权质押,而其中关于在借款不能归还时吴某某、林甲直接取得相应股权的约定,因违反《物权法》第211条之规定,依法应确认无效。

例如,席某某与丁某某股权转让纠纷案【江西省宜春市中级人民法院(2014)宜中民二终字第244号民事判决书】。法院认为:席某某与丁某某于2013年8月16日签订的《股权抵押借款协议书》第5条、第6条关于席某某以其在鑫唐公司40%股权为借款提供质押,如到期未还将该40%股权转让给丁某某的约定,是以股权出质担保条款。根据《物权法》第226条之规定,应当到工商行政管理部门办理出质登记方才设立,而该协议并未到工商部门办理出质登记,故本案质权并未设立。

例如,温州银桥信用担保有限公司与温州辉恒置业投资有限公司、厦门新鹭东方商贸有限公司股权确认纠纷案【浙江省温州市中级人民法院(2010)浙温商初字第11号民事判决书】。法院认为:五方协议第7条明确约定杜某某以30%股权向吴某某3500万元借款提供抵押担保。该种担保方式实质也属于股权质押担保。基于权利质押这一法定担保形式的法律特征,质权人只能在债权不能得到清偿时主张质权而非直接变动物权。

例如,王某某、山东双创环保集团有限公司与邹平祥诚能源科技有限公司确认股东资格纠纷案【山东省滨州市中级人民法院(2020)鲁16民终2202号民事判决书】。法院认为:股权让与担保虽非法律规定的典型的担保方式,但并不违反法律强制性规定,故合法有效。作为担保的股权等已经进行变更登记的,可以参照股权质押的相关规定确定当事人间的权利义务关系。

例如,赵某某与江苏圣迪创业投资管理有限公司、江苏省国信中小创业投资有限公司股权转让纠纷案【江苏省高级人民法院(2019)苏民申1160号民事裁定书】。法院认为:俞某某2014年7月28日与圣迪公司签订案涉的《股权转让协议》仅为办理过户手续需要,是以让与担保方式为案涉借款提供质押,并无股权转让的合意。

例如,陈某与陕西宏润实业集团有限公司股权转让纠纷案【最高人民法院(2017)最高法民再171号民事判决书】。法院认为:宏润实业公司无偿转让其持有的宏润地产公司75%股权是对所借款项的质押担保,并非真实意图的转让股权,宏润地产公司75%股权实际变更登记至王某名下,以变更股权持有人的方式进行质押担保。宏润实业公司所借的两笔款项虽然没有按照约定于借款到期后3个月和4个月归还,但在2013年6月4日,宏润实业公司的法定代表人胡某某以宏润实业公司名义给王某出具《欠条》,《欠条》写明"宏润实业公司将持有的宏润地产公司75%股权质押给王某,借款2200万元,2012年1月11日至今共计利息1470万元,合计3670万元"。因此,双方没有因不偿还到期借款即产生宏润地产公司75%股权归王某所有的结果,而是以《欠条》的方式对借款本息进行了重新确定并以宏润地产公司75%股权作质押。

例如,刘某某、济宁阳光木业有限公司与郑某某民间借贷纠纷案【山东省高级人民法院(2014)鲁民一终字第107号民事判决书】。一审法院认为:郑某某与刘某某在《融资协议》中约定,刘某某以自己享有的坤和公司、林盾公司的股权作为还款担保,是一种质押担保;约定将上述股权变更到郑某某指定的人员名下并办理股权变更登记的行为是一种股权转让。双方当事人在一个合同中虽然约定了两种行为,但实际履行的是将股权转让于第三人的行为,而且按照法定程序办理了股权变更登记手续。二审法院认为:由于双方当事人虽然约定了以股权出质设定质押,但没有实际履行,所以郑某某向原审法院提出在刘某某不能偿还欠款的情况下,以质押的股权变卖或折抵来偿还欠款的诉求违反法律规定,依法应不予支持,郑某某对此也没有提出上诉。

例如,云南官房腾冲开发有限公司与杨某某权利质权纠纷案【云南省保山市中级人民法院(2019)云05民终482号民事判决书】。法院认为:本案争议的股权变更登记,本质是为双方达成的民间借贷合同提供担保,双方在办理变更登记时并无真正转移标的物所有权的意思,其真实的法律关系应为民间借贷关系,这一情形符合《民间借贷规定》第24条规定的特征,构成让与担保。在民间借贷债务清偿后,当事人单独就股权质权的成立、归属和实现,向人民法院提起诉讼,因此,本案纠纷的性质应属于物权关系,而非债权关系,案由应确定为股权质权纠纷。

例如，周某某与李某、江苏海升明科技有限公司、徐某某股权转让纠纷案【江苏省盐城市盐都区人民法院（2020）苏0903民初554号民事判决书】。法院认为：上述约定符合让与担保法律特征，故应当按照让与担保法律关系确定双方的权利义务。在让与担保法律关系中，债务人或者第三人偿还债务后，有权要求债权人返还抵押或质押的担保财产。本案中，双方签订的股权转让协议及补充协议，并非实质意义上的股权转让，而是以股权质押担保借款。

（二）另一种观点认为，股权让与担保不是股权质押

例如，2001年《人民法院案例选》刊登的"临海市工艺服装秀品厂破产清算组诉临海市第四建筑工程公司让与房屋产权担保债务逾期未履行返还房产权案"，台州市中级人民法院在判决书中提出"这种担保方式不是抵押，而是让与担保。当事人上述行为不违反法律的禁止性规定，也不违反社会公德，不损害社会公共利益，根据合同自由原则，应是有效的"。

例如，王某某与赵某某、郑某某、河北金建房地产开发有限公司、殷某某股东资格确认纠纷案【最高人民法院（2015）民申字第3620号民事裁定书】。法院认为：此种通过转让标的物的所有权来担保债权实现的方式属于非典型担保中的让与担保，殷某某、王某某可以依据约定主张担保权利，但其并未取得股权。原一、二审判决将案涉担保方式认定为股权质押有误，本院予以纠正。

例如，虞某某与胡某、曹甲、曹乙、贵州山城生态移民发展有限公司合同纠纷案【贵州省毕节市中级人民法院（2019）黔05民终1467号民事判决书】。法院认为：本案中，涉案合同名称为《股权质押借款合同》，但根据原被告双方签订的《股权质押借款合同》的约定，原告将股权办理至被告胡某名下作为债权的担保，非股权质押，此种通过转让标的物所有权来担保债权实现的方式属于非典型担保中的让与担保，双方当事人这一真实意思表示并没有违反法律的禁止性规定。

例如，陶某某与嘉鹏置地集团有限公司等与公司有关的纠纷案【广西壮族自治区柳州市中级人民法院（2018）桂02民终1579号民事判决书】。法院认为：《协议书》的约定，实质是以嘉鹏公司所有的嘉鹏柳投公司70%股权，以学理上非典型的让与担保的方式，对官塘公司所欠陶某某债务进行担保，而非原告方所称的股权质押或陶某某所称的信托关系。

例如，亿仁投资集团有限公司、深圳市亿仁控股有限公司等与北京安鼎信用担保有限公司、曹某某股权转让纠纷案【广东省珠海市中级人民法院(2013)珠中法民二终字第400号民事判决书】。法院认为：原审法院错误判断股权转让合同的性质为股权质押合同进而宣告合同无效，属于认定事实和适用法律错误，法院予以纠正。

例如，孙某某与济南金晟工程项目管理咨询有限公司、李某某、田某某股东资格确认纠纷案【山东省济南市中级人民法院(2019)鲁01民终4341号民事判决书】。法院认为：孙某某以转移股权登记的形式向田某某提供担保是当事人真实意思表示，未违反法律法规强制性规定，属于市场经济发展中的特殊担保类型，此种股权让与担保的方式合法有效，本院予以确认。一审法院认为属于股权质押担保有误，与《物权法》第226条规定的股权质押不符，本院予以纠正。

需要注意的是，虽然合同名称为《股权质押借款合同》，但根据合同约定，当事人一方将股权办理至另一方名下作为债权的担保的，仍属于股权让与担保，而非股权质押。例如，虞某某与胡某、曹甲、曹乙、贵州山城生态移民发展有限公司质押合同纠纷案【贵州省黔西县人民法院(2018)黔0522民初4934号民事判决书】。法院认为：本案中，涉案合同名称为《股权质押借款合同》，但根据原、被告双方签订的《股权质押借款合同》的约定，原告将股权办理至被告胡某名下作为债权的担保，非股权质押，此种通过转让标的物所有权来担保债权实现的方式属于非典型担保中的让与担保，双方当事人这一真实意思表示并没有违反法律的禁止性规定，本院予以认可。

二、股权质押和股权让与担保的相同点

股权质押和股权让与担保都是保障债权实现的一种担保方式，本质上都属于担保范畴。只有当债务人不履行到期债务而需要动用担保手段时，债权人才可将出质之股权或让与之股权进行处分，以所得之价款优先清偿债务。实际上是质权人或让与人对股权交换价值的一种支配。在功能方面，无论采用股权质押还是股权让与担保，其基本方向是一致的，只不过后者在设定这一功能时，在力度上走得更为超前、更为激进一些，无论是立法还是司法，都没有必要肯定一个而否定另一个。

股权质押和让与担保都是转移担保人的财产于债权人，但股权质押是通过

对他人的财产或财产权利的交换价值的控制而担保债权的优先受偿,让与担保是通过对他人财产或财产权利转为债权人所有而直接控制并实现担保债权的优先受偿,其本身不是法律直接规定的优先受偿权,而是通过一定的法律机制使普通债权实现了对特定物的优先受偿权,即债权人将担保人所有的财产转移至自己暂时所有,授权自己在一定条件下对自己暂时所有而实为担保人所有的财产进行处分,并将原本应返还给予担保人的处分所得与自己被担保的债权进行抵销,从而实现债权人对让与担保物的优先受偿。

三、股权质押和股权让与担保的不同点

尽管已经完成公示的让与担保在效力上类似于股权质押,可以参照其适用,但二者并非完全相同,主要表现在以下几个方面。

(一)法律属性不同

因股权质押系物权法明确规定的典型担保,以质押登记的方式予以公示,股权权属明晰,实际股东为质权设立人,债权人即为质权人,不会产生股权"内外有别"的问题。但在股权让与担保中,虽然具有股权转让的权利外观,但对内受双方约定及担保目的的双重限制,具有内外不同的法律效果。《最高人民法院民事审判第二庭第四次法官会议纪要》指出:尽管已完成公示的股权让与担保与股权质押的效力类似,但是两者的主要区别在于股权让与担保效力有内外之分。(1)在内部关系上,根据当事人真实意思表示,认定为担保。(2)在外部关系上,基于商事外观主义,受让人在一定情况下仍要承担股东责任;受让人将股权转让给他人的,该他人可根据善意取得制度取得股权。

例如,亿仁投资集团有限公司等与北京安鼎信用担保有限公司等股权转让纠纷案【广东省珠海市中级人民法院(2013)珠中法民二终字第400号民事判决书】。法院认为:虽然双方当事人本意为债权设立担保,但并不等于订立该合同的目的就是设立股权质押。在签订股权转让合同之前,深圳亿仁公司已经签署过济南亿仁公司股权质押合同并成功办理质押登记,表明双方明确知晓股权质押的操作方式,被上诉人声称不了解股权质押与股权转让的区别并不可信。便函上深圳亿仁公司同意以股权转让的方式外加回购方式来担保债的履行,意思表达清楚,且在合同签订后珠海亿仁公司的印鉴、证照等资料移交给安鼎公司,

这完全不同于股权质押合同,表明双方并非要设定质押担保。涉案合同名称为“股权转让”,但当事人本意在于担保,因此本案双方当事人是以让渡股权的方式来设定担保,该担保形式不同于普通典型担保,属于一种新型的担保方式。

(二)权利属性不同

质押担保是法定的典型担保物权,而让与担保是非典型担保物权(实际具有担保物权的功能,但并非法律明确规定的担保物权)。让与担保之所以能发挥担保功能,并非其是法律规定的担保物权,而是通过“转移所有权 + 合同约定股权过户”而实现让与物担保,债权人通过合同约定“股权担保 + 股权所有权转移”取得股权所有权,然后按照合同约定处置或返还让与担保物实现自己的债权,如处置所得还有多余则应返还担保人,从而间接实现债权的优先受偿权,质押担保则是债权依法直接对质押的股权实现优先受偿权。

股权质押属于质押的方式之一,在性质上属于法定的担保物权。然而股权让与担保则属非典型担保,其是否具有物权效力尚存争议。以权利出质的,法律无特别规定的,准用关于动产质押的规定。因而对股权质押,非通过法律规定的三种方式,即折价、变卖、拍卖,不能直接归质权人所有。而对于让与担保实现的方式,标的物的所有权虽已移转于担保权人,但就担保权人与设定人的关系而言,担保权人尚非确定地取得标的物之所有权,即便于债务人不履行债务时,担保权人仍应履行变卖标的物或协议估价,以其价金受偿或标的物抵偿债权,亦即担保权人仍有清算义务,在标的物的价金超过担保债权额时,就超过部分负有返还之责,即使在用标的物抵偿债务时也是这样,并非当然取得标的物的所有权。

例如,中国农业银行股份有限公司新加坡分行与万基控股集团有限公司等清算责任纠纷和保证合同纠纷案【最高人民法院(2018)最高法民终 1353 号民事判决书】。法院认为:《中外合作经营企业法》第 10 条规定:“中外合作者的一方转让其在合作企业合同中的全部或者部分权利、义务的,必须经他方同意,并报审查批准机关批准。”《转让及抵押契约》虽以担保为目的,但其内容包含股权转让之约定,故豫新国际投资公司通过《转让及抵押契约》转让其在合作公司中的股权,亦当报审查批准机关批准。因未履行审批手续,原判决认定《转让及抵押契约》未生效并无不当。农行新加坡分行主张,根据《关于审理外商投资企业纠纷案件若干问题的规定(一)》,外商投资企业股东与债权人订立的股权质押合同,除法律、行政法规另有规定或者合同另有约定外,自成立时生效;案涉《转让及抵押契约》系让与担保合同,与股权质押相比,其对《合作经营合同》双方之间权利义务的影响更小,故不应认定未经审批机关批准而未生效。本院就此认为,股权质押与让与担保合同在为主债权提供担保的目的上具有一致性,但其二者在担保的设立方式上则存在显著差异。股权质押合同系就股权出质作出意思表示,其并不涉及股权转让即权利转移之约定,故在合同法范畴下认定其效力即为已足。此外,质押人是否承担担保责任具有或然性,在质押合同签订时即要求办理审批手续自无必要;至股权折价或拍卖、变卖以实现质押权利之时,才涉及股权变动问题,此时办理审批手续并不会导致股权质押脱离审批部门的行政规制。让与担保权利的最终实现虽亦具有或然性,但因让与担保设立时其合同自身已经包括了股权转让等权利转移之约定,故就股权设立让与担保时,除合同法外尚应根据公司法之规定认定其效力。《中外合作经营企业法》已就中外合作企业中权利义务的转让作出审批之规定,案涉《转让及抵押契约》包含股权转让之约定,故其未经审批当认定未生效。

(三)效力功能不同

股权让与担保的产生,一定程度上可认定为商事主体不满足于法定的担保方式。相比股权质押,股权让与担保更具灵活性、主动性。股权质押中质权人仅就股权的交换价值具有支配性,并不涉及公司经营管理权,担保权人缺乏对公司股东代理成本的控制;在债务人到期不履行债务时,需通过协议折价或请求法院拍卖、变卖的方式就股权予以变价受偿。而股权让与担保则是通过受让股权的形式担保债务的清偿,债权人可利用其优势地位,另与设定人约定公司经营管理权限,对公司的高风险经营进行有效监管,从而降低债权的代理成本。股权让与担保在担保成立时,就在法律形式上实际控制被担保的股权;并且在出现债务违约时,股权的处置方式更为灵活。

质押只是通过债权人占有或者登记质权而让债权人控制了质押物的交换价值,让与担保则是通过债权人取得担保物的所有权而直接控制担保物的使用价值,由此也自然地实现了控制担保物的交换价值。前者是通过质押限制担保人对担保物的处分,而后者则是通过转移所有权而干脆剥夺了担保人对担保物的处分权,举轻以明重,让与担保对于担保人的权利限制远远大于质押,相应地,其对于债权人的债权保障程度也应远强于质权对于债权人的物权担保保障。比如在担保人破产或者被执行的情形下,担保财产对外仍然属于破产财产或者被执行的财产,可能还有比意定担保物权还优先的其他法定优先权。但是,对于让与担保,就让与担保进行清算以后,剩余的财产余额才进入破产财产或者被执行的财产(担保人支付对价以后取回担保物)。正常情况下,对于担保人的执行是很难执行到让与担保财产的,因为该财产已经从担保人的财产中剥离至债权人名下,虽然其事实上仍然是担保人的财产,至少担保人存在或有权益,担保人让渡的只是暂时的所有权,通过暂时让渡所有权从而使担保债权人的债权实现,但是,债权人就自己的债权实现对于让与担保财产对让与人以及其他任何第三人都享有抗辩权。

(四)登记方式不同

股权质押办理质押登记,而股权让与担保具有转让股权的外观。那么,基于商事外观主义原则则可能进一步引发是否会对其他股东或第三人产生对抗效果等问题。从中也可看出,股权质押和让与担保之间最大的不同是股权的所有权是否发生移转,以及还清债务后是否享有返还请求权。

股权让与担保是股权质押不可或缺的有益补充。股权质押因其自身局限无法满足社会经济发展的现实需求,股权自身的局限性体现在股权价值具有不稳定性,可能存在人为贬值的道德风险,同时股权在质押时的价值难以衡量,在公司破产时股权价值就几近于零,最为关键的是股权质权的实现也困难。

与此形成互补的股权让与担保具有股权质押难以比拟的优越性。股权让与担保方式能最大限度确保股权价值的保值,使担保权人能够及时发现和消弭瑕疵股权产生的风险,具有实现方式灵活、节约交易成本的特点。股权让与担保降低了因股权的第三取得人或后位担保权人的出现而阻碍担保权实现的可能性。

第四节 股权让与担保和股权回购

一、股权让与担保和法定股权回购的区别

股权法定回购,是指公司根据法定规定或章程规定回购股东所持有的公司

股份。关于公司回购股权(份),股权回购是中小股东的一项法定权益。《公司法》为了有效保护中小股东的合法权益,在第74条明确规定了中小股东的股权回购请求权,即在出现法律规定的某些特殊情况下,对公司决议投反对票的股东有权要求公司对其股权予以收购,确保异议股东的退出,实现公司持续稳定经营。在第142条对股份公司回购股份也有明确规定。

不同于《公司法》第142条对股份公司回购明确规定的“公司不得收购本公司股份……有下列情形之一的除外”,第74条对有限公司回购并没有采取“一般禁止+特定除外”的立法模式。根据“法无明文禁止即自由”的基本法理原则,并结合《公司法解释二》第5条的规定:“人民法院审理解散公司诉讼案件,应当注重调解。当事人协商同意由公司或者股东收购股份,或者以减资等方式使公司存续,且不违反法律、行政法规强制性规定的,人民法院应予支持”,可以认为法律允许或认可有限公司与股东以协议方式收购股权。也即,对于有限责任公司而言,由于《公司法》第74条并非强制性规定,因此股东可以与公司签订协议约定股权回购的条件,如果公司通过公司章程将前述约定的条件纳入公司章程,则该股权回购条款有效。公司回购的股权可以转让给其他股东,也可以注销。对于股份有限公司而言,由于《公司法》第142条的规定系效力性强制性规定,因此,股东不得与公司约定不同于《公司法》第142条规定的其他回购条件,否则,其约定无效。因此,如果股东与公司签订股权回购条款,其内容必须符合《公司法》第142条的规定,因此,只要该股权回购条款的约定不违反第142条的规定,则有效;违反的,则无效。股权让与担保的交易结构分为两个核心环节,即股权转让和股权回购,因此,股权回购和股权让与担保的相似之处在于两者都有股权转让的基础事实,都约定一定条件下回购股权。但不同之处在于:(1)合同目的不同。股权让与担保其核心法律价值在于以股权转让的形式为主债务提供担保,股权回购则是在符合法定或约定条件下由公司收回股权,再依法经减资后注销或转让给其他股东。(2)债权人权利不同。股权让与担保中的债权人或担保权人仅是名义股东,不实际行使股东权利和承担股东义务。而股权回购情形下的股东是公司实际股东,行使股东权利和承担股东义务。(3)回购条件不同。股权让与担保的股权回购条件是债务得以清偿。而股权回购条件一般由《公司法》明确规定,或由公司章程规定,或由公司与股东商定(如股东离职、业绩不达标等条件)。(4)回购价格不同。股权让与担保中的股权回购并非股权转让,实质上是在担保目的达到后将股权回转给原股东,因此不涉及股权价款。而股权回购是股东将其股权让渡给公司,因此是有偿的,需要根据公司估值评估回购股权的价值,而且往往是溢价回购。

实务中,部分司法判例也对股权让与担保和股权回购的区别有所阐述。

有的法院认为,当事人缔约的目的不是长期持有股权,而是按时收回股权回购款。股权转让实质是作为转让方支付股权回购款的担保,则该项交易构成股权让与担保。当事人缔约的目的在于借款而非转让股权,且有将转让股权作为让与担保物的明确意思表示,则该项交易构成股权让与担保。例如,丁某某等与福建渝商投资有限公司等民间借贷纠纷案【福建省高级人民法院(2014)闽民终字第360号民事判决书】。法院认为:从本案《协议书》《补充协议》的内容看,渝商公司的目的不是长期持有讼争股权,而是按时收回股权回购款。该讼争股权实质是作为转让方丁某某支付股权回购款的担保,在债务履行完毕后,股权又回归于转让方……当事人之间的这种股权转让及回购的安排并没有违反法律、行政法规效力性强制性规定、禁止性规定,不侵害他人的合法利益,是有效的,双方当事人均应按协议约定履行义务享受权利。

有的法院认为,虽然协议在形式上是一个附回购条件的股权转让协议,但如果实质上是债权人为保障其收回全部借款而设定的担保方式时,符合股权让与担保的法律特征。例如,江苏亿豪房地产发展有限公司与南京中医药大学股权转让纠纷案【江苏省高级人民法院(2014)苏商终字第0205号民事判决书】。一审法院认为:补充协议在形式上是一个附回购条件的股权转让协议,但在实质上是中医药大学为保障其收回全部借款和实现购房目的而设定的一种非典型担保方式,符合让与担保的法律特征。中医药大学如期收回全部借款并拿到约定数量的商品房,被担保债权已全部消灭,中医药大学所持有的让与担保股权应当返还。二审法院认为:中医药大学实际持有亿豪公司45%的股权,并非名义股东。中医药大学已经通过与亿豪公司的合作,实现了协议书及两份补充协议的合同目的,且亿豪公司也已经按原价向中医药大学支付了股份转让款,中医药大学应当依约将持有的45%的股权变更登记至亿豪公司名下,且亿豪公司无须再向中医药大学支付股权转让款。

有的法院认为,若受让人受让股权后不实际享有股东权利,目的不是长期持有股权,而是按时收回股权回购款,转让人以收取转让款形式使用受让人资金,并支付固定比例利息，双方建立的是股权让与担保而非转让股权。例如，丁甲、吴某与福建渝商投资有限公司、丁乙民间借贷纠纷案【福建省高级人民法院(2014)闽民终字第360号民事判决书】。法院认为：原告受让股权后对于股东决议事项，仍应依照被告意见行使股东权利，且在股权回购期和宽限期内，股权的分红收益权仍归被告所有。原告目的不是长期持有讼争股权，而是按时收回股权回购款，被告以收取转让款形式使用原告资金，并支付固定比例利息，双方当事人缔约目的在于借款而非转让股权。可见，若股权受让一方并未实际行使股东权利，法院会推定受让方受让讼争股权目的是为借款担保，而非以股东身份参与公司经营。

有的法院认为，股权让与担保最重要的特征应当是对债务人股权赎回的问题作出明确约定。例如，太仓市森联投资管理有限公司与上海盛江交通车辆设备有限公司、江阴森茂汽车城开发有限公司股权转让纠纷案【江苏省太仓市人民法院(2019)苏0585民初2556号民事判决书】。法院认为：股权让与担保最重要的特征应当是对债务人股权赎回的问题作出明确约定。在太仓森茂公司向大秦木业公司转让股权的一节事实中，太仓森茂公司与大秦木业公司在2014年7月16日签订《股权转让协议》以及《债权转让协议》《债务抵销协议》等协议完成股权变更登记手续的同时另签订了一份《股权回转协议》，其中约定太仓森茂公司必须于2014年9月30日前归还所欠江阴森茂公司借款共计4280万元，相应地，太仓森茂公司可获得大秦木业公司无偿转让的江阴森茂公司50%的股权，该协议的实质是双方对股权赎回作出了明确的意思表示，即股权赎回的期限为2014年9月30日，赎回的价款即为太仓森茂公司所欠的4280万元债务。并且，从2014年6月30日江阴森茂公司与上海盛江公司签订《江阴森茂债务转让协议》约定由上海盛江公司收购太仓森茂公司股权到2014年7月20日江阴森茂公司与大秦木业公司签订《江阴森茂债权转让补充协议》约定最终由大秦木业公司完成收购，均明确收购太仓森茂公司50%股权是为了切实督促太仓森茂公司及时归还江阴森茂公司4280万元欠款，太仓森茂公司向大秦木业公司转让股权的前提可以较为明确地看出系为其所欠江阴森茂公司借款提供担保。

如果协议约定，公司法定代表人、股权均变更，且公司印章、账簿等资料一并移交转让的事实，则无论是形式上的转让约定，还是实质上的移转变更，均说明这是一种股权转让，因此，该协议是附回购条件的股权转让协议，而非股权的转让与担保。例如，曾某、陈某某与贵州泰华宏升商贸有限公司、宋某股权转让纠纷案【贵州省遵义市中级人民法院(2020)黔03民终7028号民事判决书】。法院认为：原告主张2016年8月4日签订的《股权转让及回购协议》，实质是股权让与担保，两原告是泰华宏升公司的实际股东。从《股权转让及回购协议》的内容来看，约定有股权转让对价、回购条件。双方签订协议后，原告将股权变更登记。法定代表人由陈某某变更为付某某，结合之后《贵州泰华宏升商贸有限公司股权归还协议书》的内容来看，原告在2016年的协议签订后，不但对股权进行相应的变更登记，还将公司印章、财务账簿及有关行使公司管理所需的证件、资料一并转让。从原告提交的部分工商相应登记可看出，也是由被告宋某或其他案外人在担任公司的执行董事、经理、监事等职务。由此可知，2016年签订的《股权转让及回购协议》并非为股权的让与担保，而是附回购条件的股权转让协议。之后，原告与宋某又签订的《贵州泰华宏升商贸有限公司股权归还协议书》，是双方对股权转让达成新的约定。原告主张其为实际股东与事实不符，不予支持。

二、股权让与担保和约定股权回购的区别

股权约定回购，是指债权人支付合理对价收购目标股权，并与目标公司原股东或其指定第三方签署股权回购协议，约定在特定条件触发时，由回购方收购债权人所持股权。

股权回购协议本质上是债权人与回购方签署的买卖合同，标的物为股权。从法律规范角度来看，股权回购协议主要受合同法及公司法规范，若系当事人真实意思表示应为有效。从最高人民法院的司法判例来看，在联大集团有限公司与安徽省高速公路控股集团有限公司股权转让纠纷案，以及蓝某某、宜都天峡特种渔业有限公司、湖北天峡鲟业有限公司与苏州周原九鼎投资中心(有限合伙)其他合同纠纷案中，法院对股权回购协议的效力均予以肯定，相对方以实为借贷、违反公平原则等理由主张股权回购条款无效均被法院驳回。

在股权回购模式下，目标股权的性质和股权让与担保模式下的股权不同，并不构成担保权利。考虑到债权即期收购股权支付了合理对价，因此债权人的真实意思表示是取得股权而不是设定担保，办理完毕股权变更登记后，目标股权是债权人真实享有的股东权利。从法律关系的角度上，债权人即期与目标公司原

股东签署《股权转让协议》即与目标公司形成了股权关系,该法律关系并不因会计上对目标股权性质的认定而改变。股权回购和股权让与担保的区别主要体现在以下方面:

1. 目标股权性质不同。股权让与担保中,债权人并不实际享有股权,仅仅享有担保权利。债权人只是名义股东,而不是实际股东。而在股权回购中,债权人享有股权,而非担保权利。

2. 取得目标股权的对价不同。股权让与担保中,债权人取得目标股权的成本为零对价或象征性低价;而股权回购中,债权人为取得目标股权需要支付合理的对价。

3. 债务按期履行时的处理不同。股权让与担保中,债务按期履行时债权人应将目标股权返还转让方(一般为目标公司原股东)。而股权回购中,债务按期履行时债权人可能将目标股权转让给目标公司原股东,也可能将目标股权转让给其他主体,以股权回购协议的约定来确定回购主体。

4. 收益实现方式不同。股权让与担保中,债权人的收益只能通过债权部分来实现;而股权回购中,债权人可以通过获得分红、溢价回购等安排实现股权部分的收益。

5. 在股权回购中,目标股权并非担保权利,而是债权人真实享有的股东权利,因此股权转让价款无须根据债权金额进行调整,这也是对外转让股权与清算股权的主要区别。

尽管股权让与担保和股权回购存在一些区别,但是二者的界限并不是十分清晰,实践中很多项目同时符合两种模式的部分特征但并不完全一致。例如,债权人以零对价或象征性低价收购目标股权,并与回购方签署股权回购协议,约定在债权清偿完毕后由其回购目标股权,上述交易结构虽有股权回购安排,但与让与担保模式无异。区分二者的关键,在于目标股权究竟是债权人的担保权利还是债权人真实享有的股东权利。例如,天津置信投资发展有限公司与新疆保利天然投资有限公司、新疆天然房地产开发有限公司合资、合作开发房地产合同纠纷案【最高人民法院(2018)最高法民再161号民事判决书】。法院认为:《补充协议》的落款时间是2010年,没有具体月日,但可以确定签订于《合作协议书》之后,即2010年8月28日之后,因为该协议的抬头写明:“鉴于甲乙双方于2010年8月28日签订《合作协议书》。”对于该份协议,本案一审时,置信公司认为双方没有签订过。二审时，却认可其真实性、合法性，只是不认可其关联性。《补充协议》第2条载明："在乙方支付股权转让款人民币4000万元全部到账之日起18个月内，甲方先期支付给乙方人民币4000万元。项目合作完毕后，该款项冲抵甲方向乙方回购股权的转股款。"其中的甲方是保利天然公司，乙方是置信公司。从该约定可以看出，这种方式不完全符合《合作协议书》中约定的两种投资回报方式。《合作协议书》约定的第一种投资回报方式为典型的合作开发，要项目开发完成后再来确定项目利润，然后分配。而《补充协议》的上述约定，却是不需要在项目开发完成后再来确定项目利润，而是在项目开发过程中，置信公司先收回投入的4000万元，然后在"项目合作完毕后，该款项冲抵甲方向乙方回购股权的转股款"。《合作协议书》约定的第二种投资回报方式虽然表述为股权回购，但是实质上是股权让与担保，保利天然公司先将其在天然房地产的股权转让给置信公司，其目的是担保置信公司支付的4000万元股权转让款。置信公司的真实目的并不是购买保利天然公司在天然房地产的股权，而是通过这种方式保证自己投入的4000万元资金的安全，同时通过股权回购的方式保障其收益，实质与民间借贷无异，只是这种股权回购的方式为民间借贷提供了股权担保。该表述为："在乙方应支付的股权转让款4000万元现金全部到账之日起18个月期满时，甲方同意以5800万元整回购其在新疆天然房地产开发有限公司的45%股权。"从这一约定可以看出，投入资金的收益率为每年30%。而《补充协议》的约定，却是"在乙方应支付的股权转让款4000万元现金全部到账之日起18个月期满时"，置信公司先收回投入的4000万元，而不是保利天然公司向其支付5800万元。对于置信公司投入4000万元的收益，《补充协议》的表述是，"项目合作完毕后，该款项冲抵甲方向乙方回购股权的转股款。"根据《补充协议》关于投资回报方式的约定可以看出，置信公司投入4000万元的回报方式为，从4000万元全部现金到账之日起18个月内，先收回本金4000万元。项目合作完毕后，4000万元冲抵保利天然公司向置信公司回购股权的转股款。可见，《补充协议》约定的置信公司投资回报的方式为："保本+待项目合作完毕"后，4000万元冲抵保利天然公司向置信公司回购股权的转股款。因此，这种方式不是《合作协议书》约定的任何一种投资回报方式。这是因为，如果是《合作协议书》约定的第一种投资回报方式即分配利润的方式，那么只有项目完成后，才涉及是否有利润以及如有利润应该如何分的问题，而《补充协议》约定的却是"在乙方支付股权转让款人民币4000万元全部到账之日起18个月内”，保利天然公司先期支付给置信公司4000万元。很显然，《补充协议》约定的投资回报方式不是《合作协议书》约定的分配利润这种方式。《补充协议》约定的投资回报方式也不是《合作协议书》约定的“在乙方应支付的股权转让款4000万元现金全部到账之日起18个月期满时，甲方同意以5800万元整回购其在新疆天然房地产开发有限公司的45%股权”。因为《补充协议》约定的却是“在乙方应支付的股权转让款4000万元现金全部到账之日起18个月内，甲方先期支付给乙方人民币4000万元”。这也很可能是本案一审时，置信公司不敢承认《补充协议》真实性的原因，因为置信公司起诉的基础事实是，其与保利天然公司是民间借贷，投资回报方式是《合作协议书》规定的第二种投资回报方式，即“在乙方应支付的股权转让款4000万元现金全部到账之日起18个月期满时，甲方同意以5800万元整回购其在新疆天然房地产开发有限公司的45%股权”。通过以上分析可知，一审法院认定本案的投资回报方式为《合作协议书》约定的第二种投资回报方式即民间借贷，二审法院认定本案的投资回报方式为《合作协议书》约定的第一种投资回报方式即分配利润，均属基本事实认定错误，本院依法予以纠正。

第五节　以股抵债和股权让与担保

一、以股抵债和股权让与担保的区别

以股抵债和股权让与担保的相同之处在于，均有股权转让行为，均不支付股权转让价款、无偿转让股权。

有一案情，A公司及其法定代表人甲向乙借款8000万元。各方为此签署《承诺书》，约定由甲以其持有的B公司100%股权抵偿所欠乙借款本金8000万元，随后双方当事人签署了相应的《股权转让合同》并办理了股权转让过户登记手续，双方还办理了B公司交接手续，乙接管B公司后实际经营两年多。后来，甲主张其将名下B公司股权变更登记至乙名下是股权让与担保性质，乙则认为双方是通过以股抵债方式清结债务。

实务中，存在股权交易双方对签署的股权转让协议究竟是一种为了保障借款债权实现的担保方式，还是纯粹的股权转让，抑或是为了抵偿借款本息等问

题。由此而发生的争议案件错综复杂、牵涉多种法律关系，往往需要法院全面分析案件事实，从交易目的、常理、生活经验等方面综合评判。例如，郑某与张某某、隽达公司合同纠纷案【福建省建瓯市人民法院（2019）闽0783民初1318号民事判决书】。法院认为：涉案《股权抵债协议》的性质为以股抵债，而非郑某主张的让与担保。所谓让与担保，是指债务人为担保债权人权利的实现，将担保物之整体权利转移给债权人，在债务履行完毕后，标的物的整体权利又回归于担保人；在债务届时未能得到清偿时，债权人有就担保物优先受偿的权利。从《股权抵债协议》的内容分析，涉案的股权转为张某某所有的行为，不符合让与担保的性质特征。第一，让与担保中，债权人的债权并未消灭，对应的债务仍在继续履行。作为一种非典型性担保方式，让与担保仍具有担保的一般性质特征，即是为担保债权人权利的实现，依附于债权而存在。而涉案股权转为张某某所有后，张某某对郑某享有的债权消灭，这不仅体现在协议约定的“双方债权债务消灭”，无论股权的价值是否能够使张某某弥补失去的债权，均不得“以任何理由和方式向乙方追偿”，还体现在原债权上设立的股权质押、连带保证责任同时消灭，还体现在张某某就原债权申请法院强制执行权利的消灭，亦失去优先受偿的权利。郑某在诉讼中亦认可原有的债权债务消灭，但称又产生了新的债权债务关系。这一“新的债权债务”关系，债权人是谁？债务人是谁？债权债务关系的内容是什么？不得而知。事实上，协议生效后，就本案而言，张某某对郑某已不享有任何债的请求权。第二，让与担保的担保物整体权利只是形式上转移给债权人，目的是为债权提供担保，而以买卖、转让等形式转移权利，则是当事人的虚伪意思表示，就内部而言，债权人并不享有担保物的实体权利。本案中，郑某将涉案股权抵债转让给张某某，则并非是虚伪意思表示，而是真实意思表示。这一点体现在协议约定“股权范围内的所有债权债务及股东的权利义务均由甲方享有和承担”。此外，原债权上设立有超过涉案股权（11%）的质押担保和连带责任保证担保，其担保效用高于所谓的让与担保，张某某没有任何理由消灭前者再设立后者。至于协议约定的回赎权、取回权等，则是在“以股抵债的基础上”张某某自愿为郑毅保留的权利，并不能改变以股抵债的性质。

二、以股抵债还是股权让与担保的司法认定着力点

实务中对以股抵债、股权让与担保的认定可从以下几个方面进行考虑。

（一）债务是否清算

双方实际尚未就债权债务进行清算，且债务人仍然负有向债权人归还借款本息的义务时，签署的股权转让协议不属于“以股抵债”。例如，冯某某与王某某、唐某某、陈某某、北海市汇银房地产开发有限公司债权人撤销权纠纷案【广西壮族自治区高级人民法院（2019）桂民终154号民事判决书】。法院认为：从王某某与唐某某、陈某某于2014年11月20日签订的《承诺书》内容来看，双方虽然有关于王某某同意以汇银公司股权冲抵欠付唐某某、陈某某借款本金8750万元的约定，但综合《承诺书》全文内容、案涉股权变更登记情况以及《合作备忘录》签订的事实，尚不能认定双方达成了以股抵债清结债务且已履行完毕。首先，双方在《承诺书》中约定以股权变更冲抵王某某欠付唐某某、陈某某借款本金8750万元的前提应是在2017年2月1日前王某某不能归还借款时，即在签订《承诺书》时，双方实际尚未就债权债务进行清算。其次，在2017年2月1日前，王某某仍然负有向唐某某、陈某某归还借款本息的义务，为此双方在《承诺书》中还就借款利率的减免及逾期利息支付等进行了详尽的约定。最后，《承诺书》约定王某某也可随时归还欠付唐某某、陈某某的借款，在办理股权变更登记前，王某某有权以8750万元现金加利息赎回股权。因双方在签订《承诺书》当天同时签订了汇银公司90%股权转让合同并即时办理了该90%股权转让至唐某某、陈某某名下的变更登记手续，如将该股权变更认定为双方达成了以股抵债结清债务的合意，则明显与双方在《承诺书》中约定由王某某向唐某某、陈某某继续归还借款本息的意思表示相悖。

（二）债务是否消灭

股权让与担保中，债权人的债权并未消灭，对应的债务仍在继续履行。以股抵债后，债权人对债务人享有的债权消灭。例如，郑某与张某某、隽达公司合同纠纷案【福建省建瓯市人民法院（2019）闽0783民初1318号民事判决书】。法院认为：让与担保中，债权人的债权并未消灭，对应的债务仍在继续履行。作为一种非典型担保方式，让与担保仍具有担保的一般性质特征，即为担保债权人权利的实现，依附于债权而存在。而涉案股权转为张某某所有后，张某某对郑某享有的债权消灭，这不仅体现在协议约定的“双方债权债务消灭”，无论股权的价值是否能够使张某某弥补失去的债权，均不得“以任何理由和方式向乙方追偿”，还体现在原债权上设立的股权质押、连带保证责任同时消灭，还体现在张某某就原债权申请法院强制执行权利的消灭，亦失去优先受偿的权利。

例如，中国建设银行股份有限公司永嘉支行与顺吉集团有限公司等确认合同无效纠纷案【浙江省永嘉县人民法院(2018)浙0324民初5734号民事判决书】。法院认为：如果系以股权抵债，则各方签订《协议书》《补充协议书》目的在于使被告朱某某、袁某某、金某某、张某某、潘某某获得一路建设公司股权，进而消灭被告朱某某、袁某某、金某某、张某某、潘某某对被告顺吉公司等人享有的债权；如果系设定股权让与担保，则各方签订《协议书》《补充协议书》目的在于使被告朱某某、袁某某、金某某、张某某、潘某某对被告顺吉公司等人享有的债权获得股权担保，待债权实现后，股权予以返还。从《协议书》《补充协议书》的内容上看，首先，《协议书》《补充协议书》签订且被告顺吉公司持有的一路建设公司100%股权变更登记至第三人一路投资公司名下后，被告施某某承包一路建设公司后利润的80%仍需用于清偿被告朱某某、袁某某、金某某、张某某、潘某某等人的债权，被告朱某某、袁某某、金某某、张某某、潘某某对被告顺吉公司等人享有的债权并未实质消灭。……因此，从上述约定上看，各方签订《协议书》《补充协议书》目的在于股权担保而非股权让渡，各方签订《协议书》《补充协议书》应属设定股权让与担保。

(三)是否限制股东权利

协议约定对债权人的股东权利进行了限制的，不是以股抵债。例如，冯某某与王某某、唐某某、陈某某、北海市汇银房地产开发有限公司债权人撤销权纠纷案【广西壮族自治区高级人民法院(2019)桂民终154号民事判决书】。法院认为：《承诺书》约定股权变更登记后汇银公司经营管理权仍由王某某负责，但涉及唐某某、陈某某利益的公司资产转移及债权债务产生须经唐某某、陈某某书面同意；《合作备忘录》亦约定汇银公司的公章及财务章等相关印鉴由唐某某派人管理，工资由唐某某承担，直至王某某完全归还所欠王某某所有债务，但唐某某派出的管理人员必须遵守汇银公司的规章制度，确保公司正常运营。

例如，中国建设银行股份有限公司永嘉支行与顺吉集团有限公司等确认合同无效纠纷案【浙江省永嘉县人民法院(2018)浙0324民初5734号民事判决书】。法院认为：被告朱某某、袁某某、金某某、张某某、潘某某享有实际权利的第三人一路投资公司在100%持股一路建设公司后，不管被告朱某某、袁某某、金某某、张某某、潘某某，还是第三人一路投资公司，均未拥有一路建设公司完整的股东权利，对股权的处分权，对一路建设公司的经营权均受到限制。

（四）是否约定股权回赎

协议约定在债务和以清偿时，债务人有权赎回股权，则转让人将股权无偿转让受让人名下，是转让人为债务向债权人提供的担保，并非以股抵债。例如，上海贵灵实业集团有限公司、张某某与袁某某民间借贷纠纷案【上海市高级人民法院（2020）沪民终423号民事判决书】。法院认为：《和解协议》第2条虽有“用以抵偿”借款本息的文字，但该条又同时约定“若贵灵公司在2018年12月31日前偿还所有借款及利息的，则贵灵公司及中科建总公司等有权赎回该股权；若贵灵公司在期限之前未能偿还所有借款及利息，则袁某某有权自行处置该股权”。结合《和解协议》签订后至2019年1月2日，张某某作为担保人及贵灵公司的法定代表人，先后多次向袁某某归还了大量款项，以及在本案一审中，两上诉人从未提出已用旭宁股权抵偿涉案借款的主张。本院认定，《和解协议》中关于旭宁股权转让给袁某某的约定实系各方之间担保的意思表示，贵灵公司将旭宁股权无偿转让给袁某某且已登记至袁某某指定的棕榈滩资管公司名下，是贵灵公司为涉案借款向袁某某提供的担保，并非用于抵偿涉案借款。

（五）是否承接公司债务和股东权利及义务

股权让与担保中，债权人并不享有股东权利。如果双方约定“股权范围内的所有债权债务及股东的权利义务均由受让人享有和承担”则属于以股抵债。例如，郑某与张某某、隽达公司合同纠纷案【福建省建瓯市人民法院（2019）闽0783民初1318号民事判决书】。法院认为：让与担保的担保物整体权利只是形式上转移给债权人，是为债权提供担保，而以买卖、转让等形式转移权利，则是当事人的虚伪意思表示，就内部而言，债权人并不享有担保物的实体权利。本案中，郑某将涉案股权抵债转让给张某某，则并非虚伪意思表示，而是真实意思表示。这一点体现在协议约定“股权范围内的所有债权债务及股东的权利义务均由甲方享有和承担”。

（六）债权人对以股抵债是否认可

协议约定债务人将其持有的公司股份作为代偿资金本息的担保，且事后双方完成了相应的股权变更登记，而且债权人对以股抵偿也不认可，属于股权让与担保，而不是以股抵债。例如，郑州投资控股有限公司与郑州兰博尔科技有限公司追偿权纠纷案【河南省郑州市二七区人民法院（2019）豫 0103 民初 9874 号民事判决书】。法院认为：关于被告辩称的其已经以股权让与担保的债转股方式，将其相应股权折抵原告代偿本息偿还给了原告，原告的代偿债权已经得以清偿完毕的意见，经查，原、被告签订的《代偿协议》第 6 条约定被告同意以其持有的相应公司股份为原告代其偿还资金本息提供股权转让与担保，且事后双方完成了相应的股权变更登记，但该股权转让及变更登记根据双方《代偿协议》属于担保性质，并非抵偿代偿款，且原告对被告所称抵偿也不认可，故被告的答辩意见不成立，本院不予支持。

（七）是否符合正常的商业习惯

1. 不对公司财产申请法院保全和强制执行以实现其债权，而采用将股权转移给债权人指定人员的方式保障债权。例如，任某某与吴某某、徐某某、纪某某民间借贷纠纷案【河南省三门峡市中级人民法院（2020）豫 12 民终 1182 号民事判决书】。法院认为：从任某某和吴某某各自主张的合理性方面讲，任某某出借本案借款的借款协议可以证明本案借款原本就存在多位保证人，且腾荣公司作为保证人之一也在借款协议上签章。若主债务人吴某某未能清偿债务，债权人任某某完全可以对该公司财产申请法院保全和强制执行以实现其债权，并不需要采用将股权转移给任某某指定人员的方式保障债权。

2. 当事人舍近求远，不采用更为明晰、操作起来也更为简便的股权抵押。例如，任某某与吴某某、徐某某、纪某某民间借贷纠纷案【河南省三门峡市中级人民法院（2020）豫 12 民终 1182 号民事判决书】。法院认为：为了担保债权的实现，我国法律也明确了多种实现方式，进行股权抵押登记也完全可以达到用公司股权对涉案债务提供担保的效果，且股权抵押方式存在抵押登记，可以更准确地推断出双方真实意思表示，较之于股权让与担保更为明晰，操作起来也更为简便。本案当事人没有必要采用法律没有明文规定，且在司法实践中认识存在争议的让与担保方式为债权提供保障。从这个角度考量，吴某某称已将股权过户给任某某指定人员以抵偿债务的理由更为合理，也更加符合现有证据所指向的高度盖然性事实。

3. 股权受让人在股权转让后的若干年中不曾了解过担保股权的价值或者向债务人主张过债权，应视为以股抵债。例如，任某某与吴某某、徐某某、纪某某民间借贷纠纷案【河南省三门峡市中级人民法院(2020)豫12民终1182号民事判决书】。法院认为：任某某称在股权转让过程中没有了解公司经营状况，也没有对股权实际价值进行评估。从常理上分析若股权转让是抵押行为，债务尚未清偿，债权人任某某对公司经营状况和担保股权的价值就存在必要的监督义务，而本案中没有证据能够显示任某某在股权转让后直至录音时长达4年的过程中了解过担保股权的价值或者向债务人、担保人主张过债权，不符合民间借贷债权人追索债权的通常习惯，于常理不符。

第六节　股权让与担保和“明股实债”

一、“明股实债”的含义

“名股实债”又称“明股暗债”“明股实债”“假股真债”等。由于“明股实债”结合了股权和债权融资的优点，近年来受到特定行业，尤其是房地产、政府融资平台融资人的热烈追捧。“明股实债”虽然被广泛运用，并在司法领域引起较大争议，但其并非内涵与外延明确的法律概念，其代指以股权投资为形式，以债权融资为本质的交易模式。目前被广为接受的解释是中国证券投资基金业协会在2017年2月13日发布的《证券期货经营机构私募资产管理计划备案管理规范第4号——私募资产管理计划投资房地产开发企业、项目》中对“名股实债”进行的界定，即本规范所称“明股实债”，是指投资回报不与被投资企业的经营业绩挂钩，不是根据企业的投资收益或亏损进行分配，而是向投资者提供保本保收益承诺，根据约定定期向投资者支付固定收益，并在满足特定条件后由被投资企业赎回股权或偿还本息，常见形式包括回购、第三方收购、对赌、定期分红等。

“明股实债”并非严格意义上的法律概念，而是对司法实务中通过成为目标公司名义股东的方式取得固定回报的投资方式的总称，根据不同的标准，可有不同的分类。从支付固定回报的主体角度看,分为目标公司支付和公司股东支付两种情形;从固定回报的合同方式看,有股权回购方式和差额补偿方式之分;从投资人享有的权利的角度看,有债权和股权之分,难以一概而论。从面临问题的角度看,股权让与担保主要涉及其性质和效力问题,而"明股实债"除了需要考察性质和效力问题外,实践中往往也与名义股东是否构成抽逃出资密切联系在一起。

"明股实债"的主要类型有两种,一种是投资人与标的公司之间的实债关系,另一种是投资人与股东之间的实债关系。相应的股权的来源一般也有两种,前一种通常是公司通过增资扩股(发行新股),吸纳投资人的资金用于融资,而相应的增资扩股的股权则授予投资人,约定一定期限以后由公司或公司的股东、实际控制人以固定的价格(融资成本)收购(回购)投资人的股权,后一种是股东或公司的实际控制人融资,采取的方式为转让标的公司的股权,并约定一定的期限后以固定的价格回购。

二、"明股实债"的性质与效力

《法官会议纪要》认为:"明股实债"并无统一的交易模式,实践中,应根据当事人的投资目的、实际权利义务等因素综合认定其性质。投资人目的在于取得目标公司股权,且享有参与公司的经营管理权利的,应认定为股权投资,投资人是目标公司的股东,在一定条件下可能构成抽逃出资。反之,投资人目的并非取得目标公司股权,而仅是为了获取固定收益,且不享有参与公司经营管理权利的,应认定为债权投资,投资人是目标公司或有回购义务的股东的债权人。不论在哪种情形中,投资人取得的固定回报都来自其先前的投入,故其退出公司亦非无偿退出,一般不存在抽逃出资问题。

"明股实债"究竟是股权投资还是债权投资,是实务中的一个区分难点。笔者认为,如果投资方一方面约定了"明股实债",但在协议中约定其对公司的经营管理权,或者虽然没有约定,但实际参与了目标公司经营管理,比如保留在股东会、董事会层面对重大事项的表决权,向公司派驻董事、财务等人员,控制项目公司公章或财务章,等等。在此情况下,应当认定投资人是以取得股权为目的。《法官会议纪要》认为:应当根据当事人的投资目的、实际权利义务关系等因素综合认定明股实债的性质。如投资人目的在于取得目标公司股权,且享有参与目标公司经营管理权利的,应当认定为股权投资。如果投资人的投资目的仅是取得固定回报，协议中并未详细约定投资人参与公司管理的权利，投资人实际上也未行使股东管理权的，即便登记为股东，也应认定其仅享有债权。

尽管理论中存在“明股实债”效力之争，但最高人民法院认为明股实债是当事人的真实意思表示，其内容不违反法律、行政法规的效力性强制性规定，应为合法有效。例如，赣州世瑞钨业股份有限公司、钟某某、赣州联胜投资咨询中心借款合同纠纷案【最高人民法院（2018）最高法民终 785 号民事判决书】。法院认为：《股权回购协议》的性质应界定为“明股实债”。“明股实债”的交易模式下，对外应遵循外观主义，保护第三人的信赖利益，尤其在目标公司破产或解散的情况下，应优先保护其他债权人的合法利益；对内则应采用实质重于形式原则，探究当事人之间的真实意思表示。本案系处理钟某某、联胜投资及世瑞公司之间内部的债权债务关系，尚不涉及外部第三人的信赖保护问题。《股权回购协议》作为处理内部债权债务关系的契约性安排，系当事人的真实意思表示，其内容不违反法律、行政法规的效力性强制性规定，应为合法有效。

三、“明股实债”的司法认定

1. 因“明股实债”存在“股权”“债权”特征交织边界模糊的情况，需要从协议签订时的背景出发，去探究协议订立时双方的真实意思表示，根据当事人的投资目的、实际权利义务等因素综合认定其性质。例如，广州市仙源房地产股份有限公司与广东中大中鑫投资策划有限公司、广州远兴房产有限公司、中国投资集团国际理财有限公司股权转让纠纷案【最高人民法院（2009）民申字第 1068 号民事裁定书】。法院认为：关于《股权转让及项目合作合同》的性质，当事人争议的是该合同是股权（权益）转让合同还是借款合同。该合同名称为《股权转让和项目合作合同》，其内容也是仙源公司受让中鑫公司持有的 28.5% 股权，股权需变更至仙源公司名下，并约定了未按期完成股权变更的违约责任，故该合同是典型的股权（权益）变更合同。中鑫公司称从《股权转让及项目合作合同》订立的背景和目的看，该合同是借款合同。该合同签订的背景是中鑫公司在竞拍远兴公司权益时出现资金缺口，这是事实。但在现实经济生活中，通过借款来解决资金困难不是唯一的方式，当事人还可以通过转让股权（权益）等方式来筹资。本案当事人选择了转让股权（权益）这种方式来筹资，并无借款的意思表示。中鑫公司称《股权转让及项目合作合同》第 5 条第 2 款为保底条款，由此可推断该合同只能是借款合同。按照该合同条款,中鑫公司和仙源公司在远兴公司获得的贷款中提取一部分先行收回投资,该条款是提前收回出资的条款,而不是保底条款,更不能据此认定整个合同是借款合同。中鑫公司称他人为该合同履行提供了担保,故该合同就是借款合同,这是对法律的误解。《担保法》第2条第1款规定:“在借贷、买卖、货物运输、加工承揽等经济活动中,债权人需要以担保方式保障其债权实现的,可以依照本法规定设定担保。”该条仅列举了适用担保的部分情形,不能根据该款规定得出只能为借贷、买卖、货物运输、加工承揽提供担保的结论。根据《民法通则》第89条,可以为各类债务的履行设定担保。股权(权益)转让合同属于民法上的债,为其履行设定担保符合法律规定。因此,不能根据肖雨田等人为《股权转让及项目合作合同》的履行提供了担保就认定该合同只能是借款合同。

2.“明股实债”在实践中存在不同的交易模式,因此,交易性质的认定应从双方实际权利义务关系而非交易外观予以认定。例如,在武汉缤购城置业有限公司与国通信托有限责任公司等借款合同纠纷案【最高人民法院(2019)最高法民终1532号民事判决书】中,当事人之间的“增资”交易被最高人民法院认定为“明股实债”。法院认为:对于涉案11,258.25万元的性质,缤购城公司上诉主张该笔款项应为增资款而非借款。本院认为,缤购城公司的该主张不能成立,具体理由为该笔款项虽系基于涉案《增资协议》《〈增资协议〉之补充协议》的约定支付,但对于款项性质的认定,不能仅依据协议名称进行判断,应根据合同条款所反映的当事人真实意思,并结合其签订合同真实目的以及合同履行情况等因素,进行综合认定。首先,根据《增资协议》第7.1条、第7.2条、第7.3条等条款的约定,本案中,国通公司签订上述协议的目的是通过向缤购城公司融通资金而收取相对固定的资金收益,这与一般意义上为获取具有或然性的长期股权收益而实施的增资入股行为并不相同。缤购城公司虽称根据涉案《〈增资协议〉之补充协议》第5条的约定,除固定利润之外,国通公司还有权按其投资获取利润,但《〈增资协议〉之补充协议》第5条约定是以“《股权投资协议》约定为准”,而《股权投资协议》仅涉及第4期信托计划项下的150万元款项,而涉案11,258.25万元系第1期至第3期信托计划项下款项,两者并非同一笔,故根据《〈增资协议〉之补充协议》第5条的约定,并不足以认定国通公司向缤购城公司汇入涉案11,258.25万元的目的系获得股权分红而非固定回报。其次,国通公司虽经工商变更登记为缤购城公司股东，但缤购城公司并未举证证明国通公司实际参与了缤购城公司的后续经营管理。且根据涉案《增资协议》第10.3.4条、第10.3.5条以及第10.3.10条的约定，国通公司有权在缤购城公司违约的情形下将其所持有的股权对外转让、申请减资、处置涉案项目等，故缤购城公司主张涉案《增资协议》《〈增资协议〉之补充协议》并未约定股权退出机制与事实不符，缤购城公司据此主张涉案款项并非借款亦依据不足，本院不予支持。同时需要指出的是，因本案系涉案协议各方当事人之间的内部纠纷，相关权利义务需要根据协议约定进行确认。但在国通公司未通过法定程序完成股权退出之前，因内部约定并不具有外部效力，如存在善意第三人基于信赖缤购城公司对外公示的股权结构、工商登记信息而导致利益受损情形，其可以通过诉讼另案解决。但缤购城公司以可能涉及外部关系为由主张一审判决有误理据不足，本院不予支持。再次，对于涉案款项的性质，缤购城公司不仅在涉案《债权确认协议》中认可“国通公司依据《增资协议》对缤购城公司享有的金额至少为11,408.25万元的债权”，且在(2016)鄂01民初5905号案件庭审中也认可“增资扩股争议的标的额11,258.25万元加上150万元全部汇入了公司。目前我们增资扩股争议的标的额全部通过还款形式还给国通公司”“确认实际上属于明股实债的关系”。本案中，缤购城公司又主张上述款项系增资款而非借款，与前述协议约定以及在另案中所作的陈述均不一致。在缤购城公司未能举证证明涉案《债权确认协议》存在无效情形的情况下，其作为《债权确认协议》一方当事人，应受到该协议的约束。另外，根据一审查明事实，涉案11,258.25万元作为第1期至第3期信托计划项下款项，缤购城公司已经偿还完毕，国通公司在(2016)鄂01民初5905号案件中对此也予以认可。同时，国通公司明确表示其提起本案诉讼所主张的债权并不包括该11,258.25万元款项，而除了涉案11,258.25万元以及150万元之外，本案所涉款项均非基于《增资协议》《〈增资协议〉之补充协议》《股权投资协议》而发生，缤购城公司、国通公司对除涉案11,258.25万元以及150万元之外的其他款项系借款性质也并未表示异议，在该11,258.25万元已经清偿完毕的情况下，缤购城公司又提出该笔款项并非借款，并要求对借款本金及利息重新计算，缺乏依据，本院不予支持。

在新华信托股份有限公司与湖州港城置业有限公司破产债权确认纠纷案【浙江省湖州市吴兴区人民法院(2016)浙0502民初1671号民事判决书】中，当事人设计的“明股实债”交易结构则被认定为股权投资。法院认为：本案的争议焦点是新华信托基于其投资行为对港城置业享有的是股权还是债权。(1)新华信托与港城置业及其股东丁某、纪某签署《合作协议》，系各方真实意思表示，且已履行并办理工商登记，对外具有公示效力。(2)认定名义股东和实际股东，应区分内部关系和外部关系。在内部关系中，可以当事人之间对内的约定为依据；而在外部关系中，应以当事人之间对外的公示为依据。(3)本案不是一般的借款合同纠纷或股权转让纠纷，而是港城置业破产清算案中衍生的债权确认纠纷。本案的处理结果涉及破产清算的所有债权人利益，应适用公司的外观主义原则，即港城置业所有债权人实际(相对于本案双方当事人而言)均系第三人，对港城置业的股东名册记载、工商登记信息(新华信托为持有港城置业80%股份的股东身份)，第三人有合理信赖的理由。故新华信托以明股实债、让与担保为由，要求在破产程序中获得债权人资格以及行使优先权利，并无法律依据，法院不予采纳。在该案中，法院区分了明股实债对内效力和对外效力，认为在名实股东的问题上要区分内部关系和外部关系，对内部关系产生的股权权益争议纠纷，可以当事人之间的约定为依据，或是隐名股东，或是明股实债；而对外部关系上不适用内部约定，第三人不受当事人之间的内部约定约束，而是以当事人之间对外的公示为信赖依据。

3. 在各方已签署股权转让协议或增资协议，且投资人已经被登记为股东的情况下，仍有法院并不局限于合同文本的形式考察，而是结合融资背景、各方当事人交易目的以及其他相关证据认定融资行为实质属于债权债务关系。例如，在新华信托股份有限公司与诸城市江峰房地产开发有限公司合同纠纷案【重庆市高级人民法院(2014)渝高法民初字第00010号民事判决书】中，法院认为：新华信托公司与江峰房地产公司签订的《合作协议》和《收益权转让合同》的实质均为借款合同。双方合意以后一份《收益权转让合同》项下借款偿还前一份《合作协议》项下借款。现《合作协议》已履行完毕，双方的权利义务应当按《收益权转让合同》的约定履行。主要的事实与理由：(1)双方在签订《合作协议》之前，江峰房地产公司向新华信托公司发出了借款申请、还款计划，并通过了股东会决议，表达了以密州购物广场的在建商铺作为抵押向新华信托公司借款1亿元，用于支付密州购物广场项目工程垫资款的意愿。(2)《合作协议》约定新华信托公司“以1元资金受让江峰房地产公司原股东持有的90%股权”，显然与该股权的实际市场价值不符,也不符合常理。(3)因《合作协议》中江峰房地产公司对新华信托公司不负有支付义务,该合同项下办理的在建商铺抵押和股权质押没有设定担保的主债权存在。江峰房地产公司庭审中主张《合作协议》的性质应为股权转让合同,这与当事人签订《合作协议》并办理相关担保财产的抵押、质押手续的意思表示不符。(4)债权人新华信托公司在庭审中作出了《合作协议》名为股权转让合同、实为借款合同和双方合意以《收益权转让合同》项下的借款偿还《合作协议》项下的未按期偿还的借款的陈述。(5)只有在上述合同解释成立的情况下,才能合理地解释江峰房地产公司向新华信托公司出具《划款委托书》,要求新华信托公司将密州购物广场项目收益权转让款 1.09 亿元直接划入新华信托公司自己开设的账户的事实。

4. 虽然信托公司与目标公司股东签订的协议约定了股权回购并履行了股权变更登记,但信托公司以募集的信托资金专项用于受让目标公司股权及向目标公司增资,目标公司的股东在回购期限内以投资本金加年利率收益的固定价格回购股权,且目标公司的日常经营管理仍由原股东负责。可见各方之间的法律关系并非旨在通过股权合作共同经营目标公司,而是旨在通过股权让与担保的方式保证信托公司回收本金加固定债权收益的实现,该交易的本质应为"明股实债"。例如,无锡盛业海港股份有限公司与国民信托有限公司合同纠纷案【北京市东城区人民法院(2019)京0101 民初4729 号民事判决书】。法院认为:本案中,国民信托公司与盛业海港公司、盛业房地产公司、茂盛世业公司分别签订的《合作协议》《股权转让协议》《增资协议》《监管协议》等系各方真实意思表示,内容不违反法律、行政法规强制性规定,合法有效,上述协议内容构成整体交易安排。根据上述协议约定,国民信托公司以募集的信托资金专项用于受让目标公司即盛业海港公司股权及向目标公司增资,目标公司的股东盛业房地产公司在回购期限内以投资本金加年利率 18% 收益的固定价格回购股权,且盛业海港公司的日常经营管理实际由盛业房地产公司负责。就内部关系而言,各方关于股权回购之约定及股权变更登记的履行,并非旨在通过股权合作共同经营盛业海港公司,而是旨在通过股权让与担保的方式保证国民信托公司回收本金加固定债权收益的实现,案涉交易的本质应为债权融资。盛业海港公司从监管资金中支付案涉款项系根据《合作协议》及《监管服务协议》的相关约定,履行合同项下的债务。

四、“明股实债”与股权投资关系中的对赌协议

“明股实债”与股权投资关系中的对赌协议特别容易混淆，二者的实质区别仍在于投资人是否具有为股东的意愿和事实，以及投资款的转化条件或行权条件是否具体、有期限等。笔者认为，“明股实债”的交易模式与私募股权投资的对赌一般都有约定或公司或股东或实际控制人回购的条款，前者为附期限的股权回购，从交易安排来说，回购基本上是必然发生的，投资人并不希望持有公司的股权，公司的股权只是投资获得投资利益的一个过渡载体，从交易安排来说，投资就是债务性投资，后者为附条件的回购，交易双方并不希望回购发生，回购只是投资人防范投资风险的措施之一，因此，从交易来说，投资人的投资本质上是权益性投资，例外才转化为债务性投资。尽管存在这样的差别，“明股实债”所涉的股权回购与私募股权对赌的回购在法律性质上是一样的，与目标公司之外的第三人，不论是股东还是实际控制人，约定的回购都是具有法律效力的，回购合同的履行不存在抽逃出资的法律障碍，而由公司的回购则需要履行公司的债权人保护程序和公司股东会的决定程序，否则，公司的股权回购，哪怕是“明股实债”，也构成投资人的抽逃出资，而不是因为原约定的是债权投资就不构成抽逃出资。例如，中国中小企业协会（以下简称中小企协）与福建安溪铁观音集团股份有限公司合同纠纷案【北京市第二中级人民法院（2020）京02民终10839号民事判决书】。法院认为：审查涉案《增资扩股协议》与《补充协议》的法律关系性质，首先应当从《增资扩股协议》与《补充协议》文本内容出发，并结合《增资扩股协议》与《补充协议》签订背景以及《增资扩股协议》与《补充协议》履行经过作出综合认定。具体而言，根据《增资扩股协议》约定，中小企协向铁观音集团汇入10,000,000元作为认缴铁观音集团新增注册资本的增资资金。经查明的事实可知铁观音集团已在铁观音集团章程、工商登记中将中小企协登记为公司股东。从形式上看，中小企协已成为铁观音集团股东，获得股东资格，10,000,000元款项具备股权属性。根据《补充协议》，双方约定了股转债条件，即中小企协有权在支付增资款6个月后的任意时间要求铁观音集团以自有资金回购前述10,000,000元“增资款”，并支付铁观音集团实际占有该笔款项期间按年利率15%计收的利息。依据上述约定事项，中小企协主张本案《增资扩股协议》与《补充协议》为“明股实债”，法院认为，根据《补充协议》约定，中小企协虽

然不参与铁观音集团经营管理,但却在其认为铁观音集团有投资价值且自身愿意继续成为铁观音集团股东的情况下,有权继续依据《增资扩股协议》与铁观音集团章程享有股东权利并承担股东义务。若《增资扩股协议》是中小企协与铁观音集团为满足重整程序要求而为,并因而效力低于双方自由签订的《补充协议》,那么约定于《补充协议》的上述约定亦应视为中小企协与铁观音集团在订立《补充协议》之时的真实合意。据此,中小企协对铁观音集团并非享有纯粹意义的普通债权,而是《补充协议》所明确约定的"可转债性质的股权投资"。而转化条件或行权条件,正如《补充协议》前述约定,视中小企协是否看好铁观音集团是否具有投资价值而定。尽管该条件极为主观,但仍然具有不确定性,因而明显区别于附期限的法律行为,或所谓"明股实债"。据此,法院认为,本案《增资扩股协议》与《补充协议》符合《九民纪要》中关于对赌协议所确定"投资方与融资方在达成股权性融资协议时,为解决交易双方对目标公司未来发展的不确定性、信息不对称以及代理成本而设计的包含了股权回购、金钱补偿等对未来目标公司的估值进行调整的协议"的定义,应当为定性为对赌协议。

五、"明股实债"交易结构的特征

"明股实债"在形式上或会计处理上体现为股权融资,而在权利义务和承担的风险上其实质乃债权融资的一种融资方式。也就是说,"明股实债"是披着股权转让的外衣,实际上是到期还本付息的借贷关系。可见,"明股实债"的两个关键点是:以"股权形式投资 + 以固定收益"退出,具备"股权"与"债权"双重性质。因此,从广义上讲,股权让与担保属于"明股实债"最常见的表现形式之一。一个典型的符合"让与担保"制度下的"明股实债"交易结构,应当符合以下几个特征:(1)是否要求原股东回购(返还本金,即交易中的股权对价及资本公积);(2)是否要求支付固定利率而不考虑项目收益;(3)对净资产的所有权是否主张;(4)对董事会或股东会等决策层面的参与是基于控制目的还是监控目的;(5)是否参与日常经营。

例如,在中融国际信托有限公司与张家有、北京安华图房地产开发有限公司、北京家全基业物业管理有限公司公司决议效力确认纠纷案【北京市第一中级人民法院(2021)京01民终176号民事判决书】中,法院认定当事人在"明股实债"中的股权转让实质为股权让与担保法律关系。法院认为:从中融信托与家全基业、安华图公司签订的信托计划相关协议看,中融信托设立信托计划募集信托资金,以入股安华图公司的形式向安华图公司的房地产开发项目投资,并约定中融信托有权于信托计划期满前要求安华图公司股东家全基业回购股权,继而收回信托资金并获取溢价收益。故中融信托实际是以其受让的股权作为其到期收回信托资金及收益的担保。经中融信托确认的《特别授权一》中亦阐明了中融信托与家全基业之间"明股实债"法律关系的实质,签订信托计划相关协议的真实意图是家全基业为安华图公司房地产开发项目引资,中融信托投入资金获取收益,因此中融信托与家全基业之间的股权转让实为股权让与担保的法律关系。实务中,应结合协议内容与行为目的等探求当事人真实意思表示从而判定交易性质是否为明股实债,进而确定是否为股权让与担保。

例如,伍某某与江门市大合汽车销售服务有限公司、戚某某、黄某某民间借贷纠纷案【广东省台山市人民法院(2020)粤0781民初3172号民事判决书】。法院认为:从《借款协议》条款、词句文意可见,本案当事人是通过签订协议的方式,将股权的让渡作为担保债务履行的标的。根据《借款协议》的约定,伍某某自实际借款之日起依约成为公司股东之一,持有大合汽车公司40%的股权,并可指派财务人员监管大合汽车公司的财务状况、经营状况和物资库存等情况,以及参与大合汽车公司股东会议,伍某某上述权利仅仅是基于大合汽车公司的借款行为,依约获得公司股权,目的在于确保借款是按照协议约定的用途使用,不挪作他用,不用于违法活动,且协议亦明确载明"借款期限届满,若甲方不再合作或入股,乙方需把借款退还甲方,甲方不再享有乙方权利与义务,双方合作终止"。由此可见,上述约定均系以担保债权实现为目的,是为了达到规制及防范作用,其权利范围不同于完整意义上的股东权利,与借款清偿与否密切相关,即债务人为了担保债权人权利的实现,将担保标的物的权利转给债权人,债务人到期清偿债务,债权人将该财产返还给债务人,债务人到期没有清偿债务,债权人可以对股权进行拍卖、变卖、折价偿还债权的一种非典型担保。且结合本院查明事实,大合汽车公司实际未将公司股权变更登记至伍某某名下。因此,本案当事人签订的《借款协议》中约定的股权转让性质应认定为股权让与担保,本案的基础法律关系应为借贷法律关系。

例如,青岛通达胜贸易有限公司与青岛百联安置业有限公司合同、无因管理、不当得利纠纷案【山东省高级人民法院(2016)鲁民终104号民事判决书】。

法院认为：本案中为保证毛某某向四川百联安公司拆借资金 1.6 亿元的及时收回，四川百联安公司同意以其前期投入费用作为保证金，毛某某、徐某以“明股实债”方式受让四川百联安公司持有上诉人的全部股权，在四川百联安公司偿还毛某某 1.6 亿元拆借资金后，毛某某、徐某须将持有上诉人的全部股权以受让原价转回四川百联安公司。如四川百联安公司未按约偿还毛某某该拆借资金，四川百联安公司无权主张其前期投入费用。约定还款期限到期后，四川百联安公司法定代表人刘某某表示无法按期偿还毛某某拆借资金。

例如，黑龙江事益科技发展有限公司与付某某借款合同纠纷案【黑龙江省高级人民法院(2019)黑民终 383 号民事判决书】。法院认为：付某某主张案涉《投资合作协议》的性质“名为投资、实为借贷”，从协议约定的内容看，并不具有共同经营、共享收益、共担风险的投资合作特征，而是约定付某某出资后，享有固定收益，即事益公司四年内支付付某某收益达到其投资额度，且约定无论公司经营情况如何，是否亏损，付某某均按标准计算投资收益。因此，该投资合作协议更具有借款特征。事益公司工商登记虽变更付某某为公司股东，但付某某主张该行为系为了对其借款债权提供担保。事益公司主张是股权转让，但案涉协议系付某某与事益公司签订，款项亦支付事益公司，事益公司未能举证证明付某某与事益公司原股东签订过股权转让协议，故不具有规范的股权转让特征。事益公司主张系公司增资扩股，但付某某向事益公司支付款项为 1300 万元，公司增资金额与付某某付款金额及付某某所持有的事益公司股权数额、出资额等均不对应，而且，事益公司发生增资减资变动，付某某的股权比例亦始终不变，故不具有规范的公司增资扩股特征。付某某否认其参与事益公司经营，称其在事益公司对外贷款的股东会决议上签字系银行贷款需要全体股东签字的形式要求，事益公司未能举证证明付某某参与事益公司实质性经营活动。因此，付某某抗辩其成为事益公司股东并持有事益公司股权，系股权让与担保行为，理由成立。事益公司股权办理至付某某名下，系作为付某某债权的担保，而非真正的股权转让或增资扩股。至于事益公司主张双方协议中未约定本金偿还期限故不属于借款的理由，因合同法对借款期限没有约定或约定不明确的情形，均有相关规定，故并不能以此否定双方存在借款关系。

例如，青海华鑫水电开发有限公司与中融国际信托有限公司破产债权确认纠纷案【青海省高级人民法院(2021)青民终 74 号民事判决书】。法院认为：本案中，当事人所追求的效果意思，是判断本案法律关系性质的决定因素。案涉交易结构模式是由中融信托公司向华鑫水电公司直接增资以及受让黄河再生铝公司部分股权以交纳股权转让款的形式进行融资，约定届满后由华鑫水电公司按期足额偿还融资本金及固定收益。同时约定华鑫水电公司股东黄河再生铝公司回购中融信托公司所持有的股权，并且在华鑫水电公司没有按期足额将融资本金及固定收益偿还完毕前，黄河再生铝公司若回购中融信托公司所持股权，则需将该部分回购的股权质押给中融信托公司为融资本金及固定收益作担保，此案涉回购交易模式中，回购方对于是否买回并无选择的权利。综上，从各方当事人在签订协议时所追求的效果意思来看，华鑫水电公司所追求的是获得融通资金，中融信托公司所追求的是固定的本息回报。双方之间的民事法律行为符合《合同法》第196条关于“借款合同是借款人向贷款人借款，到期返还借款并支付利息的合同”规定的借款法律关系特征，即名为股权实为债权。

例如，榕江县天宏置业投资开发有限责任公司、李某某、郑某木与郑某福、龙某某民间借贷纠纷案【甘肃省高级人民法院（2020）甘民终592号民事判决书】。法院认为：关于郑某福与郑某木2015年8月3日所签《投资入股协议书》的性质问题。该协议约定：双方投资金额仅限使用于红军广场项目。项目投资风险均由郑某木承担，郑某福享有固定收益1500万元并占有天宏公司25%的股份。项目正式对外销售后，可销售面积售出率达到50%以上，郑某木应向郑某福一次性支付其投资入股本金及约定的固定投资收益共计2400万元，并应受让郑某福在天宏公司25%的股份，双方合作期限终止，郑某福退出天宏公司。协议生效后届满一年时，该项目仍未进入建设、销售阶段或房产售出面积未达可销售面积的50%时，郑某木应向郑某福一次性支付其投资入股本金和约定的固定投资收益共计2400万元，并应受让郑某福在天宏公司25%的股份，双方合作期限终止，郑某福退出天宏公司。前述表明，该协议中关于风险排除、保底收益、股权回购以及郑某福仅享有收益而不承担风险的约定，均与个人合伙“风险共担、利益均沾”的本质特征和法律构成要件相悖。从生效判决角度来看，前述（2019）黔26民终2118号郑某福与天宏公司、李某某及郑某木股东资格确认纠纷一案认定该《投资入股协议书》名为投资，实为借贷。该案天宏公司《证据清单》载明，其提交此份协议的证明目的为郑某福不参与经营，不承担风险，无论盈亏均收取固定利润。郑某福仅是向郑某木借款，并无入股天宏公司的真实意思表示。该协议名为投资,实为借贷。其答辩意见亦与此同。2019年1月,李某某在对郑某福、郑某木提起诉讼的《民事起诉状》中陈述,其与郑某木签订《合伙投资协议》后,郑某木出于资金考量,与李某某商量项目后期建设由其与郑某福承担,郑某福占有天宏公司25%的股权。李某某基于对郑某木福建老乡的信任,同意了该要求。该陈述表明,李某某知悉并同意郑某木因资金短缺而引入郑某福一事。案涉900万元由郑某福转入郑某木账户,而非转入天宏公司账户。因此,该900万元虽名为郑某木向郑某福所借,但因李某某的追认,用于合伙事务,应属合伙债务。本院对于李某某此次庭审所述其对郑某福与郑某木所签《投资入股协议书》并不知悉,对于天宏公司所述李某某从未授意郑某木向郑某福筹集款项,郑某木将900万元打入天宏公司系其个人主动实施的向公司投资的行为以及《投资入股协议书》签有保密条款,与李某某和天宏公司无关的上诉理由均不予支持。综合以上,一审判决认定郑某木与郑某福所签《投资入股协议书》名为投资,实为借贷并无不当。

例如,深圳市红塔资产管理有限公司与被告佛山市中基投资有限公司、陈某豪、陈某盈合同纠纷案【浙江省高级人民法院(2019)浙民初13号民事判决书】。法院认为:人民法院认定民事合同的性质,应根据合同条款所反映的当事人的真实意思,并结合其签订合同的真实目的以及合同的实际履行情况等因素,进行综合判断。红塔公司主张因中基公司持有的目标股票是上市公司限售流通股,无法转让至其名下,故通过持有中基公司的相应股票,从而实现股权让与担保,担保股权收益权回购债权实质是借贷债权的实现;中基公司、陈某豪、陈某盈则主张,红塔公司是对中基公司进行股权投资,是以回购股票收益权之名行抽逃注册资本之实。对此:(1)根据《增资协议》第3条约定,中基公司应按红塔公司的要求在每期解禁后5个工作日内完成相应解禁欧浦智网股票向红塔公司或其指定的第三方的过户手续;中基公司将其所持欧浦智网3300万股股票完成过户至红塔公司或其指定的第三方后,红塔公司将按资产管理合同的约定根据相关指令退出所持中基公司的股权;中基公司按约回购的,红塔公司将根据资产管理合同约定的相关指令按照中基公司回购比例转让所持有的对应股权。据此,中基公司如将其所持欧浦智网3300万股股票过户至红塔公司,红塔公司将退出所持中基公司的股权,且中基公司回购欧浦智网标的股票收益权,则红塔公司亦将按照中基公司回购比例转让所持有的对应股权,中基公司也认可红塔公司持有中基公司19.08%的股权对应的是当时中基公司持有的欧浦智网3300万股限售流通股股票。可见,通过该项安排,红塔公司名义上是增资,实质是想获得欧浦智网3300万股股权或者收回回购价款。(2)如果红塔公司是对中基公司进行股权投资,则其投资回报应与中基公司的经营业绩挂钩,根据中基公司的投资收益或亏损进行分配,但是根据中基公司章程约定,红塔公司拥有3300万股欧浦智网股份的收益权或者所有权,享有上述股票对应的收益,不参与中基公司其他红利分配,在中基公司清算后亦不享有中基公司其余财产的分配。同时,《增资协议》第5条约定,自红塔公司支付增资款当日起每满一年,红塔公司有权要求中基公司回购部分或者全部标的股票收益权以及欧浦智网3300万股股票完成过户至红塔公司或其指定的第三方后,红塔公司将退出所持中基公司的股权。可见,中基公司向红塔公司提供了保本保收益或者转让欧浦智网相应股权的承诺。(3)《增资协议》第5条约定红塔公司向中基公司返售的目标股票收益权对价系直接在其支付的增资款的基础上增加固定比例的溢价款,红塔公司并未支付受让标的股权收益权的对价,却可以通过回购取得增资款基础上的固定收益。而《增资协议》虽约定红塔公司有权获得目标股票产生的收益,但该协议第4条又约定中基公司与红塔公司签订《股票质押合同》将目标股票出质给红塔公司,限制了中基公司通过处置、转让目标股权产生收益的可能。为确保红塔公司取得股权收益权后不会受到风险,中基公司的股东则提供保证作为增信措施。据此,根据《增资协议》《回购协议书》的具体约定,并结合陈某豪、陈某盈等为中基公司履行《增资协议》提供担保的事实,红塔公司的主要合同目的在于向中基公司融通资金,收取相对固定的资金收益,或者获得欧浦智网3300万股股权,实质上并非向中基公司进行股权投资。虽然《增资协议》第2条公司治理条款约定中基公司重大事项应获得全体股东一致同意方可做出有效股东会决议、应获得包括红塔公司委派董事的同意方可做出有效董事会决议,以及红塔公司有权向公司派驻一名董事及通过公司向欧浦智网委派一名执行董事并推荐一名独立董事,中基公司亦提交了中基公司股东会决议等,可以证明红塔公司部分参与了中基公司的经营管理,但如前所述,红塔公司名义上的增资扩股协议,实际是通过增资的方式提供借款从而获取固定收益或者获取欧浦智网股票,红塔公司的目的并非获得中基公司股权,红塔公司主张其为了资金安全,对中基公司实施一定程度的监督也即主要是对可能损害自身利益的议案行使否决权,具有一定合理性。故对中基公司关于《增资协议》是红塔公司进行股权投资的主张不予支持,《增资协议》及《回购协议书》名为股权投资,实为债权投资。

例如,丁某灿、吴某与福建渝商投资有限公司、丁某辉民间借贷纠纷案【福建省高级人民法院(2014)闽民终字第360号民事判决书】。法院认为:根据渝商公司与丁某辉签订的《关于漳州地利房地产开发有限公司股权转让及回购的协议书》《关于漳州地利房地产开发有限公司股权转让及回购的补充协议》的约定,丁某辉虽向渝商公司转让股权,但协议约定的股权转让价格是浮动的,即不超过1500万元,并且由丁某辉确定。渝商公司向丁某辉支付股权转让款的目的并不在于受让地利公司的股权,而在于按季度收取一定比例计息的"股权回购款",并在丁某辉违反合同约定时选择解除合同或实际行使股东权利。渝商公司在受让股权后对于股东决议事项,仍应依照丁某辉的意见行使股东权利,且在股权回购期内和股权回购宽限期内,股权的分红收益权仍归丁某辉所有,渝商公司不享有分红收益权。丁某辉以收取"股权转让款"的形式,在股权回购期和宽限期内使用渝商公司支付的资金,并支付固定比例的利息,双方当事人缔约目的在于借款而非转让股权,讼争协议虽名为股权转让协议,实际是丁某辉以转让股权的形式对渝商公司提供的借款提供的让与担保。丁某辉与渝商公司之间实际是民间借贷关系。

例如,李某某诉刘某某等民间借贷纠纷案【最高人民法院(2016)最高法民终435号民事判决书】。法院认为:股权转让法律关系中,作为出让人,合同目的系出让其所有的股权以取得股权的对价;作为受让人,合同目的系支付股权对价,以取得相应的股权,享有目标公司资产收益、参与重大决策和选择管理者等股东权利。而民间借贷法律关系中,作为出借人,合同目的系出借本金,在借款期限届满后取回本金及相应利息;作为借款人,合同目的系向出借人借得本金,在借款期限届满后返还本金及相应利息。在本案中,当事人的行为不具备股权转让法律关系的特征,应当将民间借贷法律关系作为本案的基础法律关系审理。(1)关于利息。股东转让法律关系中,股权出让款一般应予及时结清,双方当事人无须对利息作出约定。约定利息及利息的数额,是民间借贷法律关系的主要特征。在本案中,当事人双方约定,"李某某未回购所转让的股权前,已收取刘某某的股权转让价款,视同李某某借贷刘某某的款项,以月息2.1%按季支付利息,即在每季的30日前支付上季利息",该条款的约定,显然是将股权出让款作为本金并据此计算利息。在合同的履行过程中,双方亦依约结算并给付了相应的利息。(2)关于拟转让股权的份额和价金。在股权转让法律关系中,拟转让的股权份额和价金是明确、具体的,而在本案中,虽《股权转让合同》约定李某某将其持有的嘉元公司5%股权转让给刘某某、转让对价为2亿元,拟转让的股权份额从表面上看明确、具体,但合同第6条第2款约定,“双方实际转让的股权数以李某某实际收款为准,核定比例”,实际上本案合同并未确定转让股权的明确份额和价金,而是以刘某某实际支付给李某某的款项另行核定。该约定与股权转让法律关系的特征及其交易惯例不符,亦不符合常理。(3)关于拟转让股权的交付。双方签订的合同约定,“在回购期间内,该转让股权暂不办理股东、股权变更登记手续。股东权利仍由李某某行使,股东义务亦由李某某承担,盈亏均归李某某”,股权转让合同的合同目的之一在于及时获得目标公司的股权,从而实现买受人对目标公司的股东权利,因此,即时交付股权,是股权转让合同的重要特征之一。本案《股权转让合同》签订之时,李某某未即时约定办理股权工商变更登记的时间,而是约定履行期间届满,李某某丧失所谓回购权之日起一个月内办结股东、股权的工商变更登记,该约定亦与股权转让法律关系的特征及其交易惯例不符,该股权实质应为李某某对刘某某履行还款责任的担保。……综上,李某某作为出让人,其合同目的不是通过转让股权取得股权转让价款,双方约定回购权的目的在于根据煤炭市场价格规避风险,是一方以获得借贷资金,另一方以出借资金获得利息为目的,股权仅作为借款的一种担保形式,在李某某不能按照约定支付本金及利息时,刘某某可获得该股权,刘某、张某在对李某某履行合同义务承担连带保证责任。本案《股权转让合同》名为股权转让,实为民间借贷。

虽然当事人签署的投资入股协议形式上约定了股权转让,但实质上并没有约定办理股权的过户手续,事实上也没有办理股权过户手续,股权仍掌控在转让人名下。而且合同约定受让人的投资款有使用期限,受让人在合同期内随时可以撤资,受让人收取固定分红,未约定共同承担亏损。受让人也没有实质参与公司的经营。因此,投资入股协议实为“明股实债”的股权让与担保合同。例如,倪某某与吴某某合同纠纷案【浙江省瑞安市人民法院(2019)浙0381民初13508号民事判决书】。法院认为:《投资入股分红合同》系“明股实债”股权让与担保合同,理由是:(1)表面上看,原告的投资款2万元及商标号为23766424号×

TMZC23766424D01T180802×商标使用权是被告出让瑞安市锋文运动拓展有限公司的31%股权，但实质上并没有约定办理股权的过户手续，事实上也未办理股权过户手续，股权仍掌控在被告名下，由此表明股权转让只是表面形式。(2)根据合同约定，投资款有使用期限；原告有权撤资（所谓撤资，也就是收回投资款）；在合同期内，对撤资没有时间的约束，即随时；投资款收取固定分红，但未约定共同承担亏损。这些约定，更符合民间借贷的特性，投资款的使用期限对应为借款期限；原告有权撤资，对应为原告有权随时主张债权；投资款收取固定分红，但未约定共同承担亏损，对应为借款利息；等等。(3)原告未实质参与瑞安市锋文运动拓展有限公司的经营。因此，所谓瑞安市锋文运动拓展有限公司31%股权，实质上是投资款，即借款的担保。《投资入股分红合同》作为"明股实债"股权让与担保合同，没有违反法律、行政法规的强制性规定，合法有效。原告主张权利后，被告应清偿债务。

六、"明股实债"和股权让与担保的共性与不同

"明股实债"和股权让与担保具有较多的共性，一是持有股权本身并不是目的，"醉翁之意都不在酒"，持有股权都是保障债权的手段，二者都存在"名实不符"的情形，合同目的都是偿还借款本息，法律性质都是借贷关系。二是双方均不过于在意公司的业绩，只要足以保障自己的债权安全即可，投资人通常都是不关心公司的具体生产经营活动的，这是两者虽也称为公司股东，但与其他真正的权益性投资所不同的地方。三是在投资人与让与人之间，投资人一般并不实际行使股东权利，实际股东权利由让与人或代表让与人的实际控制人行使。四是两者的风险和回报都差不多，通常防范风险的机制也大同小异，债权收益也都是固定回报，实质都是贷款类债权，持有的股权除了具有担保功能外，通常融资人还是债权人债权的直接债务人或担保人。但深究其二者法律构造，仍有如下区别。

1. 目的不同

股权让与担保中的借款协议并不存在虚伪意思表示的争议，而是存在"股权转让"是"股权转让"还是"担保"的名实不符之争。"明股实债"中需要判断的是股权转让协议是"股权转让"还是"借款"。因此，在虚假意思表示的判断上，股权让与担保和"明股实债"的形式差异剥离后，两者只在目的上有所区别：股权让与担保中的"股权转让"是为了担保；明股实债中的"股权协议"是为了借贷。

股权让与担保中,股权转让是实现担保功能的必要方式。当事人之所以选择股权让与担保,是因为股权转让较质押登记更为便捷,甚至避免了股权变现的烦琐和风险。“股权转让”恰恰是双方当事人的真实意愿和追求的履行效果,以此达到实现担保目的,并无虚假表意;而在“明股实债”中,股权、债权是互斥的,同一笔款要么是股权转让款,要么为借款。且当事人均知悉股权转让并不具备约束力,其功能仅是为了掩盖真实借款关系,继而产生真伪之差,这是二者最本质的区别。

2. 形式不同

“明股实债”的投资形式具备股权转让的所有特征,约定转让股权份额、价格、支付方式、投后管理、经营权限等,在当事人没有充分的证据推翻股权转让协议及股权登记效力的前提下,应当认定为股权转让。投资人的目的是获取固定收益,且不享有参与公司经营管理权利,当事人签署的回购协议、差额补足协议或对赌协议中约定有固定给付义务的条款。可以认定投资人是目标公司或有回购义务的股东的债权人,应当认定为债权投资。

正如《法官会议纪要》所述:从合同数量的角度看,股权让与担保作为从合同,是为了担保主合同项下的债务而订立的,因此,股权让与担保往往存在两个合同。而“明股实债”本身仅是一个合同,当然,如果投资人实际享有的是债权,则名义上的股权转让或增资扩股协议,可以解释为是通过让与股权方式提供担保的借贷合同。此时,形式上的一个合同包含了两个实质上的合同。但如果投资人享有的是股权,则股权转让或增资扩股协议都是双方真实意思表示,股权回购条款不过是其中的一个条款而已,仍然是一个合同。可见,股权让与担保与“明股实债”在形式上的主要区别在于是否存在主债务合同,让与担保一般有一个对应的主债务合同,而“明股实债”是以股权转让或增资协议的形式存在,没有主、从合同之分。简言之,让与担保是并列结构,存在借款和担保两个主、从合同关系;“明股实债”则是内嵌结构,即一份形式上的股权转让合同隐藏了借款合同。

七、“明股实债”中的协议效力认定

就“明股实债”的性质与效力而言,《最高人民法院民二庭第四次法官会议纪要》认为,“明股实债并无统一的交易模式,实践中,应根据当事人的投资目的、实际权利义务等因素综合认定其性质。投资人目的在于取得目标公司股权,且享有参与公司的经营管理权利的,应认定为股权投资,投资人是目标公司的股东,在一定条件下可能构成抽逃出资。反之,投资人目的并非取得目标公司股权,而仅是获取固定收益,且不享有参与公司经营管理权利的,应认定为债权投资,投资人是目标公司或有回购义务的股东的债权人。不论在哪种情形中,投资人取得的固定回报都来自其先前的投入,故其退出公司亦非无偿退出,一般不存在抽逃出资问题”。

最高人民法院在多个案件中都持有上述类似的观点,比如(2015)民二终字第406号案件对四川信托投资公司要求被投资的公司支付约定的信托费用和收益。

笔者不尽赞成法官会议的上述观点,投资人的债权通过投资人转化为公司股权的,不论在公司内部是如何约定的,只要没有经过公司的合法分配程序,包括利润分配和减资、回购,或者没有对公司形成合法债务,投资人收回自己对公司的股权投资的,都应该属于抽逃出资。

从和谁具有实债的关系考虑,“明股实债”的主要类型有两种,一种是投资人与标的公司之间的实债关系,另一种是投资人与股东之间的实债关系。相应地,股权的来源一般也有两种,前一种通常是公司通过增资扩股(发行新股),吸纳投资人的资金用于融资,而相应的增资扩股的股权则授予投资人,约定一定期限以后由公司或公司的股东、实际控制人以固定的价格(融资成本)收购(回购)投资人的股权;后一种是股东或公司的实际控制人融资,采取的方式为转让标的公司的股权,并约定一定的期限后以固定的价格回购。

“明股实债”的交易模式与私募股权投资的对赌一般都有约定或公司、股东、实际控制人回购的条款,前者为附期限的股权回购,从交易安排来说,回购基本上是必然发生的,投资人并不希望持有公司的股权,公司的股权只是投资获得投资利益的一个过渡载体,是债务性投资;后者为附条件的回购,交易双方并不希望回购发生,回购只是投资人防范投资风险的措施之一,因此,从交易来说,投资人的投资本质上是权益性投资,例外才转化为债务性投资。尽管存在这样的差别,“明股实债”所涉的股权回购与私募股权对赌的回购在法律性质上是一样的,与目标公司之外的第三人,不论是股东还是实际控制人,约定的回购都是具有法律效力的。回购合同的履行不存在抽逃出资的法律障碍。而由公司的回购则需要履行公司的债权人保护程序和公司股东会的决定程序,否则,公司的股权回购,哪怕是“明股实债”,也构成投资人的抽逃出资,而不是因为原约定的是债权投资就不构成抽逃出资。

就"明股实债"而言,投资人持有的股权与债权人通过让与担保受让的股权具有较多的共性。一是持有股权本身并不是目的,"醉翁之意不在酒",持有股权都是保障债权的手段。两者在此不同的是,"明股实债"通常是投资人通过所谓的投资规避直接提供贷款可能存在监管政策的障碍,实债的目的是隐藏在明股里,通过股权回购以实现实债,明股与实债共同构成一个交易合同,而让与担保作为债权投资的担保,并未作任何隐藏,其之上还有一个债权的主合同,让与担保是对主债权合同的担保,债权的意思表示和担保的意思表示都是很直接和清晰的。二是双方均不过于在意公司的业绩,只要足以保障自己的债权(对于"明股实债"就是回购债权)安全即可,投资人通常都是不关心公司的具体生产经营活动的,这是两者虽也称为公司股东,但与其他真正的权益性投资所不同的地方。三是两者的风险和回报都差不多,通常防范风险的机制也大同小异,债权收益也都是固定回报,实质都是贷款类债权,持有的股权除了具有担保功能外,通常融资人还是债权人债权的直接债务人或担保人。四是在投资人与让与人之间(对于增资扩股,可以看成公司是股权的让与人),投资人一般并不实际行使股东权利,实际股东权利由让与人或代表让与人的实际控制人行使。五是在投资人与外部的第三人之间,投资人就是公司的登记股东即名义股东,对外承担股东的责任。吉林省松原市中级人民法院在(2017)吉07民终1219号乔某某诉新华信托抽逃出资案中,认为新华信托对博翔公司的行为是"明股实债","该交易的实质内容是新华信托为到期收取固定资金收益,而为博翔公司及其股东的一种融资借款行为,属于信托公司的正常经营活动。该信托投资关系的实质是新华信托与博翔公司及其股东谢甲、谢乙、谢丙之间形成债权债务关系,各方均应依约履行,所作增资注册为股东、股权转让等形式只能是法律并无明确规定的让与担保""新华信托并不能因此(注:指信托计划)计划而成为博翔公司的实质股东,其注册登记为股东只能是名义股东,并不能因此取得博翔公司股权"。

基于"明股实债"和让与担保的诸多共性,以及"明股实债"与股权代持的一定相似性,对于"明股实债",笔者认为,在当事人内部,如果公司参与其中的,也包括在当事人与公司之间,应尊重当事人的实债真实意思,由回购义务人通过股权回购或者公司减资等类似方式使投资人的股权得以退出,实现其为债权人交易的实债目的。但在投资人与公司的债权人之间,双方的法律关系就是投资人为公司股东与公司债权人之间的关系，投资人不得以“明股实债”对抗债权人主张的公司股东责任即明股责任，投资人未依法履行减资程序而通过公司支付回购款的方式收回自己的“明股实债”的就是抽逃出资，并不因为其出资目的是实债而有所不同，公司外部的债权人不受投资人的出资目的限制。

例如，深圳市红塔资产管理有限公司与佛山市中基投资有限公司、陈甲、陈乙合同纠纷案【浙江省高级人民法院(2019)浙民初13号民事判决书】。法院认为：案涉《增资协议》及《回购协议书》《保证合同》《股票质押合同》的效力。红塔公司主张，本案的法律关系实为借贷，应认定回购条款有效；中基公司、陈甲、陈乙则认为，协议中的增资条款有效，回购条款无效，担保合同亦无效。对此，按照《增资协议》的约定，红塔公司或者选择将增资款项作为借款，要求中基公司支付固定收益，或者选择受让中基公司持有的欧浦智网3300万股股权作为借款的对价。在欧浦智网股票因中基公司、陈甲、陈乙原因导致不能按规定解禁或转让的情况下，红塔公司无法按约获得欧浦智网的股权，则其要求中基公司返还借款本息。红塔公司与中基公司之间所涉法律关系实为融资，是以增资的形式掩盖企业间借贷，在对其效力进行评价时，应以实质上的法律关系即企业间借贷法律关系作为评价目标。增资扩股、股权收益权回购等作为企业之间资本运作形式，已成为企业间常见的融资方式。《民间借贷规定》第11条规定：“法人之间、其他组织之间以及它们相互之间为生产、经营需要订立的民间借贷合同，除存在合同法第五十二条、本规定第十四条规定的情形外，当事人主张民间借贷合同有效的，人民法院应予支持。”本案中，中基公司、陈甲、陈乙主张《增资协议》及《回购协议书》的股权收益权回购条款存在《合同法》第52条第3项、第5项规定的“以合法形式掩盖非法目的”“违反法律、行政法规的强制性规定”的合同无效情形。对此，红塔公司与中基公司通过增资的形式融通资金，合同目的合法，不属于《合同法》第52条第3项规定的“以合法形式掩盖非法目的”的合同无效情形。本案亦无证据证明红塔公司以经常性放贷为主要业务或主要利润来源，以及“股权收益权回购”条款存在《合同法》第52条第5项规定的“违反法律、行政法规的强制性规定”的合同无效情形。案涉《增资协议》除增资条款以外，其余内容系当事人真实意思表示，应认定有效，《回购协议书》《保证合同》《股票质押合同》亦系当事人真实意思表示，依法成立并发生法律效力。本院对中基公司、陈甲、陈乙关于《增资协议》中增资条款有效，回购条款及《回购协议书》无效的主张不予支持。

第六章　让与担保权人是否具有股东资格

股权让与担保虽然旨在为当事人之间的债权债务关系提供担保,但在形式上往往表现为股权转让。当事人之间通常签订股权转让合同,依公司法相关规定办理股权变更登记,担保权人(受让人)由此成为公司登记股东。由此产生的问题是,该股权到底归谁所有?被登记为公司股东的担保权人的身份究竟是债权人还是股东?其能否依据《公司法》对公司行使股东权利?正如最高人民法院审判委员会刘贵祥在2019年7月3日《刘贵祥讲话》中指出:受让人究竟是债权人还是股东。明确受让人地位的意义在于,如果认为其是股东,则不仅有权请求分红,还可以参加公司的经营管理,享有投票权;在出让人未履行或未全面履行出资义务的情况下,还要与出让人一起承担连带责任。也即如果认为是股权转让,即受让人是股东,则不仅有权请求分红,还可以参加公司的经营管理,享有表决权;在转让人未履行或未全面履行出资义务的情况下,还要与转让人一起承担连带责任。如果认为是股权让与担保,即受让人是债权人,尽管外观上的股权过户登记与设定担保的真实意思表示不一致,但就当事人之间的内部关系而言,还是要根据真实意思来认定,即认定股权让与担保中的权利人享有的是有担保的债权,而非股权。问题是,就外部关系而言,形式上的受让人毕竟登记的是股东,如果其债权人信赖其为股东,要求法院执行股权,法律应否保护此种信赖?这就涉及如何理解权利外观主义的问题。有观点认为,基于登记的权利推定效力,名义股东的债权人有权请求执行名义股东的股权,但转让人作为实际股东可以请求确权,也可以通过提出执行异议之诉的方式保障自己的权利。当然,如果作为名义股东的受让人对股权进行了处分,如将股权转让或设定质押的情况下,第三人基于对登记的信赖,可以基于善意取得制度取得股权或股权质押。对此,

《〈全国法院民商事审判工作会议纪要〉理解与适用》认为，与动产、不动产的让与担保仅涉及财产权利不同，股权因为兼具财产权和成员权的双重属性，认定名义股东是债权人还是股东，对当事人影响巨大。因为如果是股东，则其既可以参与经营管理，也可以分红；但另一方面，股东也可能需要承担抽逃出资责任，在公司破产时根据“深石原则”，其权利要劣后于一般债权人。不仅如此，认定名义股东是债权人还是股东，还会影响公司以及债权人利益，因此有必要对股权让与担保进行特别分析。

一、担保权人是否具有股东身份的认定标准

首先需要明确的是，这是一个公司法问题，还是一个合同法问题。有人认为，合同法不能为“谁是股东”的问题提供规范依据，只有公司法才是确定谁是股东的规范依据。公司法规定了股东的权利、义务、责任和登记依据。股东的权利来源是对公司出资（股权的原始取得）或者从原股东处受让（股权的继受取得）。就有限责任公司而言，股东的确定依据是内部登记及外部登记。根据《公司法》第32条的规定，在公司内部，应当在股东名册中登记股东姓名或者名称，“记载于股东名册的股东，可以依股东名册主张行使股东权利”；在公司外部，“应当将股东的姓名或者名称向公司登记机关登记”“未经登记或者变更登记的，不得对抗第三人”。概言之，在公司内部，确定股东身份的依据是股东名册；在公司外部，确定股东身份的依据是法定登记机关的登记。

有观点认为，转让方未将其进行股权让与担保的安排真实地向公司及其他股东披露，仅披露其为股权转让，一旦受让人在公司股东名册进行了记载并进行了工商变更登记，则法律需要保护此种信赖，在此情况下，受让人应具有股东资格，可以行使股东权利。此观点引申出一个实务问题，即工商登记是否为确认股东资格的法定要件？确认股东资格的原则，依据《公司法》的相关规定，有限责任公司股东出资的确认，涉及实际出资额、股权转让合同、公司章程、股东名册、出资证明书、工商登记等。确认股东资格应当综合考虑多重因素，在具体案件中对事实证据的审查认定，应当根据当事人具体实施民事行为的真实意思表示，选择确认股东资格的标准。

笔者认为，担保权人作为公司登记的名义股东，其股权行使范围受到股权让与担保合同约定的限制。在当事人对股权行使范围有约定的场合，担保权人应

依合同约定行使股权。在合同没有明确约定时,担保权人行使股权应受合同目的及股权让与担保属性的限制。担保权人虽名为股东,但不享有对外处分股权的权利,仅可在担保的范围内优先受偿,否则就超越了让与担保的设立目的。担保权人处分股权给担保人造成损失的,应当承担违约责任。另外,在担保权人向公司行使股东权利时,其股权行使还将受到公司意志的影响。根据司法解释规定,股权让与担保需要完成权利变动公示方能产生类似担保物权的效力。根据《公司登记管理条例》第 27 条的规定,申请变更登记的主体为公司,因此,股权让与担保的设立一般会经过公司予以认可,这相当于股权让与担保双方和公司之间达成了三方协议,名义股东仅作为公司认可的股东的担保权人,其股东权利行使受到让与担保合同和公司意志的双重制约,除非有合同约定并经公司同意,否则名义股东不能向公司行使股东权利。

在股权让与担保中,尽管外观上的股权过户登记与设定担保的真实意思表示不一致,但就当事人之间的内部关系而言,还是要根据真实意思来认定,即认定股权让与担保中的权利人享有的是有担保的债权,受让人仅为名义股东,其并不具有股东资格,不得对公司行使股东权利。理由如下:

第一,就担保物权的本质而言,担保物权是以支配担保物的交换价值为内容,以确保债权实现为目的,担保物权并不在于对担保物的直接支配,而是在于对担保物的交换价值直接支配。因此在股权让与担保中,股权作为担保物仅起到担保债权实现的作用,受让人之所以成为名义股东,其目的是通过直接支配股权的交换价值,确保债权到期能够得到实现。受让人对于受让权利的支配目的,仅在担保的范围内完全优先受偿,而不能直接根据协议取得所有权并进行完全的支配。在此情况下,股东作为让与人并不因此丧失股东资格和股东权利,债权人作为受让人亦不得行使股东权利。

第二,就股权转让变更登记手续的办理而言,股东的变更登记手续的申请主体是公司而非股东,且股权转让过程中还涉及其他股东的优先购买权的问题,在有限责任公司申请办理股权变更登记时,需要提交其他股东放弃优先购买权的相关材料。因此,在股权让与担保的操作过程中,股东一般会将股权转让及股权变更登记的真实目的告知公司及其他股东,即便受让人在公司的股东名册上进行了记载,也仅仅是名义股东,不得对抗公司和其他股东。此时,受让人作为名义股东并不享有股东权利,既不享有股权中的财产权也不享有股权中的成员权。

即使股东作为转让人并未告知公司及其他股东真实情况，而仅告知是股权转让，则一旦办理股权变更登记、将受让人在股东名册中进行记载，应推定受让人具有股东资格，但公司、其他股东及转让人仍可以提供证据证明股权转让的真实意图为让与担保，此时名义股东仍不能享有股东资格。仅为担保权人，其不得对抗公司及其他股东。在一些案件中，当事人还对此进行了特别约定。例如，郑某某与刘某某、济宁阳光木业有限公司民间借贷纠纷案【山东省高级人民法院(2014)鲁民一终字第107号民事判决书】，当事人约定："在借款未到期，刘某某未还清贷款前，郑某某仅为名义股东，不享有上述两公司的任何权利，不参与经营和分红，亦不承担任何责任，公司股东的相关权利仍由刘某某享有。"

第三，从财产性权利和身份性权利相分离的角度看，可以将股权让与担保理解为转让方仅将股权中的财产性权利予以转让，而将身份性权利予以保留。从这种意义上讲，由于股权权能的分离，在债权人与公司关系上，债权人仅享有财产性权利，不享有身份性权利；在担保人与公司关系上，担保人仅享有身份性权利，不享有财产性权利；在公司与外部债权人关系上，亦根据债权人的具体请求指向，在债权人和担保人之间进行权利义务分配。如在公司其他债权人请求公司股东就抽逃出资承担补偿赔偿责任的情况下，应当以转让方为责任承担主体。在受让方再次转让股权的情况下，其他债权人亦可基于善意取得股权。[①]

第四，最高人民法院审判委员会刘贵祥大法官在2019年7月3日《刘贵祥讲话》中指出：明确受让人地位的意义在于，如果认为其是股东，则不仅有权请求分红，还可以参加公司的经营管理，享有投票权；在转让人未履行或未全面履行出资义务的情况下，还要与转让人一起承担连带责任。我们认为，在股权让与担保中，尽管外观上的股权过户登记与设定担保的真实意思表示不一致，但就当事人之间的内部关系而言，还是要根据真实意思来认定，即认定股权让与担保中的权利人享有的是有担保的债权，而非股权。对于因让与担保而受让股权的登记股东，依最高人民法院法官会议的精神，其并非真正的公司股东，只是公司的名义股东，公司的真正股东仍然是股权转让人，登记股东只是债权人，股权对于登记股东来说，只是债权的担保物，因此登记股东无权对股权进行使用收益，不

---

① 贺小荣主编：《最高人民法院民事审判第二庭法官会议纪要——追寻裁判背后的法理》，人民法院出版社2018年版，第26页。

能享有公司法规定的股东所享有的参与决策、选任管理者、分取红利的权利。

《九民纪要》第 71 条进一步明确规定：债务人或者第三人与债权人订立合同，约定将财产形式上转让至债权人名下，债务人到期清偿债务，债权人将该财产返还给债务人或第三人，债务人到期没有清偿债务，债权人可以对财产拍卖、变卖、折价偿还债权的，合同有效。由此可知，债务人到期没有清偿债务，债权人请求确认财产归其所有的，人民法院不予支持，但债权人请求参照法律关于担保物权的规定对财产拍卖、变卖、折价优先偿还其债权的，人民法院依法予以支持。鉴于此，《九民纪要》已经明确投资人的地位为债权人，而非所有人或者股东。

第五，《民法典担保制度解释》第 69 条规定："股东以将其股权转移至债权人名下的方式为债务履行提供担保，公司或者公司的债权人以股东未履行或者未全面履行出资义务、抽逃出资等为由，请求作为名义股东的债权人与股东承担连带责任的，人民法院不予支持。"本条旨在对股权让与担保情形下，作为名义股东的债权人是否应当承担股东出资义务及相关责任作出规定。股权让与担保中，需要区分股权受让人与公司之间的法律关系，以及与外部第三人之间的法律关系。股东将其股权转移至债权人名下系为担保债务人履行债务，债权人仅仅是从名义上受让股权，并不具有股东身份，不享有与股东身份有关的表决、分红等权利，亦不负有出资义务和清算义务，对公司的债务不承担法律责任。因此，名义股东不承担原股东瑕疵出资的连带责任，公司或者公司的债权人以股东未履行或者未全面履行出资义务、抽逃出资等为由，请求作为名义股东的债权人与股东承担连带责任的，人民法院不予支持。当事人约定以将股权转移至债权人名下的方式为债务提供担保，债权人由此成为公司的名义股东，当出现股东未履行出资义务或者未全面履行出资义务之时，公司或者公司的债权人能否要求名义股东承担连带责任，实践中存在争议。有观点认为，债权人受让股权并在工商部门完成相关股权变更登记，工商变更登记对股东身份认定具有公示力和公信力，应认定其已经取得公司股东身份，当事人之间关于股权让与担保的内部约定，不得对抗第三人，第三人不受当事人内部约定的约束，故名义股东应承担连带责任。另有观点认为，名义股东基于股权让与担保的目的，并不取得股东资格，并非真正意义上的股东，且其取得股权往往是支付了对价，故不应承担连带责任。

综上，在股权让与担保这一交易模式下，当事人的真实意思表示并非真正转让标的股权,而是以转让标的股权的方式来担保相关债权的实现。换言之,股权转让仅为"手段"而非"目的",当事人的真正合意为以标的股权设定担保。受让人虽是公司登记中标的股权的名义权利人,但实际仅为担保权人,并非真正的股东,不享有完整意义上的股权,其权利尚待所担保的债权的清偿状态及让与担保的实现方式来确定;出让人才是标的股权的实际权利人,亦为担保人。

二、实务中担保权人是否具有股东资格的认定

在司法实践中,大部分法院不认为担保权人具有股东资格,只不过判决所依据的法理依据和逻辑角度不同而已。

(一)担保权人仅为名义股东,非实际股东

有的法院认为,担保权人仅为名义股东,非实际股东,只认可让与担保人的股东身份。例如,王某某、殷某某与赵某某、郑某某等股东资格确认纠纷案【最高人民法院(2016)民申字第3620号民事判决书】。法院认为:根据金建公司、博信智公司、王某某签署的《三方协议》,以及2012年12月1日赵某某与殷某某、王某某签订的《协议书》的约定,金建公司股权办理至殷某某、王某某名下系作为债权的担保,而非真正的股权转让;殷某某、王某某虽在工商登记中记载为金建公司的股东,但仅为名义股东,而非实际股东。此种通过转让标的物的所有权来担保债权实现的方式属于非典型担保中的让与担保,殷某某、王某某可以依据约定主张担保权利,但其并未取得股权。原一、二审判决将案涉担保方式认定为股权质押有误,本院予以纠正。但其确认殷某某、王某某并非金建公司股东,而赵某某、郑某某为金建公司股东,裁判结果并无不当。

有的法院认为,担保人仍系实际股东,担保权人仅系名义股东,既不享有股权之财产权,也不享有股权之成员权,而仅就股权享有类似于质押权的优先受偿权。例如,深圳市悦景江边投资有限公司等与深圳市光耀地产集团有限公司等合同纠纷案【广东省深圳市中级人民法院(2019)粤03民终24052号民事判决书】。法院认为:案涉股权转让实系让与担保,股权变更登记后,光耀集团仍系光耀房地产公司实际股东,悦景公司仅系名义股东,既不享有案涉股权之财产权,也不享有案涉股权之成员权,而仅就案涉股权享有类似于质押权的优先受偿权。

有的法院认为，股权让与担保的债权人以受让或增资的方式取得股权，是期待以股权价值担保其债权未来可以实现，债权人并非以成为公司股东，参与管理、获取分红为目的。因此，债权人虽在形式上为公司名义股东，但其并不享有股东的实质性权利。例如，中融国际信托有限公司与张某某、北京安华图房地产开发有限公司、北京家全基业物业管理有限公司公司决议效力确认纠纷案【北京市第一中级人民法院（2021）京01民终184号民事判决书】。法院认为：让与担保与财产权转让在法律性质上存有实质性区别，财产权转让的受让人是以获得财产权利为目的，而让与担保的债权人受让财产的目的在于为主债权提供担保，在主债权不能实现时可以受让的财产权价值优先受偿，且债权人通常无须支付受让财产权的对价。因此，债权人于形式上受让的财产权一般会受到一定的权利限制。股权让与担保就更具其特殊性，因为股权为兼具财产权和人身权属性的复合型权利，公司股东可就其享有的股权参与公司分红，亦通过其股东表决权参与公司的经营管理。而股权让与担保的债权人以受让或增资的方式取得股权，其期待以股权价值担保其债权未来可以实现，并非以成为公司股东，参与管理、获取分红为目的。因此，债权人虽在形式上为公司名义股东，但其并不享有股东的实质性权利。本案中，中融国际信托亦是如此，其受让家全基业股权的目的并不是出资入股成为安华图公司的股东，而是以其持有的股权担保到期收回信托资金。故中融国际信托也仅为安华图公司的名义股东，不享有股东的实质性权利。

有的法院认为，担保权人在工商登记中公示为股东，是当事人为实现债权担保及特定商业目的进行的自主安排，但工商记载应为名义股东（而非实际股东）性质。例如，北京嘉彩华塑科技有限责任公司与北京和祥恒房地产开发有限公司、吴某、刘某某、马某公司决议纠纷案【北京市高级人民法院（2021）京民申1202号民事裁定书】。法院认为：由于和祥通公司、秦某、任某某、吴某某名下的和祥恒公司股权变更至嘉彩公司名下是股权让与担保，而非真正的股权转让，故虽然嘉彩公司在工商登记中记载持有和祥恒公司70%的股权，但其中55%的股权嘉彩公司仅为名义股东，而非实际股东，针对该55%股权，嘉彩公司无权进行使用收益，不能享有公司法规定的股东所享有的参与决策、选任管理者、分取红利的权利。

有的法院认为，担保权人虽在工商登记中记载为股东，但仅为名义股东，而非实际股东，其并未取得股权。例如，林某某与湖南省开元盛世投资有限公司、郴州市旭日东方房地产开发有限公司股东资格确认纠纷案【湖南省郴州市中级人民法院(2019)湘10民终4072号民事判决书】。法院认为：开元公司将其所持旭日东方公司的股权办理至林某某名下系作为黄某某借款债权的担保，而非真正的股权转让；林某某虽在工商登记中记载为旭日东方公司的股东，但仅为名义股东，而非实际股东，其并未取得股权。综上，开元公司请求确认林某某不享有和不承担旭日东方公司股东的权利义务，无权行使旭日东方公司股东权利的诉讼请求符合法律规定，予以支持。

有的法院认为，担保权人虽登记为股东，但仅处于担保权人的地位，并不享有股东权利，不参与经营管理，也不参与利润分配。例如，安徽省天享肥业有限责任公司与滁州市众鑫包装有限公司等小额借款合同纠纷案【安徽省滁州市中级人民法院(2019)皖11民终3138号民事判决书】。法院认为：本案张某某、天享肥业公司虽登记为众鑫包装公司股东，但实质上并不享有股东权利，不参与经营管理，也不参与利润分配，仅处于担保权人的地位。因此，本案的两份《股权转让协议》，名为股权转让，实为股权让与担保。

有的法院认为，受让人可以就未实现的债权向目标公司主张担保权利，对股权变价后的价值优先受偿。但转让方的股东权利并未丧失，受让人不具有目标公司股东资格，无权对股权进行使用收益，不享有参与决策、选任管理者、分取红利的股东权利。例如，河北神兴建筑工程有限公司、曹某某与河北宸源房地产开发有限公司、莱芜市隆福房地产开发有限公司、陈某某股权转让纠纷案【山东省济南市中级人民法院(2019)鲁01民终637号民事判决书】。法院认为：有限责任公司股权结构在工商部门备案登记起到的是对外公示效力，但股权转让系公司股权一种类物权交易，对交易双方内部而言，应当以基础事实为依据，探究股权转让各方的真实意思表示。结合本案，宸源公司与曹某某《股权转让协议》和隆福公司与神兴公司的《合作开发协议书》，签订的主体虽各不相同，但通过《合作开发协议书》《承诺书》的内容，结合《股权转让协议》未支付对价款的事实，可以认定签订《股权转让协议》的目的是保证神兴公司在《合作开发协议书》中的可得利益顺利实现，其真实意思表示是以宸源公司的51%股权变更登记在神兴公司指定的曹某某名下，作为神兴公司收回投资和利润的债权担保，而非真正股权转让。曹某某仅系名义股东，而非实际股东。此种通过转让标的物的所有权来担保债权实现的方式属于非典型担保中的让与担保,转让方的股东权利并未丧失。曹某某不具有隆福公司股东资格,不享有相应的股东权利,神兴公司与曹某某可以对《合作开发协议书》中未实现的债权主张担保权利,但并未取得股权。

(二)当事人的真实意思不是股权转让,担保权人并未取得股东资格

例如,田某某、河南省太行置业有限公司与公司有关的纠纷案【最高人民法院(2019)最高法民申6422号民事裁定书】。法院认为:认定一个协议是股权让与担保还是股权转让,不能仅看合同的形式和名称,而要探究当事人的真实意思表示。如果当事人的真实意思是通过转让股权的方式为主合同提供担保,则此种合同属于让与担保合同,而非股权转让合同。在已经完成股权变更登记的情况下,可以参照最相近的担保物权的规定,认定其物权效力。在主债务期限届满后仍未履行的情况下,名义上的股权受让人对变价后的股权价值享有优先受偿权,但原则上无权对股权进行使用收益,不能享有《公司法》规定股东所享有的参与决策、选任管理者、分取红利等权利。

例如,卢某某与左某某股权转让纠纷案【安徽省六安市中级人民法院(2020)皖15民终2619号民事判决书】。法院认为:本案中,双方当事人依据所签协议虽已进行工商变更登记,同时亦向工商部门提供了办理变更登记所需的股东会决议等材料,但该行为的性质仍应根据双方订立及履行合同中的真实意思来认定。《股权转让协议》及《关于股权转让协议的补充协议》约定了转让股权标的,且约定了卢某某受让股权所享权益可冲抵借款本息,未约定股权转让价款,同时明确约定在借款本息清偿后,由双方重新签订股权转让协议,再将案涉股权无偿转让给左某某。由此可见,双方当事人之间并无真实的股权转让意思表示,而是通过变更股权登记的方式对左某某的借款本息提供担保,故应认定案涉股权转让实质是股权让与担保。因该担保方式并未违反法律、行政法规的强制性规定,对此担保效力应予认定。因本案协议无股权质押约定,股权变更登记亦非质押登记,一审法院认定双方存在股权质押法律关系,无事实依据,本院予以纠正。鉴于双方当事人之间非股权转让法律关系,故卢某某被登记为聚城公司股东仅为名义股东,其并非真正意义上的股东。

例如,郑某某与榕江县天宏置业投资开发有限责任公司等股东资格确认纠

纷案【贵州省黔东南苗族侗族自治州中级人民法院(2019)黔26民终2118号民事判决书】。法院认为:虽然郑某某已经完成了工商登记,具备股东的外观,但本案是股东与公司内部发生的纠纷,在股权让与担保中,应当坚持内外有别原则,探究当事人的真实意思,从而确定法律关系的性质。根据上述争议焦点的分析,从2015年8月10日、8月24日两次《股东会决议》确定的内容来看,公司和其他股东对龙某某的让与担保是知晓的。虽然受让人郑某某完成了工商变更登记,公司章程中也进行了修改,但其在内部关系中仅取得担保权人的资格和权利,并非天宏公司的实名股东,依法只能在担保目的范围内行使权利,即郑某某可对受让的25%股权进行拍卖变价后的股权价值享有优先受偿权,不能享有《公司法》规定的股东参与决策等财产权和成员权。

有的法院认为,债权人名义上受让股权并办理股权变更登记,并非股权转让,而是为实现债权而设定的股权让与担保。例如,上海金轩(集团)有限公司与上海金轩大邸房地产项目开发有限公司、方某某股东资格确认纠纷案【上海市第二中级人民法院(2020)沪02民终9936号民事裁定书】。法院认为:二审审理中方某某称其最初的真实意思为让与担保,因此,如果金轩公司未就转让股权作出新的意思表示,方某某仅可作为担保权人行使权利。本案中金轩公司并未就转让股权作出新的意思表示,因此,方某某主张最初的让与担保转化为股权转让的意见,尚缺乏依据。方某某作为大邸公司的债权人名义上受让股权并办理股权变更登记,并非股权转让,而是为实现债权而设定的股权让与担保。同时,案外人刘某某持有大邸公司10%的股权,由于金轩公司与方某某之间的让与担保行为不得影响其他股东的权利,一审法院应核实刘某某对让与担保的知晓及认可情况。综上,一审法院认定方某某已实际取得了大邸公司90%的股权,依据不足。

有的法院认为,股权让与担保中,以让渡股权方式设定的担保虽系新型担保方式,在于实现担保债权受偿的经济目的,并非为了帮助债权人因无法受偿而直接获得股权所有权,故股权让与担保的双方应经过股权回购或变价清算受偿的方式处置股权,禁止债权人即名义上的股权受让人直接取得股权,该受让人原则上无权对股权进行使用收益,不能享有公司法规定的股东所享有的参与决策、选任管理者等权利。例如,南京九通科技有限公司与徐甲等与公司有关的纠纷案【江苏省南京市中级人民法院(2019)苏01民终1946号民事判决书】。法院认为:徐甲、李某某将九通公司相应股权转让给孙某某实为徐乙、卢某某为保障卢某某借款的收回而设定的股权让与担保。该种以让渡股权方式设定的担保虽系新型担保方式,但无论何种担保,本意均在于实现担保债权受偿的经济目的,并非为了帮助债权人因无法受偿而直接获得股权所有权,故股权让与担保的双方应经过股权回购或变价清算受偿的方式处置股权,禁止债权人即名义上的股权受让人直接取得股权,该受让人原则上无权对股权进行使用收益,不能享有公司法规定的股东所享有的参与决策、选任管理者等权利。

例如,熊某某与昆明哦客商贸有限公司、余某某、徐某、李某某股东资格确认纠纷案【江西省高级人民法院(2020)赣民终294号民事判决书】。法院认为:虽然从表面上看,股权让与担保与股权转让都具有股权变更外观,但股权的让与担保是为债务提供担保,并非转让股权,让与担保权人受让的股权并不是完整的权利,实际权利内容不得超出担保之目的,让与担保权人只是名义上的股东。虽然股权已经登记在徐某、余某某名下,但是股权登记只是一种公示行为,为证权效力,股权是否转让应当以当事人真实意思表示和事实为基础。因此,徐某、余某某仅是名义上的股东,其享有的权利不应超过以股权设定担保这一目的。熊某某、哦客公司的股东权利并未丧失,对其真实情况应予以确认。另外,由于徐某、余某某实际掌握了鸿荣公司的公章、账户,即使确认熊某某、哦客公司的股权,其也有充分的途径保护自身的担保权利,所以法院确认熊某某、哦客公司对鸿荣公司的股权。

有的法院认为,根据《公司法》规定,股东资格的确认主要有三个要件:合意、出资及工商登记,并且应坚持双重标准、内外有别的原则。记载于工商登记机关的股东姓名或名称并无创设股东资格的效果,对于公司内部的资格确认纠纷,应以成为股东的意思表示并履行出资义务作为确认要件。因股权让与担保是以股权转让形式达到担保目的,股权虽变更至债权人名下,但其并没有成为目标公司股东的合意,受让人也没有出资或支付股权转让对价,因此,股权让与担保不会导致股东资格发生实质变化,转让人仍然是目标公司股东并享有股权。例如,王某某、山东双创环保集团有限公司与邹平祥诚能源科技有限公司、周某某、泰和融资租赁有限公司股东资格确认纠纷案【山东省滨州市中级人民法院(2020)鲁16民终2202号民事判决书】。法院认为:因股权让与担保是以股权转让形式达到担保目的,涉案股权虽变更至周某某、王某某名下,但其并没有成为祥诚公司股东的合意,也没有出资(或支付股权转让对价)事实,故股权让与担保不会导致股东资格发生实质变化,原告仍然是祥诚公司股东并享有股权,故原告请求确认其为祥诚公司股东并享有股权符合约定且不违反法律规定,予以支持。诉讼各方对案涉股权转让系股权让与担保没有异议,鉴于祥诚公司的股权已经由创投公司变更登记至王某某名下,产生物权效力。股权兼具财产权和成员权双重属性,认定名义股东是债权人还是股东对当事人影响至巨,王某某虽然已经登记为祥诚公司的股东,但合同双方的真实意思并不是股权转让,而是为长城集团下属三家子公司在泰和公司的售后回租业务的增信提供担保,所以王某某仅是祥诚公司的名义股东,对其享有的债权应当参照担保物权请求对受让股权进行依法处置并对所得价款优先受偿,一审法院认定双创公司是祥诚公司的股东,享有该公司100%股份依据充分,本院予以维持。

例如,厦门元华资产管理有限公司与林某民间借贷纠纷案【最高人民法院(2017)最高法民再210号民事判决书】。法院认为:实际股东即转让人行使股东权利不得与股权让与担保之目的相悖,该案的债权人洪某某对其持有股权(因让与担保而取得)的标的公司的对外担保应有权行使股东权利,因为公司的对外担保将直接影响让与担保中的让与其的担保物即公司股权的价值,担保物价值的贬损将危及其债权安全,故相应的公司股东的权利行使应由让与担保登记的名义股东洪某某行使。因此股权让与担保对内,就担保人与债权人如何行使股东权利,当事人有约定的,只要不违反法律、行政法规的强制性规定,不损害国家利益和社会公众利益,首先,应尊重当事人的意思自治;其次,在当事人未作明确约定的情况下,包括当事人未作约定或者约定不明确时,应根据合同目的进行补充解释,由于让与担保登记为股权所有人在于保障债权人债权的实现,而不在于行使自己名下的股东权,因此,原则上股东权应由担保人即让与人行使,债权人即登记股东“不能享有公司法规定的股权所包含的选择管理者、管理决策和分取利润等权能”。同时,基于债务履行的期限限制,债权人除非基于不安抗辩权,原则上在债务履行期限届满前,“债权人只是基于担保之目的暂时享有让与的股权”,不得对自己名下的股权行使股东权利、获取股权的收益,“债权人取得让与担保的担保物之所有权,仅以担保债权清偿为目的,并仅得以担保债权清偿为限行使其对担保物的所有权”。只有债务履行期限届满,且债务人怠于履行自己的债务,债权人才能依据让与担保合同处分自己名下的股权。

有的法院认为,债权人虽然在对外关系上取得了目标公司的股权,但在内部关系中取得的仅是担保权人的资格,依法只能在担保范围内行使权利。股权转让的目的是担保债权的实现,不是为了占有目标公司股权,更不是以取得目标公司的经营权为目的。例如,营口企业信用担保投资有限公司与中国银行股份有限公司营口渤海支行储蓄存款合同纠纷案【辽宁省高级人民法院(2012)辽民二终字第156号民事判决书】。法院认为:担保公司虽然在对外关系上取得了伟氏公司的股权,但在内部关系中取得的仅是担保权人的资格,依法只能在担保范围内行使权利。因为本案股权转让的目的是担保债权的实现,不是为了占有伟氏公司股权,更不是以取得伟氏公司的经营权为目的。

(三)担保人并没有丧失股东权益,仍享有股东资格

在股权让与担保合同履行中,存在对公司诉讼意志代表权争夺引发的公司证照返还纠纷。公司证照和法定代表人对外均具有代表公司意志表象作用,往往成为公司意志代表权行使主要争夺的对象。对于股权让与担保案件,确定公司意志代表权行使主体,首先要解决公司内部股东资格及股东权利行使争议,解决名义股东和实际股东资格认定问题。有的法院认为,基于担保物权的性质,股权作为担保物仅起到担保债权的作用;就双方内部关系而言,权利受让人仅在担保范围内享有优先受偿的权利,而不能直接取得股权。转让人与其股东身份有关的出席、表决等权利并未发生转移,股权让与担保行为并未导致转让人股东资格和股东权利的丧失。例如,北京博源工贸有限责任公司与崔某等公司证照返还纠纷案【北京市石景山区人民法院(2019)京0107民初13506号民事判决书】。法院认为:关于股权让与担保行为是否导致股东资格及股东权利丧失问题。当事人通过办理股权变更登记方式为债权提供担保的,基于担保物权的性质,股权作为担保物仅起到担保债权的作用;就双方内部关系而言,权利受让人仅在担保范围内享有优先受偿的权利,而不能直接取得股权。已生效判决认定胡某、曹某分别系持有甲公司80%、20%股权的实际股东,且胡某、曹某与乙公司就甲公司股权的处理,系股权让与担保性质。此外,甲公司的日常经营及管理等事宜亦一直由胡某掌控,乙公司并未曾参与。虽乙公司系在甲公司工商登记中记载的股东,但仅为名义股东。对外关系上乙公司虽取得了甲公司的股权,在外观上享有相应股东地位;但在内部关系上,乙公司仅取得相关债权中的担保权

人资格。胡某、曹某将其持有的股权转让给乙公司并办理工商变更登记，是为担保乙公司债权的实现，而非通过转让行为使乙公司获得甲公司的股权、经营权。故在公司内部关系上，胡某、曹某与其股东身份有关的出席、表决等权利并未发生转移，涉案股权让与担保行为并未导致胡某、曹某股东资格和股东权利的丧失。

有的法院认为，担保权人基于股权让与担保而非信赖股权登记公示情况受让股权，因此，股权并未发生权属的实质变更，仍应归属于担保人。例如，尹某与金某、上海崇太贸易有限公司等股东资格确认纠纷案【上海市第二中级人民法院(2020)沪02民终6571号民事判决书】。法院认为：金某原作为持有崇太公司100%股权的实际股东，崇太公司的股权在形式上虽多次发生变更，但除田益公司基于2017年11月5日《补充协议之三》实际取得19.29%的股权外，赵某、王某某、董某、尹某均基于股权让与担保而非信赖股权登记公示情况受让股权，因此，其余80.71%的股权并未发生权属的实质变更，仍应归属于金某。

实务操作中，让与担保人经常通过约定赋予债权人部分甚至大部分股东权利，其中既包括财产性权利又包括基于股东身份产生的非财产性权利。根据《公司法》第4条及相关规定，“公司股东依法享有资产收益、参与重大决策和选择管理者等权利”，而股东同时也享有知情权、质询权、优先受让权、优先认购新股权等权利。理论界普遍认为，在让与担保的语境下，虽然转让方将股权转移给了债权人，但究其目的并非是让债权人成为公司股东并经营管理公司，而是以移转股权的方式来担保债权的实现。在此真实交易目的之下，债权人在债务人履行债务后返还标的物，担保权人就其所取得的权利，负有不超过担保目的而行使的义务，应是该等让与担保交易的应有之义。因此，按上述逻辑判断，在让与担保交易中，让与担保人的股东身份及权利并不必然因股权转让而丧失。例如，北京金威中嘉科技有限公司、西藏信托有限公司与北京凯智鑫龙投资咨询有限公司股东资格确认纠纷案【北京市第一中级人民法院(2019)京01民终6072号民事判决书】。法院认为：本案中，虽凯智公司以案涉股权作为其偿还贷款的担保，西藏信托公司作为让与担保中的债权人依据《出资转让协议书》在工商登记中公示为股东，但凯智公司的股东权益并不当然丧失，凯智公司仍应是案涉股权的实际所有人。

有的法院认为，在审查、认定当事人是否对公司享有投资性权益时，除了工商登记记载的股权关系结构之外,还应当结合当事人之间的相关协议约定、资金投入、资产收益、重大决策、选择管理者等权利的实际行使等多种因素加以判断。股权让与担保中,转让人转让股权系为融资提供的让与担保方式,该股东权益并不因此而当然丧失。例如,周某与陶某、中住佳展地产(徐州)有限公司等买卖合同纠纷案【最高人民法院(2014)民二终字第259号民事判决书】。法院认为:就天迈投资公司而言,陶某和周某均为天迈投资公司设立时的登记股东,虽然陶某与周某的出资均系通过中佳房产公司融资并由该公司负责偿还,但并不能由此否认二人在天迈投资公司设立时所享有的投资性权益。虽然陶某和周某已经于该协议签订的同日将股权分别转让给景某和赖某某并办理了工商登记手续,但该转让系为融资提供的让与担保方式,陶某和周某的股东权益并不因此而当然丧失。

有的法院认为,有限公司股权权能中包含财产权及社员权,而股权让与担保本身仅涉及其中的财产权部分,但不应影响实际股东社员权利的行使。担保人请求法院确认其具有实际股东资格的,法院予以支持。例如,西藏信托有限公司等与胡某某股东资格确认纠纷案【北京市第一中级人民法院(2019)京01民终2736号民事判决书、北京市高级人民法院(2019)京民申3169号民事裁定书】。法院认为:让与担保作为非典型担保形式并不违反法律及行政法规禁止性规定。应属有效股权让与担保的法律构造为:债务人将股权转移至债权人名下,债务清偿后,股权应返还于债务人;债务人履行不能时,债权人可就股权变价并经过债务清算后受偿。有限公司股权权能中包含财产权及社员权,而股权让与担保本身仅涉及其中的财产权部分,但不应影响实际股东社员权利的行使。

例如,张某某与青岛科信投资发展有限公司、青岛天德塘发展有限公司、刘某某股东资格确认纠纷案【山东省青岛市中级人民法院(2019)鲁02民终1640号民事判决书】。法院认为:一审法院认定张某某名下的天德塘公司的90%的股权是科信公司给张某某在科信公司投资的保证,为此,科信公司要求确认张某某在天德塘公司名下的90%的股权为科信公司所有的诉求,符合法律规定,一审法院予以支持。

例如,李某某与韩某某、长春利普顿集团有限公司股权转让纠纷案【吉林省长春市中级人民法院(2020)吉01民初520号民事判决书】。法院认为:李某某与韩某某系股权让与担保关系,虽然韩某某已通过变更工商登记方式形式上持有利普顿公司48%的股权,但是该48%股权的实际所有权人仍为李某某,即李某某仍享有利普顿公司48%股权的所有权。

(四)工商登记仅是宣示性登记而非设权性登记,不应仅以工商登记确认股东资格

在股权让与担保中,当事人往往根据股权转让合同办理了股权变更登记,担保权人成为名义股东。由此产生的问题是,已经完成财产权利变动的债权人,其地位究竟是有担保的债权人,还是根据公示的情况认定其属于所有人或者股东。一种观点认为,转让方未将其进行股权让与担保的安排真实向公司及其他股东披露,仅披露其为股权转让,一旦受让人在公司股东名册进行了记载并进行了工商变更登记,则法律需要保护此种信赖,在此情形下,受让人应具有股东资格,可以行使股东权利。此观点引申出一个实务问题,即工商登记是否为确认股东资格的法定要件?

笔者认为,认定一个协议是股权让与担保还是股权转让,不能仅看合同的形式和名称,而要探究当事人的真实意思表示。如果当事人的真实意思是通过转让股权的方式为主合同提供担保,则此种合同属于让与担保合同,而非股权转让合同。在已经完成股权变更登记的情况下,可以参照最相近的担保物权的规定,认定其物权效力。在主债务期限届满后仍未履行的情况下,名义上的股权受让人对变价后的股权价值享有优先受偿权,但原则上无权对股权进行使用收益,不能享有《公司法》规定股东所享有的参与决策、选任管理者、分取红利等权利。例如,田某某与河南天宝置业有限公司、河南省太行置业有限公司与公司有关的纠纷案【最高人民法院(2019)最高法民申6422号民事裁定书】。法院认为:在已经完成股权变更登记的情况下,可以参照最相近的担保物权的规定,认定其物权效力。在主债务期限届满后仍未履行的情况下,名义上的股权受让人对变价后的股权价值享有优先受偿权,但原则上无权对股权进行使用收益,不能享有《公司法》规定股东所享有的参与决策、选任管理者、分取红利等权利。工商登记并非设权性登记,而是宣示性登记,只具有对抗善意第三人的效力。因此,当公司内部发生股东资格争议时,不应仅以工商登记为准,还应对取得股东资格的实质性条件如是否出资、是否有成为股东的意思、是否参与公司的经营管理、是否享有股东权益和承担股东义务、其他股东是否明知等事实进行审查,并据实作

出认定。

例如，贵州捷安投资有限公司诉贵阳黔峰生物制品有限责任公司等股权确认及新增资本认购纠纷案【最高人民法院（2010）民申字第1275号民事判决书】。法院认为：工商登记并非设权性登记，而是宣示性登记，只具有对抗善意第三人的效力。因此，当公司内部发生股东资格争议时，不应仅以工商登记为准，还应对取得股东资格的实质性条件如是否出资、是否有成为股东的意思、是否参与公司的经营管理、是否享有股东权益和承担股东义务、其他股东是否明知等事实进行审查，并据实作出认定。

例如，万某某与丽江宏瑞水电开发有限公司股东资格确认纠纷案【最高人民法院（2014）民提字第00054号民事判决书】。法院认为：股东身份的确认，应根据当事人的出资情况以及股东身份是否以一定的形式为公众所认知等因素进行综合判断。需要考量的因素主要包括：股东是否有出资合意；是否有出资行为；公司记账处理，是否计入"实收资本"。核心是"出资合意 + 出资行为"，工商登记不是确认股东资格的法定要件。

（五）担保权人仅享有质权，不享有所有权

有的法院认为，因股权让与担保而将债务人的股权质押变更登记在第三人名下时，不能以此确认第三人受让取得股权。例如，陈某、陕西宏润实业集团有限公司与王某、陕西宏润房地产开发有限公司、西安中厦投资有限公司股权转让纠纷案【最高人民法院（2017）最高法民再171号民事判决书】。法院认为：2013年3月15日六方签订的《股权转让协议》、两方签订的《协议书》及2013年5月15日四方签订的《备忘录》均表明中贵信托公司向宏润实业公司出借款项并以质押变更登记在王某名下的宏润地产公司75%的股权再次以变更登记的形式质押于中贵信托公司，其目的是宏润实业公司向中贵信托公司再次融资借款。因向中贵信托公司借款没有实现，75%的股权也没有再变更登记至中贵信托公司名下，宏润地产公司75%的股权仍登记在王某名下，不能以此确认王某是受让取得宏润地产公司75%的股权。

有的法院认为，担保权人对登记在其名下的股权仅享有质权，不享有所有权。例如，吴某、胡某某、邢某某与新沂市通城商业有限公司股权转让纠纷案【江苏省徐州市中级人民法院（2016）苏03民终6281号民事判决书】。法院认

为:邢某某虽主张其股权系直接从通城公司处受让,但二审庭审中,邢某某认可,其虽未在吴某与胡某某签订的协议上签字,但其确系该协议的缔约主体之一,并实际履行了该协议约定的其中10万元的出借义务,即胡某某实际出借60万元,邢某某实际出借10万元。因此,吴某与胡某某签订的协议的效力同样及于邢某某,邢某某对于现登记在其名下的令天下公司1%的股权同样仅享有质权,不享有所有权。

(六)未经清算程序,担保权人不能直接行使股东权利

有的法院认为,在转让人不能履行回购义务后,双方应当协议将让与担保股权折价归债权人,由债权人取得股份,行使股东权。债权人未行使实现担保股权的程序,直接行使股东权利进行实质的经营管理无证据支持。例如,王某某与北京凯晨投资管理有限公司请求变更公司登记纠纷案【河北省石家庄市中级人民法院(2019)冀01民再214号民事判决书】。法院认为:因"股权让与担保"签订的合同不违反法律、行政法规的强制性规定,合法有效,担保的股权已进行了变更登记,可以参照权利质押的相关规定确定当事人之间的权利义务关系。《物权法》第211条规定:"质权人在债务履行期届满前,不得与出质人约定债务人不履行到期债务时质押财产归债权人所有。"因此,本案股权在再审上诉人不能履行回购义务后,双方应当协议将质押股权折价归再审被上诉人,由再审被上诉人取得股份,行使股东权。本案中,再审被上诉人未行使实现担保股权的程序,直接行使股东权利进行实质的经营管理无证据支持。

综合上述观点,关于担保权人是否为公司股东的问题,法院的核心逻辑在于,担保权人受让股权成为公司登记股东的目的在于保障债权的实现,因此对内应当遵循当事人的真实意思表示,确认公司股东仍为设立人,担保权人仅针对股权的财产权享有支配权,原则上无权行使公司经营管理权。但于交易实践中,担保权人为保障债权的实现,常与设立人就公司法定代表人及高级管理人员的选任、公司印章及银行账户的保管等涉及公司经营管理的事项进行约定,对于此类协议的效力应如何评定?如无相关约定,名义股东是否可以行使知情权等股东权利?笔者认为,该股权转让仅是对主债务进行担保,更多的是股权财产属性的应用,并不会涉及公司实际控制权及经营权的转移,因此股权所有人在签订让与担保协议时应当就股权所对应的分红权、知情权、投票权、决策权等权利进行明

确的限制性约定,避免丧失对公司的实际控制权

在《九民纪要》发布之前,就受让人确认其股东资格的请求,司法实践往往在认定出让人与受让人之间成立股权让与担保关系后,直接认定受让人不具有股东资格。法院普遍认为股权转让作为一种担保方式,在实体法上,债权人并没有实际取得股权,不是真实股东,仅是名义上的股东,不享有真实股东的权利义务,并以此为前提配置法律后果。

但最高人民法院在《〈全国法院民商事审判工作会议纪要〉理解与适用》一书中却提出了不同的裁判思路。该书认为,“让与担保中,已经完成财产权利变动的债权人,其地位究竟是有担保的债权人,还是根据公示的情况认定其属于所有人或者股东。本纪要认为,其地位是债权人,而非所有人或者股东”。同时,该书亦认为:“如果出让人将让与担保的真实意思告诉了公司及其他股东,则即便受让人在公司的股东名册上进行了记载,也仅是名义股东,不得对抗公司及其他股东。此时,作为名义股东,其并不享有股东的权利,即既不享有股权中的财产权,也不享有股权中的成员权。反之,如果出让人并未告知公司及其他股东实情,而是告知他们是股权转让,则法律也要保护此种信赖。在此情况下,一旦受让人在公司的股东名册上进行了记载,即便真实的意思是股权让与担保,受让人仍然可以行使股东权利,包括财产权和成员权。”

这一思路与此前司法实践最大的不同即在于是否探究受让人、目标公司和其他股东之间的效果意思。《公司法》第 32 条第 2 款规定:“记载于股东名册的股东,可以依股东名册主张行使股东权利。”而所谓的股东权利,是股东基于股东资格对公司享有的权利。易言之,股东是对公司行使股东权利。因此,判断受让人能否向目标公司行使股东权利,应当探究的是目标公司及其他股东的真实意思,而非出让人与受让人之间的真实意思。

如果出让人与受让人之间签署了股权转让协议,并且告知目标公司和其他股东的意思是“股权转让”,目标公司亦按照股权转让为受让人办理了股东名册变更的,则应当认定目标公司、其他股东以及受让人就受让人成为目标公司股东这一事项达成了合意。相应地,受让人成为目标公司的股东,可以行使股东权利。否则,受让人不能成为目标公司的股东,而只能是债权人。

例如,修水县巨通投资控股有限公司与福建省稀有稀土(集团)有限公司合同纠纷案【最高人民法院(2018)最高法民终 119 号民事判决书】。法院认为:首

先,在股权转让协议签订后,尽管股权已经变更登记至债权人名下,但此时的变更登记仅具让与担保中的权利转移的外观形式,担保权人享有完整意义上的股权,尚待担保债权的清偿状态及让与担保的实现方式而确定。其次,股权转让协议中明确约定了让与担保实现方式的清算条款。让与担保的实现方式通常有两种方式,即归属清算型与处分清算型,前者是指担保权人依约对担保物予以公正估价,标的物估价超过担保债权数额的,超过部分价额交还给让与担保设定人,担保权人取得担保股权所有权;后者是指担保权人将担保物拍卖、变卖,以卖得价款清偿债务,如有余额交还给债务人。具体采取何种方式,依当事人意思表示一致选择。本案中,协议约定在债务人不履行债务时,担保权人有权决定受让全部或部分目标股权,并指定具有相应资质的评估机构对目标股权评估,以确定股权转让价款,在比较股权转让价款与担保权人代偿债务金额的基础上,按照"多退少补"的原则支付差额。上述约定表明,股权转让协议约定让与担保实现的方式为归属清算型。最后,在担保权人有权并已决定实际受让全部目标公司股权、依约指定评估机构对目标公司股权进行评估的基础上,有权取得全部目标公司股权。

此外,各方当事人在股权让与担保合同实际履行中变更了协议约定,担保权人在持股期间实际行使了股东权利并履行了股东义务,其他股东对担保权人的股东身份亦未提出过异议,在此情况下,担保权人可实际取得股东身份。例如,北京嘉彩华塑科技有限责任公司与北京和祥恒房地产开发有限公司、吴某、刘某某、马某公司决议纠纷案【北京市高级人民法院(2021)京民申1202号民事裁定书】。法院认为:首先,根据各方签订的《出资转让协议书》,在实际履行《框架协议》过程中,系由和祥通公司、秦某、任某某、吴某某和刘某某实际向嘉华公司指定的嘉彩公司履行的股权转让义务,从而使嘉彩公司有和祥恒公司70%的股权。秦某、任某某、吴某某及吴某均认可秦某、任某某、吴某某转让的股权系履行《框架协议》的内容,其中任某某、吴某某持有的股权系代吴某持有,并提交《股权代持协议》予以佐证。嘉华公司、嘉彩公司、和祥恒公司(刘某某)及刘某某虽不认可上述股权代持行为,但未提交相反证据予以反驳,故本院对秦某、任某某、吴某某及吴某的上述意见予以采信。刘某某在本案中否认其转让给嘉彩公司的股权系履行《框架协议》约定,主张是其真实的股权转让意思,本院不持异议。一审法院认定刘某某向嘉彩公司转让的和祥恒公司15%的股权不具有让与担保性质并无不当，本院予以确认。吴某虽辩称刘某某持有的和祥恒公司股权亦是代吴某持有，但未提交充分证据佐证，本院不予采信。故综合各方履行情况，各方在实际履行《框架协议》中虽然对股权转让比例进行一定的调整，但尚未有充分证据表明上述股权比例的调整已使《框架协议》所构建的各方权利义务模式和性质发生实质变更。

尽管有以上司法观点，但实践中，受让人与担保人的让与担保交易结构可能不为公司或其他股东所知，其他股东可能认为受让人与转让人之间为股权转让关系。为保护公司其他股东的合理信赖，笔者认为，在转让人未告知公司和其他股东实情，且受让人已记载于股东名册的情况下，亦可推定受让人有股东资格。对此，最高人民法院在《〈全国法院民商事审判工作会议纪要〉理解与适用》一书中指出，即使构成让与担保，受让人也可能具有股东资格。具体来说，如果转让人将让与担保的真实意思告知了其他股东，则受让人仅为名义股东，不具有股东资格，不享有股东权利。如果转让人并未告知公司和其他股东实情，则需要根据受让人是否登记于股东名册而做不同处理。若受让人已记载于股东名册，则可推定受让人具有股东资格；若股东名册未作记载，应当推定受让人并无股东资格。不过上述两种推定均可通过反证予以推翻。

实务疑难问题

1. 在以股权信托投资的让与担保中，投资人是否取得股东资格？

实务中，存在信托当事人采取增资方式向目标公司注入资金让与担保，进行信托投资的案例。在此情况下投资人是否取得目标公司股东资格，仍需要根据当事人的真实意愿和信托投资合同约定进行分析和判断。如果信托投资合同采取了股权信托等担保方式保障信托资金的安全退出，则信托投资人并不能按照其已经登记为目标公司股东的身份而全部获取公司利益，也即该投资行为并非《公司法》意义上典型的股权投资，信托投资人并不能因此成为目标公司的实质股东，其注册登记为股东只能是名义上股东，并不能因此而取得目标公司股权。例如，新华信托股份有限公司与乔某某执行异议之诉纠纷案【吉林省松原市中级人民法院(2017)吉07民终1218号民事判决书】。法院认为：从该信托计划约定来看，虽然采取了增资入股的方式，也明确地约定了可以采取分红、减资、处置资产(包括处分100%的股权)等方式退出资金,但亦采取了抵押担保、股权信托等担保方式保障信托资金的安全退出,且从合同约定的权利义务来看,新华信托并不能按照其已经登记为博翔公司唯一股东的身份而全部获取公司利益,也即该投资行为并非《公司法》意义上典型的股权投资,新华信托与博翔公司、谢甲、谢乙、谢丙等均应依照信托计划约定及各方真实意思表示履行,新华信托并不能因此而实质获得博翔公司100%的股权,即使百年城项目获得重大利益,新华信托公司也不能依据其工商注册行为而完全自己享有。该交易的实质内容是新华信托为到期收取固定资金收益,而为博翔公司及其股东所为的一种融资借款行为,属于信托公司的正常经营活动。该信托投资关系的实质是新华信托与博翔公司及其股东谢甲、谢乙、谢丙之间形成债权债务关系,各方均应依约履行。所作增资注册为股东、股权转让等形式只能是法律并无明确规定的让与担保,就让与担保相关问题,《民间借贷规定》第24条规定:"当事人以签订买卖合同作为民间借贷合同的担保,借款到期后借款人不能还款,出借人请求履行买卖合同的,人民法院应当按照民间借贷法律关系审理,并向当事人释明变更诉讼请求。当事人拒绝变更的,人民法院裁定驳回起诉。按照民间借贷法律关系审理作出的判决生效后,借款人不履行生效判决确定的金钱债务,出借人可以申请拍卖买卖合同标的物,以偿还债务。就拍卖所得的价款与应偿还借款本息之间的差额,借款人或者出借人有权主张返还或补偿"。该司法解释采取了不支持履行买卖合同,而就借款与买卖标的物强制清算的处理原则。就本案而言,如果百年城项目盈利可观,新华信托提出享有100%的股权,并请求实际确认其股东资格的,仍应按照双方实际法律关系即债权债务关系审理,如按照工商登记确定其享有100%的股权,并独自获取利益的,不仅违背当事人的真实意思表示约定,亦有违公平原则,且无相关法律依据。应当按照司法解释确定的原则就基础法律关系进行认定,也就是说,本案双方签订百年城信托计划的真实交易目的为融资借款,属于基础法律关系,增资注册为股东及股权转让等形式系采取的一种让与担保措施,属于从法律关系。应当按照基础法律关系即融资借款关系认定处理。新华信托并不能因此计划而成为博翔公司的实质股东,其注册登记为股东只能是名义上股东,并不能因此而取得博翔公司股权。

2. 让与担保权人是否承担出资责任?

股东法定义务的核心为“出资”。《公司法解释三》第14条第2款规定,公司债权人请求抽逃出资的股东在抽逃出资本息范围内对公司债务不能清偿的部分承担补充赔偿责任、协助抽逃出资的其他股东、董事、高级管理人员或者实际控制人对此承担连带责任的,人民法院应予支持;抽逃出资的股东已经承担上述责任,其他债权人提出相同请求的,人民法院不予支持。《公司法解释三》第18条第1款规定:“有限责任公司的股东未履行或者未全面履行出资义务即转让股权,受让人对此知道或者应当知道,公司请求该股东履行出资义务、受让人对此承担连带责任的,人民法院应予支持……”股权受让人在特定情况下需承担股权转让方瑕疵出资的连带责任。因此,区分股权让与担保与股权转让具有重要意义。

但是《公司法解释三》前述规则预设时并未考虑股权让与担保情形。那么,股权让与担保制度中,让与担保权人是否承担股东出资责任?笔者认为,按照《九民纪要》规定,受让人法律地位为担保物权人,不应承担“出资”甚至因出让人未履行“出资义务”衍生的连带责任。鉴于《九民纪要》明确规定在股权让与担保制度中,受让人的法律地位为担保物权人,虽然受让人具有目标公司工商登记的股东身份,但并非实质意义上的股东,因此除非有特殊约定且不违反法律法规强制性规定,否则受让人不应承担法律意义上“股东”的出资义务,即便出让人未履行或未全面履行出资义务就转让股权,受让人也不应对此承担《公司法解释三》第18条项下的连带责任。

尤为重要的是,最高人民法院于2020年12月31日发布的《民法典担保制度解释》第69条规定:“股东以将其股权转移至债权人名下的方式为债务履行提供担保,公司或者公司的债权人以股东未履行或未全面履行出资义务、抽逃出资等为由,请求作为名义股东的债权人与股东承担连带责任的,人民法院不予支持。”由此可见,在股权让与担保情况下,股权受让人仅为名义股东,不承担瑕疵出资的责任。在股权让与担保的模式下,债权人受让股权成为名义股东,名义股东的实际地位为债权人,并不负有出资义务,该股权受让人与前述应该承担责任的名义股东之间存在本质区别。因此,公司债权人以股东未履行或未全面履行出资义务或抽逃出资等为由,要求名义股东的债权人承担连带责任的,人民法院不应予以支持。

登记为名义股东的受让人本质上是有担保的债权人，而非股东，不是公司的真正股东，该股权其实不过是一种公司股权的让与担保，债权人实现债权行为是合法行为，加之其取得股权往往是支付对价的，债权人不对股东的出资承担瑕疵责任。因此，不能根据前述规定让债权人对公司债务承担补充赔偿责任或连带责任。例如，新疆投资发展(集团)有限责任公司与海峡石化工贸有限公司等合同纠纷案【最高人民法院(2018)最高法民终54号民事判决书】。法院认为：为保证海峡公司与山东金石公司签订的《加工协议》顺利履约，叶某某、朱某某将二人持有的金石财富公司的全部股份转让给海峡公司，在《加工协议》履行终结后，海峡公司又将其持有金石财富公司的全部股份退还给叶某某、朱某某。双方明确约定，金石财富公司股权相互转让的目的实质为《加工协议》提供股权担保，并不作其他用途，且转让已经过股东会决议，符合公司法的相关规定。新投公司以海峡公司作为曾经受让金石财富公司的股份而成为该公司股东为由，认为海峡公司应承担股东出资不实的补充赔偿责任的上诉理由，没有事实和法律依据，不能成立。

股权让与担保权人仅是标的公司名义上的股东，不是公司法上享有股东权利、承担股东义务的实质股东，不负有股东出资义务，也无须承担股东出资不实的法律责任，不应对标的公司的债务不能清偿部分承担补充赔偿责任。例如，广西大水牛企业管理有限公司与樊某某等民间借贷纠纷案【广西壮族自治区来宾市中级人民法院(2020)桂13民终1401号民事判决书】。法院认为：故借款合同应为主合同，而大水牛公司与韦某某、莫某某之间的股权转让协议即应当属于为了担保上述主合同的履行而签订的从合同，即让与担保合同，故可以认定大水牛公司仅系莫老爷公司名义上的股东，而并非公司法上享有股东权利、承担股东义务的实质股东，由于大水牛公司并非有限责任公司真正意义上的股东，其并不能行使该股东权利，不具备有限责任公司股东的出资义务，亦无须承担股东出资不实法律责任之义务，因此不应对本案莫老爷公司的债务不能清偿部分承担补充赔偿责任。

《民法典担保制度解释》第69条规定：股东以将其股权转移至债权人名下的方式为债务履行提供担保，公司或者公司的债权人以股东未履行或者未全面履行出资义务、抽逃出资等为由，请求作为名义股东的债权人与股东承担连带责任的，人民法院不予支持。

3. 让与担保权人是否享有表决权？

股权作为股东对公司享有的人身和财产权益的一种综合权利，其中的财产权利按照《担保法》《物权法》的相关规定可以为相应的债务履行提供担保。股东享有的权利有两种：一是自益权，即股东基于自己出资而享受利益的权利，如分红权、剩余财产分配权等；二是共益权，即股东基于自己出资而享有的参与公司经营管理的权利，如表决权、知情权等。

有的法院认为，有限责任公司股东名册记载具有创设权利或法律关系的效力。因此，股权让与担保权人被登记在股东名册中时，享有股东权利（包括表决权）。例如，梁某某与张某确认合同有效纠纷案【山西省新绛县人民法院（2020）晋0825民初1311号民事判决书】。法院认为：有限责任公司股东名册记载在效力上属于设权登记，即有关事项登记后产生创设权利或法律关系的效力。从本案查明的事实来看，在涉案协议签订后，新绛县某有限公司股东会议决议，对公司章程中有关股权变动形成了决议，并制定了新股东名册。该行为已符合上述法律规定，据此应认定原告可享有被告在新绛县某有限公司16.6%的股权。但原告仅暂时享有该股权，待到股权回赎期满，如被告依约偿还借款，则有权依照约定回购其股权。如待到股权回购期满，张某不能依约偿还借款，则应就股权价值进行协商或就股权进行价格评估后，依法进行拍卖或折价后用于债务清偿。

有的法院认为，股权让与担保仅在当事人双方内部发生法律效力，在没有证据显示其他全部股东知晓该情形并认可让与担保权人有表决权的情况下，则不得对抗其他不知情股东。而且工商登记中的股东会决议具有一定的对外公示性，不论让与担保权人是否有表决权，在没有其真实签名的情况下，应认定股东会决议不成立。例如，赖某某与深圳市城投实业发展有限公司等公司决议纠纷案【广东省深圳市福田区人民法院（2019）粤0304民初48138号民事判决书】。法院认为：工商登记显示原告名下持有被告30%的股权，若系股权让与担保而登记在其名下，股权让与担保也仅在当事人双方内部发生法律效力，未有证据显示其他全部股东知晓该情形并认可原告无表决权，不得对抗其他不知情股东，且工商登记中的股东会决议具有一定的对外公示性，不论原告是否有表决权，在未召开股东会的情况下，股东会决议成立需符合全体股东在决议上签字或盖章的要件,在没有原告真实签名的情况下,应认定案涉两份股东会决议(其中一份名为任职书)不成立,原告该诉求成立,本院予以支持。该判例基于股东会决议的对外公示性,认为在没有让与担保权人真实签名的情况下,股东会决议不成立,从而间接认定让与担保权人享有一定的股东权利(包括表决权)。

笔者认为,让与担保与财产权转让在法律性质上存有实质性区别,财产权转让的受让人是以获得财产权利为目的,而让与担保的债权人受让财产的目的在于为主债权提供担保,在主债权不能实现时可以受让的财产权价值优先受偿,且债权人通常无须支付受让财产权的对价。因此,债权人于形式上受让的财产权一般会受到一定的权利限制。股权让与担保就更具其特殊性,因为股权为兼具财产权和成员权属性的复合型权利,公司股东可就其享有的股权参与公司分红,亦通过其股东表决权参与公司的经营管理。而股权让与担保的债权人以受让或增资的方式取得股权,其期待以股权价值担保其债权未来可以实现,侧重防范债务人通过行使股东权利对公司资产进行不当处置,从而导致其债权无法实现;债权人并非以成为公司股东,参与管理、获取分红为直接目的。因此,债权人虽在形式上为公司名义股东,但其仅在担保范围内享有优先受偿的权利,并不享有公司法规定的股东所享有的参与决策(包括参加、召集股东会,行使表决权)、获得股东红利等实质性权利。

实务中,大部分法院也认为,债务人将股权变更至债权人名下是股权让与担保,而非真正的股权转让,因此,债权人仅为名义股东,而非实际股东,不能享有公司法规定的股东所享有的参与决策权(包括表决权)。例如,吴某与北京和祥恒房地产开发有限公司公司决议纠纷案【北京市朝阳区人民法院(2019)京0105民初79879号民事判决书】。法院认为:由于和祥通公司、秦某、任某某、吴某某名下的和祥恒公司股权变更至嘉彩公司名下是股权让与担保,而非真正的股权转让,故虽然嘉彩公司在工商登记中记载持有和祥恒公司70%的股权,但其中55%的股权嘉彩公司仅为名义股东,而非实际股东,针对该55%的股权,嘉彩公司无权进行使用收益,不能享有公司法规定的股东所享有的参与决策、选任管理者、分取红利的权利。

有的法院认为,基于让与担保的性质,股权的受让属于对债权的担保,而非股权权利义务的完整转移,故让与担保权人不享有股东会召集权、召开权及多数决表决权,因此而形成的股东会决议不成立。例如,中融国际信托有限公司与张某某、北京安华图房地产开发有限公司、北京家全基业物业管理有限公司公司决议效力确认纠纷案【北京市第一中级人民法院(2021)京01民终176号民事判决书】。法院认为:中融国际信托虽在形式上登记为安华图公司股东,但如上所述,其并不享有安华图公司股东的实质性权利。结合本案查明的事实,在涉案股东会召开之时间节点,中融国际信托作为家全基业的债权人、名义股东,既无权召集召开安华图公司股东会,也无权参与表决,上述情形符合《公司法》及相关司法解释规定的公司决议不成立的法定情形,故本院确认涉案决议不成立。

有的法院认为,股权让与担保受让人仅是公司名义股东,只对股权财产权利享有担保权,而对共益权部分如增资扩股等并不具有表决权,该权利的行使应当由实际股东行使。例如,徐某某、李某某与南京九通科技有限公司等与公司有关的纠纷案【江苏省南京市雨花台区人民法院(2018)苏0114民初2880号民事判决书】。法院认为:股权让与担保的受让人,仅是工商登记记载的股东,即名义股东而非实际股东,并不具有股东身份,不得对公司行使股东共益权,理由如下:基于担保物权的性质,受让人不享有股东权利;股东取得股东资格和股东权利,必须符合实质要件和形式要件,实质要件是以出资或继受方式取得股东资格,形式要件是对股东出资的记载和证明。被告九通公司原股东杨某某、张某作为公司实际控制人卢某某的代持人,就两原告合计持有的65%的股权,并未出资,而是基于让与担保取得,所取得的也仅是股权的财产权,形式上虽然办理公司记载和登记证明,但其仅是名义股东。且该股东身份并非《公司法解释三》第24条规定的代持股东,不能直接行使股东权利。本案中股权代持人孙某某、杨某某、张某及被告九通公司原股东陈某对原告徐某某、李某某提供股权让与担保,现有证据均表明知道该事实,所有股权变动及公司股权变更登记的操作目的,均为公司实际控制人卢某某处分他人股权,其行为具有不当性,故也不能得到合法结果,即受让人成为被告九通公司股东。综上,股权让与担保受让人系被告九通公司名义股东,只对股权财产权利享有担保权,而对共益权部分如增资扩股等并不具有表决权,该权利的行使应当由实际股东行使,故本案两原告的主体资格适格。两原告所提供让与担保的股权,在未被清算之前具有合法利益,他人处分其股权时应当依法协商、议价、变卖、拍卖等予以处置;他人以其名义股东身份行使共益权时,应当持有明确授权,或事后追认。

实务中,尽管在少数情况下也存在股权让与担保权人参与了公司的股东会议的情形,但该行为是以担保债权实现为目的,是为了达到规制及防范作用,其权利范围不同于完整意义上的股东权利。例如,易某与邵某某、成武宏成房地产开发有限公司民间借贷纠纷案【浙江省衢州市中级人民法院(2020)浙08民终1096号民事判决书】。一审法院认为:虽然公司股权变更登记至邵某某指定的人员名下,邵某某也曾经于2016年6月18日参与了宏成公司的股东会议,但上述行为均系以担保债权实现为目的,是为了达到规制及防范作用,其权利范围不同于完整意义上的股东权利,而与借款清偿与否密切相关。债务人为了担保债权人权利的实现,将担保标的物的权利转给债权人,债务人到期清偿债务,债权人将该财产返还给债务人。因此《融资借款合同》中约定的股权转让性质应认定为股权让与担保,案涉基础法律关系应为借贷法律关系。二审法院认为:关于易某主张的邵某某曾作为股东参加宏成公司股东会议并行使股权权利可见案涉款项实为投资款,但由2016年8月16日股东会会议内容可知,邵某某参与股东会是为确保案涉债权能得到清偿,且股权变更是按借款合同约定而发生,是为担保合同项下债权的实现,并非受让股权,故邵某某并不享有完整的股东权利。

实务中,有的当事人约定让与担保权人对目标公司增减资等重大事项有否决权。这种约定也是为了保障债权实现而采取的监管和防范措施,应属有效。例如,福建渝商投资有限公司与丁某某、吴某、丁某某民间借贷纠纷案【福建省高级人民法院(2014)闽民终字第360号民事判决书】。法院认为:股权受让方渝商公司除对目标公司增减资等重大事项有否决权外,目标公司的日常经营管理仍由转让方丁某某负责,该讼争股权实质是作为转让方丁某某支付股权回购款的担保,在债务履行完毕后,股权又回归于转让方。

4. 让与担保权人召开股东会所作出的股东会决议是否有效?

股权让与担保权人并非公司真实股东,其股东表决权的行使等均应受相关协议的约束,在获得股权出让人书面授权之前,让与担保权人无权行使股东表决权作出股东会决议。如果在明知自己未获得股权出让人书面授权的情况下,仍擅自召开公司股东会,所作出的股东会决议无效。例如,王某某、徐某某、江苏大丰港石化园管廊建设管理有限公司与江苏中瑞玮控股集团有限公司公司决议效力确认纠纷案【江苏省盐城市中级人民法院(2015)盐商终字第00093号民事判决书】。法院认为:王某某和徐某某在2013年6月25日管廊公司召开股东会时，并非该公司真实股东，其股东表决权的行使等均应受该二人与原丰文集团签订的《股权代持（融资）协议书》的约束，在获得原丰文集团书面授权之前，该二人无权行使股东表决权作出股东会决议。徐某某、王某某在明知自己未获得原丰文集团书面授权的情况下，仍擅自召开管廊公司股东会，所作出的股东会决议，应当认定为无效。

5. 让与担保权人直接处置股权的股东会决议是否有效？

股权让与担保是以担保债权实现为目的，让与担保权人作为名义上的股权受让人，其权利范围不同于完整意义上的股东权利，受担保目的等诸多限制。让与担保权人在未对担保股权进行审计确认价格及以此价格受让的情况下，直接通过股东会决议的形式进行处置，属于直接将抵押物的所有权进行处置，因此而作出的股东会决议因违反法律、行政法规而无效。例如，洛阳中迈置业有限公司与洛阳中迈瑞阳置业有限公司、河南中迈集团有限公司、北京丰通恒达投资有限公司公司决议效力确认纠纷案【河南省洛阳市中级人民法院（2020）豫03民终7668号民事判决书】。法院认为：鉴于北京丰通公司取得涉案股权的目的旨在防范中迈集团公司、中迈置业公司通过行使股东权利对用作质押的股权进行不当处置，最终保障股权质权的顺利实现。案涉股权虽已变更登记至北京丰通公司名下，但该转让系以担保债权实现为目的，北京丰通公司作为名义上的股权受让人，其权利范围不同于完整意义上的股东权利，受担保目的等诸多限制。北京丰通公司在未对案涉担保股权进行审计确认价格及以此价格受让的情况下，直接通过股东会决议的形式进行处置，系直接将抵押物的所有权进行处置。《公司法》第22条第1款规定："公司股东会或者股东大会、董事会的决议内容违反法律、行政法规的无效"，本院认定中迈瑞阳公司2017年5月5日《2017年第二次股东会决议》无效。

6. 让与担保权人是否有权提起公司决议之诉？

有的法院认为，让与担保权人已经登记为公司股东且对外公示，有权提起公司决议之诉。例如，赖某某与深圳市城投实业发展有限公司等公司决议纠纷案【广东省深圳市福田区人民法院（2019）粤0304民初48138号民事判决书】。法院认为：工商登记及被告章程显示，原告为持有被告30%股权的股东，系2014

年3月10日以1元价格从陕西城投处受让得来,虽被告及陕西城投主张原告名下股权系因黎某某与陈某某、赖某某借款而进行股权让与担保登记在原告名下,不论该事实是否属实,原告登记为被告股东,且对外公示,原告有权提起本案诉讼。

但笔者对此判例观点不敢苟同。股权让与担保权人虽然是工商登记的名义股东,但究其实质,仍是债权人或担保权人,并非公司真实股东,无权行使表决权,更无权提起公司决议之诉。

7. 股权让与担保权人表决通过的股东会决议有效吗?

股权让与担保只是一种担保物权,让与担保权人仅为公司的名义股东,其不能行使实质股东召开股东会变更法定代表人的权利,若其召开股东会,免去公司法定代表人、执行董事职务而形成的股东会决议无效。例如,刘某某与许某、卓甲、胡某某、卓乙股权转让纠纷案【贵州省大方县人民法院(2019)黔0521民初4686号民事判决书】。法院认为:许某因《股权转让协议》取得永丰光大公司65%的股权,该股权只是担保权,许某作为永丰光大公司的名义股东,其不能行使永丰光大公司实质股东召开股东会变更法定代表人的权利,许某与卓甲召开的两次免去王某某永丰光大公司法定代表人、执行董事职务,选举杨某某或周某某作为永丰光大公司法定代表人、执行董事的《贵州永丰光大房地产开发有限公司股东会决议》均无效。

也有法院认为,让与担保权人无权在不通知转让人的情况下召开股东会投票审议公司增资事宜,其表决行为属无权代理,若转让人不予追认,该表决行为无效。例如,南京九通科技有限公司与徐甲等与公司有关的纠纷案【江苏省南京市中级人民法院(2019)苏01民终1946号民事判决书】。法院认为:本案中,讼争65%股权由徐乙、卢某某安排徐甲、李某某转让给孙某某,孙某某又在卢某某的安排下将股权转让给杨某某,而讼争65%股权之外的九通公司35%股权由李某某转让给陈某,陈某又转让给张某,张某系代卢某某持股,故在讼争股东会决议作出时,九通公司的股权均实际由卢某某持有,且张某、杨某某一审陈述二人代卢某某持股,所有协议按卢某某指示进行,一审法院据此认定本案各方当事人对案涉股权让与担保均知情,具有事实根据。在此情况下,名义受让人卢某某无权指示其股权代持人杨某某、张某在不通知名义股权转让人的情况下召开股东会投票审议公司增资事宜，杨某某的表决行为属无权代理，现徐甲、李某某不予追认，故杨某某的表决行为无效。

8. 让与担保权中能否约定股权转让人的一票否决权？

股权转让人只是形式上将股权转让给债权人，其实质上并不丧失股东资格，也享有对公司的经营决策权，因此，当事人可以约定股权转让人在涉及公司经营决策时所享有的一票否决权。例如，黑龙江辰能投资管理有限责任公司与戴某某、哈尔滨康丽经济发展实业有限责任公司、哈尔滨正泰塑胶技术制造有限公司股东资格确认纠纷案【黑龙江省哈尔滨市中级人民法院（2015）哈民三商终字第341号民事判决书】。法院认为：案涉《股权转让合同书》补充协议第3条第2款约定，辰能公司、康丽公司行使股东权利时，不得损害戴某某利益，在涉及本企业的贷款、资产抵押、处置等整体物产利益及代持股本年限的期限时，戴某某有一票否决权。该条规定系戴某某在涉及正泰公司经营决策时所享有的否决权，而非对案涉股权让与担保所享有的一票否决权。恢复戴某某在2005年12月28日前在正泰公司占有的股权的前提条件应系戴某某偿还所欠辰能公司的债务，对此戴某某不享有一票否决权。

9. 让与担保权人可以签署为其担保的股东会决议吗？

根据《公司法》第16条第2款的规定，公司为公司股东或者实际控制人提供担保的，必须经股东会或者股东大会决议。第3款规定，前款规定的股东或者受前款规定的实际控制人支配的股东，不得参加前款规定事项的表决。该项表决由出席会议的其他股东所持表决权的过半数通过。因此，如果让与担保权人已经登记为公司备案股东，而股东会决议内容涉及公司以其资产为让与担保权人提供担保的，股东会决议不应由让与担保权人签名，仅由公司其他股东签名即可。例如，张某某与青岛科信投资发展有限公司、青岛天德塘发展有限公司、刘某某股东资格确认纠纷案【山东省青岛市中级人民法院（2019）鲁02民终1640号民事判决书】。法院认为：科信公司主张因张某某当时已为科信公司备案股东，决议内容涉及科信公司以其实际控制的资产为其登记备案的股东提供担保，因此（2003）第17号股东会决议无张某某的签名，仅由科信公司其他股东签名，科信公司的上述主张有相应的法律依据，对该股东会决议（2017）鲁02民再168号生效判决亦依法予以认定,综上,本院对(2003)第17号股东会决议依法予以采信。

10. 让与担保权人是否享有分红权?

股东的盈余分配权,俗称股东分红权,指股东基于公司股东的资格和地位而享有的请求公司向自己分配股利的权利。盈余分配权利是股东固有的一种自益权。一般而言,股东投资设立公司的终极目的是盈利和追求经济利益的最大化。股东对公司事务的参与和管理权是为实现股东的财产权而服务的,是行为权利,而财产权则是目的权利。《公司法》第4条规定:"公司股东依法享有资产收益、参与重大决策和选择管理者等权利。"第35条规定:"股东按照实缴的出资比例分取红利;公司新增资本时,股东有权优先按照实缴的出资比例认缴出资。但是,全体股东约定不按照出资比例分取红利或者不按照出资比例优先认缴出资的除外。"《公司法解释四》第14条规定:"股东提交载明具体分配方案的股东会或者股东大会的有效决议,请求公司分配利润,公司拒绝分配利润且其关于无法执行决议的抗辩理由不成立的,人民法院应当判决公司按照决议载明的具体分配方案向股东分配利润。"第15条规定:"股东未提交载明具体分配方案的股东会或者股东大会决议,请求公司分配利润的,人民法院应当驳回其诉讼请求,但违反法律规定滥用股东权利导致公司不分配利润,给其他股东造成损失的除外。"可见,股东行使分红权须具备两个条件:一是从实体上公司需有实际可供分配的利润。二是从程序上公司的利润分配方案得到股东会或股东大会的通过。在以上两个条件未满足时,股东的盈余分配权只是法律层面的期待权益。那么,让与担保权人是否享有分红权?

有观点认为,在当事人之间没有约定受让人是否可以收取分红的情况下,可以参照适用《民法典》关于质押的规定来处理。具体理由:《民法典》第430条(原《物权法》第213条)规定:"质权人有权收取质押财产的孳息,但是合同另有约定的除外。前款规定的孳息应当先充抵收取孳息的费用。"根据上述规定,质权人有权收取质押财产的孳息,并有义务妥善保管质押财产。现有法律、司法解释中,并未对分红是否属于孳息作出明确规定。但《证券公司股票质押贷款管理办法》第35条第1款明确规定:"质物在质押期间所产生的孳息(包括送股、分红、派息等)随质物一起质押。"参照前述规定,在当事人之间没有约定的情况下,如果将分红认定为是股权的孳息,原则上受让人有权收取。

笔者认为,股权让与担保法律属性就是对主债务的一种担保方式,因此,一般情况下,当事人在主债务合同中会约定在债务清偿期限到期后,债务人应当一次性还本付息。但在实务中,有的债权人为了尽早实现债权,也有可能约定在债务清偿期限届满之前,当目标公司有净利润时,债权人可以按让与担保股权比例享有分红权,或者优先分红权。但这种情况下的分红权仅是当事人之间约定的债权清偿方式,并非公司法意义上股权依法享有的权利。

11. 让与担保权人是否享有股东知情权?

股东知情权,是指股东享有了解和掌握公司经营管理等重要信息的权利,是股东依法行使资产收益、参与重大决策和选择管理者等权利的重要基础。账簿查阅权是股东知情权的重要内容。股东知情权作为平衡大股东与小股东、股东与公司之间利益的基础性权利,既是股东法定的固有权利,也是股东作为公司所有者所享有的基础性权利,股东作为公司的出资人,有权知悉公司的真实经营状况。据此,《公司法》第 33 条第 1 款规定:“股东有权查阅、复制公司章程、股东会会议记录、董事会会议决议、监事会会议决议和财务会计报告。”股东知情权在股东享有的一系列权利中处于基础性地位,这是因为股东出资设立公司目的是获得资产收益,股东的资产受益权依赖于股东在公司经营管理过程中作出正确的决策,而股东行使重大事项决策权、人事任免权等股东权利是以掌握公司相关真实信息为前提的。正因如此,各国公司法普遍赋予了股东知情权,并且规定股东这一知情权不能以公司章程予以剥夺或限制。在股权让与担保法律关系中,让与担保权人能否行使股东知情权?对此,司法观点并不统一。

有的法院认为,股权让与担保实为股权质押,在债权未获清偿之前,质权人作为目标公司股东,有权知悉和了解所质押股权的实际情况。例如,惠州罗浮山帝尊实业有限公司与深圳市彩姿装饰工程有限责任公司股东知情权纠纷案【广东省惠州市中级人民法院(2020)粤13民终9012号民事判决书】。法院认为:根据原、被告双方提供的《还款承诺协议书》《惠州罗浮山帝尊实业有限公司股权转让合同》及《股份代持协议书》,被告已通过上述协议办理了股东身份工商登记变更,修正了公司章程,原告所持有被告公司51%的股份,实质系白鹤公司为被告向案外人林某、陈某借款而提供的股权质押,原告实为债权人即林某、陈某所指定的质权人,在债权未获清偿之前,质权人即原告作为被告公司股东,有权知悉和了解所质押股权的实际情况。且原、被告签订的《还款承诺协议书》亦约定:原告有权派会计进入被告参与财务管理、账目审核等工作,直到被告还清林某、陈某全部借款本息后撤离,被告应给予妥善安排。《公司法》第33条规定:"股东有权查阅、复制公司章程、股东会会议记录、董事会会议决议、监事会会议决议和财务会计报告。股东可以要求查阅公司会计账簿。股东要求查阅公司会计账簿的,应当向公司提出书面请求,说明目的。公司有合理根据认为股东查阅会计账簿有不正当目的,可能损害公司合法利益的,可以拒绝提供查阅,并应当自股东提出书面请求之日起十五日内书面答复股东并说明理由。公司拒绝提供查阅的,股东可以请求人民法院要求公司提供查阅。"原告于2020年6月12日即请求查阅账簿,但被告至2020年8月21日开庭答辩时仍明确表示原告不具备股东资格而拒绝查阅,据此,原告有理由认为其查阅权受到侵害而寻求相应的法律救济途径。在本案中,法院尽管错误地认为股权让与担保的法律属性是股权质押,股权让与担保权人就是质权人。但同时又认为质权人办理了股东身份工商登记变更,修正了公司章程,持有了目标公司一定比例的股权,已经取得了股东资格,有权知悉和了解所质押股权的实际情况。既然是股权质押,又确认质权人取得了股东资格,该判决逻辑显然是混乱和错误的。另外,该案当事人约定债权人有权派会计进入债务人公司参与财务管理、账目审核等工作,直到还清全部借款本息后撤离。这是债权人为保障其债权监管而采取的一种合同性质上的财务知情权,并非公司法意义上的法定的股东知情权,法律并不干涉和禁止。笔者认为,法院如果从当事人的合同意思自治角度判决债权人享有公司财务知情权更为妥当。

笔者认为,股东知情权作为股东的法定权利,其权利存在的前提即是股东身份的存在,无股东身份即无股东知情权。因此大量的股东知情权纠纷在诉讼中都需要首先解决原告是否具有合格的股东身份问题。因让与担保权人仅是形式上持有股权,并未实际获得股东资格,不能行使股东权利,包括不能行使股东知情权。实务中,大部分法院均认为让与担保权人不能行使股东知情权,只不过不同的法院在作出判决时基于的判理角度稍有不同。

有的法院认为,股权让与担保权人不享有股东知情权。例如,吕某某与泉州龙润房地产开发有限公司股东知情权纠纷案【福建省南安市人民法院(2020)闽0583民初1494号民事判决书】。法院认为:2016年8月29日至2018年1月2

日，吕某某系基于让与担保而持有林某某名下龙润房地产公司22%的股权，且吕某某的债权也于2018年1月2日得到清偿，吕某某在此期间不具有股东知情权。2018年1月3日至今，吕某某代林某某持有案涉股权，才具有相应的股东知情权。

有的法院认为，对于行使股东知情权的股东身份的判断，不能仅依据公司工商登记的股东情况作为判断标准，还应当考虑其是否实际作为公司股东行使股东权利。例如，董某某与福州盈兴房地产开发有限公司股东知情权纠纷案【福建省福州市中级人民法院（2018）闽01民终4421号民事判决书】。法院认为：不能仅依据公司工商登记的股东情况作为判断标准，还应当考虑其是否实际作为公司股东行使股东权利。……董某某受让之股权性质系作为其投资之担保……案涉股权转让具有让与担保性质。……应认定董某某并未实际作为盈兴公司股东行使股东权利，其依法不享有股东知情权。

有的法院认为，股权让与担保中的股权转让是担保权人对股权的形式占有，其目的并非实际上成为股东，因此不享有股东知情权。例如，北京多美慈道企业管理有限公司与信阳林志世纪置业有限公司股东知情权纠纷案【河南省信阳市中级人民法院（2020）豫15民终4099号民事判决书】。法院认为：双方当事人真实的意思表示为借款，股权转让及回购系上诉人为保障借款能够顺利回收的一种担保，上诉人对股权的持有为形式上的持有。根据《九民纪要》第71条之规定，本案所涉民事法律行为实际上是让与担保，上诉人与被上诉人的关系则为债权人与债务人的关系，财产在形式上转让到债权人名下，债务人到期清偿债务，债权人将财产返还，债务人到期未清偿债务，则债权人可以对财产拍卖、变卖、折价偿还，但即使到期未清偿债务，债权人仍不能直接取得财产所有权。本案股权转让协议即为上诉人对股权的形式上的占有，其签订股权转让协议及回购协议的目的并非实际上成为股东，而是成功收回借款。因此，上诉人并非实际上的股东，其不享有股东知情权，其诉求不能实现。

12. 让与担保权人是否享有经营管理权？

当股东出现名实分离的情况时，应当综合具体的情况判断投资权益归属。实践中，股权让与担保协议订立后，出让人与受让人之间就股权可能存在不同安排。当事人可能约定出让人仍然实际享有经营权；亦可能出于监管的考虑，约定由受让人在公司中担任一定职务,甚至管理公司事务。不同情形下,股权归属的判断,并非简单的是非题。相较于其他让与担保,股权让与担保的复杂性在于,“股权的内容包括获取经济利益和参与公司经营管理的权利”。对于让与担保人是否享有经营管理权,司法观点不一致。

有的法院认为,股权让与担保权人取得股权并登记为公司股东,合法有效,理应依照《公司法》第4条规定行使公司股东权利。例如,成都安森蒂凡尼教育科技有限公司与杨某某、杨某公司证照返还纠纷案【四川省成都市中级人民法院(2020)川01民终4959号民事判决书】。法院认为:陈某某通过“以让渡股权的方式设定担保”取得安森蒂凡尼公司的股权并登记为公司股东,合法有效,理应依照《公司法》第4条“公司股东依法享有资产收益、参与重大决策和选择管理者等权利”的规定,行使公司股东权利。

有的法院认为,让与担保权人在登记为名义股东期间,可以行使股东权利、参与公司经营管理并分得股权收益。例如,卢某某与左某某股权转让纠纷案【安徽省六安市中级人民法院(2020)皖15民终2619号民事判决书】。法院认为:《关于股权转让协议的补充协议》约定“甲方向乙方所借款项及利息,以乙方所享有的聚城公司55%的股权所得权益冲抵,也可由甲方个人其他款项归还。如果聚城公司55%的股权所得收益,不能完全清偿甲方所借款项及利息,尚未清偿部分仍由甲方清偿”的内容虽赋予卢某某在登记为名义股东期间,行使股东权利、参与公司经营管理并分得股权收益,但此系双方关于借款清偿方式的约定,目的是清偿借款本息,而无否定左某某实际股东身份意思表示。

有的法院认为,让与担保权人被依法登记为股东期间,其依照《公司法》的规定行使股东权利,并不违反法律规定。例如,杨某某与叶某某、四川禾田房地产开发有限责任公司、孟某某股东资格确认纠纷案【四川省眉山市中级人民法院(2018)川14民初12号民事判决书】。法院认为:基于双方之间的股权让与担保关系,股权被转移登记至叶某某名下属双方合意所为,但双方对于在此期间股东权利的行使并无明确约定,在叶某某被依法登记为股东期间,其依照《公司法》的规定行使股东权利,并不违反法律规定,因此杨某某请求认定股东会决议无效请求不成立,不予支持。若杨某某认为叶某某在登记为股东期间行使股东权利的行为侵害了公司及自己的权利,在其偿还完欠付叶某某的款项依法取回案涉股权后可另行主张。

有的法院认为,受让人应当依据诚实信用原则管理目标公司。《物权法》第215条第1款规定:“质权人负有妥善保管质押财产的义务;因保管不善致使质押财产毁损、灭失的,应当承担赔偿责任。”根据前述规定,质权人承担妥善保管质押财产的义务。例如,沈阳利顺通经贸有限公司与九星控股集团有限公司与公司有关的纠纷案【最高人民法院(2018)最高法民申2405号民事裁定书】。最高人民法院认为:股权让与担保交易中的受让人不得滥用股东权利,不得违反诚实信用原则。

笔者对上述观点不敢苟同。在股权让与担保对内关系中,在让与担保交易模式项下,股权权利的享有和权利的行使归属于不同主体。债权人为名义股东,由实际股东享有股东权利。法院在以往案件裁判过程中曾认为即使办理了工商变更登记,债权人依然不是真实股东,不享有股东的真正权利义务,一般情况下,仍由实际股东行使股东权利,债权人仅为名义股东。法院的主流观点认为,当事人双方以担保主债务的清偿为目的,移转股权于担保权人,虽然具有股权转让的权利外观,但公司股权实际仍为设立人所有,担保权人作为登记股东,仅具有对股权财产利益的支配权,一般情况下不应享有公司经营管理权。该观点以当事人间的真实意思表示为基础确认股权的归属具有合理性,但在债权融资语境下,存在公司股东从事高风险经营及侵害公司资产的代理成本问题。债权人具有通过协议安排以参与公司管理、降低信息不对称的需求。对于此种需求的承认,不仅具有降低公司经营风险,保护债权人的积极作用,同时它的制约效果可以为其他债权人、股东和更为宽泛的利益相关者群体带来利益,具有正的外部性。与此同时,为了防范担保权人对公司实际股东经营权的侵蚀,应在法律构成中明确规定,担保权人对公司经营管理权的享有及范围,应严格限于当事人双方的约定,以此兼顾当事人意思自治与制度公平。

股权让与担保实践中,债权人也有可能与目标公司、债务人等主体签署协议,约定债权人享有参与目标公司经营管理、收取分红的权利。尤其是在信托公司(代表信托计划)受让目标公司股权的实践中,这一类约定非常普遍。笔者认为,当事人之间关于受让人享有参与目标公司管理、收取分红等股东权利的约定,是当事人之间的真实意思表示,不违反法律、行政法规的强制性规定,不违反公序良俗,亦不会损害他人的利益,应属有效,并在当事人之间产生约束效力。股权让与担保具有物权效力,物权效力指的是参照适用最相类似的担保物权,享有优先受偿的权利。

实务中,有的法院认为,如果当事人没有约定让与担保权人行使对目标公司的经营管理权,则让与担保权人不享有股权之成员权,也即不享有对目标公司的经营管理权。例如,深圳市悦景江边投资有限公司等与深圳市光耀地产集团有限公司等合同纠纷案【广东省深圳市中级人民法院(2019)粤03民终24052号民事判决书】。法院认为:案涉股权转让实系让与担保,股权变更登记后,光耀集团仍系光耀房地产公司实际股东,悦景公司仅系名义股东,既不享有案涉股权之财产权,亦不享有案涉股权之成员权,而仅就案涉股权享有类似于质押权的优先受偿权。

有的法院从认定股东资格的内外有别原则角度,认为应当探究当事人的真实意思,从而确定让与担保权人享有公司经营管理权。虽然让与担保权人完成了工商变更登记,公司章程中也进行了修改,但其在内部关系中仅取得担保权人的资格和权利,并非公司的实际股东,依法只能对受让的股权进行拍卖变价后的股权价值享有优先受偿权,不能享有股东参与决策等财产权和成员权。例如,郑某某与榕江县天宏置业投资开发有限责任公司等股东资格确认纠纷案【贵州省黔东南苗族侗族自治州中级人民法院(2019)黔26民终2118号民事判决书】。法院认为:虽然郑某某已经完成了工商登记,具备股东的外观,但本案是股东与公司内部发生的纠纷,在股权让与担保中,应当坚持内外有别原则,探究当事人的真实意思,从而确定法律关系的性质。根据本案争议焦点的分析,从2015年8月10日、8月24日两次《股东会决议》确定的内容来看,公司和其他股东对龙某某的让与担保是知晓的。虽然受让人郑某某完成了工商变更登记,公司章程中也进行了修改,但其在内部关系中仅取得担保权人的资格和权利,并非天宏公司的实名股东,依法只能在担保目的范围内行使权利,即郑某某可对受让的25%股权进行拍卖变价后的股权价值享有优先受偿权,不能享有《公司法》规定的股东参与决策等财产权和成员权。

有的法院认为,债权人虽在工商登记中公示为股东,但其仅为名义股东,并非实际股东。有限公司股权权能包含财产权及社员权,而股权让与担保本身仅涉及财产权,不影响实际股东行使社员权利。例如,西藏信托有限公司等与胡雅奇股东资格确认纠纷案【北京市第一中级人民法院(2019)京01民终2736号民事判决书】。

有的法院认为，让与担保权人被登记为公司股东是基于为借款关系提供让与担保，双方之间并不存在以股权交易为目的的共同意思表示。因此，让与担保权人并不享有公司相应的股东权利。例如，林某某与湖南省开元盛世投资有限公司、郴州市旭日东方房地产开发有限公司股东资格确认纠纷案【湖南省郴州市中级人民法院（2019）湘10民终4072号民事判决书】。法院认为：林某某被登记为旭日东方公司股东的原因在于为借款关系提供让与担保，双方之间并不存在以股权交易为目的的共同意思表示。因此，林某某虽然可以登记为旭日东方公司的股东，但是其并不享有旭日东方公司相应的股东权利。本案二审中，开元公司致函本院称林某某不享有的股东权利包括资产收益权、参与重大决策权、选择管理者权、股权回购权、股东代位诉讼权、股东直接诉讼权、公司解散请求权等；林某某有权保持股权登记的现状，禁止开元公司在未经其同意的情况下对外转让股权以及在股权上设立新的抵押或质押等。本院对开元公司上述主张予以认可。

13. 股权让与担保协议排除实际股东参与经营管理的约定有效吗？

有的法院认为，当事人签订排除让与担保人参与公司经营管理协议的真实意思表示是通过让与担保权人的经营管理使目标公司完善资本运作、提高偿债能力，最终偿还债务及回购股权，不违反法律、行政法规的强制性规定，应属合法有效。例如，张某某与董某某质押合同纠纷案【安徽省萧县人民法院（2019）皖1322民初2729号民事判决书】。法院认为：《股权转让合同》《合作协议》及《项目监管协议》同时对曹某某、谭某某作为衡州市场公司真实股东的股东权作出了严格的限制，其中《项目监管协议》7.2约定：如衡州市场公司未达到考核指标，中信信诚公司除有权要求按《合作协议》约定的李某某立即提前支付全部应付未付收购价款外，还可采取包括但不限于更换衡州市场公司法定代表人与管理层、降价出租出售物业、向第三方转让其持有的衡州市场公司股权和债权、征收违约金等措施。18.1约定：经各方协商一致，可以变更本协议的内容，对本协议未尽事宜协议各方可以签署补充协议，变更后的内容或补充协议与本协议具有同等法律效力，如果变更后的内容或补充协议与本协议发生冲突，以变更后的内容或补充协议为准。20.3约定：本合同附件为本合同不可分割的一部分，与本合同具有同等法律效力，本合同附件为：《关于实施“中信信诚·永兴集团股权与债权投资专项资产管理计划”的合作协议》(包括其后续修改及补充)。因此,中信信诚公司获得衡州市场公司的经营管理权的权利来源系《项目监管协议》《合作协议》的约定,《会议纪要》只是对中信信诚公司接管衡州市场公司这一事实的确认。中信信诚公司与曹某某、谭某某签订上述排除曹某某、谭某某参与经营管理协议的真实意思表示是通过中信信诚公司的经营管理使第三人完善资本运作、提高偿债能力最终偿还债务及回购股权,亦不违反法律、行政法规的强制性规定,应属合法有效,对此,曹某某、谭某某并无异议。

14. 让与担保权人违规将股权质押,能否视为其已实际行使了股东权利?

如果让与担保权人明知合同约定不得将让与担保股权对外转让、处置、抵押,仍有意为之,应视为违约行为,其对股权质押的行为不应视为其已实际行使了股东权利。例如,荆州市富怡置业有限公司与余某、武汉治历置业集团有限公司借款合同纠纷案【湖北省荆州市中级人民法院(2017)鄂10民终758号民事判决书】。法院认为:股权回购合同约定股权受让方将股份对外转让、处置、抵押视为股权受让方的违约行为,余某参与的补充协议系在确认上述股权回购合同内容的基础上所签,余某此举有违股权回购合同及补充协议的约定,应视为在履行三方缔结的以股权转让的形式为借款担保的合同的过程中的违约行为,故余某将股权质押的行为不应视为其已实际行使了股东权利,富怡公司此项上诉理由不能成立,本院不予支持。

15. 让与担保权人能否担任法定代表人?

股权让与担保权人被登记为法定代表人时,其是否为公司诉讼代表人?

例如,北京博源工贸有限责任公司与崔某等公司证照返还纠纷案【北京市石景山区人民法院(2019)京0107民初13506号民事判决书】。法院认为:对法定代表人变更事项进行登记,其意义在于向社会公示公司意志代表权的基本状态。根据商事外观主义及公示原则,工商登记的法定代表人对外具有公示效力,对涉及公司以外的善意第三人因公司代表权而产生的外部争议,应基于工商登记商事外观主义和表见代理制度处理。但在股权让与担保前提下,对公司名义股东与实际股东之间因法定代表人任免等产生的公司内部争议,应当以实际股东召开的股东会所产生的任免决议等有效决议文件为准,并在公司内部产生法定代表人变更的法律效力。本案中,仍应以由实际股东组织召开的选举新法定代表人的有效股东会决议为准,新的法定代表人是公司诉讼代表人。公司的股东会为公司的最高权力机关,董事、董事长应当执行股东会的决议。在公司公章缺位或公司内部对意志代表权发生争议时,董事长或董事可以在股东会授权范围内代表公司意志,代表公司参与诉讼,并在起诉状中签名、签署有关授权委托手续。本案中,代表甲公司提起诉讼签署的起诉状及授权委托书等相关诉讼材料的均为胡某。鉴于胡某、曹某作为实际股东,依法享有甲公司股东资格及股东权利。且两位股东作出的股东会决议变更董事、法定代表人为胡某,对公司内部产生法律效力。胡某作为股东会新选任的法定代表人,在股东会授权范围内,针对返还公司公章、执照的问题提起本案诉讼行为,代表甲公司的意志和真实意思表示。

16. 让与担保权人能否保管公司证照?

股权让与担保中的股权转让仅是一种形式转让,并不会导致股权归属发生实质变化,即让与担保权人并非目标公司股东,不应享有公司法规定的股东所享有的参与公司经营、决策、控制、管理及分取红利的股东权利。而公司印章、证照等是公司进行经营、决策、管理的表征,印章、证照管理属于公司管理范畴,让与担保权人并无权利持有公司证照。例如,王某某、山东双创环保集团有限公司与邹平祥诚能源科技有限公司、周某某、泰和融资租赁有限公司股东资格确认纠纷案【山东省滨州市中级人民法院(2020)鲁16民终2202号民事判决书】。法院认为:股权让与担保不会导致股权归属发生实质变化,即周某某、王某某并非祥诚公司股东,也不应享有公司法规定的股东所享有的参与公司经营、决策、控制、管理及分取红利的股东权利。而公司印章、证照等是公司进行经营、决策、管理的表征,印章、证照管理属于公司管理范畴,故原告要求周某某、王某某返还祥诚公司印章、证照,予以支持。被告王某某辩称不应返还印章、证照的抗辩理由,无法律依据不予采纳。

上述案例发生在当事人对债权人掌控目标公司证照没有约定的背景下。实务中,股权让与担保权人为保障其债权实现,除了办理股权变更工商登记外,还会约定在债务清偿之前,由债权人掌控目标公司证照,以达到双重保险,甚至多重保险的担保目的。如果当事人对此情形有约定,则股权让与担保权人掌控目标公司证照是否有效？笔者认为，该约定相当于股权让与担保的一项附随义务，是当事人的真实意思表示，是合法有效的。例如，成都市通荣商贸有限公司与王某公司证照返还纠纷案【四川省成都市中级人民法院(2019)川01民终8573号民事判决书】。法院认为：首先，王某持有公司的公章、法定代表人人名章、营业执照系基于《还款协议书》的约定，而《还款协议书》系王某与案外人曾某某的真实意思表示，合法有效。根据《还款协议书》第4条第14款“乙方(曾某某)还清全部借款后，甲方(王某)同意无条件将双方共同设立的公司公章交还给乙方，将甲方持有的全部股权一次性以1元人民币的价格转让给乙方，法定代表人变更为乙方或乙方指定的第三人，并配合乙方进行公司变更登记”和第5条第4款“甲方应于乙方还清借款之日起15个工作日内办理完成股权变更、公章移交、法定代表人变更等手续”的约定，则王某持有成都通荣公司公章、法定代表人人名章、营业执照系为保障其对曾某某享有的债权，具有担保性质。

17. 公司能否诉求让与担保权人返还公司证照？

在实务中，存在为保障债权实现，债权人与债务人约定由债权人担任公司法定代表人，并暂时掌控与保管目标公司公章、法定代表人人名章、营业执照等证照，在债务清偿后，债权人再将这些证照返还给目标公司。如果目标公司以证照属于公司财产，债权人不是公司股东，无权掌管公司证照为由，要求债权人归还证照时，法院是否支持这一诉求？

笔者认为，公司公章、证照作为公司的合法财产，对外不仅代表公司的意志和表象，更是公司日常经营所必需。公司对公章、证照等所有权，具体体现为股东大会决议、董事会决议或经理决定保管人，由保管人按照公司的规定进行保管和使用。当公司的公章、证照被他人无权控制、占有时，公司的法定代表人可以依据《民法典》和《公司法》的相关规定，要求非法占有人返还。公司印章、证照等作为公司财产和公司经营活动中进行意思表示的手段，公司法定代表人有权进行管理，并可代表公司要求他人返还。对此，有的法院认为，当事人有此类约定时，债权人享有不返还公司印章、证照的抗辩权。例如，成都市通荣商贸有限公司与王某公司证照返还纠纷案【四川省成都市中级人民法院(2019)川01民终8573号民事判决书】。法院认为：根据《还款协议书》第4条第14款的约定，王某归还公章、法定代表人人名章、营业执照系以案外人曾某某还清全部借款为前提，但曾某某确认其并未还清案涉借款。因此，根据《合同法》第 67 条"当事人互负债务，有先后履行顺序，先履行一方未履行的，后履行一方有权拒绝其履行要求。先履行一方履行债务不符合约定的，后履行一方有权拒绝其相应的履行要求"之规定，曾某某未履行完毕其还款义务，则王某享有不返还公司印章、证照的抗辩权。故王某上诉主张其不应向成都通荣公司返还公司公章、法定代表人人名章、营业执照的上诉请求成立，本院予以支持。另外，河北省石家庄市裕华区人民法院生效判决确认王某持有的成都通荣公司 96% 的股权系股权让与担保性质，王某并非成都通荣公司的实际股东。据此，根据《公司法》第 57 条之规定，成都通荣公司实际应为案外人曾某某的一人公司。公司意志体现的是股东的意志，因此，曾某某与王某达成《还款协议书》，将公司公章、法定代表人人名章、营业执照交于王某持有，应视为成都通荣公司同意曾某某与王某的前述约定。故《还款协议书》第 4 条第 3 款的约定对成都通荣公司具有约束力。

但是，如果债权已经得到实现，相关股权让与担保的目的已经得到满足，债权人继续持有公司公章、证照的合法基础不复存在，其继续持有公章、证照将会导致公司的经营活动等无法正常开展，进而可能损害公司的合法权益。在此情况下，目标公司有权随时要求债权人予以返还。例如，北京博源工贸有限责任公司与崔某等公司证照返还纠纷案【北京市石景山区人民法院（2019）京 0107 民初 13506 号民事判决书】。法院认为：本案中，甲公司将印章、证照等文件交由乙公司，其目的系为担保乙公司债权的顺利实现，故在股权让与担保的情况下，胡某作为甲公司的实际股东、新法定代表人，有权掌管公司相关证照。因乙公司就相关的债权已经得到实现，相关股权让与担保的目的已经得到满足，现乙公司未能进一步证实其继续持有甲公司公章、证照的其他合法情形，故其继续持有公章、证照将会导致甲公司的经营活动等无法正常开展，进而可能损害甲公司的合法权益。甲公司虽将涉案公章、证照等交付乙公司，但双方并未明确约定保管期限，甲公司可随时要求乙公司予以返还，现甲公司提出了返还请求，乙公司应当及时归还。

18. 公司召开股东会免除让与担保权人的法定代表人职务时，让与担保权人应否返还公司证照？

即使债权人作为目标公司法定代表人，根据合同约定持有公司证照合法有效，但如果公司其他股东通过召开股东会免除了债权人的法定代表人职务，此时公司还有权要求债权人返还公司证照吗？对此，有的法院认为，债权人掌控公司印章、证照并非基于其系公司法定代表人的身份，而系基于合同约定。因此，即使股东召开股东会并形成有效的股东会决议，罢免了债权人的法定代表人、执行董事的职务，该决议也不影响债权人持有公司印章、证照的权利基础。仍然无权要求债权人返还公司证照。例如，成都市通荣商贸有限公司与王某公司证照返还纠纷案【四川省成都市中级人民法院(2019)川01民终8573号民事判决书】。法院认为：王某持有成都通荣公司公章、法定代表人人名章、营业执照的权利基础，系基于其与案外人曾某某之间的《还款协议书》约定，而成都通荣公司作为曾某某的一人公司，应视为该公司同意以公司公章、法定代表人人名章、营业执照为其股东曾某某的债务提供担保，该行为并不违反《公司法》的规定。据此，王某取得上述印章、证照并非基于其系成都通荣公司法定代表人的身份，而系基于合同约定。因此，即使曾某某召开股东会并形成有效的股东会决议，罢免了王某的法定代表人、执行董事的职务，该决议亦不影响王某持有成都通荣公司前述印章、证照的权利基础。同时，成都通荣公司亦未举证证明《还款协议书》第4条第3款存在法定解除事由。故成都通荣公司依据2018年8月8日《成都通荣公司股东会决议》要求王某返还公司的公章、法定代表人人名章、营业执照的诉讼请求不能成立，本院不予支持。

19. 让与担保权人能否代表公司要求其他股东返还公司印章、证照及撤换法定代表人？

让与担保权人仅是形式上取得股权，并未实际成为公司股东，不能行使股东权利。因此，其不能代表公司要求其他股东返还公司印章、证照及撤换法定代表人。否则，等同于其直接介入和干涉公司的经营管理，已经违背让与担保的基本法理。例如，成都安森蒂凡尼教育科技有限公司与杨某某、杨某公司证照返还纠纷案【四川省成都市中级人民法院(2020)川01民终4959号民事判决书】。法院认为：不论何种担保方式，如抵押权、质权、留置权，其最终目的仍是保障被担保债权能够得到清偿。法律正是基于公平原则，禁止债权人因债权无法得到清偿而直接取得担保标的的所有权，即《物权法》明确规定的“禁止流押条款”“禁止流质条款”。本案中的担保方式虽然是非典型的担保方式，但仍应遵循担保的基本逻辑，债权人应参照抵押权、质权、留置权的实现方式，就担保标的物折价或者以拍卖、变卖该抵押财产所得的价款优先受偿以实现经济目的。而陈某某代表安森蒂凡尼公司要求杨某某、杨某返还公司印章、证照及撤换法定代表人等诉讼请求，等同于直接介入和干涉安森蒂凡尼公司的经营管理，已经违背担保的基本法理，故陈某某不能代表安森蒂凡尼公司要求杨某某、杨某返还公司印章、证照及撤换法定代表人，故对安森蒂凡尼公司的诉讼请求，不予支持。

20. 让与担保权人能否以召开股东会免除法定代表人职务的方式，要求该法定代表人返还公司证照？

让与担保权人虽在工商登记中记载为公司的股东，但仅为名义股东，非实际股东，其可以依约主张担保权利，但无权实施撤换公司法定代表人等直接介入和干涉公司经营管理的行为。其以召开股东会免除法定代表人职务的方式，要求该法定代表人返还公司证照，没有合法依据，法院不予支持。例如，成都安森蒂凡尼教育科技有限公司与杨某某、杨某公司证照返还纠纷案【四川省成都市中级人民法院(2020)川01民终4959号民事判决书】。法院认为：潘某某将其持有的安森蒂凡尼公司股权“转让”给陈某某，系为保障《房屋买卖合同书》的履行，以让与股权的方式向陈某某提供担保，并无公司法意义上股权转让的意思表示，非真正的股权转让。陈某某虽在工商登记中记载为安森蒂凡尼公司的股东，但仅为名义股东，非实际股东，其可以依约主张担保权利，但无权实施撤换公司法定代表人等直接介入和干涉安森蒂凡尼公司经营管理的行为。杨某作为安森蒂凡尼公司登记的法定代表人，合法持有公司印章、证照。安森蒂凡尼公司以“陈某某作为一人股东已决定免去杨某法定代表人职务”为由，要求杨某及杨某某返还公司印章、证照的主张，不能得到支持。故对安森蒂凡尼公司的上诉请求，本院不予支持。

21. 让与担保权人能否以其掌握公司公章为由认定其实际取得股东身份？

让与担保权人根据合同约定掌控公司证照，一般仅是为保障其债权实现而采取的另一种担保措施，并非意味着其实际取得股权和能够行使股东权利。不能因其掌握公司公章为由认定其实际取得股东身份。例如，北京嘉彩华塑科技有限责任公司与北京和祥恒房地产开发有限公司、吴某、刘某某、马某公司决议纠纷案【北京市高级人民法院(2021)京民申1202号民事裁定书】。法院认为:依据《框架协议》的约定,系由嘉华公司指定的销售代理公司负责康斯丹郡项目的销售工作,故嘉彩公司在工商登记的持股期间曾长期持有和祥恒公司证照及公章的行为亦具有合理性,但嘉彩公司提交的现有证据尚不足以证明各方在履行《框架协议》中变更了原来股权让与担保的性质。此外,在刘某某与嘉彩公司均认可其双方之间的《出资转让协议书》并非履行诉争《框架协议》,而是真实股权转让行为的情况下,嘉彩公司以其曾召集并出席股东会等为由,认为其各方在履行诉争《框架协议》过程中变更了原先有担保性质的约定,其从和祥通公司、秦某、任某某、吴某某处受让的和祥恒公司股权亦为真实股权转让行为,其持股期间已实际获得了和祥恒公司经营权及控制权的上诉主张因缺乏充分证据佐证,本院不予支持。

22. 其他股东是否享有优先购买权?

股权转让是公司法赋予股东的一项权利。股权转让包括股东之间的股权转让和股东向股东以外的第三人转让股权的两种形式。其中股东向第三人转让股权的,要受公司法有关规定的限制。依照《公司法》第71条第3款的规定,当股东向股东以外的第三人转让股权时,在同等条件下,其他股东对该股权享有优先购买权。也就是说,在条件相同的前提下,其他股东处于优先于股东之外的第三人购买的地位。

实务中,债权人与债务人签订股权让与担保合同后,一般存在三次"股权转让"情形:第一种情形为债务人向债权人转让股权;第二种情形为在债务清偿后,债权人向债务人回购股权;第三种情形为在债务不能清偿时,债务人经与债权人协商,以股抵债。因股权让与担保也具有"股权转让"的形式要件,似乎存在股东在同等条件下的优先购买权问题。那么,在股权让与担保法律关系中,股权让与担保是否需要经其他股东过半数同意?其他股东对让与担保股权是否享有优先购买权?

有观点认为,根据《法官会议纪要》精神,股权让与担保应参照适用股权质押,而根据《民法典》规定,股权质押时,其他股东对质押股权享有优先购买权。因此,其他股东对让与担保股权享有优先购买权。

实务中,有的法院认为,股权让与担保是以股权质押担保借款,并非股权转让,不需要经其他股东过半数同意。例如,杨某某与戴某某民间借贷纠纷、股权质权纠纷案【江苏省无锡市中级人民法院(2016)苏02民终3107号民事判决书】。法院认为:戴某某抗辩称股东向股东以外的人转让股权依法应当经其他股东过半数的同意,但本案是戴某某以股权质押担保借款、杨某某作为质押权人实现质权的问题,并非股权转让,杨某某主张的也是股权对价而非受让股权,因此公司法的上述规定不影响本案的处理。同理,股权让与担保中,各方当事人真实意思表示仅为股权让与担保,不是股权转让,因此不发生股权转让效力,其他股东对让与担保股权不享有优先购买权。

例如,黄某某与韩某某、昆明亨武经贸有限公司、德宏月明湖房地产开发有限公司股权转让纠纷案【云南省德宏傣族景颇族自治州芒市人民法院(2020)云3103民初1110号民事判决书】。法院认为:二被告及第三人关于本案所涉股权变更登记,系为第三人向亨武公司借款而提供的股权质押、让与担保,并非真实的股权转让关系的答辩意见,符合《九民纪要》第71条的规定,本院予以采纳。同理,被告韩某某在本案中并无转让其名下股权的真实意思表示,故原告关于确认其在同等条件下对被告韩某某名下的股权享有优先购买权的诉讼请求,本院认为,不符合《公司法》中有限责任公司股东在公司股权转让时有优先购买权的规定,故本院不予支持。

例如,陈某与陕西宏润实业集团有限公司股权转让纠纷案【最高人民法院(2017)最高法民再171号民事判决书】。法院认为:2013年3月15日六方签订的《股权转让协议》、两方签订的《协议书》及2013年5月15日四方签订的《备忘录》均表明中贵信托公司向宏润实业公司出借款项并将质押变更登记在王某名下的宏润地产公司75%的股权再次以变更登记的形式质押于中贵信托公司,其目的是宏润实业公司向中贵信托公司再次融资借款。因向中贵信托公司借款没有实现,75%的股权也没有再变更登记至中贵信托公司名下,宏润地产公司75%的股权仍登记在王某名下,不能以此确认王某是受让取得宏润地产公司75%的股权。二审判决以2013年3月15日六方签订的《股权转让协议》中陈某一系列的行为认可了王某持有宏润地产公司股权的合法性,认为陈某知情、系放弃优先购买权,认定2012年1月10日《股东转让出资协议》是宏润实业公司向王某转让股权性质不当,属认定事实错误,本院予以纠正。2012年1月10日《股东转让出资协议》因非各方当事人真实意思表示而不发生股权转让效力,故也不存在侵犯陈某对该股权的优先购买权,陈某认为侵犯其优先购买权的理由不能成立,依法予以驳回。

笔者认为,在公司章程对股权转让未另有特别约定的情况下,对于股权让与担保,在其他股东知晓的情况下,由于股权让与担保只是一种股权担保形式,并非真正的股东变更,即便在登记机关办理股权变更登记需要其他股东出具放弃优先受让权的承诺,其在公司内部也只不过是一种形式,正常情况下,在债务人如期履行债务的情况下,让与担保的股权还是要重新变更登记到转让人的名下,因此,其他股东对该股权的变更登记无权主张优先购买权,不论是股权的让与担保过户,还是股权的回归过户。但是,一旦债权人即名义股东要实现让与担保而处置相应的股权,不论该股权是属于归属性的让与担保(股权真正地归于名义股东),还是属于处置性的让与担保,其他股东基于股权的真实转让而有权主张行使优先购买权,名义股东不得主张其已是登记股东而拒绝其他股东行使优先购买权。如果其他股东并不知晓股权的变更登记是因让与担保而发生,则其他股东对股权的变更登记享有优先购买权,同样,在股权回归之时,股权的让与担保人也不得以股权为让与担保而对抗其他股东的优先购买权。

实务中,还有一种情况就是股权让与担保权人是否对其他股东向股东以外的第三人转让股权享有优先购买权?对此,笔者认为,因股权让与担保权人仅是名义股东,不是实际股东,不能享有股东权利,因此,其对于其他股东向股东以外的第三人转让股权不享有优先购买权。例如,刘某某等与安徽海创投资控股集团有限公司等股权转让合同纠纷案【安徽省高级人民法院(2019)皖民终 11 号民事判决书】。法院认为:因吴某某、王某某、天行健公司并不能认定为墨荷园公司的合法股东,不享有股东权利,故不享有股东优先购买权,也不存在是否知道股权转让条件、是否在法定期限内行使股东优先购买权的问题。

23. 让与担保权人登记为公司唯一股东时,应否遵守一人公司相关规定?

虽然因股权让与担保而登记为公司唯一股东的情况极少,但这种情况在司法实务中也确实存在。根据《公司法》第 57 条第 2 款的规定,一人有限责任公司,是指只有一个自然人股东或者一个法人股东的有限责任公司。传统的公司组织以资本多数决为基础来设立,其基本结构为股东会、董事会、监事会三会并立的体系。而在一人公司中,内部机构基本上处于形同虚设的状态,公司股东会的召集程序、议事规则等资本多数决原则,都因一人股东独享数权而失去意义。

但是,在大多数情况下,一人有限责任公司股东除了享有一般的股东权利外,往往还会兼任执行董事甚至经理职务,相较于一般有限公司因缺乏监管机制而更易引发经营道德风险。鉴于此,司法实务中因股权让与担保而登记为公司唯一股东时,法律对其赋予更为严格的规制,需要严格遵守《公司法》关于一人有限公司的相关规定,应自行承担违反承诺和有关法规而引起的任何法律责任。

例如,深圳市得隆润科技发展有限公司、李某某与物业服务合同纠纷案【广东省深圳市中级人民法院(2021)粤03民终3654号民事判决书】。法院认为:李某某提出其因让与担保登记深圳市得隆润科技发展有限公司股权,仅是名义股东的问题。因李某某在办理工商登记时承诺是深圳市得隆润科技发展有限公司的唯一股东,严格遵守《公司法》关于一人有限公司的相关规定,因违反承诺和有关法规而引起的任何法律责任,自行承担。因此,李某某对外已经确认其是该公司唯一股东,其内部股权让与担保是否成立均不得对抗作为外部善意债权人的被上诉人,对被上诉人没有法律约束力。

24. 债务人将部分股东权利让渡给债权人的约定是否有效?

虽然理论界和司法实践通常不认可让与担保人的实际股东身份,但在约定让与担保人向债权人让渡部分甚至大部分股东权利、债权人自主行使股东权利的情形下,司法实践中原则上仍尊重当事人意思自治,允许当事人对股权如何行使进行自由约定。在此情形下,股东权利让渡给债权人的约定是否有效?股东权利让渡给债权人的约定有效的情形下,债权人与让与担保人两者行使股东权利的法律效力如何确定?

在债权人和让与担保人行使股东权利行为的法律效力认定上,笔者认为,可以借鉴《公司法》及司法实践中对于股权代持项下名义股东与实际股东的法律行为效力的认定方式,对其行为的内外部法律效力进行明确区分。内部法律关系中,债权人与让与担保人之间的约定有效,双方根据约定享有股东权益、承担股东义务和责任;外部法律关系中,债权人以名义股东身份行使股东权利,并应当承担股东对外应负的责任,即使债权人与让与担保人之间存在相反的约定,该等约定亦不得对抗善意的外部第三人,包括不知晓让与担保的公司、公司其他股东或公司债权人等。

25. 办理工商变更登记被记载为股东后，让与担保权人就是股东吗？

转让人将股权变更登记至受让人名下仅具有股权让与担保设定中的权利转移外观，是双方当事人为实现债权及担保债权实现的一种商业目的的自主安排，并不能直接取得股东资格。债权人是否享有完整意义上的股权，还需所担保债权的清偿状态以及让与担保的实现方式而确定。例如，北京金威中嘉科技有限公司、西藏信托有限公司与北京凯智鑫龙投资咨询有限公司股东资格确认纠纷案【北京市第一中级人民法院(2019)京01民终6072号民事判决书】。法院认为：虽然金威公司100%的股权于2011年12月29日变更至西藏信托公司的名下，但此时的变更登记仅具有让与担保设定中的权利转移外观。西藏信托公司享有完整意义上的股权，尚待所担保债权的清偿状态以及让与担保的实现方式来确定。鉴于现无证据表明存在上述事实，因此，凯智公司仍为案涉股权的实际所有人。对凯智公司相应诉请本院予以确认。但需指出的是，凯智公司对案涉股权行使权利应受到债权人西藏信托公司的合理限制；关于西藏信托公司在工商登记仍记载为股东的情况，此系双方为实现债权及特定商业目的的自主安排，该情形不违反法律法规的强制性规定，也属常见的商业交易安排，应尊重当事人的商业判断和权利处分。

26. 股权让与担保中，当事人办理股权工商变更登记的行为是否就是股权转让？

出让人将股权变更登记到受让人名下及签订股权转让协议等行为系股权让与担保约定的履行，而非股权转让行为。例如，虞某某与胡某、曹某甲、曹某乙、贵州山城生态移民发展有限公司质押合同纠纷案【贵州省黔西县人民法院(2018)黔0522民初4934号民事判决书】。法院认为：关于原告将股权变更登记到胡某名下及签订股东出资协议等行为是否属于股权转让行为的问题。因双方当事人均认可系基于《股权质押借款合同》的约定，经山城公司股东曾某、楼某某同意，双方签订《股权转让出资协议》，将原告所持山城公司40%的股份转让给被告胡某，并由被告胡某向原告出具《委托持股证明》。结合《股权质押借款合同》《股权转让出资协议》《委托持股证明》等证据和双方当事人的陈述及被告并未实际向山城公司出资，也未实际向原告交付股权转让款项的情况进行分析判断,原告将股权变更登记到胡某名下及签订股东出资协议等行为系股权让与担保约定的履行,而非股权转让行为。

27.股权让与担保中何时发生“股权转移”?

实务中,股权转让中股权变更的时间节点有三个,分别为“股权转让合同的约定时间”“股东名册记载时间”“工商变更时间”。司法实务中已经将“股东名册记载时间”认定为股权变动时间,但在股权让与担保中,“股权转移”时间节点应为何时?《九民纪要》第8条规定:当事人之间转让有限责任公司股权,受让人以其姓名或者名称已记载于股东名册为由主张其已经取得股权的,人民法院依法予以支持。这表明股权变动的节点可以“记载股东名册”作为标准。为此,有观点认为股权让与担保中的股权变动的节点也应当参照上述规定。

有的法院认为,股权让与担保关系自双方签名之日起已然成立。例如,云南官房腾冲开发有限公司与杨某某质权纠纷案【云南省保山市中级人民法院(2019)云05民终482号民事判决书】。法院认为:杨某某愿意用其在腾冲古茶园旅游开发有限公司拥有的35%的股权为清偿这420万元债务作担保。虽然没有在书面文字上写明,但可以确定在这一担保法律关系中,债权人和担保权人是腾冲古茶园旅游开发有限公司,债务人和担保人是杨某某。由于张某当时是腾冲古茶园旅游开发有限公司的实际控制人——云南官房腾冲开发有限公司的法定代表人,双方的签名就是担保的约定;由于担保物在当时处于双方都明知的“让与担保”的状态,而杨某某在该“情况说明”中既未明确表示本次担保的性质,也未对该担保状态进行改变,应视为本次担保依然是“让与担保”;由于出质登记已在先完成,该担保关系自双方签名之日起已然成立。基于此,原审法院认为“该意思表示没有明确表示用股权变更登记作为担保方式,故该意思表示指向的担保方式应视为法律规定的正常的权利质押的担保形式,现案涉股权登记于被告名下与杨某某的意思表示不符”的观点不能成立;被上诉人提出的该担保违反《公司法》第142条规定的观点也不能成立,因为该条不适用于有限责任公司。

但笔者认为,股权让与担保本身是一种担保物权,具有优先于一般债权人受偿的特征,应当比照股权质押进行工商登记,并以“工商变更登记”作为公示登记要件。对此,刘贵祥专委在《刘贵祥讲话》中认为:如果认为股权让与担保中的受让人享有的是债权，鉴于当事人已经完成了股权变更登记，根据“举重以明轻”的法律解释规则，可以认为完成了股权质押登记。可见，仅就“股权让与担保”而言，“股权转移”的时间节点应以“工商登记”为准。

28. 担保人出资不实，是否影响其股东资格？

按照《公司法》的规定，股东负有向公司缴纳出资的义务，但是《公司法》并未规定缴纳出资是认定公司股东的唯一依据。股东瑕疵出资并不必然否定其股东资格，只会导致股东承担相关出资责任。因此，在股权让与担保中，担保人作出实际股东是否存在出资不到位的事实，并不影响其股东身份。张某甲、张某乙虽然与王某某进行了股权转让的工商变更登记，但是进行此种变更登记的真实目的是保证王某某债权的安全性以及利益的实现，实质上是以此作为2亿元借款的担保而并非使王某某成为该公司的真正股东。关于王某某主张张某甲存在出资不到位情况，无论该事实是否属实，根据《公司法》的规定，并不影响张某甲的股东地位，如双方就此仍有争议，亦可另行解决。而建德公司记账凭证上虽有瑕疵，亦不足以改变本案股权让与担保的性质。据此，张某甲、张某乙要求确认王某某所持有的建德公司90%股权中的77.5%股权归张某甲所有、12.5%股权归张某乙所有的请求本院予以支持。

29. 担保权人以公司对外提供担保，有效吗？

《公司法》第16条规定：“公司向其他企业投资或者为他人提供担保，依照公司章程的规定，由董事会或者股东会、股东大会决议；公司章程对投资或者担保的数额有限额规定的，不得超过规定的限额。公司为公司股东或者实际控制人提供担保的，必须经股东会或者股东大会决议。前款规定的股东或者受前款规定的实际控制人支配的股东，不得参加前款规定事项的表决。该项表决由出席会议的其他股东所持表决权的过半数通过。”《民法典》第504条规定：“法人的法定代表人或者非法人组织的负责人超越权限订立的合同，除相对人知道或者应当知道其超越权限外，该代表行为有效，订立的合同对法人或者非法人组织发生效力。”根据上述规定，在公司为他人提供担保这一可能影响股东利益的场合，立法规定了公司机关决议前置程序以限制法定代表人的代表权限。在公司内部，为他人提供担保的事项并非法定代表人所能单独决定，其决定权限交由公司章程自治:要么是由公司股东决定,要么是委诸商业判断原则由董事会集体讨论决定;在为公司股东或实际控制人提供担保的场合,则必须交由公司其他股东决定。这种以决议前置的方式限制法定代表人担保权限的立法安排,其规范意旨在于确保该担保行为符合公司的意思,不损害公司、股东的利益。对法定代表人超越法律、章程规定实施的越权担保行为,只有在相对人善意无过失的情况下,该担保合同的效果才归属于公司。例如,厦门元华资产管理有限公司、林某民间借贷纠纷案【最高人民法院(2017)最高法民再210号民事判决书】。法院认为:关于林某某以元华资产公司的名义为案涉借款提供担保的行为效果是否应当由该公司承受的问题。《民法通则》第38条、第43条规定:依照法律或者法人组织章程规定,代表法人行使职权的负责人,是法人的法定代表人;企业法人对它的法定代表人和其他工作人员的经营活动,承担民事责任。《公司法》第16条规定:公司向其他企业投资或者为他人提供担保,依照公司章程的规定,由董事会或者股东会、股东大会决议;公司章程对投资或者担保的数额有限额规定的,不得超过规定的限额。公司为公司股东或者实际控制人提供担保的,必须经股东会或者股东大会决议。前款规定的股东或者受前款规定的实际控制人支配的股东,不得参加前款规定事项的表决。该项表决由出席会议的其他股东所持表决权的过半数通过。《合同法》第50条规定:法人或者其他组织的法定代表人、负责人超越权限订立的合同,除相对人知道或应当知道其超越权限的以外,该代表行为有效。根据上述规定,在公司为他人提供担保这一可能影响股东利益的场合,立法规定了公司机关决议前置程序以限制法定代表人的代表权限。在公司内部,为他人提供担保的事项并非法定代表人所能单独决定的,其决定权限交由公司章程自治:要么是由公司股东决定,要么是委诸商业判断原则由董事会集体讨论决定;在为公司股东或实际控制人提供担保的场合,则必须交由公司其他股东决定。这种以决议前置的方式限制法定代表人担保权限的立法安排,其规范意旨在于确保该担保行为符合公司的意思,不损害公司、股东的利益。对法定代表人超越法律、章程规定实施的越权担保行为,只有在相对人善意无过失的情况下,该担保合同的效果才归属于公司。

根据法院再审查明的事实,在讼争《债权债务确认书》签署之时,在元华资产公司工商登记档案中记名的股东为洪某某和林某某,其中洪某某持有公司90%的股权,林某某持有公司10%的股权,并担任公司的法定代表人。但根据

2014年1月29日泛华公司和林某某出具《承诺函》所载明的内容，泛华公司和林某某向洪某某借款8000万元用于成立元华资产公司和元华投资公司并用该笔资金购买商业地产，为保障洪某某出借款项8000万元本金及利息的安全，三方商定将元华资产公司和元华投资公司90%的股权暂由洪某某代持，若泛华公司和林某某未按时支付本金及利息，洪某某有权处理其持有的公司股权。由此可见，元华资产公司设立时的股东出资，系泛华公司和林某某向洪某某借贷而来，洪某某之所以能够登记成为元华资产公司持股90%的股东，是泛华公司和林某某将该部分股权作为借款担保手段的结果，其目的是担保洪某某出借资金本息的债权实现，洪某某的真实法律地位，是泛华公司和林某某的债权人。该《承诺函》所体现的借款、担保法律关系是当事人的真实意思表示，除利率约定超过法定限制之外，其余内容并不违反法律、行政法规的强制性规定，根据《民法通则》第60条关于“民事行为部分无效，不影响其他部分的效力的，其他部分仍然有效”的规定，依法应当认定泛华公司、林某某与洪某某之间的借款关系以及股权让与担保关系合法有效，在案涉《债权债务确认书》签署之时，洪某某通过让与担保的方式获得元华资产公司90%的股权，其目的在于保证自身的借款安全，如果允许林某某不经其同意即以公司资产对外提供担保，可能损及担保财产的价值，从而导致该担保目的不能实现。本案中，元华资产公司将林某某变更为公司法定代表人是基于购买指定楼盘的特定目的，且明确约定签订商品房买卖合同后一周内即应将法定代表人重新变更为洪某某。在此期间，林某某私刻印章、以公司名义为其父林某甲的个人债务提供担保，该行为超出了其担任法定代表人的特定目的范围，违反《公司法》第16条的规定，应当认定该担保行为系越权行为，亦系故意损害洪某某利益的侵权行为。

30. 公司能否诉求确认让与担保权人不具有股东资格？

《公司法解释三》第22条规定：当事人向人民法院起诉请求确认其股东资格的，应当以公司为被告，与案件争议股权有利害关系的人作为第三人参加诉讼。公司的诉讼地位应当是被告。根据《民事诉讼法》第119条之规定，原告必须是与本案有直接利害关系的公民、法人和其他组织。在股权让与担保纠纷中，发生让与担保权人同让与担保人之间关于股权归属的争议时，公司同让与担保权人间没有直接的利害关系。因此，公司没有权利诉求确认让与担保权人不具有股东资格。

例如，四川鑫旺房地产开发有限公司与李某某、李某甲股东资格确认纠纷案【四川省南充市中级人民法院(2020)川13民终2644号民事裁定书】。法院认为：本案中，鑫旺房产公司以李某某通过让与担保的方式取得了鑫旺房产公司的显名股东资格，其本身争议的是用于担保的股权归属问题，即担保股权抵押权人与抵押人之间关于股权归属的争议。对于公司而言，该争议是与公司没有利害关系的第三人与公司股东间的争议。公司与股东间对股权归属没有诉争利益。根据《民事诉讼法》第119条之规定，原告必须是与本案有直接利害关系的公民、法人和其他组织。本案中的原告是鑫旺房产公司，被告是记名股东，他们间没有直接的利害关系。故本案鑫旺房产公司作为原告请求被告李某某不具有股东资格不符合公司法及诉讼法的规定。

31. 让与担保人请求确认股东资格确认纠纷中能否申请股权变更登记？

股权让与担保纠纷中，出让人要求受让人返还股权、将股权变更登记至自己名下并愿意重新办理股权质押登记手续，实质是要求将股权让与担保方式变更为正常的股权质押担保方式。该股权是否应返还或用于偿还债务应属主债务合同纠纷处理范围，不属于股东资格确认纠纷案件审查范围，出让人的该诉求不予支持。例如，黄某某、张甲、防城港市湛港房地产开发有限公司与张乙股东资格确认纠纷案【广西壮族自治区防城港市中级人民法院(2020)桂06民终1386号民事判决书】。法院认为：对张乙要求张甲返还湛港公司37.5%的股权问题，因本院已认定张乙将股权变更至张甲名下实际是让与担保行为，张甲名下37.5%的股权仍为张乙所有，现张乙要求张甲返还股权、将股权变更登记至自己名下并愿意重新办理股权质押登记手续，其实质是要求将股权让与担保方式变更为正常的股权质押担保方式。本院认为，既然张乙将股权变更至张甲名下属于让与担保行为，该股权是否应返还或用于偿还债务应属借款合同、股权质押合同法律关系处理范围，而本案属股东资格确认纠纷，张乙要求张甲返还其已用于质押的股权问题不属本案审查范围，该问题应待各方当事人在借款合同关系中进行处理。故本院对张乙要求张甲返还湛港公司37.5%的股权并办理股权变更登记、股权质押登记不予支持。一审法院将本案股东资格确认纠纷与借款合同纠纷部分事实合并处理，属适用法律错误，本院予以纠正。

32. 让与担保人在股东资格确认案中能否诉请公司签发出资证明书,并将其记载于股东名册?

根据《公司法》第31条第1款的规定,作为实际股东的担保人有权要求公司签发出资证明书,并将其记载于股东名册。例如,黄某某、张甲、防城港市湛港房地产开发有限公司与张乙股东资格确认纠纷案【广西壮族自治区防城港市中级人民法院(2020)桂06民终1386号民事判决书】。法院认为:因本院已确认张乙享有湛港公司37.5%的股权,根据《公司法》第31条第1款"有限责任公司成立后,应当向股东签发出资证明书"、第32条"有限责任公司应当置备股东名册,记载下列事项:(一)股东的姓名或者名称及住所;(二)股东的出资额;(三)出资证明书编号。记载于股东名册的股东,可以依股东名册主张行使股东权利。公司应当将股东的姓名或者名称向公司登记机关登记;登记事项发生变更的,应当办理变更登记。未经登记或者变更登记的,不得对抗第三人"的规定,张乙要求湛港公司签发出资证明书,并将其记载于股东名册有事实和法律依据,一审法院对此予以支持正确,本院予以维持。

33. 让与担保人能否诉求法院确认让与担保权人不具有目标公司股东资格?

在股权让与担保中,让与担保权人仅是名义股东,并不享有股东权利。因此,有的法院受理让与担保人的股东资格消极确认之诉,判决让与担保权人不享有对目标公司的资产收益、参与重大决策和选择管理者等股东的权利。例如,融某与钱某、宁夏蓝天房地产开发有限责任公司股权转让纠纷案【宁夏回族自治区银川市中级人民法院(2020)宁01民终2390号民事判决书】。法院认为:钱某将其所持蓝天房地产公司的股权转让给融金汇达北京公司,其目的是为维农生物公司在融信投资中心处的借款提供担保,属于股权让与担保行为。根据融金汇达北京公司在庭审中的陈述及(2018)京03民初1号案件的审理情况,能够确定蓝天房地产公司的原股东薛某、王某某对钱某的该股权让与担保行为知情,对蓝天房地产公司内部而言,原股东均知晓融金汇达北京公司系通过设定让与担保的方式获得了蓝天房地产公司的股权。融金汇达北京公司作为蓝天房地产公司的名义股东,其并不享有股东对股权的财产权和成员权,不能行使参与公司决策及经营管理、选任管理者、分取红利等股东的权利。故对钱某的第二项诉讼请求,予以支持。依照《公司法》第 4 条规定,判决:被告融某不享有对被告蓝天房地产公司的资产收益、参与重大决策和选择管理者等股东的权利。

甚至,有的法院在股权让与担保借款纠纷案中,可以判决确认第三人不具有目标公司的股东资格。例如,张某某与石家庄东天门旅游开发有限责任公司、冯某某、石家庄中海融投资有限公司股东资格确认纠纷案【河北省井陉县人民法院(2019)冀 0121 民初 1302 号民事判决书】。法院认为:原告与第三人冯某某实为股权让与担保借款的法律关系,第三人冯某某不具有被告石家庄东天门旅游有限公司的股东资格。综上所述,依照《公司法》第 32 条、第 37 条和《担保法》第 40 条、第 66 条之规定,判决如下:确认第三人冯某某不具有被告石家庄东天门旅游有限公司的股东资格。

34. 担保人能否诉求法院确认担保权人持有的股权为其所有?

股权让与担保中,股权转让仅是对借款债权的担保,当事人之间并没有股权转让的真实意思表示。让与担保权人虽在工商登记中记载为股东,但仅为名义股东,而非实际股东。其仅可以就作为担保的股权主张优先受偿权,但不能就此取得股权。在当事人之间就股权归属发生纠纷时,转让人可以提起股东资格确认之诉,请求确认担保权人持有的股权为担保人所有。例如,李某与叶某某、东莞市樟山水美实业投资有限公司、欧阳某某股权转让纠纷案【广东省东莞市第三人民法院(2018)粤 1973 民初 20658 号民事判决书】。法院认为:结合本案现有证据判断,李某与叶某某并没有股权转让的真实意思表示,李某将其持有的樟山水美公司 51% 的股权转让给叶某某系作为樟山水美公司向叶某某借款的担保。此种通过转让标的物所有权来担保债权实现的方式属于非典型担保中的让与担保。该担保系当事人真实意思表示,未违反法律及行政法规的强制性规定,不损害社会公共利益,未违背公序良俗,亦不损害第三人的利益,合法有效。叶某某虽在工商登记中记载为樟山水美公司的股东,但仅为名义股东,而非实际股东。叶某某作为债权人,可以适当的方式就作为担保的股权主张权利,以担保其债权的实现,但不能就此取得案涉股权。本院依法确认叶某某所持有的樟山水美公司 51% 股权的实际所有权人仍为原持有股东李某。故对李某要求确认叶某某持有的樟山水美公司 51% 的股权为李某所有的请求,本院予以支持。

有的法院认为,由于股权转让协议实质是对债务的让与性担保,根据让与担保的性质,该部分股权的名义持有人不是实际股东,不能享有实际股东的实体性权利,该让与担保股权仍然归属于转让人,因此,判决支持转让人请求确认其仍为股权实际所有人的主张。例如,唐某与潘某某、广西贺州生生资产经营有限公司股东资格确认纠纷案【广西壮族自治区贺州市中级人民法院(2020)桂11民终1100号民事判决书】。法院认为:本案中,生生公司依照案外人百桂公司与隆门公司签订的借款协议和潘某某与唐某签订的《广西贺州生生资产经营有限公司股权转让协议》的约定到工商行政管理部门将潘某某持有生生公司股权中的51%变更登记到了唐某名下。虽然唐某登记为持有生生公司51%股权的股东,但是唐某既未支付过股权转让款也未实际参与生生公司的经营管理。由于股权转让协议实质是对债务的让与性担保,根据让与担保的性质,该部分股权的名义持有人唐某实际上不是实际股东,不能享有生生公司实际股东的实体性权利,该让与担保的51%股权的实际股东仍然是潘某某。因此,潘某某提出请求确认其仍为生生公司85%股权实际股东的主张中涉及上述51%股权实际股东的主张,具有事实根据和法律依据,本院予以支持。

有的法院认为,股权让与担保中,担保权人并非公司真正股东,其持有的股权属于担保人,担保人要求确认其股东身份,并要求确认其享有股权的诉讼请求应予支持。例如,杜某与成都建宁置业有限公司、薛某某股东资格确认纠纷案【四川省大邑县人民法院(2020)川0129民初95号民事判决书】。法院认为:建宁公司与薛某某之间存在民间借贷关系,薛某某持有建宁公司47%的股权系建宁公司用其股东持有的股权进行的股权让与担保,各方对此均无异议,故薛某某并非建宁公司真正股东。从查明的事实来看,薛某某持有的47%股权中20%股权属于本案原告杜某,本院对原告要求确认其股东身份,并要求确认其享有建宁公司20%股权的诉讼请求,依法予以支持。

35. 担保人能否诉求法院否定担保权人名义股东身份?

有的法院认为,让与担保的法律构造决定了让与担保权人虽然依据股权转让协议在工商登记中公示为股东,但仅为名义股东,并非实际股东。股权转让人并不因此完全丧失股东身份,仍为目标公司的实际股东并行使相应的股东权利,而让与担保权人作为名义股东,其权利的行使应受到实际股东权利的合理限制。

至于担保权人在工商登记仍记载为股东的情况，系双方为实现债权担保及特定商业目的自主安排，名义股东与实际股东并存之情形并不违反公共利益及法律、行政强制性规范，也符合常见的商业惯例，应尊重当事人的商业判断和权利处分，因此，对于担保人诉求法院否定担保权人名义股东身份的主张不支持。例如，西藏信托有限公司与胡某某、北京博源工贸有限责任公司股东资格确认纠纷案【北京市第一中级人民法院(2019)京01民终2736号民事判决书】。法院认为：股权让与担保的法律构造为，债务人将股权转移至债权人名下，债务清偿后，股权应返还债务人；债务人履行不能时，债权人可就股权变价并经过债务清算后受偿。因此本案第三人依据股权转让协议在工商登记中公示为股东，但相关记载应为名义股东性质，并非实际股东。有限公司股权权能中包含股权及社员权，而股权让与担保本身仅涉及其中的股权部分，不应影响实际股东社员权利的行使。原告并不因此完全丧失股东身份，故本案原告仍为博源公司的实际股东并行使相应的股东权利，而第三人作为名义股东，其权利的行使应受到实际股东权利的合理限制。关于第三人在工商登记仍记载为股东的情况，系双方为实现债权担保及特定商业目的自主安排，名义股东与实际股东并存之情形并不违反公共利益及法律、行政强制性规范，也符合常见的商业惯例，故应尊重当事人的商业判断和权利处分，对于原告要求否定第三人名义股东身份的主张本院不予支持。

36. 股权让与担保合同未履行时，债权人是否有权要求偿还借款？

股权让与担保未实际履行时，债权人有权依据主债务合同向债务人主张偿还借款。例如，卞某某与深圳市英博五金塑胶有限公司、龚某某民间借贷纠纷案【广东省深圳市中级人民法院(2018)粤03民终26225号民事判决书】。法院认为：从《股份抵押代持合同》的内容来看，龚某某是将《模具生产注塑厂战略合伙创业协议书(决案)》中持有的40%的股份抵押给卞某某，抵押后不再偿还英博公司之前的借款，但该协议中明确了股份回购的期限、条件，表明该合同实质是债务人与债权人约定，将财产形式上转让至债权人名下，债务人到期清偿债务，债权人将该财产返还给债务人的情形，属于股权让与担保，是《借款协议书》的从合同。因龚某某、英博公司没有证据证明其已将股份从形式上转让至卞某某名下，因此《股份抵押代持合同》并未实际履行，卞某某作为债权人，有权依据主合同《借款协议书》向英博公司主张借款。

第七章　股权让与担保实现

在股权让与担保中，当事人签订的股权转让协议并不产生转让股权法律后果的意思表示，其目的是通过股权的转让实现对主债权合同项下债权的担保，因此，履行期限届满后，债务人履行债务的，就涉及让与担保股权回转问题；债务人未履行债务的，就涉及让与人承担担保责任的问题，也就是股权清算问题。例如，张某与南京金榜麒麟家居股份有限公司、陈某、陶某某担保合同纠纷案【江苏省南京市中级人民法院(2017)苏01民终8741号民事判决书】。法院认为：该让与担保协议是双方当事人真实意思表示，且未违反法律和行政法规的规定，在双方当事人之间应当有效。当事人均应按协议履行，即如果担保债务得以清偿，那么受让人应该将股权返还给让与人；如果债务未能按约清偿，受让人可以要求让与人承担担保的责任。再如，深圳市奕之帆贸易有限公司、侯某某与深圳兆邦基集团有限公司等合同纠纷案【最高人民法院(2018)最高法民终751号民事判决书】。法院认为：本案当事人在4.25《股权担保协议》中明确约定了清算条款，即经结算如奕之帆公司完全履行了偿还和支付义务，则奕之帆公司可要求归还30%股权；如未能履行偿还和支付义务或由兆邦基公司代偿，兆邦基公司可要求以奕之帆公司在鲤鱼门公司中所占的30%股权所对应的权益份额(依股权比例可分得的房地产物业)来抵偿，具体抵偿方式为评估所得的市场销售价格的90%。

股权让与担保回转及清算的适用条件、法律后果等均不相同，有必要分述之。

一、让与担保股权回转

担保权人取得股权仅为保障债权实现，并非股权转让交易。在债务人按期、足额清偿债务后，债权人的债权得以清偿，股权担保目的已经实现，债权人继续持有股权不再有合法依据,且债务人也会提出股权回转的要求。因此,债权人往往会无偿或以极低价格将股权再转让给债务人或其指定的第三人。实务中,也存在当事人约定以与主债务数额相同价格回购股权条款,使让与股权在债务清偿后得以回转的情形。可见,债务得以清偿或满足合同约定的回购条件是股权回转的前提条件。对此,《九民纪要》第 71 条第 1 款规定:债务人或者第三人与债权人订立合同,约定将财产形式上转让至债权人名下,债务人到期清偿债务,债权人将该财产返还给债务人或第三人,债务人到期没有清偿债务,债权人可以对财产拍卖、变卖、折价偿还债权的,人民法院应当认定合同有效。

有的法院认为,当担保债务得到清偿或未得到清偿时,当事人均可依据合同约定情形主张自己的权利。若让与人向受让人主张股权返还,则其主张能否得到支持,要看担保债务是否已经清偿完毕。例如,张某与南京金榜麒麟家居股份有限公司、陈某、陶某某担保合同纠纷案【江苏省南京市中级人民法院(2017)苏01 民终 8741 号民事判决书】。法院认为:由于张某与金榜公司签订的让与担保协议真实有效,因此,当担保协议担保债务得到清偿或未得到清偿时,合同双方当事人均可依出现的合同约定的事实情形来主张自己的权利。本案中金榜公司以担保债务已经得到清偿为由,向张某主张股权返还,该主张的依据是让与担保协议约定的范畴,其诉权应该依法保障,至于其主张能否得到支持,还要看担保债务是否已经清偿完毕。

有的法院认为,如果债权已经清偿,则担保人有权要求担保权人将登记在其名下的股权转移登记至债务人或其指定的第三人名下,且目标公司及其他股东亦应予以配合办理股权工商变更登记手续。例如,伦某某、孟某某、无锡茜娃物流发展有限公司与方某某、何某请求变更公司登记纠纷案【江苏省无锡市中级人民法院(2021)苏02 民终 404 号民事判决书】。法院认为:本案中,伦某某、方某某、孟某某、何某签订的《协议书》约定将何某持有的茜娃公司 40% 的股权转移登记至孟某某名下,作为伦某某对方某某借款债权的担保,系股权让与担保的约定。债务人方某某到期清偿债务的,孟某某应将 40% 的股权回转至方某某或方某某指定的代持人名下。方某某为证明其已经归还借款本金及利息,向法院提供了转账凭证及代付说明,能够证明其已经履行了归还借款及利息的义务。……综上,案涉借款债权已经清偿,方某某有权要求孟某某将登记在其名下的茜娃公司 40% 的股权转移登记至方某某指定的代持人何某名下,茜娃公司系案涉股权的目标公司,伦某某系茜娃公司的股东,亦应予以配合办理股权工商变更登记手续。

有的法院认为,股权让与担保的设立应在债务履行期限届满之前,但就让与担保的实现问题,参照《民法典》第386条的规定则需要满足债务人不履行到期债务或者发生当事人约定的实现权利的情形等条件。例如,深圳市奕之帆贸易有限公司、侯某某与深圳兆邦基集团有限公司等合同纠纷案【最高人民法院(2018)最高法民终751号民事判决书】。法院认为:《股权担保协议》约定,在目标项目全面竣工验收、初始登记并具备分割办理产权登记条件时,为奕之帆公司各项偿还和支付义务的最后结算期;但在项目建设期间,如评估显示奕之帆公司对目标项目30%的权益不足以清偿相关债务并履行支付义务的,则奕之帆公司应向兆邦基公司转让其所持股权,并由后者代为清偿相应数额债务。由此可见,根据《股权担保协议》的约定,奕之帆公司30%的股权对应的权益不足以清偿相关债务,即成为兆邦基公司行使让与担保权利的约定条件。事实上,双方也是在该约定条件成就之时,签订《协议书》具体实现了案涉让与担保权利。故,奕之帆公司等对案外人两笔借款债务未到期的事实,并不妨碍奕之帆公司与兆邦基公司签订的具体实现让与担保权利之《协议书》的效力。

实务中,也存在当事人并非仅约定借款本息清偿作为股权回转的条件,也可能还同时约定股权回转的其他条件,在此情况下,应当尊重当事人的约定。只有在所有条件都具备时,才发生股权回转的情形。例如,逄某甲、逄某乙、青岛海山瑞合置业有限公司与青岛郁士万山房地产开发有限公司、青岛建安控股集团有限公司合同纠纷案【最高人民法院(2018)最高法民终844号民事判决书】。法院认为:根据合同约定,各方当事人在《借款合同》中明确作出特别约定,如海山公司取得项目土地,则郁士万山公司向逄某甲偿还全部借款本金和利息后,逄某甲和逄某乙将其持有的海山公司100%的股权无偿转让给郁士万山公司,并协助郁士万山公司办理相应的工商变更登记手续。此后郁士万山公司又承诺承担土地溢价款。由此可见,逄某甲和逄某乙将其持有的海山公司股权无偿转让给郁士万山公司的前提条件有二,其一为海山公司取得项目土地,其二为郁士万山公司向逄某甲偿还全部借款本金和利息,并且承担土地溢价款。从本案查明的事实可知,海山公司虽已于2015年4月实际取得案涉地块的使用权,但郁士万山公司并未履行全部还本付息的合同义务,亦未支付土地溢价款,故相应地,逄某甲、逄某乙无偿向郁士万山公司转让股权的前提条件尚未成就。郁士万山公司理应先行偿付合同约定的7000万元借款及利息。在无证据表明郁士万山公司已经清偿案涉借款本息之前,逄某甲、逄某乙拒绝其履行无偿转让股权的请求有相应合同及法律依据,逄某甲、逄某乙、海山公司的该项上诉主张应予以支持。

如果债务已到期且未能清偿,担保人要求担保权人将担保股权返还至担保人名下,难以得到法院的支持。例如,蔡某某、黄某某与吴某某、何某某确认合同无效纠纷案【江西省南昌市中级人民法院(2015)洪民二初字第587号民事判决书】。法院认为:在原告蔡某某、黄某某明确约定以转让股权的形式担保债务的履行,而该债务已到期且其未能清偿的情形下,原告蔡某某、黄某某主张被告吴某某协助办理原告质押的松柏公司股份变更返还给原告蔡某某名下,与当事人的约定相悖,且无法律依据,本院不予支持。

而且,债务人未能及时偿还债务时,也会丧失合同约定的股权回购权。例如,港丰集团有限公司与深圳市国融投资控股有限公司、长城融资担保有限公司等合同纠纷案【最高人民法院(2016)最高法民申1689号民事裁定书】。法院认为:本案中,港丰集团公司一方未能及时偿还长城担保公司、国融公司的债权,港丰集团公司并未依据《股权及债权重组协议书》中约定的条件行使股权回购权,因此,其丧失了合同约定的股权回购权。

需要强调的是,根据法律"禁止流质"的原则,股权让与担保中被登记为"股东"的债权人不能直接取得股权。只有当债务清偿以后,才应将股权过户回转给债务人。例如,成某某与胡某某、江苏春辉生态农林股份有限公司、山东大地肉牛清真食品股份有限公司股权转让纠纷案【山东省高级人民法院(2019)鲁民申1993号民事裁定书】。法院认为:应认定双方之间构成了股权让与担保,被登记为"股东"的债权人禁止直接取得股权,因此,原判决对胡某某关于双方之间存在股权买卖合同的主张不予采信,并无不当。当债务清偿以后,双方应当将股权过户回转。

实务中,大部分法院也是以债务是否得到清偿作为认定债务人是否有权要求债权人返还股权的条件和依据,只不过法院判理依据和逻辑不同而已。

有的法院认为,股权让与担保虽是担保合同纠纷,但借款合同的履行情况即借款合同确定的债务是否已经清偿,是本案必须要查明的事实,是双方当事人能否按让与担保合同主张自己权利的前提和依据。例如,张某与南京金榜麒麟家居股份有限公司、陈某、陶某某担保合同纠纷案【江苏省南京市中级人民法院(2017)苏01民终8741号民事判决书】。法院认为：让与担保合同是主借款合同的从合同，担保合同的履行必须依借款合同的履行来确定。主借款合同的履行情况是担保合同作为从合同履行的前提和依据，当借款合同确定的借款没有实际支付或者债务已经清偿完毕，担保人可以依借款合同的履行情况提出让与担保合同履行的抗辩；当借款合同确定的借款实际支付或债务未清偿完毕时，担保权人可以依借款合同的履行情况行使让与担保合同确定的权利。可以看出，不管是让与合同担保人还是担保权人，在履行让与担保合同确定的权利和义务时，均需要以借款合同的履行情况为依据。因此本案虽是担保合同纠纷，但借款合同的履行情况即借款合同确定的债务是否已经清偿，是本案必须要查明的事实，是双方当事人能否按让与担保合同主张自己权利的前提和依据。

有的法院认为，债权得以实现时，债务人作为股权的实际所有人，有权要求债权人返还股权。例如，吴某、胡某某、邢某某与新沂市通城商业有限公司股权转让纠纷案【江苏省徐州市中级人民法院(2016)苏03民终6281号民事判决书】。法院认为：办理股权过户登记手续为借款提供担保，债务清偿后，通城公司有权要求吴某等人返还股权。令天下公司被拆迁，邢某某作为令天下公司的法定代表人于2015年4月24日领取拆迁补偿款200万元，吴某等人所借款项70万元的本息低于200万元，吴某的债权在胡某某向其支付借款时已得到实现，故吴某、邢某某、胡某某的债权已实际得到实现，吴某、胡某某、邢某某应返还股权。通城公司作为令天下公司股权的实际所有人要求吴某、邢某某、胡某某返还股权的主张成立，予以支持。

有的法院认为，在股权让与担保中，当事人双方没有约定合同解除后股权处置问题时，待债务人清偿债务后，债权人应将其持有的股权回转给债务人。例如，徐某某与福建世纪金福投资有限公司等借款合同纠纷案【福建省福州市中级人民法院(2014)榕民初字第1900号民事判决书】。本院认为：双方在案涉合同中未约定合同解除后案涉股权应如何处置，因案涉股权系通过转让的方式发挥担保作用，且依照案涉合同关于被告金福公司应兑现收益后原告才有义务向被告庄某某回转股权的约定，当事人真实意思在于被告金福公司履行债务完毕后，原告才有义务回转股权，且原告只有待被告付清款项后回转案涉股权，该股权才能发挥担保作用。因此，待被告金福公司付清上述款项后，原告徐某某应将其持有的金福公司35%的股权回转给被告庄某某。

有的法院进一步认为,债务清偿后,担保权人有义务返还让与股权,具体是指将股权变更登记至债务人名下。如果担保权人拒绝履行变更登记,则担保权人构成违约。例如,陶某某与嘉鹏置地集团有限公司等与公司有关的纠纷案【广西壮族自治区柳州市中级人民法院(2018)桂02民终1579号民事判决书】。法院认为:官塘公司履行了《协议书》中约定的偿还陶某某6000万元借款的全部利息和部分本金的义务(《协议书》载明,截至2015年11月15日,尚欠本金为人民币6000万元,尚欠利息为人民币17,921,886元)。根据《协议书》第4条"按照本协议的约定,将上述6000万元款项转至乙方指定的上述收款账户后,乙方承诺在收款后办理完成如下股权和法定代表人变更事宜:乙方陶某某将其持有的'嘉鹏置地集团柳州投资有限公司的全部股权(占比70%)'变更登记到'嘉鹏置地集团有限公司'名下"的约定,陶某某理应按协议的约定将其登记持有的嘉鹏柳投公司的70%的股权变更登记到嘉鹏公司名下,陶某某拒绝履行该变更登记的行为属违约行为,嘉鹏公司诉请陶某某返还该股权的证据充分,理由成立。

当然,如果债务没有清偿,则未经债权人同意,债务人难以要求股权回转。例如,李某某与韩某某、长春利普顿集团有限公司股权转让纠纷案【吉林省长春市中级人民法院(2020)吉01民初520号民事判决书】。法院认为:若李某某全部偿还韩某某借款,则韩某某应将该48%的股权变更回李某某名下;若李某某未按约定偿还借款,则韩某某有权要求对该48%的股权拍卖、变卖、折价优先偿还其债权,但韩某某无权主张该48%的股权归其所有。现因李某某尚未偿还韩某某借款,李某某诉请要求韩某某返还该48%股权的主张,本院不予支持。

实务中,有的法院基于法律规定的解除合同条件,认为在当事人约定了债务清偿时,债权人才能将股权回转。则债务尚未结清时,视为合同所约定的回转条件尚未成就,债务人要求恢复其在股权让与担保协议签订前在公司占有的股权的诉请,因合同约定的返还条件尚未成就,法院不予支持。例如,黑龙江辰能投资管理有限责任公司与戴某某、哈尔滨康丽经济发展实业有限责任公司、哈尔滨正泰塑胶技术制造有限公司股东资格确认纠纷案【黑龙江省哈尔滨市中级人民法院(2015)哈民三商终字第341号民事判决书】。法院认为:《合同法》第93条规定:"当事人协商一致,可以解除合同。当事人可以约定一方解除合同的条件。解除合同的条件成就时,解除权人可以解除合同。”案涉《股权转让合同书》补充协议第4条规定了让与股权的返还条件,即戴某某清偿了对辰能公司、康丽公司之债务本金与利息时,辰能公司、康丽公司将无条件地出具合法手续,将案涉股权变更至戴某某名下。审理中,双方当事人均确认戴某某所欠债务尚未结清。由此,案涉合同所约定的返还条件尚未成就,戴某某要求恢复其在2005年12月28日《股权转让合同书》签订前在正泰公司占有的股权的诉请,因返还条件尚未成就,本院不予支持。

有的法院参照股权质押的法律规定,认为股权让与担保权人是适格的质权人,只有当债务人履行债务后,质权人才应承担返还质押股权的义务,债务人在债务清偿前不具有请求质权人返还质押股权的前提条件。例如,云南官房腾冲开发有限公司与杨某某质权纠纷案【云南省保山市中级人民法院(2019)云05民终482号民事判决书】。法院认为:虽然基于民间借贷关系的担保上诉人云南官房腾冲开发有限公司应将股权返还被上诉人杨某某,但基于被上诉人杨某某作为出质人新设立的担保法律关系,作为腾冲古茶园旅游开发有限公司的股东之一的云南官房腾冲开发有限公司是适格的质权人,只有当债务人履行债务后,质权人才应承担返还质押财产的义务,被上诉人杨某某在债务清偿前不具有请求质权人返还质押财产的前提条件。

不论何种担保,其本意在于实现担保债权受偿的经济目的,债务人要求债权人返还股权,应以债务人已经清偿了股权所担保的债务为前提。因此,有的法院认为,在担保的主债权未受清偿的情况下返还股权,会导致变相解除债务人提供的担保,严重影响债权人实现债权,债务人要求债权人返还的股权难以得到法院的支持。例如,虞某某与胡某、曹某甲、曹某乙、贵州山城生态移民发展有限公司合同纠纷案【贵州省毕节市中级人民法院(2019)黔05民终1467号民事判决书】。法院认为:被上诉人与上诉人签订让与担保合同的目的是为借款合同提供担保,而双方的让与担保合同合法有效。合同签订后上诉人并未按双方约定偿还借款本息,被上诉人在担保的主债权未受清偿的情况下返还股权,会导致变相解除上诉人提供的担保,严重影响被上诉人实现债权,一审不支持上诉人要求三被上诉人返还山城公司40%的股权并无不当。若上诉人对被上诉人的债务进行清偿,可依法主张被上诉人返还股权。

有的法院认为,主债务协议未清理或者股权让与担保未解除或撤销之前,非经担保权人同意,债务人无权要求将登记于担保权人名下的股权进行回转登记。例如,唐某与潘某某、广西贺州生生资产经营有限公司股东资格确认纠纷案【广西壮族自治区贺州市中级人民法院(2020)桂11民终1100号民事判决书】。法院认为:涉案的该51%股权在案外人百桂公司与隆门公司之间的借款协议未清理或者股权让与担保未解除或撤销之前,非经担保权人同意,潘某某无权要求将登记于唐某名下的生生公司51%的股权进行回转登记。

有的法院基于担保的从属性,认为主债权未得以清偿,担保责任继续存续。债务人无权要求返还担保股权,否则与担保制度相悖。例如,卢某某与左某某股权转让纠纷案【安徽省六安市中级人民法院(2020)皖15民终2619号民事判决书】。一审法院认为:基于担保的从属性,在当事人无其他约定的情况下,主债权未得以清偿,担保责任继续存续。本案双方当事人设定股权让与担保的目的在于为左某某向卢某某的借款提供担保,现借款本息并未全部清偿,左某某无权要求将案涉股权予以返还,否则与担保制度相悖,也与双方签订的《关于股权转让协议的补充协议》的约定不符。

有的法院从举证责任角度认为,如果债务人没有证据证明已向债权人清偿债务,则应承担举证不能的法律后果,在此情形下,债务人无权要求将股权登记在其名下并为其签发出资证明书。例如,张某某与青岛科信投资发展有限公司、青岛天德塘发展有限公司、刘某某股东资格确认纠纷案【山东省青岛市中级人民法院(2019)鲁02民终1640号民事判决书】。法院认为:根据科信公司2003年11月14日针对"保证张某某在科信公司的投资利益的回收"的股东会决议:"将科信公司在天德塘公司的股份转为张某某持有,作为公司给张某某在科信公司投资的保证……以天德塘公司的拆迁实际收入抵补张某某在科信的投资,多退少补:天德塘的拆迁大于张某某在科信的投资额,拆迁余额返还科信公司,并将张某某在科信的股份转给王某某持有,若拆迁收入不足以抵补张某某在科信的投资,待由科信补足张某某的投资后,将张某某在科信的股份转给王某某持有……"虽然科信公司称天德塘公司拆迁补偿权益已确定,拆迁补偿的数额超过了张某某的债权金额,现张某某的1260万元债权科信公司已偿付,但张某某、天德塘公司未对科信公司上述内容予以认可,且科信公司亦未提交张某某已领取天德塘公司拆迁款抵补张某某在科信公司出资的相关证据。为此,科信公司依法应承担举证不能的法律后果,故科信公司要求将股权登记在科信公司名下并为科信公司签发出资证明书等诉讼请求，一审法院均不予支持。

有的法院认为，债务人没有证据证明其依约向债权人偿还了债务，或者债权人存在不正当地阻止其清偿该债务的事实时，债务人仍无权要求债权人回转股权。例如，港丰集团有限公司与深圳市国融投资控股有限公司、长城融资担保有限公司等合同纠纷案【最高人民法院(2016)最高法民申1689号民事裁定书】，法院认为：港丰集团公司称，回购期内以及回购期届满后，港丰房地产公司均有足够资金清偿国融公司债权，但被长城担保公司、国融公司挪作他用，视为债权已经清偿。一审过程中，港丰集团公司并未提出此理由；二审过程中，港丰集团公司虽然提交了港丰房地产公司回购期内的现金流水统计表、凭证和长城担保公司、国融公司扣划港丰房地产公司5亿多元的财务凭证，但仅有收支记录的财务信息只能反映收支内容，并不能全面反映港丰房地产公司的经营状况及偿债能力。港丰集团公司未能举出充分的证据证明其依约向长城担保公司、国融公司偿还了上述协议项下的债务，或者长城担保公司、国融公司不正当地阻止其清偿该债务，二审法院因此未支持其该项抗辩理由，并无不妥。

有的法院认为，债务人未按约定履行债务时，视为股权回转条件不成就。在此情况下，让与担保人无权通过要求解除、撤销让与担保合同或要求确认股权让与担保合同无效的方式来主张债权人返还让与担保股权。只有待其依法清偿债务的条件成就后，才有权要求债权人归还股权。例如，林某某与朱某、四川科伦发豪包装有限公司股权转让纠纷案【四川省绵阳市涪城区人民法院(2019)川0703民初4338号民事判决书】。法院认为：现原告未按约定归还债务，不能以股权转让协议无效为由要求返还股权，只有待原告依法清偿被告的债务后，才有权要求被告归还股权。因此，原告要求被告及第三人协助其办理变更股权登记的理由不成立，其诉讼请求，本院不予支持。

实务中，也存在债务人没有清偿债务时，以重大误解、显失公平为由，请求法院撤销股权让与担保协议，难以得到法院的支持。例如，大连永欣香榭里实业有限公司与邵甲、邵乙、大连普吉酒店管理有限公司、王某某民间借贷纠纷案【辽宁省高级人民法院(2015)辽民二终字第00266号民事判决书】。法院认为：本案股权转让协议是基于借款合同而签订，虽然双方办理了股权转让登记，但均认为该协议具有担保性质，且永欣公司仍经营管理普吉公司，故该股权转让协议并不属于“流质”的约定。永欣公司在没有按合同约定履行还款义务的情况下，以重大误解、显失公平为由请求撤销该协议，因其未能提供证据证明其主张，本院不予支持。

有的法院认为，债务已清偿完毕或者以股抵偿完毕，或协议约定的其他股权回转条件具备时，出让人有权主张受让人向其返还标的公司股权的诉讼请求。例如，汪某某与许某某合同纠纷案【湖北省通山县人民法院（2019）鄂1224民初2516号民事判决书】。法院认为：协议签订后，原告已按协议约定，履行了“将兴和置业公司法人和80%股份全部转让给许某某”的义务，同时，原告所欠被告借款，经双方协商已经按借款协议约定，以原告所持有的兴和天下项目股份的23.33%股份予以抵偿完毕，被告亦自认兴和天下项目主体工程已经完工，且对部分商品房进行了预售。因此，根据双方于2015年9月16日签订的《协议书》即股权让与担保合同约定，被告许某某将担保标的物即兴和置业公司80%股权返还给原告的条件已经成就，原告主张被告向其返还兴和置业公司80%股权的诉讼请求，具有事实和法律依据，本院予以支持。

实务疑难问题

1. 债务人能否以债权人未支付股权转让对价为由，要求收回股权？

当事人签订的《股权转让协议》是为办理股权的工商变更登记之用，仅是股权让与担保的形式文件，并非真实的股权转让，因此，债务人无权以债权人未支付股权转让金为由要求收回股权。

例如，罗某某与席某某、深圳市中诚基金管理有限公司、深圳市中诚拓宇投资基金公司股权转让合同纠纷案【湖南省常德市鼎城区人民法院（2016）湘0703民初233号民事判决书】。法院认为：鉴于中诚公司支付3600万元“股权转让金”的性质为借款，股权变更系让与担保，故中诚基金管理有限公司持股的实质为代中诚公司在罗某某与中诚公司的借款关系中享有担保权利。《资产重组协议》虽约定席某某不能按期完成常德水产大市场的开发建设，罗某某有权无条件收回中诚拓宇投资基金公司全部股权，但双方亦认可该协议与《委托再融资协议》冲突的，以《委托再融资协议》为准。按照《委托再融资协议》的约定，中诚公司只有在收回“投资本金和收益”后，才有义务办理股权变更手续。现罗某某未偿还借款，该股权的担保功能未实现，其要求中诚公司返还股权的证据不足，故本院不予支持。罗某某与中诚公司签订的《股权转让协议》是为办理股权的工商变更登记之用,罗某某无权以中诚公司未支付股权转让金为由要求收回股权。

2. 为工商变更登记而签署的《股权转让协议》中的股权转让价款对当事人有约束力吗?

实务中,当事人签订的《股权转让协议》系工商部门备案所用,其所定股权转让款是以注册资本及出资比例为依据计算得出,并非是在双方对股权价值进行评估的情况下确定的,故该《股权转让协议》所定股权转让款并非股权价值的真实体现,难以体现当事人签订股权转让协议的真实意思,仅为满足工商变更的形式要件,对当事人不具有实际约束力。

例如,上海江畔企业管理有限公司与上海财通资产管理有限公司等股权转让纠纷案【上海市第二中级人民法院(2020)沪02民终5723号民事判决书】。法院认为:欣铭投资与被上诉人签订的《股权转让协议》系工商部门备案所用,其所定股权转让款1470万元是以注册资本及出资比例为依据计算得出,并非在双方对露营地公司股权价值进行评估的情况下确定的,故该股权转让协议所定股权转让款并非露营地公司股权价值的真实体现,难以体现欣铭投资、被上诉人签订股权转让协议的真实意思,仅为满足工商变更的形式要件,对欣铭投资与被上诉人不具有实际约束力。

3. 股权让与担保转让人能否要求受让人支付股权价款?

股权让与担保中,股权转让协议约定的股权转让价款仅是为了办理股权变更登记所填写,并非各方的真实意思表示。出让人不能要求受让人支付股权价款。例如,孙某某与薛某某、钮某某股权转让纠纷案【江苏省淮安市中级人民法院(2020)苏08民终655号民事判决书】。法院认为:上诉人依据2018年6月25日股权转让协议,要求被上诉人支付股权转让款项。该协议并非双方真实意思表示,上诉人的主张不能成立。理由为:首先,该协议签订时被上诉人对弘格公司的出资仅有300万元,该协议约定退还被上诉人300万元出资,却需被上诉人以630万元的价格受让上诉人股权,不符合常理。其次,经一审查明,孙某某与薛某某及钮某某一起到盱眙县行政审批中心办理公司股东变更登记手续,因

2018年6月12日的股权转让协议不符合变更登记要求，由中介机构人员提供打印好的股权转让协议、股东会决议模板，由三人填写股东会决议、股权转让协议日期，并填写股权转让价款。上诉人未持有2018年6月25日股权转让协议，该协议留存于审批中心。钮某某一审亦证实当时没有谈到转股的价格，可以认定该协议注明的630万元转让价格只是为了办理股权变更登记所填写，并非各方的真实意思表示。

4. 在债务人清偿债务时，担保权人能否以债务人差欠主债务以外的款项为由，拒绝返还股权？

股权让与担保是对主债务的担保，在主债务清偿后，担保权人有义务将股权回转给债务人，至于债务人差欠债权人主债务以外的款项，债权人可以另行主张权利，但不能以此为由拒绝返还股权。例如，江苏金蔚地产集团股份有限公司与卫某、陈某某、盐城市嘉丰置业有限公司股权转让纠纷案【江苏省盐城市中级人民法院(2021)苏09民终121号民事判决书】。法院认为：还款协议约定，"卫某将嘉丰公司股权转至悦达公司名下，是为了上述还款资金的来源能得到保证，卫某仍然对嘉丰公司所有债务承担责任。在悦达公司收回所有借款本息后，悦达公司无偿将嘉丰公司100%的股权转至卫某名下，由卫某实际持有"。金蔚公司辩称，只有在其收回所有借款本息后，才应将股权变更登记至卫某名下，现嘉丰公司仍差欠其款项，故卫某诉称的股权回转条件不成就。法院认为，上述还款协议的约定，是为了落实2011年7月4日签订的借款协议的还款，故只要上述借款协议约定的借款本息还清后，金蔚公司就应当按约将股权变更登记至卫某名下，至于嘉丰公司差欠金蔚公司的款项及双方之间的其他往来，相关权利人可另行主张权利。

5. 债务人虽然逾期偿还了债务，但未承担逾期还款的违约责任时，债务人能否要求债权人返还股权？

债务人虽然逾期偿还了债务，但未承担逾期还款的违约责任时，或债权人未放弃追究债务人承担违约责任之前，债务人的股权担保行为并未全部结束，债务人请求返还股权的条件尚未成就。法院对债务人办理股权变更登记的请求不予支持。例如，蔡某与陈某某、蔡某某、赣州市南康区成城矿业有限公司股权转让纠纷案【江西省赣州市南康区人民法院(2020)赣0703民初3986号民事判决书】。法院认为:由于原、被告均认可案涉《股权转让协议》实为股权让与担保行为,原告虽已代第三人蔡某某向被告支付勘探费60万元,但并未在双方约定的三个月期限内履行,迟延履行一个月,被告陈某某有权要求原告承担违约责任,在原告未承担违约责任或被告未放弃追究原告承担违约责任之前,原告的股权担保行为并未全部结束,原告请求将股权变更至原告名下的条件尚未成就。本院对原告办理股权变更登记的请求不予支持。

6.债务人仅履行了部分债务时,是否有权要求担保权人返还股权?

债务人仅履行了部分债务,而没有清偿全部债务时,其不能要求担保权人返还股权并办理变更登记手续。例如,吴某与王某股权转让纠纷案【江西省上饶市中级人民法院(2018)赣11民终1993号民事判决书】。法院认为:关于吴某要求王某返还股权并办理变更登记手续的诉求。对此,关键在于债务人是否依法清偿债务,如吴某已清偿债务,即有权要求王某归还股权,反之则无权要求归还股权,现吴某提供的证据仅能证明松山公司支付了部分款项给王某,其并未提供证据证明已清偿所欠王某的全部债务,故吴某要求王某返还股权并办理变更登记手续的诉求,本院难以支持。

7.当事人为自己的利益不正当地阻止条件成就,对此应如何处理?

例如,港丰集团有限公司与深圳市国融投资控股有限公司等合同纠纷案【广东省高级人民法院(2015)粤高法民四终字第196号民事判决书】。法院认为:港丰集团公司上诉提出港丰集团公司已依约履行合同义务,国融公司违约阻止港丰集团公司行使回购权,因此应视为回购条件已成就,国融公司应将股权返还给港丰集团公司。……法律规定对合同的效力当事人可以约定附条件,自条件成就时合同生效;当事人为自己的利益不正当地阻止条件成就的,视为条件已成就。本案双方当事人对港丰集团公司回购股权所设定的时间为事实条件,与法律规定的合同生效条件不同,只有双方明确约定阻止行使回购权的情形而又实施该行为时,才构成对回购权条件是否成就的认定。而《股权及债权重组协议书》没有作此约定。因此,不论是从协议书的约定还是双方的履行行为来看,港丰集团公司均不能证明港丰集团公司已按合同约定达到行使回购股权条件、国融公司应依合同约定将股权返还给港丰集团公司。名厦公司提供的于2012年6月7日支付7500万元给长城担保公司的记账凭证尚不足以证明已还款7500万元给长城担保公司,且即使该还款真实,也未能完全达到合同约定的可以回购股权的条件。

8. 债务人未办理股权过户手续时,实现让与担保股权的条件是否成就?

债务人未办理股权过户手续时,实现让与担保股权的条件成就。例如,杨某某与戴某某民间借贷纠纷、股权质权纠纷案【江苏省无锡市中级人民法院(2016)苏02民终3107号民事判决书】。法院认为:对于剩余的1%股权,由于戴某某未能为杨某某办理过户手续,按约需以国盛公司2013年度财务审计中1%股权的价值892,883.76元在2015年12月31日前支付对价。《物权法》第219条第2款规定,债务人不履行到期债务或者发生当事人约定的实现质权的情形,质权人可以与出质人协议以质押财产折价,也可以就拍卖、变卖质押财产所得的价款优先受偿。因此,在戴某某未按约为杨某某办理过户手续时,则双方约定的实现质权的条件已经成就,即杨某某可以双方就1%股权协议的价格892,883.76元于2016年1月1日起主张权利。

9. 当事人能否另行约定股权回转条件?

当事人另行约定股权回转条件,是其真实意愿,该约定并不违反法律的禁止性规定,合法有效。例如,徐某某、孙某与周某某、王某某、黄某某、储某股权转让纠纷案【上海市第一中级人民法院(2019)沪01民初228号民事判决书】。法院认为:结合《股权转让补充协议》第4条、第5条中关于两原告在约定时间内向被告周某某、王某某付清及未付清相应款项将产生不同后果的约定,《股权转让补充协议》的约定赋予两原告在满足一定条件的情况下从被告周某某、王某某处将××公司的100%股权重新转让的权利,即在××公司取得土地使用权证之日起三个月内两原告必须以是否向被告周某某、王某某付清约定款项的行为行使其选择权,而被告周某某、王某某最终取得的权利性质完全取决于原告的行权结果,上述约定并不违反法律的禁止性规定。

例如,福建省老区房地产开发有限公司、陈某某合同纠纷案【最高人民法院(2018)最高法民再141号民事裁定书】。法院认为:本案中,吕某某等人受让

“中亭公寓”项目开发权益的同时，又约定了老区房地产公司和陈某某有权按照约定的条件回购，双方的真实权利义务关系可以确定为以让与项目开发权为担保方式的融资关系。案涉《〈回购股份协议书〉之补充协议(一)》第3条约定，陈某某一方回购股权需满足三个条件：(1)在协议书签订的18个月内回购；(2)陈某某向吕某某一方现实地偿还了全部借款本息；(3)按照陈某某向吕某某一方支付的股权回购款计算股份比例，回购股权后还需继续按股权比例缴纳投资款，逾期缴纳投资款两个月以上，则丧失股东资格和权利。本案中，老区房地产公司及陈某某虽然在协议签订后的18个月内提起诉讼主张回购，但没有在18个月内偿还借款本息，也没有支付任何股权回购款，应当认定老区房地产公司及陈某某已经丧失了对项目的回购权。但是鉴于股权转让协议中的流押条款无效，吕某某作为债权人实现债权时，不能径行以担保物的全部抵充债务，而应当在认定18个月回购期满时的回购价款以及项目价值的基础上进行清算。清算包括两个方面的内容：一是计算截至18个月回购期满之日即2014年4月10日双方之间的原债权债务本息，吕某某投入的本金、项目投资回报及其他垫付款项的合理利息等应该纳入回购金额的数额，在此基础上确定老区房地产公司、陈某某所欠吕某某的债务数额；二是以2014年4月10日为基准日评估“中亭公寓”项目的市场价值，在此基础上确定吕某某实际取得的抵债财产价值，并按照“多退少补”的原则结清双方之间的债权债务关系。因老区房地产公司及陈某某所欠吕某某的债务金额及案涉项目的市场价值均属于本案基本事实，原审法院对此并未进行实体审理，因此应由一审法院在重审程序中委托中介机构进行评估、认定为宜。

二、让与担保股权清算

股权让与担保权人虽然形式上享有所有权或者股权，但鉴于其实质上享有的仅是担保物权，因而其请求确认对财产享有所有权或者股权的，人民法院不会支持。这是因为，财产权已经形式上转让至债权人名下，不排除个别债权人以实际权利人自居并试图行使所有权或者股权的情形，为此，让与担保权利的实现应对当事人科以清算义务，担保权人只能通过对该财产拍卖、变卖、折价，将所得价款用于清偿所欠债务。同时，让与担保的设立应在债务履行期限届满之前，但若双方有特殊约定且不违反法律、法规强制性规定，可以不受《民法典》第386条之债务人不履行到期债务或者发生当事人约定的实现权利的情形等条件限制。同时,为防止出现债权人取得标的物价值与债权额之间差额等类似于流质、流押之情形,让与担保权利的实现也应对当事人科以清算义务。例如,深圳市奕之帆贸易有限公司、侯某某与深圳兆邦基集团有限公司等合同纠纷案【最高人民法院(2018)最高法民终751号民事判决书】。法院认为:在让与担保的设定中,标的物的所有权通常已经转移于债权人。为保护债务人的利益,防止出现债权人取得标的物评价额(标的物价值)与债权额之间差额等类似于流质、流押的情形,让与担保权利的实现应对当事人科以清算义务。为了防止债权人以权利人身份行使所有权、怠于行权导致侵害担保人利益或者尽快取回担保标的物的剩余价值,担保人也可以主动请求对该财产拍卖、变卖、折价偿还所欠债权人合同项下债务。

在修水县巨通投资控股有限公司与福建省稀有稀土(集团)有限公司合同纠纷案【最高人民法院(2018)最高法民终119号民事判决书】中,最高人民法院首次在裁判中就股权让与担保的实现方式进行了完整且清晰的表达。法院认为:一般而言,让与担保有归属清算型和处分清算型两种实现方式,前者指让与担保权人将标的物予以公正估价,标的物估价如果超过担保债权数额的,超过部分的价额应交还给让与担保设定人,标的物所有权由让与担保权人取得;后者指让与担保权人将标的物予以拍卖、变卖,以卖得价金用以清偿债务,如有余额则返还给债务人。具体采取何种实现方式,可由当事人依意思表示一致选择。因此,清算型让与担保又可分为归属清算型让与担保和处分清算型让与担保。

例如,修水县巨通投资控股有限公司与福建省稀有稀土(集团)有限公司合同纠纷案【最高人民法院(2018)最高法民终119号民事判决书】。法院认为:《股权转让协议》第2.2.2条、第2.3.3条、第3.1.1条、第3.2.2条约定,若修水巨通公司未依约清偿债务、解除条件未满足的,稀土公司有权选择实际受让全部或部分目标股权,并指定具备相应资质的资产评估机构对目标股权价值进行评估,从而确定股权转让价款,在比较股权转让价款和稀土公司代偿债务金额的基础上,双方本着"多退少补"的原则支付差额。上述约定表明,案涉让与担保的实现方式即为归属清算型。归属清算型让与担保中,受让人在合同约定条件成就后可以依法取得目标股权。根据双方当事人的约定,受让人有权实际受让股权,并在评估股权价值的基础上确定股权转让价款。由于无须经过拍卖、变卖的程序,归属清算型让与担保更加符合当事人降低成本、提高交易快捷性的预期。

当事人在签订抵押合同时约定“债务履行期届满抵押权人未受清偿的,抵押权人有权直接委托拍卖机构拍卖抵押物”,该约定不属于流质契约,不在法律禁止之列。同理,债权人有权在债务履行期届满担保权人未受清偿的,担保权人有权直接委托拍卖机构拍卖股权。这种情形属于清算型股权让与担保。例如,北京银清龙房地产开发有限公司与北京鑫茂华牧进出口有限公司等股权转让纠纷案【山东省济南市中级人民法院(2018)鲁01民初1474号民事判决书】。法院认为:参照我国《物权法》第219条第2款的规定,“债务人不履行到期债务或发生当事人约定的实现质权的情形,质权人可以与出质人协议以质押财产折价,也可以就拍卖、变卖质押财产所得的价款优先受偿”。银清龙公司回购股权不成后,未再与其他合同当事人进行协商处置目标公司的股权,也未签订补充协议,视为放弃了协议折价的权利。永隆公司、国兴公司可以选择拍卖、变卖股权的方式,获得债务的清偿。对于变卖的股权,参照我国《物权法》第221条的规定,“质押财产折价或者拍卖、变卖后,其价款超过债权数额的部分归出质人所有,不足部分由债务人清偿”。

需要注意的是另外两种归属型担保,即事前就约定了如果到期债务人不能履行债务,则股权归属于债权人的约定,属于事前归属型让与担保;还有事后归属型让与担保,即在发生债务人到期不能清偿的情形,债权人请求对股权享有所有权。这两种类型的“归属型让与担保”,因违反了禁止流质的法律规范,而不被法院所支持,但这并不意味着约定或请求无效,而是可以参照《民法典》第428条规定,依法优先受偿。

处分型让与担保指让与担保权人将标的物予以拍卖、变卖,以卖得价金用以清偿债务,如有余额则返还给债务人。也就是说,当事人约定担保的实现需就股权价格和债权金额的差额进行清算,即实行“多退少补”的原则。例如,张某某与董某某质押合同纠纷案【安徽省萧县人民法院(2019)皖1322民初2729号民事判决书】。法院认为:当事人根据上述合同约定,已经完成股权变动的公示方式转让至中信信诚公司名下。在约定回购期满后,曹某某、谭某某或指定的回购人李某某并未行使回购权,中信信诚公司面临担保物权实现问题,为保护让与人、受让人的利益,让与担保需经清算方可实现。同时,《会议纪要》所载明的

“对于中信信诚公司与永兴集团之间的债权债务的清算不影响中信信诚公司对于第三人的接管工作,第三人项目的经营所得在偿还中信信诚公司的欠款后,剩余部分返还永兴集团”,也表明中信信诚公司对担保物享有的是优先受偿权而非所有权,此约定属于处分清算条款,曹某某、谭某某所主张的中信信诚公司存在侵犯其股东权的事实,如不经处分清算也无法证实。因此,曹某某、谭某某主张收回第三人的经营管理权以及交还权属凭证、公司会计账簿、公章、合同等所有资料的诉讼请求,无事实和法律上的依据,本院不予支持。双方当事人可以处分清算方式另行主张各自权利。

归属清算型和处分清算型的区别在于,前者在将股权估价后归债权人所得,如有超额部分交还给担保人,不足部分由债务人补足,类似于折价;后者指将股权拍卖、变卖后,以所得价金清偿债务。质言之,清算型让与担保大体上等同于我国法律规定的折价、拍卖和变卖。

从司法案例来看,司法裁判对股权实现持较为宽松的观点,即只要担保权人履行清算义务,对于清算后取得股权(归属型清算)及清算后返还剩余价款(处分型清算)都予以认可。例如,卿某与何某某股权转让纠纷案【四川省高级人民法院(2016)川民终467号民事判决书】。法院认为:案涉股权作为债权的担保,对债权人卿某而言,其并不因股权的变更登记行为取得股权的所有权,但在债务人何某某不履行还款义务的情况下,其有权通过协议折价或拍卖、变卖的方式实现其债权;对债务人何忠林而言,在其拒不履行还款义务或无力还款的情况下,无权要求卿某返还。因此,在被担保的主债权未获清偿之前,何某某要求卿某返还股权的主张不能成立,本院依法不予支持。但债权人的清算权利并不代表债权人在未经债务人同意时,有权对外转让股权。例如,刘某某等与安徽海创投资控股集团有限公司等股权转让纠纷案【安徽省高级人民法院(2019)皖民终11号民事判决书】。法院认为:吴某某是基于借款的让与担保取得股权,在债权债务未清算的情况下,无权对外转让作为担保物的股权。

《九民纪要》第71条第2款规定:当事人根据上述合同约定,已经完成财产权利变动的公示方式转让至债权人名下,债务人到期没有清偿债务,债权人请求确认财产归其所有的,人民法院不予支持,但债权人请求参照法律关于担保物权的规定对财产拍卖、变卖、折价优先偿还其债权的,人民法院依法予以支持。债务人因到期没有清偿债务,请求对该财产拍卖、变卖、折价偿还所欠债权人合同项下债务的,人民法院亦应依法予以支持。

据此,《九民纪要》将股权让与担保的处置方式原则上限定在担保物权的法定实现方式范围内,仅支持当事人于债务违约后就股权处置所达成的协议,对于事前约定的归属清算型及处分清算型皆未予肯认,就股权让与担保的实现方式明显持保守态度。仅认可清算型让与担保,当债务人到期没有清偿债务时,债权人不能直接取得担保标的物的完整所有权,而须参照法律关于担保物权的规定,通过清算方式实现优先受偿。债权人可以和担保人约定以担保标的物折价或者以拍卖、变卖所得价款优先受偿,也可以向人民法院提起诉讼,要求就担保标的物折价或以拍卖、变卖所得价款优先受偿,还可以根据“实现担保物权”特别程序行使权利(该特别程序作为非诉程序,以不存在实质性争议为支持前提,但让与担保具有“名实不符”的天性,当事人对于法律关系性质往往都存在争议,实践中恐难以适用特别程序)。

《九民纪要》仅认可债务违约后双方所达成的处置协议的效力,担保权的实现方式与抵押、质押等法定担保物权相同。主要价值取向在于,防止担保权人于股权实现中获得超过债权额的“暴利”。司法裁判的观点更能有效兼顾当事人意思自治与制度公平,应明确认可归属型清算及处分型清算的法律效力。首先,赋予清算义务可以防范“暴利”产生。股权让与担保中,担保权人因具有股权登记的权利外观,相较于设立人处于优势地位,在债务未获清偿时,通过赋予担保权人以强制清算义务,既是担保目的的体现亦能防止担保权人获取超出债权额的“暴利”。其次,尊重意思自治以降低实行成本。并且,作为商事交易主体,当事人双方就股权实现方式的约定更能符合各自效益的最大化,在赋予担保权人以强制清算义务的前提下,无论是由担保权人直接受让股权,还是返还处分后的剩余财产,都系尊重当事人意思自治的体现。如果完全依据典型担保物权的实现方式以确保清算的公正合理性,则无疑会减损股权让与担保的制度效益。

《民法典》第 428 条规定:质权人在债务履行期限届满前,与出质人约定债务人不履行到期债务时质押财产归债权人所有的,只能依法就质押财产优先受偿。因股权让与担保并非法定的、典型的物权担保方式,其担保物权的效力应当参照最相类似的担保物权,在合同中未约定债务不能清偿时具体的清算办法时,法院可基于《民法典》第 428 条的规定,债权人可以请求参照《民法典》关于担保物权的规定对财产折价或者以拍卖、变卖该财产所得的价款优先受偿。此外,债务人履行债务后也可以请求返还财产，或者请求对财产折价或者以拍卖、变卖所得的价款清偿债务。

(一)股权让与担保实现程序

《民法典》不仅规定了典型担保的类型，也明确了当事人可以通过订立其他具有担保功能的合同设立担保物权。让与担保的性质就是非典型合同。《民法典》第388条为非典型担保交易准用典型担保交易的相关规则提供了解释前提。在此基础上，最高人民法院制定的《民法典担保制度解释》第68条规定了让与担保的约定和权利实现程序。

《民法典担保制度解释》第68条第1款明确了让与担保的一般情形，即当事人"约定将财产形式上转移至债权人名下，债务人不履行到期债务，债权人有权对财产折价或者以拍卖、变卖该财产所得价款偿还债务的，应当认定该约定有效"。需要注意的是，区分当债务人不履行到期债务时，要确定是约定"债权人有权对财产折价或以拍卖、变卖该财产所得价款偿还债务"，还是约定"财产归债权人所有"。当事人约定的除了"将财产转移至债权人名下"之外，还约定了"在一定期间后再由债务人或者其指定的第三人以交易本金加上溢价款回购"，此时，如果约定"债务人到期不履行回购义务，财产归债权人所有的"，参照第2款处理。《民法典担保制度解释》第68条第2款明确了"财产归债权人所有的，应当认定该约定无效，但是不影响当事人有关提供担保的意思表示的效力"。需要注意的是，让与担保通过协议的方式完成，具有很强的隐蔽性。因此，让与担保具有物权效力的前提是"当事人已经完成财产权利变动的公示"，也就是动产已经交付、不动产已经变更登记。这也是《民法典》旨在消灭隐性担保的体现。在这一前提下，如果约定实现担保物权，则约定有效；债权人请求就财产优先受偿的，应予支持。如果约定财产归债权人所有，则约定无效；债权人主张财产所有权的，显然不予支持；债权人主张实现担保物权的，参照流押、流质规定的就财产优先受偿，所以应予支持；债务人履行债务后请求债权人返还财产，或者请求债权人实现担保物权以清偿债务。《民法典担保制度解释》第68条第3款明确了溢价回购的情形，即债务人与债权人约定将财产转移至债权人名下，在一定期间后再由债务人或者其指定的第三人以交易本金加上溢价款回购，债务人到期不履行回购义务，财产归债权人所有的，人民法院应当参照第2款规定处理。回购对象自始不存在的,人民法院应当依照《民法典》第 146 条第 2 款的规定,按照其实际构成的法律关系处理。

实践中经常发生的情形是,债务人和债权人约定将股权转移至债权人名下,一定时间后再由债务人或者其指定的第三人以交易本金加上溢价款回购,债务人到期不回购的,股权归债权人所有。此种情形下,虽然并未明确约定以股权为债务提供担保,但从交易模式的构造来看,债权人和债务人约定将股权转移至债权人名下,在债务人不履行回购义务时股权才归属债权人所有,债权人订立此类合同的目的并非取得股权,仅系为主债务提供担保,约定的回购期间一般对应主债务的履行期限,回购价款采取本金加上溢价款本质上也是偿还债务本金及相关费用,故该约定符合股权让与担保的构成要件。债务人不履行回购义务,股权归债权人所有的约定应认定无效,但不影响当事人提供股权让与担保的意思表示效力。此外,如果回购的对象自始不存在,因双方仅有款项的往来关系,则应通过合同中约定的权利义务的具体内容,按照实际构成的法律关系确定各方应承担的责任。

有的法院认为,股权让与担保的实现可以参照股权质押合同执行。例如,北京银清龙房地产开发有限公司等与北京鑫茂华牧进出口有限公司等股权转让纠纷案【山东省高级人民法院(2019)鲁民终 2838 号民事判决书】。法院认为:《合同法》第 124 条规定,“本法分则或者其他法律没有明文规定的合同,适用本法总则的规定,并可以参照本法分则或者其他法律最相类似的规定”。《621 协议》以股权让与作为债务清偿的担保,应当参照我国《物权法》有关权利质权的规定,审查合同的其他内容是否违反法律规定。《物权法》第 211 条规定,“质权人在债务履行期届满前,不得与出质人约定债务人不履行到期债务时质押财产归债权人所有”,即不得约定流质条款,也就是禁止在债务人不能清偿债务时,约定债权人当然确定地取得担保股权。

例如,中静汽车投资有限公司、上海铭源实业集团有限公司股权转让纠纷案【最高人民法院(2015)民二终字第 384 号民事判决书】。法院认为:经安徽省高级人民法院释明后,中静公司提出按照评估价值确定的公允价格受让股权。本院认为,该诉请仍系建立在质权人在履行期限届满前以固有方式决定质物归属之基础上,因朱某某的该处分行为于法无据,中静公司的诉请也就失去了基础法律关系支撑。在本案债务履行期限届满后,质权人朱某某可依据《物权法》第

219 条实现质权，可以与出质人协议以质押财产折价，也可以就拍卖、变卖质押财产所得的价款优先受偿，但此时并非直接履行案涉《股权转让协议》，而是质权人在债务履行期限届满后的质权实现方式。中静公司并非本案质权人，其依据事先约定的《股权转让协议》要求以公允价格受让铭源公司持有的股权于法无据，本院不予支持。

例如，杨某某与戴某某民间借贷纠纷、股权质权纠纷案【江苏省无锡市中级人民法院(2016)苏02 民终 3107 号民事判决书】。法院认为：本案纠纷系国盛公司资金周转困难、由戴某某向杨某某借款而生，股权质押是对借款的一种担保方式。《物权法》第 211 条规定，质权人在债务履行期届满前，不得与出质人约定债务人不履行到期债务时质押财产归债权人所有。虽然本案股权质押合同中约定的"如到期无法偿还，则依法将质押股权转让予乙方"违反了上述禁止流质的规定，但在戴某某未能按约偿还该 145 万元后，双方并未直接用质押的 2% 股权还债，而是签订股权转让协议，以 1.5% 股权作价 90 万元，另再支付 55 万元，用以归还该 145 万元的债务。这是双方在债务清偿期届满后，经过重新协商、估价股权而确定的还款方式，该行为并不违反法律的规定，应认定为合法有效。后双方又于 2015 年 3 月达成补充协议，约定杨某某将受让的 0.5% 股权退还给戴某某，由戴某某在 2015 年 5 月前支付 90 万元，剩余 1% 股权要按期过户。戴某某确于 2015 年 5 月前后分两次共计支付杨某某 90 万元，该 90 万元系双方就退还戴某某 0.5% 股权所协商支付的对价，与本案的还款无关。

例如，江苏华汇投资集团有限公司与无锡汇鑫置业有限公司、中国金谷国际信托有限责任公司与公司有关的纠纷案【江苏省无锡市中级人民法院(2018)苏02 民终 954 号民事判决书】。法院认为：担保合同中不得约定，在债务人不履行债务时，债权人可以取得担保物的所有权，即流质、流押条款无效。案涉股权转让合同约定，汇鑫公司发生信托合同及债务确认协议项下的违约情形时，金谷公司有权处分转让标的及金谷公司持有的汇鑫公司的其他股权，并以处分所得款项为限代汇鑫公司履行信托合同及债务确认协议项下的债务后相关款项仍有剩余的，剩余款项中按照标准计算的金额归属于华汇公司。该合同并未约定如汇鑫公司违约，则案涉股权归金谷公司所有，而是约定金谷公司可以处分股权，并以处分所得款项清偿债务，仍有剩余的，剩余款项归属于华汇公司。实质上是赋予债权人金谷公司以清算义务，该约定不是流质或流押条款，合法有效。

根据《民法典担保制度解释》第68条第1款,当事人已经完成财产权利变动的公示,债务人不履行到期债务,债权人请求参照《民法典》关于担保物权的有关规定就该财产优先受偿的,人民法院应予支持。这里的"优先受偿"的性质如何,基础是什么?有两种思路。第一种是认为基于转移的所有权而具有优先于一般债权的优先受偿权;第二种是认为基于让与担保的担保物权效力,从而不仅优先于一般债权,也优先于在后设立的其他担保物权。从让与担保的外观(所有权转移)和登记来看,应该是第一种意见;但是基于《最高人民法院民二庭第四次法官会议纪要》(2017年9月27日)的观点,"在已经完成股权变更登记的情况下,可以参照最相近的担保物权的规定,认定其具有物权效力。在主债务期限届满后仍未履行的情况下,名义上的股权受让人对变价后的股权价值享有优先受偿权",则似乎应采纳第二种意见。这是一个值得追踪的问题,关键看《民法典担保制度解释》出台后法院对此的实际判决情况。

(二)股权让与担保实现中的流质问题

股权让与担保作为一种权利移转型担保,是以转让股权的方式来达成债权担保的目的,包含让与和担保两个基本要素,对股权的处置有归属清算型和处分清算型两种实现方式,具体采取何种实现方式,可由当事人依意思表示一致选择。

股权让与担保不能违反禁止流质原则,因此,当债务不履行时,债权人不能当然获得股权,而是负有清算义务,可以对股权进行拍卖、变卖、折价,以偿还债权。实践中,如果当事人对股权价额达成合意,应尊重当事人之间的合意;如果当事人对股权价额不能达成合意,可以通过拍卖、资产评估机构评估或以市场价进行评估。但当事人在签订抵押合同时约定"债务履行期届满抵押权人未受清偿的,抵押权人有权直接委托拍卖机构拍卖抵押物",该约定不属于流质契约,不在法律禁止之列。同理,债权人有权在债务履行期届满,担保权人未受清偿的,担保权人有权直接委托拍卖机构拍卖股权。

在股权让与担保合同中,债权人在合同条款中约定清算或流质,将产生截然不同的法律后果。如果当事人约定债务人到期不能清偿债务,转移至债权人名下的股权归债权人所有。对该约定是否因违反禁止流质的强制性规定而无效?在实务界和理论界存在一定的争议。目前,以股权清算的方式实现已得到司法判决的认可,而在相关协议中直接约定债务履约期满且未能清偿债务时采取“以股抵债”等方式,则极有可能因违反《物权法》等明确规定而产生约定无效的法律风险。

笔者认为,对债务人未按期清偿债务而实现让与担保债权的问题,无论让与担保合同如何约定,均不影响让与担保合同的整体效力,合同约定只要债务人未按期履行债务,让与担保的股权就归属债权人,该约定因属流质约定而无效,但此不影响让与担保本身的效力,无非是对流质约定进行一下改造即可,增加一个对股权的清算程序;如果约定股权归属受让人,但需依法或依约经过清算,则该股权归属的约定是有效的,除非存在其他的无效情形或可撤销情形;如果对让与担保的实现未作任何约定,则债权人只要对股权依法进行处置并作清算即可,因此,让与担保对于债权人来说,其对让与担保的担保物的处分比质押担保和抵押担保更为便捷。

例如,重庆三峡担保集团股份有限公司武汉分公司与曹某某确认合同效力纠纷案【湖北省高级人民法院(2016)鄂民终 570 号民事判决书】。法院认为:至于三峡担保集团武汉公司主张《股权转让协议》因违反有关“禁止约定流质条款”之规定而无效问题,系对实现让与担保债权履行方式的误读。虽然让与担保履行方式是以“由债务人或第三人将担保物的权利移转于担保权人”而形成了“担保权人对担保标的物享有物权的权利外观”,但其实质仍属债权担保(而非物权担保)范围,即无论于交易惯例,还是于法律规定(如《民间借贷规定》第 24 条规定“当事人以签订买卖合同作为民间借贷合同的担保,借款到期后借款人不能还款……出借人可以申请拍卖买卖合同标的物,以偿还债务”)而言,担保债权的实现均以“拍卖买卖合同标的物,以偿还债务”方式进行而非以“登记权人径直取得担保标的物的物权”方式进行(即便当事人间就此作出了相反的约定,也仅为该条款无效,而不影响让与担保合同其他条款效力)。

例如,亿仁投资集团有限公司等与北京安鼎信用担保有限公司等股权转让纠纷案【广东省珠海市中级人民法院(2013)珠中法民二终字第 400 号民事判决书】。法院认为:本案便函上提及了股权回购事项,但本案当事人未就回购事项继续协商,因此双方当事人的意思表示并不完整。股权转让合同是涉案债权采取让与担保的重要组成部分,双方未就让与担保的实现也即债权未履行如何实现担保债权作出约定从而引发本案纠纷。本院认为,无论何种担保,其本意在于实现担保债权受偿的经济目的,法律基于公平原则禁止双方当事人直接约定债权无法受偿而直接获取担保标的所有权。同理,让与担保也并非为了帮助债权人因无法受偿而直接获得所有权,从而变相获取暴利。因此,本案双方当事人应在理顺债务的前提下再行协商回购或变价清算受偿事宜。安鼎公司否认本案股权转让合同的担保真实意图,单方将股权转让给其关联公司,已超出担保权利的目的范围。禾盛公司与安鼎公司的法定代表人为同一人,曹某某与安鼎公司及禾盛公司皆属于关联方,各方对珠海亿仁公司是用于担保债权的用途不可能不知晓,曹某某超出担保目的直接转让股权的行为,属于当事人恶意串通损害亿仁集团公司利益的行为,该转让行为无效。原审法院判决曹某某与浙江禾盛公司签订的《股权转让协议书》无效,实体处理并无不当,本院予以维持。

例如,中静汽车投资有限公司上海铭源实业集团有限公司股权转让纠纷案【最高人民法院(2015)民二终字第 384 号民事判决书】。法院认为:经安徽省高级人民法院释明后,中静公司提出按照评估价值确定的公允价格受让股权。本院认为,该诉请仍系建立在质权人在履行期限届满前以固有方式决定质物归属之基础上,因朱某某的该处分行为于法无据,中静公司的诉请也就失去了基础法律关系支撑。在本案债务履行期限届满后,质权人朱某某可依据《物权法》第 219 条实现质权,可以与出质人协议以质押财产折价,也可以就拍卖、变卖质押财产所得的价款优先受偿,但此时并非为直接履行案涉《股权转让协议》,而是质权人在债务履行期限届满后的质权实现方式。中静公司并非为本案质权人,其依据事先约定的《股权转让协议》要求以公允价格受让铭源公司持有的股权于法无据,本院不予支持。

对债务人未按期清偿债务而实现让与担保债权的问题,无论让与担保合同如何约定,均不影响让与担保合同的整体效力,合同约定只要债务人未按期履行债务,让与担保的股权就归属债权人,该约定因属流质约定而无效,但此不影响让与担保本身的效力,无非是对流质约定进行一下改造,增加一个对股权的清算程序;如果约定股权归属受让人,但需依法或依约经过清算,则该股权归属的约定是有效的,除非存在其他的无效情形或可撤销情形;如果对让与担保的实现未作任何约定,则债权人只要对股权依法进行处置并作清算即可,因此,让与担保对债权人来说,其对让与担保的担保物的处分比质押担保和抵押担保更为便捷。

根据《民法典》关于禁止流质的规定,当事人不得在担保实现之前约定担保物归债权人所有。因此,上述清算型让与担保中仍然存在流质条款的可能,即双方在订立担保合同时即约定债务不能履行,股权经一定清算程序后归债权人所有。此种约定并非当然无效。法律禁止流质的目的在于禁止实质意义上的流质,即担保物不经清算地归债权人所有,从而成为债权人借债务人的窘迫需要而盘剥债务人的工具。当事人事先达成的债务未获清偿股权归债权人所有的约定,并不一定均会损害债务人或其他债权人利益。尊重当事人控制交易成本的意思自治和防止债权人利用优势地位获得暴利是担保实行制度需要平衡的价值两端,两者并非不能取得平衡。

有人认为,对于让与担保实现之前达成的流质契约所可能给担保人带来的不利益,可以通过强制性课以担保物权人清算义务加以解决。在担保实现以前约定的清算方式若不存在乘人之危、显失公平的情况,有条件地承认流质条款的效力,并非没有空间。司法实践也对此进行了有益的探索,例如,赵某某与倪某某、林某某、曹某某、孙某某、江苏富仕置业有限公司合同纠纷案【浙江省瑞安市人民法院(2016)浙0381民初6585号民事判决书】。法院认为,《协议书》中约定:如林某某未能按约履行债务,赵某某和林某某同意以抵债方式处理股权,即将5%的股权以300万元的价格抵偿给赵某某。在此后签订的《确认投资收益转移补充协议书》中,对前述以股权折价抵债的行为予以确认。本院认为,上述约定并未违反禁止流质契约的原则,合法有效。理由如下:其一,《协议书》是在《借款担保协议书》约定的借款期限届满后签订的,此时,债权的数额已确定,在此基础上达成的抵债协议,不存在显失公平的问题。在抵债行为不存在违反法律、行政法规禁止性规定的情形下,应当尊重当事人的意思自治。其二,禁止流质的目的,主要是基于平衡双方当事人利益的考虑,防止居于优势地位的债权人牟取不当暴利,损害债务人特别是其他债权人的利益。本案中,双方并未约定在债务人林某某不履行到期债务时,债权人赵某某直接取得5%股权的所有权,而是约定如借款余额高于约定折价款(300万元)的,林某某还需支付不足部分的款项,如借款余额低于约定折价款的,由赵某某向林某某补足。同时,给予林某某30天宽限期,在该宽限期内债务人林某某如认为该5%股权的价值高于其所欠赵某某的债务的,可以由其寻找第三方受让,所得款项用于偿还所欠赵某某债务后尚有结余的,多余部分归林某某所有。可见,债权人的清算义务并未免除,实质上双方系将该5%的股权折价为300万元以抵偿债务,债权人赵某某根据借款余额,多退少补。同时,债务人林某某在宽限期内如认为股权价值高于折价款的,可以寻找第三方进行出让,此约定亦确保了标的物评价额的正当性。

因此,对让与担保这一非典型担保,可有条件地放开流质禁止,当事人约定担保物经一定清算程序后归债权人所有的,应当确认其效力。若当事人事先约定的清算程序存在乘人之危,或在实现时存在显失公平,则以《民法典》相应的合同撤销制度予以救济。当事人没有约定清算条款的,则应课以债权人强制清算义务,债权人不履行清算义务的,流质条款不发生效力。

(三)《民法典》后的流质处理

我们需要特别关注的是《民法典》第 414 条和第 415 条确立的新规则。其中,《民法典》第 414 条第 2 款规定,其他可以登记的担保物权清偿顺序,参照适用前款规定,前款规定就是关于抵押,已经登记的优先于未登记的受偿;都登记的按照登记的时间先后受偿;均未登记的,按照债权比例受偿。《民法典》第 415 条规定,同一财产既设立抵押权又设立质权的,拍卖、变卖该财产所得的价款按照登记、交付的时间先后确定清偿顺序。让与担保是否属于《民法典》第 414 条第 2 款可以登记的担保物权?

在《民法典》对禁止流质、让与担保等予以开放之后,以所有权归属约定来担保债权的方式得到承认。《民法典》第 428 条后半句规定的"只能依法就质押财产优先受偿"该如何解释呢,是否意味着排除了所有权归属的判断问题呢?

从条文体系上看,该句的表述与《民法典》第 425 条之质权定义中的"就动产优先受偿"相同,所谓的"优先受偿",系指以质押财产的交换价值来优先受偿,而非以质押财产之所有权来优先受偿。故该"优先受偿"应指向质押财产的实现程序。

该句中的"优先"是相对于普通债权人而言的,质权人的权利针对的是特定化的质物,普通债权人的债权指向的是债务人的一般财产。就质押财产而言,质权人优先于无担保的普通债权人而受偿。优先受偿权还体现在出质人破产时,质权人可行使别除权,使质物不被列入破产财产而优先清偿质权人的债权。在质物被人民法院查封或扣押时,质权人的优先受偿权不受影响。除了上述按照该条之文义解释所应包含的意思之外,解释论上似乎还可以将该句解释为清算条款,即将该规定理解为流质契约生效的前提,如果当事人按照质权程序进行清算的，流质契约也可以发生效力。

《民法典》对禁止流质一改《物权法》之经典表述，创新性地改采法律后果模式，即如果当事人约定流质，权利人只能就质押财产优先受偿。该表述看上去似乎否定了债权人取得所有权的可能，似乎当事人约定流质的，并不能发生当事人所预期的所有权变动的效果，当事人仅能通过质权实现程序来实现债权。但如果从法律发展角度以及从《民法典》的立法精神和对担保类型的体系上看，《民法典》第428条似乎可以作扩张解释，允许当事人约定流质，并可以取得标的物之所有权，只要配以清算义务。这一解释立场是可行的，其可以辐射到让与担保、股权让与担保、买卖担保等新型担保形态中，实际上可以激发更多的市场活力，促进融资交易。

实务疑难问题

1. 当事人约定债权人有权直接处置股权，并在还清债务后将剩余款项返还给债务人，是流质条款吗？

当事人在合同中约定，“债务人不履行债务时，债权人有权直接处置股权，在还清债务后将剩余款项还给债务人”。实际上是债权人以处置股权的方式优先清偿债权后，再将剩余款项返还给债务人。债权人对股权享有的是优先受偿权，而非所有权，并不因此产生流质的法律后果，不属于流质条款。

例如，在港丰集团有限公司与深圳市国融投资控股有限公司合同纠纷案【最高人民法院(2016)最高法民申1689号民事裁定书】中，各方当事人在合同中对债务人不履行债务时担保权人处置股权作出如下约定：“如长城担保公司和国融公司直接处置港丰房地产公司的股权，则在还清长城担保公司、国融公司债务及扣除合理的处置费用后将剩余款项无条件返还给港丰集团公司或其指定的第三人。”最高人民法院认为，长城担保公司、国融公司并非当然取得港丰房地产公司的股权，而是以处置港丰房地产公司资产或股权的方式优先清偿长城担保公司、国融公司享有的债权后，再将剩余款项返还给港丰集团公司。这表明长城担保公司、国融公司对担保物享有的是优先受偿权，而非所有权，并不因此产生流质的法律后果，因而并不违反目前我国《物权法》和《担保法》的相关规定。实际上此案中的约定即属处分清算条款。此外，法院还应尽可能地对合同条款进行解释，使股权让与担保的实现进入清算的路径。

2. 不能清偿债务时，能否直接确认股权让与担保权人的持股比例？

股权让与担保中股权转让协议不是实际意义上的股权转让，不是双方当事人的真实意思表示，不必然导致股权直接转让。在协议约定的条件尚未成就之前，不能直接确认各方实际持股比例。

例如，唐某与潘某某、广西贺州生生资产经营有限公司股东资格确认纠纷案【广西壮族自治区贺州市中级人民法院（2020）桂11民终1100号民事判决书】。法院认为：虽然工商登记依照股权转让协议及公司章程变更了股权持股比例及持股股东，但是由于股权转让协议的实质为股权的让与性担保，即使被告唐某登记为生生公司持股51%股权的股东，其实际也不享有生生公司股东的实体性权利。鉴于股权转让协议的性质不是实际意义上的股权转让，非双方真实意思表示，即便案外人百桂公司未依约清偿隆门公司相关债务，也不必然导致生生公司51%股权产生直接转让的情形。在协议约定的条件尚未成就之前，在各方均未提交相应证据证实该股权让与性担保关系已经解除的情形下，不宜直接确认各方实际持股比例。因此，原告要求确认其为生生公司85%股权的实际股东的主张，不予支持。

3. 当事人约定在债务不能清偿时，债权人有权随意处置股权有效吗？

一种观点认为，当事人关于债务人不能清偿到期债务时，债权人有权随意转让该股权的约定因违反禁止流质的强制性规定而部分无效。例如，陈某某与孙某某民间借贷纠纷案【江苏省盐城市中级人民法院（2020）苏09民终1802号民事判决书】。法院认为：本案中，根据双方当事人2015年10月19日签订的《协议书》内容，可以认定陈某某将大恒评估公司股权转让给孙某某及其指定的人，系为案涉借款提供让与担保，故在孙某某将该公司股权转让给周某1等人且陈某某同意以股权抵债时，应当以该公司的实际股权价值清偿案涉债务。孙某某虽抗辩称根据《协议书》第8条约定其有权随意转让该股权，但根据《物权法》第186条、第211条的规定，为了避免债权人乘债务人之急迫滥用其优势地位，通过压低担保物价值的方式获取暴利，对于流质（流押）明令禁止，即禁止抵押权人在债务履行期限届满前与抵押人约定债务人不履行债务时抵押财产归债权人享有，因此，在让与担保合同中，《协议书》第 8 条约定因违反禁止流质（或者流押）的强制性规定而部分无效。

另一种观点认为，当事人关于债务人不能清偿到期债务时，债权人有权自行处置该股权的约定，不违反流质条款的禁止性规定。例如，上海贵灵实业集团有限公司、张某某与袁某某民间借贷纠纷案【上海市高级人民法院（2020）沪民终 423 号民事判决书】。法院认为：袁某某在二审中主张对旭宁股权行使担保物权，由于旭宁股权作为担保设立时，当时的法律、司法解释对此种担保物权没有规定，依照《最高人民法院关于适用〈中华人民共和国民法典〉时间效力的若干规定》第 3 条"民法典施行前的法律事实引起的民事纠纷案件，当时的法律、司法解释没有规定而民法典有规定的，可以适用民法典的规定，但是明显减损当事人合法权益、增加当事人法定义务或者背离当事人合理预期的除外"以及《民法典》第 388 条关于"担保合同包括抵押合同、质押合同和其他具有担保功能的合同"的规定，本院认为《和解协议》第 2 条关于旭宁股权的约定属于《民法典》规定的"其他具有担保功能的合同"，是非典型担保中的让与担保。《和解协议》关于"若贵灵公司在期限之前未能偿还所有借款及利息，则袁某某有权自行处置该股权"的约定，不违反流质条款的禁止性规定，故各方之间通过契约方式设定的股权让与担保，未违反法律、行政法规的禁止性规定，应为合法有效。袁某某现参照股权质押的规定，请求对该股权折价或者变卖、拍卖，以所得价款优先受偿，于法不悖，本院予以支持。

4. 禁止流质条款无效，会导致股权让与担保合同全部无效吗？

《九民纪要》第 71 条第 2 款规定：……合同如果约定债务人到期没有清偿债务，财产归债权人所有的，人民法院应当认定该部分约定无效，但不影响合同其他部分的效力。当事人约定的无清算义务的让与担保契约条款因违反强制性规定而无效，但该部分条款无效并不导致股权让与担保合同全部无效。例如，杨某、湖南省财邦担保有限公司与湖南奥特莱斯投资有限公司等股权转让纠纷案【湖南省长沙市中级人民法院（2020）湘 01 民终 10903 号民事判决书】。法院认为：杨某系代财邦公司持有上地置业公司的股权，湖南奥莱公司、协和湘雅公司、湘雅制药公司将其持有的上地置业公司 75% 的股权转让给杨某系股权让与担保行为。债务人或者第三人与债权人订立合同，约定将财产形式上转让至债权人名下，债务人到期清偿债务，债权人将该财产返还给债务人或第三人，债务人到期没有清偿债务，债权人可以对财产进行拍卖、变卖、折价偿还债权的，一审法院认定合同有效。合同如果约定债务人到期没有清偿债务，财产归债权人所有的，一审法院认为应当认定该部分约定无效，但不影响合同其他部分的效力。

5. 当事人对股权让与担保实现约定了“禁止流质条款”时，让与担保股权如何实现？

“禁止流质条款”指当事人约定在债务不能清偿时，债权人直接取得担保物所有权。我国物权法明确规定禁止流质，禁止抵押权人在债务履行期限届满前与抵押人约定债务人不履行债务时抵押财产归债权人享有。此种约定因违反禁止流质的强制性规定，法律对其采否定态度，担保实现方式应回归到法定方式，即对股权折价或者以拍卖、变卖所得价款优先受偿。例如，杨某、湖南省财邦担保有限公司与湖南奥特莱斯投资有限公司等股权转让纠纷案【湖南省长沙市中级人民法院(2020)湘01民终10903号民事判决书】。法院认为：在股权让与担保的关系中，财邦公司作为债权人，仅可以对案涉股权进行拍卖、变卖、折价以此偿还债权，而不能将案涉股权直接变更至财邦公司或其指定人员名下，故本院对杨某、财邦公司要求将案涉股权变更至杨某名下的诉讼请求，不予支持。

6. 债权人能否单方指定评估机构对担保股权评估，依据评估结果取得股权？

债权人依约在条件成就时单方指定评估机构对担保股权评估，依据评估结果（多退少补）取得股权，合法有效。

例如，修水县巨通投资控股有限公司与福建省稀有稀土（集团）有限公司合同纠纷案【最高人民法院(2018)最高法民终119号民事判决书】。法院认为：根据本案已查明的事实，借款合同履行期间届满后，修水巨通公司无力偿还债务，稀土公司已代偿本金及利息总金额为918,444,444.43元。《股权转让协议》解除条件未满足，稀土公司在有权并已实际决定受让全部目标股权，并依约指定资产评估机构出具《评估报告》、对股权价值进行了评估的基础上，能够取得江西巨通48%的股权。至于《评估报告》是否依据《股权转让协议》约定确定评估基准日、是否完整考虑江西巨通及其下属公司的价值、是否客观体现所涉矿产资源储量,属评估结果及因此而确定的股权转让价款是否公平合理的问题。鉴于稀土公司在本案中的诉讼请求主要为要求确认《股权转让协议》及其项下的股权转让合法有效,其因此享有江西巨通48%的股权,修水巨通公司未就股权转让价款提出反诉,故该问题不属于本案审理范围,不足以影响稀土公司取得江西巨通48%的股权。修水巨通公司可就股权转让价款问题另诉处理。综上,债权人在处分型的让与担保中,有权单方指定拍卖机构拍卖股权;在归属型的让与担保中,有权单方指定评估机构,在评估结果的基础上(多退少补)取得股权。

7. 已经登记为股东的债权人在实现让与担保时是否构成抽逃出资?

登记为名义股东的受让人本质上是有担保的债权人而非股东,且其实现债权行为是合法行为,加之其取得债权往往是支付对价的,一般不存在抽逃出资问题。在武汉缤购城置业有限公司与国通信托有限责任公司借款合同纠纷案【最高人民法院(2019)最高法民终1532号民事判决书】中,最高人民法院认为:尽管国通公司通过工商变更登记取得缤购城公司93.07%的股权,但其股东权利义务与普通股东不同,国通公司并非实际控制缤购城公司经营的股东。该增资交易的实质是国通公司仅定期收取固定收益,到期回收本金,属于信托公司的投资经营活动。国通公司依据《增资协议》约定在信托计划期限届满后收回增资款,符合双方的事前约定,且该约定的前提是国通公司前期对公司进行了投资,国通公司并非无偿取得,不构成上述抽逃出资行为。

8. 让与担保股权被合法处置后,转让方有权再主张权利吗?

让与担保股权被合法处置后,转让方无权再主张权利。例如,江苏华汇投资集团有限公司与无锡汇鑫置业有限公司、中国金谷国际信托有限责任公司与公司有关的纠纷案【江苏省无锡市中级人民法院(2018)苏02民终954号民事判决书】。法院认为:虽然我国现行担保法和物权法未涉及该协议指向的担保方式,但也未明令禁止。何况,已经生效的(2017)苏02民终825号判决书客观上也认可了该担保方式。并且,华汇公司、汇鑫公司和金谷公司事实上均已按照此协议完成了股权变更登记,金谷公司100%持股汇鑫公司。嗣后,由于汇鑫公司未履行债务,金谷公司根据约定有权不予返还股权并通过对股权的处分来代汇鑫公司履行信托合同及债务确认协议项下的债务。况且,汇鑫公司就金谷公司持有的债权及股权对外转让事宜,亦曾召开过董事会及股东会,华汇公司对此知晓且明确表示同意。2017年4月,红豆公司通过拍卖获得了金谷公司持有的对汇鑫公司的债权及相应附属权利。综上,在华汇公司提起本案诉讼之前,无论在汇鑫公司工商登记的形式要件上还是金谷公司持有的对汇鑫公司债权及相应附属权利的实体处理上,均已与华汇公司无涉。鉴于此,华汇公司罔顾本案客观事实,在其股权及其相对应的权利已被二次转让且汇鑫公司已被申请破产的情况下,依然主张要求确认其为汇鑫公司股东并要求汇鑫公司、金谷公司协助办理工商变更登记将金谷公司名下12.5%的股权份额变更登记至其名下显然无法成立,更与民事法律活动所应遵循的诚实信用原则严重不符,故对其诉请,不予支持。

9. 债务人清偿债务后,股权让与担保权人能否以讼争股权涉及国有资产处置为由,应经过资产评估核定股价并支付价款后才能办理股权转让手续?

根据《国有资产监督管理办法》,国有股权转让需要办理评估和审批,但在股权让与担保中,受让人并未原始取得或继受取得股权,不涉及国有资产的处置、评估和审批。

例如,南京中医药大学与江苏亿豪房地产发展有限公司、南京中豪房地产发展有限公司股权转让纠纷案【江苏省高级人民法院(2014)苏商终字第0205号民事判决书】。法院认为:中医药大学如期收回全部借款并拿到约定数量的商品房,被担保债权已全部消灭,中医药大学所持有的让与担保股权应当返还,至此,双方的股权"回购"自然也就变成了形式意义上的变更工商登记手续,这一点,在中医药大学于2011年10月26日致中豪公司的《公函》中显露无遗:"亿豪公司和中豪公司到2011年8月底已经完全履行了上述协议条款所规定的义务,我校认为已经可以办理相关的'中豪公司'股权转让的工商等变更手续。希望中豪公司接此函后,即着手办理相关手续……"综上所述,亿豪公司要求中医药大学将其名下的中豪公司45%的股权变更登记至亿豪公司名下的理由成立,予以支持。中医药大学抗辩讼争股权系国有资产,因中医药大学未原始取得或继受取得讼争股权,不涉及国有资产的处置,故对其抗辩理由不予支持。

10. 在部分债务未届清偿期时，当事人就约定让与担保股权清算条款有效吗？

让与担保的设立应在债务履行期届满之前，但就让与担保的实现问题，则需要满足债务人不履行到期债务或者发生当事人约定的实现权利的情形等条件。

例如，深圳市奕之帆贸易有限公司、侯某某与深圳兆邦基集团有限公司等合同纠纷案【最高人民法院(2018)最高法民终751号民事判决书】。法院认为：本案中，奕之帆公司系以对案外金钱债权人履行包括五笔债务在内的相关债务作为其对兆邦基公司的合同义务。就该合同义务的履行，奕之帆公司与兆邦基公司而非案外金钱债权人之间成立让与担保关系。所谓部分债务未届清偿期，系指奕之帆公司等对案外人的两笔借款债务尚未到期。让与担保通常系在债务履行期届满之前签订协议并转移标的物所有权等权利，否则其就不成为一种担保方式，而只是一种债务履行方式。本案当事人在部分债务未届清偿期时签订4.25《股权担保协议》并办理过户登记以设立让与担保的权利，符合上述要求。让与担保的设立应在债务履行期届满之前，但就让与担保的实现问题，参照《物权法》第170条的规定则需要满足债务人不履行到期债务或者发生当事人约定的实现权利的情形等条件。

11. 债务人未清偿到期债务的，让与担保权人能否径行取得股权？

之所以在债务未能清偿时，受让人只能要求让与人承担担保的责任，而不能直接主张担保物权，主要是受物权法定原则的限制，我国《民法典》物权编并没有相关让与担保物权的规定；同时，当事人虽办理了股权转让工商登记，但是该登记并非担保物权的公示登记记载，没有达到让与担保物权的公示法律效果。如果本案让与担保构成担保物权，则违反了物权公示原则的规定。因此，如果出现让与人违约，受让人并不能直接主张将让与股权归为已有，只能依据让与担保协议主张让与人的担保责任。

例如，张某与南京金榜麒麟家居股份有限公司、陈某、陶某某担保合同纠纷案【江苏省南京市中级人民法院(2017)苏01民终8741号民事判决书】。法院认为：之所以在债务未能清偿时，受让人只能要求让与人承担担保的责任，而不能直接主张担保物权，主要是受物权法定原则的限制，我国物权法并没有相关让与担保物权的规定;同时,当事人虽办理了股权转让工商登记,但是该登记并非担保物权的公示登记记载,没有达到让与担保物权的公示法律效果。如果本案让与担保构成担保物权,也违反了物权公示原则的规定。因此,如果出现让与人违约,受让人并不能直接主张将让与股权归为己有,只能依据让与担保协议主张让与人的担保责任。

12. 当事人能否直接在股权让与担保的清算条款中约定股权价值?

根据《九民纪要》第71条之裁判观点,"债务人到期没有清偿债务,债权人请求确认财产归其所有的,人民法院不予支持,但债权人请求参照法律关于担保物权的规定对财产拍卖、变卖、折价优先偿还其债权的,人民法院依法予以支持",若当事人约定在债务人不履行债务时,债权人可以取得担保物的所有权,则属于流质或流押条款,依法应无效。但是,若当事人约定受让人到期清算股权而非直接取得股权,则不违反禁止流质流押的规定,依法应当有效。更进一步地说,双方可在清算条款中约定股权价值。

例如,黑龙江闽成投资集团有限公司与西林钢铁集团有限公司民间借贷纠纷案【最高人民法院(2019)最高法民终133号民事判决书】。法院认为:当事人约定若债权到期未清偿的,股权应以"评估价格为基础下浮不超过10%"的清算方式变现,该约定不违反禁止流质流押的法律规定,合同不因此而无效。

例如,深圳市奕之帆贸易有限公司与侯某某合同纠纷案【最高人民法院(2018)最高法民终751号民事判决书】。法院认为:对当事人科以清算义务可以防止债权人取得标的物价值与债权额之间的差额,避免出现流质、流押之情形。而且,双方当事人就让与担保标的物价值达成合意,可认定为确定标的物价值的有效方式。

13. 股权折价清偿时,其他股东是否享有优先购买权?

股权让与担保并非股权转让,因此,股权折价清偿时,其他股东是否享有优先购买权。

例如,杨某某与戴某某民间借贷纠纷、股权质权纠纷案【江苏省无锡市中级人民法院(2016)苏02民终3107号民事判决书】。法院认为:戴某某抗辩称股东向股东以外的人转让股权依法应当经其他股东过半数的同意,但本案是戴某某以股权质押担保借款、杨某某作为质押权人实现质权的问题，并非股权转让，杨某某主张的也是股权对价而非受让股权，因此公司法的相关规定不影响本案的处理。

14. 能否以将来变动中的不特定债权作为让与担保的被担保债权？

让与担保的被担保债权，不以已经存在的现实债权为必要，将来变动中的不特定债权亦可成为担保对象。例如，修水县巨通投资控股有限公司与福建省稀有稀土(集团)有限公司合同纠纷案【最高人民法院(2018)最高法民终119号民事判决书】。法院认为：需要指出的是，虽该债权系具有不特定性的将来债权，但在让与担保的设定中，被担保债权不以已经存在的现实债权为必要，将来变动中的不特定债权，亦可成为担保对象。

15. 没有约定借款期限时，股权代持期间能否视为具体还款时间？

协议约定的股权代持时间，是以代持股权方式作为还款的担保，不是双方约定的具体还款时间。

例如，罗某某、陈某某与赵某某合同纠纷案【湖北省黄冈市中级人民法院(2020)鄂11民终1426号民事判决书】。法院认为：案涉《协议书》对于各方当事人的合同权利义务作出了明确记载，《协议书》载明“现为了妥善解决甲方差欠乙方的债务以及乙方为甲方担保的银行债务，达成如下条款”，赵某某与罗某某、陈某某的根本目的是还款，对于债务数额双方没有异议，同时罗某某、陈某某自愿将宏旺公司50%的股权给赵某某代持，对赵某某的债权提供担保，罗某某、陈某某还清款项后股权再变更给罗某某、陈某某。双方全力围绕本协议根本目的达成一致，本协议所有内容与此根本目的不一致的，应以此根本目的作解释。关键《协议书》没有约定具体的还款时间节点，也没有约定一个最后的还款时间，双方约定的支付时间并不明确，应视为约定不明，根据《合同法》第62条第4项“履行期限不明确的，债务人可以随时履行，债权人也可以随时要求履行……”，赵某某有权要求罗某某、陈某某立即支付所有债务。虽然本协议第2条约定了股权代持的时间，但这是以赵某某代持股权作为罗某某、陈某某还款的担保，不是双方约定的具体还款时间。

16. 债务人提供股权让与担保的同时，第三人又向债权人出具《担保函》，各方应如何履行担保责任？

根据《民法典》第392条的规定，被担保的债权既有物的担保又有人的担保的，债务人不履行到期债务或者发生当事人约定的实现担保物权的情形，债权人应当按照约定实现债权；没有约定或者约定不明确，债务人自己提供物的担保的，债权人应当先就该物的担保实现债权；第三人提供物的担保的，债权人可以就物的担保实现债权，也可以请求保证人承担保证责任。提供担保的第三人承担担保责任后，有权向债务人追偿。《民法典》第392条是关于混合担保，即物保和人保关系的规定，是对《物权法》第176条规定的全文照搬。根据该条规定，被担保的债权既有物的担保又有人的担保的，没有约定或者约定不明确，债务人自己提供物的担保的，债权人应当先就该物的担保实现债权。

例如，丁某甲、吴某与福建渝商投资有限公司、丁某乙民间借贷纠纷案【福建省高级人民法院(2014)闽民终字第360号民事判决书】。一审法院认为：丁某甲、吴某向渝商公司出具《担保函》，表示对讼争股权转让及回购协议和补充协议的全部内容充分知情且不持异议，并自愿对上述协议及补充协议项下义务和责任承担连带责任保证，因此，其主张主合同无效，担保合同无效，并以对借贷不知情、要求不承担担保责任的抗辩理由不能成立。丁某乙系以自己的股权为讼争借款提供担保，根据《物权法》第176条之规定，被担保的债权既有物的担保又有人的担保的，没有约定或者约定不明确，债务人自己提供物的担保的，债权人应当先就该物的担保实现债权。因此，丁某甲、吴某应对丁某乙的上述债务在担保物之外承担连带清偿责任。二审法院认为：本案中，当事人对回购价款本金与利息的偿还顺序没有约定，一审判决将丁某乙已支付的162万元先用于偿还利息，不违反《最高人民法院关于适用〈中华人民共和国合同法〉若干问题的解释(二)》第21条“债务人除主债务之外还应当支付利息和费用，当其给付不足以清偿全部债务时，并且当事人没有约定的，人民法院应当按照下列顺序抵充：(一)实现债权的有关费用；(二)利息；(三)主债务”的规定，一审此项认定并无不当。本案股权回购日为股权转让完成日起一年内，即2011年9月10日，再加上渝商公司约定给予的5个月宽限期，渝商公司于2012年4月17日起诉，向保证人丁某甲、吴某主张权利，并没有超过我国担保法规定的6个月保证期间。丁某甲、吴某在《担保函》中承诺，自愿对丁某乙所应负的全部义务和责任承担连带保证责任。本案中，丁某乙未依约支付股权回购价款，已构成违约。一审判决上诉人丁某甲、吴某对丁某乙在扣除股权变价款后的债务即股权回购价款（包括本金及利息）承担连带清偿责任并没有超过丁某甲、吴某所承诺的保证范围，一审对丁某甲、吴某责任认定并无不当，予以维持。

17. 当事人未约定清算条款，也无法将合同条款解释为清算条款时，如何处理？

当事人未约定清算条款，也无法将合同条款解释为清算条款时，法院仍应将股权让与担保推定为清算型让与担保，科以当事人清算义务。对于在担保物权可得实现之前达成流质契约所可能给担保人带来的不利益，可以通过强制性地科以担保物权人以清算义务加以解决。例如，在王某某与鲁甲、鲁乙、云南腾峰投资有限责任公司确认合同效力纠纷案【云南省昆明市中级人民法院（2015）昆民五终字第86号民事判决书】中，法院指出，借款人不履行生效判决确定的金钱债务，出借人可以申请拍卖买卖合同标的物，以偿还债务。就拍卖所得的价款与应偿还借款本息之间的差额，借款人或者出借人有权主张返还或补偿。故本案债权人仅得就股权拍卖的对价享有优先受偿权，并无权直接处置该部分股权。

至于清算方式推定为归属清算还是处分清算，国内外理论界素有争议。笔者认为，让与担保权的实现方法，既要把握其担保物权本旨，又要兼顾当事人及第三人的权益，在尽量发挥让与担保的社会作用以彰显其特色的同时，避免让与担保权人取得额外的利益。据此，应区分股权的类型，采取不同的清算方法。对于上市公司的股权而言，二级市场已经形成竞争充分的市场价格，采取归属清算有利于节约变价成本；对于非上市公司的股权而言，采取处分清算似更合于担保物权的变价法理。

18. 实现股权让与担保时，采取的方式是拍卖还是变卖？

按照《民间借贷规定》第24条的规定，以订立买卖合同作为民间借贷合同的担保的，应当按照民间借贷法律关系审理。判决生效后，债权人可以申请拍卖标的物以偿还债务。此处规定情形，符合后让与担保的要件，实现债权的方式为拍卖。问题在于，能否采用变卖或折价的方式？按照《最高人民法院关于人民法院民事执行中拍卖、变卖财产的规定》,法院对查封、扣押、冻结的财产进行变价处理时,应当首先采用拍卖的方式;如果当事人或其他权利人同意变卖的,可以变卖。变卖一般适用于金银、当地市场有公开交易价格的动产、易腐烂变质的物品、季节性商品、保存困难或者保管费用过高的物品。对于不动产及其他财产,应当首先选择拍卖,而不是变卖。如上,即使在《民间借贷规定》中只规定了拍卖一种实现方式,但依据体系解释的方法,并不能排除变卖的可能性;而且《民法典担保制度解释》第 68 条也规定了债权人有权对财产折价或者以拍卖、变卖该财产所得价款偿还债务,更是明确了三种一般执行方式都可以适用于让与担保。

19. 让与担保是否可以通过"实现担保物权案件"的特别程序实现权利?

《民法典担保制度解释》中规定所有权保留买卖、融资租赁这两种典型的非典型担保制度下权利人可以请求参照《民事诉讼法》"实现担保物权案件"的有关规定拍卖、变卖标的物,但基础在于:第一,这两种非典型担保形式是有《民法典》内有规范基础的,而让与担保则完全规定于司法解释之中;第二,所有权保留买卖和融资租赁是可以登记的,而登记机构并无让与担保这一登记选项。实际上如我们之前说过的,让与担保制度在实践中亟须的是担保机构的改进,如果担保机构能够对让与担保做单独登记,很多问题即可迎刃而解。

20. 债务人不能履行到期债务时,债权人可以自行评估、拍卖其名下的股权吗?

《民法典》实施后,当事人可约定当债务人不履行到期债务或者发生当事人约定的实现担保物权的情形时,担保物权人有权将担保财产自行拍卖、变卖并就所得的价款优先受偿。《民法典担保制度解释》第 45 条第 1 款规定:当事人约定当债务人不履行到期债务或者发生当事人约定的实现担保物权的情形,担保物权人有权将担保财产自行拍卖、变卖并就所得的价款优先受偿的,该约定有效。因担保人的原因导致担保物权人无法自行对担保财产进行拍卖、变卖,担保物权人请求担保人承担因此增加的费用的,人民法院应予支持。第 68 条第 1 款规定:债务人或者第三人与债权人约定将财产形式上转移至债权人名下,债务人不履行到期债务,债权人有权对财产折价或者以拍卖、变卖该财产所得价款偿还债务的,人民法院应当认定该约定有效。当事人已经完成财产权利变动的公示,债务人不履行到期债务,债权人请求参照《民法典》关于担保物权的有关规定就该财产优先受偿的,人民法院应予支持。

综上,在债务人到期不能履行还款义务时,债权人可自行评估、拍卖其名下的股权,以实现股权让与担保所担保的债权。

21. 股权让与担保合同未履行时,债权人有权要求偿还借款吗?

股权让与担保合同未履行时,债权人有权要求偿还借款。例如,卞某某与深圳市英博五金塑胶有限公司、龚某某民间借贷纠纷案【广东省深圳市中级人民法院(2018)粤03民终26225号民事判决书】。法院认为:从《股份抵押代持合同》的内容来看,龚某某是将《模具生产注塑厂战略合伙创业协议书(决案)》中持有的40%的股份抵押给卞某某,抵押后不再偿还英博公司之前的借款,但该协议中明确了股份回购的期限、条件,表明该合同实质是债务人与债权人约定将财产形式上转让至债权人名下,债务人到期清偿债务,债权人将该财产返还给债务人的情形,属于股权让与担保,是《借款协议书》的从合同。因龚某某、英博公司没有证据证明其已将股份从形式上转让至卞某某名下,因此《股份抵押代持合同》并未实际履行,卞某某作为债权人,有权依据主合同《借款协议书》向英博公司主张借款。

22. 债务不能按期清偿,担保权人是否有权要求债务人协助办理股权变更登记?

股权让与担保中,由于让与担保转移的只是股权,担保人仍对让与担保股权享有经营、收益、管理的权利。债务按期清偿后,担保人可依法取回股权。如债务不能按期清偿,则担保权人有权要求担保人履行协议约定,包括要求担保人、目标公司协助办理股权变更登记。

例如,史某甲、史某乙、宁夏正基建设工程有限公司与宁夏华融投资有限公司请求变更公司登记纠纷案【宁夏回族自治区银川市中级人民法院(2018)宁01民终250号民事判决书】。法院认为:华融公司鉴于正基公司在贺兰县开发"月湖荣庭"房地产项目过程中资金运作紧张的背景,向正基公司的股东史某甲、史某乙出借款项1500万元,华融公司与正基公司的股东史某甲、史某乙之间并无购买股权的真实意思表示,从《股权转让及回购协议》第2条第1款来看,华融公司在持有正基公司股权时也并不参与正基公司经营管理,其无意成为正基公司的股东。史某甲、史某乙将股权转让给华融公司的真实目的是给华融公司出借1500万元借款提供担保,双方当事人的真实意思表示为让与担保。由于让与担保转移的只是权利,如无特别约定,担保人(史某甲、史某乙)仍对担保标的物享有经营、收益、管理的权利。债务按期清偿后,担保人(史某甲、史某乙)可依法取回担保标的物的财产权。如债务不能按期清偿,则让与担保权人(被上诉人)有权要求上诉人史某甲、史某乙履行《股权转让及回购协议》约定"甲方(史某甲、史某乙)将2400万股权回购款付至乙方(华融公司)指定账户,双方自行办理股权变更登记手续",现被上诉人直接要求史某甲、史某乙、正基公司协助办理股权变更登记,并无不当。

23. 让与担保股权价值可以不经评估,而由当事人商定吗?

《最高人民法院民二庭第四次法官会议纪要》规定:履行期限届满后,债务人未履行债务的,就存在股权让与担保的实现问题。在公众公司中,股权具有市场价格,在一定程度上相对容易确定,但是也面临股权价格可能在短时间内发生较大波动,股权清算时间点的确定问题。而有限责任公司的股权因其不存在市场公开价格,如果双方能就股权价格达成合意,当然更好。此时,因为是事后达成的合议,不存在违反流质条款的问题。如果双方不能就价格达成合议,只能通过变卖、拍卖等方式确定股权的价格,从而可能涉及股东的优先购买权等问题,远较动产让与担保复杂。

《九民纪要》对让与担保的承认是有限制的,即仍然禁止归属型让与担保,仅承认清算型让与担保,这是因为让与担保最受异议和诟病之处就在于当债权无法实现时,作为担保物的股权价值可能会远大于债权金额,有可能损害出让人利益,因此"清算"问题势必是司法实践中认定的关键问题,那么股权让与担保的出让人和受让人能否对作为担保物的股权价值进行自主清算安排呢?

双方当事人就让与担保标的物价值达成的合意,可认定为确定标的物价值的有效方式。在让与担保标的物价值已经确定,但双方均预见债权数额有可能发生变化的情况下,当事人仍应在最终据实结算的债务数额基础上履行相应的清算义务。该案核心争议焦点之一为虽然在先的股权让与担保协议中约定以专业评估机构的评估结果为准,但当事人以补充协议方式变更了原协议,并协商确定了股权价值,而转让方认为这种协商方式违反了让与担保的强制清算义务,最终法院结合已查明的双方当事人对账清理等事实,认定出让人和受让人以协商方式对作为担保物的股权价值进行约定,不违反强制清算义务、不构成流质条款。可见,现行法律框架下,法院是允许当事人对清算进行自主安排的。例如,深圳市奕之帆贸易有限公司、侯某某与深圳兆邦基集团有限公司等合同纠纷案【最高人民法院(2018)最高法民终751号民事判决书】。法院认为:清算需就标的物评价额(标的物价值)与债权额进行比较,通常涉及让与担保标的物评价额(标的物价值)的确定,但也会涉及债权数额的确定。首先,关于让与担保标的物价值的确定,虽然4.25《股权担保协议》要求以专业评估机构的评估结果为准,但根据此后签订的8.26《协议书》,当事人显然已经改变了原有约定,而就让与担保标的物价值4.06亿元达成合意。该4.06亿元的数额是协议各方共同商定的结果,体现了各方当事人的意思自治。奕之帆公司与侯某某并未提交证据证明案涉协议的签订存在违反意思自治原则的情形。故本案以各方合意的4.06亿元确定让与担保标的物的价值并无不当。

24. 担保权人应否返还该债务数额与股权价值之间的差额?

例如,深圳市奕之帆贸易有限公司、侯某某与深圳兆邦基集团有限公司等合同纠纷案【最高人民法院(2018)最高法民终751号民事判决书】。法院认为:关于债权数额的确定。8.26《协议书》明确兆邦基公司等需在总额4.06亿元范围内负责解决相关五笔债务,并就该五笔总计4.06亿元债务的具体数额作出分配,据此可认定让与担保标的物价值与债务总额已初步确定且数额等同。但考虑到奕之帆公司等对案外人的债务数额可能发生变化,当事人就此又约定了在对债务数额据实结算基础上的清算义务。如8.26《协议书》约定兆邦基公司和鲤鱼门公司据实与各债权人清结;《补充协议》则更为明确地约定,关于用于高某某案件1.2亿元部分以该案审理结束时实际发生的数额为准,向债权人实际清偿的债务不足原定债务数额的余额部分归侯某某所实际控制的信诺电讯公司(奕之帆公司的关联方)所有。事实上,就其中建邦公司的5000万元债务,兆邦基公司在向建邦公司支付4800万元清偿该笔债务后,相关案外人亦根据兆邦基公司的委托将200万元余额支付给信诺电讯公司。由此可见，本案中经当事人合意让与担保标的物价值已经确定，但因债务数额可能发生变化，当事人的清算义务主要体现在根据最终据实结算的债务数额，向让与担保义务人即奕之帆公司一方返还该债务数额与标的物价值之间的差额。案涉当事人不仅约定而且实际履行了清算义务，奕之帆公司等有关案涉让与担保未经清算的主张，本院不予支持。

25. 能否因债权人不履行清算义务，据此认定股权让与担保合同目的不能实现？

例如，港丰集团有限公司与深圳市国融投资控股有限公司、长城融资担保有限公司等合同纠纷案【最高人民法院(2016)最高法民申1689号民事裁定书】。法院认为：港丰集团公司认为长城担保公司、国融公司以自己的行为表明不会履行《股权及债权重组协议书》的清算条款，构成根本违约，协议应予解除。《合同法》第94条规定："有下列情形之一的，当事人可以解除合同：(一)因不可抗力致使不能实现合同目的；(二)在履行期限届满之前，当事人一方明确表示或者以自己的行为表明不履行主要债务；(三)当事人一方迟延履行主要债务，经催告后在合理期限内仍未履行；(四)当事人一方迟延履行债务或者有其他违约行为致使不能实现合同目的；(五)法律规定的其他情形。"本案所涉合同的主要目的是长城担保公司、国融公司履行代为还款的义务，港丰集团公司履行担保义务，清算义务是债务人不履行债务，债权人行使担保权并处置担保物的过程中所负有的义务。在长城担保公司、国融公司已经代为港丰房地产公司偿还了深圳发展银行欠款，港丰集团公司亦已经将港丰房地产公司的股权变更登记在国融公司名下的情况下，双方的主要合同义务均已履行。即使长城担保公司、国融公司不履行清算义务，也不能据此认定《股权及债权重组协议书》和《股权转让协议》的合同目的不能实现。因港丰集团公司未能在双方约定股权回购期内向长城担保公司、国融公司还款，导致其不能继续行使股权回购权，长城担保公司、国融公司有权依据上述协议的约定，通过处置港丰房地产公司的资产或股权的方式优先受偿，在此过程中产生的纠纷，双方当事人可以另寻途径解决。因此，一、二审法院未支持港丰集团公司关于返还港丰房地产公司100%股权的诉讼请求是正确的。

26. 担保人能否诉求在解除股权让与担保协议的同时，要求担保权人向其返还股权？

担保人要求担保权人向其返还标的公司股权的诉讼请求，实际是在其清偿债务后，要求担保权人履行股权回转义务。在此情况下，担保人提出解除股权让与担保合同的诉求，与其提出的要求担保权人履行股权回转义务的诉求存在矛盾，法院不予支持。例如，汪某某与许某某合同纠纷案【湖北省通山县人民法院(2019)鄂1224民初2516号民事判决书】。法院认为：原、被告双方于2015年9月16日签订的《协议书》系股权让与担保合同，被告许某某实际为担保权人，仅享有担保物权，无权自行处置担保标的物。因此，被告许某某和第三人徐某某达成的转让兴和置业公司股权的协议无效，第三人徐某某应将兴和置业公司80%的股权返还给被告，再由被告返还给原告，为减少当事人讼累，故由第三人徐某某直接向原告返还兴和置业公司80%的股权。同时，被告许某某及第三人徐某某还应协助原告办理股权变更登记的相关手续。原告提出被告向其返还兴和置业公司80%股权的诉讼请求，实际是在其还清被告借款和兴和天下项目完工后，要求被告履行2015年9月16日《协议书》约定的向其返还兴和置业公司80%股权的义务，故原告提出的解除2015年9月16日《协议书》的诉求，与其提出的要求被告向其返还兴和置业公司80%股权的诉求存在矛盾，对其提出的该项诉讼请求，本院不予支持。

27. 担保人能否要求担保权人返还其法定代表人身份？

实务中，为了担保债权实现，当事人除了约定以股权转让方式提供让与担保外，一般还会约定由担保权人担任标的公司的法定代表人，以此进一步掌控标的公司，保障债权实现。在此情形下，担保人能够以其为实际股东，担保权人仅是形式股东为由，要求法院判决担保权人返还法定代表人身份呢？根据《公司法》第13条的规定，公司法定代表人依照公司章程的规定，由董事长、执行董事或者经理担任，并依法登记。公司法定代表人变更，应当办理变更登记。董事长、执行董事的身份属性仍是董事，根据《公司法》的规定，董事由股东会任免，经理由董事会或执行董事任免。因此，法定代表人的任免一般由股东会或董事会、执行董事任免，在公司采取高度自治和法院不宜强制干涉公司治理的原则下，法定代表人的任免不应由法院判决产生。更何况由担保权人担任公司法定代表人也是各方当事人的真实意愿,对担保人要求担保权人返还其法定代表人身份的诉讼请求,法院不予支持。例如,汪某某与许某某合同纠纷案【湖北省通山县人民法院(2019)鄂1224民初2516号民事判决书】。法院认为:至于公司法定代表人,根据兴和置业公司章程,公司的法定代表人由执行董事担任,而执行董事由股东会选举产生,故兴和置业公司的法定代表人应由股东会选举产生,不应由法院判决产生。对原告提出的要求被告返还其法定代表人身份的诉讼请求,本院不予支持。

第八章　股权让与担保与债权人执行

一、股权让与担保与债权人执行交叉概述

股权让与担保与其他动产让与担保之间一个很大的不同点在于,其他动产让与一般是通过占有改定方式设立的,因占有改定方式不具有公示性,因而动产让与担保一般不具有担保物权效力。而股权让与担保则有所不同,它通常是通过工商变更登记的方式进行公示。而且这种工商变更登记是基于股权转让而进行的股权过户登记,并不是股权质押登记。当事人根据股权让与担保的协议安排,通过工商变更登记的形式,使担保权人在外观上成为名义股东,因此产生外观上的股权过户登记与当事人设定股权让与担保的内心真实意思表示不一致的情况,进而产生对第三人信赖利益保护的问题。由此而产生的实务疑难问题是,在股权让与担保纠纷中,司法机关究竟是需要根据当事人的内心真实意愿,还是只根据权利外观来确定这种法律关系的性质?同时,股权让与担保交易中最大的法律问题和法律风险是具有担保功能的股权变动对外体现为股权的真实转让。在此前提下,涉及执行登记股东的股权的时候,就存在融资人/股权出让人提出的执行异议是否应当支持的问题。

根据《执行异议规定》第 24 条"对案外人提出的排除执行异议,人民法院应当审查下列内容:(一)案外人是否系权利人;(二)该权利的合法性与真实性;(三)该权利能否排除执行"的规定,当登记股东(投资人/股权受让人)的债权人申请执行此股权时,如果融资人/股权出让人提出执行异议,法院应当审查谁是股东、股权的真实性与合法性以及其权利是否能够排除执行。根据《执行异议规定》第 25 条第 1 款第 4 项的规定,涉及股权的执行异议,应当按照工商行政管理机关的登记和企业信用信息公示系统公示的信息判断其是否系权利人。

毫无疑问，投资人是登记股东，融资人/股权出让人并不是外部登记显示的权利人，其不具有公司法意义上的股权。融资人/股权出让人所享有的权利不是来源于公司法和市场监督管理部门的登记、股东名册登记，而是其与投资人签订的包括股权转让合同/条款在内的股权让与担保合同，其权利性质是债权。作为登记股东的投资人所享有的股权是不是合法的、真实的？此种股权转让登记本身并不具有违法性，股权转让本身也是双方之间的真实意思，是真实的转让并过户，转让和过户并不是违法行为、非法行为，是合法行为。其股权是不是“真实的”？毫无疑问，也是真实的。在中国的公司法上，并不存在“虚假的”股权。事实上，过户期间的股权只能由登记股东行使，即使融资人出让人对部分股东权利通过合同做了保留，在行使股东权利的时候，其也必须基于登记股东的委托和授权，舍此，其自身的行为并不是股东行为，也无权行使股权权利。

股权让与担保在对外效力上既然涉及外部第三人，则不可避免地会产生与相关执行债权人的关系问题。执行异议之诉中涉及股权让与担保的类型主要有两种，一类是担保人的金钱债权人对股权申请强制执行，担保权人提出执行异议，另一类是担保权人的金钱债权人对股权申请强制执行，担保人提出执行异议。对前一类型而言，由于执行程序采用外观主义判断财产权利人，故一般情况下，担保人的执行债权人难以就登记在担保权人名下的股权申请执行，但在有确切证据证明担保人是股权的实际权利人时，申请执行人仍然可就股权申请强制执行，而基于股权让与担保的担保属性，法院在执行过程中只需保障担保权人对股权价款的优先受偿地位，即无损担保权人的实体权益，故担保权人不能以其名义股东的身份主张排除强制执行，否则将有损申请执行人的合法权益。担保权人认为其优先受偿权受到损害的，可以通过执行分配方案异议之诉予以救济。

对后一类问题的探讨则离不开对隐名持股中实际出资人能否排除强制执行的讨论，对此，司法实践存在分歧，且无明确的法律规定。肯定说认为，强制执行的对象是被执行人的责任财产，工商登记作为一种权利外观，仅具有权利推定的效力，但并不一定与实际权利状况相符，如果经审查名义股东并非实际权利人，则应当优先保护实际权利人的权益，如果对真实权利人的权利视而不见，将造成司法不公的后果，与司法的正义价值追求背道而驰。否定说则认为，工商登记具有权利公示效力，隐名股东与名义股东受合同相对性约束，但合同对第三人不发生法律效力，第三人除包括交易相对人以外，名义股东的执行债权人亦属于第三人范畴,故应当优先保护申请执行人的权益。从股权让与担保的担保权构造出发,不宜认定名义股东的债权人有权申请执行担保股权,从商事外观主义出发,则根据商事外观主义的适用范围是否包括非交易相对方而定。如果认定商事外观主义所适用的范围仅包括就股权产生交易的相对方,则担保人可以对抗执行;如果认定商事外观主义所涵摄的信赖利益不仅包括交易对价,还包括社会整体交易秩序和申请执行人的执行利益,则仍应当对名义股东债权人的信赖利益予以优先保护。

那么,在股权让与担保法律关系中,因为也存在股权转让行为,在此情况下,实际权利人能否对抗名义股东债务人的执行呢?笔者认为,对于股权让与担保的法律性质应当坚持内外有别原则,就内部关系而言,应根据当事人的真实意思认定股权过户登记仅是基于股权让与担保法律关系而形成的一种担保方式,而不是股权转让。就外部关系而言,当事人之间有关股权让与担保的约定能否对抗其他公司、股东及债权人等主体行使诉权、主张债权、申请执行等问题,还需要结合上述主体是否为善意、是否具有工商登记公示效力、是否有法律依据等情况具体分析和认定。

实务中,外部第三人与股权让与担保的内部当事人发生法律关系主要有两种情形。第一,对担保权人(名义股东)享有债权的债权人请求人民法院查封、执行标的股权,此时实际股东即担保人提出执行异议和执行异议之诉。第二,基于股东出资瑕疵需对公司债权人承担责任的规则,公司债权人在诉讼中以名义股东(担保权人)为共同被告,或者执行中追加名义股东(担保权人)为被执行人。

二、实际股东对抗名义股东债权人执行股权

《公司法》第 32 条第 3 款规定:“公司应当将股东的姓名或者名称向公司登记机关登记;登记事项发生变更的,应当办理变更登记。未经登记或者变更登记的,不得对抗第三人。”此种情形在司法实践中较为常见,主要发生在依约定而形成的代持股情形,在此类纠纷中,对于担保人(实际股东)能否阻却强制执行存在争议,主要在于《公司法》第 32 条所述的第三人是否应为交易第三人。有观点认为,商事外观主义原则的适用范围不包括非交易第三人;也有观点认为,《公司法》第 32 条第 3 款所称的第三人,并不限缩于与显名股东存在股权交易关

系的债权人。受让人因股权让与担保而成为公司的名义股东,如受让人无法清偿自身的债务,则对受让人享有债权的债权人很有可能向法院申请查封、执行该股权,此时,出让人作为实际权利人,可以根据《民事诉讼法》第227条之规定向法院提出执行异议和执行异议之诉,此种情形,类似于股权代持关系中,隐名股东可否对抗显名股东的债权人的问题。出让人的实际权利能否对抗受让人的一般债权人的强制执行,在司法实务中颇有争议。

《公司法解释三》第27条第1款规定:"股权转让后尚未向公司登记机关办理变更登记,原股东将仍登记于其名下的股权转让、质押或者以其他方式处分,受让股东以其对于股权享有实际权利为由,请求认定处分股权行为无效的,人民法院可以参照民法典第三百一十一条的规定处理。"《执行异议规定》第25条第1款第4项规定,对案外人的异议,人民法院应当按照下列标准判断其是否系权利人:股权按照工商行政管理机关的登记和企业信用信息公示系统公示的信息判断。为此,基于上述司法解释的普遍观点是,公司的工商登记对社会具有公示公信效力,善意第三人有权信赖公司登记机关的登记文件,工商登记表现的权利外观应作为认定股权权属的依据。申请执行人作为善意相对人有理由相信市场监督管理部门的登记和企业信用信息公示系统公示的信息是真实的。因此,不论名义股东与他人如何约定,均不能否定其股东身份。根据该规定,善意债权人能否基于商事外观主义原则执行名义股东名下的股权?

(一)可以对抗第三人执行的司法观点

一种观点认为,商事外观主义作为商法的基本原则之一,其实际上是一项在特定场合下权衡实际权利人与外部第三人之间利益冲突所应遵循的法律选择适用准则,通常不能直接作为案件处理依据。外观主义原则的目的在于降低成本,维护交易安全,但其适用也可能会损害实际权利人的利益。根据《公司法解释三》第26条的规定,股权善意取得制度的适用主体仅限于与名义股东存在股权交易的第三人。据此,商事外观主义原则的适用范围不包括非交易第三人。执行案件申请执行人并非针对债务人名下的股权从事交易,仅仅因为债务纠纷而寻查债务人的财产还债,并无信赖利益保护的需要。若适用商事外观主义原则,将实际权利人的股权用以清偿债务人的债务,是严重侵犯实际权利人的合法权利。因此,申请执行人无权通过申请法院强制执行的方式取得债务人名下的股权。

有的法院认为,股权善意取得制度的适用主体仅限于与名义股东存在股权交易的第三人,商事外观主义原则的适用范围不包括非交易第三人,执行案件申请执行人并非针对名义股东的股权从事交易,仅因为债务纠纷而寻查名义股东的财产还债,并无信赖利益保护的需要,因此,应对股权的实际权利人予以保护。例如,中国银行股份有限公司西安南郊支行与上海华冠投资有限公司申请执行人执行异议案【最高人民法院(2015)民申字第2381号民事裁定书】。法院认为:在本案所涉及的执行案件中,中行南郊支行是申请执行人,成城公司是被执行人,华冠公司是提出执行异议的案外人,执行标的是成城公司名下登记的渭南市城市信用社股份有限公司(现更名为长安银行股份有限公司,以下简称长安银行)1000万股份。根据陕西省高级人民法院(2009)陕民二终字第00053号生效民事判决,成城公司为该股权的名义持有人,华冠公司才是该股权的实际权利人。中行南郊支行在原审及申请再审时均主张,案涉执行标的长安银行1000万股份登记在成城公司名下,中行南郊支行已经信赖该登记并申请将涉案股权采取执行措施,根据商事外观主义原则,上述股权应执行过户给中行南郊支行。商事外观主义作为商法的基本原则之一,其实际上是一项在特定场合下权衡实际权利人与外部第三人之间利益冲突所应遵循的法律选择适用准则,通常不能直接作为案件处理依据。外观主义原则的目的在于降低成本,维护交易安全,但其适用也可能会损害实际权利人的利益。根据《公司法解释三》第26条的规定,股权善意取得制度的适用主体仅限于与名义股东存在股权交易的第三人。据此,商事外观主义原则的适用范围不包括非交易第三人。案涉执行案件申请执行人中行南郊支行并非针对成城公司名下的股权从事交易,仅仅因为债务纠纷而寻查成城公司的财产还债,并无信赖利益保护的需要。若适用商事外观主义原则,将实质权利属于华冠公司的股权用以清偿成城公司的债务,将严重侵犯华冠公司的合法权利。依照《民法通则》第75条第2款之规定,中行南郊支行无权通过申请法院强制执行的方式取得案涉执行标的长安银行1000万股份。

(二)不能对抗第三人执行的司法观点

有的法院认为,根据《公司法》第32条第3款规定,公司应当将股东的姓名或者名称向公司登记机关登记;登记事项发生变更的,应当办理变更登记。未经登记或者变更登记的,不得对抗第三人。《执行异议规定》第25条第1款第4项规定,对案外人的异议,人民法院应当按照下列标准判断其是否系权利人:股权按照工商行政管理机关的登记和企业信用信息公示系统公示的信息判断。基于《公司法》及司法解释规定的股权登记的公示效力和权利推定效力,大部分司法观点认为股权外观主义原则是判断股权权属的基本原则,公司的工商登记对社会具有公示公信效力,善意第三人有权信赖公司登记机关的登记文件,工商登记表现的权利外观应作为认定股权权属的依据。因此并不认可实际股东对抗案外债权人申请的强制执行。同理,当事人双方关于股权让与担保的约定仅在协议签订双方之间具有法律效力,对外不具有公示效力,不能对抗第三人。而完成的股权过户登记具有对外公示效力,出让人在公司对外关系上不具有公示股东的法律地位,申请执行人有理由相信工商登记和企业信用信息公示系统公示的信息是真实的,股权让与担保中的出让人不能以其为实际出资人为由对抗外部债权人对名义股东的强制执行。

有的法院认为,根据《公司法》第32条第3款的规定,依法进行登记的股东具有对外公示效力,隐名股东在公司对外关系上不具有公示股东的法律地位,其不能以其与显名股东之间的约定为由对抗外部债权人对显名股东主张的正当权利。因此,当显名股东因其未能清偿到期债务而成为被执行人时,其债权人依据工商登记中记载的股权归属,有权向人民法院申请对该股权强制执行。例如,哈尔滨国家粮食交易中心与哈尔滨银行股份有限公司科技支行等执行异议纠纷案【最高人民法院(2013)民二终字第111号民事判决书】。法院认为:根据本案原审查明的事实,三力期货公司工商登记记载的股东为粮油集团和龙粮公司,科技支行依另案生效判决向法院申请冻结并强制执行粮油集团和龙粮公司在三力期货公司的股权,有事实和法律依据。因此,本案中,交易中心是否为三力期货公司的实际出资人,不影响科技支行实现其请求对三力期货公司股权进行强制执行的权利主张。

有的法院认为,《公司法》第32条第3款所称的第三人,并不限缩于与显名股东存在股权交易关系的债权人。根据商事外观主义原则,有关公示体现出来的权利外观,导致第三人对该权利外观产生信赖,即使真实状况与第三人的信赖不符,只要第三人的信赖合理,第三人的民事法律行为效力即应受到法律的优先保护。基于上述原则,名义股东的非基于股权处分的债权人亦应属于法律保护的“第三人”范畴。例如,王某某与刘某某、长春中安房地产开发有限公司、詹某某、陈某某案外人执行异议之诉案【最高人民法院(2016)最高法民申3132号民事裁定书】。法院认为:本案中,王某某与詹某某之间的《委托持股协议》已经一、二审法院认定真实有效,但其股权代持协议仅具有内部效力,对于外部第三人而言,股权登记具有公信力,隐名股东对外不具有公示股东的法律地位,不得以内部股权代持协议有效为由对抗外部债权人对显名股东的正当权利。

有的法院认为,申请执行人作为善意相对人有理由相信市场监督管理部门的登记和企业信用信息公示系统公示的信息是真实的。因此,在股权让与担保法律关系中,只要诉争股权仍然登记在担保权人名下,不论担保人和担保权人之间是如何约定的,均不能否定担保权人的股东身份。申请执行人有权强制执行担保权人名下的股权。例如,陈某某与被告子洲县某有限公司、陕西某房地产开发有限公司案外人执行异议之诉案【陕西省子洲县人民法院(2020)陕0831民初407号民事判决书】。法院认为:本案中,原某公司股东何某认缴出资800万元、股东何某某认缴出资1200万元,注册资本2000万元。后陈某某与某公司签订《增扩股合同》,由陈某某出资2000万元,何某某将其名下持有的60%股权转让给陈某某,并作了工商登记股东及持股情况变更,即股东陈某某持有某公司60%的股权,股东何某持有某公司40%的股权。陈某某亦履行了出资义务,分批次将2000万元全部转至某公司名下。现陈某某称该2000万元系出借给对方,并非投资入股款,双方之间属民间借贷法律关系而非股权转让法律关系,属股权让与担保,所持某公司60%的股权仅为了保证日后所出借资金本息回收,并非实际意义上的股东。本院认为,在诉争股权仍然登记在陈某某名下的情形下,某公司系申请执行人,其作为本案善意相对人有理由相信工商行政管理机关的登记和企业信用信息公示系统公示的信息是真实的。因此,不论陈某某与某公司之间如何约定,均不能否定其作为某公司的股东身份。

有的法院认为,债务人与债权人之间的协议只能约束签订人自身,其效力不能及于目标公司或协议之外的其他当事人。因此,债务人持有的股权由公司章程确定,且经过登记机关的登记,具有公示效力,债权人自然有权申请强制执行。例如,谢某某与卢某某等案外人执行异议之诉案【最高人民法院(2016)最高法民终701号民事判决书】。法院认为:谢某某的主张能否成立,取决于其对案涉执行标的是否享有足以排除强制执行的实体权利。首先,对于申请执行人卢某某、施某某、邓某某而言，郭某某持有的中盛公司股权，由公司章程确定，且经过登记机关的登记，具有公示效力，作为郭某某的债权人，其自然有权申请强制执行。虽然谢某某提交了《协议书》《补充协议书》等证据，能够证明郭某某与谢某某约定，郭某某代表谢某某持股，并承诺郭某某按比例向谢某某分红，同时谢某某提交的汇款单、《出资证明书》等证据，能够证明谢某某履行了约定，向郭某某实际出资，但是，谢某某未能证明其通过郭某某向中盛公司实际缴纳了出资，谢某某也未能通过股东资格确认之诉取得股东地位，即不能证明谢某某对于郭某某持有的中盛公司4.5%的股权享有实体权利。因此，对于郭某某持有的中盛公司4.5%的股权这一特定执行标的，郭某某本身即权利人，谢某某并不享有实体权利。其次，谢某某主张其系中盛公司4.5%的股权的真实权利人，主要依据是其与郭某某、徐某某签订的《补充协议书》。《补充协议书》约定：该协议作为谢某某取得公司股份比例的合法依据，不管公司或法律规定是否承认谢某某的股东身份，郭某某、徐某某承诺按谢某某股份比例将公司应分配的红利支付给谢某某；郭某某、徐某某代表谢某某参加公司董事会；如因该协议的履行产生纠纷，造成谢某某退出股份，郭某某、徐某某应根据公司盈亏情况，将其投入名下的出资额返还给谢某某。从其内容可知，谢某某签订该协议之时，就没有成为中盛公司股东的意思表示，只希望取得投资分红，如果发生纠纷造成谢某某退股，也是由郭某某、徐某某根据协议返还投资额，而未约定接受中盛公司章程的约束。因此，无论从形式还是从内容看，谢某某与郭某某、徐某某之间的协议只能约束签订人自身，其效力不能及于中盛公司或协议之外的其他当事人。如因履行协议发生纠纷，谢某某可向协议的相对方提起诉讼。

有的法院认为，工商登记是对公司股权情况的公示，与登记股东进行交易的善意第三人及登记股东的债权人有权信赖工商机关登记的股权情况，该信赖利益应当得到法律的保护。换言之，根据《公司法》相关条款的规定，经过公示体现出来的权利外观，导致第三人对该权利外观产生信赖，即使真实状况与第三人的信赖不符，只要第三人的信赖合理，第三人的信赖利益就应当受到法律的优先保护。这里所说的优先保护，是指在股权的实际出资人与公示出来的登记股东不符的情况下，法律优先保护信赖公示的与登记股东进行交易的善意第三人及登记股东的债权人的权利，而将实际投资人的权利保护置于这些人之后。据此，由于股权的实际出资人在对外关系上不具有登记股东的法律地位，所以其不能以其与登记股东之间的内部约定为由来对抗与登记股东进行交易的善意第三人及登记股东的债权人。因此,当登记股东因其未能清偿到期债务而成为被执行人时,该股份的实际出资人不得以此对抗登记股东的债权人对该股权申请强制执行。也就是说,登记股东的债权人依据工商登记中记载的股权归属,有权申请对该股权强制执行。例如,青海百通高纯材料开发有限公司与交通银行股份有限公司青海省分行、青海鑫通矿业有限公司案外人执行异议之诉案【最高人民法院(2017)最高法民终100号民事判决书】。在该案例中,最高人民法院进一步阐述认为,实际出资人百通材料公司让登记股东鑫通公司代持股权,其一定获得某种利益。根据风险与利益相一致的原则,百通材料公司在获得利益的同时,也应当承担相应的风险,该风险就包括登记股东代持的股权被登记股东的债权人申请强制执行,本案则属于这种情况。当然,该风险还包括登记股东转让代持的股权或者将该股权出质。从司法的引导规范功能来看,案涉股权登记在被执行人鑫通公司名下,依法判决实际出资人百通材料公司不能对抗被执行人鑫通公司的债权人对该股权申请强制执行,还有利于净化社会关系,防止实际出资人违法让他人代持股份或者规避法律。

有的法院认为,根据《公司法解释三》第27条的规定,担保权人仅以自己是名义股东而非实际出资人为由,不足以免除其作为公司的股东所应负担的出资责任。因此,公司债权人有权以担保权人出资不实为由,申请追加担保权人为被执行人。例如,湖南湘融资产管理有限公司与林某执行异议之诉案【福建省高级人民法院(2018)闽民终1357号民事判决书】,法院认为:湘融资产管理公司抗辩称,其并非衡阳中耀公司的股东,而是基于让与担保代衡阳信用担保公司持有衡阳中耀公司的股权,并非衡阳中耀公司的真正股东。《公司法解释三》第26条的规定:"公司债权人以登记于公司登记机关的股东未履行出资义务为由,请求其对公司债务不能清偿的部分在未出资本息范围内承担补充赔偿责任,股东以其仅为名义股东而非实际出资人为由进行抗的,人民法院不予支持。"无论湘融资产管理公司该抗辩理由所依据的事实是否成立,湘融资产管理公司仅以自己是衡阳中耀公司的名义股东而非实际出资人为由,不足以免除其作为衡阳中耀公司的股东所应负担的责任。

有的法院认为,公司的工商登记对社会具有公示公信效力,善意第三人有权信赖公司登记机关的登记文件,工商登记表现的权利外观应作为认定股权权属的依据。不论名义股东是否支付对价，均不能以其与实际股东之间的代持股关系排除人民法院的强制执行行为。例如，贵州雨田集团实业有限公司与逸彭（上海）投资管理合伙企业（有限合伙）、付某案外人执行异议之诉案【最高人民法院（2020）最高法民终844号民事判决书】。法院认为：公司的工商登记对社会具有公示公信效力，善意第三人有权信赖公司登记机关的登记文件，工商登记表现的权利外观应作为认定股权权属的依据。本案中，2016年8月10日，贵州雨田公司与付某签订《代持股协议书》，约定付某代贵州雨田公司持有雨田投资公司10%的股权。雨田投资公司的《企业信用信息公示报告》显示，付某持有雨田投资公司10%的股权。贵州雨田公司在二审中提交两组证据，证明其与付某之间存在股权转让关系，贵州雨田公司按照股权转让协议的安排支付了对价。本院认为，该两组证据仅能证明贵州雨田公司与付某之间进行了股权转让，但双方关于股权转让的约定和案涉《代持股协议书》均仅在协议签订双方之间具有法律效力，对外不具有公示效力，不能对抗第三人。在诉争股权仍然登记在付某名下的情形下，逸彭企业作为申请执行人有理由相信工商行政管理机关的登记和企业信用信息公示系统公示的信息是真实的。因此，不论贵州雨田公司是否支付对价，均不能以其与付某之间的代持股关系排除人民法院的强制执行行为。

有的法院认为，在执行程序中，受让股权的担保权人作为案外人，没有证据证明其已取得该股权的所有权的，不能排除对该股权的执行。例如，上海鑫圯环保科技有限公司与周某、陶某申请执行人执行异议之诉案【最高人民法院（2020）最高法民申956号民事裁定书】。

（三）能否对抗债权人执行的中立观点

有的法院认为，根据权利形成的先后时间，如果代为持股形成在先，则根据商事外观主义，债权人的权利应当更为优先地得到保护；如果债权形成在先，则没有商事外观主义的适用条件，隐名股东的实际权利应当得到更为优先的保护。例如，黄某某、李某某与皮某、广元市蜀川矿业有限责任公司案外人执行异议之诉案【最高人民法院（2019）最高法民再45号民事判决书】。法院认为：本案的焦点问题为黄某某、李某某对案涉股权享有的实际权益，能否阻却其他债权人对名义股东名下持有的案涉股权的执行。……按照一般的商事裁判规则，在动态利益和静态利益之间产生权利冲突时，原则上优先保护动态利益。本案所涉民间借贷关系中债权人皮某享有的利益是动态利益，而黄某某、李某某作为隐名股东享有的利益是静态利益。根据权利形成的先后时间，如果代为持股形成在先，则根据商事外观主义，债权人的权利应当更为优先地得到保护；如果债权形成在先，则没有商事外观主义的适用条件，隐名股东的实际权利应当得到更为优先的保护。因案涉股权代持形成在先，诉争的名义股东蜀川公司名下的股权可被视为债务人的责任财产，债权人皮某的利益应当得到优先保护。

(四)笔者的观点

对于股权让与担保安排下的受让人是否可以对抗公司债权人的问题，上述司法观点都有一定道理。但笔者认为，基于股权让与担保安排的受让人应可以对抗公司的债权人。理由如下：

1.《九民纪要》特别强调：实际权利人与名义权利人的关系，应注重财产的实质归属，而不单纯地取决于公示外观。审判实务中要把握外观主义的适用边界，避免泛化和滥用。崔建远教授提出，“执行人拟执行标的是归属于被执行人所有还是归属于第三人，不应运用外观主义原则而应遵循实事求是的原则，只要有充分、确凿的证据证明拟执行的财产不属于被执行人而属于第三人，该第三人就有权对抗强制执行”。根据上述精神，法院有可能认为强制执行不属于交易领域，受让人的一般债权人不属于外观主义的保护对象，因此，出让人对标的物享有的实际权利可以排除受让人之一般债权人的强制执行。

2.《九民纪要》明确股权转让未进行工商登记变更不得对抗“善意相对人”，此处《九民纪要》将公司法中股权转让未进行工商登记不得对抗“第三人”中的“第三人”范围予以了缩限，明确仅指“善意相对人”。结合相关理解适用可知，其用词的不同另有深意。权威观点认为：股权买受未进行工商变更登记其对“第三人”不具有对抗效力，其中所列的“第三人”仅指股权交易(买卖)或股权设权(质押)的相对人。因此，对于转让方的债权人针对转让方已转让但未能完成变更登记的股权采取的冻结措施，买受人是否可以对抗该冻结，不能一概否定，应结合是否完成股东名册记载予以判断。

3. 最高人民法院审判委员会刘贵祥 2019 年 7 月 3 日在《刘贵祥讲话》中阐明：就外部关系而言，形式上的受让人毕竟登记的是股东，如果其债权人信赖其为股东，要求法院执行股权，法律应否保护此种信赖？这就涉及如何理解权利外观主义的问题。笔者认为，基于登记的权利推定效力，名义股东的债权人有权请求执行名义股东的股权，但出让人作为实际股东可以请求确权，也可以通过提出执行异议之诉的方式保障自己的权利。当然，如果作为名义股东的受让人对股权进行了处分，如将股权转让或设定质押，第三人基于对登记的信赖，可以基于善意取得制度取得股权或股权质押。

4. 按照上文所述，大多数情况下，受让人并不会基于股权让与担保的安排，获得公司的股东资格，享有公司的股东权利，如此时由其对公司债权人承担责任，则明显权责失衡。

5. 基于股权让与担保安排的受让人，其实质身份是债权人而非股东，其兑现债权的行为是合法的，这就导致受让人并未承受原股东对公司的出资义务，不存在抽逃出资的行为。

6. 即便驳回了债权人追加受让人为被执行人或要求受让人承担责任的请求，公司债权人亦存在救济途径。公司债权人可追加出让人为被执行人或要求出让人承担责任，此不影响公司债权人的债权实现。

7. 事实上，无论是民法基本原则的相关规定还是最高人民法院的相关判例，在涉及股东或债权人的资格认定问题上，不同主体的法律关系均适用不同的认定原则。在公司内部股东与公司之间关系认定上，偏重于实质要件；而对于外部在处理实际出资人与善意第三人的关系时，则偏重于形式要件，以保护善意第三人的利益和公平的交易秩序。

8. 2018 年 7 月 17 日，《山东省高级人民法院民二庭关于审理公司纠纷案件若干问题的解答》出台，其中第六点明确了“实际出资人要求停止执行的诉讼请求，应予支持”的司法观点。

《山东省高级人民法院民二庭关于审理公司纠纷案件若干问题的解答》与本文案例中执行法院、一审法院、二审法院乃至最高人民法院的审判观点相一致，都认为实际出资人是可以对抗名义股东的债权人对其股份强制执行的，但要符合以下两点要求：首先，异议人能够证明自己是实际出资人，对股份享有所有权。实际出资人实际就是隐名股东。其次，名义股东的债权人并非基于股权交易而对名义股东享有债权。换言之，该债权人不是与名义股东进行股权交易的相对方。该解答中对这一点进行了详细阐述：如果名义股东债权人申请执行的是其与名义股东因借款关系等而形成的一般债权，债权人并没有与名义股东从事涉及股权交易的民事法律行为,从权利外观原则来看,此时的债权人不是基于信赖权利外观而需要保护的民事法律行为之善意第三人,故其债权请求不能受到优先于实际权利人的保护。

综上,笔者认为,商事外观主义作为商法的一项原则,通常系以保护交易安全,维护善意第三人利益的角度为出发点的。商事外观主义原则,是特定场合下的一种利益权衡规则,其基本目的在于降低交易成本,维护交易安全,但其适用可能损害实际权利人的利益。虽然担保权人经登记注册为股东,但其实际上是目标公司债权人,目标公司其他债权人并非系就该登记股权而直接进行交易的相对人,而仅是普通债权人,其不属于《公司法》第 32 条第 3 款规定的“第三人”,因此,其他债权人追加实质上作为债权人的名义股东为被执行人法律依据不足。

三、公司债权人以出资瑕疵为由追加名义股东为被告或被执行人

公司作为具有独立法人人格的经济实体,最显著的特征就是公司享有法人财产权,以其全部财产对公司债务承担责任。公司股东依法按期将注册资金缴纳至公司,维护的是公司的法人财产权,同时也是对交易相对方的保障,有利于保障交易安全,促进社会的发展。公司的正常经营直接依赖于股东的出资,股东不履行义务或不恰当出资而导致的瑕疵出资,直接影响或损害公司经营和债权人的利益。为此,《公司法解释三》第 13 条第 2 款规定:“公司债权人请求未履行或者未全面履行出资义务的股东在未出资本息范围内对公司债务不能清偿的部分承担补充赔偿责任的,人民法院应予支持……”第 14 条第 2 款规定:“公司债权人请求抽逃出资的股东在抽逃出资本息范围内对公司债务不能清偿的部分承担补充赔偿责任、协助抽逃出资的其他股东、董事、高级管理人员或者实际控制人对此承担连带责任的,人民法院应予支持……”因此,公司股东能够成为债权人对目标公司诉讼案件的被告。

《公司法》第 32 条第 3 款规定,公司应当将股东的姓名或者名称向公司登记机关登记;登记事项发生变更的,应当办理变更登记。未经登记或者变更登记的,不得对抗第三人。《公司法解释三》第 26 条规定,公司债权人以登记于公司登记机关的股东未履行出资义务为由,请求其对公司债务不能清偿的部分在未出资本息范围内承担补充赔偿责任,股东以其仅为名义股东而非实际出资人为

由进行抗辩的，人民法院不予支持。名义股东根据前款规定承担赔偿责任后，向实际出资人追偿的，人民法院应予支持。

债权人请求抽逃出资股东承担补充责任的法律依据为《公司法解释三》第14条第2款。

同时，《变更追加规定》第17条规定："作为被执行人的营利法人，财产不足以清偿生效法律文书确定的债务，申请执行人申请变更、追加未缴纳或未足额缴纳出资的股东、出资人或依公司法规定对该出资承担连带责任的发起人为被执行人，在尚未缴纳出资的范围内依法承担责任的，人民法院应予支持。"可见，根据《变更追加规定》，法院追加让与担保权人为被执行人，主要是基于让与担保权人作为债务人公司的股东未足额缴纳出资款或抽逃出资。在此情形下，名义股东（担保权人）与第三人发生关联。由此产生的问题是，当事人约定以股权转移至债权人名下的方式为债务提供担保，债权人由此成为公司的名义股东，当出现股东未履行出资义务或者未全面履行出资义务之时，公司或者公司的债权人能否要求名义股东承担连带责任？对此，司法实践中存在不同观点。

股东法定义务的核心为"出资"。《公司法解释三》第14条第2款规定，公司债权人请求抽逃出资的股东在抽逃出资本息范围内对公司债务不能清偿的部分承担补充赔偿责任、协助抽逃出资的其他股东、董事、高级管理人员或者实际控制人对此承担连带责任的，人民法院应予支持；抽逃出资的股东已经承担上述责任，其他债权人提出相同请求的，人民法院不予支持。《公司法解释三》第18条规定："有限责任公司的股东未履行或者未全面履行出资义务即转让股权，受让人对此知道或者应当知道，公司请求该股东履行出资义务、受让人对此承担连带责任的，人民法院应予支持……"因此，股权受让人在特定情况下须承担股权转让方瑕疵出资的连带责任。因此，区分股权让与担保和股权转让具有重要意义。让与担保权人本质上是有担保的债权人，而非股东，其实现债权的行为是合法的，且其取得债权时往往已支付对价，一般不存在抽逃出资行为。不过，由于股权让与担保属于非典型担保，未有相应的公示方式，故关于公司的对外关系，还需要考虑第三人的信赖利益保护问题。

另外，受让人作为名义股东，在其以股东身份对股权进行处分，如将股权转让或设定质押的情况下，第三人基于对登记的信赖可能基于善意取得制度取得股权或股权质押。此时，出让人无权向该善意第三人主张返还股权，只能请求受让人承担侵权责任,这也是股权让与担保这一担保模式自身蕴含的风险。

基于股权登记效力,担保权人作为公司登记股东对外将产生是否承担瑕疵出资责任的问题,以及担保权人实现债权并回转股权时,是否构成抽逃出资的问题,并且该类问题主要集中于针对公司债务的执行阶段。

因为股权让与担保具有股权转让的外观,当事人以外的第三人很难从外部探知双方的真实意图,因而,在股权让与担保的安排下,与当事人之间发生联系的债权人主要有两种,即受让人的债权人与公司的债权人。在以股权为担保财产的让与担保中,债权人(让与担保权人)处于名义股东的地位,在目标公司不能清偿到期债务时,目标公司其他债权人是否可以依据《公司法解释三》第 14 条规定,基于工商登记要求让与担保权人对公司债务不能清偿的部分在抽逃出资本息范围内承担补充赔偿责任?

该问题的核心焦点在于,在担保人作为公司设立股东存在瑕疵出资的情况下,如何平衡担保人、担保权人以及公司债权人之间的利益。在实务中,不乏争议。

(一)第一种观点认为,可以追加,即名义股东不得对抗第三人

有观点从商事外观主义原则角度认为,应认定担保权人就设立人的瑕疵出资行为承担责任。理由:《民法典》第 65 条规定,“法人的实际情况与登记的事项不一致的,不得对抗善意相对人”,《公司法》第 32 条第 3 款规定,“……未经登记或者变更登记的,不得对抗第三人”。担保权人通过股权登记,对外具有公司股东的权利外观,公司债权人对此具有合理的信赖。根据商法交易中的公示主义与外观原则,公司债权人凭借对登记内容的信赖,可以合理地相信登记的股东就是真实的股东,可以要求其在未出资范围内对债权人未获清偿的债权承担补充赔偿责任。因此,担保权人虽仅为登记之名义股东,但仍应对外承担瑕疵出资的责任。债权人受让股权并在工商部门完成相关股权变更登记时,工商变更登记对股东身份认定具有公示力和公信力,应认定其已经取得公司股东身份,当事人之间关于股权让与担保的内部约定,不得对抗第三人,第三人不受当事人内部约定的约束,故名义股东应承担连带责任。

例如,张某与昆明誉明投资开发有限公司借款合同纠纷案【云南省昆明市中级人民法院(2019)云 01 民终 5930 号民事判决书】。法院认为:本案中,上诉

人主张其虽为登记于公司登记机关的股东，但所持有的云南佰旺公司股权实为为借款提供的让与担保，其不是云南佰旺公司的真实股东，不享有公司法规定的股东权利，也不承担任何股东责任。经审查，现公司登记机关登记显示的企业信用信息公示报告中上诉人为云南佰旺公司的股东，根据商法交易中的公示主义与外观主义原则，誉明公司凭借对登记内容的信赖，一般可以合理地相信登记的股东(名义股东)就是真实的股权人，可以要求其在未出资范围内对债权人未获清偿之债权承担补充赔偿责任，上诉人作为名义股东，即使其与实际出资人之间存在内部约定，该内部约定也仅在双方之间发生法律效力，不能对抗第三人，即上诉人不能以其非实际权利人为由拒绝承担赔偿责任。因此，誉明公司要求上诉人就本案债务在对云南佰旺公司认缴但尚未出资本息范围内对其承担补充赔偿责任，于法有据，应予支持。

有的法院根据《公司法解释三》第 26 条的规定，认为名义股东不足以免除其作为公司股东所应负担的责任。例如，湖南湘融资产管理有限公司与林某执行异议之诉案【福建省高级人民法院(2018)闽民终 1357 号民事判决书】。法院认为：湘融资产管理公司抗辩称，其并非衡阳中耀公司的股东，而是基于让与担保代衡阳信用担保公司持有衡阳中耀公司的股权，并非衡阳中耀公司的真正股东。根据《公司法解释三》第 27 条第 1 款的规定："公司债权人以登记于公司登记机关的股东未履行出资义务为由，请求其对公司债务不能清偿的部分在未出资本息范围内承担补充赔偿责任，股东以其仅为名义股东而非实际出资人为由进行抗辩的，人民法院不予支持。"无论湘融资产管理公司该抗辩理由所依据的事实是否成立，湘融资产管理公司仅以自己是衡阳中耀公司的名义股东而非实际出资人为由，不足以免除其作为衡阳中耀公司的股东所应负担的责任。

有的法院认为，担保权人通过工商登记变更成为股东后，未按照认缴数额和时间足额出资。因此，公司债权人有权追加担保权人为被执行人对公司债务承担清偿责任。例如，郭某某与王某某等执行异议之诉纠纷案【河南省汝阳县人民法院(2020)豫 0326 民初 3834 号民事判决书】。法院认为：从本案情况来看，原告郭某某系通过与德泉石化公司股东史某某签订股权转让协议，受让公司 20% 股份而成为该公司股东至今。公司章程显示的认缴出资数额为 1400 万元，出资期限为 2018 年 12 月 31 日前。现原告郭某某无证据证明在成为该公司股东后已经按照认缴数额和时间足额出资。因此，被告王某某追加原告郭某某为被执行人对公司债务承担清偿责任,具有事实和法律依据。

有的法院基于《公司法解释三》第13条第2款的规定,认为担保权人作为认缴资本制度下的股东,其出资义务只是暂缓,而不是永久免除,在公司经营发生重大变化时,债权人可以要求公司股东缴纳出资,以用于清偿公司债务。因此,公司债权人有权要求担保权人在未出资本息范围内承担补充赔偿责任。例如,湖南信宜园林景观工程有限公司与衡阳花花世界旅游发展有限公司、武某某、余某某建设工程施工合同纠纷案【湖南省衡阳市珠晖区人民法院(2018)湘0405民初158号民事判决书】。法院认为:从花花世界旅游公司初始注册登记来看,其股东为余某某,且未履行完全出资义务,依据《公司法解释三》第13条第2款"公司债权人请求未履行或者未全面履行出资义务的股东在未出资本息范围内对公司债务不能清偿的部分承担补充赔偿责任的,人民法院应予支持"之规定,余某某应当在未出资本息范围内承担补充赔偿责任,同时,余某某作为认缴资本制度下的股东,其出资义务只是暂缓,而不是永久免除,在公司经营发生重大变化时,债权人可以要求公司股东缴纳出资,以用于清偿公司债务。因此,对原告要求余某某在未出资本息范围内承担补充赔偿责任的诉讼请求,本院予以支持。

有的法院认为,担保权人在通过股权转让并修改公司章程进而在工商部门完成相关股东变更登记后,因公司章程及工商变更登记对股东身份认定具有证权功能,且具有公示力和公信力,应认定其已取得公司法上规定的股东身份,应当承担股东出资责任。股权让与担保属另一法律关系,可另行主张权利。例如,湖北长兴建设工程有限公司与湖北九洲农牧发展有限公司等建设工程施工合同纠纷案【湖北省云梦县人民法院(2017)鄂0923民初1017号民事判决书】。法院认为:被告覃某某辩称其虽受让了公司股权并依法完成了变更登记,但实际上该股权变更行为属于让与担保性质,是对九洲农牧公司与覃某某之间借款行为的担保,因此覃某某并非真正的股东,也不应承担相应的股东责任等理由。覃某某在通过股权转让并修改公司章程进而在工商部门完成相关股东变更登记后,因公司章程及工商变更登记对股东身份认定具有证权功能,且具有公示力和公信力,应认定其已取得公司法上规定的股东身份,其辩称不是真正股东及不承担股东责任的理由不能成立;其辩称股权变更行为属于让与担保性质,属另一法律关系,可另行主张权利。

再如,李某某与乔某某、北京太阳鸟酒店管理有限公司、米某执行异议之诉案【北京市第二中级人民法院(2021)京02民终5594号民事判决书】。法院认为:乔某某、米某及太阳鸟公司均认可乔某某不是太阳鸟公司的真实股东,股份仅为借款的担保,不应承担股东责任。李某某主张乔某某是太阳鸟公司的股东,应承担股东责任。一审法院认为,乔某某提交的证据不足以证明存在股权质押或股权让与担保的事实,班某某与乔某某签订的《出资转让协议书》记载了班某某与乔某某股权转让的合意,该协议书为当事人真实意思表示,应为合法有效,并且进行了股东身份的工商变更登记,具有公示公信效力。虽然乔某某受让股权部分原因可能是《股权抵押合同》,且《出资转让协议书》也并未约定股权转让对价,但并不能以此否认乔某某的股东身份,更不能免除乔某某所负有的按期足额缴纳其所认缴出资额的法定义务。

(二)第二种观点认为,不应追加名义股东即担保权人为被执行人

该观点认为,名义股东基于股权让与担保的目的,并不取得股东资格,并非真正意义上的股东,且其取得股权往往支付了对价,故不应承担连带责任。只不过法院作出判理的角度不同而已。

有的法院认为,担保权人自始至终并没有形成对公司入股、成为公司股东的意思表示,公司债权人以出资不属实为由要求担保权人承担还款责任没有事实根据和法律依据。例如,云南功成经贸有限公司与陈某某、冯某某、马甲、云南名峰露酒有限公司执行异议之诉纠纷案【昆明市呈贡区人民法院(2019)云0114民初5964号民事判决书】。法院认为:股权让与担保是指债务人为保证清偿借款而向债权人作出"债务人将股权转让至债权人名下,待债务人履行清偿义务后,债权人应将股权返还给债务人"的意思表示。本案中,马甲与原公司法定代表人马乙之间的民间借贷关系经由银行流水及借款合同证实借贷成立生效。针对该借贷的股权让与担保系当事人的真实意思表示,且公司股东均无异议,该让与担保行为已全部履行完毕,对应的担保股权已变更至原公司股东名下。马甲自始至终并没有形成对公司入股、成为公司股东的意思表示。原告以出资不属实为由要求其承担还款责任无相应依据,马甲在本案中不应承担公司债务的还款责任。

有的法院认为,担保权人并非真正意义上的股东,不具备出资义务,不应对公司债务不能清偿的部分承担补充赔偿责任。例如,湖南信宜园林景观工程有

限公司与衡阳花花世界旅游发展有限公司、武某某、余某某建设工程施工合同纠纷案【湖南省衡阳市珠晖区人民法院（2018）湘0405民初158号民事判决书】。法院认为：花花世界旅游公司为英德紫海印象旅游发展有限公司、雷某某借款的担保人，其将股权转至债权人的委托代理人武某某的名下，该股权转让的真实意思表示系担保而非转让，即股权让与担保。由于武某某并非有限责任公司真正意义上的股东，不具备有限责任公司股东的出资义务，因此不应对案涉花花世界旅游公司债务不能清偿的部分承担补充赔偿责任。

有的法院认为，根据《变更追加规定》第19条的规定，可以追加为被执行人的是公司原始股东或发起人，而非继受股东。继受股东应否承担相应的责任，属于实体责任争议，公司债权人在执行程序中直接申请追加继受股东为被执行人，实际上是对继受股东诉权的侵害。涉及实体责任的争议应当通过诉讼程序审查和解决，不应在执行程序中直接追加担保权人为被执行人。例如，周某某与梅某某、李某、宋某某、江苏海升明科技有限公司、徐某某追加被执行人执行异议之诉案【盐城经济技术开发区人民法院（2019）苏0991民初2115号民事裁定书】。法院认为：周某某履行出资的期限尚未届满。且从本案查明的事实来看，周某某系继受股东。《变更追加规定》第19条规定："作为被执行人的公司，财产不足以清偿生效法律文书确定的债务，其股东未依法履行出资义务即转让股权，申请执行人申请变更、追加该原股东或依公司法规定对该出资承担连带责任的发起人为被执行人，在未依法出资的范围内承担责任的，人民法院应予支持。"该条追加的被执行人亦是原始股东或发起人，而非继受股东。继受股东应否承担相应的责任，属于实体责任争议，公司债权人在执行程序中直接申请追加继受股东为被执行人，实际上是对继受股东诉权的侵害。而梅某某申请追加周某某为被执行人应当符合法定条件。周某某应否承担股东责任以及周某某所主张的名为股权转让实为股权让与担保均为诉讼程序中应当实体审查的问题，涉及实体权利责任的认定确定，应依照《公司法解释三》第18条第1款关于"有限责任公司的股东未履行或者未全面履行出资义务即转让股权，受让人对此知道或者应当知道，公司请求该股东履行出资义务、受让人对此承担连带责任的，人民法院应予支持；公司债权人依照本规定第十三条第二款向该股东提起诉讼，同时请求前述受让人对此承担连带责任的，人民法院应予支持"的规定，参照《九民纪要》的相关规定，通过相应诉讼程序进行审查，而非准许梅某某在执行程序中直接追加周某某为被执行人。(2019)苏0991执异41号执行裁定书在执行程序中追加周某某为本案被执行人,实际上对周某某的诉权构成了侵害,亦违背了上述法定原则,应予纠正。至于周某某应否承担责任,梅某某可依据相关法律规定通过诉讼程序解决。由此而引起的执行异议之诉程序相应失去了存在的基础,故本案应驳回周某某的起诉。

有的法院从担保权人是否为被执行人的开办单位角度,认为担保权人不是被执行人的开办单位,而是通过股权转让方式成为被执行人的股东的,不符合2008年《最高人民法院关于人民法院执行工作若干问题的规定(试行)》第80条关于"被执行人无财产清偿债务,如果其开办单位对其开办时投入的注册资金不实或抽逃注册资金,可以裁定变更或追加其开办单位为被执行人,在注册资金不实或抽逃注册资金的范围内,对申请执行人承担责任"之规定。因此,不能追加担保权人为被执行人。例如,孙某某与绥芬河市澳普尔科技投资有限公司、绥芬河市澳普尔房地产开发有限公司民间借贷纠纷案【黑龙江省高级人民法院(2016)黑执复57号执行裁定书】。执行法院追加被执行公司的股东中信公司为被执行人时,中信公司即提出,其受让股权系基于让与担保。法院认为:根据《最高人民法院关于人民法院执行工作若干问题的规定(试行)》第80条的规定,本案中,中信公司不是被执行人澳普尔投资公司的开办单位,而是通过股权转让方式成为澳普尔投资公司股东的。因此,不能追加中信公司为本案被执行人。

有的法院基于《公司法解释三》第18条关于"有限责任公司的股东未履行或者未全面履行出资义务即转让股权,受让人对此知道或者应当知道,公司请求该股东履行出资义务、受让人对此承担连带责任的,人民法院应予支持;公司债权人依照本规定第十三条第二款向该股东提起诉讼,同时请求前述受让人对此承担连带责任的,人民法院应予支持。受让人根据前款规定承担责任后,向该未履行或者未全面履行出资义务的股东追偿的,人民法院应予支持"之规定,认为担保权人受让股权时,通过审查目标公司的工商档案、营业执照、验资报告、审计报告确认受让股权之前公司股东已经实缴注册资本,已经尽到了注意义务。因此,不能追加担保权人为被执行人。例如,李某与中信信托有限责任公司、绥芬河市澳普尔科技投资有限公司追偿权纠纷案【最高人民法院(2018)最高法民申1215号民事裁定书】。中信公司受让股权,成为澳普尔公司100%控股股东,受让股权的目的是让与担保。对此,法院认为:中信公司受让股权时,从澳普尔公司的工商档案、营业执照及绥芬河广信会计师事务所出具的绥广验字 2007 第 45 号验资报告、黑龙江天衡同信会计师事务所有限公司黑天衡会审字〔2010〕4 号审计报告来看,中信公司受让股权之前该公司股东的实缴资本为 1 亿元,中信公司通过审查上述公司文件已经尽到了注意义务。根据以上事实和法律规定,二审法院认定李某未能提供澳普尔公司原股东未履行出资义务,中信公司受让股权时对此知道或应当知道的相关证据,驳回李某要求中信公司承担责任的请求。该认定并无不当,本院予以维持。

有的法院从担保权人是债权人而不是股东的角度,认为担保权人虽基于股权转让协议成为拥有工商登记上目标公司的股东,但此并非实体意义上的股权买卖,而仅为形式意义上的变更登记,在债务人清偿债务后,其所有股权仍返还原股东或其指定的第三人。担保权人仅是目标公司的债权人而非股东,无须对目标公司的债务承担相应的责任。例如,无锡市任墅水泥有限公司与新华信托股份有限公司、中国金谷国际信托有限责任公司等借款合同纠纷案【江苏省无锡市中级人民法院(2017)苏 02 民终 825 号民事判决书】。法院认为:金谷公司在本案中的地位系汇鑫公司的让与担保权人即债权人,无须对汇鑫公司的债务承担责任。基于金谷公司与汇鑫公司之间签订的信托合同及债务确认协议,可以确认金谷公司取得了聆湖美墅项目的特定资产收益权,汇鑫公司负有分期向金谷公司支付特定资产收益的义务;为担保汇鑫公司履行义务,汇鑫公司以其特定资产提供抵押担保,即汇鑫公司的股东将其持有的汇鑫公司的 100% 的股权无偿转让给金谷公司,待合同履行完毕,金谷公司再将该等股权按照受托人受让该等股权时的比例无偿转让给原股东或原股东指定的第三方。这一约定,实质上是通过让与财产所有权的方式担保债务的履行,这种担保行为系合同双方当事人真实意思合意,并未违反法律及行政法规关于合同效力的强制性规定,应认定为有效。由于让与担保的发生和成立以被担保债权的发生或成立为前提条件,所有权转移的首要目的是担保而非所有权让渡,因此,让与担保是债权合同的从合同,其所有权转移只是外观的、暂时的、可回转的。当被担保债权被清偿时,该担保权随之消灭,所有权亦必须返还。本案中,金谷公司虽基于 2011 年 12 月 22 日的股权转让协议成为拥有工商登记上汇鑫公司 100% 股权的股东,但此并非实体意义上的股权买卖,而仅为形式意义上的变更登记,在汇鑫公司清偿债务后,其所有股权仍返还原股东或其指定的第三人。既然金谷公司仅是汇鑫公司的债权人而非股东，那么，对于汇鑫公司的债务，金谷公司当然无须承担相应的责任。事实上，金谷公司亦基于信托合同及债务确认协议，就其对汇鑫公司享有的金额为3亿元（包含其向新华公司开立的共管账户中汇入的2亿元）的债权已经向江苏省高级人民法院申请执行，并且该案经江苏省高级人民法院指定南京市建邺区人民法院执行，金谷公司经司法途径主张其自身债权进一步印证其为汇鑫公司的债权人而非股东。故对任墅公司要求金谷公司对汇鑫公司的付款义务承担责任的主张，不予采信与支持。

有的法院认为，让与担保股权虽然登记在担保权人名下，但股权的实际权属未发生变化，仍属于担保人所有。担保权人不存在抽逃注册资金行为时，公司债权人不能追加担保权人为被执行人，且担保权人有权提起执行异议之诉，其异议成立。例如，仙桃市新基业建材有限公司与湖北中亿房地产开发有限公司、武汉市百富勤置业有限公司买卖合同纠纷案【湖北省仙桃市人民法院（2016）鄂9004执异19号执行裁定书】。法院认为，何某某以自己所有的中亿公司90%的股权作为担保向异议人借款，其与异议人之间的法律关系名为股权转让，实是借款行为。异议人以登记在自己名下的股权，为中亿公司向外借款提供担保，何某某向中亿公司借款清偿自己所欠异议人的债务，在此过程中，中亿公司90%股权的实际权属未发生变化，仍属于何某某所有，即系何某某以自己90%股权担保中亿公司借款来清偿其个人债务，该行为未损害公司的偿债能力，何某某仍应以自己的出资额对中亿公司承担有限责任。因无充分证据证实异议人存在抽逃注册资金行为，故追加异议人为本案被执行人无充分事实根据，异议人的异议成立。

有的法院从公司债权人非与登记股权直接进行交易的相对人角度，认为不能追加担保权人为被执行人。例如，新华信托股份有限公司与乔某某执行异议之诉纠纷案【吉林省松原市中级人民法院（2017）吉07民终1218号民事判决书】。法院认为：虽然新华信托经登记注册为博翔公司股东，但其实际上系博翔公司债权人，且乔某某并非是就该登记股权直接进行交易的相对人，而仅是普通债权人。因此，不得追加新华信托为被执行人。

实务中，大部分司法判例认为让与担保权人没有成为公司股东的真实意愿，不具备股东资格，因此对公司不负有出资义务（包括出资不实、逾期出资、抽逃出资），相对地，对转让人的债权人也不负有出资责任。

登记为名义股东的受让人本质上是有担保的债权人，而非股东，其不是公司的真正股东，该股权其实不过是一种公司股权的让与担保，债权人实现债权行为是合法行为，加之其取得股权往往是支付对价的，债权人不对股东的出资承担瑕疵责任。因此，不能让债权人对公司债务承担补充赔偿责任或连带责任。例如，新疆投资发展(集团)有限责任公司与海峡石化工贸有限公司等合同纠纷案【最高人民法院(2018)最高法民终54号民事判决书】。法院认为：为保证海峡公司与山东金石公司签订的《加工协议》顺利履约，叶某某、朱某某将二人持有的金石财富公司的全部股份转让给海峡公司，在《加工协议》履行终结后，海峡公司又将其持有的金石财富公司的全部股份退还给叶某某、朱某某。双方明确约定，金石财富公司股权相互转让的实质是为《加工协议》提供股权担保，并不作其他用途，且转让已经过股东会决议，符合公司法的相关规定。新投公司以海峡公司曾经受让金石财富公司的股份而成为该公司股东为由，认为海峡公司应承担股东出资不实的补充赔偿责任的上诉理由，没有事实和法律依据，不能成立。

有的法院认为，让与担保权人不具有真实的受让和转让股权的意思表示，不具有股东身份。且让与担保权人不参与公司管理，不负有知道公司注册资本到位情况的法定义务，不宜认定由其承担相应的补足注册资金的连带责任。例如，湖南金品电器有限公司与袁某某等追收未缴出资纠纷案【湖南省新化县人民法院(2020)湘1322民初1427号民事判决书】。法院认为：被告胡某基于其与袁某某、金品公司的债权债务关系，而约定将作为担保人的被告戴某某名下的股权全部过户到被告胡某名下的行为，探究双方的真实意思，实际是一种让与担保行为，而不具有真实的受让和转让股权的意思表示，因此不宜认定胡某的身份为股东。且各方在《借款协议书》中约定的很清楚——“各股东在湖南金品电器有限公司的认缴注册资金均已实际注资到位，不存在股东注册资金不足或抽逃的情况”——胡某亦没有实际参与公司的管理和相关事务，原告及其他被告亦没有提交其他证据证明胡某对公司的注册资本到位情况知情，被告胡某亦没有必须知道公司注册资本到位情况的法定义务，故法院对其主张其不知道公司股东未履行出资义务的陈述予以采信，不宜认定由其承担相应的补足注册资金的连带责任。

有的法院认为，原始股东负有向公司完整、全面出资的法定责任，这种责任不因瑕疵股权的转让而免除，且让与担保权人没有成为股东的意思表示。公司应向瑕疵出资股东要求履行出资义务，而非向形式上受让股权的合作方主张出资款。例如,昆明鸿宇鑫颐房地产开发有限公司与云南鸿宇房地产开发有限公司、四川图腾实业有限公司股东出资纠纷案【云南省昆明市五华区人民法院(2018)云0102民初13676号民事判决书】。法院认为:本案中,经云南省高级人民法院生效判决认定,云南鸿宇公司及四川图腾公司虽然在事实上入股了鸿宇鑫颐公司,但两被告的真实意思表示应为以入股鸿宇鑫颐公司的形式进行三方合作,进而共同投资开发房地产项目,且三方明确约定不予支付股权转让价款,故云南鸿宇公司及四川图腾公司均无成为鸿宇鑫颐公司股东的意思表示。鸿宇鑫颐公司于2006年11月14日成立,股东(发起人)刘甲、刘乙及汪某某虽在公司成立时通过验资证实已实缴注册资本,并于2008年2月26日将股权转由云南鸿宇公司及四川图腾公司持有,但公司股东有向公司完整、全面出资的法定义务,未出资或出资不实、抽逃出资的股东有补足出资的责任,且这种责任不因瑕疵股权的转让而免除。本案中,鸿宇鑫颐公司认为股东存在瑕疵出资的情形,其应向瑕疵出资股东要求履行出资义务,而非向形式上受让股权的合作方主张出资款。综上,云南鸿宇公司及四川图腾公司无成为鸿宇鑫颐公司股东的意思表示,不应向其履行出资义务,故对鸿宇鑫颐公司要求云南鸿宇公司及四川图腾公司向其履行出资义务的诉讼请求应当予以驳回。

有的法院认为,让与担保权人只是名义股东,不是真正意义上的股权受让人,不享有股东权利,故其不负有股东出资义务。例如,安徽省天享肥业有限责任公司与滁州市众鑫包装有限公司等追收未缴出资纠纷案【安徽省滁州市中级人民法院(2019)皖11民终3138号民事判决书】。法院认为:众鑫包装公司主张张某某、中盛小贷公司对股东出资中的1650万元承担连带责任,天享肥业公司对股东出资中的1350万元承担连带责任。由于张某某、中盛小贷公司、天享肥业公司的真实意思并不是受让赵某某、郑某某的股权,双方签订的《股权转让协议》名为股权转让,实为股权让与担保;2015年6月13日赵某某、郑某某、天享肥业公司及众鑫包装公司在给中盛小贷公司的《承诺书》中也确认张某某持有众鑫包装公司55%的股权仅是对中盛小贷公司的债权担保。众鑫包装公司对此是明知的。因此,应当根据双方之间真实的法律关系确定其权利义务,即按照让与担保法律关系处理。张某某、天享肥业公司只是名义股东,不是真正意义上的股权受让人,不享有股东权利,故其不应承担股东责任。

有的法院认为,从《公司法解释三》第19条规定的文义解释来看,“股东未履行或者未全面履行出资义务”不包含抽逃出资。从形式上看,公司作出了股权转让的“同意”的意思表示,推定公司具有过错,股权转让后,公司不能在同意原股东抽逃行为的前提下,又向新股东主张责任,否则,有悖诚实信用原则。因此,让与担保权人不承担抽逃出资责任。例如,东台市中瑞银基地产有限公司与仲某某、上海鸿恒投资中心(有限合伙)追收抽逃出资纠纷案【江苏省东台市人民法院(2020)苏0981民初1759号民事判决书】。法院认为:中瑞公司诉求鸿恒中心因受让股东股权应承担连带责任。鸿恒中心抗辩称股权转让协议性质为让与担保,中瑞公司的请求没有法律依据。经审查,鸿恒中心于2011年8月与仲某某、田某、高某、张某签订股权转让协议,协议约定鸿恒中心以1元价格收购原中瑞公司各股东名下的股权。同时,鸿恒中心(转让方)与仲某某、田某、高某、张某(受让方)签订股权收购协议,协议约定受让方在项目公司归还鸿恒中心贷款本息后10日内,负责协调项目公司办理股权交付手续,转让方应予以配合。《公司法解释三》第19条明确的有限责任公司的股东未履行或者未全面履行出资义务即转让股权,受让人对此知道或者应当知道,公司请求该股东履行出资义务、受让人对此承担连带责任的规定,是关于瑕疵出资股权转让后出资责任承担的规定。从该条文的文义解释来看,股东未履行或者未全面履行出资的不包含抽逃出资,抽逃出资的行为发生在公司成立时。从形式上看,公司作出了“同意”的意思表示,此时推定公司具有过错,股权转让后,公司不能够在同意原股东抽逃行为的前提下,又向新股东主张责任,否则,有悖诚实信用原则。中瑞公司原股东与鸿恒中心签订的股权转让协议,是基于中瑞公司向鸿恒中心借款签订的《委托贷款合同》,并以股东股权转让为前提,该协议与股权收购协议同时签订,符合让与担保要件。同时,经法院已生效裁判文书确认,鸿恒中心为中瑞公司委托贷款1.8亿元,现中瑞公司仍有部分借款未还。因此,就本案案涉800万元的抽逃出资,中瑞公司要求鸿恒中心作为股权受让方承担连带责任,无事实和法律依据。

有的法院认为,担保权人是以继受方式取得股权的,该股权的原始出资方式与担保权人是否实缴出资的认定缺乏直接关联性,债权人以担保权人未履行出资义务为由,主张让与担保权人对公司债务承担补偿赔偿责任,缺乏事实和法律依据。例如,江苏永高融资租赁有限公司与邦易投资集团有限公司、任丘市喜彪洁具有限公司公司减资纠纷案【江苏省南京市中级人民法院(2020)苏01民终

9539号民事判决书】。法院认为：首先，从工商登记情况来看，邦易公司是以继受方式取得案涉股权的，该股权的原始出资方式与邦易公司是否实缴出资的认定缺乏直接关联性；其次，邦易公司与喜彪公司、王某某签订的担保协议约定，王某某质押给邦易公司的喜彪公司11%的股权已实缴出资；再次，邦易公司受让上述股权的2015年12月2日股东会决议载明，邦易公司出资550万元，出资时间为2015年12月2日；最后，喜彪公司章程附表3载明邦易公司认缴的550万元于2015年12月2日出资。因此，一审法院认定邦易公司受让的股权已实缴出资，具有事实根据。永高公司以邦易公司未履行出资义务为由，主张邦易公司对案涉债务承担补偿赔偿责任，缺乏事实和法律依据，本院不予支持。

有的法院认为，担保权人并非标的公司实质意义上的股东，并不能行使股东权利，不具备股东出资义务，也无须承担股东出资不实的法律责任。例如，广西大水牛企业管理有限公司与樊某某等民间借贷纠纷案【广西壮族自治区来宾市中级人民法院(2020)桂13民终1401号民事判决书】。法院认为：根据已查明的案件事实，大水牛公司的实际投资及控制人蓝某与莫老爷公司之间存在债权债务关系，涉及本金2000万元。借款合同与股权转让协议签订的时间间隔不长，且股权转让协议所约定的转让股比与转让对价显然与理性的商事主体的交易行为相悖，无法让人信服，故借款合同应为主合同，而大水牛公司与韦某某、莫某某之间的股权转让协议即应当属于为了担保上述主合同的履行而签订的从合同，即让与担保合同。故可以认定大水牛公司仅系莫老爷公司名义上的股东，而并非公司法上享有股东权利、承担股东义务的实质股东。由于大水牛公司并非有限责任公司真正意义上的股东，其并不能行使该股东权利，不具备有限责任公司股东的出资义务，亦无承担股东出资不实法律责任之义务，因此不应对本案莫老爷公司的债务不能清偿部分承担补充赔偿责任。

有的法院认为，担保权人是标的公司的债权人，无须对目标公司的债务承担股东责任。例如，无锡市任墅水泥有限公司与新华信托股份有限公司、中国金谷国际信托有限责任公司等借款合同纠纷案【江苏省无锡市中级人民法院(2017)苏02民终825号民事判决书】。法院认为：该案涉及新华信托和金谷信托两家信托公司。其中，新华信托以0.79亿元受让汇鑫公司原股东股权，以货币出资的形式向汇鑫公司增资1.21亿元。新华信托与汇鑫公司约定，以汇鑫公司支付给其2亿元的形式退出公司。后金谷信托基于让与担保关系受让汇鑫公司原股东股权，成为让与担保权人。关于金谷信托的责任认定，江苏省无锡市中级人民法院认为，金谷公司在本案中的地位系汇鑫公司的让与担保权人即债权人，无须对汇鑫公司的债务承担股东责任。

有的法院认为，股权让与担保只是担保主债权实现的形式，让与担保权人不参与目标公司的实际经营，不应对外承担责任。例如，河南融臻食品产业投资基金（有限合伙）与杨某某等民间借贷纠纷案【河南省漯河市中级人民法院（2020）豫11民再17号民事判决书】。法院认为：融臻基金所持有的家乐送公司的3000万元的股份实际上是借款的一种担保形式，即股权让与担保，双方签订的《股权转让协议》具有让与担保的性质，融臻基金不参与家乐送公司的实际经营，股权让与担保只是担保该债权实现的形式，不应对外承担责任。

有的法院认为，让与担保权人基于"股权让与担保"成为目标公司股东，其并不能行使该股权，亦无须承担股东出资不实法律责任。例如，湖南信宜园林景观工程有限公司与武某某、衡阳花花世界旅游发展有限公司、余某某建设工程施工合同纠纷案【湖南省衡阳市中级人民法院（2019）湘04民终1351号民事判决书】。法院认为：股权让与担保是为主债务提供担保，受让人通常不为此而支付对价，同时未届清偿期前受让人不得行使和处分该股权。本案中，因雷某某向唐某某、翁某借款，花花世界旅游公司对此提供担保，并同意由债权人委托的武某某持有花花世界旅游公司部分股权，当雷某某履行还款义务时武某某应将相应股权归还，故花花世界旅游公司股东余某某与武某某签订的股权转让协议中约定，武某某以0元的价格受让余某某在该公司的股份，武某某基于"股权让与担保"成为花花世界旅游公司股东，但其并不能行使该股权，亦无承担股东出资不实法律责任之义务，一审判决武某某在本案中不承担责任并无不当。

例如，张某与冉某某、重庆上金安面业有限公司等执行异议之诉案【重庆市第四中级人民法院（2020）渝04民终1568号民事判决书】。法院认为：本案中，张某于2018年1月23日受让曾某某在重庆上金安面业有限公司的股份成为股东，其认缴出资490万元，出资时间为2019年12月31日，但其在认缴出资期限内实际出资200万元，尚欠认缴资本290万元，也未补足出资。而张某也未举示证据证明重庆上金安面业有限公司或其他被执行人存在相应财产足以清偿尚欠冉某某的债务，因此张某作为重庆上金安面业有限公司的股东，其未依法足额缴纳出资的行为已致使公司缺乏偿还债务的能力，损害了债权人的合法权益。故申请执行人冉某某申请张某在未缴纳出资范围内对重庆上金安面业有限公司所欠债务承担责任于法有据，酉阳土家族苗族自治县人民法院针对其追加请求作出的追加张某为被执行人的裁定符合诚实信用原则及上述司法解释的规定，应予支持。但张某欠缴重庆上金安面业有限公司注册资本的范围应变更为290万元。对于张某认为自己是借款给公司，与公司之间属于让与担保法律关系的辩解，因该辩解与工商登记不符，不予采信。

又如，云南功成经贸有限公司与陈某某、冯某某、马某某、云南名峰露酒有限公司执行异议之诉纠纷案【昆明市呈贡区人民法院（2019）云0114民初5964号民事判决书】。法院认为：因被执行人云南名峰露酒有限公司无财产可供执行，法院于2017年2月24日作出（2016）云0114执第75号执行裁定：终结本次执行程序。陈某某作为股东未就其出资情况向法院充分举证，被执行人云南名峰露酒有限公司无财产可供执行，侵害了申请执行人的合法权益，陈某某应在未缴纳出资的范围内对外承担责任。"未缴纳或未足额缴纳出资"包括"分期缴纳尚未届满缴纳期限的出资"。本案属于未足额缴纳出资的情形，剩余的认缴出资即便未到期，但因被执行人现无财产可供执行，该情形已损害债权人的利益，原告申请追加其为被执行人，符合前述法定情形。陈某某作为股东应在其未缴纳的认缴出资数额内对外承担责任。法院依法追加陈某某为被执行人，并确认其在650万元的范围内对原告承担责任。

仅以经登记注册为该公司股东的外观公示行为作为追加其为被执行人的法律依据不足。例如，新华信托股份有限公司与乔某某执行异议之诉纠纷案【吉林省松原市中级人民法院（2017）吉07民终1218号民事判决书】。一审法院认为：在名实股东的问题上要区分内部关系和外部关系，对内部关系产生的信托投资纠纷，可以以当事人之间的约定为依据，或是真实的股权投资，或是明股实债；而对外部关系不适用内部约定。按照《公司法》第32条第3款关于"公司应当将股东的姓名或者名称资额向公司登记机关登记；登记事项发生变更的，应当办理变更登记。未经登记或者变更登记的，不得对抗第三人"之规定，第三人不受当事人之间的内部约定约束，而是以当事人之间对外的公示为信赖依据。本案不是一般的借款合同纠纷或信托投资纠纷，而是因善意债权人行使债权而衍生的执行异议诉讼，本案的处理结果涉及博翔公司的所有债权人的利益，应适用公司的外观主义原则。也就是说，博翔公司所有债权人实际均系信托关系的第三人,对公司管理机关登记所公示的内容,即新华信托对博翔公司增资20,000万元并成为博翔公司的股东,博翔公司之外的第三人有合理信赖的理由。新华信托作为一个有资质的信托投资机构,应对此所产生的法律后果有清晰的认识,故新华信托提出的其系以股权形式作为增信措施,实际与博翔公司之间系借贷关系的主张,属于新华信托与博翔公司之间的内部关系,不能产生对抗第三方的效力,其要求按照债权关系处理本案纠纷既违反了公司法的规定,又在现行法律上无法律基础,故法院对其主张依法不予采纳。但二审法院认为:关于应否适用商事外观主义原则追加新华信托为被执行人的问题。商事外观主义作为商法的一项原则,通常是以保护交易安全,维护善意第三人利益为出发点的。商事外观主义原则,是特定场合下的一种利益权衡规则,其基本目的在于降低交易成本,维护交易安全,但其适用可能损害实际权利人的利益。就本案而言,能够认定新华信托与博翔公司、谢甲、谢乙、谢丙之间的真实意思表示为信托融资债权债务关系,且就20,000万元融资事项已经履行完毕。仅以经登记注册为该公司股东的外观公示行为作为追加其为被执行人的法律依据不足。

(三)笔者的观点

笔者认为,经由股权让与担保安排而受让目标公司股权的股东仅为名义股东,基于股权让与担保的目的,其并不取得股东资格,并非真正意义上的股东,其不应对目标公司的债务承担责任。理由如下:

1.《公司法解释三》相关规则的预设前提并未虑及股权让与担保。《公司法解释三》第26条规定:"公司债权人以登记于公司登记机关的股东未履行出资义务为由,请求其对公司债务不能清偿的部分在未出资本息范围内承担补充赔偿责任,股东以其仅为名义股东而非实际出资人为由进行抗辩的,人民法院不予支持。名义股东根据前款规定承担赔偿责任后,向实际出资人追偿的,人民法院应予支持。"该条所预设的前提是,实际出资人与名义股东之间通过隐名投资协议约定名实分离,名义股东行使股权,实际出资人享有投资权益。故在这种情形下,因名义股东实际行使股东权利,由名义股东对第三人承担责任,达到了权责平衡。[①]

---

① 最高人民法院民事审判第二庭:《最高人民法院关于公司法解释(三)、清算纪要理解与适用(注释版)》,人民法院出版社2016年版,第408~409页。

同时,在上述代持股的情形中,按照名义股东与公司的最初约定,名义股东本身即负有对公司承担出资的义务,所以,其不得以内部约定对抗第三人。但是在股权让与担保中,由前述可知,基于担保目的和实际操作情形,担保权人大多数情况下并不享有也不行使股东权利,公司亦不允许其行使股东权利,此时由其对第三人承担责任,是为权责失衡。而且,在前述多数案件中,名义股东往往是公司的债权人,若其一方面出借款项于目标公司,另一方面又成为目标公司债权人的追责主体,对担保权人不公平。同时,对于公司而言,受让人不负有对公司出资的义务,其也就不应承担责任。

2. 名义股东实际地位为债权人,其不负有出资义务。股权让与担保安排中的股权受让人实际为有担保的债权人,其受让股权并非真正意义上的股权转让。这就导致名义股东一方面不可能完成抽逃出资的行为,另一方面其并未承受原股东对公司的出资义务,“股权转让所表达的,是转让方将其与有限责任公司之间的权利义务关系,概括地转让给受让人”。在此基础上,《公司法解释三》第 18 条关于股权转让中受让人承担责任的规则不应适用于股权让与担保情形。

3. 驳回债权人要求名义股东对公司债务承担责任的请求不损害公司债权人的利益。若查明公司实际股东存在未履行出资义务的情形,在驳回公司债权人追加名义股东为被执行人、要求名义股东承担责任的请求后,公司债权人追加实际股东为被执行人,要求实际股东承担责任即可,此不影响公司债权人债权的实现。

4. 鉴于登记为名义股东的受让人本质上是有担保的债权人而非股东,且其实现债权行为是合法行为,加之其取得债权往往是支付对价的,一般不存在抽逃出资问题。因此,不能让其承担补充赔偿责任。

5. 还要看到,受让人作为名义股东,在其以股东身份对股权进行处分,如将股权转让或设定质押的情况下,第三人基于对登记的信赖可能基于善意取得制度取得股权或股权质押。此时,出让人无权向该善意第三人主张返还股权,只能请求受让人承担侵权责任。这也是股权让与担保这种担保模式自身蕴含的风险。

6.《最高人民法院民二庭第四次法官会议纪要》:关于能否对抗公司的债权人。《公司法解释三》第 14 条第 2 款规定:“公司债权人请求抽逃出资的股东在抽逃出资本息范围内对公司债务不能清偿的部分承担补充赔偿责任、协助抽逃出资的其他股东、董事、高级管理人员或者实际控制人对此承担连带责任的，人民法院应予支持；抽逃出资的股东已经承担上述责任，其他债权人提出相同请求的，人民法院不予支持。”

7. 名义股东与公司债权人之间的关系。根据《公司法解释三》的相关规定，公司债权人有权要求名义股东承担补充责任或者连带责任的情形主要为，名义股东存在协助抽逃出资、名义股东与实际出资人之间存在隐名投资协议或者名义股东明知股东抽逃出资仍受让股权等情形。例如，根据《公司法解释三》第 14 条第 2 款的规定，公司债权人请求抽逃出资的股东在抽逃出资本息范围内对公司债务不能清偿的部分承担补充赔偿责任，协助抽逃出资的其他股东、董事、高级管理人员或者实际控制人对此承担连带责任的，人民法院应予支持；抽逃出资的股东已经承担上述责任，其他债权人提出相同请求的，人民法院不予支持。但是《公司法解释三》前述规则预设时并未考虑股权让与担保情形。在股权让与担保的模式下，债权人受让股权成为名义股东，名义股东的实际地位为债权人，并不负有出资义务，该股权受让人与前述应该承担责任的名义股东之间存在本质区别。因此，公司债权人以股东未履行或者未全面履行出资义务或者抽逃出资等为由，要求作为名义股东的债权人承担连带责任的，人民法院不应予以支持。公司债权人虽然不能要求作为名义股东的债权人承担责任，但在查明案件事实的基础上，其可以要求转让人作为实际股东对于出资瑕疵承担相应的责任。

8.《民法典担保制度解释》第 69 条规定：“股东以将其股权转移至债权人名下的方式为债务履行提供担保，公司或者公司的债权人以股东未履行或者未全面履行出资义务、抽逃出资等为由，请求作为名义股东的债权人与股东承担连带责任的，人民法院不予支持。”本条是关于构成股权让与担保的情况下作为名义股东的债权人责任认定的规定。本条旨在对股权让与担保情形下，作为名义股东的债权人是否应当承担股东出资义务及相关责任作出规定。股东将其股权转移至债权人名下系为担保债务人履行债务，债权人仅是在名义上受让股权，并不具有股东身份，不享有与股东身份有关的表决、分红等权利，亦不负有出资义务和清算义务，对于公司的债务不承担法律责任。因此，名义股东不承担原股东瑕疵出资的连带责任，公司或者公司的债权人以股东未履行或者未全面履行出资义务、抽逃出资等为由，请求作为名义股东的债权人与股东承担连带责任的，人民法院不予支持。

但是《公司法解释三》前述规则预设时并未考虑股权让与担保情形。那么股权让与担保制度中，让与担保权人是否承担股东出资责任？笔者认为，按照《九民纪要》的规定，受让人法律地位为担保物权人，不应承担“出资”甚至因出让人未履行“出资义务”而衍生的连带责任。鉴于《九民纪要》明确规定在股权让与担保制度中，受让人的法律地位为担保物权人，虽然受让人具有目标公司工商登记的股东身份，但其并非实质意义上的股东，因此除非有特殊约定且不违反法律法规强制性规定，否则受让人不应承担法律意义上“股东”的出资义务，即便出让人未履行或者未全面履行出资义务就转让股权，受让人也不应对此承担《公司法解释三》第 18 条项下的连带责任。

尤为重要的是，最高人民法院于 2020 年 12 月 31 日发布的《民法典担保制度解释》第 69 条规定：“股东以将其股权转移至债权人名下的方式为债务履行提供担保，公司或者公司的债权人以股东未履行或者未全面履行出资义务、抽逃出资等为由，请求作为名义股东的债权人与股东承担连带责任的，人民法院不予支持。”由此可见，在股权让与担保情况下，股权受让人仅为名义股东，不承担瑕疵出资的责任。

笔者认为，让与担保权人对公司不负有出资义务（包括出资不实、逾期出资、抽逃出资），对转让人的债权人不负有出资责任。这就涉及应将受让人视为股东还是有担保的债权人的问题。在让与担保制度中，在债务人未清偿到期债务时，担保权人尽管处于名义股东地位，但其实质上是债权人或者担保权人而非股东。债权人实现债权是合法行为，加之其取得债权往往是支付对价的，一般不存在抽逃出资问题，不能依据《公司法解释三》第 13 条规定让其承担补充赔偿责任。《最高人民法院民二庭第四次法官会议纪要》规定：关于名义股东能否对抗公司及其他股东。从我国有关过户登记的程序来看，申请人是公司而非出让人或受让人。从登记机关的角度来看，无论是基于股权让与担保进行的过户登记，还是基于股权转让进行的过户登记，都需要征得老股东的同意，即老股东要同意放弃优先购买权。因此，办理过户登记首先需要征得公司及其他股东的同意，这就需要出让人将相关情况告知公司及其他股东。如果出让人将让与担保的真实意思告诉了公司及其他股东，否则即便受让人在公司的股东名册上进行了记载，也仅是名义股东，不得对抗公司及其他股东。此时，作为名义股东，其并不享有股东的权利，即既不享有股权中的财产权，也不享有股权中的成员权。反之，如果出让人并未告知公司及其他股东实情而是告知他们是股权转让，则法律也要保护此种信赖。在此种情况下，一旦受让人在公司的股东名册上进行了记载，即便真实的意思是股权让与担保，受让人仍然可以行使股东权利，包括财产权和成员权。从举证的角度来看，首先要看受让人是否已在股东名册上进行了记载。如果已经作了记载，原则上应推定受让人具有股东资格，但公司或其他股东可以举反证予以推翻，此种反证包括股东会或董事会有关让与担保的决议、出让人向其他股东发送的关于股权让与担保的通知等证据。反之，如果股东名册未作记载，即便已经完成了工商变更，也应当推定受让人并无股东资格，除非其他股东予以认可。在其他股东认可的情况下，出让人同样可以举反证予以推翻。

在处理公司外部关系时，目前司法实践的主流观点认为应当从权利义务相一致的角度出发，若债权人不享有股东权利，则其不应承担相应股东责任。最高人民法院对“受让人应否承担抽逃出资责任”进行了说明，认为：“登记为名义股东的受让人，在实现债权后不再担任名义股东，而此时公司又不能清偿债务的，债权人能否据此请求对公司债务不能清偿的部分承担补充赔偿责任？这就涉及应将受让人视为股东还是有担保的债权人的问题。鉴于登记为名义股东的受让人本质上是有担保的债权人而非股东，且其实现债权行为是合法行为，加之其取得债权往往是支付对价的，一般不存在抽逃出资问题。”笔者同意这一观点。

《变更追加规定》第 17 条规定：“作为被执行人的营利法人，财产不足以清偿生效法律文书确定的债务，申请执行人申请变更、追加未缴纳或未足额缴纳出资的股东、出资人或依公司法规定对该出资承担连带责任的发起人为被执行人，在尚未缴纳出资的范围内依法承担责任的，人民法院应予支持。”第 19 条规定：“作为被执行人的公司，财产不足以清偿生效法律文书确定的债务，其股东未依法履行出资义务即转让股权，申请执行人申请变更、追加该原股东或依公司法规定对该出资承担连带责任的发起人为被执行人，在未依法出资的范围内承担责任的，人民法院应予支持。”

例如，新华信托股份有限公司与乔某某执行异议之诉纠纷案【吉林省松原市中级人民法院(2017)吉 07 民终 1218 号民事判决书】。法院认为：《公司法》第 32 条第 3 款规定，“公司应当将股东的姓名或者名称向公司登记机关登记；登记事项发生变更的，应当办理变更登记。未经登记或者变更登记的，不得对抗第三人”;《公司法解释三》第 27 条第 1 款规定,“股权转让后尚未向公司登记机关办理变更登记,原股东将仍登记于其名下的股权转让、质押或者以其他方式处分,受让股东以其对于股权享有实际权利为由,请求认定处分股权行为无效的,人民法院可以参照物权法第一百零六条的规定处理”。乔某某基于《公司法》的规定要求适用商事外观主义对其进行保护。然而,就本案实际情况而言,新华信托与博翔公司等基于信托合同约定及各方真实意思表示的自由选择,已经就百年城信托计划实际履行完毕。且在 2013 年 2 月各方又重新实施华惠信托计划,就登记股权转让给谢某某等人作出了确认,并根据华惠信托计划又进行了 3000 万元的信托融资,如其确实存在恶意,则其仍继续签订另外的计划标的达 3000 万元,亦与常理不符。而按照华惠信托计划的事实及相关信用增级措施,新华信托仍采取了股权信托及股权转让的方式持有博翔公司 51% 的股权,作为 3000 万元信托融资的担保措施,并按照华惠信托计划约定办理了股权变更登记。而此时,乔某某的债权尚未确定。而且,因百年城信托计划实施完毕,就 20,000 万元信托本金及费用、收益的相关信用担保措施如股权信托、土地使用权抵押等措施均已经解除,适用商事外观主义,必将严重损害新华信托作为博翔公司债权人的实际利益。而且,虽然新华信托经登记注册为博翔公司股东,但其实际上系博翔公司债权人,而乔某某并非是就该登记股权直接进行交易的相对人,而仅是普通债权人,在新华信托债权已经实现并履行完毕的情况下,乔某某主张其为《公司法》第 32 条第 3 款规定的“第三人”,要求追加实质上作为债权人并已实现债权的新华信托为被执行人法律依据不足。在二者之间利益平等,而一方利益已经得以实现的情况下,简单依据商事外观主义优先对另一方债权人进行保护将会导致利益严重失衡,有失公允。据此,乔某某提出的适用商事外观主义对其进行保护的主张的法律及事实依据不足,本院不予支持。综上,考虑到百年城信托计划已实施完毕,各方系基于信托计划约定而成立实质上由博翔公司及其原股东给付固定利益的信托融资关系,新华信托基于工商登记仅为名义股东,并非《公司法》意义上的实质股东,并未实质享有博翔公司股权,且各方实际履行百年城信托计划是在各方真实意思表示之下的自由选择行为,乔某某亦无证据证明新华信托存在主观恶意,新华信托就 20,000 万元信托本金及其费用、收益依约退出并不违反法律的强制性规定,其属于合法收回债权,乔某某主张其构成抽逃出资应当被追加为被执行人的事实和法律依据不足。且乔某某并非经登记注册的股权交易直接相对人,在新华信托与博翔公司已就双方债权债务履行完毕多年的情况下,无商事外观主义原则适用之余地。

《民法典担保制度解释》采取了功能主义解释的立场,着眼于股权让与担保的担保目的,其第69条规定,作为名义股东的债权人并不承担出资瑕疵责任。作此区别处理的逻辑在于,《公司法解释三》相关规则的预设前提并未虑及股权让与担保,基于股权让与担保的担保物权本质,名义股东实际地位为债权人,其不享有股东权利,也不负有出资义务;登记的性质是宣示性登记,而非设权性登记。当然,名义股东是否应承担出资瑕疵责任,主要涉及第三人和名义股东的权利优先保护,即应当先由谁来承担相应的法律后果。对此,是否应基于代持目的的不同而在法律效果层面作差异化处理,还是有其他更优选择,仍有进一步探讨的空间。

对此,有学者提出通过完善工商登记事项的方式来协调商事外观主义的适用。司法解释业已明确认可了股权让与担保这一非典型担保方式,并以典型担保的法律框架加以规制以避免其弊端,那么完善公司登记的相应配套制度当属应有之义。在公司登记事项中对“让与担保”这一内容进行登记公示,明确名义股东的担保权人地位,使之产生与股权质押登记相似的法律后果,可以有效阻却第三人合理信赖的形成。如此,可以协调债权人利益和第三人利益保护的冲突。对于完全将让与担保意思表示隐藏于内,未对公司进行披露,也未进行担保公示的情形,是否也应当对债权人进行优先保护,笔者持保留意见,毕竟抛开动机,股权代持和让与担保具有同样的法律结构和权利外观,在已有股权质押这一典型担保方式可选的情况下,债权人基于强化债权保障或获取公司控制权之目的选择让与担保,是否比仅获得一定金额股权代理成本的股权代持人更值得保护?债权人受让股权未尽合理审查义务是否应当承担相应风险?这些因素值得立法者进一步考量。

实务疑难问题

1. 股权让与担保权人能否对抗公司及其他股东要求其继续履行出资义务?

《公司法解释三》第13条第1款规定,股东未履行或者未全面履行出资义务,公司或者其他股东请求其向公司依法全面履行出资义务的,人民法院应予支持。《公司法解释三》第18条第1款规定,有限责任公司的股东未履行或者未全面履行出资义务即转让股权,受让人对此知道或者应当知道,公司请求该股东履行出资义务、受让人对此承担连带责任的,人民法院应予支持。由此产生的问题是,股权让与担保权人能否对抗公司及其他股东要求其继续履行出资义务?

笔者认为,股权让与担保中的债权人为了取得让与股权的物权担保效力,必须且首先要做的就是办理将股权过户登记至其名下的工商变更登记。根据我国《公司法》的相关规定,工商变更登记不是股权转让双方的责任,而是公司的责任,公司是工商登记的义务人。因此,无论是基于股权让与担保进行的过户登记,还是基于股权转让进行的过户登记,都需要依据《公司法》关于保护股东优先购买权的规定而事先通知其他股东并征得其他股东的同意。如果出让人将股权让与担保的真实意思告诉其他股东并取得了同意,在此情形下,即使对受让人进行了股东名册记载或完成了工商变更登记,债权人也仅是名义股东,其享有的仅是股权担保权,而不是股权所有权,即不享有股权中的成员权和财产权,也不履行股东义务和承担股东责任,不得对抗公司及其他股东。反之,如果出让人仅告知其他股东是股权转让,而未告知其是股权让与担保,在此情形下,就需要从法律角度保护公司及其他股东的信赖利益。也就是说,对受让人进行了股东名册记载或完成了工商变更登记后,即便其真实的意思是股权让与担保,原则上也应推定受让人具有股东资格,可以行使股东权利,履行股东义务和承担股东责任。股权让与担保权人不能对抗公司及其他股东要求其继续履行出资义务。这与《民法典担保制度解释》并不矛盾。

2. 债权人能否对登记在让与担保权人名下的股权进行诉讼保全或强制执行?

股权让与担保的外观是股权转让,即股权转让至债权人名下,但实际权利人并非登记的股权所有人。这就容易产生外观与实际不符的情况。如果作为名义股东的让与担保权人,其债权人在诉讼中申请对其名下股权进行保全或强制执行,是否应予支持?如果实际权利人主张执行异议,是否可以获得保护?这个问题不仅出现在股权代持(隐名股东)法律关系中,也出现在股权让与担保中。

不论是在立法还是在司法层面,这个问题现在都没有统一意见。最高人民法院发布的《九民纪要》(最高人民法院民二庭向社会公开征求意见稿)第119

条记载了对该问题的讨论,“在金钱债权执行过程中,人民法院针对登记在被执行人名下的房产或者有限责任公司的股权等实施强制执行,案外人有证据证明其系实际出资人,与被执行人存在借名买房、隐名持股等关系,请求阻却执行的,人民法院应予支持。另一种观点:不予支持”。但最高人民法院正式发布的《九民纪要》却将该条内容删除,可见审判机关对于实际权利人和一般债权人孰受优先保护问题争议之大,以至尚未形成统一结论。

有观点认为,应当保护债权人的利益。理由:《公司法》第 32 条第 3 款所称的第三人,并不限缩于与显名股东存在股权交易关系的债权人。根据商事外观主义原则,有关公示体现出来的权利外观,导致第三人对该权利外观产生信赖的,即使真实状况与第三人的信赖不符,只要第三人的信赖合理,第三人的民事法律行为效力即应受到法律的优先保护。基于上述原则,名义股东的非基于股权处分的债权人亦应属于法律保护的“第三人”范畴。也有观点认为,在让与担保或者股权代持法律关系下,实际权利人与名义股东作出此种选择时,是可以预见此种行为的风险即名义股东的债权人会主张对登记在名义股东下的股权申请保全或强制执行的,这就是实际权利人的可归责性。在股权代持(隐名股东)法律关系下双方实际上是以法律行为规避法律的强制性规定(如股东人数规定、股东主体规定等),所以应倾向于加重当事人(尤其是实际权利人)的义务。对于股权让与担保,因为现行制度下无法作“让与担保”的登记,但是当事人还有其他选择即作股权质押,股权质押下,质押权人的债权人对股份是无法申请保全或者强制执行的;当事人既然选择了股权让与担保,就要承担相应的风险。此外还有反证法,如果优先保护实际权利人的话,有可能会给债务人恶意逃避债务执行提供路径,即会催生逆向选择的风险,导致当事人与案外人串通伪造股权让与担保或者股权代持的证据。

相反观点认为,应当倾向于保护案外的实际权利人的利益。理由:商事外观主义旨在保护交易安全,但是在一般债权人申请强制执行领域,没有维护交易安全的必要,不属于商事外观主义的保护范畴。而且一般债权人也并无合理信赖利益,可以跻身商事外观主义保护范畴。张勇健庭长认为,应当认识到,适用外观主义原则的目的在于减少交易成本、维护交易安全,其适用的结果是对实际权利人利益的伤害,因此应谨慎适用。一般债权人仅对特定标的主张清偿债务的,并无交易安全保护之价值,不能适用外观主义寻求保护。另外关于股权让与担保,当事人之所以选择此种担保而非股权质押,往往是因为债权人的强势,如果实际权利人较为强势则其更倾向于选择股权质押。所以在债权人(让与担保权人)强势的情况下,再强调保护案外的让与担保权人的债权人的利益,对实际权利人会造成更大的损害。

这两种观点各有道理,也都难以说服对方。我们认为,可以脱离商事外观主义和信赖利益保护,而从另外两个角度去阐述这个问题:第一,分析实际权利人与名义权利人相分别的原因是否合法。例如,在股权代持(隐名股东)法律关系中,当事人往往是为了规避法律规定(例如,国家公职人员禁止投资或入股的规定、外商投资准入的规定、国家部委的管理性规定、公司法关于股东人数的限制、资产隔离、关联交易、竞业限制等),一个典型的规避法律法规或地方规章的行为是借名买房。在这种情况下,我们认为有必要对此种法律行为做一定的负面评价,也就是要求当事人承担相应的违法风险,对实际权利人给予一定的惩治。与此同时,股权让与担保是法律法规等明确规定的合法的担保形式,之所以采用借名的外观形式,是因为登记机构目前无法作让与担保登记,只能登记为股权转让,这样才产生了实际权利人和名义股东的分离。但是这种分离与股权代持和借名买房不一样,股权让与担保是合法的,不存在规避法律规定的目的和效果,所以有必要与股权代持和借名买房相区别,应当对实际权利人给予保护。第二,法律规范无法做到完美,在保护一定主体利益的前提下一定会对其他主体的利益产生不利影响。而且法律不可能做到一劳永逸,法律或司法解释出台后多次修改也是常见的事情。但是法律注重的是明确性和可预期性,即在明确规范后,当事人可据其调整行为模式和方法,以在法律框架内最大限度地保护自己的合法权益。所以更重要的不是法律如何规定更有利,而是如何规定更明确、更具有可操作性。从这个角度来看,目前在名义股东的债权人是否可以对股权进行保全或强制执行这个问题上,最大的缺陷并非是这个问题存在争议,而是缺乏权威的观点(最高人民法院民一庭和民二庭的观点也有冲突),所以有赖于最高司法机关给出明确意见。另外,股权让与担保的问题在于,登记机关尚不能对股权让与担保作单独登记。如果登记问题解决了,至少股权让与担保法律关系下担保权人的债权人能否对股权进行保全或强制执行就不会是一个问题了。

3. 债权人能否基于抽逃出资而追加让与担保权人为被执行人？

抽逃出资属于《公司法》规定的概念，是否构成抽逃出资，应当依据《公司法》及其司法解释的规定进行判断。《公司法解释三》第 12 条规定："公司成立后，公司、股东或者公司债权人以相关股东的行为符合下列情形之一且损害公司权益为由，请求认定该股东抽逃出资的，人民法院应予支持：（一）制作虚假财务会计报表虚增利润进行分配；（二）通过虚构债权债务关系将其出资转出；（三）利用关联交易将出资转出；（四）其他未经法定程序将出资抽回的行为。"就本条规定而言，对股东抽逃出资的认定不仅要审查形式要件，即该条规定的几项条件，同时要实质审查是否损害公司利益。而无论是该条的规定还是《变更追加规定》第 18 条均以能够确认公司股东身份为前提。

债权人请求抽逃出资股东承担补充责任的法律依据为《公司法解释三》第 14 条，该条规定："股东抽逃出资，公司或者其他股东请求其向公司返还出资本息、协助抽逃出资的其他股东、董事、高级管理人员或者实际控制人对此承担连带责任的，人民法院应予支持。公司债权人请求抽逃出资的股东在抽逃出资本息范围内对公司债务不能清偿的部分承担补充赔偿责任、协助抽逃出资的其他股东、董事、高级管理人员或者实际控制人对此承担连带责任的，人民法院应予支持；抽逃出资的股东已经承担上述责任，其他债权人提出相同请求的，人民法院不予支持。"该规定是以股东构成抽逃出资为前提的。

例如，新华信托股份有限公司与乔某某执行异议之诉纠纷案【吉林省松原市中级人民法院（2017）吉 07 民终 1219 号民事判决书】。法院认为：《变更追加规定》第 18 条规定，"作为被执行人的企业法人，财产不足以清偿生效法律文书确定的债务，申请执行人申请变更、追加抽逃出资的股东、出资人为被执行人，在抽逃出资的范围内承担责任的，人民法院应予支持"。应从该条的构成要件来实质审查是否应当追加新华信托为被执行人。本条司法解释认可追加抽逃出资股东为被执行人系最高人民法院以抽逃出资股东对于公司债权人负有责任为基础而制定的。但应当明确，能够追加为被执行人是以被追加人为实际股东并存在公司法意义上的抽逃出资为前提的。

4.《执行异议规定》第26条第2款能否适用于案外人执行异议之诉?

2015年5月5日施行的《执行异议规定》第26条第2款规定,“金钱债权执行中,案外人依据执行标的被查封、扣押、冻结后作出的另案生效法律文书提出排除执行异议的,人民法院不予支持”,该条第4款规定,“申请执行人或者案外人不服人民法院依照本条第一、二款规定作出的裁定,可以依照民事诉讼法第二百二十七条规定提起执行异议之诉”。例如,中国银行股份有限公司西安南郊支行与上海华冠投资有限公司等申请执行人执行异议案【最高人民法院(2015)民申字第2381号民事裁定书】。法院认为:中行南郊支行据此提出了原审判决驳回其许可执行的诉请属适用法律错误的再审申请主张。经查,案涉执行案件案外人华冠公司向执行法院提出执行异议的情形虽符合上述第26条第2款规定的情形,但执行法院在作出支持华冠公司执行异议理由的执行裁定时,上述规定并未开始施行。另外,本案为执行之诉,而上述规定仅适用于执行程序中的执行异议案件。故《执行异议规定》第26条第2款的规定依法不能适用于本案。法院对中行南郊支行的上述再审申请主张,依法不予支持。

5.股权让与担保纠纷中,法院是否有必要查明转让人缴纳出资情况?

例如,李某某与袁某某、南京天鼎混凝土工程有限公司合同纠纷案【江苏省南京市中级人民法院(2018)苏01民终4676号民事判决书】。法院认为:本案中,袁某某原持有天鼎公司10%的股权系公司设立之初原始取得,原持有天鼎公司41%的股权系基于李某某的转让行为而继受取得。本案处理的是袁某某与李某某之间因履行2017年11月4日协议产生的纠纷,至于袁某某是否履行了向天鼎公司的出资义务,是否向李某某支付了股权转让款,不属本案审查和处理范围。李某某认为法院应在本案中查明袁某某的出资情况,缺乏依据。

但是,有的法院却认为有必要查明受让人受让的股权是实缴出资还是认缴出资。例如,江苏永高融资租赁有限公司与邦易投资集团有限公司、任丘市喜彪洁具有限公司公司减资纠纷案【江苏省南京市中级人民法院(2020)苏01民终9539号民事判决书】。法院认为:邦易公司与喜彪公司间存在股权质押担保关系,其系通过签订股权转让协议并成为喜彪公司股东的方式,以保证其债权实现而进行的股权让与担保。邦易公司受让股权的股东会决议日期为2015年12月

2 日，且该决议显示受让时间为同一天，工商部门在办理工商登记时本身存在瑕疵，如未区分实缴出资与认缴出资，但从出资时间可以看出邦易公司受让的股权实为实缴出资。故一审法院认定邦易公司受让的王某某股权应为实缴出资而非认缴出资。

6. 如何理解《公司法》第 32 条规定的“第三人”？《公司法》第 32 条规定的“第三人”是否仅指与显名股东存在股权交易关系的债权人？

《公司法》第 32 条第 3 款规定，“公司应当将股东的姓名或者名称向公司登记机关登记；登记事项发生变更的，应当办理变更登记。未经登记或者变更登记的，不得对抗第三人”。《公司法解释三》第 25 条第 1 款规定，“股权转让后尚未向公司登记机关办理变更登记，原股东将仍登记于其名下的股权转让、质押或者以其他方式处分，受让股东以其对于股权享有实际权利为由，请求认定处分股权行为无效的，人民法院可以参照《民法典》第三百一十一条的规定处理”。

有的法院认为，根据《公司法解释三》第 24 条第 2 款的规定，实际出资人虽然未在登记机关注册登记，但其权益是受法律保护的。名义股东的债权人在申请执行名义股东名下的股权时，需要正确适用《公司法》第 32 条规定的外观主义原则。外观主义原则的目的在于降低成本，维护交易安全，但其适用也可能会损害实际权利人的利益。根据《公司法解释三》第 27 条的规定，股权善意取得制度的适用主体仅限于与名义股东存在股权交易的第三人。外观主义原则的适用范围不包括非交易第三人。如果名义股东的债权人请求对名义股东名下的股权执行，是因股权交易以外的其他债务纠纷而寻查名义股东的财产还债，并无信赖利益保护的需要。若适用商事外观主义原则，将实质权利属于实际出资人的股权用以清偿名义股东的债务，将严重侵犯实际出资人的合法权利。因此，名义股东的债权人申请执行名义股东名下的股权的债权请求权不能优先于股权实际拥有人的权利。对于实际出资人能否对抗名义股东的债权人对股权的执行，依照《民法典》第 267 条之规定，名义股东的债权人无权通过申请法院强制执行的方式取得名义股东名下的股权。

例如，扶某某与李某某、冯某某案外人执行异议之诉纠纷案【陕西省榆林市中级人民法院(2017)陕 08 民终 3663 号民事判决书】。一审法院认为：企业登记时，实际出资人未作登记，但公司内部的大量资料证明，原告李某某为该公司的原始股东,是实际出资人,持有公司 25.3% 的股份,并且一直参与公司的经营活动,享受分红。冯某某代李某某在靖边县涌泉居燃气有限公司持股 10% 应当是真实可信的。《公司法解释三》第 24 条第 2 款规定:"前款规定的实际出资人与名义股东因投资权益的归属发生争议,实际出资人以其实际履行了出资义务为由向名义股东主张权利的,人民法院应予支持。名义股东以公司股东名册记载、公司登记机关登记为由否认实际出资人权利的,人民法院不予支持。"由此可见,我国法律对名义股东代实际出资人持股是允许的,实际出资人虽然未在登记机关注册登记,但其权益是受法律保护的。故原告诉请解除对登记在第三人冯某某名下的 10% 的股权的冻结,法院予以支持。二审法院认为:冯某某为该诉争股权的名义持有人,李某某是该股权的实际权利人。扶某某以《公司法》第 32 条规定的外观主义原则,请求执行诉争股权。外观主义原则的目的在于降低成本,维护交易安全,但其适用也可能会损害实际权利人的利益。根据《公司法解释三》第 25 条的规定,股权善意取得制度的适用主体仅限于与名义股东存在股权交易的第三人。据此,外观主义原则的适用范围不包括非交易第三人。上诉人扶某某请求对冯某某名下的股权执行,是因其他债务纠纷而寻查冯某某的财产还债,并无信赖利益保护的需要,故扶某某的债权请求不能优先于股权实际拥有人李某某的权利。

又如,中国银行股份有限公司西安南郊支行与上海华冠投资有限公司等申请执行人执行异议案【最高人民法院(2015)民申字第 2381 号民事裁定书】。法院认为:在本案所涉及的执行案件中,中行南郊支行是申请执行人,成城公司是被执行人,华冠公司是提出执行异议的案外人,执行标的是成城公司名下登记的渭南市城市信用社股份有限公司(现更名为长安银行股份有限公司,以下简称长安银行)1000 万股份。根据陕西省高级人民法院(2009)陕民二终字第 00053 号生效民事判决,成城公司为该股权的名义持有人,华冠公司才是该股权的实际权利人。中行南郊支行在原审中及申请再审时均主张,案涉执行标的长安银行 1000 万股份登记在成城公司名下,中行南郊支行已经信赖该登记并申请对涉案股权采取执行措施,根据商事外观主义原则,上述股权应执行过户给中行南郊支行。商事外观主义作为商法的基本原则之一,其实际上是一项在特定场合下权衡实际权利人与外部第三人之间利益冲突所应遵循的法律选择适用准则,通常不能直接作为案件处理依据。外观主义原则的目的在于降低成本,维护交易安全,但其适用也可能会损害实际权利人的利益。根据《公司法解释三》第26条的规定,股权善意取得制度的适用主体仅限于与名义股东存在股权交易的第三人。据此,商事外观主义原则的适用范围不包括非交易第三人。案涉执行案件申请执行人中行南郊支行并非针对成城公司名下的股权从事交易,仅因为债务纠纷而寻查成城公司的财产还债,并无信赖利益保护的需要。若适用商事外观主义原则,将实质权利属于华冠公司的股权用以清偿成城公司的债务,将严重侵犯华冠公司的合法权利。依照《民法通则》第75条第2款之规定,中行南郊支行无权通过申请法院强制执行的方式取得案涉执行标的长安银行1000万股份。因此,二审判决适用法律正确,中行南郊支行基于商事外观主义原则要求强制执行取得案涉长安银行1000万股份的再审申请主张,依法不能成立。

有的法院认为,隐名股东与显名股东的代持协议,以及名义股东与第三方的股权转让协议不得对抗基于登记公示公信的善意第三人。例如,宜宾市商业银行股份有限公司长宁支行与袁甲、袁乙等申请执行人执行异议之诉案【四川省宜宾市中级人民法院(2019)川15民终817号民事判决书】。法院认为:本案中,袁甲、袁乙、王某某、周某某、刘某某实为通过华盛纸业公司代持四川高县农村商业银行股份有限公司股份。《公司法》第32条第3款规定:"公司应当将股东的姓名或者名称向公司登记机关登记……未经登记或者变更登记的,不得对抗第三人。"工商登记是对股权情况的公示,与公司交易的善意第三人及登记股东之债权人,有权信赖工商机关登记的股权情况并据此作出判断。本案中,即便袁甲、袁乙、王某某、周某某、刘某某五人与华盛纸业公司之间的案涉四川高县农村商业银行股份有限公司代持股行为真实有效,袁甲、袁乙、王某某、周某某、刘某某五人与明磊实业公司、磊达商贸公司的华盛纸业股权转让协议真实有效,时至今日,华盛纸业公司仍是四川高县农村商业银行股份有限公司工商登记载明的股东。袁甲、袁乙、王某某、周某某、刘某某五人与华盛纸业公司之间的股权代持协议,与明磊实业公司、磊达商贸公司的华盛纸业股权转让协议仅具有内部效力,对于外部第三人而言,股权登记具有公示公信效力,隐名股东对外不具有公示股东的法律地位,不得以内部股权代持协议对抗外部债权人对显名股东的正当权利。具体到本案中,作为隐名股东,一方面,股权名实分离的本源在于隐名股东为寻求个人利益的最大化,而与名义股东达成协议,牺牲股东的身份地位。理性商主体完全有能力、有条件预见这种身份公示的舍弃所带来的风险,为了规避可能存在的商业或法律风险，隐名股东可按照《物权法》第223条等相关规定采取股权质押、担保等风险防控措施。如隐名股东选择忽略风险，则善意第三人对名实不符的股权结构不具有审慎义务。从保护交易安全出发，其基于公示公信的商事外观信赖利益应予保护。另一方面，参与商事交易的市场主体是以自身全部资产对所有的商事交易承担责任的。对外展示的包括股权信息工商登记、对外持股状况在内的资产状况，从整体上构成与之交易的善意相对人判断该主体是否具备履约能力的资信基础。换言之，工商登记信息作为特定权利主体对外公示的权利外观的一部分，构成了善意相对人判断该主体综合商业能力和信誉的信赖外观，工商登记信息作为具有公示公信效力的资产信用外观，系善意相对人与该主体进行交易时的合理信赖和考量因素。袁甲、袁乙、王某某、周某某、刘某某五人作为隐名股东，其显名股东华盛纸业公司自愿以其所有资产为明磊实业公司在宜宾市商业银行长宁支行的案涉借款提供连带保证担保，基于前述分析，隐名股东与显名股东的代持股协议，以及袁甲、袁乙、王某某、周某某、刘某某五人与明磊实业公司、磊达商贸公司的股权转让协议不得对抗基于登记公示公信的善意第三人。

笔者认为，上述两种不同观点的相同之处在于均认可商事外观主体原则。不同之处在于对第三人的认定范畴，第一种观点认为，商事外观主义原则的适用对象不包括非交易第三人，也即第三人并非针对名义股东名下的股权从事交易，仅因为与名义股东之间存在股权交易以外的其他债务纠纷而寻查到名义股东的财产还债，并无信赖利益保护的需要。第二种观点则认为，工商登记信息作为具有公示公信效力的资产信用外观，系善意相对人与该主体进行交易时的合理信赖和考量因素。举重以明轻，在股权代持情况下，实际股东尚且能够对抗名义股东对代持股权的执行，在股权让与担保情况下，担保人更能够对抗让与担保股权的执行。

(1)《九民纪要》特别强调“实际权利人与名义权利人的关系，应注重财产的实质归属，而不单纯地取决于公示外观。总之，审判实务中要准确把握外观主义的适用边界，避免泛化和滥用”。崔建远教授提出，“执行人的拟执行标的是归属于被执行人所有还是归属于第三人，不应运用外观主义原则而应遵循实事求是的原则，只要有充分、确凿的证据证明拟执行的财产不属于被执行人而属于第三人，该第三人就有权对抗强制执行”。根据上述精神，法院有可能认为强制执行不属于交易领域,受让人的一般债权人不属于外观主义的保护对象,因此,转让人对标的物享有的实际权利可以排除受让人之一般债权人的强制执行。

(2)《九民纪要》明确股权转让未进行工商登记变更不得对抗"善意相对人"。此处《九民纪要》将《公司法》中股权转让未经工商登记不得对抗"第三人"中的"第三人"范围予以了缩限,明确仅指"善意相对人"。结合相关理解适用可知,其用词的不同另有深意。权威观点认为:股权买卖未进行工商变更登记的对"第三人"不具有对抗效力中所列的"第三人"仅指股权交易(买卖)或股权设权(质押)的相对人。因此,转让方的债权人针对转让方已转让但未能完成变更登记的名下股权采取冻结措施的,对于买受人是否可以对抗该冻结,不能一概否定,应结合是否完成股东名册记载予以判断。

例如,王某某与刘某某、长春中安房地产开发有限公司、詹某某、陈某某案外人执行异议之诉案【最高人民法院(2016)最高法民申3132号民事裁定书】。

又如,黄某某、李某某与皮某、广元市蜀川矿业有限责任公司案外人执行异议之诉案【最高人民法院(2019)最高法民再45号民事判决书】。法院认为:关于《公司法》第32条的理解与适用问题。该条第3款规定:"公司应当将股东的姓名或者名称向公司登记机关登记;登记事项发生变更的,应当办理变更登记。未经登记或者变更登记的,不得对抗第三人。"工商登记是对股权情况的公示,与公司交易的善意第三人及登记股东之债权人有权信赖工商机关登记的股权情况并据此作出判断。其中"第三人"并不限缩于与显名股东存在股权交易关系的债权人。根据商事外观主义原则,有关公示体现出来的权利外观,导致第三人对该权利外观产生信赖,即使真实状况与第三人信赖不符,只要第三人的信赖合理,第三人的民事法律行为效力即应受到法律的优先保护。基于上述原则,名义股东的非基于股权处分的债权人亦应属于法律保护的"第三人"范畴。

7.担保人是否有权提起执行异议之诉?

在涉及股权归属的纠纷中,存在的较大争议是根据"登记外观",还是根据真实意思,确定权利归属。前者的法理依据是外观主义,后者的依据是实质正义。而后者的立论经常是在对前者的驳论基础上形成的,即不应滥用外观主义。

最高人民法院审判委员会刘贵祥大法官于2019年7月3日《刘贵祥讲话》

中指出：就外部关系而言，形式上的受让人毕竟登记的是股东，如果其债权人信赖其为股东，要求法院执行股权，法律应否保护此种信赖？这就涉及如何理解权利外观主义的问题。我们认为，基于登记的权利推定效力，名义股东的债权人有权请求执行名义股东的股权，但转让人作为实际股东可以请求确权，也可以通过提出执行异议之诉的方式保障自己的权利。当然，如果作为名义股东的受让人对股权进行了处分，如将股权转让或设定质押，第三人基于对登记的信赖，可以基于善意取得制度取得股权或股权质押。

8. 登记为名义股东的受让人，在实现债权后不再担任名义股东，而此时公司又不能清偿债务的，债权人能否据此请求其对公司债务不能清偿的部分承担补充赔偿责任？

《公司法解释三》第14条第2款规定："公司债权人请求抽逃出资的股东在抽逃出资本息范围内对公司债务不能清偿的部分承担补充赔偿责任、协助抽逃出资的其他股东、董事、高级管理人员或者实际控制人对此承担连带责任的，人民法院应予支持；抽逃出资的股东已经承担上述责任，其他债权人提出相同请求的，人民法院不予支持。"那么，登记为名义股东的受让人，在实现债权后不再担任名义股东，而此时公司又不能清偿债务的，债权人能否据此请求对公司债务不能清偿的部分承担补充赔偿责任？

笔者认为，这就涉及应将受让人视为股东还是有担保的债权人的问题。鉴于登记为名义股东的受让人本质上是有担保的债权人而非股东，且其实现债权行为是合法行为，加之其取得债权往往是支付对价的，一般不存在抽逃出资问题。因此，不能根据前述规定让其承担补充赔偿责任。

9. 投资权益显名化其实质是否变相请求对处于查封状态下的案涉股权权属进行变更和处分的问题？

例如，黄某某、李某某与皮某、广元市蜀川矿业有限责任公司案外人执行异议之诉案【最高人民法院（2019）最高法民再45号民事判决书】。法院认为：根据《最高人民法院关于人民法院民事执行中查封、扣押、冻结财产的规定》第26条第1款规定："被执行人就已经查封、扣押、冻结的财产所作的转移、设定权利负担或者其他有碍执行的行为，不得对抗申请执行人。"而本案系因代持股权引发的纠纷，投资权益显名化的核心是确认代持股权的法律关系，并非是对已查封股权的处分和转移，仅是恢复事物的本来面目，进而保护实际出资人对案涉股权享有的实际权益。故对黄某某、李某某的主张，本院予以采纳。

第九章　破产清算程序中的股权让与担保

A公司因生产经营需要向B公司借款1000万元。为担保该笔借款偿还,双方约定将A公司持有的C公司30%股权转让给B公司,A公司清偿借款本息后,再将C公司股权变更回A公司。借款到期后,A公司不能偿还借款本息,随后申请破产。问题因此产生:在A公司破产程序中,B公司对C公司30%股权拥有什么权利?如何处置?具体包括:破产程序中,担保权人是否取得股权?担保人能否诉求确认股东资格?让与担保股权是否属于担保人的破产财产?担保权人是否享有别除权?让与担保股权属于劣后债权吗?让与担保股权设定质押时,担保权人与质权人的受偿顺序如何?担保权人优先受偿是否构成个别清偿行为而无效?担保人能否要求股权回转?担保人能否行使取回权?担保权人是否享有破产申请权?等等。就上述问题分述如下。

一、破产程序中,担保权人能否取得股权?

股权让与担保虽然旨在为当事人之间的债权债务关系提供担保,但在形式上往往表现为股权转让——当事人之间通常签订股权转让合同,依公司法相关规定办理股权变更登记。因此,在处理股权让与担保纠纷时,首先应对二者进行区分。判断当事人之间是股权转让还是股权让与担保,可考虑以下因素:(1)当事人之间是否存在债权债务关系。这种债权债务关系,可能是已经现实存在的,也可能是即将发生的,但应可从相关合同条款中看出。(2)标的股权是否已依公司法有关股权转让的条件和程序变更登记至受让人名下,在外观上实现了权利转移。(3)股权转让的真实意思表示是股权归属的变动还是用于担保债权的实现,是否附有解除条件,有使标的股权回复至转让人名下的可能。(4)受让人是否为债权人或其指定的人,是否享有完整意义上的股东权利。在股权让与担保中,受让人权利的行使通常受担保目的的限制,不享有完整意义上的股东权利,而转让人往往保留部分股东权益。

在股权让与担保这一交易模式下,当事人的真实意思表示并非真正转让标的股权,而是以转让标的股权的方式来担保相关债权的实现。换言之,股权转让仅为“手段”而非“目的”,当事人的真正合意为以标的股权设定担保。《民法典》第146条规定:“行为人与相对人以虚假的意思表示实施的民事法律行为无效。以虚假的意思表示隐藏的民事法律行为的效力,依照有关法律规定处理。”因此,在股权让与担保设定人与让与担保权利人之间,应根据其真实意思表示即以标的股权设定担保来确定各自的权利义务关系。受让人虽是公司登记中标的股权的出名权利人,但实际仅为担保权人,并非真正的股东,不享有完整意义上的股权,其权利尚待根据所担保的债权的清偿状态及让与担保的实现方式而确定;出让人才是标的股权的实际权利人,亦为担保人。

此种以买卖方式担保债务履行的情形在实务中不一而足。例如,在民间借贷法律关系中即存在类似情形。对其处理,《民间借贷规定》第23条规定:“当事人以签订买卖合同作为民间借贷合同的担保,借款到期后借款人不能还款,出借人请求履行买卖合同的,人民法院应当按照民间借贷法律关系审理,并向当事人释明变更诉讼请求。当事人拒绝变更的,人民法院裁定驳回起诉。按照民间借贷法律关系审理作出的判决生效后,借款人不履行生效判决确定的金钱债务,出借人可以申请拍卖买卖合同的标的物,以偿还债务。就拍卖所得的价款与应偿还借款本息之间的差额,借款人或者出借人有权主张返还或补偿。”根据该条规定,当事人以签订买卖合同作为民间借贷合同的担保,如发生纠纷,人民法院仍应按民间借贷关系审理,并不支持出借人主张履行买卖合同的诉请。

近年来的多起案件中,最高人民法院也始终秉持这一立场。

例如,周某、陶某与中住佳展地产(徐州)有限公司等股权及权益转让纠纷案【最高人民法院(2014)最高法民二终字第259号民事判决书】。

又如,王某某与赵某某、郑某某、河北金建房地产开发有限公司、殷某某股东资格确认纠纷案【最高人民法院(2015)民申字第3620号民事裁定书】。法院认为:根据金建公司、博信智公司、殷某某、王某某签署的《三方协议》,以及2012年12月1日赵某某与殷某某、王某某签订的《协议书》的约定,金建公司股权办理至殷某某、王某某名下系作为债权的担保,而非真正的股权转让;殷某某、王某某虽在工商登记中记载为金建公司的股东，但仅为名义股东，而非实际股东。此种通过转让标的物的所有权来担保债权实现的方式属于非典型担保中的让与担保，殷某某、王某某可以依据约定主张担保权利，但其并未取得股权。

再如，港丰集团有限公司与深圳市国融投资控股有限公司等合同纠纷案【最高人民法院(2016)最高法民申1689号民事裁定书】。

还如，修水县巨通投资控股有限公司与福建省稀有稀土(集团)有限公司、江西巨通实业有限公司合同纠纷案【最高人民法院(2018)最高法民终119号民事判决书】。

二、破产程序中，担保人能否诉求确认股东资格？

例如，王某某、山东双创环保集团有限公司与邹平祥诚能源科技有限公司、周某某、泰和融资租赁有限公司确认股东资格纠纷案【山东省滨州市中级人民法院(2020)鲁16民终2202号民事判决书】。法院认为：认定协议是股权转让还是股权让与担保，不仅要看形式或名称，而且要探究当事人的真实意思表示，如果当事人的真实意思是通过将动产、不动产或者股权等财产转让至债权人(或其指定的人)名下的方式为主合同提供担保，则属于让与担保合同。本案中，两份《股权转让协议》及一份《补充协议》名称为股权转让协议，内容为将股权转让至被告周某某、王某某名下，且各方均认可签订协议并非真实的股权转让的意思表示，而是周某某、王某某代原告持股，转让系为长城集团下属三家子公司与泰和公司的售后回租业务提供增信措施。也就是说，本案股权转让协议及补充协议系以股权转让的形式实现担保的目的，其性质应认定为股权让与担保合同关系。股权让与担保虽非法律规定的典型的担保方式，但并不违反法律强制性规定，故合法有效。作为担保的股权等已经进行变更登记的，可以参照股权质押的相关规定确定当事人间的权利义务关系。关于股权归属，根据《公司法》规定，股东资格的确认主要有三个要件：合意、出资及工商登记，并且应坚持双重标准、内外有别的原则，记载于工商登记机关的股东姓名或名称并无创设股东资格的效果，对于公司内部的资格确认纠纷，应以成为股东的意思表示并履行出资义务作为确认要件。因股权让与担保是以股权转让形式达到担保目的的，涉案股权虽变更至周某某、王某某名下，但其并没有成为祥诚公司股东的合意，也没有出资(或支付股权转让对价)事实，故股权让与担保不会导致股东资格发生实质变化,原告仍然是祥诚公司股东并享有股权,原告请求确认其为祥诚公司股东并享有股权符合约定且不违反法律规定,法院予以支持。股权让与担保不会导致股权归属发生实质变化,即周某某、王某某并非祥诚公司股东,也不应享有公司法规定的股东所享有的参与公司经营、决策、控制、管理及分取红利的股东权利,而公司印章、证照等是公司进行经营、决策、管理的表征,印章、证照管理属于公司管理范畴,故对原告要求周某某、王某某返还祥诚公司印章、证照的主张,法院予以支持。

又如,张甲、张乙与王某某、天津市建德房地产开发有限公司、苑某某股东资格确认纠纷案【天津市第一中级人民法院(2019)津01民终2073号民事判决书】。法院认为:综合本案事实以及证据可以看出,张甲、张乙虽然与王某某进行了股权转让的工商变更登记,但是进行此种变更登记的真实目的是保证王某某债权的安全性以及利益的实现,实质上是以此作为2亿元借款的担保而并非是使王某某成为该公司的真正股东。关于王某某主张的张甲存在出资不到位情况,无论该事实是否属实,根据公司法的规定,都不影响张甲的股东地位,如双方就此仍有争议,亦可另行解决。而建德公司记账凭证上虽有瑕疵,但亦不足以改变本案股权让与担保的性质。据此,张甲、张乙要求确认王某某所持有的建德公司90%股权中的77.5%股权归张甲所有、12.5%股权归张乙所有的请求法院予以支持。综合双方合同约定以及建德公司已经处于破产阶段的情形,对张甲、张乙其他诉讼请求法院不予支持。本案是诉争双方张甲、张乙与王某某内部之股东资格确认纠纷,根据本案查明的事实,张甲、张乙对内属于建德公司的实际股东,相应股东会决议对内具有效力,且建德公司已经进入破产程序,故王某某在本案中提出的相应反诉请求,法院不予支持。

三、让与担保股权是否属于担保人的破产财产?

依据《企业破产法》第30条、第107条第2款,破产申请受理时属于债务人的全部财产,以及破产申请受理后至破产程序终结前债务人取得的财产,为债务人财产;债务人被宣告破产后,债务人财产被称为破产财产。债务人依法享有的可以用货币估价并可以依法转让的财产和财产权益,均为债务人财产。

对已设定担保的特定财产是否属于债务人财产,我国《企业破产法》和原《企业破产法(试行)》的规定截然不同:《企业破产法(试行)》第28条第2款规定,已作为担保物的财产不属于破产财产;担保物的价款超过其所担保的债务数额的,超过部分属于破产财产。而《企业破产法》第30条从有利于债务人财产的妥善保管以及破产程序的顺利进行出发,将破产申请受理时属于债务人的全部财产,包括已设定担保物权的财产,统一纳入了债务人财产的范畴。鉴于该条在表述上过于笼统,以及旧破产法下业已形成的认识惯性,实践中对已设定担保物权的特定财产是否属于债务人财产仍然存在错误认识,《最高人民法院关于适用〈中华人民共和国企业破产法〉若干问题的规定(二)》从正面对债务人已依法设定担保物权的财产属于债务人财产进行明确规定,同时强调担保权人依法享有优先受偿权。该司法解释第3条规定:"债务人已依法设定担保物权的特定财产,人民法院应当认定为债务人财产。对债务人的特定财产在担保物权消灭或者实现担保物权后的剩余部分,在破产程序中可用以清偿破产费用、共益债务和其他破产债权。"

债务人财产设定担保后,仅是在该项财产上存在他项权利负担,但财产的所有权却不因担保物权的设定而发生变更,即担保财产仍属于提供担保的债务人的财产。因此,在债务人破产后,该财产当然应属于破产财产。从另一角度看,企业资产不仅仅是每项单一财产的简单相加,而是由此组成的一个有机整体。用于设定担保物权的特定财产,往往是企业运营中较为优质的资产。当企业进入破产程序,有担保权的债权人与普通债权人以及破产企业的利益冲突势必加剧:因实践中很多担保物的价值往往高于被担保债权额,对于有担保权的债权人而言,其利益在于自身债权尽快得到足额清偿;而对于无担保的普通债权人和管理人而言,其更希望使破产财产的整体变现价值最大化,以提高债权清偿率。无论债务人是最终成功重整还是进入清算,都只有将已设定担保物权的特定财产纳入破产财产,才能保证债务人财产的完整性,从而使破产财产的整体变现价值最大化。因此,我国《企业破产法》及相关司法解释明确规定已依法设定担保物权的特定财产亦属破产财产。

《法官会议纪要》:让与担保系在法理上及司法实践中得到广泛确认的非典型担保。根据合同自由原则和物权与债权区分原则,甲公司与乙公司就以股权转让形式担保债权实现而签订的《协议书》并不仅因让与担保为非典型担保而存在效力瑕疵。尽管诉争股权已按《公司法》相关规定变更登记至乙公司名下,但由于甲公司与乙公司之间欠缺真正让渡诉争股权的合意,此种股权变更并非真正的股权转让,乙公司仅为名义权利人,并不实际享有股权;甲公司仍为实际权利人。换言之,诉争股权虽然已登记在乙公司名下,但仍为甲公司之责任财产。当甲公司破产时,诉争股权应归属于破产财产。

笔者认为,尽管作为让与担保标的物的股权形式上已登记在让与担保权人名下,但实际权利人仍为让与担保设定人,该股权属于让与担保设定人的责任财产。因此,当让与担保设定人破产时,标的股权属于其破产财产范围。从外观主义理论的发展来看,让与担保股权应当纳入担保人的破产财产,担保人不享有对抗破产债权人的权利,但对于经清算让与担保股权价值超过债务的部分,担保人有权主张取回。

另外需要注意的是,担保权人破产时,让与担保股权不属于其破产财产。

四、破产程序中,担保权人是否享有别除权?

在破产法理论上,通常认为,别除权是指债权人因其债权设有物权担保或享有特别优先权,而在破产程序中就债务人特定财产享有的优先受偿权利。别除权基于担保物权及特别优先权而产生,在司法实践中,担保物权是其最重要的基础权利。

在我国的破产立法中没有直接使用别除权的概念。《企业破产法》第 109 条规定:“对破产人的特定财产享有担保权的权利人,对该特定财产享有优先受偿的权利。”此条规定的权利在破产法理论上即属于别除权。特别优先权在破产程序中构成别除权。对破产人的特定财产享有的担保权包括约定担保权和法定担保权,特别优先权便属于法定担保权。

如作为担保标的物的股权属于设定人甲公司的破产财产,让与担保权人(乙公司)应被认定为普通债权人还是“对破产人的特定财产享有担保权的权利人”?

1. 普通债权说。当事人的真实意思并非转让诉争股权,而是通过将诉争股权变更登记至乙公司名下的方式为相关借款合同提供担保,即让与担保。让与担保系非典型担保,根据物权法定原则,不具有物权效力。因此,在甲公司破产程序中,乙公司仅享有普通债权。名义股东不是债权人,在破产程序中不享有优先受偿权。在目标公司破产的情况下,担保权人对让与担保的股权不能享受优先受偿的权利。理由:无论担保权人的股权行使是否受限,其作为公司的名义股东，并非公司的债权人或担保权人，只有在公司财产清偿完破产债权后，方能在担保实现时就股权对应的剩余财产用于清偿债务。若目标公司本身即为债务人，则担保权人具有双重身份：一是公司名义股东，二是公司债权人。因担保权人系基于担保其对公司债权的目的而成为公司的名义股东，该特定债权的形成并非基于其作为公司控股股东存在的“不公正行为”，故不适用“深石原则”，担保权人可以与公司其他债权人平等受偿，但因其并非就公司财产享有担保物权，故其不享有优先受偿权。

法院的判决坚持了商事外观主义。在名实股东的问题上要区分内部关系和外部关系，对内部关系产生的股权权益争议纠纷，可以当事人之间的约定为依据，或是隐名股东，或是明股实债；而对外部关系不适用内部约定，内部约定未经登记获得对外效力的，不得对抗第三人。第三人不受当事人之间的内部约定约束，而是以当事人之间对外的公示为信赖依据。

有的法院认为，在股权让与担保的交易模式下，对外应遵循外观主义，保护第三人的信赖利益，尤其是在债务人破产或解散的情况下，应优先保护其他债权人的合法利益；对内则应采实质重于形式原则，探究当事人之间的真实意思表示。例如，赣州世瑞钨业股份有限公司、钟某某、赣州联胜投资咨询中心借款合同纠纷案【最高人民法院(2018)最高法民终 785 号民事判决书】。法院认为：就《股权回购协议》的效力而言，因“明股实债”的交易模式下，投资方持有股份及工商变更登记会对其他债权人(尤其是普通债权人)形成权利外观，故应区别内部关系和外部关系分别处理。对外应遵循外观主义，保护第三人的信赖利益，尤其是在目标公司破产或解散的情况下，应优先保护其他债权人的合法利益；对内则应采用实质重于形式原则，探究当事人之间的真实意思表示。本案系处理钟某某、联胜投资及世瑞公司之间内部的债权债务关系，尚不涉及外部第三人的信赖保护问题。《股权回购协议》作为处理内部债权债务关系的契约性安排，系当事人的真实意思表示，其内容不违反法律、行政法规的效力性强制性规定，应为合法有效。

例如，中国工商银行股份有限公司鹰潭分行与嵊州市交通房地产开发有限公司别除权纠纷案【江西省南丰县人民法院(2017)赣 1023 民初 560 号民事判决书】。法院认为：在名实股东的问题上要区分内部关系和外部关系，对内部关系产生的股权权益争议纠纷，可以当事人之间的约定为依据，或是隐名股东，或是明股实债；而对外部关系不适用内部约定，内部约定未经登记获得对外效力的，不得对抗第三人。第三人不受当事人之间的内部约定约束，而是以当事人之间对外的公示为信赖依据。本案不是一般的借款合同纠纷或股权转让纠纷，而是嵊州公司破产重整案中衍生的诉讼。本案的处理结果涉及嵊州公司破产重整的所有债权人的利益，应适用公司的外观主义原则。即嵊州公司所有债权人实际（相对于鹰潭工行、方正东亚信托有限责任公司、鹰潭市国丰贸易有限公司而言）均系第三人，对鹰潭市国丰贸易有限公司的股东名册记载、管理机关登记所公示的内容，即方正东亚信托有限责任公司为持有鹰潭市国丰贸易有限公司86.96%股份的股东，方正东亚信托有限责任公司、鹰潭市国丰贸易有限公司之外的第三人有合理信赖的理由。

2. 优先受偿权说。甲公司与乙公司的真实意思并非转让诉争股权，而是通过将诉争股权变更登记至乙公司名下的方式为相关借款合同提供担保，即让与担保。诉争股权已依约按照相关法律规定办理变更登记，乙公司为诉争股权的登记权利人，其权利可以对抗第三人；但此种股权变更并非真正的股权转让，甲公司仍为诉争股权的实际权利人。当甲公司破产时，诉争股权应属于破产财产，但乙公司可就该股权优先受偿。

例如，黑龙江闽成投资集团有限公司与西林钢铁集团有限公司、刘某某民间借贷纠纷案【最高人民法院（2019）最高法民终133号民事判决书】。法院认为：《物权法》第208条第1款、第226条第1款及第229条规定，在股权质押中，质权人可就已办理出质登记的股权优先受偿。举轻以明重，在已将作为担保财产的股权变更登记到担保权人名下的股权让与担保中，担保权人形式上已经是作为担保标的物的股份的持有者，其就作为担保的股权享有的优先受偿的权利，更应受到保护，原则上具有对抗第三人的物权效力。这也正是股权让与担保的核心价值所在。

笔者认为，当让与担保设定人破产时，标的股权应属于其破产财产，但在股权已经完成变更登记的情况下，根据《企业破产法》第109条，让与担保权人对标的股权享有优先受偿的权利。理由如下：

首先，认定让与担保权人有权就标的股权优先受偿系股权登记公示效力的应有之义。前述案例中，标的股权已依公司法有关股权转让的条件和程序变更登记至让与担保权人（股权转让中的受让人）名下，在外观上实现了权利转移。

换言之，让与担保权人在形式上已经成为标的股权的登记权利人。《公司法》第32条第3款规定："公司应当将股东的姓名或者名称向公司登记机关登记；登记事项发生变更的，应当办理变更登记。未经登记或者变更登记的，不得对抗第三人。"可见，登记为公司股权变更的公示方式，让与担保权人作为标的股权形式上所有权人的法律地位已依法公示并具有对抗第三人之效力，能够限制标的股权的转让或其他处分。根据《民法典》第425条第1款、第443条第1款及第446条规定，在股权质押中，质权人可就已办理出质登记的股权优先受偿。在前述案例中让与担保权人已经成为标的股权登记的所有权人的情形下，其就标的股权优先受偿的权利，更应受到保护。

其次，认定让与担保权人有权就标的股权优先受偿，有利于平衡让与担保设定人、普通债权人、让与担保权人三者的利益，实现实质公平。让与担保在为债权人提供更有力保障的同时，却因可能损害设定人利益而给设定人及其普通债权人造成风险：在标的物价值超过被担保债权的场合，如让与担保权人不履行清算义务，则将导致设定人责任财产减少，进而损害设定人之普通债权人的利益。前述案例中，标的股权已变更登记至让与担保权人名下，形式上已不属于设定人的责任财产，故设定人的债权人本无就标的股权受偿之合理期待。认定让与担保权人享有就标的股权优先受偿权，一方面符合当事人设定让与担保之目的，即担保相关债权的实现；另一方面可以使形式上已经不属于让与担保设定人的担保财产回复至设定人的责任财产范围之内，增强其偿还债务能力，对其普通债权人也更为有利。

最后，认定让与担保权人有权就标的股权优先受偿，也符合当前司法政策精神和现实需要。2017年8月公布的《最高人民法院关于进一步加强金融审判工作的若干意见》第3条要求，应依法认定新类型担保的法律效力，拓宽中小微企业的融资担保渠道。丰富和拓展中小微企业的融资担保方式，除符合《合同法》第52条规定的合同无效情形外，应当依法认定新类型担保合同有效；符合物权法有关担保物权的规定的，还应当依法认定其物权效力。该条落脚点虽为"增强中小微企业融资能力"，但对于新类型担保合同及其物权效力显然持肯定态度。

对于股权让与担保项下的权利人是否优先于一般债权人受偿的问题，2019年7月最高人民法院审判委员会专职委员刘贵祥在《刘贵祥讲话》中更明确表示："仅就担保的功能而言，不论（让与担保）权利人取得的是股权还是质权，其享有的权利都要优于一般债权。"

《法官会议纪要》规定：对于乙公司就诉争标的享有的权利是否能够对抗甲公司其他普通债权人的问题，应以让与担保是否已按照物权法规定的方式进行公示作为核心判断标准。如相关让与担保已以物权法规定的方式进行公示，让与担保权人已为担保标的公示的权利人，能够限制担保物的转让或其他法律上的处分，则其对担保标的的权利可以对抗第三人，有权就担保标的优先受偿。就实质公平角度而言，当甲公司破产时，认定案涉股权为破产财产，同时认定乙公司可依据《企业破产法》第109条之规定对案涉股权享有优先受偿的权利，更有利于平衡甲公司、乙公司以及甲公司之普通债权人等相关各方的利益。

综上，在股权让与担保中，标的股权虽然已变更登记至让与担保权人名下，但仍属于设定人之责任财产，当设定人破产时，标的股权应归属于破产财产。同时，基于登记的公示效力，并从利益平衡和实质公平角度考虑，让与担保权人可就标的股权优先受偿。

根据《民法典担保制度解释》第68条的规定，让与担保的权利实现只能是参照担保物权的规定优先受偿，故在破产程序中，担保权人主张其权利的，也只能参照担保物权的实现程序，主张欠付款项。如果股权价款高于当期应付全部款项，担保权人无权主张该部分权利，超出部分的价款属于破产财产；如果股权价款不足以清偿当期应付全部款项，未受偿部分应作为普通债权在破产程序中受偿。

五、破产程序中，让与担保股权属于劣后债权吗？

劣后债权是指在破产清偿顺序上排列于普通破产债权之后的债权。在英美法系中，根据"深石原则"及其引申法理，破产法赋予法官在审理后可为公正分配目的而裁量确定特定债权劣后清偿的权力，此即裁定劣后债权。该制度后来影响到大陆法系的公司法改革，在大陆法系中被确立为"法人人格否认制度"或"直索责任制度"。劣后债权虽仅在普通破产债权完全受偿后仍有剩余财产时才可能受偿，但其在破产程序中可受清偿的权利未被剥夺。通常劣后债权包括破产宣告后产生的利息，因破产宣告后不履行而产生的损害赔偿金及违约金，债权人个人参加破产程序的费用、罚金、罚款、追缴金等。

事实上，我国破产法中只规定了“优先债权”和“普通债权”，而并没有在普通债权之后规定一种劣后债权。但是2018年3月4日，最高人民法院印发的《全国法院破产审判工作会议纪要》第28条规定，“惩罚性债权”受偿顺位劣后于普通债权；并在第39条中明确规定，关联企业成员之间不当利用关联关系形成的债权，应当劣后于其他普通债权顺序清偿。申言之，公司的股东或实际控制人无疑是与公司存在关联关系的一方，且股东与公司之间除股权投资关系之外，并没有任何法律限制股东与公司之间形成债权投资关系。

实践中经常发生的现象是，股东或实际控制人利用其控制公司的便利，在其自身债权与一般债权人的债权发生冲突时，基于其内部人的优势地位，从事一些不公正的行为，进而损害其他债权人的利益。为解决这一冲突，继而产生了将股东因利用其优势地位实施不当行为而对公司所享有的债权，列为一种劣后债权，并安排在普通债权之后进行清偿的相关规定。例如，《全国第八次法院民事商事审判工作会议纪要（商事部分）》中“关于《公司法》修改后公司诉讼案件的审理问题”规定：“股东以过于微小的资本从事经营，在公司因不能清偿债务而破产时，股东债权的受偿顺序安排在其他普通债权人受偿之后。”《全国法院破产审判工作会议纪要》第39条规定：“协调审理的法律后果。协调审理不消灭关联企业成员之间的债权债务关系，不对关联企业成员的财产进行合并，各关联企业成员的债权人仍以该企业成员财产为限依法获得清偿。但关联企业成员之间不当利用关联关系形成的债权，应当劣后于其他普通债权顺序清偿，且该劣后债权人不得就其他关联企业成员提供的特定财产优先受偿。”此外，《重庆市高级人民法院关于审理破产案件法律适用问题的解答》（渝高法〔2017〕207号）第5条中更是明确规定：“何种情形下可以将公司股东或实际控制人对公司享有的债权确定为劣后债权，安排在普通债权之后受偿？答：具有以下情形之一的，可以将公司股东或实际控制人对公司债权确定为劣后债权，安排在普通债权之后受偿：（一）公司股东因未履行或未全面履行出资义务、抽逃出资而对公司负有债务，其债权在未履行或未全面履行出资义务、抽逃出资范围内的部分；（二）公司注册资本明显不足以负担公司正常运作，公司运作依靠向股东或实际控制人负债筹集，股东或实际控制人因此而对公司形成的债权；（三）公司控股股东或实际控制人为了自身利益，与公司之间因不公平交易而产生的债权。公司股东或实际控制人在前述情形下形成的劣后债权，不得行使别除权、抵销权。”

实际上,重庆市高级人民法院的规定即是破产法中"深石原则"这一法理在实践中的反映。"深石原则"又称衡平居次原则,是指在存在控制与从属关系的关联企业中,为了保障从属公司债权人的正当利益免受控股公司的不法侵害,法律规定,在从属公司进行清算、和解和重整等程序时,根据控制股东是否有不公平行为,而决定其债权是否应劣后于其他债权人或者优先股股东受偿的原则。

在债务人进入破产清算程序后,如果股权让与担保被认定为股权投资,则需要劣后于债权人受偿,对于投资方而言,这无疑提高了资金风险。当被投资企业进入破产程序时,因企业已经严重资不抵债,在债权无法全额保障的情况下,股东权益很难保障,担保权人更希望投资款被认定为债权。但此时,管理人和法院往往基于为广大债权人利益考虑,既不能因为个别债权人的利益而损害广大债权人的利益,也不能仅以维护广大债权人的利益为借口,损害担保权人的合法权益,其通常会结合双方当事人的合作背景、投资的实质目的,以及充分考虑其他债权人是否基于登记于股东名册中的担保权人而对破产企业产生信赖等多种因素适当适用商事外观主义原则作出认定。

例如,招商银行股份有限公司衡阳分行与湖南衡阳永兴集团有限公司等破产债权确认纠纷、别除权纠纷案【湖南省高级人民法院(2020)湘民终1211号民事判决书】。法院认为:对于永兴集团主张招行衡阳分行申报的债权应为劣后债权的问题,从永兴集团与中信信诚签订的《资管计划》及《股权转让合同》来看,双方约定了股权回购事项,同时第三人中信信诚是阶段性持股,签订协议是为保证日后债权的实现而以股权作为担保,招行衡阳分行与中信信诚间的股权转让行为实质为股权让与担保。让与担保是指债务人或者第三人为担保债务人债务的履行,将担保标的物的所有权或者其他权利转让给债权人,当债务清偿后,标的物应返还给债务人或者第三人,在债务人不能履行债务时,债权人有权获得担保标的物的所有权或就该财产优先受偿的非典型担保,属于市场经济发展中的特殊担保类型。其能够弥补典型担保和其他非典型担保方式之缺陷,为股权质押方式之有益补充。故永兴集团与中信信诚签订的案涉《股权转让合同》,是基于担保债务履行的目的,名为股权转让实为股权让与担保的合同,系双方真实意思表示,未违反法律及行政法规的强制性规定,合法有效。因此,管理人主张因中信信诚作为永兴集团的股东将公司巨额资产抵押在自己名下,该债权应为劣后债权,缺乏事实及法律依据,不予支持。

六、让与担保股权设定质押时，担保权人与质权人的受偿顺序如何？

在股权质押中，质权人可就已办理出质登记的股权优先受偿。在已将作为担保财产的股权变更登记到担保权人名下的股权让与担保中，担保权人形式上已经是作为担保标的物的股权的持有者，其就作为担保的股权所享有的优先受偿权利，更应受到保护，原则上享有对抗第三人的物权效力。

履行期限届满后，如债务人未履行债务，就存在股权让与担保的实现问题。对于股权让与担保如何实现的问题，在债务人不履行还款义务的情况下，受让人有权就受让股权通过协议折价或拍卖、变卖的方式实现债权。因此，从涉及该问题的判例来看，大多数法院应是认可受让人享有优先受偿权的。

债权人同意以登记在其名下的让与担保股权为债务人的其他债权人设定质押担保并办理质押登记的，质押权人就股权优先于债权人受偿。例如，黑龙江闽成投资集团有限公司与西林钢铁集团有限公司、刘某某民间借贷纠纷案【最高人民法院(2019)最高法民终133号民事判决书】。法院认为：基于本案各方确认并经刘某某同意，翠宏山公司将为担保闽成公司债权已设立让与担保的股权又出质给西钢公司债权人民生银行大连分行，因此，民生银行大连分行就翠宏山公司64%的股权应优先于刘某某(闽成公司)受偿。

七、破产程序中，担保权人优先受偿是否构成个别清偿行为而无效？

法院受理破产申请后，破产程序开始，债权人的债权成为破产债权，所有破产债权都必须通过破产程序获得清偿。清偿时同一顺序的债权人，按债权数额的比例分配破产财产，目的在于使债权人获得平等的清偿。但是，有的债务人在法院受理破产申请后，仍然对个别债权人的债权进行清偿。这种债务人在法院受理破产申请后，对债权人进行个别清偿的行为是否有效？

实务中，债务人在进入破产程序后，仍然对个别债权人的债权进行清偿，就会造成个别债权人与其他债权人实际受偿的不平等，使得个别债权人的债权能够全部或大部分得到清偿，而其他债权人的债权则较少得到清偿，甚至得不到清偿。为了保障在债务人被宣告破产后，所有的破产债权人都能够得到平等的清偿，有必要在受理破产申请后，禁止债务人对个别债权人的清偿，否认这种清偿的法律效力，防止债务人以个别清偿为名转移或转让企业的财产。正因如此，

《企业破产法》第16条规定，人民法院受理破产申请后，债务人对个别债权人的债务清偿无效。该条规定指破产申请受理后，所有基于债务人的财产的清偿均应当通过破产程序解决，旨在保障全体债权人在破产程序中公平受偿。否则，致使债务人应由债权人受偿的财产相应减少，损害了其他债权人公平受偿的权利，其行为符合《企业破产法》第16条之规定的，属无效行为，并应当予以返还。

对于股权让与担保是否具有物权效力，应以是否已按照物权公示原则进行公示作为核心判断标准。当借款人进入重整程序时，确认股权让与担保权人享有优先受偿的权利，不构成《企业破产法》第16条规定所指的个别清偿行为。例如，黑龙江闽成投资集团有限公司与西林钢铁集团有限公司、刘某某民间借贷纠纷案【最高人民法院（2019）最高法民终133号民事判决书】。法院认为：认定刘某某对讼争股权享有优先受偿权，不构成《企业破产法》第16条规定所指的个别清偿行为。《企业破产法》第16条之所以规定人民法院受理破产申请后的个别清偿行为无效，一是因为此种个别清偿行为减少破产财产总额，二是因为此类个别清偿行为违反公平清偿原则。在当事人以股权设定让与担保并办理相应股权变更登记，且让与担保人进入破产程序时，认定让与担保权人就已设定让与担保的股权享有优先受偿权利，是让与担保法律制度的既有功能，是设立让与担保合同的目的。本案中，翠宏山公司64%的股权已经变更登记至刘某某名下，刘某某就该股权享有优先受偿权利。

八、破产程序中，担保人能否要求股权回转？

债务人进入破产程序后，担保人可以要求确认其为公司股东，返还公司印章、证照，但不能诉求回转让与担保股权。例如，王某某、山东双创环保集团有限公司与邹平祥诚能源科技有限公司、周某某、泰和融资租赁有限公司确认股东资格纠纷案【山东省滨州市中级人民法院（2020）鲁16民终2202号民事判决书】。法院认为：诉讼各方对案涉股权转让系股权让与担保没有异议，且祥诚公司的股权已经由创投公司变更登记至王某某名下，产生物权效力。股权兼具财产权和成员权双重属性，认定名义股东是债权人还是股东对当事人影响至巨，王某某虽然已经登记为祥诚公司的股东，但合同双方的真实意思并不是股权转让，而是为长城集团下属三家子公司在泰和公司的售后回租业务的增信提供担保，所以王某某仅是祥诚公司的名义股东,对其享有的债权应当参照担保物权请求对受让股权进行依法处置并对所得价款优先受偿,一审法院认定双创公司是祥诚公司的股东,享有该公司100%股份依据充分,二审法院予以维持。根据双创公司(甲方)、王某某和周某某(乙方)、泰和公司(丙方)三方的补充协议,若债务人在售后回租业务中出现逾期,乙方有权自行处置代为持有的祥诚公司股权,以抵偿款项及损失。若长城集团三家子公司全额偿还丙方欠款,乙方应自偿还之日起三日内将股权过到甲方名下。鉴于上述主债务至今尚未得到清偿,补充协议约定的将股权变回的条件没有成就,一审法院对双创公司请求将祥诚公司股权变更至其名下的诉讼请求不予支持符合合同约定,二审法院予以维持。

九、担保股权是否属于担保人的破产财产?担保权人能否行使取回权?

让与担保是债务人将其特定财产的所有权转移给债权人作为债务担保,债务人有权在清偿债务后向债权人请求返还对该特定财产的所有权,有时该特定财产仍由债务人占有,有时该特定财产在形式上已过户到让与担保权人名下。在让与担保的债务人未清偿到期债务即进入破产程序时,让与担保权人可否对该特定财产享有取回权呢?

在财产上存在股权让与担保时,让与担保的设定人被宣告破产,对为设定人所占有的担保物,担保权人是否享有取回权,存在不同观点。肯定观点认为,让与担保设定之时股权已经转移,只是债务人保留了在清偿债务之后向担保权人请求返还的权利,所以,债务人破产时,担保权人可以基于物上请求权,行使取回权。否定观点认为,担保权人对让与担保股权仅有形式上的所有权,经济上真正的所有权人仍然是担保人。让与担保的实质目的是担保债权的实现,担保权人只有在股权价值不能满足被担保债权的情况下才可以请求将该股权的价值变现。而且破产程序是债权人为了就债务人的总财产公平受偿所进行的特别程序,让与担保股权超过被担保债权额的差额部分必须进入债务人的破产财产范围,用以满足一般债权人的债权。因此,担保权人仅享有担保物权人的地位,对让与担保股权仅享有别除权,而不享有取回权。

例如,临海市工艺服装绣品厂破产清算组诉临海市第四建筑工程公司让与房屋产权担保债务逾期未履行返还房产权案【台州市中级人民法院】。法院认为:抵押并不转移抵押物的所有权。而绣品厂与四建公司三工处签订的欠款抵押协议,却约定债务人将房屋所有权转移给债权人,作为债务人履行债务的担保,在债务人履行义务后,再将担保标的物的所有权返还给债务人。这种担保方式显然不是抵押,而是让与担保。绣品厂与四建公司三工处在自愿协商的基础上,根据合同自由原则,约定绣品厂将房屋产权转移给四建公司三工处,作为履行债务的担保,并办理了房屋产权登记手续,上述行为并不违反我国法律的禁止性规定,也不违反社会公德、损害社会公共利益,因而是有效的。虽然双方约定,绣品厂在三年内不履行债务,则四建公司三工处永久地取得讼争房屋的所有权,绣品厂不向四建公司找补,但是,讼争房屋的价值大大超过所担保的债权,上述约定显失公平。在四建公司将超过担保债权部分的房屋价值返还绣品厂之前,四建公司不能确定地取得讼争房屋的所有权。现绣品厂已破产,四建公司又不能确定地取得讼争房屋的所有权,而设定让与担保的目的在于保证四建公司能从讼争房屋中优先受偿。因此,绣品厂清算组有权请求四建公司返还讼争房屋的所有权。作为替代,四建公司取得了就讼争房屋优先受偿的权利。法院判决:(1)上诉人四建公司在接到本判决书之日起15日内,将坐落于临海市区鹿城路254号(原环城东路276号)房屋底层的所有权返还给绣品厂;(2)上诉人四建公司在所担保的债权范围内,对坐落于临海市区鹿城路254号底层房屋享有优先受偿权。

笔者认为,在让与担保的债务人未清偿债务即进入破产程序时,让与担保权人对担保物并不享有所有权,进而不享有取回权,但是可针对担保物在债权范围内享有优先受偿权。理由如下:

首先,《九民纪要》第71条规定,债务人或者第三人与债权人订立合同,约定将财产形式上转让至债权人名下,债务人到期清偿债务,债权人将该财产返还给债务人或第三人,债务人到期没有清偿债务,债权人可以对财产拍卖、变卖、折价偿还债权的,人民法院应当认定合同有效。合同如果约定债务人到期没有清偿债务,财产归债权人所有的,人民法院应当认定该部分约定无效,但不影响合同其他部分的效力。当事人根据上述合同约定,已经完成财产权利变动的公示方式转让至债权人名下,债务人到期没有清偿债务,债权人请求确认财产归其所有的,人民法院不予支持,但债权人请求参照法律关于担保物权的规定对财产拍卖、变卖、折价优先偿还其债权的,人民法院依法予以支持;债务人因到期没有清偿债务,请求对该财产拍卖、变卖、折价偿还所欠债权人合同项下债务的,人民法院亦应依法予以支持。

其次,让与担保的设定,对于担保权人而言,在对外关系上他虽已取得担保标的物的所有权,但在内部关系上,相对于设定人,担保权人仅于担保债务清偿的目的范围内取得所有权,即其仅具有担保权人的资格。当债务已届清偿期,债务人未履行债务时,担保权人就让与担保标的物享有优先受偿的权利。此种权利的行使,即让与担保的实行。

让与担保的实行方法有两种:一种是归属清算型,即由担保权人将标的物予以公正地估价,如标的物估得的价额超过担保债权的金额,超过部分的价额应交还设定人,标的物的所有权则确定地由担保权人取得,以供债权的实现;另一种是处分清算型,即由担保权人将标的物予以变卖,将卖得价金用作债权的清偿。

值得注意的是,无论是归属清算型还是处分清算型,均应履行变卖标的物或协议估价的程序,然后担保权人才能就其价金受偿或真正取得标的物的所有权,也即担保权人负有清算义务。因为设定让与担保的标的物的实际价值往往超过所担保的债权额,确定担保权人的清算义务是为了防止担保权人行使担保权时谋取暴利。担保权人的清算义务在性质上属于强行规定,不允许当事人以约定予以免除,让与担保合同中有免除清算义务的约定的,该约定无效。

最后,根据让与担保的含义可知,设立让与担保的目的在于保障债权人在债务不履行时就担保标的物享有优先受偿的权利,而不在于使债权人直接成为该标的物的真正所有权人。如果在设定人即债务人破产的情况下,让与担保权人能够通过行使取回权而成为担保标的物真正的所有权人,则与设定让与担保的目的相悖。因此让与担保权人不能行使取回权。

十、担保人能否行使取回权?

所谓取回权,是指当破产清算组接管破产企业移交的财产时,对于不属于破产企业的那部分财产,其所有人有从破产管理人处取回的权利。取回权具有三个特征:一是取回权的权利主体是财产的所有权人;二是义务主体是财产的实际占有人,这里指破产债务人;三是取回权的行使具有优先性、排他性,在破产案件中可以不经过破产清算程序而直接取回权利人所有的被债务人占有的财产。我国《企业破产法》第 38 条规定:“人民法院受理破产申请后,债务人占有的不属于债务人的财产,该财产的权利人可以通过管理人取回。但是,本法另有规定的除外。”这是关于取回权的原则性规定。

取回权和别除权的区别。取回权与别除权所涉及的财产都不属于破产财产,《最高人民法院关于审理企业破产案件若干问题的规定》将其均放在第 71 条,作为不属于破产财产的内容加以列举式的规定。但是,取回权和别除权不同。取回权的标的物属于权利人所有,而别除权的标的物属于债务人所有,不过是其被用于物的担保而担保了某项债权。取回权的优先性基于物权(主要指所有权)的排他性,别除权的优先性基于担保权的优先受偿性。

例如,陈某某与杭州临安绿岛能源有限公司取回权纠纷案【浙江省杭州市中级人民法院(2019)浙01 民终7474 号民事判决书】。基本案情为:陈某某与绿岛公司签订《代持股协议》,约定由陈某某委托绿岛公司为持有中达公司股权的名义股东。后来,债权人申请绿岛公司破产清算,陈某某向绿岛公司破产管理人提出异议,认为登记在绿岛公司名下的中达公司股权为其所有,不应属于绿岛公司的破产财产,双方为此发生纠纷。那么,担保权人破产时,担保股权是否属于担保权人的破产财产?担保人能否对担保股权行使取回权?

一审法院认为:根据《企业破产法》第 30 条的规定,破产申请受理时属于债务人的全部财产,以及破产申请受理后至破产程序终结前债务人取得的财产,为债务人财产。2018 年 8 月 6 日,该院受理绿岛公司破产清算一案时,陈某某委托绿岛公司代持的中达公司 1% 的股权仍登记在绿岛公司名下,故该股权属于绿岛公司的破产财产。陈某某、绿岛公司之间签订的《代持股协议》属于内部约定,陈某某没有证据可以证明绿岛公司的破产债权人知晓双方之间的内部约定,故基于维护善意第三人的信赖利益,陈某某、绿岛公司之间关于代持股的约定不能对抗绿岛公司的破产债权人。陈某某的诉讼请求缺乏法律依据,该院依法不予支持。

二审法院认为:本案双方当事人于 2012 年 7 月 11 日签订的《代持股协议》中明确约定,陈某某委托绿岛公司作为自己对中达公司出资(占中达公司注册资本的 1%)的名义持有人,陈某某为上述投资的实际出资人,对中达公司享有实际的股东权利并获得相应的投资收益。该协议签订后,陈某某将 200 万元出资款交付给绿岛公司,绿岛公司收到款项后将该款项支付给中达公司。根据上述查明的事实,可以认定陈某某为案涉 1% 股权的实际权利人,绿岛公司为名义权利人。虽然工商登记显示绿岛公司为中达公司的股东,但外观主义一般适用于因合理信赖权利外观或意思表示外观的交易行为,本案涉及实际权利人与名义权利人的关系,应注重财产的实质归属,故外观主义的适用范围不应被任意扩大。一审法院基于保护善意第三人的信赖利益而判定案涉1%的股权不属于陈某某实际所有,但本案当事人为实际权利人陈某某与名义权利人绿岛公司而并非案外第三人。故陈某某上诉主张其为案涉1%股权的实际权利人,该股权不属于破产财产,理由正当,法院予以采纳。二审法院依照《企业破产法》第38条之规定,判决由绿岛公司代持的中达公司1%的股权归陈某某所有,不属于绿岛公司的破产财产。

笔者认为,《企业破产法》第38条规定:人民法院受理破产申请后,债务人占有的不属于债务人的财产,该财产的权利人可以通过管理人取回;但是,本法另有规定的除外。破产法规定的取回权制度是对破产程序的债务人财产认定中发生对实体权利人权益侵害情形的救济制度。此时争议标的物的权利外观与真实权利人不一致,管理人基于权利外观对财产归属予以认定。此时,关于权利外观与真实权利人不一致的证明责任在实体权利人。同时法律对取回权的行使期限也作出了具体规定:实体权利人应当在破产财产变价方案或者和解协议、重整计划草案提交债权人会议表决前向管理人提出。当然,实体权利人超过上述期限的不意味着其权利丧失,法律规定其应当承担延迟行使取回权增加的相关费用。取回权的行使应当是先向管理人主张,管理人不予认可的,权利人可以以债务人为被告向人民法院提起诉讼,请求对其实体权利予以确认。取回权制度和执行异议及异议之诉制度有相似之处,因此,在取回权诉讼审查中,实务中有部分法院参照执行异议之诉的相关标准。本部分援引判例中所涉及的股权代持情形在案外人执行异议之诉中也较为常见,实务判例中的做法也不尽统一。本部分援引判例倾向于实体利益主义,主张对权利外观主义的适用范围应当有所限缩。虽然工商登记显示破产企业为股东,但外观主义一般适用于因合理信赖权利外观或意思表示外观的交易行为,破产财产认定中涉及实际权利人与名义权利人的关系,应注重财产的实质归属,外观主义的适用范围不应被任意扩大。实际权利人有充分证据证明代持事实的,其主张取回权应予以支持。

十一、担保权人是否享有破产申请权?

我国《企业破产法》对此未作明确规定,但其第 7 条第 2 款规定:“债务人不能清偿到期债务,债权人可以向人民法院提出对债务人进行重整或者破产清算的申请。”其“债权人”的概念中并没有将别除权人排除在外,故应认定其享有破产申请权。

1. 别除权人的债权申报与确认。《企业破产法》第 56 条第 1 款规定:“在人民法院确定的债权申报期限内,债权人未申报债权的,可以在破产财产最后分配前补充申报;但是,此前已进行的分配,不再对其补充分配。为审查和确认补充申报债权的费用,由补充申报人承担。”由此可以为债权人提供更为合理、合法的保护。《企业破产法》第 49 条规定:“债权人申报债权时,应当书面说明债权的数额和有无财产担保,并提交有关证据……”第 56 条第 2 款规定:“债权人未依照本法规定申报债权的,不得依照本法规定的程序行使权利。”根据这些规定,首先,别除权人也应当申报债权,因其也属于法律规定的“债权人”,而且立法还针对别除权要求申报者“应当书面说明有无财产担保”。这主要是考虑到我国的物权担保制度尚不完善,规定别除权人的债权也应经过申报与确认程序,使其他利害关系人了解有关情况,可以防止破产欺诈,减少争议,既有利于别除权人行使权利,也有利于破产程序顺利进行。其次,未依法申报债权所产生的法律后果是不得依照《企业破产法》规定的程序行使权利,而不是完全丧失受偿权利。所以,《企业破产法》没有排除未申报债权的别除权人依民法的有关规定行使权利的可能。

2. 别除权人的债权人会议成员资格。我国《企业破产法》第 59 条第 1 款规定:“依法申报债权的债权人为债权人会议的成员,有权参加债权人会议,享有表决权。”该条第 3 款规定:“对债务人的特定财产享有担保权的债权人,未放弃优先受偿权利的,对于本法第六十一条第一款第七项、第十项规定的事项不享有表决权。”据此,债权人会议的成员既包括普通破产债权人,也包括别除权人,但两者在表决权利上有所区别。此外,根据《企业破产法》第 62 条的规定,别除权人作为债权人会议的成员,在符合法定条件(拥有占债权总额 1/4 以上的债权)的情况下,享有召开债权人会议的提议权。在债权人会议设置债权人委员会时,债权人委员会中应有别除权人的代表。

3. 别除权人在债权人会议上的表决权。根据《企业破产法》的规定，别除权人在债权人会议上有表决权，但对法律列举规定的与其无利害关系的特定债权人会议决议事项，在未放弃优先受偿权时无表决权。在别除权人放弃对担保物的优先受偿权利，或其债权存在担保物价款不足以清偿的部分时，其无财产担保的相应债权就转化为普通破产债权，对此部分债权，别除权人在债权人会议中享有表决权。

例如，新华信托股份有限公司与湖州港城置业有限公司破产债权确认纠纷案【浙江省湖州市吴兴区人民法院（2016）浙0502民初1671号民事判决书】。法院认为：在名实股东的问题上要区分内部关系和外部关系，对内部关系产生的股权权益争议纠纷，可以当事人之间的约定为依据，或是隐名股东，或是明股实债；而对外部关系不适用内部约定，按照《公司法》第33条第3款"公司应当将股东的姓名或者名称向公司登记机关登记；登记事项发生变更的，应当办理变更登记。未经登记或者变更登记的，不得对抗第三人"之规定，第三人不受当事人之间的内部约定约束，而是以当事人之间对外的公示为信赖依据。本案不是一般的借款合同纠纷或股权转让纠纷，而是港城置业破产清算案中衍生的诉讼，本案的处理结果涉及港城置业破产清算案的所有债权人的利益，应适用公司的外观主义原则。也就是说，港城置业所有债权人实际（相对于本案双方当事人而言）均系第三人，对港城置业公司的股东名册记载、管理机关登记所公示的内容，即新华信托为持有港城置业80%股份的股东，港城置业之外的第三人有合理信赖的理由。而港城置业的股东会决议仅代表港城置业在签订《合作协议》《股权转让协议》前有向新华信托借款的单方面意向，最终双方未曾达成借款协议，而是新华信托受让了纪某某、丁某某持有的港城置业股权，与纪某某、丁某某之间发生了股权转让的事实。如果新华信托本意是向港城置业出借款项，而港城置业从股东会决议来看亦有向新华信托借款的意向，双方完全可以达成借款合同，同时为确保借款的安全性，新华信托可以要求依法办理股权质押、土地使用权抵押、股东提供担保等法律规定的担保手续。如原告新华信托在凯旋国际项目上不能进行信托融资的，则应依照规定停止融资行为。新华信托作为一个有资质的信托投资机构，应对此所产生的法律后果有清晰的认识，故新华信托提出的"明股实债""让与担保"等主张，与本案事实并不相符，其要求在破产程序中获得债权人资格并行使相关优先权利并无现行法上的依据，因此，本院对其主张依法不予采纳。综上,被告港城置业的管理人在破产程序中履行管理职权,确认新华信托对破产企业不享有破产债权是正确的。基于新华信托在港城置业中的股东身份,其出资并获得股东资格后不应再享有对破产企业的破产债权,新华信托要求对港城置业所有的湖州市西南分区 18－C 号地块国有土地使用权及在建工程行使抵押权,并以该抵押物折价或者以拍卖、变卖的价款优先受偿的请求,有悖法律,本院依法予以驳回。

第十章　股权让与担保诉讼中的实务疑难问题

一、法律关系认定实务疑难问题

民事法律关系是指由民事法律规范调整的具有民事权利义务内容的平等关系，是民事法律规范调整平等主体之间的财产关系和人身关系在法律上的表现。其包括主体、内容、客体三个要素。其中主体指参加民事法律关系、享有民事权利和承担民事义务的人，即当事人；内容指民事主体享有的民事权利和承担的民事义务；客体指民事权利和民事义务所共同指向的对象，一般包括物、行为、智力成果及其他某些权利（如生命权、名誉权等）。

在司法实务中，要正确确定民事法律关系的性质，必须做到固定权利请求。包括本权利、请求权、形成权和抗辩权等；确定权利请求基础规范，也即确定据以支持原告诉讼请求的法律规范。具体到股权让与担保纠纷中，存在如何确认当事人之间的法律关系？股权转让协议是担保合同还是股权转让？债务清偿后，是否影响股权转让协议的性质？等实务疑难问题。需逐一分析、解答。

（一）股权让与担保是民间借贷法律关系，还是股权转让法律关系？

《民间借贷规定》第 23 条规定："当事人以订立买卖合同作为民间借贷合同的担保，借款到期后借款人不能还款，出借人请求履行买卖合同的，人民法院应当按照民间借贷法律关系审理。当事人根据法庭审理情况变更诉讼请求的，人民法院应当准许。"《民法典担保制度解释》第 21 条规定："主合同或者担保合同约定了仲裁条款的，人民法院对约定仲裁条款的合同当事人之间的纠纷无管辖权。债权人一并起诉债务人和担保人的，应当根据主合同确定管辖法院。债权人依法可以单独起诉担保人且仅起诉担保人的，应当根据担保合同确定管辖法院。”股权让与担保的实质为通过转让股权的方式对债务(一般为借款)进行担保,而非股权转让,因此,当事人的法律关系一般为民间借贷纠纷,并以此作为案由。例如,吴某、胡某某、邢某某与新沂市通城商业有限公司股权转让纠纷案【江苏省徐州市中级人民法院(2016)苏03民终6281号民事判决书】。法院认为:通城公司与吴某签订的协议虽名为股权转让协议,但该协议的主要条款对双方间借款金额、借款利息、借款期限等进行了约定,符合借款合同的构成要件。协议虽约定通城公司将其持有的令天下公司99%的股权过户至吴某名下,但同时约定了当通城公司偿还70万元借款后,吴某应将该股权返还予通城公司,应当认定双方的真实意思表示系通城公司以其持有的令天下公司的股权出质予吴某,从而担保上述借款的履行,双方不存在股权转让的合意。因此,通城公司与吴某间涉案法律关系性质系民间借贷法律关系,而非股权转让法律关系。

(二)股权让与担保中的股权转让协议究竟是担保协议还是股权转让协议?

股权让与担保纠纷中,股权转让协议是担保协议还是股权转让协议的性质之争,成为实践中的常见争议点。对股权转让协议性质的确定,应当结合股权让与担保中各项合同条款进行综合判断,而不应将其单独区别开来作为确定双方之间法律关系的依据。股权让与担保中,签订股权转让协议仅为办理过户手续需要,并非交易双方的真实意思表示,股权转让协议是带有担保性质的从合同。例如,赵某某与江苏圣迪创业投资管理有限公司、江苏省国信中小创业投资有限公司股权转让纠纷案【江苏省高级人民法院(2019)苏民申1160号民事裁定书】。法院认为:案涉《股权转让协议》系带有担保性质的从合同,股权转让并非双方真实的意思表示。圣迪公司、王某某、俞某某作为三羊公司股东于2014年7月28日签订《三羊公司股东会决议》,约定俞某某将其持有的三羊公司780万股权中的430万元质押给圣迪公司,以保证三羊公司能够偿还圣迪公司350万元借款及产生的相关利息,并明确载明“三方的权利义务一律以本决议为准,三方在国家企业工商注册登记机关签署的股权转让协议、决议或者决定及办理的其他必要手续,仅仅是为办理出资过户手续之用,此外对三方均不具有约束力”。故某某2014年7月28日与圣迪公司签订案涉《股权转让协议》仅为办理过户手续需要,是以让与担保方式为案涉借款提供质押,并无股权转让的合意。

(三)债务清偿后,是否影响股权转让协议的性质?

股权让与担保中,债务人是否清偿债务,仅影响其是否承担违约责任,并不影响双方的法律关系。即使债务得以清偿,也不影响股权转让协议实为股权让与担保的法律性质。例如,赵某某与江苏圣迪创业投资管理有限公司、江苏省国信中小创业投资有限公司股权转让纠纷案【江苏省高级人民法院(2019)苏民申1160号民事裁定书】。法院认为:债务清偿后,不影响《股权转让协议》的性质。虽然赵某某提供的圣迪公司保全异议书等证据能够证明句容市人民法院在另案查封三羊公司设备时,圣迪公司于2015年12月24日以设备所有权人提出保全异议,以证明《债务确认与转让协议》已实际履行,三羊公司用其设备抵偿了圣迪公司350万元借款,但该行为发生在案涉《股权转让协议》及俞某某以其股权质押之后,不能以此否定股权让与担保的真实性,也不能以此确认双方存在股权转让的真实意思。

(四)当事人签订抵押合同后又签署的股权转让协议还是股权让与担保吗?

即使当事人就借款已签订抵押合同,随后又另行订立股权转让协议作为让与担保,是当事人为保障其债权实现的双重担保方式,或者是以股权让与担保取代抵押担保,均为当事人的真实意愿,并不改变股权转让协议是股权让与担保的法律性质。例如,冯某某与梁某某股权转让纠纷案【山西省阳泉市中级人民法院(2020)晋03民终849号民事判决书】。法院认为:一审法院以双方就借款已签订《抵押合同》、再另行订立《股权转让协议》作为担保与常理不符,确认该《股权转让协议》非股权让与担保,而是双方就山西鼎溢农业开发有限公司85.71%的股权转让的裁判理由,认定事实有误,应予纠正。

(五)法律关系为股权让与担保时,是否有必要审查公司市值及股权价值?

股权让与担保仅为担保方式,并非股权转让,不能产生债务消灭的后果。因此没有必要审查公司市值及转让股权的实际价值,法院对相关的估值报告等证据不予审查。例如,福鼎市农村信用合作联社与吴某某等金融借款合同纠纷案【福建省福鼎市人民法院(2019)闽0982民初3425号民事判决书】。法院认为:本案中,根据2017年3月20日福鼎市信用社与周某某等人签订的《代为承担债务协议》第一条、第三条内容看，协议达成的是以长白山公司6%的股权让与给福鼎市信用社，并由福鼎市信用社享受股益至第一条债务全部清偿为止，并依据协议办理了股权变更手续，目的应当是以长白山公司6%的股权作为担保，以保障福鼎市信用社第一条债权的实现，比较符合让与担保的法律特征。因此案涉《代为承担债务协议》并不能产生债务消灭的后果。在将案涉《代为承担债务协议》的性质认定为股权让与担保的情况下，审查该公司市值及转让股权的实际价值已无必要，故本院对陈某某及第三人周某某提供的关于证明长山白公司市值的《估值报告》、坪山茶业集团有限公司与长白山公司签订的《协议书》《协议书之补充协议》及蓝田置业有限公司与长白山公司签订的补充协议等证据均不予审查。

（六）让与担保权人能否诉求法院确认股权转让协议为股权让与担保？

解答这个问题，首先必须要明确什么是诉，所谓诉是指当事人向法院提出的，请求法院就特定的法律主张或权利主张进行裁判的诉讼行为。诉的内容有两个因素：诉讼标的与诉讼理由。诉的标的是指原告依法提出的，与被告有争议并要求法院通过审判解决的法律关系及权利主张。诉的理由是指原告提出诉讼请求所依据的事实，是指引起当事人之间实体法律关系发生、变更、消灭的事实或者权利受到侵害或法律关系发生争议的事实。诉的类型包括给付之诉、确认之诉、变更之诉。其中确认之诉是指确认当事人之间的法律关系存在或者不存在，其客体是法律关系，不包括事实和事实关系。实务中，当事人请求人民法院确认某个事实关系是否存在，不符合《民事诉讼法》第119条规定的起诉条件，人民法院应当不予受理或者裁定驳回起诉。但实务中，也有的法院受理并判决支持让与担保权人请求确认股权转让协议为让与担保性质的主张。例如，唐某某与潘某、广西贺州生生资产经营有限公司股东资格确认纠纷案【广西壮族自治区贺州市中级人民法院(2020)桂11民终1100号民事判决书】。法院认为：潘某某与唐某签订该转让协议前，案外人百桂公司与隆门公司先行签订有借款协议并在协议中约定为了保证借款合同的履行，借款人和担保人一方同意将潘某某持有生生公司85%股权中的51%股权过户登记至出借人指定的人员名下即唐某持有。该51%股权变更登记过户目的是保证百桂公司与隆门公司之间的融资借款协议的顺利履行，而不是实际意义上的股权转让。因此，该份股权转让协议虽名为股权转让,实为借款担保。其实质是通过让与股权所有权的形式担保债务的履行,属于让与性担保。故潘某某要求确认股权转让协议为让与担保性质的主张,符合案件事实,本院予以支持。……经原审法院审判委员会讨论决定,判决:确认原告潘某某与被告唐某于2018年7月30日签订的《广西贺州生生资产经营有限公司股权转让协议》的性质为股权的让与性担保。

(七)股权让与担保与人的保证并存时,债权人有权选择担保方式吗?

根据《民法典》第392条的规定,被担保的债权既有物的担保又有人的担保的,债务人不履行到期债务或者发生当事人约定的实现担保物权的情形,债权人应当按照约定实现债权;没有约定或者约定不明确,债务人自己提供物的担保的,债权人应当先就该物的担保实现债权;第三人提供物的担保的,债权人可以就物的担保实现债权,也可以请求保证人承担保证责任。提供担保的第三人承担担保责任后,有权向债务人追偿。因此,被担保的债权同时存在股权让与担保和人的保证的,债权人可以就担保股权实现债权,也可以要求保证人承担保证责任。例如,薛某某与广东广华投资控股有限公司、邢某某、广东百达丰电子科技实业有限公司民间借贷纠纷案【广东省广州市越秀区人民法院(2020)粤0104民初6119号民事判决书】。法院认为:根据《物权法》第176条的规定,被担保的债权同时存在第三人提供的物的担保和人的担保的,债权人可以就物的担保实现债权,也可以要求保证人承担保证责任。本案中,广华投资公司的上述债务既有广东广华公司提供的股权让与担保,又有邢某某提供的保证,原告有权选择邢某某承担保证责任。广华投资公司主张物的担保优先于人的担保缺乏法律依据,本院不予采纳。

(八)能否以新设公司的方式设立股权让与担保?

当事人可以通过注册新的公司方式设立股权让与担保。例如,海南贵亨置地有限公司、海南绿山河旅游发展有限公司、张某与周某某、海南博兴投资咨询有限公司等民间借贷纠纷案【最高人民法院(2020)最高法民申3660号民事裁定书】。法院认为:双方共同设立一家注册资本为5000万元的新公司,实际控制人陈某某要求周某某以其实际控制的公司的名义出资持股60%的形式将3000万元汇入新公司,同时贵亨公司也将出资款2000万元汇入新公司,并以新公司名义竞标襄阳市土地使用权出让;新公司法定代表人由实际控制人陈某某决定由周某某指定人员担任,新公司印章和证照也由实际控制人陈某某和周某某保管,待贵亨公司还清借款本息后,再将实际控制人陈某某和周某某实际持有的60%股权过户返还给贵亨公司,法定代表人变更为贵亨公司方人员担任,公司印章和证照也一并交还贵亨公司。根据上述商定……1 月 31 日,周某某以格雅仕公司出资的形式将 3000 万元借款汇入新设的新嘉谊公司验资户……根据贵亨公司陈述的上述事实,可以认定贵亨公司与周某某于 2008 年 1 月就借款事宜达成合意,双方约定周某某以向目标公司投入资金 3000 万元的方式支付出借款项,并约定以贵亨公司与周某某签订商品房买卖合同、办理备案登记及周某某以其控制公司持有目标公司 60% 股权的方式对借款进行担保。

(九)股权让与担保人未在借款协议上签名,能否设立股权让与担保?

根据《民法典》第 490 条的规定,当事人采用合同书形式订立合同的,自当事人均签名、盖章或者捺指印时合同成立。在签名、盖章或者捺指印之前,当事人一方已经履行主要义务,对方接受时,该合同成立。法律、行政法规规定或者当事人约定合同应当采用书面形式订立,当事人未采用书面形式但是一方已经履行主要义务,对方接受时,该合同成立。因此,虽然股权让与的担保人未在借款协议上签名,但其履行主要义务的,视为通过实际行动认可了股权担保行为,仍可以确认各方当事人之前设立股权让与担保。例如,姜某某与舒某某、蒋某某民间借贷纠纷案【浙江省杭州市中级人民法院(2020)浙 01 民终 5204 号民事判决书】。法院认为:虽舒某某、蒋某某作为提供股权让与的担保人未在案涉《借款协议》上签名,但舒某某、蒋某某作为原合伙人以与姜某某、叶某某签订入伙协议的实际行动认可了股权担保行为。

(十)债权人能否起诉确认股权转让协议有效,确认其享有债务人股权?

这涉及诉的利益问题,诉的利益是当事人向法院提出的诉讼请求,具有必须通过法院审理并作出判决予以解决的必要性和实效性。原告请求确认其与被告之间是股权让与担保关系。其目的在于请求判决被告偿还债务以及被告基于担保关系的成立而承担担保责任,其本质是给付之诉。双方之间是否是股权让与担保关系,仅是其承担责任与否的前提和条件。法院可以通过审查相关协议等,作出被告是否承担责任及如何承担责任的裁判结论。因此,原告再以确认之诉提出该请求缺乏诉的必要性和实效性。例如,国药集团宜宾制药有限公司、国药集团成都信立邦生物制药有限公司与杭州功臣投资有限公司等合同纠纷案【四川省宜宾市南溪区人民法院(2018)川1503民初1762号民事判决书】。法院认为:诉的利益是当事人向法院提出的诉讼请求,具有必须通过法院审理并作出判决予以解决的必要性和实效性。二原告在起诉状中请求确认其与被告霖康公司、优安公司、富田公司之间系股权让与担保关系。原告的该项请求包含两层意思:(1)请求确认原、被告之间签订的相关担保协议合法有效;(2)请求相应被告应当依据协议内容承担担保责任。对二原告的请求所包含的两层意思的逻辑关系分析,其主旨在于请求判决被告李甲、李乙偿还债务以及被告霖康公司、优安公司、富田公司基于担保关系的成立而承担担保责任,其本质是给付之诉。二原告与被告霖康公司、优安公司、富田公司之间是否系股权让与担保关系,仅是其承担责任与否的前提和条件。人民法院可以通过审查《协议书》《优安公司担保书》《富田公司担保书》等证明双方真实法律关系的证据后,作出被告霖康公司、优安公司、富田公司是否承担责任及如何承担责任的裁判结论。在本案中,本院已就各方当事人之间的主体身份关系、主债务金额、原告与被告霖康公司、优安公司、富田公司之间是股权担保关系还是股权转让关系,以及责任承担等的实质内容依法作出了认定。本案中,二原告请求其与被告霖康公司、优安公司、富田公司之间系股权担保关系的请求因上述认定已得到解决,故二原告再以确认之诉提出该请求缺乏诉的必要性和实效性。

(十一)股权让与担保协议仅为复印件时,能否作为证据?

《最高人民法院关于民事诉讼证据的若干规定》第90条规定:"下列证据不能单独作为认定案件事实的根据:……(五)无法与原件、原物核对的复制件、复制品。"该款规定的言外之意是,如果有其他证据证明复印件的真实性,该复印件也是可以作为定案依据的。有的法院认为,虽然协议系复印件,但该证据与当事人提供的其他证据在时间、内容上相互印证,与实际履行结果亦相吻合,可以形成完整的证据链,证明股权转让实属担保债务履行的股权让与担保。例如,王某某与骆某某股权转让纠纷案【江苏省南通市中级人民法院(2017)苏06民终3175号民事判决书】。法院认为:本案双方虽然签订了《股权转让协议》并办理了股权变更登记,但双方的法律关系并非必然是因股权交易而形成的股权转让关系,仍有可能是因债务担保而产生的股权让与担保关系。骆某某提供的《借款抵押协议书》虽可以直接证明双方股权转让是为世发公司与骆某某2500万元债务设定担保,但由于该协议书是复印件,不具有直接证明效力,法院难以据此直接认定其抗辩意见成立。但是,根据民事证据规则,复印件虽不能单独作为认定案件事实的依据,但在有其他证据佐证的情况下仍具有证明效力。

二、案由实务疑难问题

案由是指人民法院对诉讼案件所涉及的法律关系的性质进行概括后形成的案件名称。根据最高人民法院《民事案件案由规定》,与公司有关的24类纠纷中,并没有股权让与担保纠纷。与股权让与担保最相类似的案由也仅是股权质权纠纷。那么,在实务中,如何确定股权让与担保纠纷的案由呢?

(一)股权让与担保纠纷案件的案由是股权转让纠纷吗?

股权让与担保法律关系中,出让人将其股权转让的真实意思是为了担保债务的履行,并非实质性地股权转让。双方之间的法律关系应认定为股权让与担保关系。不能以存在股权转让法律关系而将案由确定为股权转让纠纷。例如,刘某兵与刘某文、桂阳县富民小额贷款有限责任公司合同纠纷案【湖南省高级人民法院(2019)湘民终767号民事裁定书】。法院认为:刘某兵将其股权转让的真实意思是为了担保债务的履行,并非实质性地股权转让。如刘某兵到期已归还借款本息,涉案股权应返还给刘某兵;如刘某兵到期未能清偿借款本息,则刘某文可就涉案股权拍卖、变卖的价款优先受偿。因此,该约定符合股权让与担保的法律特征,双方之间的法律关系应认定为股权让与担保关系。一审判决认定本案系因股权抵偿债务而产生的股权转让法律关系并将本案案由确定为股权转让纠纷不当。

(二)在同一案件中既存在股权转让协议效力纠纷,又存在公司股东资格确认纠纷时,案件定性为哪种纠纷?

如果在同一个案件中,既存在股权转让协议效力纠纷,又存在公司股东资格确认纠纷,在涉及多个法律关系的前提下,案件定性应为股东资格确认纠纷。例如，唐某与潘某某、广西贺州生生资产经营有限公司股东资格确认纠纷案【广西壮族自治区贺州市中级人民法院（2020）桂 11 民终 1100 号民事判决书】。法院认为：本案原告既主张要求确认原告潘某某与被告唐某的股权转让协议为担保性质，又明确要求确认原告潘某某为生生公司 85% 股权的实际股东，因此，本案不仅存在原告潘某某与被告唐某之间的股权转让协议效力纠纷，还存在公司股东资格确认纠纷，并非单一的法律关系，在涉及多个法律关系的前提下，本案定性为股东资格确认纠纷并无不当。

也有的法院认为，虽然股东资格确认纠纷与股权转让纠纷非同一案由，当事人各自诉求虽不完全重合，但是基于同一事实引发的与公司有关的纠纷。相关协议应作为一条证据链综合进行裁判，而非机械的以证据名称类别将案件事实与案件程序割裂开来。在各方当事人均到庭应诉且充分发表意见的前提下，可以合并审理各方诉求。例如，河北神兴建筑工程有限公司、曹某某与河北宸源房地产开发有限公司、莱芜市隆福房地产开发有限公司、陈某某股东资格确认纠纷案【山东省济南市中级人民法院（2019）鲁 01 民终 637 号民事判决书】。法院认为：宸源公司的诉讼请求实为确认其隆福公司股东资格，属于股东资格确认纠纷。本案以隆福公司为被告，与案件争议股权有利害关系的人作为第三人参与诉讼，符合法律规定。根据《最高人民法院关于适用〈中华人民共和国民事诉讼法〉的解释》第 81 条的规定，有独立请求权的第三人有权向人民法院提出诉讼请求和事实、理由，成为当事人，曹某某对本案的诉讼标的有独立请求权，其作为有独立请求权的第三人参加诉讼，并在本案中提出确认股权转让协议效力及其股东资格的独立诉讼请求，实质亦为股东资格确认纠纷，而非股权转让纠纷，一审进行合并审理符合法律规定。

（三）担保权人擅自转让股权而产生的赔偿责任纠纷案由是什么？

股权让与担保合同在履行过程中，如果受让人未经出让人同意将担保股权直接转让给案外人，导致股权无法返还给出让人，给出让人造成物权损失，转让人应当承担赔偿责任。案件案由可为物权纠纷。例如，陈某某与王某某物权纠纷案【鹤壁市淇滨区人民法院（2019）豫 0611 民初 878 号民事判决书】。法院认为：本案纠纷基于原、被告双方的让与担保合同关系，因被告王某某并非鹤壁市鹏程绿色饮品有限公司的实际股东，在原告陈某某未按时还款的情况下，被告王某某未经原告同意将担保物即鹤壁市鹏程绿色饮品有限公司的股权直接转让给案外人李某某,导致涉案股权无法返还给实际所有人原告陈某某,给原告陈某某造成物权损失,被告王某某应当承担赔偿责任。原告陈某某因物权受到损害主张损害赔偿,故本案纠纷的法律关系应为物权纠纷。

三、诉讼主体实务疑难问题

(一)担保权人是股权转让纠纷案件的适格主体吗?

有的法院认为,股权让与担保合同中,出让人在工商机关办理股权过户手续的目的是保证债权人利益实现,即出让人是实际股东,债权人只是名义股东。因此,出让人作为股权转让纠纷当事人,主体适格。例如,王某某、陈某、陈某某、邓某确认合同无效纠纷案【湖南省岳阳市中级人民法院(2018)湘06民终3140号民事判决书】。法院认为:根据王某某、陈某与孙某某签订的《合作开发麒麟山庄合同》特别约定的内容:为保障乙方(孙某某)投资和融资款的安全,陈某、王某某自愿将持有的甲方公司股权以转让过户形式质押给乙方。同时,为了便于保障乙方投资安全,甲方同意将甲方公司的法定代表人变更为孙某某(在临湘市工商管理局以转让过户形式的质押并非真正意义上的股权转让)。在乙方收回投资款后三个工作日内,乙方必须无条件配合将质押的股权转回陈某、王某某名下并变更法定代表人。该合同是一份股权让与担保合同。从上述合同内容分析,该合同属于股权让与担保合作合同,王某某、陈某在工商机关办理股权过户手续的目的是保证孙某某在项目合作过程中的利益实现,即王某某、陈某是永生公司的实际股东,孙某某只是永生公司名义上的股东。故王某某、陈某在本案中作为股权转让纠纷的当事人,主体适格。

(二)当事人起诉要求确认股权转让合同无效,应否将公司列为第三人?

根据我国《民事诉讼法》第56条第2款的规定,对当事人双方的诉讼标的,第三人虽然没有独立请求权,但案件处理结果同他有法律上的利害关系的,可以申请参加诉讼,或者由人民法院通知他参加诉讼。人民法院判决承担民事责任的第三人,有当事人的诉讼权利义务。根据《最高人民法院关于适用〈中华人民共和国民事诉讼法〉的解释》第82条的规定,被判决承担民事责任的无独立请求权第三人有权提起上诉。股权让与担保纠纷中,当事人诉求确认股权转让合同无效案件处理结果与公司具有法律上的利害关系,公司应属无独立请求权第三人。例如,徐某某、李某某与孙某某、卢某某、南京长江联合贸易有限公司等合同纠纷案【江苏省南京市中级人民法院(2018)苏01民终3411号民事裁定书】。法院认为:本案中,徐某某、李某某请求确认无效的诉讼标的为其与孙某某间的股权转让合同关系,其诉讼请求获得支持的法律后果将导致其与孙某某之间的《股权转让协议》自始无效,而孙某某及其后手杨某某均系代卢某某持股,则杨某某、卢某某在与长江联合公司签订《股权转让协议》之际属无权处分人,故本案处理结果与长江联合公司具有法律上的利害关系,该公司应属无独立请求权第三人。同时,根据上述规定,被诉请承担责任的诉讼参加人并非只能作为被告,无独立请求权的第三人也可被判决承担民事责任,故一审法院将长江联合公司列为第三人,并无不当。

(三)股权让与担保中的股东资格确认纠纷如何列明诉讼主体?

《公司法解释三》第21条规定:"当事人向人民法院起诉请求确认其股东资格的,应当以公司为被告,与案件争议股权有利害关系的人作为第三人参加诉讼。"因此,在股权让与担保中的股东资格确认纠纷中,应当将公司列为被告,列与案件争议股权有利害关系的人作为第三人。例如,河北神兴建筑工程有限公司、曹某某与河北宸源房地产开发有限公司、莱芜市隆福房地产开发有限公司、陈某某股东资格确认纠纷案【山东省济南市中级人民法院(2019)鲁01民终637号民事判决书】。法院认为:本案系宸源公司与曹某某、神兴公司之间因隆福公司股东资格问题发生争议而引起的,属于股东资格确认纠纷,此类案件应以隆福公司为被告,与案件争议股权有利害关系的人作为第三人参与诉讼。宸源公司与隆福公司法定代表人重合,诉讼意见主张一致,并不能证明两者之间存在恶意串通、虚假诉讼。曹某某作为有独立诉求的第三人参与诉讼,并提出相应诉讼请求,其诉求与宸源公司的诉求基于同一事实和法律关系,合议庭本着简化程序、减少诉累的考虑,对曹某某的诉求以原告的主体地位也一并组织各方进行了质证。

但笔者认为,股东资格确认纠纷大致包括三种类型:一是股东与公司之间的股东资格确认纠纷;二是股东与股东之间因出资产生的股东资格确认纠纷;三是股东与股东之间因股权转让产生的股东资格确认纠纷。如果是第一种类型,当然可以根据《公司法解释三》第21条规定,将公司列为被告,列与案件争议股权有利害关系的人作为第三人。但如果是第二种和第三种类型,则应当将与案件争议股权有利害关系的股东作为被告,将公司列为第三人更为恰当。例如,欧某某与林某某、湛江宏润投资置业有限公司、陈某某股东资格确认纠纷案【广东省高级人民法院(2015)粤高法民二提字第9号民事判决书】。法院认为:欧某某主张根据《公司法解释三》第22条的规定,应当以宏润公司为被告。对此,本院认为,宏润公司在本案中已确认欧某某名下的3%涉案股权归属于林某某,林某某与宏润公司之间对涉案股权的归属并不存在争议。本案实质是林某某与欧某某之间就名义股东与实际出资人之间的股权归属所产生的争议,林某某以欧某某为被告,宏润公司为第三人提起本案诉讼,各方当事人的诉讼地位恰当。欧某某主张本案应列宏润公司为被告,缺乏事实和法律依据,本院不予支持。

四、管辖实务疑难问题

(一)股权让与担保纠纷案件如何确定管辖?

我国《民事诉讼法》第23条规定:"因合同纠纷提起的诉讼,由被告住所地或者合同履行地人民法院管辖。"《最高人民法院关于适用〈中华人民共和国民事诉讼法〉的解释》第18条规定:"合同约定履行地点的,以约定的履行地点为合同履行地。合同对履行地点没有约定或者约定不明确,争议标的为给付货币的,接收货币一方所在地为合同履行地;交付不动产的,不动产所在地为合同履行地;其他标的,履行义务一方所在地为合同履行地。即时结清的合同,交易行为地为合同履行地。合同没有实际履行,当事人双方住所地都不在合同约定的履行地的,由被告住所地人民法院管辖。"

《民间借贷规定》第3条规定:"借贷双方就合同履行地未约定或者约定不明确,事后未达成补充协议,按照合同相关条款或者交易习惯仍不能确定的,以接受货币一方所在地为合同履行地。"因此,股权让与担保纠纷案件中,以债权人所在地为接收货币一方所在地为合同履行地,并以此确定管辖法院。例如,杨某某与浙江杰艺园建筑装饰工程有限公司民间借贷纠纷案【浙江省高级人民法院(2015)浙辖终字第93号民事裁定书】。法院认为:根据原审原告起诉的内容,结合其提交的《股权代持协议》中关于借款的约定以及款项支付凭证等证据材料,本案系民间借贷纠纷,根据《民事诉讼法》第23条的规定,由被告住所地或者合同履行地人民法院管辖。根据《最高人民法院关于适用〈中华人民共和国民事诉讼法〉的解释》第18条第2款关于"合同对履行地点没有约定或者约定不明确,争议标的为给付货币的,接收货币一方所在地为合同履行地"的规定,本案出借人杨某某所在地为接收货币一方所在地即本案合同履行地。被上诉人杨某某的住所地位于浙江省诸暨市,属于绍兴市中级人民法院辖区范围,结合本案争议标的金额,绍兴市中级人民法院对本案具有管辖权。

(二)股权让与担保协议既约定诉讼管辖,又约定仲裁管辖时,应由哪个机构管辖?

仲裁和诉讼是两种不同的纠纷解决方式,二者在性质上彼此排斥,不能并存。《最高人民法院关于适用〈中华人民共和国仲裁法〉若干问题的解释》第7条规定:"当事人约定争议可以向仲裁机构申请仲裁也可以向人民法院起诉的,仲裁协议无效。"如果股权让与担保协议中的一份协议约定诉讼管辖,另一份协议约定仲裁管辖,应确定哪个机构管辖?

笔者认为,股权让与担保中,当事人签署的主债务合同(一般为借款合同)和股权转让协议的实质目的是为主债权提供担保,二者完全基于同一事实而产生,为不可分割的有机整体,应将二者作为一个整体进行审查。如果当事人在主债务合同中约定的争议解决方式为诉讼,在股权转让协议中约定的争议解决方式为仲裁,属于当事人对争议解决方式既约定可以提起诉讼,又约定可以申请仲裁的情形,依法应认定股权转让协议约定的仲裁协议条款无效,当事人应通过向法院起诉的方式进行诉讼管辖。例如,国药集团宜宾制药有限责任公司与上海富田股权投资基金管理有限公司申请确认仲裁协议效力案【四川省宜宾市中级人民法院(2019)川15民特10号民事裁定书】。法院认为:本案中,被申请人上海富田投资公司以其持有的深圳万盈互联网金融服务有限公司的80%股权为申请人国药集团宜宾制药公司享有的债权提供担保,双方于同日签订《股权担保协议书》和《股权转让协议书》,将担保的股权进行了变更登记。因此,双方签订《股权担保协议书》和《股权转让协议书》的实质是为申请人国药集团宜宾制药公司的债权提供担保,二者完全基于同一事实而产生,为不可分割的有机整体,应将二者作为一个整体进行审查。但双方当事人在《股权担保协议书》中约定的争议解决方式为诉讼,在《股权转让协议书》中约定的争议解决方式为仲裁,属当事人对争议解决方式既约定可以提起诉讼,又约定可以申请仲裁的情形,依法应认定《股权转让协议书》中约定的仲裁协议条款无效。

(三)让与担保人申请破产重整后,应由哪个法院管辖股权让与担保纠纷案?

根据我国《民事诉讼法》第 26 条的规定,因公司设立、确认股东资格、分配利润、解散等纠纷提起的诉讼,由公司住所地人民法院管辖。根据《最高人民法院关于适用〈中华人民共和国民事诉讼法〉的解释》第 22 条的规定,因股东名册记载、请求变更公司登记、股东知情权、公司决议、公司合并、公司分立、公司减资、公司增资等纠纷提起的诉讼,依照《民事诉讼法》第 26 条的规定确定管辖。根据《企业破产法》第 21 条的规定,人民法院受理破产申请后,有关债务人的民事诉讼,只能向受理破产申请的人民法院提起。根据《最高人民法院关于适用〈中华人民共和国企业破产法〉若干问题的规定(二)》第 47 条第 1 款的规定,人民法院受理破产申请后,当事人提起的有关债务人的民事诉讼案件,应当依据《企业破产法》第 21 条的规定,由受理破产申请的人民法院管辖。债权人主张对让与担保股权行使优先受偿权的案件,直接关涉该股权的实际权利人(让与担保人),让与担保人申请破产重整后,由受理让与担保人重整申请所在地法院管辖股权让与担保纠纷案件。例如,泰和融资租赁有限公司与王某某、邹平祥诚能源科技有限公司等股权转让纠纷案【山东省威海市中级人民法院(2019)鲁 10 民初 162 号之二民事裁定书】。法院认为:本案当事人签订的股权转让协议及补充协议虽名为股权转让,但各方真实意思表示是以山东双创公司所持有的邹平祥诚公司股权为山东惠泽农牧科技有限公司等三公司与泰和公司之间的售后回租业务提供担保,故应认定当事人之间为股权让与担保关系。泰和公司要求对邹平祥诚公司股权行使优先受偿权,直接关涉该股权的实际权利人山东双创公司。《企业破产法》第 21 条规定,人民法院受理破产申请后,有关债务人的民事诉讼,只能向受理破产申请的人民法院提起。《最高人民法院关于适用〈中华人民共和国企业破产法〉若干问题的规定(二)》第 47 条第 1 款规定,人民法院受理破产申请后,当事人提起的有关债务人的民事诉讼案件,应当依据《企业破产法》第 21 条的规定,由受理破产申请的人民法院管辖。因山东省邹平市人民法院已于2018年11月9日裁定受理山东双创公司的重整申请,故本案应移送山东省邹平市人民法院处理。

五、违约责任实务疑难问题

(一)股权让与担保中如何认定违约责任?

鉴于股权让与担保目的在于担保债权实现,在股权让与担保期间,出让人在实际正常行使股东权利之外,未按约定偿还债务的,不能以股权转让协议无效主张返还股权。债务清偿期届满前,受让人处分股权或恶意导致股取价值贬损的,出让人可选择侵权或违约责任予以救济,包括诉求确认担保权人擅自转让担保股权无效。受让人超出股权担保范围受偿的,出让人可行使不当得利返还请求权。受让人不当侵害出让人合法权益行为的,出让人可基于协议约定要求受让人承担违约赔偿责任。债务人已清偿债务时,股权让与担保没有继续存在必要,债务人可要求担保权人返还担保股权、恢复股权登记。

实务中,大部分法院认为,在股权让与担保纠纷中,未经出让人同意,受让人擅自转让股权属无权处分,该转让行为无效。例如,汪某某与许某某合同纠纷案【湖北省通山县人民法院(2019)鄂1224民初2516号民事判决书】。法院认为:原、被告双方于2015年9月16日签订的《协议书》系股权让与担保合同,被告许某某实际为担保权人,仅享有担保物权,无权自行处置担保标的物。因此,被告某某和第三人徐某某达成的转让兴和置业公司股权的协议无效,第三人徐某某应将兴和置业公司80%的股权返还给被告,再由被告返还给原告,为减少当事人讼累,故由第三人徐某某直接向原告返还兴和置业公司80%的股权。例如,杨某某、王某某与彭某某、江某某等股权转让纠纷案【浙江省温岭市人民法院(2018)浙1081民初8180号民事判决书】。法院认为:依据原告杨某某向被告彭某某出具《反担保书》,其15%的股权是作为反担保质押,但其后被告彭某某出具的承诺书,能够确定被告彭某某系代两原告持有第三人拓展公司相应股权,应认定为其自行放弃对该15%的股权反担保质押。故本院对被告方的抗辩理由不予以支持。被告彭某某虽作为第三人拓展公司股东记载在公司基本情况中,但两原告为实际股东,彭某某为名义股东。故被告彭某某在未得到两原告的同意或事后追认的情况下,其转让股权的行为为无权处分行为。例如,王某某、陈某、陈某某、邓某确认合同无效纠纷案【湖南省岳阳市中级人民法院(2018)湘06民终3140号民事判决书】。法院认为:从合同签订的主体资格分析,上述合同签订时,孙某某系永生公司法定代表人,其有权代表公司对外签订公司经营性质的合作合同,又孙某某虽为股权的名义持有人,但其并非公司股东,其无权处分公司股权,孙某某处置公司股权的行为为无权处分行为。例如,亿仁投资集团有限公司等与北京安鼎信用担保有限公司等股权转让纠纷案【珠海市中级人民法院(2013)珠中法民二终字第400号】。法院认为:本案便函上提及了股权回购事项,但本案当事人未就回购事项继续协商,因此双方当事人的意思表示并不完整。股权转让合同是涉案债权采取让与担保的重要组成部分,双方未就让与担保的实现也即债权未履行如何实现担保债权作出约定从而引发本案纠纷。本院认为,不论何种担保,其本意在于实现担保债权受偿的经济目的,法律基于公平原则禁止双方当事人直接约定债权无法受偿而直接获取担保标的所有权。同理,让与担保并非为了帮助债权人因无法受偿而直接获得所有权从而变相获取暴利。因此本案双方当事人应在理顺债务的前提下再行协商回购或变价清算受偿事宜。安鼎公司否认本案股权转让合同的担保真实意图,单方将股权转让给其关联公司,已超出担保权利的目的范围。禾盛公司与安鼎公司的法定代表人为同一人,曹某某与安鼎公司及禾盛公司皆属于关联方,各方对珠海亿仁公司是用于担保债权的用途不可能不知晓,曹某某超出担保目的直接转让股权的行为,属于当事人恶意串通损害亿仁集团公司利益的行为,因此该转让行为无效。

(二)让与担保权人擅自处分股权的赔偿金额如何确定?

尽管《民法典》第583条规定:“当事人一方不履行合同义务或者履行合同义务不符合约定的,在履行义务或者采取补救措施后,对方还有其他损失的,应当赔偿损失。”第584条规定:“当事人一方不履行合同义务或者履行合同义务不符合约定,造成对方损失的,损失赔偿额应当相当于因违约所造成的损失,包括合同履行后可以获得的利益;但是,不得超过违约一方订立合同时预见到或者应当预见到的因违约可能造成的损失。”有的法院认为,股权让与担保中,股权受让方在控制公司期间,为自身利益以低于评估价值的价格,将资产出售,应认为其滥用股东权利,违背诚实信用原则,故其因低价出售资产给公司造成的损失应承担赔偿责任。例如,沈阳利顺通经贸有限公司与九星控股集团有限公司等损害公司权益纠纷案【最高人民法院(2018)最高法民申 2405 号民事裁定书】。法院认为:利顺通公司系光兴集团指定无偿受让九星公司的股权成为兴泰铜业公司股东,当事人均知晓利顺通公司受让九星公司股权的真实意思是提供反担保,在九星公司已经偿还完毕银行借款的情况下,利顺通公司、光兴集团在控制兴泰铜业公司期间,以低于案涉房产抵押贷款时评估价值 6351.0833 万元的价格,将案涉房产和土地以 5030 万元出售,并将出售房屋及土地款项 5030 万元直接偿还给光兴集团。二审判决据此认为利顺通公司等系滥用股东权利,违背诚实信用原则,判决其对因低价出售房地产给兴泰铜业公司造成的损失承担赔偿责任,依据充分,并无不当。

但对于一方因违约行为而需承担的赔偿金额并无明确规定,在此情况下,如何确定赔偿金额是一个司法实务难题。实务中,有的法院以违约方应向赔偿赔偿股权的实际价值与债务本息之间的差额损失为赔偿金额。例如,刘某兵与刘某文、桂阳县富民小额贷款有限责任公司合同纠纷案【湖南省高级人民法院(2019)湘民终 767 号民事裁定书】。法院认为:刘某兵所欠富民小贷公司的债务到期后,刘某文在未与刘某兵协商折价,拍卖、变卖涉案股权或者向人民法院申请实现担保物权的情形下,自行将涉案股权以 1350 万元的价格转让给了他人,该行为损害了刘某兵的合法权益,应向刘某兵赔偿涉案股权的实际价值与债务本息之间的差额损失。

(三)让与担保的股权受让方为自身利益处置公司资产造成公司损失的是否应当承担赔偿责任?

股权转让的主要目的是提供担保,在受让方在控制公司期间,如果为了自身利益以低于评估价值的价格,将资产出售,属于滥用权利,违背诚实信用原则的行为,应对低价出售资产给公司造成的损失承担赔偿责任。例如,沈阳利顺通经贸有限公司、九星控股集团有限公司与公司有关的纠纷案【最高人民法院(2018)最高法民申 2405 号民事裁定书】。法院认为:九星公司虽然与利顺通公司签订《股权转让协议》将其持有的兴泰铜业公司的股权转让给利顺通公司,但根据该协议签订的背景情况及约定的内容,二审判决关于股权转让的主要目的和真实意思表示是九星公司为兴泰铜业公司实施的抵押担保提供反担保的认定依据是充分的。利顺通公司系光兴集团指定无偿受让九星公司的股权成为兴泰铜业公司股东，当事人均知晓利顺通公司受让九星公司股权的真实意思是提供反担保，在九星公司已经偿还完毕银行借款的情况下，利顺通公司、光兴集团在控制兴泰铜业公司期间，以低于案涉房产抵押贷款时评估价值6351.0833万元的价格，将案涉房产和土地以5030万元出售，并将出售房屋及土地款项5030万元直接偿还给光兴集团。二审判决据此认为利顺通公司等系滥用股东权利，违背诚实信用原则，判决其对因低价出售房地产给兴泰铜业公司造成的损失承担赔偿责任，依据充分，并无不当。案涉房地产在2008年抵押贷款时的评估总价为6351.0833万元，2009年光兴集团和利顺通公司控制兴泰铜业公司期间为出售兴泰铜业公司房地产而进行的评估总价为5027万元，2012年兴泰铜业公司对案涉转让房地产中的地上构筑物及附属设施进行评估的价值为7,432,657元。二审判决基于利顺通公司、光兴集团实际控制兴泰铜业公司期间出售兴泰铜业公司房地产的行为具有不适当性，认为其为此自行委托出具的评估报告的证明力大大减弱，不足采信，而为期不久之前所作的2008年的评估，是九星公司和光兴集团作为兴泰铜业公司股东期间共同委托的，相比之下对案涉房屋土地转让的一个时期所出售的房地产之评估价值在证明力上具有明显优势，故对2008年的评估报告予以采信，并据此对兴泰铜业公司的损失额作出认定，亦无不当。

（四）担保股权和法定代表人在诉讼过程中已发生变更时，能否合并审理？

根据《民法典》第580条规定，当事人一方不履行非金钱债务或者履行非金钱债务不符合约定的，对方可以请求履行，但是有下列情形之一的除外：（一）法律上或者事实上不能履行；（二）债务的标的不适于强制履行或者履行费用过高；（三）债权人在合理期限内未请求履行。有前款规定的除外情形之一，致使不能实现合同目的的，人民法院或者仲裁机构可以根据当事人的请求终止合同权利义务关系，但是不影响违约责任的承担。在股权让与担保纠纷中，标的公司的股权和法定代表人在诉讼过程中已发生变更时，若担保权人再诉求请求标的公司进行股权和法定代表人变更登记，属于法律规定的“法律上或者事实上不能履行”，应另行起诉。例如，开原东和房地产开发有限公司、李某因与何某某与公司有关纠纷案【辽宁省沈阳市中级人民法院（2018）辽01民终11118号民事判决书】。法院认为：何某某提起本案诉讼，请求东和公司履行协议进行股权和法定代表人变更登记，其请求为继续履行合同。根据《合同法》第110条的规定，当事人一方不履行非金钱债务或者履行非金钱债务不符合约定的，对方可以要求履行，但有下列情形之一的除外：（一）法律上或者事实上不能履行，现东和公司股权和法定代表人在诉讼过程中已发生变更，何某某诉请的合同履行已事实上不能履行。在本院释明的情况下，何某某选择另行提起诉讼，故本院二审依法驳回何某某的诉讼请求。

六、侵权责任实务疑难问题

（一）股权让与担保中的侵权责任如何认定？

大部分法院认为在股权让与担保法律关系中，受让人未经出让人同意，私自将担保股权转让给第三人，属于无权处分，违反了协议约定，有悖诚实信用原则，同时对出让人构成侵权，出让人有权请求法院判令受让人及第三人停止侵权，返还股权。例如，孙某某、高某与邹城市盛源天然气有限公司等侵权责任纠纷案【山东省邹城市人民法院（2017）鲁0883民初1182号民事判决书】。法院认为：结合本案，第三人徐某某、瑞安中心在北京朝阳区人民法院审理金融借款合同庭审时自认，徐某某是代瑞安中心持有被告盛源公司的股份，债务清偿后，应将股权返还给原告孙某某、高某。2015年2月15日，江苏东昊置业公司、中投信和投资基金管理（北京）有限公司签订了《山东世纪新源天然气有限公司股权及资产收购协议》，2015年4月20日江苏东昊置业有限公司、世纪新源公司、中投信和公司、瑞安中心、瑞富中心签订了《补充协议》，世纪新源公司因委托贷款产生的欠款已经以出售的世纪新源公司资产和股权价值1.0001亿元折抵完毕，本案第三人瑞安中心、徐某某持有的原告股权应当及时返还，恢复到让与担保前的状态。其次，瑞安中心持有被告邹城市盛源天然气有限公司的股权后，未经原告许可，私自转让给第三人徐某某代持，属于无权处分，违反了股权转让合同约定，有悖《民法通则》规定的诚实信用原则，同时对债务人及原告孙某某、高某构成侵权，原告请求本院判令被告及第三人中投瑞安中心、徐某某、王某某停止侵权，返还原告原来持有的邹城市盛源天然气有限公司的股权，于法有据，应予以支持。例如，刘某某等与安徽海创投资控股集团有限公司等股权转让合同纠纷案【安徽省高级人民法院（2019）皖民终11号民事判决书】。法院认为：吴某某在股权让与担保所担保的主债权已经法院作出生效判决，并已向法院申请执行的情况下，在判决执行过程中又与王某某、天行健公司签订股权转让协议，转让了部分用于担保的股权，造成主债务清偿后，担保物部分被转让、无法返还的后果，吴某某主观恶意明显，亦违反了诚实信用这一民法基本原则。上述股权转让客观上会造成担保财产在主债权清偿后无法返还的结果，刘某某在已与两原告约定由两原告负责支付收回吴某某名下股权的对价，且将收回的股权无条件转让给两原告的情况下，未经两原告同意，又同意吴某某将相关股权转让给王某某、天行健公司，恶意明显。相关股权转让合同虽约定了转让对价，但王某某、天行健公司未提供证据证明其实际支付了股权转让款，亦未对此作出合理解释，王某某、天行健公司也非善意第三人。上述事实反映出吴某某与王某某、天行健公司之间股权转让合同属吴某某、王某某、天行健公司、刘某某恶意串通，损害两原告的合法权益，相关股权转让协议应确认为无效。王某某、天行健公司据此取得的墨荷园公司股权应予返还吴某某名下，两原告基于代位权可以直接要求王某某、天行健公司将相关股权变更至海创公司名下。

（二）提供股权让与担保是否损害出让人配偶的合法权益？

股权并非单纯的财产权，其身份权是独立于夫妻关系的。股权既包括资产收益权，也包括参与重大决策和选择管理者等权益，对于自然人股东而言，股权仍属于商法规范内的私权范畴，其各项具体权能应由股东本人独立行使，不受他人干涉。同时，股权让与担保并非股权转让，出让人仍享有股东资格及股东权利，出让人提供股权让与担保并未损害其配偶基于股权所享有的财产权。例如，原告某某与苏某、河北国傲投资集团有限公司、河北法奥商贸有限公司、王某某确认合同效力纠纷案【河北省石家庄市桥西区人民法院（2019）冀 0104 民初 6128 号民事判决书】。法院认为：关于原告某某与苏某签订的《股权转让协议》，未经其配偶第三人王某某同意是否系无权处分问题。首先，该协议的性质为股权让与担保，并非股权转让，原告某某仍享有恒达公司股东资格及股东权利，《股权转让协议》并未损害第三人基于股权所享有的财产权。其次，股权既包括资产收益权，也包括参与重大决策和选择管理者等权益，所以股权并非单纯的财产权，其身份权是独立于夫妻关系的。如无特殊约定，对于自然人股东而言，股权仍属于商法规范内的私权范畴，其各项具体权能应由股东本人独立行使，不受他人干涉。据此，第三人主张《股权转让协议》因无权处分而无效的理由不成立。

七、合同解除实务疑难问题

合同解除是指合同关系成立以后，当具备合同解除条件时，因当事人一方或双方的意思表示而使合同关系自始消灭或向将来消灭的一种行为。合同解除种类包括约定解除和法定解除。

根据《民法典》第 562 条规定，当事人协商一致，可以解除合同。当事人可以约定一方解除合同的事由。解除合同的事由发生时，解除权人可以解除合同。可见，约定解除包括协议解除和约定解除权两种情况。协议解除指在合同成立后、未履行或未完全履行时，当事人双方通过协商解除合同，从而使合同效力消灭的行为。协议解除是在合同成立以后通过双方协商解除合同，因此又称为事后解除。约定解除权指当事人双方在合同中约定，在合同成立以后，没有履行或没有完全履行之前，由当事人一方在某种解除合同的条件成就时享有解除权，并可以通过行使合同解除权使合同关系消灭。

法定解除指在合同成立以后没有履行或者没有全部履行完毕之前，当事人一方通过行使法定的解除权而使合同效力消灭的行为。其特点在于，法律规定了在何种情况下当事人享有法定解除权，在该情况发生时通过行使解除权导致合同解除。在法定解除权条件成就时，解除权人可以直接行使解除权解除合同，无须征得对方当事人同意。根据《民法典》第 563 条规定，有下列情形之一的，当事人可以解除合同：(一)因不可抗力致使不能实现合同目的；(二)在履行期限届满前，当事人一方明确表示或者以自己的行为表明不履行主要债务；(三)当事人一方迟延履行主要债务，经催告后在合理期限内仍未履行；(四)当事人一方迟延履行债务或者有其他违约行为致使不能实现合同目的；(五)法律规定的其他情形。以持续履行的债务为内容的不定期合同，当事人可以随时解除合同，但是应当在合理期限之前通知对方。

根据《民法典》第 565 条的规定，解除权的行使方式为：当事人一方依法主张解除合同的，应当通知对方。合同自通知到达对方时解除；通知载明债务人在一定期限内不履行债务则合同自动解除，债务人在该期限内未履行债务的，合同自通知载明的期限届满时解除。对方对解除合同有异议的，任何一方当事人均可以请求人民法院或者仲裁机构确认解除行为的效力。当事人一方未通知对方,直接以提起诉讼或者申请仲裁的方式依法主张解除合同,人民法院或者仲裁机构确认该主张的,合同自起诉状副本或者仲裁申请书副本送达对方时解除。

根据《民法典》第564条的规定,解除权必须在规定的期限内行使。即法律规定或者当事人约定解除权行使期限,期限届满当事人不行使的,该权利消灭。法律没有规定或者当事人没有约定解除权行使期限,自解除权人知道或者应当知道解除事由之日起一年内不行使,或者经对方催告后在合理期限内不行使的,该权利消灭。

根据《民法典》第566条的规定,合同解除的法律后果包括合同解除后,尚未履行的,终止履行;已经履行的,根据履行情况和合同性质,当事人可以请求恢复原状或者采取其他补救措施,并有权请求赔偿损失。合同因违约解除的,解除权人可以请求违约方承担违约责任,但是当事人另有约定的除外。主合同解除后,担保人对债务人应当承担的民事责任仍应当承担担保责任,但是担保合同另有约定的除外。

(一)担保权人能否直接诉求解除股权让与担保合同?

实务中,有的法院认为,股权让与担保中,受让人取得公司法定代表人身份,并持有公司印章、营业执照是基于出让人的委托,因此,根据《民法典》第933条的规定,委托人或者受托人可以随时解除委托合同。委托合同的当事人虽享有任意解除权,但双方对合同是否解除形成争议时,解除权人应先请求确认合同解除有效。例如,罗某某与席某某、深圳市中诚基金管理有限公司、深圳市中诚拓宇投资基金企业股权转让合同纠纷案【湖南省常德市鼎城区人民法院(2016)湘0703民初233号民事判决书】。法院认为:席某某取得拓宇公司法定代表人身份,并持有拓宇公司印章、营业执照是基于罗某某的委托。因席某某未按照《资产重组协议》约定的时间完成开发建设,罗某某向其发出《关于要求按约收回股权并办理移交手续的通知》,要求席某某返还公司相关物品并提交书面报告,可视为单方要求解除委托合同,但被告认为合同并未解除,席某某仍系合法持有上述物品。本院认为,委托合同的当事人虽享有任意解除权,但双方对合同是否解除形成争议时,解除权人应先请求确认合同解除有效。

(二)如何确定股权担保协议是否符合解除条件?

合同解除权是法律赋予合同当事人维护自身合法权益的一项重要权利,但如果过度使用合同解除权必然会影响到合同相对人的利益，也会对经济秩序带来不利影响。正因如此，除当事人可以约定合同解除条件以外，我国《民法典》对合同当事人单方解除合同作出了严格的限制。以此规范当事人在合同履行过程中严格遵守诚实信用原则，依法依约履行义务，审慎使用合同解除权。基于此，一方若有轻微违约，但并不损害另一方正当权益的，或者并不影响合同目的实现的，法院不轻意判决解除合同。例如，深圳市奕之帆贸易有限公司、侯某某与深圳兆邦基集团有限公司等合同纠纷案【最高人民法院（2018）最高法民终751号民事判决书】。法院认为：奕之帆公司、侯某某以康诺富公司、兆邦基公司未经奕之帆公司同意将案涉30%股权质押为由，主张享有约定解除权。如前所述，8.26《协议书》并不存在无效事由。据一审判决查明的事实，康诺富公司与兆邦基公司将其所持有的鲤鱼门公司股权质押的行为，均发生8.26《协议书》生效之后。且该《协议书》生效后，兆邦基公司已经实现了此前所约定的让与担保权利，奕之帆公司对案涉让与担保标的物即30%股权已经不再享有权利，兆邦基公司与康诺富公司将鲤鱼门公司股权质押的行为不构成违约。奕之帆公司与侯某某亦不因此享有约定解除权。奕之帆公司、侯某某主张，8.26《协议书》非法处置30%股权致使其享有案涉30%股权的合同目的无法实现，鲤鱼门公司将作为其名下核心资产的土地使用权及在建项目对外抵押，致使奕之帆公司30%的项目权益严重受损，无法实现对30%股权进行清算的合同目的，故奕之帆公司、侯某某享有法定解除权。如上所述，8.26《协议书》不存在非法处置30%股权的问题，奕之帆公司享有案涉30%股权之合同目的无法实现并非兆邦基公司的行为所致。鲤鱼门公司将其名下核心资产即土地使用权及在建项目对外抵押，系该公司正常经营范围内的事项，与奕之帆公司所称30%的项目权益受损并无联系。故，奕之帆公司与侯某某有关其享有法定解除权的主张不能成立。二审法院认为，奕之帆公司、侯某某的再审申请以康诺富公司、兆邦基公司违反《股权担保协议》而主张其享有对《股权转让协议》的解除权，其主张均无法成立。理由如下：（1）针对目标公司未经奕之帆公司的书面授权变更公司章程、出资状况的行为，虽然在二审判决中对变更公司名称的事实进行了确认，但此时案涉30%的股权已转移至康诺富公司名下，奕之帆公司并非目标公司的登记股东，《股权转让协议》中对行使股东权益的约定不得对抗登记机关与善意第三人，奕之帆公司虽可据此要求康诺富公司、兆邦基公司承担违约责任，但该违约行为与奕之帆公司所称30%股权的项目权益受损并无联系，奕之帆公司与侯某某并不享有法定解除权。此外，兆邦基公司对目标公司增资8000万元的事实发生于案涉《协议书》签订之后，此时案涉30%股权已归兆邦基公司所有，增资一事无须经由奕之帆公司的授权或确认，因此，奕之帆公司、侯某某的主张无法成立。(2)《协议书》明确兆邦基公司需在总额4.06亿元范围内负责解决奕之帆公司需承担的五笔债务，并就该五笔总计4.06亿元债务的具体数额作出分配，表明奕之帆公司认可该还款计划，兆邦基公司是在双方有约定的前提下，按照约定清偿债务，并非奕之帆公司、侯某某所主张的单方面清偿。此外，部分债务未到期的事实，并不影响《协议书》的效力及其履行。故奕之帆公司、侯某某关于"债务均未届清偿期或并无生效判决予以确定，兆邦基公司不顾奕之帆公司的反对与制止，单方面对所谓债权人进行清偿"的主张，亦与事实不符。(3)《股权担保协议》虽有"委托评估"的约定，但评估的目的是判断30%股权的价值是否足以清偿债务。鉴于案涉《协议书》中明确表明双方均认可股权价值已不足以清偿债务的事实，奕之帆公司亦无其他证据证明兆邦基公司攫取高额股权价值的意图，故奕之帆公司、侯某某关于"兆邦基公司单方面操控目标公司委托评估，意图攫取奕之帆公司高额股权价值"的主张，本院不予支持。

(三)担保股权被长期冻结工商登记，担保权人能否解除股权让与担保合同？

债务人公司因其他债务被长期冻结工商登记，导致担保权人无法处置让与担保股权，以实现担保其债权的合同目的，债权人可以诉求解除股权让与担保合同。例如，深圳市重信科技有限公司与万某等股权转让纠纷案【广东省深圳市中级人民法院(2019)粤03民终30240号民事判决书】。法院认为：在本案中，万某接受本案第三人的委托，代邹甲、邹乙持有重信公司70%的股权，登记为重信公司的股东，是邹甲、邹乙向赵某和正通公司提供的一项担保措施，合同目的系为了保证其担保债权的有效实现。现重信公司因其他债务被长期冻结工商登记，万某事实上亦无法通过依约处置其代持的重信公司70%股权以实现担保其债权的合同目的。根据相关法律规定，涉案股权转让协议及补充约定的合同目的已无法实现……故一审法院结合本案实际案情，解除涉案《股权转让协议》以及《股权转让协议补充约定》，万某名下的重信公司的70%股权办理工商变更登记至蔡某某名下。蔡某某、张某某作为重信公司登记股东，邹甲、邹乙作为重信公司实际股东对此应予以配合，负有协助办理义务。

（四）担保人能否以受让人未支付股权转让款为由诉求解除股权让与担保合同？

实务中，还经常发生一种情况，双方当事人原本约定以股权质押方式为借款提供担保，并向工商部门办理股权质押登记手续。但在实际履行过程中，质押人并未按约定办理股权质押登记手续，而是以股权转让协议的形式将其持有的股权转让给质押权人，双方为此办理了股权变更的工商登记手续。对此，应视为双方以实际行动变更了股权质押合同，重新确定和履行了股权让与担保合同。质押人主张其与债权人之间属股权转让合同关系，因债权人未支付股权对价，构成根本违约为由，要求解除合同。对此，如果法院审理认定双方的真实意图是股权让与担保，而非股权转让关系，签署股权转让协议仅是为了履行股权让与担保合同而必须履行的一道"股权转让让渡"程序，则法院不支持债务人的诉求。例如，谭某某与李某、广西润涣汽车销售服务有限公司股权转让纠纷案【广西壮族自治区南宁市中级人民法院（2017）桂01民终2328号民事判决书】。法院认为：案外人谭某（借款方）与李某（贷款方）、谭某某（担保方）于2016年7月21日签订的《借款合同》第七条约定"由谭某某为本次借款担保人，担保人用自己在润涣公司的股份作抵押担保。由担保人与贷款人在本合同签订之日起三日内到工商部门办理股权质押的登记手续，所需要费用由借款人承担。逾期未办理质押登记手续的由担保人对本息的清偿向贷款人承担连带担保责任"。从上述约定来看，谭某某是以其持有润涣公司的股权为谭某所欠债务提供质押担保，各方当事人应在工商部门办理股权质押登记手续。而在实际履行过程中，谭某某并未按该约定办理股权质押登记手续，而是以《股权转让协议书》的形式将其持有的股权转让给李某，双方并办理了股权变更的工商登记手续。股权变更手续需要谭某某、李某双方相互配合方可完成，但谭某某对此并未提出异议，应视为谭某某对李某为保障其债权实现而设定让与担保行为的认可。一审法院认定《股权转让协议书》实质上属于让与担保的法律关系并无不当，本院予以维持。基于当事人双方约定的让与担保条款不违反法律、行政法规的强制性规定，不损害社会公共利益和公序良俗，亦不违反物权法定主义立法意旨，为有效条款。谭某某上诉主张其与李某之间属股权转让合同关系，李某未支付股权对价，构成根本违约为由，要求解除合同，与事实相悖，本院不予采信。

（五）担保权人能否以担保人隐瞒公司税务违法情况为由诉求解除股权让与合同？

在股权让与担保合同签署之后，公司收到相关税务机关或人民法院的税款及罚款执行通知，不能以此判断担保人的主观恶意和过错。因为在股权让与担保合同签署时及之前并没有实际发生该事项，公司是否构成税务违法、其严重程度乃至是否需要处罚不能确定。即使将来实际缴纳或被强制执行，构成实际发生的损失需要担保权人负担，担保权人也可以另案起诉主张，而不能以其合同目的不能实现为由诉求解除股权让与担保合同。例如，贺某某与严某某、温某某股权转让纠纷案【广东省深圳市中级人民法院(2019)粤03民终2974号民事判决书】。法院认为：关于税务违法问题，贺某某提交的龙岗税务局《四稽检通一〔2017〕12号税务检查通知书》及相关行政处罚决定，确实可以证明目标公司因交易之前税务违法事项，需补缴的税款819,268.28元、罚款409,634.14元，但这并不足以认定出让人故意隐瞒不予披露，因为经营过程中经营行为是否构成税务违法、其严重程度乃至是否需要处罚，在交易时并没有实际发生，也无从判断经营者的主观恶意和过错。不仅如此，贺某某也自认目标公司对上述税款及罚款并未实际缴纳，也未收到相关税务机关或人民法院的执行通知。因此，即使将来实际缴纳或被强制执行，构成实际发生的损失需要被上诉人或第三人负担，贺某某也可以另案起诉主张，并非导致其合同目的不能实现，从而构成其解除合同的理由。

（六）担保权人能否以担保人隐瞒公司债务为由诉求解除股权让与合同？

如果没有证据证明担保人隐瞒了债务，以及目标公司和担保权人实际受到了损失，进而影响了公司经营和合同目的的实现，则不应解除股权让与合同。例如，贺某某与严某某、温某某股权转让纠纷案【广东省深圳市中级人民法院(2019)粤03民终2974号民事判决书】。法院认为：贺某某虽然提交了原审法院及原审法院审理的(2016)粤0307民初19349号案件和苏州市虎丘区人民法院审理的(2017)苏0505民初2621号案件受理通知书，证明目标公司涉及两案，但是，从受理时间至本案二审期间，时间长达数年，对诉讼进展及结果，却没有提交进一步的证据加以证实，甚至起码的情况均不清楚，故无法认定严某某或第三人温某某是否隐瞒了债务，以及目标公司和贺某某实际受到了损失，进而影响了公司经营和合同目的的实现,应承担举证不能的后果。但笔者认为,如果当事人在股权让与担保合同中将出让人隐瞒公司债务设定为合同解除条件,或有证据证明出让人隐瞒公司重大债务情况,影响到目标公司利益和担保股权价值时,受让人有权根据合同约定或法律规定行使合同解除权。

(七)担保权人能否以公司破产清算为由诉求解除股权让与合同?

实务中,以增资方式作为股权让与担保方式时,增资款一般按两种方式处理:一种是将部分增资款列入注册资本中;另一种是将增资款计入资本公积。因此而产生的问题是,在这两种增资方式下,担保权人能否以公司破产清算为由而诉求解除股权让与合同?

笔者认为,担保权人能否解除股权让与担保合同,具体要分两种情况。一种情况是,计入注册资本的部分对应的协议内容,担保权人无权主张解除。例如,詹某某、深圳市优翔麟投资合伙企业(有限合伙)与车某、刘某合同纠纷案【广东省深圳市福田区人民法院(2019)粤0304民初46050号民事判决书】。法院认为:涉案增资扩股协议的主要内容为,原告优翔麟企业向目标公司珠海麦斯优联增资,增资款项由被告车某最终代为支付,借此结清被告车某等与原告詹某某之间原有因民间借贷、白酒买卖等形成的欠款。原告优翔麟企业向珠海麦斯优联增资15,938,257元中有667万元作为珠海麦斯优联25%股权对应注册资本,其余9,268,257元作为公司发展公积金。根据查明的事实,原告优翔麟企业已经工商变更登记为珠海麦斯优联的股东,生效判决亦认定原告优翔麟企业对珠海麦斯优联的债务在其认缴出资额667万元内承担补充赔偿责任;且珠海麦斯优联已被人民法院宣告破产。因此,就计入注册资本的667万元部分对应的协议内容,二原告主张解除无法律依据,本院不予支持。另一种情况是,对增资扩股协议约定的其余部分(计入资本公积),担保权人可以解除。例如,詹某某、深圳市优翔麟投资合伙企业(有限合伙)与车某、刘某合同纠纷案【广东省深圳市福田区人民法院(2019)粤0304民初46050号民事判决书】。法院认为:增资协议第六条约定,原告优翔麟企业有权以其持有的股权对外进行转让,如6个月内未能转让成功,深圳麦斯优联承诺以不低于1800万元的价格回购。从该约定看,涉案协议具有股权让与担保的性质,原告优翔麟企业有权要求深圳麦斯优联公司回购珠海麦斯优联公司25%的股权。因目标公司珠海麦斯优联公司已被宣告破产，原告优翔麟企业基于担保债权实现的目的已无法实现，故对除《增资扩股协议》约定667万元注册资本外的其他部分，本院依据《合同法》第94条第4款的规定，对原告诉讼请求予以支持，并确认自本院送达应诉材料之日2019年11月20日解除。

八、撤销之诉实务疑难问题

（一）担保人的其他债权人可以对"转让股权"行使撤销权吗？

撤销权是指因债务人放弃其到期债权，或者无偿转让财产，或者以明显不合理的低价转让财产，对债权人造成损害的，债权人可以请求人民法院撤销债务人的行为。所以行使撤销权必须向法院起诉。根据《民法典》第538条的规定，债务人以放弃其债权、放弃债权担保、无偿转让财产等方式无偿处分财产权益，或者恶意延长其到期债权的履行期限，影响债权人的债权实现的，债权人可以请求人民法院撤销债务人的行为。根据《民法典》第539条规定，债务人以明显不合理的低价转让财产、以明显不合理的高价受让他人财产或者为他人的债务提供担保，影响债权人的债权实现，债务人的相对人知道或者应当知道该情形的，债权人可以请求人民法院撤销债务人的行为。根据《民法典》第541条规定，撤销权自债权人知道或者应当知道撤销事由之日起一年内行使。自债务人的行为发生之日起五年内没有行使撤销权的，该撤销权消灭。债权人对债务人享有合法有效的债权是撤销权行使的前提条件。一方面，当债权人行使撤销权时，债权人的债权已经有效成立，且不具有无效或可撤销的因素；另一方面，债权必须在债务人的处分行为之前就已经有效存在。这里需要探讨两个问题：(1)债权人合法债权的认定是否以生效司法文书确认为必要？司法实务中，大多数法院在审理债权人撤销权纠纷案件时，均要求债权人享有的债权必须经过生效司法文书确认方才认定该债权合法。在司法实践中，债权人提起撤销权诉讼有一个前提条件是必须具备的，那就是其债权已经通过生效司法文书的确认。(2)债权人行使撤销权是否以其对债务人享有的债权到期为必要？实务中，大多数法院在审理债权人撤销权纠纷案件中，在认定债权人债权是否合法时，都会要求债权人对债务人的债权清偿期已经届满，并且已经通过人民法院生效司法文书的确认。综上所述，债权人提起撤销权诉讼的前提条件是其对债务人享有合法债权，该债权不以生效司法判决确认为必要，也不以清偿期届满为必要。

实务中，债务人为了担保债务，以股权转让方式为债权人提供让与担保，在此情况下，因股权转让往往是无偿或低价的，债务人的其他债权人认为股权让与担保是一种变相的“无偿处分财产权益”行为而诉求法院行使撤销权。那么，担保人的其他债权人可以对“转让股权”行使撤销权吗？

笔者认为，股权让与担保是一种正常的商业交易担保模式，不属于无偿转让股权或放弃股权的行为。担保权人对于受让的股权并不享有所有权，而仅享有优先于一般债权人的受偿权，并不损害其他债权人的利益，其他债权人无权行使撤销权。例如，吴江市鑫福达机械有限公司与江苏展博电扶梯成套部件股份有限公司、昆山林信管理咨询有限公司债权人撤销权纠纷案【苏州市吴江区人民法院(2019)苏0509民初8682号民事判决书】。法院认为：《合同法》第74条规定：因债务人放弃其到期债权或者无偿转让财产，对债权人造成损害的，债权人可以请求人民法院撤销债务人的行为。即债权人为了债的保全享有的撤销权是以《合同法》第74条规定的撤销事由为前提。从《合同法》上述规定分析，债务人实施了放弃债权、转让财产等法律上处分财产的行为，而该处分行为有可能导致债权人的债权难以实现或者完全不能实现，债权人可行使撤销权。本案中，展博公司向林信转让其持有的嘉佑公司100%股权为其担保债务提供让与担保，不属于无偿转让财产的行为。案涉股权已完成变更登记，登记股东林信公司对于案涉股权所享有的权利优先于一般债权人的受偿权，且案涉股权变更登记先于原告取得对展博公司的债权依据，故案涉股权让与担保并未损害债权人鑫福达公司的利益。

例如，蔡某某、广东港盈贸易有限公司与邵某某等债权人撤销权纠纷案【广东省广州市中级人民法院(2019)粤01民终8598号民事判决书】。法院认为：从表面上看，涉案股权变更登记至蔡某某名下而其未支付股权转让款，但该变更登记是为谢某、叶某某欠付何某某的借款提供担保。谢某自认欠付何某某的借款本金已达4000余万元。在何某某向谢某、叶某某主张债权而不能获得清偿时，涉案股权应当以拍卖、变卖后的价款优先清偿何某某债权。此时，涉案股权“变更登记”的对价方才体现。此外，在涉案股权变更登记系为实现让与担保目的情况下，根据物权法“禁止留质”的基本原理，蔡某某也不能单纯基于《广东港盈贸易有限公司股权转让协议》而获得涉案股权的所有权，故不存在谢某、叶某某无偿放弃股权的情形。

例如,冯某某与王某某、唐某某、陈某某、北海市汇银房地产开发有限公司债权人撤销权纠纷案【广西壮族自治区高级人民法院(2019)桂民终 154 号民事判决书】。法院认为:当事人通过转让股权以担保债权的实现,属于以让渡股权设定担保的一种担保方式,符合让与担保的特征。虽然我国物权法和担保法有关规定中明确的担保物权只有抵押权、质权和留置权,但在法律理论和实践中确认对让与担保等非典型担保物权亦有认可。如前所述,本案王某某与唐某某、陈某某以转让股权的方式为王某某欠付唐某某、陈某某的借款提供担保,案涉股权转让合同实际是为借款提供担保,故有关《股权转让合同》以及《承诺书》应为让与担保性质。根据 2017 年《最高人民法院关于进一步加强金融审判工作的若干意见》第 2 条第 3 点规定的"依法认定新类型担保的法律效力,拓宽中小微企业的融资担保方式。丰富和拓展中小微企业的融资担保方式,除符合合同法第五十二条规定的合同无效情形外,应当依法认定新类型担保合同有效;符合物权法有关担保物权的规定的,还应当依法认定其物权效力,以增强中小微企业融资能力,有效缓解中小微企业融资难、融资贵问题",以及《民间借贷规定》第 24 条对名为买卖实为担保的让与担保方式的认可的相关规定,本案当事人通过合同创设新型担保物权时,其约定的内容不存在《合同法》第 52 条规定的合同无效的情形,案涉《股权转让合同》以及《承诺书》均应认定合法有效,所涉股权变更登记不属于无偿转让股权行为,冯某某主张撤销上述《股权转让合同》以及《承诺书》的理由不能成立。

九、显失公平实务疑难问题

(一)股权让与担保是否属于显失公平?

实务中,在发生股权让与担保纠纷时,债务人往往会以债权人利用其处于危困状态、缺乏判断能力等情形为由,认为其无偿或低价"转让股权"给债权人提供担保的行为显失公平,或提起反诉请求法院或者仲裁机构予以撤销。对此,股权让与担保是否属于显失公平?

所谓显失公平,是指一方当事人利用自己的优势或者利用对方没有经验,致使双方的权利与义务明显违反公平、等价有偿原则。民事行为是否显失公平应当以行为成立时的情况作为判断标准。显失公平的合同往往是当事人双方的权利和义务极不对等,经济利益上不平衡,因而违反了公平合理原则。法律规定显失公平的合同应予撤销,不仅是公平原则的具体体现,而且切实保障了公平原则的实现。根据《民法典》第 6 条的规定,民事主体从事民事活动,应当遵循公平原则,合理确定各方的权利和义务。根据《民法典》第 151 条的规定,一方利用对方处于危困状态、缺乏判断能力等情形,致使民事法律行为成立时显失公平的,受损害方有权请求人民法院或者仲裁机构予以撤销。本条的显失公平将《民法通则》和《合同法》中的"显失公平"与"乘人之危"合并规定,并赋予了其新的内涵。《民法典》关于显失公平的规定与《民法总则》的相关条文是完全一致的。适用显失公平制度需要满足两个条件:(1)主观上,一方利用对方处于危困状态、缺乏判断能力等情形;(2)客观上,民事行为成立时显失公平。是否显失公平还要结合具体情形,如市场风险、交易行情、通常做法等加以判断。《民法典》第 152 条还对显失公平这一情形下行使撤销权作了限制,即必须在知道或者应当知道撤销事由之日起一年内行驶撤销权,超过这一期限的,撤销权消灭,如果自民事法律行为发生之日起五年内没有行使撤销权的,撤销权也归于消灭。

(二)如何认定股权让与担保显失公平问题?

笔者认为,因通过转让股权实现担保的约定是各方当事人的真实意思表示,一般不存在显失公平的问题。该种诉求或抗辩难以得到法院或者仲裁机构的支持。例如,港丰集团有限公司与深圳市国融投资控股有限公司等合同纠纷案【广东省高级人民法院(2015)粤高法民四终字第 196 号民事判决书】。法院认为:根据《股权及债权重组协议书》,为保证长城担保公司和国融公司在《股权及债权重组协议书》项下的债权实现,港丰集团以转让港丰集团公司所持有的港丰房地产公司 100% 股权提供担保,因此《股权转让协议》是为了履行《股权及债权重组协议书》而签订,名为股权转让,实为让与担保。这种通过转让股权实现担保的约定是各方当事人的真实意思表示,不存在显失公平的问题。

第十一章　股权让与担保合同核心条款简述

股权让与担保合同既有股权转让的形式，又有担保合同的实质，同时还呈现为股权代持的表象，法律关系显得错综复杂。为厘清各方当事人的权利、义务及责任，股权让与担保合同内容的清晰、规范以及可行性、可操作性在合同起草过程中应引起足够重视。

一、当事人条款

根据《民法典》第425条之规定，为担保债务的履行，债务人或者第三人将其动产出质给债权人占有的，债务人不履行到期债务或者发生当事人约定的实现质权的情形，债权人有权就该动产优先受偿。前款规定的债务人或者第三人为出质人，债权人为质权人，交付的动产为质押财产。股权让与担保合同一般由让与担保人与让与担保权人订立。让与担保人可以是债务人，也可以是债务人以外的第三人，这一点与抵押、质押无异。让与担保权人一般指债权人，但也可以由债权人指定的其他主体作为让与担保权人。因此，在股权让与担保合同中，很有必要明确各方当事人的身份，不能混淆。

实务中，股权让与担保合同是否属于无名合同，能否参照适用《民法典》？有名合同，又称为典型合同，是指由法律赋予其特定名称及具体规则的合同。如我国《民法典》所规定的15类合同，都属于有名合同。对于有名合同的内容，法律通常设有一些规定，但这些规定大多为任意性规范，当事人可以通过约定来改变法律的规定。无名合同，又称非典型合同，是指法律上尚未确定一定的名称与规则的合同。根据合同自由原则，合同当事人可以自由决定合同的内容，因此即使当事人订立的合同不属于有名合同的范围，只要不违背法律的禁止性规定和社会公共利益,仍然是有效的。可见,当事人可以自由订立无名合同。《民法典》第 467 条规定,“本法或者其他法律没有明文规定的合同,适用本编通则的规定,并可以参照适用本编或者其他法律最相类似合同的规定”。从该条规定看,无名合同在选择法律规定的适用顺序上,并没有在通则规定及其他法律中最相类似的有名合同的规定中作先后顺序的要求,也就是说,无名合同在适用通则规定的同时可以参照其他有名合同的相关规定。如此规定,有利于形成大致的价值判断,把握准确的裁判方向,再参照最相类似的有名合同,能够保确保裁判结果的科学性、合理性及被接受性。例如,上海江畔企业管理有限公司与上海财通资产管理有限公司等股权转让纠纷案【上海市第二中级人民法院(2020)沪 02 民终 5723 号民事判决书】。法院认为:从公司法基本原理来看,公司股权状况对于公司信誉具有重大影响,直接关系到与公司进行交易的相对方的权利以及公司事务,故我国《公司法》要求有限责任公司股权发生变更时应该在公司登记机关进行变更登记,股权转让协议等相关资料需要进行备案。而股权转让协议是股权转让人与受让人之间确定股权转让中双方权利义务的合同,其在性质上属于《合同法》调整的范畴。可见,股东姓名的变更和股权转让协议的备案是股权变更的公示方式,对外具有公示效力,其对内效力仍应根据合同原理,遵循意思主义原则,根据当事人的意思表示和履约行为进行审查。

股权让与担保是否必须订立书面合同?《民法典》第 469 条第 1 款规定:当事人订立合同,可以采用书面形式、口头形式或者其他形式。书面形式是合同书、信件、电报、电传、传真等可以有形地表现所载内容的形式。以电子数据交换、电子邮件等方式能够有形地表现所载内容,并可以随时调取查用的数据电文,视为书面形式。虽然合同除了书面形式以外,还可以用口头形式或者其他形式体现,但毕竟股权让与担保是比较复杂的商事法律行为,没有书面合同,难以反映当事人的真实意愿,无法判断当事人的法律关系和责、权、利,因此,股权让与担保仍需订立书面合同为妥。例如,任某某与吴某某、徐某某、纪某某民间借贷纠纷案【河南省三门峡市中级人民法院(2020)豫 12 民终 1182 号民事判决书】。法院认为:《担保法》第 13 条规定:“保证人与债权人应当以书面形式订立保证合同。”该法第 15 条还对保证合同所应具备的内容进行了规定。任某某主张股权转让是为了涉案债务提供担保,但并未提供合法有效的书面证据证明其与吴某某就股权过户约定系为涉案债务提供担保形成了一致的意思表示。涉案股权已经变更登记至任某某代持人尹某某的名下，在外观和公示效力上已经实现了权利转移。也就是说从法律角度讲，任某某的代持人尹某某就是涉案争议腾荣公司29%股权的持股股东，尹某某在腾荣公司的相应股东权利，法律是认可并保护的。

二、鉴于条款

鉴于条款又被称为"叙述性条款"，是合同当事人就合同的背景，订约的目的及合同实现目标等作出的陈述性说明。在股权让与担保法律关系中，鉴于条款在认定合同性质、交易目的、固定违约情形等方面具有非常重要的作用。

首先，如果把合同比作调整双方当事人权利义务的法律，那么合同的一般条款就如同是法律规范，合同鉴于条款就如同是法律原则。法律规范具有局限性，因为法律规范不可能穷尽社会生活中的所有情形。合同也是如此，因为任何人都无法穷尽合同履行中可能发生的一切情形，只能凭借经验设想那些最经常发生的情形，并约定发生相应情形时的权利义务具体内容。当股权让与担保合同履行中发生争议而合同又无相应具体约定时，可以从鉴于条款入手。要理解股权让与合同各个条款的意思，必须将各个条款置于股权让与担保合同整体之中，才可能理解各个条款的正确意思，更容易探寻双方当事人最真实的意思表示，确定股权让与担保合同条款的真正含义。

其次，实践中，因为当事人往往对股权让与担保合同目的是否实现存有较大争议，如果鉴于条款明确约定了当事人订立合同的目的，鉴于条款就相当于一个辅助评价标准，有一定的证明作用，减轻了当事人的举证负担。明确股权让与担保交易的背景和前提，如果"合同目的落空"，可以成为一方当事人主张解除权、缔约过失责任、违约责任的依据。则当事人可以进一步采取行使法定解除权等相应的维权手段。

股权让与担保合同中的鉴于条款也用于描述股权权属状况，其重要性尤其体现在股权瑕疵披露方面。如在股权转让合同中，转让人在合同的鉴于条款中已明确告知股权全部状况，不存在恶意隐瞒股权代持、质押、司法冻结与第三人存在权属争议情形，且在鉴于条款中也明确受让人已充分了解了股权的状况，对于股权是否符合其担保目的已有清醒认知，那么在合同签订后，受让人则不得以瑕疵主张解除合同。由此可看出，对股权的瑕疵的充分披露，可以在很在程度上避免或减少担保方的法律风险。

在股权让与担保合同中，鉴于条款的作用就显得更加重要。比如，鉴于条款一般会写“鉴于××××年××月××日，出借人与借款人签订《借款合同》；为担保该《借款合同》项下债务的实现，双方同意将出借人持有的××公司××的股权转让给借款人；在借款人如若偿还借款本息时，出借人应当无条件将股权回转给借款人”等。通过该鉴于条款，明确股权让与担保合同的签订背景，避免以后发生纠纷。例如，修水县巨通投资控股有限公司与福建省稀有稀土(集团)有限公司及江西巨通实业有限公司合同纠纷案【最高人民法院(2018)最高法民终119号民事判决书】。法院认为：第一，稀土公司与修水巨通之间存在债权债务关系。2013年9月5日，修水巨通与稀土公司签订《股权转让协议》，该协议第2.3.1条“背景情况”约定，中铁信托与修水巨通签订《借款合同》，向修水巨通提供8亿元的融资贷款；为担保修水巨通履行《借款合同》项下的义务和责任，稀土公司与中铁信托签订《质押合同》《保证合同》，向中铁信托提供股权质押担保和连带责任保证。

有时，鉴于条款可能使合同成为附生效条件或附终止条件的合同。如《借款合同》约定“鉴于：A公司与B公司签订了一份《股权转让合同》，约定A公司以其所有××公司××的股权转让给B公司，并办理股权过户登记，作为乙方向甲方偿还本协议项下借款的担保，以此为条件，甲方同意向乙方出借资金人民币1000万元”。在该合同中，《股权转让合同》合法有效且股权过记就可能成为《借款合同》生效的条件，如《股权转让合同》无效或不生效或股权未过户，甲方有权不履行《借款合同》。

股权让与担保合同鉴于条款可以作出保证内容，以使对方增强让与担保股权的信赖，或者增加自己的信用。比如在《股权转让合同》中，鉴于条款一般会这样写“××公司依法成立且有效存续；股权出让人依法持有××公司××%的股权；该股权不存在质押等权利负担，也不存在任何纠纷；出让方有权转让该股权”。通过该条款，可以增加股权受让人对该公司的信赖，有利于达成合意。例如，深圳市奕之帆贸易有限公司、侯某某与深圳兆邦基集团有限公司等合同纠纷案【最高人民法院(2018)最高法民终751号民事判决书】。法院认为：8.26《协议书》系本案当事人从事案涉交易过程中所签订的一份协议，认定该《协议书》的性质需系统审查整个交易安排亦即先后签署的四份协议书的内容。4.2

《项目合作协议》主要涉及奕之帆公司将其持有的鲤鱼门公司70%的股权出让给兆邦基公司。在对鲤鱼门公司债务进行披露的同时,奕之帆公司、侯某某明确对其中黑建诉讼负责处理并承担责任,奕之帆公司亦承诺以其在鲤鱼门公司剩余的30%股权及对应的未分配权益,作为上述债务履行的担保。上述约定并未涉及30%股权转让或让与担保问题。4.25《股权担保协议》开宗明义,为确保奕之帆公司能够承担债务偿还和后续资金的支付义务,该公司愿意将其持有的鲤鱼门公司30%股权以过户的方式抵押给奕之帆公司与兆邦基公司共同持股的康诺富公司。该协议将奕之帆公司及鲤鱼门公司等对案外债权人的债务以及奕之帆公司对兆邦基公司2.5亿元的或然借款债务纳入担保范围。综合考虑奕之帆公司将30%股权过户给康诺富公司的目的并非出让股权,而是担保相关债务的履行,即奕之帆公司如完全履行了偿还和支付义务则可要求归还30%股权,如未能履行义务或由兆邦基公司代偿则兆邦基公司可以该30%股权所对应的权益份额来抵偿,可认定4.25《股权担保协议》实质上系设立让与担保的协议,一审判决认定该协议体现了让与担保的特征并无不当。8.26《协议书》在首部的“鉴于”部分简要陈述4.2《项目合作协议》及4.25《股权担保协议》的签订情况及主要内容后明确提出,由于奕之帆公司及侯某某原因,其未能按约清理和偿还的债务有三笔,已经披露但尚未到期的债务有两笔,且经过对整个项目的市场评估,各方均认可奕之帆公司在鲤鱼门公司中所享有的权益份额已不足偿还上述债务。鉴于此,该协议书约定,奕之帆公司放弃已过户到康诺富公司名下的30%股权,该股权归兆邦基公司所有,同时上述五笔债务由兆邦基公司和鲤鱼门公司在总额4.06亿元范围内负责解决。此后的《补充协议》则进一步确认了兆邦基公司按照8.26《协议书》的约定在4.06亿元范围内履行上述五笔债务的具体情况。由此可见,8.26《协议书》与此前两份协议具有承继关系,其虽不涉及30%股权的担保即奕之帆公司亦不再保留4.25《股权担保协议》所设定的在满足一定条件取回案涉30%股权的权利等问题,但该协议正是在4.25《股权担保协议》设立让与担保权利的基础上,就兆邦基公司作为让与担保权利人如何具体实现该权利的问题作出约定。一审判决割裂上述协议间的关系,以30%的股权已由让与担保标的物转变为4.06亿元款项对价,以及4.25《股权担保协议》设定的让与担保关系已被8.26《协议书》终止等理由,认定8.26《协议书》系股权转让协议确有不妥,本院予以纠正。奕之帆公司、侯某某有关8.26《协议书》

及前后四份协议实际系关于30%股权让与担保的系列整体协议的主张成立,本院予以采纳。

三、前提条件条款

根据《公司法》第71条规定,股东向股东以外的人转让股权,应当经其他股东过半数同意。股东应就其股权转让事项书面通知其他股东征求同意,其他股东自接到书面通知之日起满三十日未答复的,视为同意转让。其他股东半数以上不同意转让的,不同意的股东应当购买该转让的股权;不购买的,视为同意转让。经股东同意转让的股权,在同等条件下,其他股东有优先购买权。两个以上股东主张行使优先购买权的,协商确定各自的购买比例;协商不成的,按照转让时各自的出资比例行使优先购买权。公司章程对股权转让另有规定的,从其规定。根据《公司法》第44条规定,股东会的议事方式和表决程序,除本法有规定的外,由公司章程规定。股东会会议作出修改公司章程、增加或者减少注册资本的决议,以及公司合并、分立、解散或者变更公司形式的决议,必须经代表三分之二以上表决权的股东通过。

在股权让与担保合同中约定前提条件条款,可以预先清除未来股权转让、股权回转的障碍。如果目标公司属于有限责任公司,为了防止因股权转让协议违反《公司法》第71条关于股权转让的限制及损害原股东的优先购买权,以及公司转让重大资产应当经股东会决议等的相关规定,最好在协议签订前要求目标公司召开股东会,以股东会决议的方式同意债务人公司转让其持有的目标公司股权,其他股东放弃优先购买权;债务人公司也应当作出股东会决议,同意转让其持有的股权,并以此作为股权让与担保合同成立或生效的前提条件,以防止股权转让行为未经股东会决议在未来给担保权人受让股权造成不必要的现实障碍。

实务中,付款时间是股权让与担保合同成立的必要条款吗?付款时间虽然很重要,但其并非合同成立的必要条款,如果合同没有约定付款时间,当事人可以随时要求对方履行付款义务,但应给予对方必要的准备时间。例如,上海江畔企业管理有限公司与上海财通资产管理有限公司等股权转让纠纷案【上海市第二中级人民法院(2020)沪02民终5723号民事判决书】。法院认为:付款时间系合同成立的非必要条款,《股权转让协议书》未约定付款时间,上诉人可以随时要求被上诉人履行付款义务，但应给予被上诉人必要的准备时间。故本案的诉讼时效应从上诉人主张被上诉人付款之日开始起算。

四、担保范围条款

股权让与担保虽是一种非典型担保方式，但作为担保性质，股权让与担保协议仍为从合同。故应首先明确股权让与担保的范围，与一般担保合同的担保范围并无二致，通常可约定为“主债权，还及于主债权项下的利息、复利、罚息、违约金、损害赔偿金以及债权人为实现主债权和保证债权所发生的费用（包括但不限于诉讼费、仲裁费、财产保全费、保全担保费、差旅费、执行费、评估费、拍卖费、律师费等）”。

需要注意的是，不特定债权可以成为股权让与担保对象吗？股权让与担保的设定中，被担保债权不以已经存在的现实债权为必要，将来变动中的不特定债权，亦可成为担保对象。例如，修水县巨通投资控股有限公司与福建省稀有稀土（集团）有限公司及江西巨通实业有限公司合同纠纷案【最高人民法院（2018）最高法民终119号民事判决书】。法院认为：第一，稀土公司与修水巨通之间存在债权债务关系。2013年9月5日，修水巨通与稀土公司签订《股权转让协议》，该协议第2.3.1条“背景情况”约定，中铁信托与修水巨通签订《借款合同》，向修水巨通提供8亿元的融资贷款；为担保修水巨通履行《借款合同》项下的义务和责任，稀土公司与中铁信托签订《质押合同》《保证合同》，向中铁信托提供股权质押担保和连带责任保证；同时，修水巨通、刘某某、邹某某与稀土公司签订《担保和反担保协议》，向稀土公司提供反担保。前述所涉协议均已签订并实际履行，稀土公司作为修水巨通所负借款债务的担保人及反担保权人，对修水巨通享有将来债权。如修水巨通将来未依约偿还借款债务，稀土公司作为担保人承担担保责任后，对修水巨通享有追偿权。需要指出的是，虽该债权系具有不特定性的将来债权，但在让与担保的设定中，被担保债权不以已经存在的现实债权为必要，将来变动中的不特定债权，亦可成为担保对象。

五、担保期限条款

根据《民法典》第429条规定，质权自出质人交付质押财产时设立。第437条规定，出质人可以请求质权人在债务履行期限届满后及时行使质权；质权人不行使的,出质人可以请求人民法院拍卖、变卖质押财产。出质人请求质权人及时行使质权,因质权人怠于行使权利造成出质人损害的,由质权人承担赔偿责任。《民法典》中没有对担保期限作强制性规定,因而担保期限属于当事人意思自治的范畴。这就意味着股权质押合同期限可约定协商,并以协商的期限为准。但《民法典》第446条规定:"权利质押除适用本节规定外,适用本章第一节的规定。"因此,股权质押可以按照《民法典》第74条规定作出判断,权利质押与其担保的债权同时存在,随债权消灭而消灭。

股权让与担保虽为非典型担保,但《九民纪要》肯定了让与担保的实现方式上可参照法律关于担保物权的规定。根据《民法典》的相关规定,可将股权让与担保的期限约定为"本合同生效之日起至主合同整体债务全部清偿完毕之日止"。实务中,需要注意的问题是,股权让与担保适用保证期间吗?法院一般认为股权的让与担保不适用保证期间的规定。例如,陈某与刘某某保证合同纠纷案【河南省濮阳市中级人民法院(2021)豫09民终215号民事判决书】。法院认为:陈某辩解刘某某主张权利超过了保证期间,刘某某认为股权的让与担保不适用保证期间的规定,刘某某主张成立,予以支持。有的法院认为,在《民法典》颁布之前,当事人对保证期间约定不明时,依据《最高人民法院关于适用〈中华人民共和国担保法〉若干问题的解释》第32条第2款规定,保证期间应为主债务履行期届满之日起二年。例如,吉伟林与辽宁万利兴达农业科技有限公司、陈某某民间借贷纠纷案【广东省深圳市南山区人民法院(2020)粤0305民初6292号民事判决书】。法院认为:根据上述查明的事实以及各方陈述可知,协议第一条以及收据明晰涉案款项性质为借款,并且约定了还款时间以及利息计算标准;根据原告以及被告陈某某的陈述,万利达公司授予吉某某一定股权,其真实目的系通过转让标的物的方式为借款提供担保,以确保原告债权的实现,故本院采信原告主张,认定原告吉某某与被告万利达公司之间的借款关系依法成立并生效,被告万利达公司授予原告吉某某2%的股份为股权让与担保。现借款期限已届满,被告未能举证证明其已依约足额清偿全部借款本金以及利息,依法应当承担举证不能的不利后果,故原告吉某某诉请被告万利达公司偿还借款本金200万元并按年利率20%支付借款期限内的利息以及逾期利息,符合法律规定,本院予以支持。关于被告陈某某的担保责任。《投资借款合作协议》约定:陈某某同意就吉伟林借款给万利达公司提供不可撤销的担保。不可撤销的担保其意指在债务人所欠借款到期后还本付息之前,保证人仍应和债务人一起对债权人承担连带偿还义务;此情形应视为保证期间约定不明,依据《最高人民法院关于适用〈中华人民共和国担保法〉若干问题的解释》第32条第2款,保证期间应为主债务履行期届满之日起二年。案涉借款的期限于2018年6月16日届满,保证期间应自2018年6月16日起计算两年,现原告于2020年3月诉请被告陈某某承担保证责任,未超出保证期间,陈某某的保证责任不能免除,故原告诉请被告陈某某对万利达公司的上述债务承担连带清偿责任,本院予以支持。

需要注意的是,《民法典》针对上述问题已经作出了修改,按照《民法典》第692条的规定,没有约定或者约定不明确的,保证期间为主债务履行期限届满之日起六个月。六个月后,如果承担连带责任保证的债权人未在保证期间请求保证人承担保证责任的,保证人不再承担保证责任,存在保证人"脱保"的法律风险。

六、工商变更登记

根据《民法典》第443条规定,以基金份额、股权出质的,质权自办理出质登记时设立。《九民纪要》肯定了已经完成财产权利变动的公示方式转让至债权人名下的让与担保,其担保实现享有优先受偿权。《法官会议纪要》也认为:"对于股权型让与担保,已经完成股权变更登记的情况下,可以参照最相近的担保物权的规定,认定其具有物权效力。主债务履行期限届满后仍未履行的情况下,股权受让人对变价后的股权价值享有优先受偿权。"因此,股权让与担保的关键在于该让与担保行为是否已构成"担保物权"、是否能够优先受偿?否则对当事人来说,就难以获得股权让与担保的制度价值,股权的变动节点相当重要,从审慎角度考虑,股权的变动节点一般以完成"工商变更"作为判断要素,也是股权让与担保能够获得优先受让权的关键。因此,股权让与担保合同中可以约定"本协议生效之日起三个工作日内,各方应持相关文件共赴目标公司所在地的市场监督主管部门,办理完成本次股权转让的工商变更登记手续"。相关交易流程则参照股权转让的相关内容。

七、股东权利限制条款

股权让与担保虽然在外观上呈现为股权转让的效果,受让人成为目标公司工商登记在册的股东,但基于出让人与受让人之间的真实意思表示,该股权仅为形式上的转让,出让人仍为目标公司的实际股东,有权依法享有目标公司的股东权利与义务。受让人(债权人)仅为"担保权人",并非实质意义上的股东。但在实务中,对于股权让与担保中的股权转让法律性质及股权归属容易产生争议,比如在股权升值空间比较大时,担保权人有可能基于获取股权的动机主张协议属于真的股权转让协议,直接要求确认股权转让行为的效力。如果一旦被认定为股权转让行为已经完成,则债务人将失去利用股权质押融资的机会,即在股权存在较好升值前景时,债务人一旦无法清偿到期债务,其可以将股权进行质押融资进而清偿债权人债权,此时债务人可以保留股权升值的部分收益。同时,也存在部分司法判例并不禁止受让人享有相关股东权益,可见股权让与担保中的受让人的法律身份界限具有一定的模糊性,为了防止双方对股权转让协议的性质产生争议,各方当事人应格外重视通过协议声明及安排约定"股东身份"的相关内容。站在出让人立场,应当设置相应的限制其实际股东权利的条款,比如其持有股权对应的分红暂不分配,不享有股东的投票权,不能按照持股比例委派董事、高管等人员,以此表明担保权人仅为名义股东,进而认定股权转让协议的性质为让与担保,并非真正的股权转协议。同时,还应避免出现丧失公司实际控制权的情形;站在受让人立场,则须避免因出让人未履行出资义务或抽逃出资时有可能导致的连带赔偿责任。具体而言,股权让与担保协议中需要特别约定受让人对于股东权利行使的限制性条款,防止由于受让人直接行使了股东权利,而被出让人认定系真实的股权转让行为,进而要求受让人支付相应股权转让款,从而引发争议。为此,可参照股权代持情形下名义股东对于股权行使的规则,在股权让与担保合同中可以约定"担保期间出让人仍为目标公司的实际股东,受让人仅在担保期间名义上代出让人持有标的股权。受让人将依据出让人指示并以善良管理人之注意行使股东权利,包括不限于以目标公司股东身份参与公司相应活动、收取股息或红利、出席股东会并行使表决权,以及行使《公司法》与目标公司章程授予股东的其他权利"。

八、股权回转条款

股权让与担保是对债务清偿的担保,在债务清偿完毕后,债权人应将股权转回至债务人或第三人名下。就让与担保角度而言,一旦债务得到清偿,债权人应将用于让与担保的财产返还给债务人或第三人，因此，“回购条款”是股权让与担保协议的必备条款。股权让与担保合同中的“回转条款”需要明确回转的触发条件、回转流程等具体安排。对于触发条件，通常可约定为“若主合同整体债务全部清偿完毕的，则本协议项下让与担保终止，债务人或债务人指定的第三人有权回购受让人届时所持全部标的股权”。当然，各方也可自主约定其他回转触发条件，以便灵活实现债务担保目的。此外还需要关注的问题是，一旦回转条件触发，回转所涉登记等相关手续的办理需双方协力完成，让与担保合同中对此也应有所规定，甚至是就此约定相应的违约责任。

股权让与担保系形式上将股权转让给债权人或债权人指定的第三人持有，并非真实的股权转让，因此所谓“让与”并无对价产生。股权让与担保不约定股权转让的对价以及债务清偿完毕后股权回转的对价，通常约定为“受让人无须就受让标的股权向转让支付任何交易对价”，“回购方无须就回购标的股权向出让人支付任何交易对价”。

在实践操作中，双方并不会向登记机关披露“担保”内容，而仅显示为“让与”形式，因此，在办理股东变更登记时，双方通常会采用工商范本，并在股权让与担保合同中明确约定：“各方确认，根据相关市场监督主管部门的要求（如适用），甲乙双方或将签订简单版的股权转让协议用于各种变更登记；简版的股权转让协议条款与本协议约定有冲突的，以本协议为准。”

九、清算条款

若债务履行期限届满时债务不履行，债权人无须将目标股权返还给债务人。债务不履行产生的法律后果包括：一是债务人丧失了请求债权人返还目标股权的权利，二是债权人不得直接取得目标股权。在此基础上，若设定为清算型让与担保，还将产生以下法律后果：一是债权人负有对目标股权进行清算的义务，二是债权人对清算目标股权所得价款享有优先受偿权，三是债权人对清算目标股权所得价款高于债权金额的部分负有返还目标公司原股东的义务，对低于债权金额的部分享有继续追偿的权利。

清算的具体方式，可以参考《民法典》第410条的规定，包括与目标公司原股东协议以目标股权折价或者拍卖、变卖目标股权等方式。处置价款超过债权额时，债权人应将差额返还目标公司原股东；处置价款低于债权额时，不足的部分应由目标公司补足，债权人有权向目标公司继续追偿。关于折价、拍卖、变卖三种处置方式，《民间借贷规定》第23条只规定了拍卖这一种处置方式。拍卖较为公允，但拍卖也存在交易成本较高的问题。而采用折价的方式处置股权，相当于债权人与目标公司原股东对目标股权的价格达成了新的以股抵债合意，应为新债清偿。笔者认为，在对债权人赋予清算义务的同时，对于清算的具体方式可以给予当事人一定的意思自治空间，债权人和债务人可以约定折价、拍卖或变卖中的一种或几种方式作为清算股权的方式，以便实现同时保护债权人和目标公司原股东的效果。

当事人在股权让与担保合同中对于标的股权的所有权及处置权应作出相应限制。主动性限制条款通常约定为"受让人未经出让人的书面同意不能单方面转让、出质标的股权或设置其他任何形式的限制"；而被动性限制条款则通常约定为"如因受让人债务纠纷而导致其名下的标的股权被他人通过司法途径强制处分的，受让人必须对由此给出让方造成的所有直接和可遇见的间接损失承担全部赔偿责任"。

为保障股权让与担保制度充分发挥其功能，实务中应格外重视作为担保物的"股权"清算规则安排：应尽量约定并履行公允第三方的评估流程，并综合考虑股权的价值、市场指导价等制定公平的清算规则，尽量避免粗糙的议定价格方式，即便采用当事人协商方式，也应明确股权价值的确定方法。

作为担保人，为了保护自身利益不会因债权人主导清算程序而受到损害，可以要求在合同中约定自身对清算程序的参与权和决定权，如评估机构须由双方共同选定，评估结果须双方共同确认，担保人及债务人有权通过清偿与担保物价值相当的欠款以取回担保物所有权，对此债权人不得拒绝。

十、权利义务转让条款

明确让与担保的从属性。首先须明确，让与担保在效力上是否从属于主合同。关于让与担保在处分上的从属性，应明确约定：(1)担保期间，债权人依法将主债权转让给第三人的，担保人在原担保范围内继续承担担保责任，债权人应将担保标的所有权转移给主债权的受让人。(2)担保期间，债务人转让债务的，应当取得担保人书面同意，未经担保设定人同意转让债务的，让与担保合同终止，债权人应将担保标的的所有权转移给担保设定人，担保人不再承担保证责任。(3)担保期间,主债权发生变更的,应当取得担保人同意,未经同意的,减轻债务人的债务的,担保人仍应当对变更后的合同承担担保责任;如果加重债务人的债务的,担保人对加重的部分不承担担保责任。债权人与债务人对主合同履行期限作了变动,未经担保人同意的,担保期间为原合同约定的期间。

对外转让债权,能否将股权作为担保权利一并转让?在让与担保模式下,股权为债权人的担保权利,股权退出可以选择清算股权从而实现担保权利;也可以选择转让债权,将股权作为担保权利一并转让。在让与担保模式下,目标股权实际上是作为债权的担保权利而存在。债务履行期限届满而债务不履行时,债权人除对目标股权进行清算外,还可以选择转让债权的方式进行处置。债权人若选择转让债权的方式进行处置,目标股权作为担保权利应当一并转让给标的债权的受让人。由于该担保权利名义上为股权,因此转让债权时应经目标公司其他股东同意,且其他股东在同等条件下享有优先购买权。笔者认为,考虑到债权人对外转让的标的债权实际上是债权与股权的有机整体,不可分割,因此若股权的优先购买权人意图行使优先购买权时,应一并购买债权及股权。考虑到此时的股权为担保权利,不宜对股权单独作价。对外转让债权完成后,由于目标股权作为担保权利一并转移给买受人,因此,买受人实际上成为了新的债权人及担保权人。为确保"让与担保"相关的担保权利发生转移,应将目标股权过户给买受人,使买受人成为目标公司新的名义股东。

债权人选择转让债权的方式,可以避免对目标股权进行清算。而最终债权人获得的转让价款,区别于对股权进行清算的情况,无须根据债权的金额进行调整。因为在债权转让通知债务人之后,债权出让人与债务人之间不再有债权债务关系,债权受让人承继了债权出让人的债权,对股权的清算义务实际上转移给债权受让人。综合来看,对外转让债权与对股权进行清算完全是两种不同的路径,各有利弊。

十一、违约责任条款

根据《民法典担保制度解释》第3条规定,当事人对担保责任的承担约定专门的违约责任,或者约定的担保责任范围超出债务人应当承担的责任范围,担保人主张仅在债务人应当承担的责任范围内承担责任的,人民法院应予支持。担保人承担的责任超出债务人应当承担的责任范围,担保人向债务人追偿,债务人主张仅在其应当承担的责任范围内承担责任的,人民法院应予支持;担保人请求债权人返还超出部分的,人民法院依法予以支持。

在股权登记在担保权人名下时,担保权人对于股权拥有外观上的所有权,债权人有可能违反约定对股权进行处分,违反约定对股权进行处分。基于登记或占有的权利推定效力,相对人极有可能善意取得相应物权,从而导致让与担保安排落空。对此,当事人应就担保权人违反约定处分股权时应明确约定尽可能高的违约金,以降低法律风险。

附录:股权让与担保经典案例目录

1. 修水县巨通投资控股有限公司与福建省稀有稀土(集团)有限公司合同纠纷案【最高人民法院(2018)最高法民终119号民事判决书】。

2. 西林钢铁集团有限公司与黑龙江闽成投资集团有限公司、刘某某民间借贷纠纷案【最高人民法院(2019)最高法民终133号民事判决书】。

3. 深圳市奕之帆贸易有限公司与侯某某合同纠纷案【最高人民法院(2019)最高法民申3670号民事裁定书】。

4. 新疆投资发展(集团)有限责任公司与金石财富投资有限公司、叶某某、海峡石化工贸有限公司合同纠纷案【最高人民法院(2018)最高法民终54号民事判决书】。

5. 中国农业银行股份有限公司新加坡分行与万基控股集团有限公司等清算责任纠纷和保证合同纠纷案【最高人民法院(2018)最高法民终1353号民事判决书】。

6. 王某某与赵某某、郑某某等股东资格确认纠纷案【最高人民法院(2015)民申字第3620号民事裁定书】。

7. 张某某与赵某某、山东省企业托管经营股份有限公司股权转让纠纷案【最高人民法院(2012)民提字第117号民事判决书】。

8. 滕甲与滕乙股权转让纠纷案【最高人民法院(2017)最高法民再100号民事裁定书】。

9. 田某某、河南省太行置业有限公司与公司有关的纠纷案【最高人民法院(2019)最高法民申6422号民事裁定书】。

10. 厦门元华资产管理有限公司、林某民间借贷纠纷案【最高人民法院(2017)最高法民再210号民事判决书】。

11. 卿某与何某某股权转让纠纷案【四川省高级人民法院(2016)川民终467

号民事判决书】。

12. 潘某某、四川信托有限公司合同纠纷案【最高人民法院(2019)最高法民终688号民事判决书】。

13. 陆某某、广州市泛美房地产开发有限公司合同纠纷案【最高人民法院(2020)最高法民申4636号民事裁定书】。

14. 安徽国融融资担保有限公司与安徽腾逸置业投资有限公司与公司有关的纠纷案【安徽省高级人民法院(2014)皖民二终字第00630号民事判决书】。

15. 北京博源工贸有限责任公司与西藏信托有限公司、崔某某还原物纠纷案【北京市石景山区人民法院(2019)京0107民初13506号】。

16. 胡某某与北京博源工贸有限责任公司、西藏信托有限公司股东资格确认纠纷案【北京市第一中级人民法院(2019)京01民终2736号民事判决书】。

17. 蔡某某、黄某某与吴某某、何某某确认合同无效纠纷案【江西省南昌市中级人民法院(2015)洪民二初字第587号民事判决书】。

18. 陈某某与王某某股权转让纠纷案【江苏省南京市中级人民法院(2014)宁商终字第397号民事判决书】。

19. 大连永欣香榭里实业有限公司与邵甲、邵乙、大连普吉酒店管理有限公司、王某某民间借贷纠纷案【辽宁省高级人民法院(2015)辽民二终字第00266号民事判决书】。

20. 邓某与潘某某股权转让纠纷案【湖南省岳阳市中级人民法院(2014)岳中民一初字第73号民事判决书】。

21. 丁甲、吴某与福建渝商投资有限公司、丁乙民间借贷纠纷案【福建省高级人民法院(2014)闽民终字第360号民事判决书】。

22. 顾某某与陈某某、单县弘润新能源科技有限公司股权转让纠纷案【江苏省无锡市中级人民法院(2015)锡商终字第01094号民事判决书】。

23. 河北神兴建筑工程有限公司等与河北宸源房地产开发有限公司等股权转让纠纷案【山东省济南市中级人民法院(2019)鲁01民终637号民事判决书】。

24. 戴某某与黑龙江辰能投资管理有限责任公司、哈尔滨正泰塑胶技术制造有限公司等股东资格确认纠纷案【黑龙江省哈尔滨市中级人民法院(2015)哈民三商终字第341号民事判决书】。

25. 江苏亿豪房地产发展有限公司与南京中医药大学股权转让纠纷案【江苏省南京市中级人民法院(2013)宁商初字第174号民事判决书】。

26. 江苏中瑞玮控股集团有限公司与王某某、徐某某等公司决议效力确认纠纷案【江苏省盐城市中级人民法院(2015)盐商终字第00093号民事判决书】。

27. 姜某某诉姚某某股权转让纠纷案【湖北省武汉东湖新技术开发区人民法院(2016)鄂0192民初1238号民事判决书】。

28. 李某与黑龙江凡奇房地产综合开发有限公司股权转让纠纷案【黑龙江省高级人民法院(2018)黑民终47号民事判决书】。

29. 李某某与徐某某、卢某某等股权转让纠纷案【江苏省南京市中级人民法院(2018)苏01民终3411号民事判决书】。

30. 沭阳元丰农村小额贷款有限公司、顾某某与王某某等借款合同纠纷案【江苏省宿迁市中级人民法院(2014)宿中商初字第00260号民事判决书】。

31. 万某某与宁某某、伊通满族自治县伊兴粮食贸易有限公司民间借贷纠纷案【吉林省长春市中级人民法院(2015)长民五终字第431号民事判决书】。

32. 王某某与鲁甲、鲁乙、云南腾峰投资有限责任公司确认合同效力纠纷案【云南省昆明市中级人民法院(2015)昆民五终字第86号民事判决书】。

33. 魏某某与曾某民间借贷纠纷案【湖南省娄底市中级人民法院(2016)湘13民再1号民事判决书】。

34. 新沂市通城商业有限公司与吴某、胡某某等股权转让纠纷案【江苏省徐州市中级人民法院(2016)苏03民终6281号民事判决书】。

35. 熊某某、昆明哦客商贸有限公司股东资格确认纠纷案【江西省高级人民法院(2020)赣民终294号民事判决书】。

36. 亿仁投资集团有限公司、深圳市亿仁控股有限公司等与北京安鼎信用担保有限公司、曹某某股权转让纠纷案【广东省珠海市中级人民法院(2013)珠中法民二终字第400号民事判决书】。

37. 张某某与陈某某保证合同纠纷案【江苏省高级人民法院(2016)苏民申1430号民事裁定书】。

38. 章某某与时某某、缪某某民间借贷纠纷案【安徽省芜湖市中级人民法院(2014)芜中民一初字第00043号民事判决书】。

39. 中静汽车投资有限公司上海铭源实业集团有限公司股权转让纠纷案【最

高人民法院(2015)民二终字第384号民事判决书】。

40. 重庆三峡担保集团股份有限公司武汉分公司与曹某某确认合同效力纠纷案【湖北省宜昌市中级人民法院(2015)鄂宜昌中民二初字第00091号民事判决书】。

41. 周某、陶某与中住佳展地产(徐州)有限公司等股权及权益转让纠纷案【最高人民法院(2014)民二终字第259号民事判决书】。

42. 朱某某与韩某某股权转让纠纷案【淮安市淮阴区人民法院(2013)淮商初字第0295号民事判决书】。

43. 张甲、张乙与王某某、天津市建德房地产开发有限公司、苑某某股东资格确认纠纷案【天津市第一中级人民法院(2019)津01民终2073号民事判决书】。

44. 张某某与洪某、何某某、武汉华诚联创房地产开发有限公司股权转让纠纷案【湖北省武汉市洪山区人民法院(2017)鄂0111民初3997号民事裁定书】。

45. 港丰集团有限公司与深圳市国融投资控股有限公司等合同纠纷案【广东省高级人民法院(2015)粤高法民四终字第196号民事判决书】。

46. 上海荣腾置业有限公司、马某某与五矿国际信托有限公司金融借款合同纠纷案【最高人民法院(2018)最高法民申4165号民事裁定书】。

47. 深圳市凇瑞贸易有限公司与郑某某股权转让纠纷案【广东省高级人民法院(2017)粤民申8926号民事裁定书】。

李 华

盈科律师事务所创始合伙人、盈科全国业务指导委员会主任。

李华律师作为盈科全国业务指导委员会主任，负责盈科体系内的专业化建设，带领盈科律师，构建出完整的专业化法律服务体系，包括研究院、律师学院、专业委员会及综合性法律中心，推动盈科律师专业化的法律服务，以适应法律服务市场不断细分的需要。在此基础上，通过集成各专业委员会纵深化的法律服务能力为客户提供综合性的法律服务。

曾荣获全国律师行业优秀党员律师、北京市优秀律师、朝阳区优秀律师、朝阳区首届优秀女律师、朝阳区优秀党员的荣誉称号。

本书作者简介

欧阳黎炯

北京市盈科律师事务所律师，毕业于西北政法大学，曾任职于知名上市公司，参与撰写《中国PE的法律解读》《外资PE在中国的运作与发展》《有限合伙在中国PE中的深化运用》《直击新三板》等著作。拥有二十年法律实务经验，专注并擅长于股权纠纷、股权设计、股权激励、股权并购、公司治理等股权法律业务。